U0880604

23 years

轻松过关是起点，也是支点
是事业，更是使命！

## 1998-2020
## 轻松过关成长史

**2020** **再跃…**

2020年“天猫双11”，东奥登顶教育行业榜首
成为淘宝教育行业历史
首个销量破亿的品牌

**2016-2019** **驰名**

连续4年荣获“天猫双11”图书考试行业销售冠军
职业资格考试领域成交额冠军

**2001-2007** **成名**

2001年《轻一》发行过千万册，考生几乎人手一本
2007年东奥网校上线，书、课受百万学员热追

**1998** **诞生**

东奥诞生
“轻松过关”品牌图书面世

## 这本书是如何诞生的?

**因为严苛，所以出色**

**150**天

**围绕真题，初稿编撰**

从上考季结束之日起，名师围绕真题，重新梳理考点，开启为期150余天的初稿撰写。

**300**人

**校对、探讨、修订**

每份初稿，都会由300多人的教研团队帮助著书名师反复校对、探讨、修订。

**6**小时/题

**夜以继日，融入变化**

新考纲与教材下发后，教研团队逐字对比变化；名师夜以继日将新变化融入书稿；编写一道紧扣新大纲的优质题目，甚至会花费名师6小时以上的时间。

**3+3**流程

**严格3审3校**

融入最新考纲内容的书稿，将由教务团队经历严格的三审三校流程，终成定稿、印制出版。

来自编者的阅读指南

# 这本《轻一》如何助您倍速通关?

- **2021新趋势**

  2020年考试多项选择题、判断题得分规则改变后，考题**实质性难度提高**。这要求考生不仅学会，还要学透。

- **三重创新，更轻松**

  2021新书，我们从**框架搭建**、**“坑点”总结**、**记忆加速**等三方面着力创新，助您轻松过关!

## 一览众山小 框架搭建

名师通过分析考纲和考点，提炼出每章“考点框架”，以★标出难易度和重要程度，帮您搭建每章“一览众山小”的思维高度。

## 敌在明我在暗 “坑点”总结

名师通过对历年考题的深度研究，提炼出考核要点和命题坑点，助您完美避坑，从而占据“敌明我暗”的心理优势!

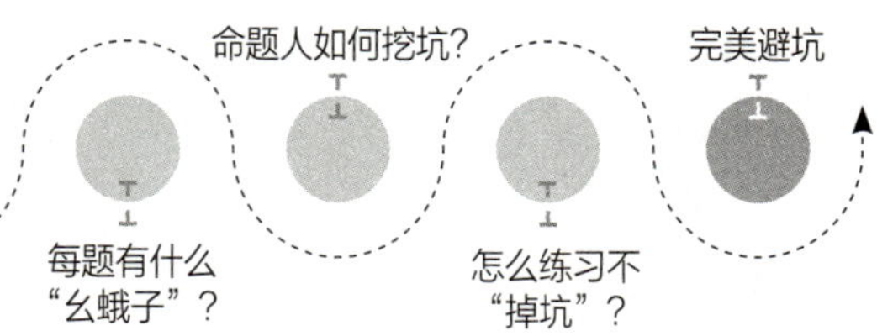


## 记忆工具包 记忆加速

会计考试，千难万难，记住最难。本书为帮您增强记忆点，全方位铺设口诀、漫画、生活案例等各类记忆工具。更新增考点清单（附录），助您自我梳理与检查，加速记忆。

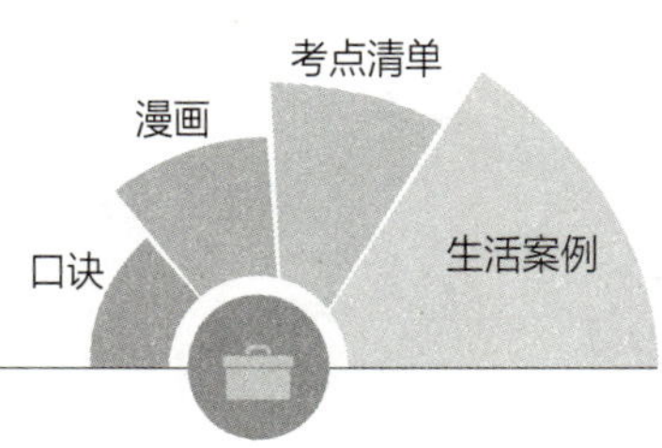

# 轻松过关® 1

23年,因为懂得备考艰辛，

我们从未停止创新。

尽情读她吧！

立即开启您的“轻松过关”之旅… …

2021年会计专业技术资格考试

应试指导及全真模拟测试

# 初级会计实务

（上册）

肖磊荣　张志凤　编著

东奥会计在线　组编

北京科学技术出版社

## 本书正版具有以下标识，请认真识别

1. 本书附有防伪标签一枚，上有二维码，激活即可获赠正版图书超值专享服务。
2. 本书防伪标签为正版标识，若无此标识即盗版，请广大读者拒绝购买。
3. 盗版举报电话：400-627-5566

**轻松过关小程序**

扫描右侧二维码进入轻松过关小程序，名师课堂，海量习题，互动答疑应有尽有，开启会计考证轻松过关之旅。

**图书在版编目（CIP）数据**

2021 年会计专业技术资格考试应试指导及全真模拟测试. 初级会计实务 ：上下册 / 肖磊荣，张志凤编著 ；东奥会计在线组编. —北京 ：北京科学技术出版社，2020. 11（2021. 3 重印）

（轻松过关. 1）

ISBN 978-7-5714-1073-5

Ⅰ. ①2… Ⅱ. ①肖… ②张… ③东… Ⅲ. ①会计实务—资格考试—自学参考资料 Ⅳ. ①F23

中国版本图书馆 CIP 数据核字（2020）第 144126 号

**责任编辑**：韩 晖
**责任校对**：贾 荣
**装帧设计**：韩文静
**责任印制**：张 良
**出 版 人**：曾庆宇
**出版发行**：北京科学技术出版社
**社　　址**：北京西直门南大街 16 号
**邮政编码**：100035

**电　　话**：0431-87635566（编辑部）
010-66135495（总编室）
**网　　址**：www. bkydw. cn
**印　　刷**：三河市鑫鑫科达彩色印刷包装有限公司
**开　　本**：787mm×1092mm　1/16
**字　　数**：600 千字
**印　　张**：32
**版　　次**：2020 年 11 月第 1 版
**印　　次**：2021 年 3 月第 2 次印刷

ISBN 978-7-5714-1073-5

**定　价：88.00 元（上下册）**

# 编 委 会

（按姓氏笔画排序）

主　编：肖磊荣　　张志凤

编著者：于金池　　王　宁　　兰　飞

　　　　肖园园　　陈　然

# 目录

## 上册

### 第一部分　命题规律与复习方法



### 第二部分　考点精讲及强化训练

## 下册

## 第三部分 全真模拟测试题及参考答案

# 第一部分

# 命题规律与复习方法

# 命题规律与复习方法

## 一、考试基本情况分析

（一）考试时间

2021 年初级会计职称考试采用无纸化机考形式，于 2021 年 5 月 15 日至 19 日，5 月 22 日至 23 日，分两个时间段进行。具体安排如下：

<table>
<tr><th>考试日期</th><th>考试时长及科目</th></tr>
<tr><td rowspan="2">5 月 15 日至 19 日<br>5 月 22 日至 23 日</td><td>8：30-11：30<br>初级会计实务<br>经济法基础</td></tr>
<tr><td>14：30-17：30<br>初级会计实务<br>经济法基础</td></tr>
<tr><td colspan="2">2021 年 4 月 16 日前，各省级考试管理机构公布本地区初级会计资格考试准考证网上打印的起止日期。2021 年 6 月 15 日前，在“全国会计资格评价网”上公布初级会计资格考试成绩</td></tr>
</table>

《初级会计实务》科目考试时长为 105 分钟，《经济法基础》科目考试时长为 75 分钟，两个科目连续考试，时间不能混用。

（二）近三年各章分值分布

| 章 | 2020 年 | 2019 年 | 2018 年 | 考试重要性 |
|---|---|---|---|---|
| 第一章　会计概述 | 7 | 4 | 8 | ★★ |
| 第二章　资产 | 26 | 28 | 31.5 | ★★★ |
| 第三章　负债 | 14 | 13 | 8.5 | ★★ |
| 第四章　所有者权益 | 9 | 7 | 6 | ★★ |
| 第五章　收入、费用和利润 | 17 | 20.5 | 13 | ★★★ |
| 第六章　财务报表 | 11 | 12 | 6.5 | ★★ |
| 第七章　管理会计基础 | 11 | 11 | 20.5 | ★★★ |
| 第八章　政府会计基础 | 5 | 4.5 | 6 | ★★ |

注：2018 年至 2020 年各章分值分布是根据各年考生回忆版试题进行评估的，通过选取其中一套完整的试卷进行分析，因为是机考，所以各套考题中各章分值会略有差异。

## 二、 2021年教材主要变化

2021年教材各章节具体考点根据准则的修订进行了不同程度的调整，主要变化如下。

| 章 | 主要变化 |
| --- | --- |
| 第一章　会计概述 | 无实质性变化 |
| 第二章　资产 | 1. 删除应收股利部分有关长期股权投资知识点<br>2. 修改部分文字表述 |
| 第三章　负债 | 1. 删除“矿产资源补偿费”“环境保护税”相关内容<br>2. 修改“应付职工薪酬”明细科目名称及对应习题表述<br>3. 修改部分文字表述 |
| 第四章　所有者权益 | 无实质性变化 |
| 第五章　收入、费用和利润 | 1. 删除“其他业务收入”核算内容中非货币性资产交换和债务重组的知识点<br>2. 删除“税金及附加”核算内容中的环境保护税、耕地占用税、契税和车辆购置税<br>3. 删除“资产处置收益”“营业外收入”和“营业外支出”核算内容中债务重组相关的知识点 |
| 第六章　财务报表 | 1. 修改部分报表项目（长期待摊费用、应交税费、应付职工薪酬）的填列说明<br>2. 删除资产负债表“根据明细科目余额计算填列”方法下的“未分配利润”项目 |
| 第七章　管理会计基础 | 无实质性变化 |
| 第八章　政府会计基础 | 1. 增加政府财务会计中收入、费用类科目举例<br>2. 增加业务活动费用和单位管理费用的核算内容 |

## 三、考试题型及考题特点

结合2020年考试情况，预计2021年考试题型题量维持不变，2020年考试题型题量如下。

| 题型 | 题量及分值 |
| --- | --- |
| 单项选择题 | 2分/小题×20小题＝40分 |
| 多项选择题 | 2分/小题×10小题＝20分 |
| 判断题 | 1分/小题×10小题＝10分 |
| 不定项选择题 | 2分/小题×5小题/大题×3大题＝30分 |

（一）单项选择题

题型要求：4个备选答案中只有一个最符合题意的正确选项（4选1）。多选、少选、错选均不得分。

从历年考试情况分析来看，单项选择题属于难度最小的一种题型，主要考核一些基本概念和简单的计算，没有很强的综合性，所以考生在这种题型得高分是相对比较容易的，也是通过考试的关键所在。但是在考试时应注意以下两点：①有些题目需要选择“不属于”“不正确”等选项，这一点千万别大意，否则出了考场会追悔莫及；②在对待模棱两可的题目时（文字表述类型的），请认真把四个备选答案都看一遍做一下比较，再选出答案。

近几年命题思路有如下几种：

(1) 纯文字型题目，要求考生能够准确的鉴别出表述最准确的一项。

(2) 计算型题目，要求考生在掌握相关知识点的同时能够准确的计算。

(3) 分录型题目，要求考生能够对经济业务作出准确的会计处理。

（二）多项选择题

题型要求：4个备选答案中有2个或2个以上符合题意的正确选项（4选多），本题型至少选择两个答案，全部选对得满分，少选得相应分值，多选、错选、不选均不得分，所以多项选择题是具有一定难度的题型。

多项选择题对考生的要求比较高，除针对单个知识点的会计处理的考核，还会综合考查不同知识点，如第2章的存货与第3章的应交税费、第5章的收入、费用结合出多项选择题，或者结合第7章的成本核算进行考查，从这点上看要求就更高了，要求考生对不同知识点的相同或不同之处进行分析、比较、归纳和总结。

（三）判断题

题型要求：每小题答题正确的得1分，错答、不答均不得分，也不扣分。

从众多考生的反映来看，判断题要拿高分相对来讲比较容易，其考核内容主要是一些基本概念的表述。

（四）不定项选择题

题型要求：每小题备选答案中，有一个或一个以上符合题意的正确答案。每小题全部选对得满分，少选得相应分值，多选、错选、不选均不得分。

不定项选择题作为压轴题型在难度上来说是最大的，主要是因为该题型考查的内容具有较强的综合性（如考核收入相关业务时，常常会结合应收账款、增值税相关知识点进行考核），但欣慰的是这种题型少选还是可以得到相应的分值，只有多选、错选才不得分，例如正确答案为ABC，考生选择A得0.5分，选择B得0.5分，选择C得0.5分，选择AB、BC、AC均可以得1分，选择ABC当然可以得满分（2分）。因此，在做该类题时，思路要清晰，选择有把握的答案，对于模棱两可的选项，要果断放弃。各位考生在复习时应注意知识点的融会贯通。

## 四、命题规律

初级会计职称考试从2014年全面实行机考，到2020年已经有7年的时间了。通过对近7年机考试题的分析，总结如下命题规律：

（一）覆盖面广

从近年的考试试卷分析来看，考点基本上覆盖了考试大纲所要求的范围，特别是细节内容，题目中考核的基本都是各章节的基础知识，很少会有超出教材范围的内容，所以要求考生要更加全面的研读教材、夯实基础。

（二）重点突出

虽说考核全面，但是重者恒重。从近年的考试试卷分析来看，分值主要分布在资产、收入、费用和利润、管理会计基础章节，比如：交易性金融资产、收入的账务处理（如商业折扣、现金折扣）、产品成本的归集和分配等。基本上是常考常新、年年涉及，但是学员只要掌握其基本的核算原理，再通过历年考题进行强化训练，无论出题者从哪个角度、哪种题型进行考核，考生都能轻松应对。

（三）综合性强

综合性强主要体现在不定项选择题上，前面说到不定项选择题题型时其实已经有所阐述，该题型不仅考核单个知识点，还会将企业不同类型的经济业务事项综合起来，要求考生能将不同的知识点联系在一起，进行全面、综合的分析，甚至还要求掌握财务报表项目填列的问题。

（四）难度微降

从近年的考试试卷分析来看，虽然考试覆盖面更加广泛，但考试的难度整体还是有所下降的，基本不涉及偏题、怪题。

## 五、复习方法及备考建议

（一）制定学习计划、严格执行

俗话说的好，“凡事预则立，不预则废”就是说做什么事情之前要制定计划，再按照计划一步步执行。初级会计实务的学习也是一样的，考生要规划好每天要学习哪些章节的内容，完成配套的练习。学习不能三天打鱼两天晒网，要有计划的备考，不能临近考试，才开始重视。临时抱佛脚，抱着侥幸心理去考试，过关的概率可想而知。既然要考，就要抱着一次过的态度，只要认真听课，多做练习，拿下证书，不是问题。

根据多年来考生的反馈及自身的教学经验，为大家拟定一份学习计划，希望能对大家有所帮助。

2020 年 11 月—2021 年 3 月末，各位考生一定要看教材、辅导书或跟着网课老师的基础班，完成第一轮的学习。需将本书每章后面配套习题做完一遍，同时，要将做错的、不会做的题目标记出来，以备第二轮复习。

2021 年 4 月—2021 年 5 月初，要将第一阶段学习中的重点知识进一步强化，这个阶段也是各位考生将知识转化成分数的关键时期，此阶段各位考生需对全书知识点进行总括复习。

2021 年 5 月—考试前，适当进行模拟试题的练习，通过模拟试题进行查漏补缺。把握每种题型的答题时间。同时还需在这段时间里通过机考系统进行演练。

（二）研读教材、把握精髓

考生要全面、系统的学习教材内容和考试大纲要求的内容，并在理解的基础上加以掌握，特别不能忽视基础知识。有些考生只学习和掌握重点章节知识点，这样万万不可，重点章节的考核会涉及到基础知识点，例如，编制资产负债表时“货币资金=库存现金+银行存款+其他货币资金”，如果学员连其他货币资金所包含的内容都不清楚的话，更无从谈起“货币资金”核算的准确性了。所以在夯实基础知识上，要把握重点、难点，做到多总结多归纳，让厚书变薄书。对于比较重要的知识点，如固定资产、无形资产、收入等内容，考生一定要熟练掌握，做到举一反三、以不变应万变。

（三）加强练习

在研读教材的基础上我们先对知识点进行理解，再通过经典例题加以巩固，这样不仅可以将教材的知识点理解、掌握的更加到位，也可以通过练习发现自己不足的地方，从而对这些地方强化学习，把薄弱的环节补上来，只有这样才能在考试中取得更高的分值。但请谨记不要为了做题而做题，不要搞题海战术，做题的初衷只是为了巩固知识点和查漏补缺，最后还是要回归教材，因为教材才是根本。

最后，祝大家考试顺利，轻松过关！

# 第二部分

# 考点精讲及强化训练

## 图书使用秘籍　助力“码上”通关

### 神奇的二维码

我们在每章【节标题】旁分别设置了二维码，
每个二维码对应了相关章节名师的视频讲解。

### 扫码免费听课

使用【“会计云课堂”App】扫描二维码，即可免费观看名师详解视频，
哪里不会扫哪里，这是一本会讲课的书。

1 下载安装【会计云课堂App】

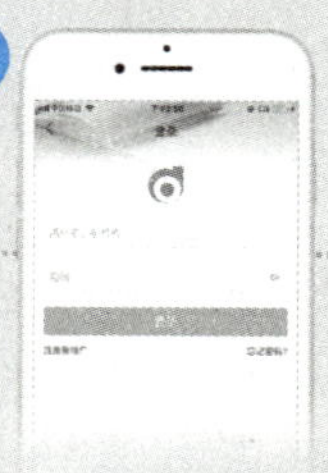

2 注册／登录东奥个人账户

3 点击首页右上角的“扫一扫”即可听课

**为帮助您更好的利用本书，高效备考，科学做题，避免误区，在正式开始知识点学习前，建议您先阅读本书第一部分“命题规律与复习方法”。**

# 第一章　会计概述

## 本章考情分析

本章系会计学基础，内容包括会计概念、职能和目标，会计基本假设、会计基础和会计信息质量要求，会计要素及其确认与计量，会计科目和借贷记账法，会计凭证、会计账簿与账务处理程序，财产清查，财务报告。近 3 年考试题型为单项选择题、多项选择题和判断题，分值在 6 分左右，属于比较重要的章节。

**近 3 年题型题量分析表**

| 题型<br>年份 | 单项选择题 | 多项选择题 | 判断题 | 不定项选择题 | 合计 |
|---|---|---|---|---|---|
| 2020 年 | 2 题 4 分 | 1 题 2 分 | 1 题 1 分 | — | 7 分 |
| 2019 年 | 2 题 3 分 | — | 1 题 1 分 | — | 4 分 |
| 2018 年 | 2 题 3 分 | 2 题 4 分 | 1 题 1 分 | — | 8 分 |

注：2020 年初级考试单项选择题由 2019 年（含）以前的 1.5 分/题，调整为 2 分/题。

## 2021 年教材主要变化

无实质性变化。

## 本章考点框架

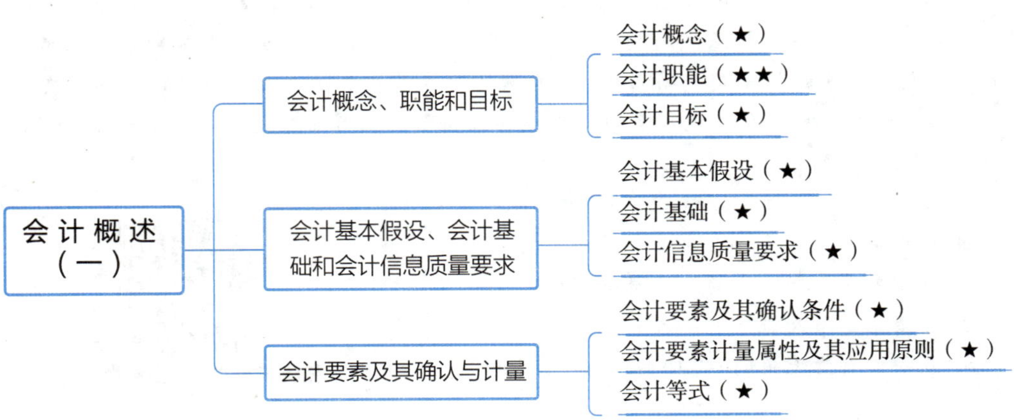

- 会计概述（二）
  - 会计科目和借贷记账法
    - 会计科目和账户（★）
    - 借贷记账法（★★）
  - 会计凭证、会计账簿与账务处理程序
    - 会计凭证（★）
    - 会计账簿（★）
    - 账务处理程序（★）
  - 财产清查
    - 财产清查概述（★）
    - 财产清查的方法与处理（★）
  - 财务报告
    - 财务报告及其目标（★）
    - 财务报表的组成（★）

## 本章重难点精讲

### 第一节　会计概念、职能和目标

查看本节视频

使用“会计云课堂”App/微信扫描

#### 一、会计概念（★）

会计是以货币为主要计量单位，采用专门方法和程序，对企业和行政、事业单位的经济活动进行完整的、连续的、系统的核算和监督，以提供经济信息和反映受托责任履行情况为主要目的的经济管理活动。

【提示】本章未特别说明时，均以企业会计为对象进行介绍。

#### 二、会计职能（★★）

会计职能，是指会计在经济管理过程中所具有的功能。作为“过程的控制和观念总结”的会计，具有会计核算和会计监督两项基本职能，还具有预测经济前景、参与经济决策、评价经营业绩等拓展职能。

致奋斗中的您：

本章是您初级职称考试的基石，夯实基础，尤为关键。但无需忐忑，本系列丛书会引导您循序渐进地理解知识点。遇到重点、难点，不必紧张，我们在“本章重难点精讲”各个节标题旁分别设置了二维码，每个二维码均对应了相关知识点名师视频讲解，快扫我们的听课二维码，即可免费观看名师知识点详细讲解。名师带您打破一背解千愁的常态，助您“码”上通关。

划重点：前两章考点视频，扫码免费享有。

使用步骤：

1. 下载安装最新版本的“会计云课堂”App
2. 登录东奥个人账号
3. 点击首页右上角的“扫一扫”即可听课

扫我下载“会计云课堂”App

## （一）基本职能

| 基本职能 | 内容 | 两者关系 |
| --- | --- | --- |
| 核算职能 | 会计的核算职能，是指会计以货币为主要计量单位，对特定主体的经济活动进行确认、计量、记录和报告。会计核算贯穿于经济活动的全过程，是会计**最基本**的职能。会计核算的内容主要包括：<br>（1）款项和有价证券的收付<br>（2）财物的收发、增减和使用<br>（3）债权、债务的发生和结算<br>（4）资本、基金的增减<br>（5）收入、支出、费用、成本的计算<br>（6）财务成果的计算和处理<br>（7）需要办理会计手续、进行会计核算的其他事项 | 会计核算与会计监督是相辅相成、辩证统一的：<br>（1）会计核算是会计监督的**基础**，没有核算提供的各种信息，监督就失去了依据<br>（2）会计监督又是会计核算质量的保障，只有核算没有监督，就难以保证核算提供信息的质量 |
| 监督职能 | 会计的监督职能，是指对特定主体经济活动和相关会计核算的**真实性、合法性和合理性**进行审查 | |

## （二）拓展职能

| 拓展职能 | 含义 |
| --- | --- |
| 预测经济前景 | 是指根据财务报告等提供的信息，定量或者定性地判断和推测经济活动的发展变化规律，以指导和调节经济活动，提高经济效益 |
| 参与经济决策 | 是指根据财务报告等提供的信息，运用定量分析和定性分析方法，对备选方案进行经济可行性分析，为企业经营管理等提供与决策相关的信息 |
| 评价经营业绩 | 是指利用财务报告等提供的信息，采用适当的方法，对企业一定经营期间的资产运营、经济效益等经营成果，对照相应的评价标准，进行定量及定性对比分析，作出真实、客观、公正的综合评判 |

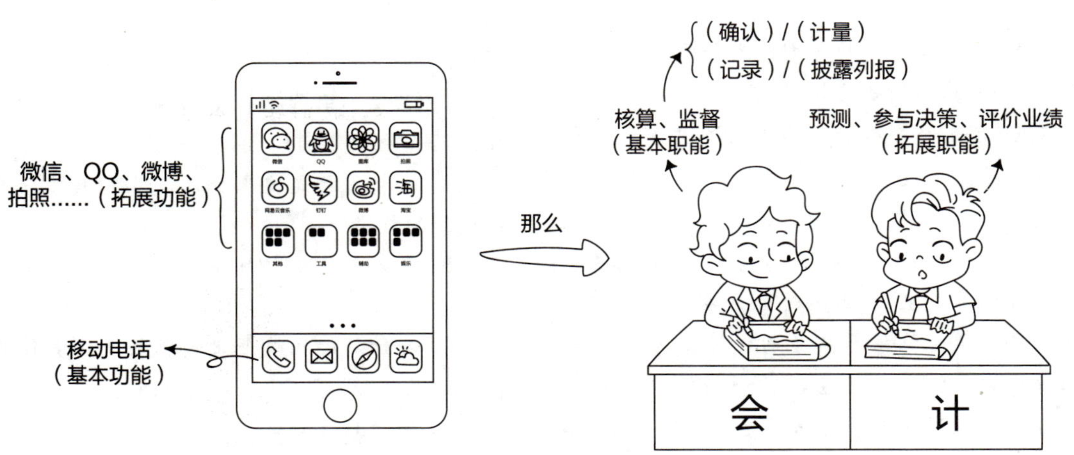

【历年考核要点】

1. 基本职能与拓展职能的具体内容
2. 核算职能和监督职能的关系

## 经典题解

【例题1·多选题】下列各项中，属于会计基本职能的有（　　）。（2020年·2分）

A. 预测经济前景

B. 进行会计核算

C. 实施会计监督

D. 参与经济决策

【解析】选项AD属于会计拓展职能。

【答案】BC

【例题2·单选题】下列各项中，对企业会计核算资料的真实性、合法性和合理性进行审查的会计职能是（　　）。（2019年·1.5分）

A. 核算职能

B. 评价经营业绩职能

C. 参与经济决策职能

D. 监督职能

【解析】会计的监督职能，是指对特定主体经济活动和相关会计核算的真实性、合法性和合理性进行审查，选项D正确。

【答案】D

【例题3·多选题】下列各项中，关于会计职能的表述正确的有（　　）。（2018年·2分）

A. 监督职能是核算职能的保障

B. 核算职能是监督职能的基础

C. 预测经济前景、参与经济决策和评价经营业绩是拓展职能

D. 核算与监督是基本职能

【解析】会计的基本职能包括核算职能和监督职能。会计核算是会计监督的基础，会计监督是会计核算质量的保障，选项ABD正确；会计拓展职能包括预测经济前景、参与经济决策和评价经营业绩等，选项C正确。

【答案】ABCD

【例题4·多选题】根据会计法律制度的规定，下列各项中，属于会计核算内容的有（　　）。（2018年·2分）

A. 资本、基金的增减

B. 财务成果的计算和处理

C. 款项和有价证券的收付

D. 债权、债务的发生和结算

【解析】会计核算的内容主要包括：①款项和有价证券的收付（选项C）；②财物的收发、增减和使用；③债权、债务的发生和结算（选项D）；④资本、基金的增减（选项A）；⑤收入、支出、费用、成本的计算；⑥财务成果的计算和处理（选项B）；⑦需要办理会计手续、进行会计核算的其他事项。

【答案】ABCD

### 三、会计目标（★）

会计目标，是要求会计工作完成的任务或达到的标准，即向财务报告使用者提供与企业财务状况、经营成果和现金流量等有关的会计信息，反映企业管理层受托责任履行情况，有助于财务报告使用者作出经济决策。

财务报告使用者主要包括投资者、债权人、政府及其有关部门和社会公众等。满足投资者的信息需要是企业财务报告编制的首要出发点，企业编制财务报告、提供会计信息必须与投资者的决策密切相关。

## 经典题解

【例题5·单选题】下列关于会计目标的说法不正确的是（　　）。

A. 会计目标是要求会计工作完成的任务或达到的标准

B. 会计目标是向财务报告使用者提供会计信息

C. 会计目标反映企业管理层受托责任的履行情况

D. 会计目标是提高企业经济效益

【解析】会计目标是要求会计工作完成

的任务或达到的标准，即向财务报告使用者提供与企业财务状况、经营成果和现金流量等有关的会计信息，反映企业管理层受托责任履行情况，有助于财务报告使用者作出经济决策。

【答案】D

**开小灶**

本节必考点汇总：（详见轻松过关 2）

1. 基本职能和拓展职能的区分
2. 核算职能和监督职能的区分
3. 核算职能和监督职能的联系

## 第二节　会计基本假设、会计基础和会计信息质量要求



### 一、会计基本假设（★）

会计基本假设是企业会计确认、计量、记录和报告的前提，是对会计核算所处时间和空间范围等所作的合理假定。会计基本假设包括会计主体、持续经营、会计分期和货币计量。

相关概念及关注事项如下表所示。

| 项目 | 概念 | 关注事项 |
| --- | --- | --- |
| 会计主体 | 是指会计工作服务的特定对象，是会计确认、计量和报告的空间范围。在会计主体假设下，企业应当对其本身发生的交易或事项进行会计确认、计量和报告，反映企业本身所从事的各项生产经营活动和其他相关活动 | 会计主体不同于法律主体。一般来说，法律主体一定是会计主体，而会计主体不一定是法律主体，如生产车间可以是会计主体，但不是法律主体 |
| 持续经营 | 是指在可以预见的将来，企业将会按当前的规模和状态继续经营下去，不会停业，也不会大规模削减业务 | 持续经营是会计分期的前提 |
| 会计分期 | 是指将一个企业持续经营的生产经营活动划分为一个个连续的、长短相同的期间 | 由于会计分期，才产生了当期与以前期间、以后期间的差别，才使不同类型的会计主体有了记账的基准，进而出现了折旧、摊销等会计处理方法 |
| 货币计量 | 是指会计主体在会计确认、计量和报告时以货币作为计量尺度，反映会计主体的生产经营活动 | 我国会计核算以人民币为记账本位币。业务收支以外币为主的企业，可以选定某种外币作为记账本位币，但是编报的财务会计报告应折算为人民币 |

**【历年考核要点】**

“会计主体”假设的具体理解。

## 经典题解

**【例题 6 · 多选题】** 下列各项中，可确认为会计主体的有(　　)。(2020 年 · 2 分)

A. 子公司　　B. 销售部门

C. 集团公司　　D. 母公司

**【解析】** 会计主体，是指会计工作服务的特定对象，是企业会计确认、计量和报告的空间范围。选项 ABCD 均可以进行独立核算，均属于会计主体。

**【答案】** ABCD

**【例题 7 · 判断题】** 会计主体是指会计工作服务的特定对象，是会计确认、计量和报告的空间范围。(　　)(2020 年 · 1 分)

**【答案】** √

**【例题 8 · 单选题】** 为了将本企业经济活动与其他企业经济活动加以区分，企业在核算时所建立的基本前提是(　　)。

A. 会计主体

B. 持续经营

C. 会计分期

D. 货币计量

**【解析】** 会计主体前提就是为了确定会计核算和监督的特定单位或组织，它确立了会计核算的空间范围。

**【答案】** A

## 二、会计基础(★)

会计基础是指会计确认、计量和报告的基础，具体包括权责发生制和收付实现制。

相关概念及关注事项如下表所示。

| 项目 | 概念 | 关注事项 |
|---|---|---|
| 权责发生制 | 是指以取得收取款项的权利或支付款项的义务为标志来确定本期收入和费用的会计核算基础<br>(1) 凡是当期已经实现的收入和已经发生或应当负担的费用，无论款项是否收付，都应当作为当期的收入和费用<br>(2) 凡是不属于当期的收入和费用，即使款项已在当期收付，也不应当作为当期的收入和费用 | 企业会计、政府会计中的财务会计、民间非营利组织会计均采用权责发生制 |
| 收付实现制 | 是指以现金的实际收付为标志来确定本期收入和支出的会计核算基础 | 我国政府会计中的预算会计采用收付实现制，国务院另有规定的，从其规定 |

【提示】在实务中，企业交易或者事项的发生时间与货币实际收支时间可能存在不一致。例如，款项已经收到，但销售并未实现，此时不能将已收到的款项确认为本期的收入；或者款项已经支付，但与本期的生产经营活动无关，此时不能将已支付的款项确认为本期的费用。为了真实、公允地反映特定时点的财务状况和特定期间的经营成果，企业应当以权责发生制为基础进行会计确认、计量和报告。

【记忆口诀】权责发生找期间（归属期间），收付实现看时点（收支时点）。

【历年考核要点】

权责发生制下收入或费用的确认与计量。

### 经典题解

**【例题9·单选题】**甲公司2019年12月的办公楼的租金费用200万元，用银行存款支付180万元，20万元未付。按照权责发生制和收付实现制分别确认费用（　　）万元。

A. 180、20

B. 20、180

C. 200、180

D. 180、200

**【解析】**权责发生制应按200万元确认租金费用，而收付实现制按实际支付的180万元确认租金费用。

**【解题思路】**本题中确认的办公楼租金是本月的费用，租金200万元虽然没有全部支付，但是从归属期间来看，这200万元的租金都应由本月负担，所以权责发生制下本月应确认的费用为200万元；本月实际支付了180万元，剩余20万元尚未支付，所以收付实现制下本月应确认的费用就是本月实际支付的租金180万元，剩余的20万元在实际支付时确认为支付当月的费用。

**【答案】**C

## 三、会计信息质量要求（★）

会计信息质量要求是对企业财务报告中所提供会计信息质量的基本要求，是使财务报告所提供会计信息对投资者等信息使用者决策有用应具备的基本特征。主要包括可靠性、相关性、可理解性、可比性、实质重于形式、重要性、谨慎性、及时性等。

相关概念及关注事项如下表所示。

| 项目 | 概念 | 关注事项 |
|---|---|---|
| 可靠性 | 要求企业应当以实际发生的交易或者事项为依据进行确认、计量和报告，如实反映符合确认和计量要求的各项会计要素及其他相关信息，保证会计信息真实可靠、内容完整 | — |
| 相关性 | 要求企业提供的会计信息应当与投资者等财务报告使用者的经济决策需要相关，有助于投资者等财务报告使用者对企业过去、现在或未来的情况作出评价或者预测 | 会计信息质量的相关性要求是以可靠性为基础的，两者统一，并不矛盾 |
| 可理解性 | 要求企业提供的会计信息应当清晰明了，便于投资者等财务报告使用者理解和使用 | — |

续表

| 项目 | 概念 | 关注事项 |
| --- | --- | --- |
| 可比性 | (1) 同一企业不同时期可比（纵向可比）：同一企业不同时期发生的相同或者相似的交易或者事项，应当采用一致的会计政策，不得随意变更<br>(2) 不同企业相同会计期间可比（横向可比）：不同企业同一会计期间发生的相同或者相似的交易或者事项，应当采用规定的会计政策，确保会计信息口径一致、相互可比，以使不同企业按照一致的确认、计量和报告要求提供有关会计信息 | — |
| 实质重于形式 | 要求企业应当按照交易或者事项的经济实质进行会计确认、计量和报告，不仅仅以交易或者事项的法律形式为依据 | — |
| 重要性 | 要求企业提供的会计信息应当反映与企业财务状况、经营成果和现金流量有关的所有重要交易或者事项 | 在实务中，重要性的应用需要依赖职业判断，从项目的性质和金额的大小两个方面加以判断 |
| 谨慎性 | 要求企业对交易或者事项进行会计确认、计量和报告时保持应有的谨慎，不应高估资产或者收益、低估负债或者费用 | 常考案例：<br>(1) 对可能发生减值的资产计提减值准备<br>(2) 固定资产加速折旧<br>(3) 符合条件的或有应付金额确认为负债：如企业对售出商品很可能发生的保修义务确认预计负债、对很可能承担的环保责任确认预计负债 |
| 及时性 | 要求企业对于已经发生的交易或者事项，应当及时进行确认、计量和报告，不得提前或者延后 | — |

【历年考核要点】

1. 会计信息质量要求各个特征的文字性表述

2. “可比性”“实质重于形式”“谨慎性”的具体应用案例

## 经典题解

**【例题10·单选题】** 下列各项中，体现谨慎性会计信息质量要求的表述是（　　）。（2020年·2分）

A. 对已售商品的保修义务确认预计负债

B. 提供的会计信息应当清晰明了，便于理解和使用

C. 不同时期发生的相同交易，应采用一致的会计政策，不得随意变更

D. 及时将编制的财务报告传递给使用者

**【解析】** 谨慎性要求企业对交易或者事项进行会计确认、计量和报告应当保持应有的谨慎，不应高估资产或者收益、低估负债或者费用，选项A正确；选项C体现的是可比性；选项B体现的是可理解性；选项D体现的是及时性。

**【答案】** A

**【例题 11 · 判断题】** 实质重于形式要求企业应当按照交易或者事项的经济实质进行会计确认、计量和报告，而不仅仅以交易或者事项的法律形式为依据。(　　)(2020年·1分)

**【答案】** √

**【例题 12 · 多选题】** 下列各项中，关于企业会计信息质量要求的表述正确的有(　　)。(2019年·2分)

A. 重要性要求企业提供的会计信息应当反映与企业财务状况、经营成果和现金流量有关的所有重要交易或者事项

B. 可理解性要求企业提供的会计信息应当清晰明了，便于投资者等财务报告使用者理解和使用

C. 谨慎性要求企业对交易或者事项进行会计确认、计量和报告应当保持应有的谨慎，不应高估资产或者收益、低估负债或者费用

D. 相关性要求企业提供的会计信息应当与投资者等财务报告使用者的经济决策需要相关

**【答案】** ABCD

**【例题 13 · 多选题】** 下列各项中，关于企业会计信息可靠性表述错误的有(　　)。(2018年·2分)

A. 企业应当保持应有的谨慎，不高估资产或者收益、低估负债或费用

B. 企业提供的会计信息应当相互可比

C. 企业应当保证会计信息真实可靠、内容完整

D. 企业应当以实际发生的交易或事项为依据进行确认、计量和报告

**【解析】** 可靠性要求企业应当以实际发生的交易或者事项为依据进行确认、计量和报告（选项 D 正确），如实反映符合确认和计量要求的会计要素及其他相关信息，保证会计信息真实可靠、内容完整（选项 C 正确）；选项 A 属于谨慎性原则；选项 B 属于可比性原则。

**【答案】** AB

**【例题 14 · 单选题】** 2020年1月1日开始，甲公司按照会计准则的规定采用新的财务报表格式进行列报。因部分财务报表列报项目发生变更，甲公司对2020年度财务报表可比期间的数据按照变更后的财务报表列报项目进行了调整。甲公司的上述会计处理体现的会计信息质量要求是(　　)。

A. 实质重于形式

B. 权责发生制

C. 可比性

D. 谨慎性

**【解析】** 该调整是为了满足同一企业不同时期可比的要求，因此体现的是可比性要求。

**【答案】** C

**【例题 15 · 多选题】** 下列各项经济事项中，体现谨慎性的有(　　)。

A. 固定资产加速折旧

B. 计提存货跌价准备

C. 或有应付金额符合或有事项确认负债条件的确认预计负债

D. 计提产品质量保证金

**【解析】** 谨慎性的要求是不应高估资产或收益、低估负债或费用。选项 A，由于技术进步，产品更新换代较快或者资产高度腐蚀等原因导致资产价值迅速下降，因此采用加速折旧可以体现谨慎性的要求；选项 B，存货过期或者贬值，基于谨慎性原则不应高估资产，因此需要计提减值；计提产品质量保证金需要确认预计负债，在企业销售商品时就承担了一项现时义务，因此选项 CD 属于不应低估企业的负债。

**【答案】** ABCD

**开小灶**

本节必考点汇总：（详见轻松过关 2）
“谨慎性”“可比性”“实质重于形式”“重要性”“相关性”“可理解性”的应用。

## 第三节 会计要素及其确认与计量

查看本节视频
使用“会计云课堂”App/微信扫描

### 一、会计要素及其确认条件（★）

会计要素是根据交易或者事项的经济特征所确定的财务会计对象及其基本分类。

会计要素按照其性质分为资产、负债、所有者权益、收入、费用和利润，其中，资产、负债和所有者权益要素侧重于反映企业的**财务状况**，收入、费用和利润要素侧重于反映企业的**经营成果**。

（一）资产

| 项目 | 具体内容 |
| --- | --- |
| 资产的定义 | 资产，是指企业过去的交易或者事项形成的，由企业拥有或者控制的，预期会给企业带来经济利益的资源<br>特征：<br>（1）资产应为企业**拥有或者控制**的资源<br>（2）资产预期会给企业**带来经济利益**<br>（3）资产是由企业**过去的**交易或者事项形成的 |
| 资产的确认条件 | 将一项资源确认为资产，需要符合资产的定义，还应同时满足以下两个条件：<br>（1）与该资源有关的经济利益很可能流入企业<br>（2）该资源的成本或者价值能够可靠地计量 |
| 资产的分类和内容 | 企业资产分为流动资产和非流动资产两大类：<br>（1）流动资产包括货币资金、交易性金融资产、衍生金融资产、应收票据、应收账款、应收款项融资、预付款项、其他应收款、存货、合同资产、持有待售资产、一年内到期的非流动资产、其他流动资产<br>（2）非流动资产包括债权投资、其他债权投资、长期应收款、长期股权投资、其他权益工具投资、其他非流动金融资产、投资性房地产、固定资产、在建工程、生产性生物资产、油气资产、使用权资产、无形资产、开发支出、商誉、长期待摊费用、递延所得税资产、其他非流动资产 |

**【历年考核要点】**

1. 资产的特征、确认条件、分类内容的文字性表述

2. 资产的实际案例的应用

**经典题解**

**【例题16·单选题】**下列各项中，不属于资产特征的是(　　)。

A. 资产是企业拥有或控制的资源

B. 资产预期会给企业带来经济利益

C. 资产的成本或价值能够可靠地计量

D. 资产是由企业过去的交易或事项形成的

**【解析】**资产具有以下三个方面的特征：①资产应为企业拥有或者控制的资源（选项A）；②资产预期会给企业带来经济利益（选项B）；③资产是由企业过去的交易或者事项形成的（选项D）。选项C，属于资产的确认条件，不是资产的特征。

**【答案】**C

【例题17·多选题】下列各项中，不属于企业资产的有(　　)。

A. 约定未来购入的存货

B. 盘亏的固定资产

C. 临时租入的半年租期的仓库

D. 生产成本

【解析】选项A，不是由企业过去的交易或事项形成；选项B，预期不会给企业带来经济利益；选项C，不是企业拥有或控制的资源。以上均不属于企业的资产。选项D，构成在产品成本的一部分，属于资产。

【答案】ABC

（二）负债

| 项目 | 具体内容 |
| --- | --- |
| 负债的定义 | 负债，是指企业过去的交易或者事项形成的，预期会导致经济利益流出企业的现时义务<br>特征：<br>（1）负债是企业承担的现时义务<br>（2）负债预期会导致经济利益流出企业<br>（3）负债是由企业过去的交易或者事项形成的 |
| 负债的确认条件 | 将一项现时义务确认为负债，需要符合负债的定义，还需要同时满足以下两个条件：<br>（1）与该义务有关的经济利益很可能流出企业<br>（2）未来流出的经济利益的金额能够可靠地计量 |
| 负债的分类和内容 | 企业负债分为流动负债和非流动负债两大类：<br>（1）流动负债包括短期借款、交易性金融负债、衍生金融负债、应付票据、应付账款、预收款项、合同负债、应付职工薪酬、应交税费、其他应付款、持有待售负债、一年内到期的非流动负债、其他流动负债<br>（2）非流动负债包括长期借款、应付债券、租赁负债、长期应付款、预计负债、递延收益、递延所得税负债、其他非流动负债 |

（三）所有者权益

| 项目 | 具体内容 | |
| --- | --- | --- |
| 所有者权益的定义 | 含义 | 是指企业资产扣除负债后，由所有者享有的剩余权益。公司的所有者权益又称为股东权益 |
| | 来源 | 所有者权益的来源包括所有者投入的资本、其他综合收益、留存收益等，通常由股本（或实收资本）、资本公积（含股本溢价或资本溢价、其他资本公积）、其他综合收益、盈余公积和未分配利润等构成<br>（1）所有者投入的资本是指所有者投入企业的资本部分，它既包括构成企业注册资本或者股本的金额，也包括投入资本超过注册资本或股本部分的金额，即资本溢价或股本溢价<br>（2）留存收益，是指企业从历年实现的利润中提取或形成的留存于企业的内部积累，包括盈余公积和未分配利润<br>（3）其他综合收益，是指企业根据会计准则规定未在当期损益中确认的各项利得和损失 |
| 所有者权益的确认条件 | 所有者权益的确认和计量主要依赖于资产和负债的确认和计量 | |

（四）收入

| 项目 | 具体内容 |
| --- | --- |
| 收入的定义 | 收入，是指企业在日常活动中形成的、会导致所有者权益增加的、与所有者投入资本无关的经济利益的总流入<br>特征：<br>（1）收入是企业在日常活动中形成的<br>（2）收入是与所有者投入资本无关的经济利益的总流入<br>（3）收入会导致所有者权益的增加 |
| 收入的确认条件 | 当企业与客户之间的合同同时满足下列条件时，企业应当在客户取得相关商品控制权时确认收入：<br>（1）合同各方已批准该合同并承诺将履行各自义务<br>（2）该合同明确了合同各方与所转让的商品或提供的服务相关的权利和义务<br>（3）该合同有明确的与所转让的商品或提供服务相关的支付条款<br>（4）该合同具有商业实质，即履行该合同将改变企业未来现金流量的风险、时间分布或金额<br>（5）企业因向客户转让商品或提供服务而有权取得的对价很可能收回 |

**【历年考核要点】**

收入的具体案例应用。

**经典题解**

**【例题18·多选题】**下列各项中，不考虑其他因素，符合收入定义的有(　　)。

A. 提供服务收入

B. 销售商品取得的收入

C. 销售材料取得的收入

D. 出售固定资产取得的净收益

**【解析】**选项D，不是企业日常活动中形成的，不符合收入定义。

**【答案】**ABC

（五）费用

| 项目 | 具体内容 |
| --- | --- |
| 费用的定义 | 费用，是指企业在日常活动中发生的、会导致所有者权益减少的、与向所有者分配利润无关的经济利益的总流出<br>特征：<br>（1）费用是企业在日常活动中形成的<br>（2）费用是与向所有者分配利润无关的经济利益的总流出<br>（3）费用会导致所有者权益的减少 |
| 费用的确认条件 | 费用的确认除了应当符合定义外，还至少应当符合以下条件：<br>（1）与费用相关的经济利益应当很可能流出企业<br>（2）经济利益流出企业的结果会导致资产的减少或者负债的增加<br>（3）经济利益的流出额能够可靠计量 |

（六）利润

| 项目 | 具体内容 |
| --- | --- |
| 利润的定义 | 利润，是指企业在一定会计期间的经营成果。通常情况下，如果企业实现了利润，表明企业的所有者权益增加<br>利润包括收入减去费用后的净额、直接计入当期利润的利得和损失等。其中，收入减去费用后的净额反映的是企业日常活动的业绩。直接计入当期利润的利得和损失，是指应计入当期损益、会导致所有者权益发生增减变动的、与所有者投入资本或者向所有者分配利润无关的利得或损失<br>【提示】<br>（1）利得，是指由企业非日常活动所形成的、会导致所有者权益增加的、与所有者投入资本无关的经济利益的流入<br>（2）损失，是指由企业非日常活动所发生的、会导致所有者权益减少的、与向所有者分配利润无关的经济利益的流出 |
| 利润的确认条件 | 利润的确认主要依赖于收入和费用，以及利得和损失的确认，其金额的确定也主要取决于收入、费用、利得和损失金额的计量 |

【易错易混点辨析】收入与利得、费用与损失的区别与联系。

| 项目 | 区别 | 联系 |
| --- | --- | --- |
| 收入与利得 | （1）收入与日常活动有关，利得与非日常活动有关<br>（2）收入是经济利益总流入，利得是经济利益净流入 | 都会导致所有者权益增加，且与所有者投入资本无关 |
| 费用与损失 | （1）费用与日常活动有关，损失与非日常活动有关<br>（2）费用是经济利益总流出，损失是经济利益净流出 | 都会导致所有者权益减少，且与向所有者分配利润无关 |

【提示】经济业务对当期利润的影响的常见举例。

| 项目 | 会计科目 | 常见业务 |
| --- | --- | --- |
| 直接计入当期利润 | 营业外收入、营业外支出 | （1）固定资产、无形资产报废净损益<br>（2）捐赠收支<br>（3）固定资产盘亏净损失<br>（4）罚款、违约金 |
| | 资产处置损益 | 固定资产、无形资产正常出售净损益 |
| | 公允价值变动损益 | 交易性金融资产期末公允价值变动 |
| | 投资收益 | 交易性金融资产出售净损益 |

## 二、会计要素计量属性及其应用原则（★）

会计要素计量属性如下表所示。

| 计量属性 | 理解要点 | 常见实际案例应用 |
| --- | --- | --- |
| 历史成本 | 又称为实际成本，是指取得或制造某项财产物资时所实际支付的现金或现金等价物<br>（1）资产按照其购置时支付的现金或现金等价物的金额，或者按照购置资产时所付出对价的公允价值计量<br>（2）负债按照其因承担现时义务而实际收到的款项或者资产的金额，或者承担现时义务的合同金额，或者按照日常活动中为偿还负债预期需要支付的现金或者现金等价物的金额计量 | 固定资产初始入账价值 |
| 重置成本 | 是指按照当前市场条件，重新取得同样一项资产所需支付的现金或现金等价物金额<br>（1）资产按照现在购买相同或者相似资产所需支付的现金或者现金等价物的金额计量<br>（2）负债按照现在偿付该项债务所需支付的现金或者现金等价物的金额计量 | 盘盈固定资产 |
| 可变现净值 | 是指在生产经营过程中，以资产预计售价减去进一步加工成本和预计销售所必需的费用以及相关税费后的净值 | 存货的期末计量 |
| 现值 | 是指对未来现金流量以恰当的折现率进行折现后的价值，是考虑货币时间价值的一种计量属性<br>（1）资产按照预计从其持续使用和最终处置中所产生的未来净现金流入量的折现金额计量<br>（2）负债按照预计期限内需要偿还的未来净现金流出量的折现金额计量 | 具有融资性质的分期付款购买固定资产的成本 |
| 公允价值 | 是指市场参与者在计量日发生的有序交易中，出售一项资产所能收到或者转移一项负债所需支付的价格 | 交易性金融资产期末计量 |

**【历年考核要点】**

1. 会计要素计量属性的文字性表述
2. 会计要素计量属性的实际案例应用

### 经典题解

**【例题19·多选题】**企业的会计计量属性包括（　　）。（2018年·2分）

A. 重置成本

B. 历史成本

C. 公允价值

D. 现值

**【解析】**企业会计计量属性主要包括历史成本、重置成本、可变现净值、现值和公允价值等。

**【答案】**ABCD

**【例题20·判断题】**公允价值，是指市场参与者在计量日发生的有序交易中，出售一项资产所能收到或者转移一项负债所需支付的价格。（　　）（2018年·1分）

**【答案】**√

**【例题21·单选题】**企业取得或生产制造某项财产物资时所实际支付的现金或者现金等价物属于（　　）。

A. 现值　　B. 重置成本

C. 历史成本　　D. 可变现净值

**【解析】**历史成本又称实际成本，是指取得或制造某项财产物资时所实际支付的现金或者现金等价物，选项C正确。

**【答案】**C

**【例题22·单选题】** 盘盈固定资产时初始入账价值的计量属性是(　　)。

A. 可变现净值

B. 公允价值

C. 重置成本

D. 现值

**【解析】** 盘盈的固定资产，应按重置成本确定其入账价值，借记“固定资产”科目，贷记“以前年度损益调整”科目。

**【答案】** C

## 三、会计等式（★）

会计等式，又称会计恒等式、会计方程式或会计平衡公式，是表明会计要素之间基本关系的等式。

（一）会计等式的表现形式

| 会计等式 | 具体内容 | 要点提示 |
| --- | --- | --- |
| 资产＝负债＋所有者权益 | 资产表明企业拥有什么经济资源和拥有多少经济资源，负债和所有者权益表明经济资源的来源渠道，即谁提供了这些经济资源 | (1) 该等式反映了企业在某一特定时点资产、负债和所有者权益三者之间的平衡关系，该等式被称为财务状况等式、基本会计等式或静态会计等式<br>(2) 它是复式记账法的理论基础，也是编制资产负债表的依据 |
| 收入－费用＝利润 | 企业在取得收入的同时，必然要发生相应的费用。通过收入与费用的计量，才能确定一定期间的盈利水平，即实现利润的过程 | (1) 该等式反映了企业利润的实现过程，称为经营成果等式或动态会计等式<br>(2) 收入、费用和利润之间的上述关系，是编制利润表的依据 |

（二）交易或事项对会计等式的影响

企业发生的交易或事项按其对财务状况等式的影响不同，可以分为以下9种基本类型，如下表所示。

**交易或事项对会计等式影响的基本类型**

| 序号 | 资产 | = | 负债 | + | 所有者权益 | 对资产总额影响 | 举例 |
| --- | --- | --- | --- | --- | --- | --- | --- |
| (1) | ↑↓ | | | | | 不变 | 从银行提取现金6万元 |
| (2) | ↑ | | ↑ | | | 增加 | 从银行借入短期借款200万元 |
| (3) | ↑ | | | | ↑ | 增加 | 收到投资者投入的货币资金3000万元 |
| (4) | ↓ | | ↓ | | | 减少 | 以银行存款偿还前欠货款10万元 |
| (5) | ↓ | | | | ↓ | 减少 | 以银行存款向投资者退回其投入的资本500万元 |
| (6) | | | ↑↓ | | | 不变 | 已到期的应付票据800万元因无力支付转作应付账款 |
| (7) | | | ↑ | | ↓ | 不变 | 向投资者宣告分配现金股利100万元 |
| (8) | | | ↓ | | ↑ | 不变 | 经批准将已发行的公司债券1000万元转为实收资本 |
| (9) | | | | | ↑↓ | 不变 | 经批准用资本公积5000万元转增实收资本 |

【提示】每一项经济业务的发生，都必然会引起会计等式的一边或两边有关项目相互联系地发生等额变化，即当涉及会计等式的一边时，有关项目的金额发生相反方向的等额变动；当涉及会计等式的两边时，有关项目的金额发生相同方向的等额变动，但始终不会影响会计等式的平衡关系。

【历年考核要点】

1. 正向思维考核

已知：某种业务案例。

选择：属于哪种“对会计等式影响的基本类型”。

2. 逆向思维考核

已知：具体的一种“对会计等式影响的基本类型”。

选择：属于该类型的实际业务案例。

3. 实际业务案例对资产总额的影响以及计算

## 经典题解

【例题23·单选题】企业以银行存款偿还到期的短期借款，关于这笔经济业务，以下说法正确的是(　　)。(2020年·2分)

A. 导致资产、负债同时减少

B. 导致负债内部增减变动，负债总额不变

C. 导致资产、负债同时增加

D. 导致所有者权益减少，负债减少

【解析】以银行存款偿还到期的短期借款分录如下：

借：短期借款

　贷：银行存款

负债减少，资产减少，选项A正确。

【答案】A

【例题24·单选题】下列各项中，引起企业资产和所有者权益同时增加的是(　　)。(2020年·2分)

A. 经股东大会批准向股东宣告分配现金股利

B. 收到投资者投入一台设备

C. 取得一笔短期借款并存入银行

D. 经股东大会批准以现金回购本企业股票方式减资

【解析】选项B，固定资产增加，实收资本（或股本）增加，即资产和所有者权益同时增加。

【答案】B

【例题25·多选题】下列各项中，引起企业资产和负债要素同时发生增减变动的经济业务有(　　)。(2018年·2分)

A. 收到股东投资款

B. 以盈余公积转增股本

C. 从银行借入短期借款

D. 以银行存款归还前欠货款

【解析】选项A，收到股东投资款属于资产和所有者权益同时增加；选项B，以盈余公积转增股本属于所有者权益内部的一增一减；选项C，从银行借入短期借款，资产增加，负债增加；选项D，以银行存款归还前欠货款，资产减少，负债减少。

【答案】CD

【例题26·单选题】下列各项经济业务中，不会引起资产总额发生增减变动的是(　　)。

A. 赊购商品

B. 以银行存款偿还前欠货款

C. 接受新投资者追加投资

D. 将库存现金存入银行

【解析】不会引起资产总额发生变动的情形可以分为两类：一类是业务事项的变动完全不涉及资产，另一类是涉及资产内部变动（一增一减）。

选项A，会计分录：

借：库存商品等

　贷：应付账款等

资产增加，负债增加；

选项B，会计分录：

借：应付账款

　贷：银行存款

资产减少，负债减少；

选项 C，会计分录：

借：银行存款等

　贷：实收资本

资产增加，所有者权益增加；

选项 D，会计分录：

借：银行存款

　贷：库存现金

资产内部一增一减，资产总额不变。

**【答案】** D

**【例题 27·单选题】** 下列关于会计账户增减变化的表述，不正确的是(　　)。

A. 资产增加，所有者权益增加会计等式成立

B. 负债减少，所有者权益增加会计等式成立

C. 负债增加，所有者权益减少会计等式成立

D. 负债减少，所有者权益减少会计等式成立

**【解析】** 如果资产不变，负债减少，那么所有者权益一定增加，选项 D 不正确。

**【答案】** D

**开小灶**

本节必考点汇总：(详见轻松过关 2)

1. 资产的定义和应用
2. 负债的定义和应用
3. 收入、费用及利润的定义和应用
4. 历史成本、重置成本、公允价值的应用
5. 会计等式的表现形式
6. 九类基本经济业务对会计等式平衡关系及总额的影响

## 第四节　会计科目和借贷记账法



### 一、会计科目和账户(★)

(一) 会计科目

会计科目，简称科目，是对会计要素具体内容进行分类核算的项目，是进行会计核算和提供会计信息的基本单元。

【提示 1】企业常用的会计科目如下表所示。

| (一) 资产类 | (二) 负债类 |
|---|---|
| 库存现金 | 短期借款 |
| 银行存款 | 应付票据 |
| 其他货币资金 | 应付账款 |
| 交易性金融资产 | 预收账款 |
| 应收票据 | 合同负债 |
| 应收账款 | 应付职工薪酬 |
| 预付账款 | 应交税费 |

续表

| （一）资产类 | （二）负债类 |
| --- | --- |
| 应收股利 | 应付股利 |
| 应收利息 | 应付利息 |
| 其他应收款 | 其他应付款 |
| 坏账准备 | 递延收益 |
| 材料采购 | 长期借款 |
| 在途物资 | 应付债券 |
| 原材料 | 未确认融资费用 |
| 材料成本差异 | 预计负债 |
| 库存商品 | 递延所得税负债 |
| 发出商品 | （三）共同类（略） |
| 商品进销差价 | （四）所有者权益类 |
| 委托加工物资 | 实收资本（股本） |
| 存货跌价准备 | 资本公积 |
| 合同资产 | 盈余公积 |
| 长期股权投资 | 其他综合收益 |
| 长期股权投资减值准备 | 本年利润 |
| 投资性房地产 | 利润分配 |
| 长期应收款 | 库存股 |
| 未实现融资收益 | （五）成本类 |
| 固定资产 | 生产成本 |
| 累计折旧 | 制造费用 |
| 固定资产减值准备 | 研发支出 |
| 在建工程 | （六）损益类 |
| 工程物资 | 主营业务收入 |
| 固定资产清理 | 其他业务收入 |
| 无形资产 | 主营业务成本 |
| 累计摊销 | 其他业务成本 |
| 无形资产减值准备 | 税金及附加 |
| 商誉 | 销售费用 |
| 长期待摊费用 | 管理费用 |

续表

| （一）资产类 | （六）损益类 |
| --- | --- |
| 递延所得税资产 | 财务费用 |
| 待处理财产损溢 | 资产减值损失 |
| | 信用减值损失 |
| | 投资收益 |
| | 公允价值变动损益 |
| | 资产处置损益 |
| | 其他收益 |
| | 营业外收入 |
| | 营业外支出 |
| | 所得税费用 |

【提示2】会计科目分类及具体内容如下表所示。

| 分类 | 科目类别 | 具体内容 |
| --- | --- | --- |
| 按反映的经济内容 | 资产类 | 反映流动资产的科目主要有“库存现金”“银行存款”“应收账款”“原材料”“库存商品”等科目<br>反映非流动资产的科目主要有“长期股权投资”“长期应收款”“固定资产”“在建工程”“无形资产”等科目 |
| | 负债类 | 反映流动负债的科目主要有“短期借款”“应付账款”“应付职工薪酬”“应交税费”等科目<br>反映非流动负债的科目主要有“长期借款”“应付债券”“长期应付款”等科目 |
| | 所有者权益类 | 包括“实收资本”（或“股本”）“资本公积”“其他综合收益”“盈余公积”“本年利润”“利润分配”“库存股”等科目 |
| | 共同类 | 略（初级考试不涉及） |
| | 成本类 | 包括“生产成本”“制造费用”“研发支出”等科目 |
| | 损益类 | 反映收入的科目主要有“主营业务收入”“其他业务收入”等科目<br>反映费用的科目主要有“主营业务成本”“其他业务成本”“销售费用”“管理费用”“财务费用”等科目 |
| 按提供信息的详细程度及其统驭关系 | 总分类科目 | 又称总账科目或一级科目，是对会计要素的具体内容进行总括分类，提供总括信息的会计科目 |
| | 明细分类科目 | 又称明细科目，是对总分类科目作进一步分类，提供更为详细和具体会计信息的科目，并不是所有的总分类科目都有明细科目，如“本年利润”科目；如果某一总分类科目所辖的明细分类科目较多，可在总分类科目下设置二级明细科目，在二级明细科目下设置三级明细科目，以此类推 |

【易错易混点辨析】

（1）“坏账准备”“存货跌价准备”“固定资产减值准备”“无形资产减值准备”“预付账款”属于资产类科目，而非负债类科目。

（2）“长期待摊费用”属于资产类科目，而非损益类科目。

（3）“预收账款”属于负债类科目，而非资产类科目。

（4）“其他综合收益”属于所有者权益类科目，而非损益类科目。

（5）“制造费用”“研发支出”属于成本类科目，而非损益类科目。

（6）“主营业务成本”“其他业务成本”属于损益类科目，而非成本类科目。

（二）账户

账户是根据会计科目设置的，具有一定格式和结构，用于分类核算会计要素增减变动情况及其结果的载体。

| 分类标准 | 账户类别 |
|---|---|
| 根据核算的经济内容 | 资产类账户、负债类账户、共同类账户、所有者权益类账户、成本类账户和损益类账户 |
| 根据提供信息的详细程度及其统驭关系 | 总分类账户和明细分类账户 |

【提示】会计科目与账户的联系与区别。

| | 会计科目 | 会计账户 |
|---|---|---|
| 区别 | 不存在结构，不能反映会计要素各项目的增减变动情况和结果 | 具有一定的格式和结构，并可以反映会计要素增减变动情况及结果 |
| 联系 | 会计科目与账户都是对会计对象具体内容的分类，会计科目是账户的名称，账户是会计科目的具体运用<br>在实务中，两者不严格区分，是可以通用的 | |

【历年考核要点】

各个会计科目的账户归属类别。

## 经典题解

**【例题28·单选题】**根据科目内容计入成本类账户的是（　　）。（2018年·1.5分）

A. 主营业务成本

B. 制造费用

C. 管理费用

D. 其他业务成本

**【解析】**成本类科目应计入对应的成本类账户，所以选项B正确。选项ACD都计入损益类账户。

**【答案】**B

## 二、借贷记账法（★★）

借贷记账法，是以“借”和“贷”作为记账符号的一种复式记账法。复式记账法，是指对于每一笔经济业务，都必须用相等的金额在两个或两个以上相互联系的账户中进行登记，全面、系统地反映会计要素增减变化的一种记账方法。

复式记账法分为借贷记账法、增减记账法、收付记账法等。我国会计准则规定，企业、行政单位和事业单位会计核算采用借贷记账法。

【提示】“借”和“贷”只是一种记账符号，没有任何意义。

（一）借贷记账法的账户结构

借贷记账法下，账户的左方称为借方，右方称为贷方。所有账户的借方和贷方按相反方向记录增加数和减少数，即一方登记增加额，另一方就登记减少额。

通常情况下，资产类、成本类和损益类账户当中的费用类账户的增加用“借”表示，减少用“贷”表示；负债类、所有者权益类和损益类账户当中的收入类账户的增加用“贷”表示，减少用“借”表示。

1. 资产类和成本类账户的结构

在借贷记账法下，资产类、成本类账户的借方登记增加额；贷方登记减少额。期末余额一般在借方。其余额计算公式为：

期末借方余额＝期初借方余额+本期借方发生额-本期贷方发生额

资产类和成本类账户结构用 T 型账户表示，如下图所示。

借方　　资产类和成本类账户　　贷方

| 借方 | | 贷方 | |
|---|---|---|---|
| 期初余额 | ××× | | |
| 本期增加额 | ××× | 本期减少额 | ××× |
| | ××× | | ××× |
| | …… | | …… |
| 本期借方发生额合计 | ××× | 本期贷方发生额合计 | ××× |
| 期末余额 | ××× | | |

2. 负债类和所有者权益类账户的结构

在借贷记账法下，负债类、所有者权益类账户的借方登记减少额；贷方登记增加额。期末余额一般在贷方。其余额计算公式为：

期末贷方余额＝期初贷方余额+本期贷方发生额-本期借方发生额

负债类和所有者权益类账户结构用 T 型账户表示，如下图所示。

借方　　负债类和所有者权益类账户　　贷方

| 借方 | | 贷方 | |
|---|---|---|---|
| | | 期初余额 | ××× |
| 本期减少额 | ××× | 本期增加额 | ××× |
| | ××× | | ××× |
| | …… | | …… |
| 本期借方发生额合计 | ××× | 本期贷方发生额合计 | ××× |
| | | 期末余额 | ××× |

3. 损益类账户的结构

损益类账户主要包括收入类账户和费用类账户。

在借贷记账法下，收入类账户的借方登记减少额；贷方登记增加额。本期收入净额在期末转入“本年利润”账户，用以计算当期损益，结转后无余额。收入类账户结构用 T 型账户表示，如下图所示。

| 借方 | 收入类账户 | | 贷方 |
|---|---|---|---|
| 本期减少额 | ××× | 本期增加额 | ××× |
| 本期转出额 | ××× | | ××× |
| | …… | | …… |
| 本期借方发生额合计 | ××× | 本期贷方发生额合计 | ××× |

在借贷记账法下，费用类账户的借方登记增加额；贷方登记减少额。本期费用净额在期末转入“本年利润”账户，用以计算当期损益，结转后无余额。费用类账户结构用 T 型账户表示，如下图所示。

| 借方 | 费用类账户 | | 贷方 |
|---|---|---|---|
| 本期增加额 | ××× | 本期减少额 | ××× |
| | ××× | 本期转出额 | ××× |
| | …… | | …… |
| 本期借方发生额合计 | ××× | 本期贷方发生额合计 | ××× |

【易错易混点辨析】

<table>
<tr><th colspan="2">账户性质</th><th>账户结构</th><th>期末余额</th><th>期末余额计算</th></tr>
<tr><td colspan="2">资产类、成本类</td><td>借增贷减</td><td>一般在借方，有些账户可能无余额</td><td>期末借方余额＝期初借方余额+本期借方发生额－本期贷方发生额</td></tr>
<tr><td colspan="2">负债类、所有者权益类</td><td>贷增借减</td><td>一般在贷方，有些账户可能无余额</td><td>期末贷方余额＝期初贷方余额+本期贷方发生额－本期借方发生额</td></tr>
<tr><td rowspan="2">损益类</td><td>收入类</td><td>贷增借减</td><td rowspan="2">期末将净额转入“本年利润”账户以计算当期损益，结转后无余额</td><td>—</td></tr>
<tr><td>费用类</td><td>借增贷减</td><td>—</td></tr>
</table>

【提示 1】期末有余额的账户，余额的方向通常和表示增加的方向是一致的。

【提示 2】备抵账户的结构与所调整账户的结构正好相反。如“累计折旧”“坏账准备”“累计摊销”属于资产类备抵账户，账户结构贷增借减，余额通常在贷方。

（二）借贷记账法的记账规则

借贷记账法的记账规则是“有借必有贷，借贷必相等”。

## 经典题解

【例题 29 · 单选题】下列选项中，在借贷记账法下关于成本类账户结构描述不正确的是(　　)。

A. 借方登记增加

B. 贷方登记增加

C. 期末余额一般在借方

D. 贷方登记减少

**【解析】** 成本类账户增加登记在借方。

**【答案】** B

（三）借贷记账法下的账户对应关系与会计分录

（1）账户对应关系，是指采用借贷记账法对每笔交易或事项进行记录时，相关账户之间形成的应借、应贷的相互关系。存在对应关系的账户称为对应账户。

（2）会计分录，简称分录，是对每项经济业务列示出应借、应贷的账户名称（科目）及其金额的一种记录。会计分录由应借应贷方向、相互对应的科目及其金额三个要素构成。

按照所涉及账户的多少，会计分录分为简单会计分录和复合会计分录。

| 项目 | 内容 | 举例 |
| --- | --- | --- |
| 简单会计分录 | 只涉及一个账户借方和另一个账户贷方的会计分录，即一借一贷的会计分录 | 甲公司将20000元现金存入银行<br>分析：将现金存入银行会导致银行存款增加，银行存款属于资产类科目，增加记借方；同时，甲公司库存现金相应减少，库存现金属于资产类科目，减少记贷方<br>会计分录如下：<br>借：银行存款　　20000<br>　贷：库存现金　　20000 |
| 复合会计分录 | 由两个以上（不含两个）对应账户组成的会计分录，即一借多贷、多借一贷或多借多贷的会计分录 | 甲公司购入原材料一批，价款10000元，其中6000元用银行存款支付，4000元尚未支付，假定不考虑增值税因素<br>分析：此项业务导致原材料增加，同时导致银行存款减少和应付账款增加。原材料是资产，增加记借方；银行存款是资产，减少记贷方；应付账款是负债，增加记贷方<br>会计分录如下：<br>借：原材料　　10000<br>　贷：银行存款　　6000<br>　　　应付账款　　4000 |

**【提示】** 复合会计分录实际上是由若干简单会计分录复合而成的，但为了保持账户对应关系清晰，一般不应把不同经济业务合并在一起，编制多借多贷的会计分录。

**【历年考核要点】**

1. 各类账户结构的增减变化

2. 资产类、负债类账户的期末余额计算

## 经典题解

**【例题30·单选题】** 2017年8月31日，某企业负债总额为500万元，9月份收回应收账款60万元，以银行存款归还短期借款40万元，预收租金20万元。不考虑其他因素，2017年9月30日该企业负债总额为（　　）万元。（2018年·1.5分）

A. 480　　B. 380

C. 440　　D. 460

**【解析】** ①收回应收账款，借记“银行存款”科目60万元，贷记“应收账款”科目60万元，不影响负债；②归还短期借款，借记“短期借款”科目40万元，贷记“银行存款”科目 40 万元，减少企业的负债 40 万元；③预收租金，借记“银行存款”科目 20 万元，贷记“预收账款”科目 20 万元，增加企业的负债 20 万元，所以 2017 年 9 月 30 日该企业的负债总额 = 500 - 40 + 20 = 480（万元）。

**【答案】** A

**【例题 31 · 单选题】** 某企业 2017 年 12 月初资产总额为 1200 万元，12 月份申请银行汇票转入银行汇票存款 5 万元，从银行提取现金 2 万元，收到设备投资的入账价值为 10 万元。不考虑其他因素，该企业 2017 年末资产总额为（　　）万元。（2018 年 · 1.5 分）

A. 1207　　B. 1217

C. 1215　　D. 1210

**【解析】** 申请银行汇票转入银行汇票存款，资产总额不变；从银行提取现金，资产总额不变；收到设备投资，资产总额增加，故该企业 2017 年末的资产总额 = 1200 + 10 = 1210（万元）。

**【解题思路】** 根据会计平衡等式“资产 = 负债 + 所有者权益”，转入银行汇票存款和从银行提取现金均属于资产内部增减变动，不影响资产总额；收到设备投资时等式两边资产和所有者权益同时增加，不属于资产内部的增减变动，影响资产使其总额增加。

**【答案】** D

（四）借贷记账法下的试算平衡

试算平衡，是指根据借贷记账法的记账规则和资产与权益（负债和所有者权益）的恒等关系，通过对所有账户的发生额和余额的汇总计算和比较，来检查账户记录是否正确的一种方法。

1. 试算平衡的分类

（1）发生额试算平衡。

全部账户本期借方发生额合计 = 全部账户本期贷方发生额合计

发生额试算平衡的直接依据是借贷记账法的记账规则，即“有借必有贷，借贷必相等”。

（2）余额试算平衡。

全部账户借方期末（初）余额合计 = 全部账户贷方期末（初）余额合计

余额试算平衡的直接依据是财务状况等式，即：资产 = 负债 + 所有者权益。

2. 试算平衡表的编制

试算平衡是通过编制试算平衡表进行的。试算平衡只是通过借贷金额是否平衡来检查账户记录是否正确的一种方法。如果借贷双方发生额或余额相等，表明账户记录基本正确，但有些错误并不影响借贷双方的平衡，因此，试算不平衡，表示记账一定有错误，但试算平衡时，不能表明记账一定正确。

不影响借贷双方平衡关系的错误通常有：

（1）漏记某项经济业务，使本期借贷双方的发生额等额减少，借贷仍然平衡；

（2）重记某项经济业务，使本期借贷双方的发生额等额虚增，借贷仍然平衡；

（3）某项经济业务记录的应借、应贷科目正确，但借贷双方金额同时多记或少记，且金额一致，借贷仍然平衡；

（4）某项经济业务记错有关账户，借贷仍然平衡；

（5）某项经济业务在账户记录中，颠倒了记账方向，借贷仍然平衡；

（6）某借方或贷方发生额中，偶然发生多记和少记并相互抵销，借贷仍然平衡。

**【历年考核要点】**

1. 发生额试算平衡和余额试算平衡的直接依据

2. 不影响借贷双方平衡关系的错误因素及业务案例

## 经典题解

**【例题 32 · 判断题】** 企业漏记某项经济业务的结果，会导致试算平衡表中的本期借贷方发生额不平衡。（　　）（2020 年 · 1 分）

**【解析】** 漏记某项经济业务，使本期借贷双方的发生额等额减少，借贷仍然平衡。

**【答案】** ×

【例题 33·判断题】借贷记账法的记账规则“有借必有贷，借贷必相等”是余额试算平衡的直接依据。（　　）（2019 年·1 分）

【解析】发生额试算平衡的直接依据是借贷记账法的记账规则，即“有借必有贷，借贷必相等”。

【答案】×

【例题 34·判断题】会计人员误将财务费用确认为制造费用，通过试算平衡表无法查出该差错。（　　）（2018 年·1 分）

【解析】试算平衡只是通过借贷金额是否平衡来检查账户记录是否正确的一种方法。该经济业务记错有关账户，借贷仍然平衡，所以通过试算平衡表无法查出该差错。

【答案】√

**开小灶**

本节必考点汇总：（详见轻松过关 2）

1. 借贷记账法的概述
2. 资产类、负债类和所有者权益类账户的账户结构
3. 试算平衡的直接依据和试算平衡的结果分析

## 第五节　会计凭证、会计账簿与账务处理程序

查看本节视频

使用“会计云课堂”App/ 微信扫描

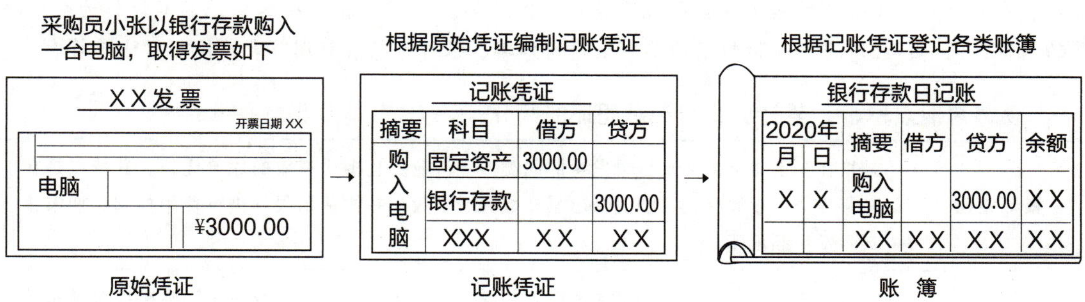


### 一、会计凭证（★）

（一）会计凭证概述

会计凭证，是指记录经济业务发生或者完成情况的书面证明，是登记账簿的依据。

会计凭证按照填制程序和用途可分为原始凭证和记账凭证。

| | |
|---|---|
| 原始凭证 | 又称单据，是指在经济业务发生或完成时取得或填制的，用以记录或证明经济业务的发生或完成情况的原始凭据 |
| 记账凭证 | 又称记账凭单，是指会计人员根据审核无误的原始凭证，按照经济业务的内容加以归类，并据以确定会计分录后填制的会计凭证，作为登记账簿的直接依据 |

（二）原始凭证

1. 原始凭证的种类

| 分类依据 | 具体分类 | 举例 |
|---|---|---|
| 取得来源 | 自制原始凭证（单位自制） | 工资费用分配表、领料单、发料凭证汇总表、产品入库单、借款单等 |
| | 外来原始凭证（外部流入） | 购买原材料取得的增值税专用发票、职工出差报销的飞机票、火车票等 |
| 格式 | 通用凭证（统一印制） | 某省（市）印制的在该省（市）通用的发票、收据等，如由国家税务总局统一印制的全国通用的增值税专用发票等 |
| | 专用凭证（仅供本单位用） | 领料单、差旅费报销单、折旧计算表、工资费用分配表等 |
| 填制的手续和内容 | 一次凭证（一次完成） | 收据、收料单、发货票、银行结算凭证等 |
| | 累计凭证（多次记录） | 限额领料单 |
| | 汇总凭证（合并同类业务） | 发料凭证汇总表、工资结算汇总表、差旅费报销单 |

【提示】凡是不能证明经济业务已经完成的文件或单据均不能算作原始凭证，不能作为会计核算的依据，例如：经济合同、材料请购单、生产通知单、银行存款余额调节表、银行对账单等。

【易错易混点辨析】累计凭证与汇总凭证的区分：

| 累计凭证 | 是指在一定时期内多次记录发生的同类型经济业务且多次有效的原始凭证。其特点是在一张凭证内连续登记，随时结出累计数和结余数，并按费用限额进行费用控制，期末按实际发生额记账 |
|---|---|
| 汇总凭证 | 是指对一定时期内反映经济业务内容相同的若干张原始凭证，按照一定标准综合填制的原始凭证。其合并了同类型经济业务，简化了凭证编制和记账工作 |

【历年考核要点】

1. 原始凭证（外来原始凭证、自制原始凭证）的实际业务案例归属类别

2. 累计原始凭证的实际业务案例的应用

## 经典题解

【例题35·单选题】下列各项中，属于外来原始凭证的是（　　）。（2020年·2分）

A. 支付运输费收到的增值税专用发票

B. 限额领料单

C. 发料凭证汇总表

D. 员工差旅费报销单

【解析】选项BCD均为自制原始凭证。

【答案】A

【例题36·单选题】下列各项中，属于汇总原始凭证的是（　　）。（2020年·2分）

A. 科目汇总表

B. 限额领料单

C. 发料凭证汇总表

D. 制造费用分配表

【解析】选项A属于记账凭证汇总表，不属于原始凭证；选项B属于累计原始凭证；选项D属于一次凭证，不属于汇总原始凭证。

【答案】C

2. 原始凭证的基本内容

原始凭证应当具备以下基本内容（也称为原始凭证要素）：

（1）凭证的名称；

（2）填制凭证的日期；

（3）填制凭证单位名称和填制人姓名；

（4）经办人员的签名或者盖章；

（5）接受凭证单位名称；

（6）经济业务内容；

（7）数量、单价和金额。

## 经典题解

**【例题 37 · 多选题】** 下列各项中，属于原始凭证应当具备的基本内容的有（　　）。（2018 年 · 2 分）

A. 记账符号

B. 交易或事项的内容

C. 经办人员签名或盖章

D. 填制凭证的日期

**【解析】** 原始凭证的格式和内容因经济业务和经营管理的不同而有所差异，但原始凭证应当具备以下基本内容（也称为原始凭证要素）：①凭证的名称；②填制凭证的日期（选项 D）；③填制凭证单位名称和填制人姓名；④经办人员的签名或者盖章（选项 C）；⑤接受凭证单位名称；⑥经济业务内容（选项 B）；⑦数量、单价和金额。

**【解题思路】** 此类题经常会出现干扰项，不属于原始凭证基本内容的有：借贷方向、会计科目、记账符号、所附原始凭证的张数等。

**【答案】** BCD

3. 原始凭证的填制要求

| 项目 | 具体内容 | |
|---|---|---|
| 原始凭证填制的基本要求 | ①记录真实；②内容完整；③手续完备；④书写清楚、规范；⑤编号连续；⑥不得涂改、刮擦、挖补；⑦填制及时<br>【提示】不得使用未经国务院公布的简化汉字。大小写金额必须符合填写规范，小写金额用阿拉伯数字逐个书写，不得写连笔字。在金额前要填写人民币符号“￥”（使用外币时填写相应符号），且与阿拉伯数字之间不得留有空白。金额数字一律填写到角、分，无角无分的，写“00”或符号“-”；有角无分的，分位写“0”，不得用符号“-”。大写金额用汉字壹、贰、叁、肆、伍、陆、柒、捌、玖、拾、佰、仟、万、亿、元、角、分、零、整等，一律用正楷或行书字书写。大写金额前未印有“人民币”字样的，应加写“人民币”三个字且和大写金额之间不得留有空白。大写金额到元或角为止的，后面要写“整”或“正”字；有分的，不写“整”或“正”字 | |
| 自制原始凭证填制的基本要求 | 一次凭证 | 应在经济业务发生或完成时，由相关业务人员一次填制完成 |
| | 累计凭证 | 应在每次经济业务完成后，由相关人员在同一张凭证上重复填制完成 |
| | 汇总凭证 | 应由相关人员在汇总一定时期内反映同类经济业务的原始凭证后填制完成 |

4. 原始凭证的审核

审核的内容主要包括：

（1）审核原始凭证的真实性；

（2）审核原始凭证的合法性、合理性；

（3）审核原始凭证的完整性；

（4）审核原始凭证的正确性。

【提示 1】审核原始凭证记载的各项内容是否正确，包括：①接受原始凭证单位的名称是否正确；②金额的填写和计算是否正确。阿拉伯数字分位填写，不得连写。小写金额前要标明“￥”字样，中间不能留有空位。大写金额前要加“人民币”字样，大写金额与小写金额要相符；③更正是否正确。原始凭证记载的各项内容均不得涂改、刮擦和挖补。

【提示2】原始凭证金额有错误的，应当由出具单位重开，不得在原始凭证上更正。原始凭证有其他错误的，应当由出具单位重开或者更正，更正处应当加盖出具单位印章。

【历年考核要点】

1. 原始凭证的基本填制要求和审核内容
2. 原始凭证金额错误的处理办法

## 经典题解

【例题38·多选题】下列各项中，属于原始凭证审核内容的有（　　）。（2020年·2分）

A. 原始凭证所记录经济业务是否符合国家法律法规

B. 原始凭证业务内容和数据是否真实

C. 原始凭证记载的各项内容是否正确

D. 原始凭证各项基本要素是否齐全

【解析】选项A属于审核原始凭证的合法性、合理性；选项B属于审核原始凭证的真实性；选项C属于审核原始凭证的正确性；选项D属于审核原始凭证的完整性。

【答案】ABCD

【例题39·单选题】下列各项中，对于金额有错误的原始凭证处理方法正确的是（　　）。（2018年·1.5分）

A. 由出具单位在凭证上更正并加盖出具单位印章

B. 由出具单位在凭证上更正并由经办人员签名

C. 由出具单位在凭证上更正并由单位负责人签名

D. 由出具单位重新开具凭证

【解析】原始凭证金额有错误的，应当由出具单位重开，不得在原始凭证上更正，因此选项D正确。

【答案】D

（三）记账凭证

1. 记账凭证的种类

记账凭证按照其反映的经济业务的内容来划分，通常可分为收款凭证、付款凭证和转账凭证。

| 类别 | 含义 | 填制依据 | 用途 |
| --- | --- | --- | --- |
| 收款凭证 | 用于记录库存现金和银行存款收款业务的记账凭证 | 收款凭证根据有关库存现金和银行存款收款业务的原始凭证填制 | 是登记库存现金日记账、银行存款日记账以及有关明细分类账和总分类账等账簿的依据，也是出纳人员收讫款项的依据 |
| 付款凭证 | 用于记录库存现金和银行存款付款业务的记账凭证 | 付款凭证根据有关库存现金和银行存款支付业务的原始凭证填制 | 是登记库存现金日记账、银行存款日记账以及有关明细分类账和总分类账等账簿的依据，也是出纳人员支付款项的依据 |
| 转账凭证 | 用于记录不涉及库存现金和银行存款业务的记账凭证 | 转账凭证根据有关转账业务的原始凭证填制 | 是登记有关明细分类账和总分类账等账簿的依据 |

【提示】对于涉及"库存现金"和"银行存款"之间的相互划转业务，如将现金存入银行或从银行提取现金，为了避免重复记账，一般只编制付款凭证，不编制收款凭证。

【历年考核要点】

三类记账凭证的实际案例应用。

## 经典题解

**【例题 40 · 单选题】** 甲公司购入原材料一批，取得增值税专用发票注明价款 10000 元，增值税税额 1300 元，其中 5000 元以银行存款支付，另 6300 元尚未支付。甲公司此项业务应当编制(　　)。

A. 收款凭证

B. 收款凭证与转账凭证

C. 付款凭证与转账凭证

D. 付款凭证

**【解析】** 以银行存款支付部分编制付款凭证，未支付部分编制转账凭证。

**【答案】** C

2. 记账凭证的基本内容

记账凭证必须具备以下基本内容：①填制凭证的日期；②凭证编号；③经济业务摘要；④应借应贷会计科目；⑤金额；⑥所附原始凭证张数；⑦填制凭证人员、稽核人员、记账人员、会计机构负责人、会计主管人员签名或者盖章。

**【提示】** 收款和付款记账凭证还应当由出纳人员签名或者盖章。

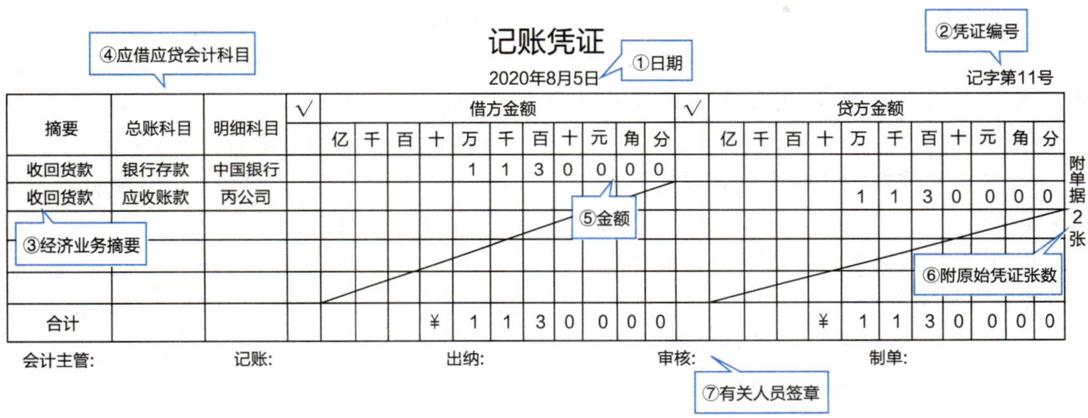


3. 记账凭证的填制要求

(1) 记账凭证填制的基本要求：

①内容完整。

②书写清楚和规范。

③除结账和更正错账可以不附原始凭证外，其他记账凭证必须附原始凭证。

④记账凭证的依据。记账凭证可以根据每一张原始凭证填制，或根据若干张同类原始凭证汇总填制，也可根据原始凭证汇总表填制；但不得将不同内容和类别的原始凭证汇总填制在一张记账凭证上。

⑤连续编号。按业务发生的顺序并按不同种类的记账凭证采用“字号编号法”连续编号，如银收字 1 号、现收字 2 号、现付字 1 号、银付字 2 号。如果一笔经济业务需要填制两张以上（含两张）记账凭证的，可以采用“分数编号法”编号，如转字 $4\frac{1}{3}$号，转字 $4\frac{2}{3}$号、转字 $4\frac{3}{3}$号。为便于监督，反映付款业务的会计凭证不得由出纳人员编号。

⑥填制记账凭证时若发生错误，应当重新填制。

已经登记入账的记账凭证在当年内发现填写错误时，可以用红字填写一张与原内容相同的记账凭证，同时再用蓝字重新填制一张正确的记账凭证；如果会计科目没有错误，只是金额错误，也可以将正确数字与错误数字之间的差额另编一张调整的记账凭证，调增金额用蓝字，调减金额用红字；发现以前年度记账凭证有错误的，应当用蓝字填制一张更正的记账凭证。

⑦记账凭证填制完成后，如有空行，应当自金额栏最后一笔金额数字下的空行处至合计数上的空行处划线注销。

（2）记账凭证填制的特殊要求：

①收款凭证，左上角借方科目填写“库存现金”或“银行存款”科目。

②付款凭证，左上角贷方科目填写“库存现金”或“银行存款”科目。

③转账凭证，“总账科目”和“明细科目”栏应填写应借、应贷的总账科目和明细科目，不涉及“库存现金”或“银行存款”科目。

**【历年考核要点】**

1. 考核记账凭证填制要求的文字性表述
2. 收款凭证的实际案例应用

## 经典题解

**【例题41·单选题】**下列各项中，关于记账凭证填制基本要求的表述不正确的是(　　)。(2020年·2分)

A. 登记账簿前，记账凭证填制错误的应重新填制

B. 可以将不同内容和类别的原始凭证合并填制一张记账凭证

C. 除结账和更正错账可以不附原始凭证，其他记账凭证必须附原始凭证

D. 记账凭证应连续编号

**【解析】**记账凭证可以根据每一张原始凭证填制，或根据若干张同类原始凭证汇总填制，也可根据原始凭证汇总表填制；但不得将不同内容和类别的原始凭证汇总填制在一张记账凭证上。

**【答案】**B

**【例题42·判断题】**除结账和更正错账业务外，其他记账凭证必须附原始凭证。(　　)(2020年·1分)

**【答案】**√

**【例题43·多选题】**下列各项中，企业应根据相关业务的原始凭证编制收款凭证的有(　　)。(2019年·2分)

A. 收取出租包装押金

B. 从银行存款中提取现金

C. 将库存现金送存银行

D. 销售产品取得货款存入银行

**【解析】**对于涉及“库存现金”和“银行存款”之间的相互划转业务，如将现金存入银行或从银行提取现金，为了避免重复记账，一般只填制付款凭证，不再填制收款凭证，故选项BC均需要编制付款凭证，而不是收款凭证。

**【答案】**AD

4. 记账凭证的审核

审核的内容主要包括：

（1）记账凭证是否有原始凭证为依据，所附原始凭证或原始凭证汇总表的内容与记账凭证的内容是否一致；

（2）记账凭证各项目的填写是否齐全，如日期、凭证编号、摘要、会计科目、金额、所附原始凭证张数及有关人员签章等；

（3）记账凭证的应借、应贷科目以及对应关系是否正确；

（4）记账凭证所记录的金额与原始凭证的有关金额是否一致，计算是否正确；

（5）记账凭证中的记录是否文字工整、数字清晰，是否按规定进行更正等；

（6）出纳人员在办理收款或付款业务后，是否已在原始凭证上加盖“收讫”或“付讫”的戳记。

（四）会计凭证的保管

会计凭证的保管，是指会计凭证记账后的整理、装订、归档和存查工作。会计凭证作为记账的依据，是重要的会计档案和经济资料。任何单位在完成经济业务手续和记账后，必须将会计凭证按规定的立卷归档制度形成会计档案资料，妥善保管，防止丢失，不得任意销毁，以便日后随时查阅。

### 二、会计账簿（★）

（一）会计账簿概述

会计账簿，简称账簿，是指由一定格式的账页组成的，以经过审核的会计凭证为依据，全面、系统、连续地记录各项经济业务和会计事项的簿籍。

1. 会计账簿的基本内容

| 项目 | 具体内容 |
| --- | --- |
| 封面 | 主要用来标明账簿的名称，如总分类账、各种明细分类账、库存现金日记账、银行存款日记账等 |
| 扉页 | 主要用来列明会计账簿的使用信息，如科目索引、账簿启用和经管人员一览表等 |
| 账页 | 是账簿用来记录经济业务的主要载体，包括账户的名称、日期栏、凭证种类和编号栏、摘要栏、金额栏，以及总页次和分户页次等基本内容 |

2. 会计账簿的种类

（1）按用途分类。

| 种类名称 | 基本概念 | 适用举例 |
| --- | --- | --- |
| 序时账簿 | 又称日记账，是按照经济业务发生时间的先后顺序逐日、逐笔登记的账簿 | 库存现金日记账和银行存款日记账 |
| 分类账簿 | 是会计账簿的主体，也是编制财务报表的主要依据。分类账簿按其反映经济业务的详略程度，可分为总分类账簿和明细分类账簿 | 总分类账簿：应收账款总账<br>明细分类账簿：原材料明细账 |
| 备查账簿 | 又称辅助登记簿或补充登记簿，是对某些在序时账簿和分类账簿中未能记载或记载不全的经济业务进行补充登记的账簿 | 租入固定资产登记簿、代管商品物资登记簿 |

（2）按账页格式分类。

| 种类名称 | 适用举例 |
| --- | --- |
| 三栏式账簿 | 日记账、总账以及资本、债权、债务明细账 |
| 多栏式账簿 | 收入、成本、费用明细账 |
| 数量金额式账簿 | 原材料、库存商品等明细账 |

## 经典题解

**【例题 44 · 单选题】** 下列各项中，适合采用数量金额式账簿的是（　　）。（2020 年 · 2 分）

A. 管理费用明细账

B. 库存商品明细账

C. 应收账款明细账

D. 主营业务收入明细账

**【解析】** 数量金额式账簿，是在账簿的借方、贷方和余额三个栏目内，每个栏目再分设数量、单价和金额三小栏，借以反映财产物资的实物数量和价值量的账簿。原材料、库存商品（选项 B 正确）等明细账一般采用数量金额式账簿。

**【答案】** B

（3）按外形特征分类。

| 种类名称 | 优点 | 缺点 | 适用举例 |
|---|---|---|---|
| 订本式账簿 | 能避免账页散失和防止抽换账页 | 不能准确为各账户预留账页 | 总分类账、库存现金日记账和银行存款日记账 |
| 活页式账簿 | 记账时可以根据实际需要，随时将空白账页装入账簿，或抽去不需要的账页，便于分工记账 | 如果管理不善，可能会造成账页散失或故意抽换账页 | 明细分类账 |
| 卡片式账簿 | 一般只对固定资产的核算采用卡片账形式，也有少数企业在材料核算中使用材料卡片 | | |

（二）会计账簿的启用与登记要求

启用会计账簿时，应当在账簿封面上写明单位名称和账簿名称，并在账簿扉页上附启用表。启用订本式账簿应当从第一页到最后一页顺序编定页数，不得跳页、缺号。使用活页式账簿应当按账户顺序编号，并须定期装订成册，装订后再按实际使用的账页顺序编定页码，另加目录以便于记明每个账户的名称和页次。

（三）会计账簿的格式与登记方法

1. 日记账的格式与登记方法

日记账，是按照经济业务发生或完成的时间先后顺序逐日逐笔进行登记的账簿。

| 账簿名称 | 登记方法 | 适用账簿类型 |
|---|---|---|
| 库存现金日记账 | （1）三栏式库存现金日记账由出纳人员根据库存现金收款凭证、库存现金付款凭证和银行存款付款凭证，按照业务发生时间的先后顺序逐日逐笔登记<br>（2）每日终了，结出收支合计和余额，与库存现金核对 | 主要为三栏式 |
| 银行存款日记账 | （1）银行存款日记账应按企业在银行开立的账户和币种分别设置，每个银行账户设置一本日记账。由出纳人员根据与银行存款收付业务有关的记账凭证，按时间先后顺序逐日逐笔进行登记<br>（2）每日结出存款余额 | 可以采用三栏式，也可以采用多栏式 |

**【历年考核要点】**

库存现金日记账和银行存款日记账的登记方法。

**经典题解**

**【例题45·单选题】**下列各项中，出纳人员根据会计凭证登记现金日记账正确的做法是（　　）。（2018年·1.5分）

A. 根据库存现金收付业务凭证逐笔、序时登记

B. 根据现金收付款凭证金额相抵的差额登记

C. 将现金收款凭证汇总后再登记

D. 将现金付款凭证汇总后再登记

**【解析】**三栏式库存现金日记账由出纳人员根据库存现金收款凭证、库存现金付款凭证和银行存款付款凭证，按照库存现金收、付款业务和银行存款付款业务发生时间的先后顺序逐日逐笔登记。

**【答案】**A

2. 总分类账的格式与登记方法

总分类账是按照总分类账户分类登记以提供总括会计信息的账簿。最常用的格式为三栏式。

总分类账的登记方法因登记的依据不同而有所不同。经济业务少的小型单位的总分类账，可以根据记账凭证逐笔登记；经济业务多的大中型单位的总分类账，可以根据记账凭证汇总表（又称科目汇总表）或汇总记账凭证等定期登记。

3. 明细分类账的格式与登记方法（略）

4. 总分类账与明细分类账的平行登记

平行登记，是指对所发生的每项经济业务都要以会计凭证为依据，一方面记入有关总分类账户，另一方面记入所辖明细分类账户的方法。

总分类账户与明细分类账户平行登记的要点包括：方向相同、期间一致、金额相等。

（四）对账与结账

1. 对账

对账，是对账簿记录所进行的核对。对账一般分为账证核对、账账核对、账实核对。

| 项目 | 具体内容 | |
|---|---|---|
| 账证核对 | 是指将账簿记录与会计凭证核对，核对账簿记录与原始凭证、记账凭证的时间、凭证字号、内容、金额等是否一致，记账方向是否相符，做到账证相符 | |
| 账账核对 | ①总分类账簿之间的核对 | 依据：按照“资产=负债+所有者权益”这一会计等式和“有借必有贷，借贷必相等”的记账规则 |
| | ②总分类账簿与所辖明细分类账簿之间的核对 | 依据：总分类账各账户的期末余额=其所辖各明细分类账的期末余额之和 |
| | ③总分类账簿与序时账簿之间的核对 | 依据：库存现金总账的期末余额=库存现金日记账的期末余额<br>银行存款总账的期末余额=银行存款日记账的期末余额 |
| | ④明细分类账簿之间的核对 | 核对方法：一般是由财产物资保管部门或使用部门定期编制收发结存汇总表报会计机构核对 |
| 账实核对 | ①库存现金日记账账面余额与现金实际库存数逐日核对是否相符<br>②银行存款日记账账面余额与银行对账单余额定期核对是否相符<br>③各项财产物资明细账账面余额与财产物资实有数额定期核对是否相符<br>④有关债权债务明细账账面余额与对方单位债权债务账面记录核对是否相符 | |

## 经典题解

**【例题46·多选题】**下列各项中，属于账账核对内容的有（　　）。（2020年·2分）

A. 总账期末余额与其所属明细账期末余额之和的核对

B. 债权债务明细账账面余额与对方单位债权债务账面记录的核对

C. 资产、负债、所有者权益各账户总账余额之间平衡关系的核对

D. 总账与序时账期末余额的核对

**【解析】**选项B属于账实核对。

**【答案】**ACD

2. 结账

结账是将账簿记录定期结算清楚的会计工作。结账的内容通常包括两个方面：一是结清各种损益类账户，据以计算确定本期利润；二是结出各资产、负债和所有者权益账户的本期发生额合计和期末余额。

**【提示1】**月末结账时，只需要在最后一笔经济业务记录下通栏划单红线，不需要再次结计余额。

【提示2】12月末的“本年累计”就是全年累计发生额，全年累计发生额下通栏划双红线。

【提示3】年度终了结账时，在摘要栏注明“结转下年”字样；在下一会计年度新建有关账户的第一行余额栏内填写上年结转的余额，并在摘要栏注明“上年结转”字样。

（五）错账更正的方法

错账更正的方法一般有划线更正法、红字更正法和补充登记法三种。

1. 划线更正法

在结账前发现账簿记录有文字或数字错误，而记账凭证没有错误，应当采用划线更正法。

【提示】记账凭证中的文字或数字发生错误，在尚未过账前，也可用划线更正法更正。

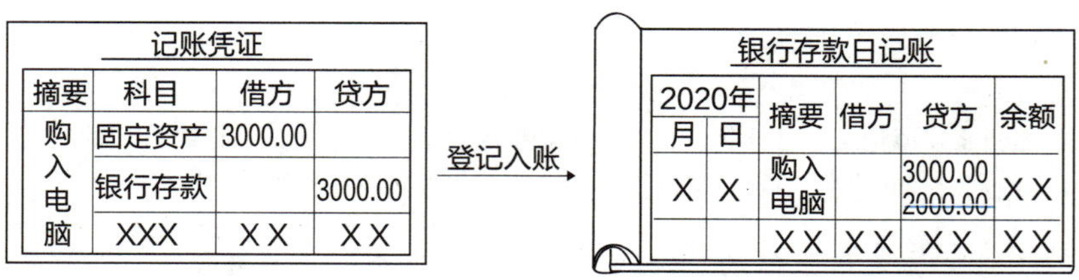


2. 红字更正法

适用于两种情形：①记账后发现记账凭证中应借、应贷会计科目有错误所引起的记账错误；②记账后发现记账凭证和账簿记录中应借、应贷会计科目无误，只是所记金额大于应记金额所引起的记账错误。

更正方法：①记账后发现记账凭证科目错误的，如下图所示更正记账凭证，并据以分别用红字和蓝字登记入账。

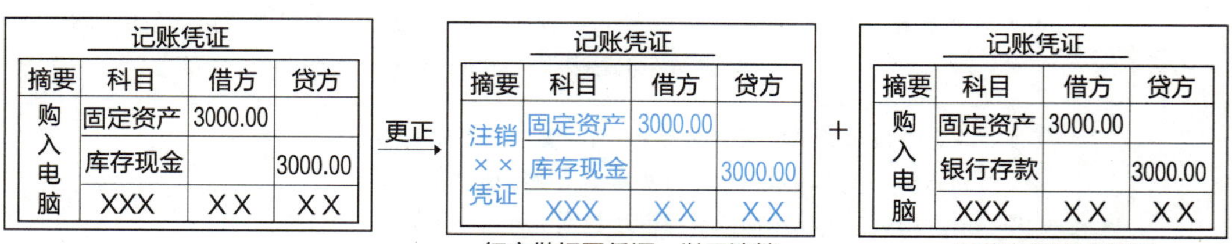


红字做相同凭证，以示注销　　以蓝字做正确凭证

②记账凭证与账簿记录科目无误，金额多记的，如下图所示更正记账凭证，并据以用红字登记入账。

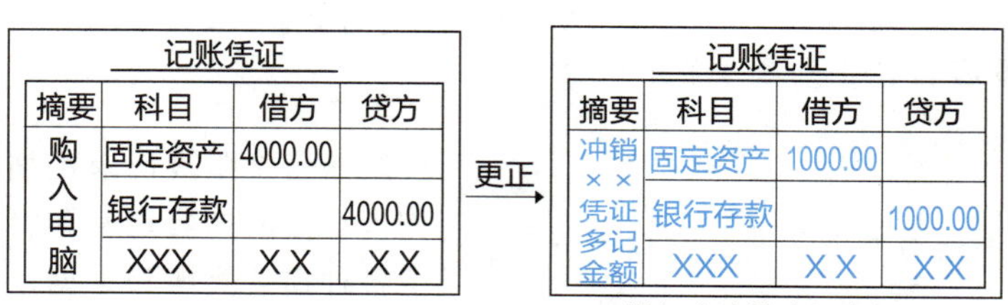


以红字冲销多记金额

3. 补充登记法

适用情形：记账后发现记账凭证和账簿记录中应借、应贷会计科目无误，只是所记金额小于应记金额时，应当采用补充登记法。

更正方法：如下图所示，更正记账凭证，并据以用蓝字登记入账。

记账凭证

| 摘要 | 科目 | 借方 | 贷方 |
|---|---|---|---|
| 购入电脑 | 固定资产 | 2000.00 | |
| | 银行存款 | | 2000.00 |
| | XXX | XX | XX |

再做一笔 →

记账凭证

| 摘要 | 科目 | 借方 | 贷方 |
|---|---|---|---|
| 补记××凭证少记金额 | 固定资产 | 1000.00 | |
| | 银行存款 | | 1000.00 |
| | XXX | XX | XX |

以蓝字将少记金额补记

【提示】错账更正就像医生给病人看病，如果只是皮外伤，即记账凭证无误，只是过账时发生错误，涂点药就可以了，这就是划线更正法。如果伤筋动骨，即记账凭证上借贷科目写错了，那就要动手术了，比如换个心脏，先切除旧的再换一个新的，这就是红字更正法，当然，如果凭证上的金额多记了，也需要通过手术即红字更正法进行切割。如果凭证上金额少记了，那吃点营养品补补身子就行了，这就是补充登记法。

## 【历年考核要点】

三种更正方法的适用范围及实际案例应用。

## 经典题解

**【例题 47 · 判断题】**在结账前发现账簿记录有文字或数字错误，但记账凭证没有错误，会计人员应采用红字更正法进行更正处理。(　　)(2020 年 · 1 分)

**【解析】**在结账前发现账簿记录有文字或数字错误，而记账凭证没有错误，应当采用划线更正法进行更正处理。

**【答案】**×

**【例题 48 · 单选题】**某企业结账前发现账簿记录中有一笔金额为 3457 元的销售业务误记为 3475 元，相关的记账凭证没有错误。下列各项中，属于该企业应采用的错账更正方法的是(　　)。(2018 年 · 1.5 分)

A. 补充登记法

B. 划线更正法

C. 更正账页法

D. 红字更正法

**【解析】**在结账前发现账簿记录有文字或数字错误，而记账凭证没有错误，应当采用划线更正法，选项 B 正确。

**【解题思路】**

| 错账情形 | | | 更正方法 |
|---|---|---|---|
| 结账前，凭证正确，账簿错误 | | | 划线更正法 |
| 记账后，凭证错误导致账簿错误 | 会计科目错误 | | 红字更正法 |
| | 金额错误 | 多记 | 红字更正法 |
| | | 少记 | 补充登记法 |

**【答案】**B

## 三、账务处理程序（★）

企业常用的账务处理程序，主要有记账凭证账务处理程序、汇总记账凭证账务处理程序和科目汇总表账务处理程序，它们之间的主要区别是登记总分类账的依据和方法不同。

（一）记账凭证账务处理程序

记账凭证账务处理程序，是指对发生的经济业务，先根据原始凭证或汇总原始凭证填制记账凭证，再根据记账凭证登记总分类账的一种账务处理程序。

记账凭证账务处理程序如下图所示。

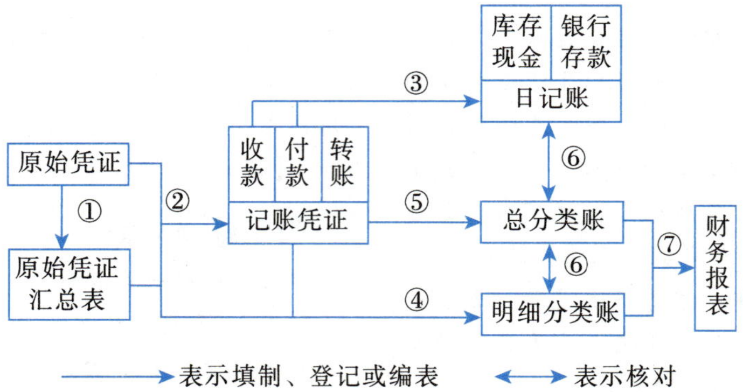


适用范围：规模较小、经济业务量较少的单位。

优点：简单明了，易于理解，总分类账可以较详细地反映经济业务的发生情况。

缺点：登记总分类账的工作量较大。

（二）汇总记账凭证账务处理程序

汇总记账凭证账务处理程序，是指先根据原始凭证或汇总原始凭证填制记账凭证，定期根据记账凭证分类编制汇总收款凭证、汇总付款凭证和汇总转账凭证，再根据汇总记账凭证登记总分类账的一种账务处理程序。

汇总记账凭证账务处理程序如下图所示。

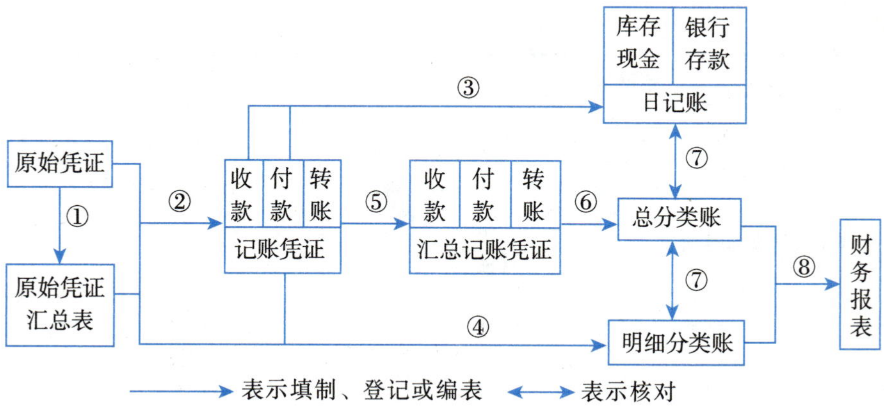


适用范围：规模较大、经济业务较多的单位。

优点：减轻了登记总分类账的工作量。

缺点：当转账凭证较多时，编制汇总转账凭证的工作量较大，并且按每一贷方账户编制汇总转账凭证，不利于会计核算的日常分工。

（三）科目汇总表账务处理程序

科目汇总表账务处理程序，又称记账凭证汇总表账务处理程序，是指根据记账凭证定期编制科目汇总表，再根据科目汇总表登记总分类账的一种账务处理程序。

科目汇总表账务处理程序如下图所示。

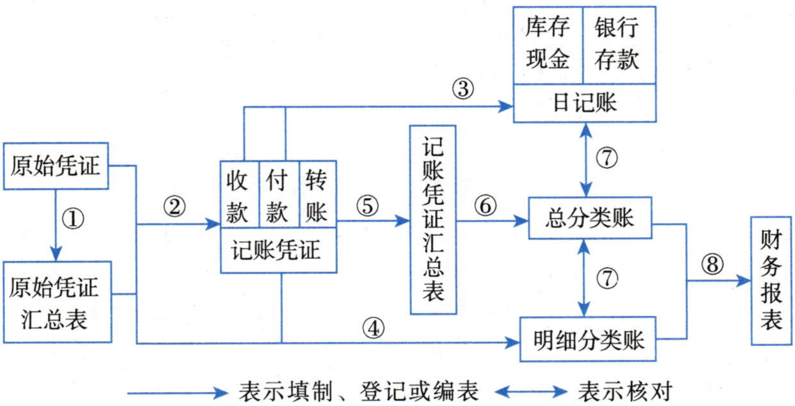


适用范围：经济业务较多的单位。

优点：减轻了登记总分类账的工作量，并可起到试算平衡的作用。

缺点：科目汇总表不能反映各个账户之间的对应关系，不利于对账目进行检查。

**【历年考核要点】**

三类账务处理程序的主要区别。

## 经典题解

**【例题 49·单选题】** 各种账务处理程序的主要区别是(　　)。

A. 登记明细账的依据不同

B. 登记总分类账的依据和方法不同

C. 记账的程序不同

D. 记账的方法不同

**【解析】** 登记总分类账的依据和方法不同是各账务处理程序的主要区别。

**【答案】** B

**开小灶**

本节必考点汇总：（详见轻松过关 2）

1. 原始凭证的分类
2. 原始凭证的填制要求
3. 记账凭证的填制要求
4. 实际业务如何选择记账凭证的种类
5. 会计账簿的格式与分类
6. 账簿的启用与登记
7. 账证核对、账账核对和账实核对的具体内容
8. 结账的具体内容
9. 三种错账更正方法的适用情况

# 第六节　财产清查

查看本节视频

使用“会计云课堂”App/微信扫描

### 一、财产清查概述（★）

财产清查，是指通过对货币资金、实物资产和往来款项等财产物资进行盘点或核对，确定其实存数，查明账存数与实存数是否相符的一种专门方法。

（一）财产清查的种类

1. 按照清查范围分类

| 类别 | 含义 | 适用情况 |
|---|---|---|
| 全面清查 | 是指对所有的财产进行全面的盘点和核对 | （1）年终决算前<br>（2）在合并、撤销或改变隶属关系前<br>（3）中外合资、国内合资前<br>（4）股份制改造前<br>（5）开展全面的资产评估、清产核资前<br>（6）单位主要领导调离工作前等 |
| 局部清查 | 是指根据需要只对部分财产进行盘点和核对 | （1）对于流动性较大的财产物资，如原材料、产成品等，应根据需要随时轮流盘点或重点抽查<br>（2）对于贵重财产物资，每月都要进行清查盘点<br>（3）对于库存现金，每日终了，应由出纳人员进行清点核对<br>（4）对于银行存款，企业至少每月同银行核对一次<br>（5）对债权、债务，企业应每年至少同债权人、债务人核对一至两次 |

【提示】全面清查、局部清查可以是定期清查，也可以是不定期清查，应根据实际需要来确定。

2. 按照清查的时间分类

| 类别 | 含义 | 适用情况 |
|---|---|---|
| 定期清查 | 是指按照预先计划安排的时间对财产进行的盘点和核对 | 一般在年末、季末、月末进行 |
| 不定期清查 | 是指事前不规定清查日期的盘点和核对 | 根据特殊需要临时进行 |

3. 按照清查的执行系统分类

| 类别 | 含义 |
|---|---|
| 内部清查 | 是指由本单位内部自行组织清查工作小组所进行的财产清查工作 |
| 外部清查 | 是指由上级主管部门、审计机关、司法部门、注册会计师等根据国家有关规定或情况需要对本单位进行的财产清查。一般来讲，进行外部清查时应有本单位相关人员参加 |

【历年考核要点】

1. 全面清查的适用情况
2. 三种清查相互交叉的情况

## 经典题解

【例题50·多选题】下列各项中，企业必须进行财产全面清查的有（　　）。（2018年·2分）

A. 清产核资前

B. 股份制改造前

C. 单位改变隶属关系前

D. 单位主要领导人离任交接前

【解析】需要进行全面清查的情况通常有：①年终决算前；②在合并、撤销或改变隶属关系前（选项C）；③中外合资、国内合资前；④股份制改造前（选项 B）；⑤开展全面的资产评估、清产核资前（选项 A）；⑥单位主要领导调离工作前（选项 D）等。

【答案】ABCD

【例题 51·多选题】财产清查按清查的时间分类可以分为（ ）。

A. 年度清查

B. 中期清查

C. 定期清查

D. 不定期清查

【解析】财产清查按清查的时间分为定期清查和不定期清查。

【答案】CD

【例题 52·判断题】定期清查，可以是全面清查，也可以是局部清查。（ ）

【答案】√

（二）财产清查的一般程序

财产清查既是会计核算的一种专门方法，又是财产物资管理的一项重要制度。企业必须有计划、有组织地进行财产清查。

财产清查一般包括以下程序：

（1）建立财产清查组织；

（2）组织清查人员学习有关政策规定，掌握有关法律、法规和相关业务知识，以提高财产清查工作的质量；

（3）确定清查对象、范围，明确清查任务；

（4）制定清查方案，具体安排清查内容、时间、步骤、方法，以及必要的清查前准备；

（5）清查时本着先清查数量、核对有关账簿记录等，后认定质量的原则进行；

（6）填制盘存清单；

（7）根据盘存清单，填制实物、往来账项清查结果报告表。

## 二、财产清查的方法与处理（★）

（一）财产清查的方法

1. 货币资金的清查方法

（1）库存现金的清查，采用实地盘点法。对库存现金进行盘点时，出纳人员必须在场。

【提示】盘点结束后，填制“库存现金盘点报告表”，作为重要的原始凭证。

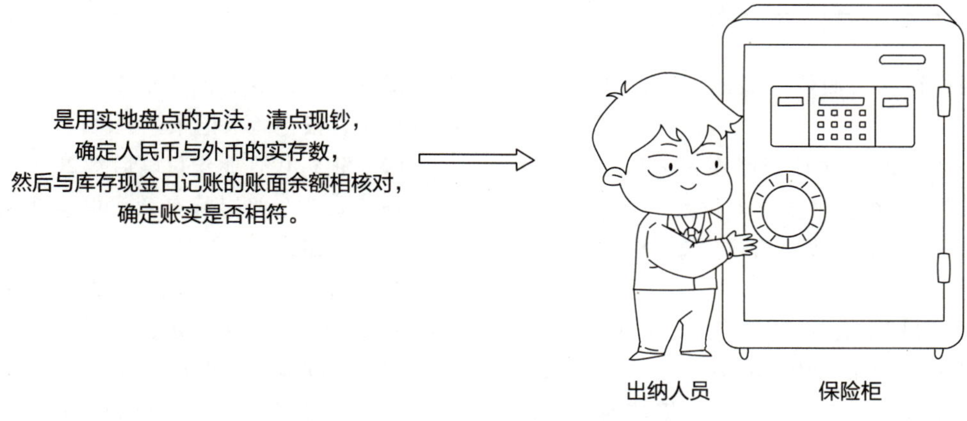

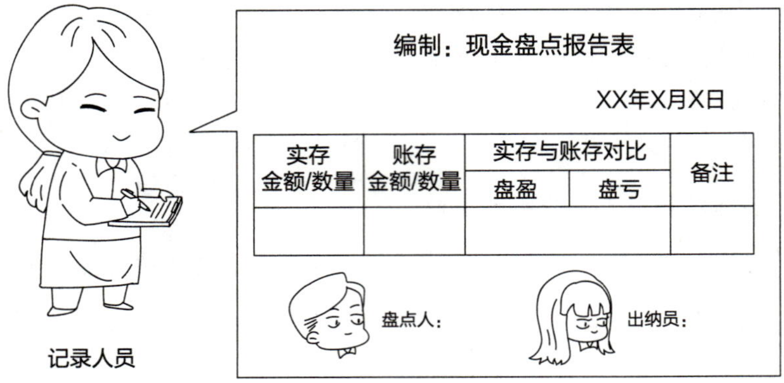


（2）银行存款的清查，是采用与开户银行核对账目的方法进行的，即将本单位银行存款日记账的账簿记录与开户银行转来的对账单逐笔进行核对，查明银行存款的实有数额。

企业银行存款账面余额与银行对账单余额之间不一致的原因，可能是某一方或双方记账过程有错误或存在未达账项。

未达账项，是由于结算凭证在企业与银行之间或收付款银行之间传递需要时间，造成企业与银行之间入账的时间差，一方收到凭证并已入账，另一方未收到凭证因而未能入账而形成的入账差异。未达账项一般分为以下四种情况：

| 情况 | 调节方法 |
| --- | --- |
| ①企业已收款记账，银行未收款未记账 | 调增银行对账单余额 |
| ②企业已付款记账，银行未付款未记账 | 调减银行对账单余额 |
| ③银行已收款记账，企业未收款未记账 | 调增企业银行存款日记账余额 |
| ④银行已付款记账，企业未付款未记账 | 调减企业银行存款日记账余额 |

银行存款余额调节表的编制，其计算公式如下：

企业银行存款日记账余额+银行已收企业未收款-银行已付企业未付款=银行对账单存款余额+企业已收银行未收款-企业已付银行未付款

**【举例】**甲公司2020年12月31日银行存款日记账的余额为270万元，银行转来对账单的余额为415万元。经逐笔核对，发现以下未达账项：

（1）企业开出转账支票225万元，并已登记银行存款减少，但持票单位尚未到银行办理转账，银行尚未记账。

（2）银行代企业支付电话费20万元，银行已登记减少企业银行存款，但企业未收到银行付款通知，尚未记账。

（3）企业委托银行代收某公司购货款240万元，银行已收妥并登记入账，但企业尚未收到收款通知，尚未记账。

（4）企业送存转账支票300万元，并已登记银行存款增加，但银行尚未记账。

编制银行存款余额调节表如下：

**银行存款余额调节表**

2020 年 12 月 31 日

单位：万元

| 项目 | 金额 | 项目 | 金额 |
|---|---|---|---|
| 银行存款日记账余额 | 270 | 银行对账单余额 | 415 |
| 加：银行已收、企业未收 | 240 | 加：企业已收、银行未收 | 300 |
| 减：银行已付、企业未付 | 20 | 减：企业已付、银行未付 | 225 |
| 调节后的存款余额 | 490 | 调节后的存款余额 | 490 |

【提示 1】“银行存款余额调节表”只是一种对账工具，并不能作为调整企业银行存款账面余额的记账依据。

【提示 2】调节后的余额如果相等，通常说明企业和银行的账面记录一般没有错误，该余额通常为企业可以动用的银行存款实有数。

**【历年考核要点】**

1. 银行存款余额调节表的用途
2. 调节后银行存款实有数额的计算
3. 未达账项对银行存款日记账与银行对账单的影响

## 经典题解

**【例题 53 · 判断题】** 如果不存在未达账项，银行存款日记账账面余额与银行对账单余额之间有差额，说明企业与银行双方或其中一方存在记账错误。（　　）（2019 年 · 1 分）

**【答案】** √

**【例题 54 · 判断题】** 银行存款余额调节表中，银行对账单余额应减去企业已收银行未收。（　　）（2018 年 · 1 分）

**【解析】** 银行存款余额调节表中，银行对账单余额应减去企业已付银行未付。

**【答案】** ×

**【例题 55 · 判断题】** 银行存款余额调节表可以作为调整企业银行存款账面余额的记账依据。（　　）（2018 年 · 1 分）

**【解析】**“银行存款余额调节表”只是为了核对账目，不能作为调整企业银行存款账面余额的记账依据。

**【答案】** ×

**【例题 56 · 单选题】** 2020 年 9 月 30 日，某企业银行存款日记账账面余额为 216 万元，收到银行对账单的余额为 212.3 万元。经逐笔核对，该企业存在以下记账差错及未达账项：从银行提取现金 6.9 万元，会计人员误记为 9.6 万元；银行为企业代付电话费 6.4 万元，但企业未接到银行付款通知，尚未入账。9 月 30 日调节后的银行存款余额为（　　）万元。

A. 212.3　　B. 225.1

C. 205.9　　D. 218.7

**【解析】** 调节后的银行存款余额 = 216 +（9.6 − 6.9）− 6.4 = 212.3（万元），或者调节后的银行存款余额 = 银行对账单的余额 = 212.3（万元）。

**【答案】** A

2. 实物资产的清查方法

①实地盘点法：使用范围广，多数财产物资清查中都可采用。

②技术推算法：只适用于成堆量大而价值不高，逐一清点的工作量和难度较大的财产物资的清查。如：露天堆放的煤。

【提示】在实物清查过程中，实物保管

人员和盘点人员必须同时在场。对于盘点结果，应如实登记盘存单，并由盘点人和实物保管人签字或盖章，以明确经济责任。盘存单既是记录盘点结果的书面证明，也是反映财产物资实存数的原始凭证。

3. 往来款项的清查方法

往来款项包括应收、应付款项和预收、预付款项等，一般采用发函询证的方法进行核对。

**【历年考核要点】**

各项财产清查的方法。

## 经典题解

**【例题57·多选题】**下列各项中，关于财产清查的表述正确的有（　　）。（2020年·2分）

A. 银行存款清查应采用与开户银行核对账目的方法

B. 库存现金清查应采用实地盘点法

C. 露天堆放煤炭清查采用技术推算法

D. 应收账款清查采用发函询证的方法

**【解析】**选项A正确，银行存款的清查是采用与开户银行核对账目的方法进行的，即将本单位银行存款日记账的账簿记录与开户银行转来的对账单逐笔进行核对，查明银行存款的实有数额；选项B正确，库存现金的清查是采用实地盘点法确定库存现金的实存数，然后与库存现金日记账的账面余额相核对，确定账实是否相符；选项C正确，技术推算法只适用于成堆量大而价值不高，逐一清点的工作量和难度较大的财产物资的清查。例如，露天堆放的煤炭等；选项D正确，往来款项主要包括应收、应付款项和预收、预付款项等。往来款项的清查一般采用发函询证的方法进行核对。

**【答案】**ABCD

**【例题58·多选题】**下列各项中，采用发函询证方法进行财产清查的有（　　）。（2018年·2分）

A. 银行存款　　　B. 应收账款

C. 预付账款　　　D. 存货

**【解析】**往来款项主要包括应收、应付款项和预收、预付款项等，往来款项的清查一般采用发函询证的方法进行核对，选项BC正确；选项A，银行存款的清查是采用与开户银行核对账目的方法进行的；选项D，存货等实物资产的清查方法主要包括实地盘点法和技术推算法。

**【答案】**BC

（二）财产清查结果的处理

财产清查产生的损溢，企业应于期末前查明原因，并根据企业的管理权限，经股东大会或董事会，或经理（厂长）会议或类似机构批准后，在期末结账前处理完毕。如果在期末结账前尚未经批准，在对外提供财务报表时，先按相关规定进行相应账务处理，并在附注中作出说明；其后如果批准处理的金额与已处理金额不一致的，调整财务报表相关项目的期初数。

**开小灶**

本节必考点汇总：（详见轻松过关2）

1. 财产清查的适用范围
2. 财产清查的方法
3. 银行存款余额调节表与未达账项

## 第七节 财务报告

查看本节视频
使用"会计云课堂"App/微信扫描

### 一、财务报告及其目标（★）

财务报告，是指企业定期编制的综合反映企业某一特定日期的财务状况和某一会计期间的经营成果、现金流量等会计信息的文件。财务报告包括财务报表和其他应当在财务报告中披露的相关信息和资料。

财务报告的目标，是向财务报告使用者提供与企业财务状况、经营成果和现金流量等有关的会计信息，反映企业管理层受托责任履行情况，有助于财务报告使用者作出经济决策。

【提示】财务报告使用者通常包括投资者、债权人、政府及其有关部门、社会公众等。

### 二、财务报表的组成（★）

财务报表，是对企业财务状况、经营成果和现金流量的结构性表述。一套完整的财务报表至少应当包括资产负债表、利润表、现金流量表、所有者权益（或股东权益）变动表以及附注。

| 财务报告的组成 | 名称 | 反映的会计信息 |
| --- | --- | --- |
| 财务报表 | 资产负债表 | 企业在某一特定日期的财务状况 |
| | 利润表 | 企业在一定会计期间的经营成果 |
| | 现金流量表 | 企业在一定会计期间的现金及现金等价物流入和流出 |
| | 所有者权益（或股东权益）变动表 | 所有者权益（或股东权益）各组成部分当期增减变动情况 |
| | 附注 | 对以上报表中列示项目的文字描述或明细资料的补充，以及对未能在这些报表中列示项目的说明 |
| 其他应当在财务报告中披露的相关信息和资料 | | |

#### 经典题解

【例题59·单选题】下列各项中，反映企业在一定会计期间经营成果的财务报表是（　　）。（2020年·2分）

A. 现金流量表

B. 所有者权益变动表

C. 资产负债表

D. 利润表

【解析】利润表，又称损益表，是反映企业在一定会计期间的经营成果的报表。

【答案】D

## 本章小结

1. 会计基本职能和拓展职能，主要的服务对象是谁？
2. 在会计四个基本假设下，提出的八项会计信息质量要求分别有哪些？
3. 会计的六大要素，形成了两个会计等式分别是什么？
4. 借贷记账法的记账规则是什么？
5. 账务处理程序有几种？它们各自优缺点是什么？
6. 财产清查的方法有哪些？

**扫一扫 “码”上做题**

本部分习题均配备二维码，使用“微信”或“会计云课堂”App扫一扫左侧二维码，即可在线做题并获取详尽的答案解析、解题思路点拨等超值服务，助您轻松过关。

**【“会计云课堂”App安装二维码详见封底页】**

## 同步强化练习题

### 一、单项选择题

1. 下列关于会计基本职能的说法中，不正确的是(　　)。
A. 即使没有会计监督，会计核算也可以提供高质量的会计信息
B. 会计核算是会计监督的基础
C. 会计监督是会计核算的质量保障
D. 没有核算提供的各种信息，监督就失去了依据

2. 下列各项中，关于会计基础的说法不正确的是(　　)。
A. 凡是当期已经实现的收入和已经发生或者应当负担的费用，无论款项是否收付，都应当作为当期的收入和费用，计入利润表，属于权责发生制
B. 凡是不属于当期的收入和费用，即使款项已在当期收付，也不应当作为当期的收入和费用，属于权责发生制
C. 企业可以选择按权责发生制或收付实现制进行会计核算，一经确定，不得变更
D. 政府会计中的预算会计核算采用收付实现制，国务院另有规定的除外

3. 下列会计处理方法中，符合权责发生制基础的是(　　)。
A. 销售产品的收入只有在收到款项时才予以确认
B. 产品已销售并符合收入确认条件，货款未收到也应确认收入
C. 厂房租金只能在支付时计入当期费用
D. 职工薪酬只能在支付给职工时计入当期费用

4. 在可预见的未来，会计主体不会破产清算，所持有的资产将正常营运，所负有的债务将正常偿还，这属于(　　)。
A. 会计主体假设
B. 持续经营假设
C. 会计分期假设
D. 货币计量假设

5. 下列关于会计信息质量要求的说法中，不正确的是(　　)。
A. 企业将售出商品很可能发生的保修义务确认为预计负债，体现了实质重于形式原则
B. 谨慎性要求企业不应高估资产或者收益、低估负债或者费用
C. 可比性要求企业提供的会计信息应当相互可比
D. 同一企业的会计核算方法前后各期应保持一致，不得随意变更，体现的是可比性

6. 企业对固定资产计提减值准备体现的会计信息质量要求是(　　)。
A. 可比性
B. 谨慎性
C. 重要性
D. 及时性

7. 资产按照购置时所支付的现金或者现金等价物的金额，或者按照购置资产时所付出的对价的公允价值计量，属于(　　)计量属性。

A. 历史成本
B. 重置成本
C. 公允价值
D. 现值

8. 资产按照预计从其持续使用和最终处置中所产生的未来净现金流入量的折现金额计量，其采用的会计计量属性是(  )。
A. 现值
B. 可变现净值
C. 历史成本
D. 公允价值

9. 在历史成本计量下，下列表述错误的是(  )。
A. 负债按预期需要偿还的现金或现金等价物的折现金额计量
B. 负债按因承担现时义务的合同金额计量
C. 资产按购置时支付的现金或现金等价物的金额计量
D. 资产按购置资产时所付出的对价的公允价值计量

10. 下列各项中，符合资产会计要素定义的是(  )。
A. 委托代销商品
B. 筹建期间发生的开办费
C. 约定 3 个月后购入的专利
D. 盘亏的存货

11. 下列各项中，不会引起会计等式两边同时发生变动的业务是(  )。
A. 取得投资者投资款存入银行
B. 收回其他应收款
C. 向银行取得借款
D. 用现金发放工资

12. 下列各项中，导致企业资产与负债同时减少的是(  )。
A. 接受投资者投入机器设备
B. 以银行存款购买原材料
C. 从银行提取现金
D. 以银行存款偿还银行借款

13. 下列各项中，不会引起企业资产总额发生变化的是(  )。
A. 购入原材料一批，款项尚未支付
B. 发行股票收到现金
C. 结转销售商品成本
D. 收回应收账款存入银行

14. 甲公司 12 月 1 日资产总额为 500 万元，负债总额为 200 万元，12 月份，甲公司赊购原材料 20 万元，用银行存款支付前欠账款 10 万元。12 月 31 日该公司的资产总额为(  )万元。
A. 310　　B. 320
C. 510　　D. 520

15. 某公司资产总额为 25 万元，所有者权益总额为 20 万元。以银行存款 4 万元支付现金股利，并以银行存款 2 万元购买设备（不考虑增值税）。则上述业务入账后该公司的负债总额为(  )万元。
A. 23　　B. 1
C. 13　　D. 2

16. 下列各项中，关于费用要素的表述错误的是(  )。
A. 是指企业在日常活动中发生的
B. 会导致所有者权益减少
C. 与向所有者分配利润无关的经济利益的总流出
D. 与向所有者分配利润无关的经济利益的净流出

17. 下列各项中，不影响企业利润的是(  )。
A. 销售商品确认的收入
B. 支付的业务招待费
C. 出售固定资产产生的收益
D. 接受所有者投资

18. 账户的左方和右方，哪一方登记增加额，哪一方登记减少额，取决于(  )。
A. 所记录的经济业务的重要程度
B. 开设账户时间的长短
C. 所记录的金额的大小
D. 所记录的经济内容和账户的性质

19. 下列各项中，不属于所有者权益类会计科目的是(　　)。

A. 股本

B. 资本公积

C. 盈余公积

D. 管理费用

20. 下列关于损益类账户的相关说法中，不正确的是(　　)。

A. 费用类账户和收入类账户属于损益类账户

B. 费用类账户与收入类账户记录增加的方向一致

C. 收入类账户借方登记减少额，贷方登记增加额

D. 费用类账户借方登记增加额，贷方登记减少额

21. 下列不属于借贷记账法的特点是(　　)。

A. “借”表示增加，“贷”表示减少

B. 以“借”“贷”为记账符号

C. 可根据借贷平衡原理进行试算平衡

D. 以“有借必有贷，借贷必相等”为记账规则

22. 下列各项中，关于借贷记账法的说法不正确的是(　　)。

A. 资产类账户的借方登记增加额，贷方登记减少额

B. 负债类账户的借方登记减少额，贷方登记增加额

C. 所有者权益类账户期末贷方余额=期初贷方余额+本期贷方发生额-本期借方发生额

D. 所有者权益类账户的借方登记增加额，贷方登记减少额

23. “应付账款”账户期初贷方余额为 200 万元，本期贷方发生额为 300 万元，本期贷方余额为 100 万元，该账户借方发生额为(　　)万元。

A. 400　　B. 300

C. 200　　D. 100

24. 某企业“累计折旧”账户的年初贷方余额为 600 万元，假设该企业“累计折旧”账户当年的借方发生额为 200 万元，贷方发生额为 300 万元，则该企业“累计折旧”账户的年末余额为(　　)万元。

A. 贷方 700

B. 借方 500

C. 贷方 500

D. 借方 700

25. 下列关于试算平衡的相关说法中，不正确的是(　　)。

A. 试算平衡包括发生额试算平衡和余额试算平衡

B. 如果试算平衡，说明总分类账的登记一定是正确的

C. 发生额试算平衡依据的是借贷记账法的记账规则

D. 余额试算平衡依据的是资产与权益的恒等关系

26. 下列原始凭证中，属于外来原始凭证的是(　　)。

A. 领料单

B. 购买原材料取得的增值税专用发票

C. 产品入库单

D. 借款单

27. 下列原始凭证中，属于累计凭证的是(　　)。

A. 收料单

B. 限额领料单

C. 制造费用分配表

D. 税收缴款书

28. 下列各项中，不属于原始凭证基本内容的是(　　)。

A. 接受凭证单位名称

B. 填制凭证的日期

C. 填制凭证单位名称和填制人姓名

D. 会计科目

29. 下列关于原始凭证的填制要求的相关说法中，正确的是(　　)。

A. 大写金额有分的，写“整”或“正”字

B. 原始凭证金额有错误的，应当由出具

单位重开或更正，更正处应当加盖出具单位印章

C. 小写金额前要标明“¥”字样，中间不能留有空位；大写金额前要加“人民币”字样，大写金额与小写金额要相符

D. 金额数字一律写到角、分，无角无分的，可以不写

30. 关于记账凭证填制的基本要求，不正确的是(　　)。

A. 记账凭证各项内容必须完整

B. 记账凭证应连续编号

C. 可以将不同内容和类别的原始凭证汇总填制在一张记账凭证上

D. 填制记账凭证时若发生错误，应当重新填制

31. 下列经济业务应填制收款凭证的是(　　)。

A. 将库存现金存入银行

B. 从银行提取现金

C. 收回应收账款

D. 赊销商品

32. 下列各项业务中，应编制付款凭证的是(　　)。

A. 收回前欠货款 40000 元

B. 购入材料 70000 元，货款未付

C. 以银行存款归还前欠货款 60000 元

D. 接受投资者投入资金 90000 元

33. 下列关于会计账簿的分类的说法中，正确的是(　　)。

A. 按照用途，会计账簿可以分为序时账簿和卡片式账簿

B. 按账页格式，主要分为三栏式账簿、多栏式账簿、数量金额式账簿

C. 固定资产卡片式账簿是按照用途划分的

D. 订本式账簿和活页式账簿划分依据不一致

34. 下列说法中，属于订本式账簿优点的是(　　)。

A. 可以防止抽换账页

B. 便于记账分工

C. 可以根据需要随时增添账页

D. 账页可多可少，不会造成浪费

35. 下列各项中，通常采用数量金额式账簿的是(　　)。

A. 银行存款日记账

B. 应收账款明细账

C. 应付账款明细账

D. 库存商品明细账

36. 关于账簿的分类或登记方法，下列各项表述中错误的是(　　)。

A. 银行存款日记账的登记方法与库存现金日记账的登记方法基本相同

B. 原材料明细账一般采用数量金额式账簿登记

C. 总分类账只能根据记账凭证逐笔登记

D. 库存现金日记账由出纳人员根据业务发生时间的先后顺序逐日逐笔登记

37. 下列不属于账账核对的是(　　)。

A. 明细分类账簿之间的核对

B. 总分类账簿与所辖明细分类账簿之间的核对

C. 总分类账簿与序时账簿之间的核对

D. 会计账簿与原始凭证之间的核对

38. 债权债务明细账账面余额与对方单位债权债务账面记录之间的核对属于(　　)。

A. 账证核对

B. 账账核对

C. 账实核对

D. 账表核对

39. 下列各项中，属于总分类账簿与序时账簿之间的核对的是(　　)。

A. 总分类账各账户的期末余额与其所辖各明细分类账的期末余额之和核对相符

B. 会计机构有关实物资产的明细账与财产物资保管部门或使用部门的明细账定期核对

C. 总分类账簿之间的核对

D. 库存现金总账的期末余额与库存现金日记账期末余额之间的核对

40. 下列各项中，采用划线更正法更正的是(　　)。

A. 记账凭证上会计科目和记账方向正确，所记金额小于应记金额，导致账簿记录错误

B. 记账凭证上会计科目和记账方向正确，所记金额大于应记金额，导致账簿记录错误

C. 记账凭证上会计科目或记账方向错误，导致账簿记录错误

D. 记账凭证正确，在结账前发现账簿记录有数字错误

41. 下列各项中，属于汇总记账凭证账务处理程序缺点的是(　　)。

A. 不便于查账、对账

B. 当转账凭证较多时，编制汇总转账凭证的工作量较大

C. 登记总分类账的工作量大

D. 不能反映各个账户之间的对应关系

42. 下列各项中，不属于科目汇总表账务处理程序优点的是(　　)。

A. 科目汇总表的编制和使用较为简便，易于理解

B. 可以清晰地反映账户之间的对应关系

C. 可以大大减少登记总分类账的工作量

D. 科目汇总表可以起到试算平衡的作用

43. 对露天堆放的煤进行盘点所采用的清查方法一般是(　　)。

A. 实地盘点法

B. 核对账目法

C. 技术推算法

D. 查询核对法

44. 关于库存现金的清查，下列说法中错误的是(　　)。

A. 库存现金的清查是采用实地盘点法确定库存现金的实存数，然后与库存现金日记账的账面余额相核对，确定账实是否相符

B. 对库存现金进行盘点时，单位负责人必须在场

C. 库存现金盘点结束后，应填制“库存现金盘点报告表”，作为重要原始凭证

D. 库存现金清查一般由主管会计或财务负责人和出纳人员共同清点出各种纸币的张数和硬币的个数，并填制库存现金盘点报告表

45. 关于银行存款的清查，下列说法中错误的是(　　)。

A. 银行存款的清查是采用与开户银行核对账目的方法进行的，即将本单位银行存款日记账的账簿记录与开户银行转来的对账单逐笔进行核对，查明银行存款的实有数额

B. 将截止到清查日所有银行存款的收付业务都登记入账后，对发生的错账、漏账应及时查清更正，再与银行的对账单逐笔核对

C. 银行存款的清查一般在月末进行

D. 如果银行存款日记账的账簿记录与开户银行转来的对账单二者余额不相符，则一定存在未达账项

46. 关于实物资产的清查方法，下列说法中错误的是(　　)。

A. 对于实物的质量，应根据不同的实物性质和特征采用不同的检查方法

B. 在实物清查过程中，实物保管人员和盘点人员必须同时在场

C. 对于盘点结果，应如实登记盘存单，并由盘点人和实物保管人签字或盖章，以明确经济责任

D. 盘存单既是记录盘点结果的书面证明，也是反映财产物资实存数的记账凭证

47. 关于往来款项的清查方法，下列说法中错误的是(　　)。

A. 一般采用发函询证的方法进行核对

B. 往来款项清查以后，将清查结果编制“往来款项清查报告单”，填列各项债权、债务的余额

C. 清查单位应在其各种往来款项记录准

确的基础上，按每一个经济往来单位填制“往来款项对账单”

D. 采用实地盘点法核对

48. 关于财产清查结果的处理，下列说法中错误的是(　　)。

A. 财产清查产生的损溢，企业应于期末前查明原因，并根据企业的管理权限，经股东大会或董事会，或经理（厂长）会议或类似机构批准后，在期末结账前处理完毕

B. 对于财产清查中发现的问题，应核实情况，调查分析产生的原因

C. 财产清查产生的损溢，如果在期末结账前尚未经批准，在对外提供财务报表时，先按相关规定进行处理，并在附注中作出说明，其后批准处理的金额与已处理金额不一致的，调整财务报表相关项目的当期数

D. 根据“清查结果报告表”“盘点报告表”等数据资料，填制记账凭证，记入有关账簿，使账簿记录与实际盘存数相符

## 二、多项选择题

1. 下列各项中，属于会计的基本职能的有(　　)。

A. 会计核算职能

B. 会计监督职能

C. 参与经济决策

D. 预测经济前景

2. 下列各项中，属于会计目标的有(　　)。

A. 对特定主体的经济活动进行确认、计量、记录和报告

B. 向财务报告使用者提供会计信息

C. 对特定主体经济活动和相关会计核算的真实性、合法性和合理性进行审查

D. 反映企业管理层受托责任的履行情况

3. 下列各项中，属于会计信息质量要求的有(　　)。

A. 可理解性

B. 及时性

C. 合法性

D. 相关性

4. 关于可比性会计信息质量要求，下列各项表述正确的有(　　)。

A. 同一企业不同时期发生的相同或者相似的交易或者事项，应当采用一致的会计政策，不得随意变更

B. 不同企业同一会计期间发生的相同或者相似的交易或者事项，应当采用规定的会计政策

C. 不同企业同一会计期间发生的相同或者相似的交易或者事项，应当采用不同的会计政策

D. 同一企业不同时期发生的相同或者相似的交易或者事项，应当采用一致的会计政策，不得变更

5. 关于会计信息质量要求，下列各项表述中正确的有(　　)。

A. 谨慎性要求企业对交易或者事项进行会计确认、计量和报告应当保持应有的谨慎，不应高估资产或者收益、低估负债或者费用

B. 及时性要求企业对于已经发生的交易或者事项，应当及时进行确认、计量和报告，不得提前或延后

C. 重要性要求企业提供的会计信息应当反映与企业财务状况、经营成果和现金流量有关的所有重要交易或者事项

D. 实质重于形式要求企业应当按照交易或者事项的法律形式进行会计确认、计量和报告，不应仅以交易或者事项的经济实质为依据

6. 下列各项中，属于资产的确认条件的有(　　)。

A. 由企业拥有或者控制的资源

B. 过去的交易或事项形成的

C. 与该资源有关的经济利益很可能流入企业

D. 该资源的成本或者价值能够可靠地计量

7. 下列各项中，企业应确认为负债的有(　　)。
A. 向银行借入的3个月款项
B. 因购买材料应付未付的款项
C. 为销售商品而预收的定金
D. 因销售商品而应收的款项

8. 下列各项中，关于会计计量属性的表述正确的有(　　)。
A. 盘盈的固定资产应按重置成本确定其入账价值
B. 期末存货应当按照成本与可变现净值孰低进行计量
C. 交易性金融资产应按照公允价值进行后续计量
D. 对会计要素进行计量时，一般采用历史成本计量属性

9. 下列各项中，属于资产和负债同时增加相同金额的有(　　)。
A. 赊购原材料
B. 提取备用金
C. 取得短期借款
D. 以银行存款偿付欠款

10. 某项经济业务的发生既没有增加也没有减少负债，则可能导致的结果有(　　)。
A. 资产和所有者权益同时增加
B. 资产和所有者权益同时减少
C. 资产和所有者权益一增一减
D. 资产内部一增一减

11. 企业采购一批原材料5000元，用银行存款支付2000元，其余3000元尚未支付，不考虑相关税费等其他因素，则此业务会导致(　　)。
A. 企业资产减少2000元
B. 企业资产增加3000元
C. 企业负债增加3000元
D. 企业所有者权益增加3000元

12. 下列关于会计等式“收入-费用=利润”的表述中，正确的有(　　)。
A. 该等式为反映企业经营成果的动态会计等式
B. 该等式表明了企业在一定会计期间经营成果与相应的收入和费用之间的关系
C. 该等式为反映企业财务状况的动态会计等式
D. 该等式反映的是企业资金的绝对运动形式，故也称为静态会计等式

13. 会计科目按其提供信息的详细程度及其统驭关系，可以分为(　　)。
A. 资产类科目、负债类科目和所有者权益类科目
B. 共同类科目、成本类科目和损益类科目
C. 总分类科目
D. 明细分类科目

14. 下列会计科目中，属于负债类科目的有(　　)。
A. 长期借款
B. 应交税费
C. 累计折旧
D. 应付利息

15. 下列会计科目中，属于成本类科目的有(　　)。
A. 生产成本
B. 制造费用
C. 研发支出
D. 主营业务成本

16. 下列各项中，属于费用的有(　　)。
A. 主营业务成本
B. 销售费用
C. 财务费用
D. 税金及附加

17. 关于账户，下列说法中正确的有(　　)。
A. 账户是根据会计科目设置的，具有一定格式和结构，用于分类核算会计要素增减变动情况及其结果的载体
B. 账户可以根据其核算的经济内容、提供信息的详细程度及其统驭关系进行分类
C. 账户是用来连续、系统、完整地记录企业经济活动的，因此必须具有一定的结构
D. 账户的基本结构分为左右两方，一方登记增加，另一方登记减少

18. 下列关于会计账户和科目的表述中，正确的有(　　)。
A. 账户是会计科目的名称
B. 账户是会计科目的具体应用
C. 会计账户不能反映会计要素的增减变动情况
D. 会计科目是账户的名称

19. 关于借贷记账法，下列说法中正确的有(　　)。
A. 借贷记账法，是以“借”和“贷”作为记账符号的一种复式记账法
B. 通常情况下，资产类、成本类和损益类账户当中的费用类账户的增加用“借”表示，减少用“贷”表示
C. 通常情况下，负债类、所有者权益类和损益类账户当中的收入类账户的增加用“贷”表示，减少用“借”表示
D. 借贷记账法又称增减记账法

20. 在借贷记账法下，关于损益类账户，下列说法中正确的有(　　)。
A. 损益类账户主要包括收入类账户和费用类账户
B. 收入类账户的借方登记增加额
C. 费用类账户的借方登记增加额
D. 收入类账户的借方登记减少额

21. 在借贷记账法下，关于成本类账户，下列说法中正确的有(　　)。
A. 借方登记增加额
B. 贷方登记减少额
C. 期末一定没有余额
D. 期末余额一般在借方

22. 下列各项中，不影响借、贷方的平衡关系的有(　　)。
A. 漏记或重记某项经济业务
B. 某项经济业务记错有关会计科目，即串户
C. 某项经济业务在账户记录中，颠倒记账方向
D. 借方或贷方的发生额中，金额记录的不正确

23. 下列关于各类复合会计分录的类型中，正确的有(　　)。
A. 一借多贷
B. 多借一贷
C. 多借多贷
D. 一借一贷

24. 下列原始凭证中，属于通用凭证的有(　　)。
A. 收料单
B. 银行转账结算凭证
C. 增值税专用发票
D. 折旧计算表

25. 下列各项中，属于汇总凭证的有(　　)。
A. 差旅费报销单
B. 工资结算汇总表
C. 限额领料单
D. 发料凭证汇总表

26. 下列各项中，属于原始凭证的有(　　)。
A. 盘存单
B. 库存现金盘点报告表
C. 银行对账单
D. 银行存款余额调节表

27. 在原始凭证上书写阿拉伯数字时，下列各项中，正确的有(　　)。
A. 有角无分的，分位不得用“-”代替
B. 无角无分的，角位和分位写“00”或者符号“-”
C. 有角无分的，分位应当写“0”
D. 人民币符号“¥”与阿拉伯数字之间不得留有空白

28. 关于原始凭证填制的基本要求，下列表述中正确的有(　　)。
A. 原始凭证所填列经济业务的内容和数字，必须真实可靠，符合实际情况
B. 原始凭证所要求填列的项目必须逐项填列齐全，不得遗漏或省略
C. 单位自制的原始凭证必须有经办单位相关负责人的签名盖章
D. 原始凭证要按规定填写，文字要简明，字迹要清楚，易于辨认，不得使用未经国务院公布的简化汉字

29. 关于会计凭证，下列表述中正确的有（　　）。

A. 会计凭证是记录经济业务发生或者完成情况的书面证明

B. 原始凭证，是指在经济业务发生或完成时取得或填制的，用以记录或证明经济业务的发生或完成情况的原始凭据

C. 记账凭证，是指会计人员根据审核无误的原始凭证，按照经济业务的内容加以归类，并据以确定会计分录后填制的会计凭证，作为登记账簿的直接依据

D. 原始凭证是登记账簿的直接依据

30. 下列各项中，有关记账凭证的表述正确的有（　　）。

A. 收款凭证的借方科目只能是“库存现金”或“银行存款”

B. 付款凭证的贷方科目只能是“库存现金”或“银行存款”

C. 收款凭证和付款凭证是出纳人员登记库存现金日记账或银行存款日记账的依据

D. 转账凭证中不会涉及“库存现金”或“银行存款”科目

31. 下列各项中，属于记账凭证填制的基本要求的有（　　）。

A. 记账凭证可以根据每一张原始凭证填制

B. 记账凭证不得将不同内容和类别的原始凭证汇总填制在一张记账凭证上

C. 记账凭证应连续编号

D. 记账凭证的书写应当清楚、规范

32. 下列各项中，属于会计账簿按用途不同所进行的分类的有（　　）。

A. 分类账簿

B. 序时账簿

C. 备查账簿

D. 数量金额式账簿

33. 下列各项中，符合会计账簿登记要求的有（　　）。

A. 启用会计账簿时，应在账簿封面上写明单位名称和账簿名称

B. 红墨水可在不设借贷等栏的多栏式账页中，登记减少数

C. 账簿记录发生错误，不得刮擦、挖补或用褪色药水更改字迹

D. 通常使用圆珠笔书写

34. 下列关于明细分类账的账页格式表述正确的有（　　）。

A. 三栏式账簿适用于进行金额核算的资本、债权、债务明细账

B. 多栏式账簿适用于收入、成本、费用明细账

C. 多栏式账簿是将属于同一个总账科目的各个明细科目合并在一张账页上进行登记

D. 数量金额式账簿适用于既要进行金额核算又要进行数量核算的存货明细账

35. 下列各项中，可以作为库存现金日记账记账依据的有（　　）。

A. 现金收款凭证

B. 现金付款凭证

C. 银行收款凭证

D. 银行付款凭证

36. 关于总分类账与明细分类账关系，下列说法中正确的有（　　）。

A. 明细分类账户对总分类账户具有补充说明作用

B. 总分类账对所辖明细账起着统驭作用

C. 总分类账户与其所辖明细分类账户在总金额上应当相等

D. 登记总分类账与登记所辖明细账的原始凭证是相同的

37. 关于总分类账与明细分类账的平行登记，下列说法中正确的有（　　）。

A. 在总分类账户及其所辖的明细分类账户中登记同一项经济业务时，方向应当相同

B. 发生的经济业务，记入总分类账户和所辖明细分类账户的具体时间可以有先后，但应在同一个会计期间记入总分类账户和所辖明细分类账户

C. 记入总分类账户的金额必须与记入其所辖的一个或几个明细分类账户的金额合计数相等

D. 发生的经济业务，应同时记入总分类账户和所辖明细分类账户

38. 下列各项中，属于对账内容的有（　　）。

A. 明细账与总账核对

B. 库存商品账与实物核对

C. 往来账与业务合同核对

D. 记账凭证与原始凭证核对

39. 下列各项中，属于账证核对的有（　　）。

A. 日记账与收款凭证、付款凭证相核对

B. 总账与记账凭证相核对

C. 明细账与记账凭证或原始凭证相核对

D. 总分类账与明细分类账相核对

40. 下列对账工作中，属于账实核对的有（　　）。

A. 银行存款日记账与银行对账单的核对

B. 应收、应付款项明细账与对方单位账面记录核对

C. 财产物资明细账与财产物资保管明细账核对

D. 库存现金日记账余额与库存现金总账余额核对

41. 下列各项中，关于划线更正法表述正确的有（　　）。

A. 更正时，可在错误的文字或数字上划一条红线

B. 在红线的上方填写正确的文字或数字，并由记账人员及会计机构负责人在更正处盖章

C. 对于错误的数字，可只更正其中的错误数字

D. 对于文字错误，可只划去错误的部分

42. 红字更正法通常适用的情况有（　　）。

A. 记账后发现会计科目无误而所记金额大于应记金额

B. 记账后在当年内发现记账凭证所记的会计科目错误

C. 结账前发现账簿记录中数字错误而记账凭证无误

D. 记账后发现会计科目无误而所记金额小于应记金额

43. 下列各项关于账务处理程序的说法中，不正确的有（　　）。

A. 汇总记账凭证账务处理程序适合于规模较小、经济业务量较少的单位

B. 记账凭证账务处理程序的优点是简单明了，易于理解，总分类账可以较详细地反映经济业务的发生情况

C. 科目汇总表账务处理程序的优点是减轻了登记总分类账的工作量，易于理解，方便学习，并可做到试算平衡

D. 科目汇总表账务处理程序的缺点是当转账凭证较多时，编制汇总转账凭证的工作量较大，并且按每一贷方账户编制汇总转账凭证，不利于会计核算的日常分工

44. 下列关于全面清查的说法中，正确的有（　　）。

A. 年终决算前，为了确保年终决算会计资料真实、正确，需要进行一次全面清查

B. 单位在撤销、合并或改变隶属关系前，需要进行全面清查

C. 清产核资前，需要进行全面清查

D. 单位主要领导调离工作前，需要进行全面清查

45. 下列财产清查中，属于不定期全面清查的有（　　）。

A. 开展全面的资产评估、清产核资前

B. 企业股份制改造前

C. 单位主要负责人调离工作前

D. 年终决算前

46. 下列关于库存现金清查的说法中，不正确的有（　　）。

A. 库存现金只需要定期清查

B. 库存现金清查时出纳人员应该回避

C. 库存现金清查时出纳人员必须在场

D. 现金清查后，如果存在账实不符也不得调整库存现金日记账

47. 进行局部财产清查时，正确的做法有（　　）。
A. 库存现金，每日终了应由出纳人员进行清点核对
B. 银行存款每月至少同银行核对一次
C. 贵重物品每月至少盘点一次
D. 债权债务每年至少核对一至二次

48. 以下资产一般采用发函询证方法进行清查的有（　　）。
A. 应付账款
B. 预付账款
C. 固定资产
D. 应收账款

49. 下列各项中，构成企业完整的财务报表的有（　　）。
A. 现金流量表
B. 利润表
C. 资产负债表
D. 附注

50. 下列有关财务报告的表述中，正确的有（　　）。
A. 财务报告是指企业对外提供的反映企业某一特定日期财务状况和某一会计期间经营成果、现金流量等会计信息的文件
B. 附注是对资产负债表、利润表、现金流量表等报表中列示项目所作的进一步说明，以及对未能在这些报表中列示项目的说明等
C. 财务报表至少应当包括资产负债表、利润表、现金流量表、所有者权益变动表及附注，即“四表一注”
D. 财务报告就是指财务报表

## 三、判断题

1. 会计基本假设是对会计核算所处时间、空间范围等所作的合理假定，是企业会计确认、计量、记录和报告的前提。（　　）
2. 会计核算是会计监督的基础，没有会计核算，会计监督就失去了依据。（　　）
3. 财务报告使用者主要包括投资者、债权人、政府及其有关部门和社会公众等。（　　）
4. 会计基础，是指会计确认、计量和报告的基础，包括实地盘存制和永续盘存制。（　　）
5. 由于有了持续经营这个会计核算的基本假设，才产生了当期与其他期间的区别，从而出现了权责发生制与收付实现制的区别。（　　）
6. 权责发生制，是指以取得收取款项的权利或支付款项的义务为标志来确定本期收入和费用的会计核算基础。（　　）
7. 可比性要求企业采用的会计处理方法和程序前后各期应当一致，不得变更。（　　）
8. 重要性的应用需要依赖职业判断，企业应当根据其所处环境和实际情况，从项目的金额大小加以判断。（　　）
9. 企业对售出商品很可能发生的保修义务确认预计负债、对很可能承担的环保责任确认预计负债等，体现了会计信息质量的实质重于形式要求。（　　）
10. 仓库中已失效或已毁损的商品，由于企业对其拥有所有权并且能够实际控制，因此应该作为本企业的资产。（　　）
11. 负债，是指企业过去的交易或者事项形成的，预期会导致经济利益流出企业的潜在义务。（　　）
12. 所有者权益是企业所有者在企业资产中享有的经济利益，其金额为企业的资产总额。（　　）
13. 其他综合收益，是指企业根据会计准则规定未在当期损益中确认的各项利得和损失。（　　）
14. 收入，是指企业在日常活动中形成的、会导致所有者权益增加的、与所有者投入资本无关的经济利益的净流入。（　　）
15. 企业因自然灾害毁损固定资产发生净损失5万元，应将其确认为费用。（　　）
16. 利润包括收入减去费用后的净额、直接计入当期利润的利得和损失等。（　　）

17. 采用重置成本计量时，资产按照现在购买相同或者相似资产所需支付的现金或者现金等价物的金额计量。（　）
18. 公允价值，是指市场参与者在计量日发生的有序交易中，出售一项资产所能收到或者转移一项负债所需支付的价格。（　）
19. 每一项经济业务的发生，都必然会引起会计等式的一边或两边有关项目相互联系地发生等额变化，即当涉及会计等式的一边时，有关项目的金额发生相反方向的等额变动；当涉及会计等式的两边时，有关项目的金额发生相同方向的等额变动，但始终不会影响会计等式的平衡关系。（　）
20. 会计科目能够反映交易或事项的发生所引起的会计要素各项目增减变动情况和结果。（　）
21. 会计科目的性质决定了账户的性质，会计科目的分类决定了账户的分类。（　）
22. 账户的简单格式分为左右两方，其中左方表示增加，右方表示减少。（　）
23. 资产类账户和负债类账户一般都有期末余额，而资产类账户由于增加在借方，所以期末余额的方向与记录增加的方向一致，而负债类账户由于增加在贷方，所以期末余额的方向与记录增加的方向相反。（　）
24. 在借贷记账法下，收入类账户的借方登记减少额；贷方登记增加额。期末余额一般在贷方。（　）
25. 试算平衡具有局限性，不能发现全部记账过程中的错误和遗漏。（　）
26. 会计凭证，是指记录经济业务发生或者完成情况的书面证明，是登记账簿的依据。（　）
27. 会计凭证按照填制程序和用途可分为自制凭证和外来凭证。（　）
28. 外来原始凭证，是指在经济业务发生或完成时，从其他单位或个人直接取得的原始凭证。（　）
29. 累计凭证，是指对一定时期内反映经济业务内容相同的若干张原始凭证，按照一定标准综合填制的原始凭证。（　）
30. 发料凭证汇总表属于累计凭证。（　）
31. 出纳人员在办理收款或付款业务后，应在原始凭证上加盖“收讫”或“付讫”的戳记，以免重收重付。（　）
32. 记账凭证仅用以记录、证明经济业务已经发生或完成，而原始凭证则使用会计科目对已经发生或完成的经济业务进行归类、整理。（　）
33. 收款凭证是依据库存现金收款业务的原始凭证所编制的记账凭证。（　）
34. 对于涉及“库存现金”和“银行存款”之间的相互划转业务，如将现金存入银行或从银行提取现金，为了避免重复记账，一般只填制付款凭证，不再填制收款凭证。（　）
35. 所有的记账凭证都必须附有原始凭证，否则，不能作为记账的依据。（　）
36. 会计账簿，简称账簿，是指由一定格式的账页组成的，以经过审核的会计凭证为依据，全面、系统、连续地记录各项经济业务和会计事项的簿籍。（　）
37. 会计账簿可以按照用途、账页格式、外形特征等进行分类。（　）
38. 分类账簿按其反映经济业务的详略程度，可分为序时账簿和备查账簿。（　）
39. 备查账簿，又称辅助登记簿或补充登记簿，是对某些在序时账簿和分类账簿中未能记载或记载不全的经济业务进行补充登记的账簿。（　）
40. 库存现金日记账是由出纳人员根据审核无误的现金收、付款凭证和转账凭证按照经济业务的发生顺序，逐日、逐笔序时登记。（　）
41. 平行登记，是指对所发生的每项经济业务都要以会计凭证为依据，同时在借方和贷方登记。（　）
42. 总分类账与明细分类账的平行登记，记

入总分类账户的金额必须与记入其所辖的一个或几个明细分类账户的金额合计数相等。（　　）

43. 对账工作一般在记账之后编制报表之前，即在月末进行。（　　）

44. 会计部门有关库存商品的明细账与保管部门库存商品明细账核对属于账实核对的内容。（　　）

45. 对于需要按月结计发生额的明细账，每月结账时，应在“本年合计”字样下面划通栏单红线。（　　）

46. 在结账前，企业会计人员发现账簿记录有文字错误，而记账凭证没有错误，应当采用划线更正法进行更正。（　　）

47. 记账后发现记账凭证中应借、应贷会计科目有错误所引起的记账错误，应采用划线更正法更正。（　　）

48. 各种账务处理程序之间的主要区别在于登记总分类账的依据和方法不同。（　　）

49. 科目汇总表不仅能起到试算平衡的作用，而且可以反映各个账户之间的对应关系。（　　）

50. 记账凭证账务处理程序是最基本的账务处理程序，其特点就是登记账簿的工作量较小。（　　）

51. 汇总记账凭证账务处理程序不利于会计核算的日常分工，并且当转账凭证较多时，编制汇总转账凭证的工作量较大。（　　）

52. 财产清查，是指通过对货币资金、实物资产和往来款项等财产物资进行盘点或核对，确定其实存数，查明账存数与实存数是否相符的一种专门方法。（　　）

53. 对于库存现金，每月终了，应由出纳人员进行清点核对。（　　）

54. 银行存款余额调节表往往作为调整账面记录的依据。（　　）

55. 未达账项，是指企业或银行在登记账簿时漏记的款项。（　　）

56. 往来款项的清查一般采用派人去对方单位核对的方式进行。（　　）

57. 财产清查产生的损溢，企业应于期末前查明原因，并根据企业的管理权限，经股东大会或董事会，或经理（厂长）会议或类似机构批准后，在期末结账前处理完毕。（　　）

## 同步强化练习题参考答案及解析

“扫码看解析”

使用“微信”或“会计云课堂”App 扫右方二维码，对答案、看解析、掌握解题思路，开启轻松过关之旅。

### 一、单项选择题

1. 【答案】A

**解析：**会计核算与会计监督是相辅相成、辩证统一的。会计核算是会计监督的基础，没有核算提供的各种信息，监督就失去了依据；会计监督又是会计核算质量的保障，只有核算没有监督，就难以保证核算提供信息的质量。

2. 【答案】C

**解析：**企业会计的确认、计量和报告应当以权责发生制为基础。

3. 【答案】B

**解析：**选项 ACD 符合收付实现制基础。

4. 【答案】B

**解析：**持续经营，是指在可以预见的将来，企业将会按当前的规模和状态继续经营下去，不会停业，也不会大规模削减业务。

5. 【答案】A

**解析：**企业将售出商品很可能发生的保修义务确认为预计负债，体现了谨慎性原则。

6. 【答案】B

**解析：**谨慎性要求企业对交易或者事项进行会计确认、计量和报告应当保持应有的谨慎，不应高估资产或者收益、低估负债或者费用。

7. 【答案】A

**解析：**在历史成本计量下，资产按照其购置时支付的现金或者现金等价物的金额，或者按照购置时所付出对价的公允价值计量。

8. 【答案】A

**解析：**采用现值计量时，资产按照预计从其持续使用和最终处置中所产生的未来净现金流入量的折现金额计量。

9. 【答案】A

**解析：**采用历史成本计量时，资产按照其购置时支付的现金或现金等价物的金额，或者按照购置时所付出对价的公允价值计量；负债按照其因承担现时义务而实际收到的款项或者资产的金额，或者承担现时义务的合同金额，或者按照日常活动中为偿还负债预期需要支付的现金或者现金等价物的金额计量，选项 A 不正确。

10. 【答案】A

**解析：**资产是指企业过去的交易或事项形成的，由企业拥有或控制的，预期会给企业带来经济利益的资源。选项 BD，预期不会给企业带来经济利益；选项 C，不是由过去的交易或事项形成的。

11. 【答案】B

**解析：**收回其他应收款导致银行存款增加，其他应收款减少，属于资产内部的此增彼减，不会引起会计等式两边同时发生变动。

12. 【答案】D

**解析：**选项 A，使得资产和所有者权益同时增加；选项 BC，使得资产内部一增一减；选项 D，使得资产和负债同时减少。

13. 【答案】D

**解析：**选项 A，资产（原材料）和负债（应付账款）同时增加；选项 B，资产（银行存款）和所有者权益（股本、资本公积）同时增加；选项 C，资产（库存商品）减少和所有者权益减少（主营业务成本增加，导致所有者权益减少）。

14. 【答案】C

**解析：**赊购原材料 20 万元使资产增加 20 万元，用银行存款支付前欠账款 10 万元使资产减少 10 万元。12 月 31 日该公司的资产总额 = 500 + 20 − 10 = 510（万元）。

15. 【答案】B

**解析：**根据资产 = 负债 + 所有者权益，可知业务入账前负债总额 = 25 − 20 = 5（万元）。以银行存款 4 万元支付现金股利，使得资产和负债同时减少 4 万元，以银行存款 2 万元购买设备（不考虑增值税），属于资产内部的增减变动，不会影响负债总额，因此上述业务入账后该公司的负债总额 = 5 − 4 = 1（万元）。

16. 【答案】D

**解析：**费用是指企业在日常活动中发生的、会导致所有者权益减少的、与向所有者分配利润无关的经济利益的总流出。

17. 【答案】D

**解析：**利润包括收入减去费用后的净额、直接计入当期利润的利得和损失等，与接受所有者投资无关。

18. 【答案】D

**解析：**账户的左方和右方哪一方登记增加额，哪一方登记减少额，取决于所记录的经济内容和账户的性质。

19. 【答案】D

**解析：**选项 D 属于损益类科目。

20. 【答案】B

解析：费用类账户与收入类账户记录增加的方向不一致，费用类账户增加记借方，收入类账户增加记贷方。

21. 【答案】A

解析："借"表示增加还是"贷"表示增加，取决于账户的性质与所记录经济内容的性质。

22. 【答案】D

解析：所有者权益类账户，贷方登记增加额，借方登记减少额，选项D错误。

23. 【答案】A

解析："应付账款"属于负债类账户，贷方表示增加，借方表示减少。本期借方发生额=期初贷方余额+本期贷方发生额-期末贷方余额=200+300-100=400（万元）。

24. 【答案】A

解析："累计折旧"账户属于资产类的备抵账户，其结构与资产类账户结构相反，贷方表示增加，借方表示减少，余额通常在贷方。期末贷方余额=期初贷方余额+本期贷方发生额-本期借方发生额=600+300-200=700（万元）。

25. 【答案】B

解析：选项B不正确，如果试算平衡，只能说明总分类账的登记基本正确，不能说绝对正确，可能存在不影响试算平衡的错误。

26. 【答案】B

解析：领料单、产品入库单、借款单属于自制原始凭证；取得的增值税专用发票属于外来原始凭证。

27. 【答案】B

解析：选项ACD均属于一次凭证。

28. 【答案】D

解析：原始凭证应当具备以下基本内容（也称为原始凭证要素）：①凭证的名称；②填制凭证的日期（选项B）；③填制凭证单位名称和填制人姓名（选项C）；④经办人员的签名或者盖章；⑤接受凭证单位名称（选项A）；⑥经济业务内容；⑦数量、单价和金额。选项D，会计科目是记账凭证的基本内容。

29. 【答案】C

解析：大写金额有分的，不写"整"或"正"字，选项A不正确；原始凭证金额有错误的，应当由出具单位重开，不得在原始凭证上更正，选项B不正确；金额数字一律写到角、分，无角无分的，写"00"或符号"-"，选项D不正确。

30. 【答案】C

解析：不得将不同内容和类别的原始凭证汇总填制在一张记账凭证上。

31. 【答案】C

解析：对于涉及"库存现金"和"银行存款"之间的相互划转业务，如将现金存入银行或从银行提取现金，为了避免重复记账，一般只填制付款凭证，不再填制收款凭证。选项AB填制付款凭证；选项D填制转账凭证。

32. 【答案】C

解析：选项AD，应编制收款凭证；选项B，应编制转账凭证。

33. 【答案】B

解析：选项A，按照用途，会计账簿可以分为序时账簿、分类账簿和备查账簿；选项C，卡片式账簿是按照外形特征分类的；选项D，订本式账簿和活页式账簿都是依据外形特征划分的。

34. 【答案】A

解析：订本式账簿能避免账页散失和防止抽换账页，但是不能准确为各账户预留账页，预留太多造成浪费，预留太少影响登记。订本式账簿在同一时间只能由一人登记，这样不利于记账人员分工记账。

35. 【答案】D

解析：原材料、库存商品等明细账一般采用数量金额式账簿。

36. 【答案】C

**解析**：经济业务少的小型单位的总分类账，可以根据记账凭证逐笔登记；经济业务多的大中型单位的总分类账，可以根据记账凭证汇总表（又称科目汇总表）或汇总记账凭证等定期登记。

37. 【答案】D

**解析**：选项 D，属于账证核对。

38. 【答案】C

**解析**：账实核对，是指各项财产物资、债权债务等账面余额与实有数额之间的核对。主要包括：①库存现金日记账账面余额与现金实际库存数逐日核对是否相符。②银行存款日记账账面余额与银行对账单余额定期核对是否相符。③各项财产物资明细账账面余额与财产物资实有数额定期核对是否相符。④有关债权债务明细账账面余额与对方单位债权债务账面记录核对是否相符。

39. 【答案】D

**解析**：总分类账簿与序时账簿之间的核对主要是指库存现金总账和银行存款总账的期末余额，与库存现金日记账和银行存款日记账的期末余额之间的核对。

40. 【答案】D

**解析**：选项 A 适用于补充登记法；选项 BC 适用于红字更正法；划线更正法适用于结账前发现账簿记录有误（包括文字和数字错误），而记账凭证并无错误的情况，选项 D 正确。

41. 【答案】B

**解析**：汇总记账凭证账务处理程序的缺点是当转账凭证较多时，编制汇总转账凭证的工作量较大，并且按每一贷方账户编制汇总转账凭证，不利于会计核算的日常分工。

42. 【答案】B

**解析**：科目汇总表账务处理程序的优点有：简化总分类账的登记工作，减轻登记总分类账的工作量，并可以做到试算平衡，简明易懂，方便易学；科目汇总表账务处理程序的缺点是：不能清晰地反映各个账户之间的对应关系，不利于对账目进行检查。

43. 【答案】C

**解析**：露天堆放的煤，由于堆垛量很大，不便一一清点，单位价值又比较低，所以采用技术推算法。

44. 【答案】B

**解析**：对库存现金进行盘点时，出纳人员必须在场，对单位负责人没有要求，选项 B 错误。

45. 【答案】D

**解析**：如果银行存款日记账的账簿记录与开户银行转来的对账单二者余额不相符，则可能是企业或银行一方或双方记账过程有错误或者存在未达账项。

46. 【答案】D

**解析**：盘存单既是记录盘点结果的书面证明，也是反映财产物资实存数的原始凭证。

47. 【答案】D

**解析**：往来款项的清查一般采用发函询证的方法进行核对。

48. 【答案】C

**解析**：财产清查产生的损溢，如果在期末结账前尚未经批准，在对外提供财务报表时，先按相关规定进行处理，并在附注中作出说明；其后批准处理的金额与已处理金额不一致的，调整财务报表相关项目的期初数。

## 二、多项选择题

1. 【答案】AB

**解析**：会计具有核算和监督两项基本职能，还具有预测经济前景、参与经济决策、评价经营业绩等拓展职能。

2. 【答案】BD

**解析**：选项 A 错误，对特定主体的经济活动进行确认、计量、记录和报告属于会计基本职能中的核算职能；选项 C 错误，对特定主体经济活动和相关会计核算的真实性、合法性和合理性进行审查，属于会计基本职能中的监督职能。

3. 【答案】ABD

**解析：**选项 C 错误，会计信息质量要求主要包括可靠性、相关性、可理解性、可比性、实质重于形式、重要性、谨慎性和及时性等。

4. 【答案】AB

**解析：**同一企业不同时期可比，即同一企业不同时期发生的相同或者相似的交易或者事项，应当采用一致的会计政策，不得随意变更，选项 A 正确，选项 D 错误；不同企业相同会计期间可比，即不同企业同一会计期间发生的相同或者相似的交易或者事项，应当采用规定的会计政策，选项 B 正确，选项 C 错误。

5. 【答案】ABC

**解析：**实质重于形式要求企业应当按照交易或者事项的经济实质进行会计确认、计量和报告，不应仅以交易或者事项的法律形式为依据，选项 D 错误。

6. 【答案】CD

**解析：**注意资产的特征和资产的确认条件的区别：

资产具有以下三方面特征：

(1) 资产应为企业拥有或者控制的资源(选项 A 为特征，不是确认条件)；

(2) 资产预期会给企业带来经济利益；

(3) 资产是由企业过去的交易或者事项形成的（选项 B 为特征，不是确认条件）。

将一项资源确认为资产，需要符合资产的定义，还应同时满足以下两个条件：

(1) 与该资源有关的经济利益很可能流入企业（选项 C)；

(2) 该资源的成本或者价值能够可靠地计量（选项 D)。

7. 【答案】ABC

**解析：**选项 A 为短期借款；选项 B 为应付账款；选项 C 为合同负债；选项 D 应确认为应收账款，属于资产。

8. 【答案】ABCD

9. 【答案】AC

**解析：**选项 A，赊购原材料，“原材料”增加，“应付账款”增加，属于资产和负债同时增加，金额相同；选项 B，提取备用金，“库存现金”增加，“银行存款”减少，属于资产内部一增一减，金额相同；选项 C，取得短期借款，“银行存款”增加，“短期借款”增加，属于资产和负债同时增加，金额相同；选项 D，以银行存款偿付欠款，“银行存款”减少，“应付账款”减少，属于资产和负债同时减少，金额相同。

10. 【答案】ABD

**解析：**根据“资产 = 负债 + 所有者权益”会计等式的恒等关系，选项 C，破坏了该等式的平衡。

11. 【答案】BC

**解析：**此项业务使原材料增加 5000 元，银行存款减少 2000 元，应付账款增加 3000 元，即资产增加 3000 元，负债增加 3000 元。

12. 【答案】AB

**解析：**“收入 - 费用 = 利润”是反映企业经营成果的动态会计等式。

13. 【答案】CD

**解析：**选项 AB 是按其核算的经济内容不同进行的分类。

14. 【答案】ABD

**解析：**选项 C，“累计折旧”科目是资产类的备抵科目，属于资产类科目。

15. 【答案】ABC

**解析：**选项 D 属于损益类科目。

16. 【答案】ABCD

17. 【答案】ABCD

18. 【答案】BD

**解析：**选项 A 错误，会计科目是账户的名称；选项 C 错误，会计账户能够反映会计要素的增减变动情况。

19. 【答案】ABC

**解析：**复式记账法分为借贷记账法、增减记账法、收付记账法等，借贷记账法和增减记账法是两种不同的记账方法。

20. 【答案】ACD

**解析：** 收入类账户的借方登记减少额，贷方登记增加额，选项B错误。

21. 【答案】ABD

**解析：** 成本类账户期末余额一般在借方，选项C错误。

22. 【答案】ABC

**解析：** 借方或贷方的发生额中，金额记录的不正确导致借、贷方的平衡关系被破坏，所以选项D错误。

23. 【答案】ABC

**解析：** 选项D不正确，一借一贷属于简单会计分录。

24. 【答案】BC

**解析：** 通用凭证，是指由有关部门统一印制、在一定范围内使用的具有统一格式和使用方法的原始凭证。选项AD属于专用凭证。

25. 【答案】ABD

**解析：** 选项C，属于累计凭证。

26. 【答案】AB

**解析：** 选项CD均不属于用以记录或证明经济业务的发生或完成情况的原始凭证，只是为了核对账目，不能据此调账。

27. 【答案】ABCD

28. 【答案】ABCD

29. 【答案】ABC

**解析：** 记账凭证是登记账簿的直接依据，选项D错误。

30. 【答案】ABCD

31. 【答案】ABCD

32. 【答案】ABC

**解析：** 会计账簿按用途不同可以分为序时账簿、分类账簿和备查账簿。按账页格式可以分为三栏式账簿、多栏式账簿和数量金额式账簿。

33. 【答案】ABC

**解析：** 登记账簿必须使用蓝黑墨水或碳素墨水书写，不得使用圆珠笔（银行的复写账簿除外）或铅笔书写。

34. 【答案】ABCD

35. 【答案】ABD

**解析：** 库存现金日记账由出纳人员根据库存现金收款凭证（选项A）、库存现金付款凭证（选项B）和银行存款付款凭证（选项D），按照库存现金收、付款业务和银行存款付款业务发生时间的先后顺序逐日逐笔登记。

36. 【答案】ABCD

37. 【答案】ABC

**解析：** 发生的经济业务，记入总分类账户和所辖明细分类账户的具体时间可以有先后，但应在同一个会计期间记入总分类账户和所辖明细分类账户，选项D错误。

38. 【答案】AB

**解析：** 选项A，属于账账核对；选项B，属于账实核对；选项CD，不属于对账内容。

39. 【答案】ABC

**解析：** 账证核对是指将账簿记录与会计凭证核对，核对账簿记录与原始凭证、记账凭证的时间、凭证字号、内容、金额等是否一致，记账方向是否相符，做到账证相符。选项D属于账账核对。

40. 【答案】AB

**解析：** 选项CD，属于账账核对。

41. 【答案】ABD

**解析：** 划线更正法对于错误的数字，应全部划红线更正，不得只更正其中错误的数字。

42. 【答案】AB

**解析：** 选项C，应采用划线更正法；选项D，应采用补充登记法。

43. 【答案】AD

**解析：** 记账凭证账务处理程序，适用于规模较小、经济业务量较少的单位。汇总记账凭证账务处理程序，适合于规模较大、经济业务较多的单位，选项A不正确；汇总记账凭证账务处理程序的缺点是当转账凭证较多时，编制汇总转账凭证的工作量较大，并且按每一贷方账户编制汇总转账凭证，不利于会计核算的日常分工，科目汇总表账务处理程序的缺点是不能反映各个账户之间的对应关系，不利于对账目进行检查，选项 D 不正确。

44. 【答案】ABCD

45. 【答案】ABC

**解析：**选项 D 属于定期全面清查。

46. 【答案】ABD

**解析：**库存现金清查分为定期清查和不定期清查；库存现金清查时出纳人员必须在场，有关业务必须在库存现金日记账中全部登记；如果存在账实不符，需要调整库存现金日记账。

47. 【答案】ABCD

**解析：**进行局部清查主要有以下几种情况：①对于库存现金，每日终了，应由出纳人员进行清点核对（选项 A）；②对于银行存款，企业至少每月要同银行核对一次（选项 B）；③对于贵重的物资，每月都要进行清查盘点（选项 C）；④对于债权债务，企业应每年至少同债权人、债务人核对一至两次（选项 D）；⑤对于流动性较大的财产物资，应根据需要随时轮流盘点或重点抽查。

48. 【答案】ABD

**解析：**往来款项的清查一般采用发函询证的方法进行核对，往来款项主要包括应收（选项 D）、应付款项（选项 A）和预收、预付款项（选项 B）等。

49. 【答案】ABCD

**解析：**一套完整的财务报表至少应当包括资产负债表（选项 C）、利润表（选项 B）、现金流量表（选项 A）、所有者权益（或股东权益）变动表以及附注（选项 D）。

50. 【答案】ABC

**解析：**选项 D，财务报告包括财务报表和其他应当在财务报告中披露的相关信息和资料。

## 三、判断题

1. 【答案】√

2. 【答案】√

3. 【答案】√

4. 【答案】×

**解析：**会计基础，是指会计确认、计量和报告的基础，具体包括权责发生制和收付实现制。

5. 【答案】×

**解析：**由于有了会计分期这个基本假设，才产生了当期与其他期间的区别，从而出现了权责发生制与收付实现制的区别。

6. 【答案】√

7. 【答案】×

**解析：**可比性要求企业采用的会计处理方法和程序前后各期应当一致，不得随意变更（不是不得变更）。

8. 【答案】×

**解析：**重要性的应用需要依赖职业判断，企业应当根据其所处环境和实际情况，从项目的性质和金额大小两方面加以判断。

9. 【答案】×

**解析：**企业对售出商品很可能发生的保修义务确认预计负债、对很可能承担的环保责任确认预计负债等，体现了会计信息质量的谨慎性要求。

10. 【答案】×

**解析：**资产，是指企业过去的交易或者事项形成的，由企业拥有或者控制的，预期会给企业带来经济利益的资源。仓库中已失效或已毁损的商品预期不能给企业带来经济利益，不能确认为企业的资产。

11. 【答案】×

**解析：**负债，是指企业过去的交易或者事项形成的，预期会导致经济利益流出企业的现时义务。

12. 【答案】×

**解析：**所有者权益的金额为企业资产扣除负债后，由所有者享有的剩余权益。

13. 【答案】√

14. 【答案】×

解析：收入是企业在日常活动中形成的、会导致所有者权益增加的、与所有者投入资本无关的经济利益的总流入。

15. 【答案】×

解析：企业因自然灾害毁损固定资产发生的净损失与企业的日常活动无关，具有偶发性，所以不能作为企业的费用，只能作为损失确认为营业外支出。

16. 【答案】√

17. 【答案】√

18. 【答案】√

19. 【答案】√

20. 【答案】×

解析：会计科目仅仅是对会计要素的具体内容进行分类核算的项目，它不能反映交易或事项的发生所引起的会计要素各项目增减变动情况和结果。各项核算指标的具体数据资料，只有通过账户记录才能取得。

21. 【答案】√

解析：账户是根据会计科目设置的，账户是会计科目的具体运用，因此，会计科目的性质决定了账户的性质，会计科目的分类决定了账户的分类。

22. 【答案】×

解析：账户的哪方表示增加，哪方表示减少，要根据所记录的经济内容和账户的性质来确定。

23. 【答案】×

解析：资产类账户和负债类账户，期末一般都有余额，余额的方向通常与记录增加的方向一致。

24. 【答案】×

解析：在借贷记账法下，收入类账户的借方登记减少额；贷方登记增加额。本期收入净额在期末转入“本年利润”账户，用以计算当期损益，结转后无余额。

25. 【答案】√

26. 【答案】√

27. 【答案】×

解析：会计凭证按照填制程序和用途可分为原始凭证和记账凭证；原始凭证按取得来源，可分为自制原始凭证和外来原始凭证。

28. 【答案】√

29. 【答案】×

解析：汇总凭证，是指对一定时期内反映经济业务内容相同的若干张原始凭证，按照一定标准综合填制的原始凭证。

30. 【答案】×

解析：发料凭证汇总表属于汇总凭证。具有代表性的累计凭证是“限额领料单”。

31. 【答案】√

32. 【答案】×

解析：原始凭证仅用以记录、证明经济业务已经发生或完成，而记账凭证则使用会计科目对已经发生或完成的经济业务进行归类、整理。

33. 【答案】×

解析：收款凭证是指用于记录库存现金和银行存款收款业务的记账凭证，收款凭证不只依据库存现金收款业务的原始凭证编制，还可能依据银行存款收款业务的原始凭证编制。

34. 【答案】√

35. 【答案】×

解析：结账和更正错账的记账凭证可以不附原始凭证。

36. 【答案】√

37. 【答案】√

38. 【答案】×

解析：分类账簿按其反映经济业务的详略程度，可分为总分类账簿和明细分类账簿。

39. 【答案】√

40. 【答案】×

解析：库存现金日记账不能依据转账凭证进行登记。

41. 【答案】×

解析：平行登记，是指对所发生的每项经济业务都要以会计凭证为依据，一方面记入有关总分类账户，另一方面记入所辖明细分类账户的方法。

42.【答案】√

43.【答案】×

解析：对账工作一般在记账之后结账之前，即在月末进行。

44.【答案】×

解析：属于账账核对的内容，而非"账实核对"。

45.【答案】×

解析：对于需要按月结计发生额的明细账，每月结账时，应在"本月合计"字样下面划通栏单红线。

46.【答案】√

47.【答案】×

解析：记账后发现记账凭证中应借、应贷会计科目有错误所引起的记账错误，应采用红字更正法更正。

48.【答案】√

49.【答案】×

解析：科目汇总表可以起到试算平衡的作用，但是不能反映各个账户之间的对应关系。

50.【答案】×

解析：记账凭证账务处理程序是最基本的账务处理程序，特点是直接根据记账凭证对总分类账进行逐笔登记，缺点是登记总分类账的工作量较大。

51.【答案】√

52.【答案】√

53.【答案】×

解析：对于库存现金，每日终了，应由出纳人员进行清点核对。

54.【答案】×

解析：银行存款余额调节表是一种对账工具，不作为调整账面记录的依据。

55.【答案】×

解析：未达账项是指企业与银行之间，由于记账时间不一致而导致的一方已经入账，而另一方尚未入账的事项。

56.【答案】×

解析：往来款项的清查一般采用发函询证的方法进行核对。

57.【答案】√

# 第二章 资 产

## 本章考情分析

资产企业是反映财务状况的最重要的会计要素，本章的内容包括货币资金、应收及预付款项、交易性金融资产、存货、固定资产、无形资产和长期待摊费用。考试中各种题型均会出现，分值在30分左右，属于非常重要的章节。

**近3年题型题量分析表**

| 题型 / 年份 | 单项选择题 | 多项选择题 | 判断题 | 不定项选择题 | 合计 |
| --- | --- | --- | --- | --- | --- |
| 2020年 | 4题8分 | 3题6分 | 4题4分 | 4题8分 | 26分 |
| 2019年 | 6题9分 | 3题6分 | 3题3分 | 5题10分 | 28分 |
| 2018年 | 9题13.5分 | 3题6分 | 2题2分 | 5题10分 | 31.5分 |

## 2021年教材主要变化

1. 删除应收股利部分有关长期股权投资知识点
2. 修改部分文字表述

## 本章考点框架

- 资产（一）
  - 货币资金
    - 库存现金（★★）
    - 银行存款（★★）
    - 其他货币资金（★）
  - 应收及预付款项
    - 应收票据（★★）
    - 应收账款（★★）
    - 预付账款（★）
    - 应收股利和应收利息（★）
    - 其他应收款（★）
    - 应收款项减值（★★★）
  - 交易性金融资产
    - 交易性金融资产的内容（★）
    - 交易性金融资产的账务处理（★★★）

- 资产（二）
  - 存货
    - 存货概述（★）
    - 原材料（★★★）
    - 周转材料（★）
    - 委托加工物资（★★）
    - 库存商品（★★）
    - 存货清查（★★）
    - 存货减值（★★）
  - 固定资产
    - 固定资产概述（★）
    - 取得固定资产（★★★）
    - 对固定资产计提折旧（★★★）
    - 固定资产发生的后续支出（★★★）
    - 处置固定资产（★★★）
    - 固定资产清查（★★）
    - 固定资产减值（★）
  - 无形资产和长期待摊费用
    - 无形资产（★★）
    - 长期待摊费用（★）

## 本章重难点精讲

### 第一节　货币资金

查看本节视频
使用“会计云课堂”App/微信扫描

#### 一、库存现金（★★）

（一）现金的管理制度

| | | |
|---|---|---|
| **现金的使用范围** | 企业可用现金支付的款项有：<br>（1）职工工资、津贴<br>（2）个人劳务报酬<br>（3）根据国家规定颁发给个人的科学技术、文化艺术、体育比赛等各种奖金<br>（4）各种劳保、福利费用以及国家规定的对个人的其他支出<br>（5）向个人收购农副产品和其他物资的价款<br>（6）出差人员必须随身携带的差旅费<br>（7）结算起点（1000 元）以下的零星支出<br>（8）中国人民银行确定需要支付现金的其他支出 | 除企业可以现金支付的款项中的第（5）、（6）项外，开户单位支付给个人的款项，超过使用现金限额的部分，应当以支票或者银行本票等方式支付；确需全额支付现金的，经开户银行审核后，予以支付现金 |

续表

| 现金的限额 | （1）开户银行根据单位的实际需要核定现金限额，一般按照单位3-5天日常零星开支所需确定<br>（2）边远地区和交通不便地区的开户单位的库存现金限额，可按多于5天，但不得超过15天的日常零星开支的需要确定 |
|---|---|
| 现金收支的规定 | （1）原则上应当当日送存开户银行，当日送存确有困难的，由开户银行确定送存时间<br>（2）不得坐支；因特殊情况需要坐支现金的，应当事先报经开户银行审查批准，由开户银行核定坐支范围和限额。坐支单位应当定期向开户银行报送坐支金额和使用情况<br>（3）提取现金应当注明用途，经本单位财会部门负责人签字盖章，开户银行审核后方可支付<br>（4）特殊情况支用现金的，向开户银行提出申请，经本单位财会部门负责人签字盖章，开户银行审核后方可支付 |

**【历年考核要点】**

现金的使用范围。

## 经典题解

**【例题1·判断题】**企业发生经济业务需要支付现金时，可以从本单位的现金收入中直接安排支付。（　　）（2020年·1分）

**【解析】**开户单位支付现金，可以从本单位库存现金限额中支付或从开户银行提取，不得从本单位的现金收入中直接支付（即坐支）。因特殊情况需要坐支现金的，应当事先报经开户银行审查批准，由开户银行核定坐支范围和限额。

**【答案】**×

**【例题2·单选题】**按照现金管理相关规定，下列各项中，企业不能使用库存现金进行结算的经济业务是（　　）。（2019年·1.5分）

A. 按规定颁发给科技人员的创新奖金

B. 发放给职工的劳保福利

C. 向个人收购农副产品的价款

D. 向外单位支付的机器设备款

**【解析】**选项ABC均属于现金的使用范围；选项D，向外单位支付的机器设备款应当以银行转账等方式支付。

**【答案】**D

（二）现金的账务处理

| 项目 | 内容 |
|---|---|
| 设置科目 | 企业应当设置“库存现金”科目<br>【提示】企业内部各部门周转使用的备用金，可单独设置“备用金”科目进行核算 |
| 设置账簿 | 企业应当设置库存现金总账和库存现金日记账，分别进行库存现金的总分类核算和明细分类核算 |

（三）现金的清查

| 情形 | 报经批准前 | 报经批准后 |
|---|---|---|
| 现金短缺 | 借：待处理财产损溢<br>　贷：库存现金 | 借：其他应收款（应由责任人赔偿的部分）<br>　　管理费用（无法查明原因的部分）<br>　贷：待处理财产损溢 |
| 现金溢余 | 借：库存现金<br>　贷：待处理财产损溢 | 借：待处理财产损溢<br>　贷：其他应付款（应支付给有关人员或单位的部分）<br>　　营业外收入（无法查明原因的部分）<br>【提示】无法查明原因的现金溢余不是冲减管理费用，而是计入营业外收入，因为现金溢余不是“管理”出来的，而是意外从天而降，所以计入营业外收入 |

【历年考核要点】

现金短缺或溢余报经批准前后的账务处理。

## 经典题解

**【例题3·单选题】**某企业现金盘点时发现库存现金短款351元，经批准需由出纳员赔偿200元，其余短缺无法查明原因，关于现金短缺相关会计科目处理正确的是（　　）。（2019年·1.5分）

A. 借记“财务费用”科目151元

B. 借记“其他应付款”科目200元

C. 借记“管理费用”科目151元

D. 借记“营业外支出”科目151元

【解析】会计分录为：

批准前：

借：待处理财产损溢 351

　贷：库存现金 351

批准后：

借：管理费用 151

　　其他应收款 200

　贷：待处理财产损溢 351

所以无法查明原因的现金短缺，经批准后计入管理费用的借方，选项 C 正确。

【答案】C

【例题 4 · 多选题】下列各项中，关于企业现金溢余的会计处理表述错误的有（　）。（2018 年 · 2 分）

A. 无法查明原因的现金溢余计入营业外收入

B. 应支付给有关单位的现金溢余计入其他应付款

C. 无法查明原因的现金溢余冲减管理费用

D. 应支付给有关单位的现金溢余计入应付账款

【解析】无法查明原因的现金溢余计入营业外收入，选项 A 正确，选项 C 错误；应支付给有关单位的现金溢余计入其他应付款，选项 B 正确，选项 D 错误。

【答案】CD

## 二、银行存款（★★）

“银行存款日记账”应定期与“银行对账单”核对，至少每月核对一次。企业银行存款账面余额与银行对账单余额之间如有差额（可能存在未达账项），应编制“银行存款余额调节表”调节，如没有记账错误，调节后的双方余额应相等。

【历年考核要点】

（例题详见第一章第六节）

1. 银行存款余额调节表只是为了核对账目，不能作为调账的依据

2. 调节后的余额表示企业可以动用的银行存款数

## 三、其他货币资金（★）

（一）其他货币资金的内容

其他货币资金是指企业除库存现金、银行存款以外的其他各种货币资金，主要包括银行汇票存款、银行本票存款、信用卡存款、信用证保证金存款、外埠存款和存出投资款等。

| 种类 | 内容 |
| --- | --- |
| 银行汇票存款 | （1）单位和个人各种款项的结算均可使用<br>（2）可以用于转账，填明“现金”字样的银行汇票可以支取现金<br>（3）银行汇票的提示付款期限为自出票日起一个月 |
| 银行本票存款 | （1）单位和个人在同一票据交换区域需要支付的各种款项均可使用<br>（2）可以用于转账，填明“现金”字样的银行本票可以支取现金<br>（3）银行本票的提示付款期限自出票日起最长不得超过两个月 |
| 信用卡存款 | 以单位卡为例：<br>（1）账户资金一律从其基本存款账户转账存入<br>（2）不得交存和支取现金<br>（3）不得将销货收入的款项存入该账户<br>（4）不得用于 10 万元以上的商品交易、劳务供应款项的结算 |
| 信用证保证金存款 | 信用证只限于转账结算，不可以支取现金 |

续表

| 种类 | 内容 |
| --- | --- |
| 存出投资款 | 企业为购买股票、债券、基金等根据有关规定存入在证券公司指定银行开立的投资款专户的款项 |
| 外埠存款 | （1）该账户的存款不计利息、只付不收、付完清户<br>（2）除了采购人员可从中提取少量现金外，一律采用转账结算 |

【易错易混点辨析】

| 结算方式 | 归属科目 |
| --- | --- |
| 银行汇票、银行本票、信用卡、信用证保证金、外埠存款、存出投资款等 | 其他货币资金 |
| 商业汇票（银行承兑汇票、商业承兑汇票） | 应收票据/应付票据 |
| 支票 | 银行存款 |

【历年考核要点】

哪些结算方式的归属科目为“其他货币资金”。

## 经典题解

【例题5·单选题】企业向银行申领信用卡，交存相关款项，收到银行盖章退回的进账单。下列各项中，企业应借记的会计科目是（　　）。（2020年·2分）

A. 其他货币资金　　B. 其他应收款

C. 应收票据　　D. 银行存款

【解析】企业申领信用卡应填制“信用卡申请表”，连同支票和有关资料一并送存发卡银行，根据银行盖章退回的进账单第一联，借记“其他货币资金—信用卡”科目，贷记“银行存款”科目。

【答案】A

【例题6·单选题】下列各项中，企业应通过“其他货币资金”科目核算的经济业务是（　　）。（2019年·1.5分）

A. 销售商品收到银行承兑汇票

B. 委托银行代为支付电话费

C. 开出转账支票支付购买办公设备款

D. 为购买股票将资金存入证券公司指定投资款专户

【解析】选项A，通过“应收票据”科目核算；选项BC，通过“银行存款”科目核算；选项D，通过“其他货币资金—存出投资款”科目核算。

【答案】D

【例题7·多选题】下列各项中，企业应通过“其他货币资金”科目核算的有（　　）。（2019年·2分）

A. 用银行本票支付采购办公用品的款项

B. 存入证券公司指定账户的款项

C. 汇往异地银行开立采购专户的款项

D. 存入银行信用证保证金专户的款项

【解析】选项A，属于银行本票存款，通过“其他货币资金—银行本票”科目核算；选项B，属于存出投资款，通过“其他货币资金—存出投资款”科目核算；选项C，属于外埠存款，通过“其他货币资金—外埠存款”科目核算；选项D，属于信用证保证金存款，通过“其他货币资金—信用证保证金”科目核算。

【答案】ABCD

（二）其他货币资金的账务处理

其他货币资金的账务处理（除存出投资款外），大致可以分为办理（开立）、收到发票账单、退回余款三个阶段。

| 节点 | 账务处理 |
|---|---|
| 办理或开立时 | 借：其他货币资金—××<br>　贷：银行存款 |
| 收到发票账单等 | 借：材料采购、原材料、库存商品等<br>　　应交税费—应交增值税（进项税额）<br>　贷：其他货币资金—×× |
| 退回余款时 | 借：银行存款<br>　贷：其他货币资金—×× |

【提示】存出投资款的业务处理分为两个阶段：

| 向证券公司划出资金时 | 借：其他货币资金—存出投资款<br>　贷：银行存款 |
|---|---|
| 购买股票、债券、基金等时 | 借：交易性金融资产等<br>　贷：其他货币资金—存出投资款 |

**经典题解**

**【例题8·判断题】**企业收到退回的银行汇票多余款项时，记入“其他货币资金”科目的借方。（　　）（2019年·1分）

**【解析】**企业收到退回的银行汇票多余款项时，记入“其他货币资金”科目的贷方，分录如下：

借：银行存款

　贷：其他货币资金—银行汇票

**【答案】**×

**开小灶**

本节必考点汇总：（详见轻松过关2）

1. 现金溢余与短缺的科目归属
2. 其他货币资金的核算内容应用

## 第二节　应收及预付款项

查看本节视频

使用“会计云课堂”App/微信扫描

应收及预付款项是指企业在日常生产经营过程中发生的各项债权，包括应收款项和预付款项。应收款项包括应收票据、应收账款、应收股利、应收利息和其他应收款等；预付款项是指企业按照合同规定预付的款项，如预付账款等。

### 一、应收票据（★★）

（一）应收票据概述

（1）应收票据是指企业因销售商品、提供服务等而收到的商业汇票。

（2）商业汇票的付款期限，最长不得超过6个月。

(3) 根据承兑人不同，商业汇票分为商业承兑汇票和银行承兑汇票。企业申请使用银行承兑汇票时，应向其承兑银行按票面金额的万分之五交纳手续费。出票人于汇票到期前未能足额交存票款时，承兑银行除凭票向持票人无条件付款外，对出票人尚未支付的汇票金额按照每天万分之五计收利息。

(二) 应收票据的账务处理

| 节点 | 账务处理 | |
|---|---|---|
| 取得时 | 因销售商品、提供服务而取得：<br>借：应收票据<br>　贷：主营业务收入等<br>　　　应交税费—应交增值税（销项税额） | 因抵偿之前应收账款而取得：<br>借：应收票据<br>　贷：应收账款 |
| 到期时 | 到期能收回款项：<br>借：银行存款<br>　贷：应收票据 | 到期未能收回款项：<br>借：应收账款<br>　贷：应收票据 |
| 贴现时 | 借：银行存款<br>　　财务费用（贴现息，或在贷方）<br>　贷：应收票据 | |
| 背书转让时 | 借：在途物资、材料采购、原材料、库存商品等<br>　　应交税费—应交增值税（进项税额）<br>　贷：应收票据<br>　　　银行存款（差额，或在借方） | |

**【历年考核要点】**

1. 应收票据核算内容的实际案例应用
2. 应收票据贴现息的归属科目

## 经典题解

**【例题9·多选题】** 下列各项中，应记入“应收票据”科目借方的有(　　)。(2020年·2分)

A. 销售商品收到银行汇票

B. 销售原材料收到商业承兑汇票

C. 提供服务收到的银行承兑汇票

D. 销售原材料收到的转账支票

**【解析】** 收到商业汇票应通过“应收票据”科目核算。

选项B的会计分录为：

借：应收票据

　贷：其他业务收入

　　　应交税费—应交增值税（销项税额）

选项C的会计分录为：

借：应收票据

　贷：主营业务收入

　　　应交税费—应交增值税（销项税额）

**【答案】** BC

**【例题10·单选题】** 企业将持有的不带息商业汇票向银行申请贴现，支付给银行的贴现息应记入的会计科目是(　　)。

A. 财务费用

B. 管理费用

C. 投资收益

D. 营业外支出

**【解析】** 不带息的商业汇票的贴现息记入“财务费用”科目。

**【答案】** A

## 二、应收账款（★★）

（一）应收账款的内容

应收账款的入账价值包括企业销售商品、提供服务等应从购货方或接受服务方收取的合同或协议价款（不公允的除外）、增值税，以及代购货单位垫付的包装费、运杂费等。

【提示】与应收账款有关的商业折扣与现金折扣。

商业折扣：销售方给予商业折扣的目的是为了促销，销售方扣除商业折扣后确认收入和应收账款。

现金折扣：应按扣除现金折扣前的金额作为应收账款的入账金额，待实际发生现金折扣时，计入当期财务费用（付款方付款时贷记“财务费用”科目，销售方收款时借记“财务费用”科目），不影响应收账款入账价值。

（二）应收账款的账务处理

| 节点 | 账务处理 |
| --- | --- |
| 因销售商品、提供服务等而确认应收账款 | 借：应收账款<br>贷：主营业务收入等（扣除商业折扣后）<br>应交税费—应交增值税（销项税额）<br>借：主营业务成本等<br>贷：库存商品 |
| 应收账款到期收回 | 借：银行存款<br>财务费用［现金折扣比率×主营业务收入（现金折扣不考虑增值税）］/［现金折扣比率×（主营业务收入+增值税销项税额）（现金折扣考虑增值税）］<br>贷：应收账款 |
| 垫付包装费、运杂费 | 借：应收账款<br>贷：银行存款 |
| 改用应收票据结算 | 借：应收票据<br>贷：应收账款 |

【提示】不单独设置“预收账款”科目的企业，预收的账款应在“应收账款”科目核算。如果应收账款期末余额在贷方，则反映企业预收的账款。

### 【历年考核要点】

1. 计算应收账款的入账价值

2. 现金折扣发生时，计算实际收款的金额（详见第五章）

### 经典题解

【例题11·单选题】甲公司为增值税一般纳税人，向乙公司销售商品一批，商品价款20万元、增值税税额2.6万元；以银行存款支付代垫运费1万元、增值税税额0.09万元，上述业务均已开具增值税专用发票，全部款项尚未收到。不考虑其他因素，甲公司应收账款的入账金额为（　　）万元。（2020年·2分）

A. 21　　B. 22.6

C. 23.69　　D. 20

【解析】应收账款的入账金额=20+2.6+1+0.09=23.69（万元）。

【答案】C

### 三、预付账款（★）

（一）预付账款概述

预付账款是指企业按照合同规定预付的款项。如预付的购货款、材料款、工程款等。

预付款项情况不多的企业，可以不设置“预付账款”科目，而直接通过“应付账款”科目核算。

（二）预付账款的账务处理

| 节点 | 账务处理 | |
|---|---|---|
| 向供应单位预付款项时 | 借：预付账款<br>　贷：银行存款 | |
| 收到所购物资时 | 借：材料采购、原材料、库存商品等<br>　　应交税费—应交增值税（进项税额）<br>　贷：预付账款 | |
| 预付款与所需支付款有差额时 | 补付不足部分款项时：<br>借：预付账款<br>　贷：银行存款等 | 收回多余款项时：<br>借：银行存款等<br>　贷：预付账款 |

**经典题解**

**【例题12·判断题】** 不单独设置“预付账款”科目的企业，预付的款项可以通过“应收账款”科目核算。（　　）（2020年·1分）

**【解析】** 预付款项情况不多的企业，可以不设置“预付账款”科目，而将预付的款项通过“应付账款”科目核算。

**【答案】** ×

### 四、应收股利和应收利息（★）

（一）应收股利的账务处理

应收股利是指企业应收取的现金股利和应收取其他单位分配的利润。

以交易性金融资产为例：

| 持有期间被投资单位宣告发放现金股利时 | 借：应收股利<br>　贷：投资收益 | |
|---|---|---|
| 实际收到时 | 上市公司 | 借：其他货币资金—存出投资款<br>　贷：应收股利 |
| | 其他公司 | 借：银行存款<br>　贷：应收股利 |

（二）应收利息的账务处理

应收利息是指企业根据合同或协议规定应向债务人收取的利息。

基本账务处理：

借：应收利息

　贷：投资收益

## 五、其他应收款（★）

| 主要内容 | 账务处理 |
|---|---|
| （1）应收的各种赔款、罚款，如因企业财产等遭受意外损失而应向有关保险公司收取的赔款等 | 借：其他应收款<br>　贷：营业外收入/待处理财产损溢/固定资产清理 |
| （2）应收的出租包装物租金 | 借：其他应收款<br>　贷：其他业务收入等 |
| （3）应向职工收取的各种垫付款项，如为职工垫付的水电费、应由职工负担的医药费、房租费等 | ①企业为职工垫付款项时：<br>借：其他应收款<br>　贷：库存现金、银行存款<br>②从工资中扣减时：<br>借：应付职工薪酬<br>　贷：其他应收款 |
| （4）存出保证金 | 如租入包装物支付的押金：<br>借：其他应收款<br>　贷：银行存款等 |
| （5）其他各种的应收、暂付款项 | 如预付职工的差旅费：<br>借：其他应收款<br>　贷：库存现金 |

**【历年考核要点】**

哪些业务通过“其他应收款”科目核算。特别关注干扰项，比如：销售商品时销售方代垫的运费，通过“应收账款”科目核算。应付租入包装物租金，通过“其他应付款”科目核算。

### 经典题解

**【例题13·单选题】**下列各项中，企业不应通过“其他应收款”科目核算的是（　　）。（2020年·2分）

A. 应向客户收取的租出包装物租金

B. 应向客户收取的赊销商品价款

C. 应向保险公司收取的财产意外损失赔款

D. 应向职工收取代垫的水电费

**【解析】**选项B计入应收账款。

**【答案】**B

**【例题14·判断题】**企业应向保险公司收取的财产损失赔款，应通过“应收账款”科目核算。（　　）（2020年·1分）

**【解析】**企业应向保险公司收取的财产损失赔款，应通过“其他应收款”科目核算。

**【答案】**×

**【例题15·单选题】**下列各项中，属于“其他应收款”科目核算内容的是（　　）。（2018年·1.5分）

A. 为购货单位垫付的运费

B. 应收的提供服务款

C. 应收的销售商品款

D. 为职工垫付的房租

**【解析】**选项ABC应计入应收账款。

**【答案】**D

**【例题16·多选题】**下列各项中，属于“其他应收款”科目核算内容的有（　　）。（2018年·2分）

A. 租入包装物支付的押金

B. 出差人员预借的差旅费

C. 被投资单位已宣告但尚未发放的现金股利

D. 为职工垫付的水电费

【解析】选项C通过“应收股利”科目核算。

【答案】ABD

【例题17·多选题】下列各项中，不应通过“其他货币资金”科目核算的有（　　）。

A. 销售商品收到购货方交来的商业汇票

B. 销售货物收到的银行承兑汇票

C. 存放在企业其他部门和个人的备用金

D. 租入包装物支付的存出保证金

【解析】选项AB，通过“应收票据”科目核算；选项CD，通过“其他应收款”科目核算。

【答案】ABCD

## 六、应收款项减值（★★★）

（一）应收款项减值损失的确认

企业应当在资产负债表日对应收款项的账面价值进行评估，应收款项发生减值的，应当将减记的金额确认为减值损失，同时计提坏账准备。

应收款项减值有两种核算方法，即直接转销法和备抵法，我国企业会计准则规定，应收款项减值的核算应采用备抵法，不得采用直接转销法。

### 经典题解

【例题18·判断题】企业在确定应收账款减值的核算方式时，应根据企业实际情况，按照成本效益原则，在备抵法和直接转销法之间合理选择。（　　）

【解析】我国企业会计准则规定，确定应收账款减值只能采用备抵法，不得采用直接转销法。

【答案】×

（二）坏账准备的账务处理

应收账款、应收票据、其他应收款等都需要通过“坏账准备”科目来计提坏账，下面以“应收账款”科目为例，账务处理如下：

| 节点 | 账务处理 | 对应收账款账面价值的影响 | 对应收账款账面余额的影响 |
| --- | --- | --- | --- |
| （1）计提坏账准备时 | 借：信用减值损失<br>　贷：坏账准备 | 减少 | 不变 |
| （2）转回坏账准备时 | 借：坏账准备<br>　贷：信用减值损失 | 增加 | 不变 |
| （3）实际发生坏账损失时 | 借：坏账准备<br>　贷：应收账款 | 不变 | 减少 |
| （4）已确认并转销坏账的应收账款又重新收回时 | ①借：应收账款<br>　贷：坏账准备<br>②借：银行存款<br>　贷：应收账款 | 分录①：不变<br>分录②：减少<br>综合看：减少 | 分录①：增加<br>分录②：减少<br>综合看：不变 |

【提示】当期应计提的坏账准备=坏账准备期末应有余额-（或+）“坏账准备”科目的贷方（或借方）余额。

应收账款账面价值=应收账款账面余额-与应收账款有关的坏账准备

**【历年考核要点】**

1. 坏账准备相关业务的会计分录

2. 已知坏账准备期初余额、本期与坏账准备有关的业务，计算期末应有坏账准备总额、应计提的坏账准备金额

3. 哪些业务会影响应收账款账面价值

## 经典题解

**【例题 19·单选题】**下列各项中，企业计提应收款项坏账准备应借记的会计科目是(  )。(2020 年·2 分)

A. 营业外支出

B. 信用减值损失

C. 公允价值变动损益

D. 资产减值损失

**【解析】**计提应收款项坏账准备的分录为：

借：信用减值损失

  贷：坏账准备

**【答案】**B

**【例题 20·单选题】**2019 年初，某企业“坏账准备”科目贷方余额为 10 万元，当期实际发生坏账损失 5 万元。经减值测试，2019 年年末“坏账准备”科目应保持的贷方余额为 16 万元。不考虑其他因素，年末该企业应计提坏账准备的金额为(  )万元。(2020 年·2 分)

A. 11  B. 6

C. 16  D. 1

**【解析】**实际发生坏账损失时：

借：坏账准备  5

  贷：应收账款等  5

计提坏账准备前，“坏账准备”科目的贷方余额=10-5=5（万元）。所以，该企业年末应计提的坏账准备=“坏账准备”科目年末应有余额-计提坏账准备前“坏账准备”科目的贷方余额=16-5=11（万元）。

**【答案】**A

**【例题 21·判断题】**备抵法下，转销无法收回的应收账款，应冲减坏账准备和应收账款。(  )(2020 年·1 分)

**【解析】**备抵法下，转销无法收回的应收账款的会计分录为：

借：坏账准备

  贷：应收账款

**【答案】**√

**【例题 22·单选题】**某企业年初“坏账准备”科目的贷方余额为 20 万元，本年收回上年已确认为坏账的应收账款 5 万元，经评估确定“坏账准备”科目年末贷方余额应为 30 万元。不考虑其他因素，该企业年末应计提的坏账准备为(  )万元。(2018 年·1.5 分)

A. 5  B. 10

C. 15  D. 30

**【解析】**本年收回上年已确认为坏账的应收账款 5 万元，会计分录为：

借：应收账款  5

  贷：坏账准备  5

借：银行存款  5

  贷：应收账款  5

计提坏账准备前坏账准备贷方金额=20+5=25（万元），年末坏账准备科目贷方余额应为 30 万元，所以年末应计提坏账准备金额=30-25=5（万元）。

**【答案】**A

**【例题 23·多选题】**下列各项中，引起应收账款账面价值发生增减变化的有(  )。(2018 年改编·2 分)

A. 计提应收账款坏账准备

B. 结转已到期未兑现的商业承兑汇票

C. 收回应收账款

D. 收回已作为坏账转销的应收账款

**【解析】**应收账款账面价值=应收账款账面余额-坏账准备，选项 A 计提应收账款的坏账准备，借记“信用减值损失”科目，贷记“坏账准备”科目，减少应收账款的账面价值；选项 B 已到期未兑现的商业承兑汇票应转至应收账款，增加应收账款的账面价值；选项 C 收回应收账款，借记“银行存款”科目，贷记“应收账款”科目，减少应收账款

的账面价值；选项 D 收回已作为坏账转销的应收账款，借记“应收账款”科目，贷记“坏账准备”科目，同时，借记“银行存款”科目，贷记“应收账款”科目，减少应收账款的账面价值。

【答案】ABCD

【例题 24·单选题】2021 年年初某公司“坏账准备—应收账款”科目贷方余额为 3 万元，3 月 20 日收回已核销的坏账 12 万元并入账，12 月 31 日“应收账款”科目余额为 220 万元（所属明细科目为借方余额），评估减值金额为 20 万元，不考虑其他因素，2021 年末该公司应计提的坏账准备金额为（　　）万元。

A. 17　　B. 29

C. 20　　D. 5

【解析】2021 年末该公司应计提的坏账准备金额 = 20-（12+3）= 5（万元）。

【答案】D

**开小灶**

本节必考点汇总：（详见轻松过关 2）

1. 应收票据的核算内容应用
2. 应收账款的核算内容
3. 应收账款的入账价值计算
4. 不设置预付账款时的科目归属
5. 预付账款的账务处理
6. 其他应收款核算的内容
7. 计提（补提）坏账准备、转回坏账准备的计算
8. 影响应收账款账面价值的实际业务应用
9. 坏账准备的账户性质

## 第三节　交易性金融资产

查看本节视频
使用“会计云课堂”App/微信扫描

### 一、交易性金融资产的内容（★）

根据企业管理金融资产的业务模式和金融资产的合同现金流量特征，《企业会计准则第 22 号—金融工具确认和计量》（2018）将金融资产划分为：

- 金融资产
  - 1.以摊余成本计量的金融资产
  - 2.以公允价值计量且其变动计入其他综合收益的金融资产
  - 3.以公允价值计量且其变动计入当期损益的金融资产（本章主要讲解）

以公允价值计量且其变动计入当期损益的金融资产通过“交易性金融资产”科目核算。

交易性金融资产主要是指企业为了近期内出售而持有的金融资产，如企业以赚取差价为目的从二级市场购入的股票、债券、基金等。

## 二、交易性金融资产的账务处理（★★★）

（一）取得交易性金融资产

| | |
|---|---|
| 初始入账金额 | 企业取得交易性金融资产时，应当按照该金融资产取得时的公允价值作为其初始入账金额，借记“交易性金融资产—成本”科目 |
| 支付价款中含已宣告但尚未发放的现金股利或已到付息期但尚未领取的债券利息 | 应单独确认为应收项目，不构成交易性金融资产的初始入账金额，借记“应收股利”科目或“应收利息”科目 |
| 交易费用 | （1）取得交易性金融资产所发生的相关交易费用应当在发生时计入当期损益，借记“投资收益”科目<br>（2）发生交易费用取得增值税专用发票的，进项税额经认证后可从当月销项税额中扣除，借记“应交税费—应交增值税（进项税额）”科目 |

【提示】交易费用，是指可直接归属于购买、发行或处置金融工具的增量费用。增量费用是指企业没有发生购买、发行或处置相关金融工具的情形就不会发生的费用，包括支付给代理机构、咨询公司、券商、证券交易所、政府有关部门等的手续费、佣金、相关税费以及其他必要支出，不包括债券溢价、折价、融资费用、内部管理成本和持有成本等与交易不直接相关的费用。

基本账务处理：

借：交易性金融资产—成本（公允价值）

　　应收股利/应收利息（支付价款中含已宣告但尚未发放的现金股利或已到付息期但尚未领取的债券利息）

　　投资收益（交易费用）

　　应交税费—应交增值税（进项税额）（交易费用对应的可抵扣的增值税）

　贷：其他货币资金等（支付的总价款）

**【历年考核要点】**

1. 交易性金融资产的初始入账金额的计算（扣除价款中含有已宣告、不加另付交易费用及增值税）

2. 取得交易性金融资产时各项目的归属科目：

（1）已宣告但尚未发放的现金股利，记入“应收股利”科目/已到付息期但尚未领取的债券利息，记入“应收利息”科目。

（2）交易费用记入“投资收益”科目。

（3）交易费用对应的增值税记入“应交税费—应交增值税（进项税额）”科目。

3. “交易性金融资产”科目不计提减值准备，其账面价值，账面余额，公允价值的数值可以看成是相等的

### 经典题解

**【例题 25 · 单选题】**下列各项中，增值税一般纳税人取得交易性金融资产的相关支出应计入投资收益的是（　　）。（2020 年 · 2 分）

A. 不含增值税的交易费用

B. 价款中包含的已宣告但尚未发放的现金股利

C. 增值税专用发票上注明的增值税税额

D. 价款中包含的已到付息期但尚未领取的债券利息

**【解析】**选项 B 计入应收股利；选项 C 计入应交税费—应交增值税（进项税额）；选项 D 计入应收利息。

**【答案】**A

【例题26·单选题】2019年5月7日，甲公司购入乙上市公司股票确认为交易性金融资产，支付价款106万元，其中包含已宣告但尚未发放的现金股利3万元；另支付相关交易费用0.1万元，取得的增值税专用发票注明的增值税税额0.006万元。不考虑其他因素，甲公司应借记“投资收益”科目的金额为(　　)万元。(2020年·2分)

A. 2.9　　B. 3

C. 0.1　　D. 0.106

【解析】购入交易性金融资产的会计分录为：

借：交易性金融资产—成本　103

　　应收股利　3

　　投资收益　0.1

　　应交税费—应交增值税（进项税额）　0.006

　贷：其他货币资金　106.106

【答案】C

【例题27·单选题】2019年3月20日，甲公司从证券市场购入乙公司股票，支付价款500万元，其中包含已宣告但尚未发放的现金股利20万元。另支付交易费用1.25万元，取得增值税专用发票上注明的增值税税额为0.075万元。甲公司将其划分为交易性金融资产。不考虑其他因素，该交易性金融资产的入账金额为(　　)万元。(2020年·2分)

A. 480　　B. 481.25

C. 481.325　　D. 501.325

【解析】甲公司取得交易性金融资产所支付价款中包含的已宣告但尚未发放的现金股利或已到付息期但尚未领取的债券利息，应当单独确认为应收项目。所以，甲公司购入的该交易性金融资产的入账金额＝500－20＝480（万元）。

【答案】A

【例题28·单选题】甲公司为增值税一般纳税人，2018年2月1日，甲公司购入乙公司发行的公司债券，支付价款600万元，其中包括已到付息期但尚未领取的债券利息12万元，另支付相关交易费用3万元，取得增值税专用发票上注明的增值税税额为0.18万元。甲公司将其划分为交易性金融资产进行核算，该项交易性金融资产的入账金额为(　　)万元。(2018年·1.5分)

A. 603　　B. 591

C. 600　　D. 588

【解析】交易性金融资产应按照该金融资产取得时的公允价值作为其初始入账金额，取得交易性金融资产所支付价款中包含了已宣告但尚未发放的现金股利或已到付息期但尚未领取的债券利息的，单独确认为应收项目，取得交易性金融资产所发生的相关交易费用应当在发生时计入投资收益。该项交易性金融资产的入账金额＝600－12＝588（万元）。会计分录为：

借：交易性金融资产—成本　588

　　应收利息　12

　　投资收益　3

　　应交税费—应交增值税（进项税额）　0.18

　贷：其他货币资金等　603.18

【答案】D

【例题29·单选题】2021年1月3日，甲公司以1100万元（其中包含已到付息期但尚未领取的债券利息50万元）购入乙公司发行的公司债券，另支付交易费用10万元，将其确认为交易性金融资产。该债券面值为1000万元，票面年利率为5%，每年年初付息一次。不考虑其他因素，甲公司取得该项交易性金融资产的初始入账金额为(　　)万元。

A. 1000　　B. 1100

C. 1050　　D. 1110

【解析】甲公司取得该项交易性金融资产的初始入账金额＝1100－50＝1050（万元）。

【答案】C

（二）持有交易性金融资产

1. 持有交易性金融资产期间宣告分配现金股利或到期计提利息时

<table>
<tr><td>收到购买价款中包含的股利或利息</td><td colspan="2">借：其他货币资金等<br>　贷：应收股利/应收利息</td></tr>
<tr><td rowspan="2">持有期间宣告发放的现金股利或到期计提的利息</td><td>宣告/计提时</td><td>借：应收股利（被投资单位宣告发放的现金股利）<br>　　应收利息（到期应计提的利息）<br>　贷：投资收益</td></tr>
<tr><td>收到时</td><td>借：其他货币资金等<br>　贷：应收股利/应收利息</td></tr>
</table>

## 经典题解

**【例题 30 · 判断题】** 交易性金融资产持有期间，投资单位收到投资前被投资单位已宣告但尚未发放的现金股利时，应确认为投资收益。（　　）

**【解析】** 这里要注意区分收到的现金股利是持有期间宣告发放的还是购买时已宣告但尚未发放的，二者的会计处理方式是不同的：

①持有期间宣告发放的现金股利：

借：应收股利

　贷：投资收益

②收到购买时已宣告但尚未发放的现金股利：

借：其他货币资金

　贷：应收股利

**【答案】** ×

2. 资产负债表日，交易性金融资产公允价值变动时

资产负债表日，交易性金融资产应当按照公允价值计量，公允价值与账面余额之间的差额计入当期损益（公允价值变动损益）。

| **交易性金融资产公允价值高于账面余额** | 借：交易性金融资产—公允价值变动<br>　贷：公允价值变动损益 |
|---|---|
| **交易性金融资产公允价值低于账面余额** | 借：公允价值变动损益<br>　贷：交易性金融资产—公允价值变动 |

## 【历年考核要点】

1. 持有期间交易性金融资产公允价值变动的归属科目

2. 购买时、持有期间的相关科目对当期损益的影响

## 经典题解

**【例题 31 · 单选题】** 下列选项中，企业持有的交易性金融资产期末公允价值高于账面余额的差额应计入的会计科目是（　　）。（2020 年 · 2 分）

A. 公允价值变动损益

B. 投资收益

C. 其他货币资金

D. 资本公积

**【解析】** “公允价值变动损益”科目的借方登记资产负债表日企业持有的交易性金融资产等的公允价值低于账面余额的差额；贷方登记资产负债表日企业持有的交易性金融资产等的公允价值高于账面余额的差额。选项 A 正确。

**【答案】** A

【例题32·单选题】2018年12月1日，某企业“交易性金融资产—A上市公司股票”借方余额为1000000元；12月31日，A上市公司股票的公允价值为1050000元。不考虑其他因素，下列各项中，关于该企业持有A上市公司股票相关会计科目处理正确的是（　　）。（2019年·1.5分）

A. 贷记“营业外收入”科目50000元

B. 贷记“资本公积”科目50000元

C. 贷记“公允价值变动损益”科目50000元

D. 贷记“投资收益”科目50000元

【解析】交易性金融资产期末按公允价值计量，12月31日，公允价值上升50000元，相关分录：

借：交易性金融资产—公允价值变动　50000

　贷：公允价值变动损益　50000

【答案】C

【例题33·判断题】企业持有交易性金融资产期间，对于被投资单位宣告发放的现金股利，应借记“交易性金融资产”科目。（　　）（2019年·1分）

【解析】交易性金融资产持有期间，被投资单位宣告发放的现金股利，借记“应收股利”科目，贷记“投资收益”科目。

【答案】×

【例题34·单选题】2021年3月20日，甲公司从深交所购买乙公司股票100万股，将其划分为交易性金融资产，购买价格为每股8元，另支付相关交易费用25000元，6月30日，该股票公允价值为每股10元，当日该交易性金融资产的账面价值应确认为（　　）万元。

A. 802.5　　B. 800

C. 1000　　D. 1000.5

【解析】交易性金融资产期末的账面价值等于该日的公允价值，所以2021年6月30日，该交易性金融资产的账面价值＝100×10＝1000（万元）。

【答案】C

（三）出售交易性金融资产

出售交易性金融资产时，应将出售时的公允价值与其账面余额之间的差额确认为投资收益。会计处理：

借：其他货币资金等（实际收到的售价净额）

　贷：交易性金融资产—成本

　　　　　　　　　—公允价值变动（或借方）

　　投资收益（差额倒挤，损失记借方，收益记贷方）

【提示】出售时，不需要将公允价值变动损益转入投资收益。

【历年考核要点】

整个投资活动对当期损益有影响的归属科目。

| 业务事项 | 归属科目 |
| --- | --- |
| 取得时支付的交易费用 | 记入“投资收益”科目借方 |
| 持有期间被投资单位宣告分派现金股利或按期计提的利息 | 记入“投资收益”科目贷方 |
| 持有期间的公允价值变动 | 记入“公允价值变动损益”科目贷方或借方 |
| 处置时的处置损益 | 记入“投资收益”科目贷方或借方 |

## 经典题解

【例题 35 · 单选题】下列各项中，关于交易性金融资产相关会计处理表述正确的是（ ）。（2019 年 · 1.5 分）

A. 资产负债表日，其公允价值与账面余额之间的差额计入投资收益

B. 按取得时的公允价值作为初始入账金额

C. 出售时公允价值与账面余额的差额计入公允价值变动损益

D. 取得时发生相关交易费用计入初始入账金额

【解析】选项 A 错误，资产负债表日，交易性金融资产应当按照公允价值计量，公允价值与账面余额之间的差额计入公允价值变动损益；选项 B 正确，企业取得交易性金融资产时，应当按照该金融资产取得时的公允价值作为其初始入账金额；选项 C 错误，企业出售交易性金融资产时，应当将该金融资产出售时的公允价值与其账面余额之间的差额作为投资损益进行会计处理；选项 D 错误，企业取得交易性金融资产所发生的相关交易费用应当在发生时计入当期损益，冲减投资收益。

【答案】B

【例题 36 · 多选题】下列各项经济业务中，应通过“投资收益”科目核算交易性金融资产的有（ ）。（2018 年 · 2 分）

A. 持有期间被投资单位宣告分派的现金股利

B. 取得时支付的交易费用

C. 出售时公允价值与其账面余额的差额

D. 资产负债表日发生的公允价值变动

【解析】选项 D，借记或贷记“交易性金融资产—公允价值变动”科目，贷记或借记“公允价值变动损益”科目，借贷双方均不通过“投资收益”科目核算。

【答案】ABC

【例题 37 · 判断题】企业出售交易性金融资产时，应将原计入公允价值变动损益的该金融资产的公允价值变动转出，由公允价值变动损益转为投资收益。（ ）（2018 年 · 1 分）

【解析】无需将原计入公允价值变动损益的金额转为投资收益。

【答案】×

（四）转让金融商品应交增值税

1. 计算出售时的增值税税额 = [卖出价-买入价（不得扣除包含的已宣告未发放的现金股利或已到付息期未领取的利息）] ÷（1+6%）×6%

2. 转让金融商品应交增值税的账务处理

| 情形 | 账务处理 |
| --- | --- |
| 转让金融资产当月的月末，如产生转让收益 | 借：投资收益等<br>贷：应交税费—转让金融商品应交增值税 |
| 转让金融资产当月的月末，如产生转让损失，可结转下月抵扣税额 | 借：应交税费—转让金融商品应交增值税<br>贷：投资收益等 |
| 年末，如果“应交税费—转让金融商品应交增值税”科目有借方余额，说明本年度的金融商品转让损失无法弥补，且本年度的金融资产转让损失不可转入下年度继续抵减转让金融资产的收益 | 借：投资收益等<br>贷：应交税费—转让金融商品应交增值税 |

## 经典题解

【例题38·多选题】下列各项中，关于交易性金融资产会计处理表述正确的有（　　）。(2020年·2分)

A. 资产负债表日公允价值与账面余额之间的差额计入当期损益

B. 出售时公允价值与其账面余额的差额计入投资收益

C. 持有期间取得的现金股利收入计入投资收益

D. 转让时按收益计算应交纳的增值税计入投资收益

【答案】ABCD

【例题39·多选题】2020年1月1日，A公司购入B公司发行的公司债券，支付价款141万元（其中包含已到付息期但尚未领取的债券利息1万元）。2020年3月15日，A公司出售了所持有的全部B公司债券，售价为300万元，不考虑其他因素，则该项业务与增值税相关账务处理表述正确的有（　　）。

A. 借记“投资收益”科目9万元

B. 贷记“应交税费—转让金融商品应交增值税”科目9万元

C. 借记“投资收益”科目9.06万元

D. 贷记“应交税费—转让金融商品应交增值税”科目9.06万元

【解析】转让金融商品应交增值税＝（300－141）/（1+6%）×6%＝9（万元）。

A公司应编制如下会计分录：

借：投资收益　　9

　贷：应交税费—转让金融商品应交增值税　　9

【答案】AB

**开小灶**

本节必考点汇总：（详见轻松过关2）

1. 交易性金融资产初始取得时入账金额的确认、交易费用等的归属科目

2. 持有期间公允价值变动的科目归属及金额计算

3. 出售时对投资收益的影响金额的计算及相关账务处理

## 第四节　存　货



### 一、存货概述（★）

（一）存货的内容

存货是指企业在日常活动中持有以备出售的产品或商品、处在生产过程中的在产品、在生产过程或提供劳务过程中储备的材料或物料等，包括各类材料、在产品、半成品、产成品、商品以及包装物、低值易耗品、委托代销商品等。

（二）存货成本的确定

1. 存货应当按照成本进行初始计量

存货成本包括采购成本、加工成本和其他成本。

（1）存货的采购成本。

| 采购成本的构成项目 | 具体内容 |
| --- | --- |
| 购买价款 | 是指企业购入的材料或商品的发票账单上列明的价款 |
| 相关税费 | 是指企业购买存货发生的进口关税、消费税、资源税、不能抵扣的增值税进项税额以及相应的教育费附加等<br>【提示】不包括按照规定可以抵扣的增值税进项税额；不能抵扣的增值税进项税额针对的是购货方为小规模纳税人、一般纳税人但没取得增值税专用发票的情况，支付的增值税计入存货的采购成本 |
| 运输费、装卸费、保险费 | — |
| 其他可归属于存货采购成本的费用 | 采购成本中除上述各项以外的可归属于存货采购的费用，如在存货采购过程中发生的仓储费、包装费、运输途中的合理损耗、入库前的挑选整理费用等<br>【提示1】合理损耗的金额，计入存货成本，即不影响总成本金额，但实际入库数量减少，存货单位成本上升<br>【提示2】采购人员差旅费计入管理费用 |

商品流通企业在采购商品过程中发生的运输费、装卸费、保险费以及其他可归属于存货采购成本的费用等进货费用，应当计入存货采购成本，也可以先进行归集，期末根据所购商品的存销情况进行分摊。对于已售商品的进货费用，计入当期损益；对于未售商品的进货费用，计入期末存货成本。企业采购商品的进货费用金额较小的，可以在发生时直接计入当期损益。如下图：

进货费用三种处理方式

- 1. 直接计入采购成本
- 2. 先进行归集，期末根据所购商品的存销情况进行分摊
- 3.金额较小的，可以在发生时直接计入当期损益

【历年考核要点】

1. 存货采购成本包含的内容

2. 一般纳税人和小规模纳税人购入存货初始入账价值的计算

3. 运输途中的合理损耗对总成本和单位成本的影响

## 经典题解

【例题40·单选题】某企业为增值税一般纳税人，本期购入一批商品100千克，进货价格为100万元，增值税进项税额为13万元。所购商品到达后验收发现商品短缺25%，其中合理损失15%，另10%的短缺无法查明原因。该批商品的单位成本为（ ）万元。（2020年·2分）

A. 1　　B. 1.4

C. 1.2　　D. 1.25

【解析】该批商品的单位成本＝（100－100×10%）÷（100－100×25%）＝1.2（万元）。

【答案】C

【例题41·单选题】甲企业为增值税小规模纳税人，本月采购原材料2060千克，每千克50元（含增值税），运输途中的合理损耗为60千克，入库前的挑选整理费用为500元，企业该批原材料的入账价值为（ ）元。（2017年·1.5分）

A. 100500　　B. 103500

C. 103000　　D. 106500

【解析】增值税小规模纳税人不考虑增值税抵扣问题，运输途中的合理损耗计入采购原材料的总成本，甲企业该批原材料的入账价值＝2060×50+500＝103500（元）。

【解题思路】小规模纳税人购进存货，增值税要计入采购成本，不同于一般纳税人增值税进项税额可以单独抵扣；运输途中合理损耗不影响存货的入账总成本，如本题计算的是单位成本，存货数量需要扣除运输途中的合理损耗，单位成本＝总成本（50×2060+500）÷实际入库数量（2060－60）＝51.75（元）。

【答案】B

【例题42·单选题】某企业为增值税一般纳税人，2021年9月购入一批原材料，增值税专用发票上注明的价款为50万元。增值税税额为6.5万元，款项已经支付。另以银行存款支付装卸费0.3万元（不考虑增值税），入库前发生挑选整理费0.2万元，运输途中发生合理损耗0.1万元。不考虑其他因素。该批原材料的入账成本为（ ）万元。

A. 50　　B. 57

C. 50.1　　D. 50.5

【解析】存货的采购成本包括购买价款、相关税费、运输费、装卸费、保险费以及其他可归属于存货采购成本的费用。所以本题中原材料的入账成本＝50+0.3+0.2＝50.5（万元）。

【解题思路】购买存货时，入库前发生的挑选整理费是要计入存货成本的，如为入库后发生的挑选整理费，应计入管理费用。

【答案】D

【例题43·多选题】下列各项中，构成一般纳税人外购存货入账价值的有（ ）。

A. 买价

B. 运输途中的合理损耗

C. 入库前的挑选整理费用

D. 购入存货中支付的增值税

【解析】外购的存货，其实际成本包括买价、运杂费、运输途中的合理损耗和入库前的挑选整理费用等；一般纳税人购入存货取得增值税专用发票的增值税不计入成本，应作为进项税额抵扣。

【答案】ABC

（2）存货的加工成本。

存货加工成本由直接人工和制造费用构成，其实质是企业在加工存货的过程中发生的追加费用。

直接人工是指企业在生产产品过程中发生的直接从事产品生产人员的职工薪酬。

制造费用是指企业为生产产品而发生的各项间接费用。

（3）存货的其他成本。

存货的其他成本是指除采购成本、加工成本以外的，使存货达到目前场所和状态所发生的其他支出。

| 产品设计费用 | 一般设计费 | 计入当期损益 |
| --- | --- | --- |
| | 为特定客户设计的可直接确定的设计费 | 计入存货的成本 |

2. 不同来源存货的成本构成

原材料、商品、低值易耗品等通过购买而取得的存货的成本主要由采购成本构成；产成品、在产品、半成品等自制或需委托外单位加工完成的存货的成本由采购成本、加工成本以及使存货达到目前场所和状态所发生的其他支出构成。

3. 下列费用不应计入存货成本，而应在其发生时计入当期损益

| **非正常消耗的直接材料、直接人工和制造费用** | 自然灾害的原因 | 计入营业外支出 |
| --- | --- | --- |
| | 管理不善的原因 | 计入管理费用 |
| **仓储费用** | 采购入库后仓储费 | 计入管理费用 |
| | 【提示】采购入库前以及生产过程中为达到下一个阶段所必需的仓储费用计入存货成本 | |
| **不能归属于使存货达到目前场所和状态的其他支出** | 计入管理费用 | |

【易错易混点辨析】增值税一般纳税人和小规模纳税人存货采购成本的确定

| 项目 | 是否计入存货成本 | |
| --- | --- | --- |
| | 一般纳税人 | 小规模纳税人 |
| 买价 | √ | √ |
| 进口关税等相关税费（不含增值税） | √ | √ |
| 运输费、装卸费、保险费等归属于采购成本的费用 | √ | √ |
| 专用发票注明的增值税 | × | √ |
| 普通发票注明的增值税 | √ | √ |
| 入库前发生的挑选整理费、仓储费等 | √ | √ |
| 入库后的仓储费、保管费 | ×（计入管理费用） | ×（计入管理费用） |
| 运输途中的合理损耗 | √ | √ |
| 运输途中的非正常损耗 | ×（计入管理费用等） | ×（计入管理费用等） |

续表

| 项目 | 是否计入存货成本 | |
|---|---|---|
| | 一般纳税人 | 小规模纳税人 |
| 商品流通企业采购商品进货费用金额较小 | ×（计入销售费用） | ×（计入销售费用） |
| 为特定客户设计产品发生的可直接确定的设计费用 | √ | √ |
| 正常产品设计费 | × | × |

【提示】小规模纳税人采购存货时支付的增值税，无论是否取得增值税专用发票，均不能抵扣，计入采购成本中；而销售商品的增值税，要单独核算（价税分离），计算交纳增值税。

## 经典题解

【例题 44·多选题】下列各项中，应计入企业存货成本的有(　　)。(2018 年·2 分)

A. 存货加工过程中发生的直接人工

B. 为特定客户设计产品的可直接确定的设计费用

C. 购买存货时支付的进口关税

D. 存货采购运输中发生的定额内合理损耗

【解析】存货成本包括采购成本、加工成本和其他成本。选项 A，存货加工过程中发生的直接人工属于存货的加工成本；选项 B，企业为特定客户设计产品所发生的、可直接确定的设计费用，属于存货的其他成本；选项 C，购买存货时支付的进口关税属于存货的采购成本；选项 D，存货采购运输中发生的定额内合理损耗属于存货的采购成本。

【答案】ABCD

【例题 45·多选题】下列项目中，应计入存货成本的有(　　)。

A. 商品流通企业在采购商品过程中发生的运输费

B. 非正常消耗的直接人工

C. 在生产过程中为达到下一个生产阶段所必需的仓储费用

D. 存货的加工成本

【解析】存货成本包括采购成本、加工成本和其他成本。选项 A，商品流通企业在采购商品过程中发生的运输费、装卸费、保险费以及其他可归属于存货采购成本等的进货费用，应当计入存货采购成本；选项 B，非正常消耗的直接人工，在发生时确认为当期损益，不计入存货成本；选项 C，在生产过程中为达到下一个生产阶段所必需的仓储费用计入存货成本；选项 D，存货的加工成本计入存货成本。

【答案】ACD

（三）发出存货的计价方法

发出存货可以采用实际成本核算，也可以采用计划成本核算。

如果采用实际成本核算，则发出存货成本的计算可以在先进先出法、月末一次加权平均法、移动加权平均法、个别计价法等方法中作出选择。

如果采用计划成本核算，会计期末要对存货计划成本和实际成本之间的差异进行单独核算，会计期末将计划成本调整为实际成本。

1. 个别计价法

| 假设前提 | 实物流转与成本流转相一致 |
|---|---|
| 具体计算过程 | 按照各种存货逐一辨认各批发出存货和期末存货所属的购进批别或生产批别，分别按其购入或生产时所确定的单位成本计算各批发出存货和期末存货成本 |
| 优点 | 计算准确，符合实际情况 |
| 缺点 | 存货收发频繁时，工作量较大 |

2. 先进先出法

| 假设前提 | 先购入的存货应先发出（用于销售或耗用） |
|---|---|
| 具体计算过程 | 收到存货时，逐笔登记收到存货的数量、单价和金额；发出存货时，按照先购进先发出的原则逐笔登记存货的发出成本和结存金额 |
| 优点 | 可以随时结转存货发出成本 |
| 缺点 | 较烦琐，存货收发业务较多、且存货单价不稳定时，其工作量较大 |
| 【提示】在物价持续上升时，期末存货成本接近于市价，而发出成本偏低，会高估企业当期利润和库存存货价值；反之，会低估企业存货价值和当期利润 | |

## 【历年考核要点】

1. 不同发出存货计价方法的计算

2. 在物价持续上升时，先进先出法核算对当期利润和库存存货价值的影响

## 经典题解

**【例题46·单选题】** 某企业采用先进先出法核算原材料，2017年3月1日库存甲材料500千克，实际成本为3000元；3月5日购入甲材料1200千克，实际成本为7440元；3月8日购入甲材料300千克，实际成本为1830元；3月10日发出甲材料900千克。不考虑其他因素，该企业发出的甲材料实际成本为(　　)元。（2018年·1.5分）

A. 5550　　B. 5580

C. 5521.5　　D. 5480

**【解析】** 3月10日发出的900千克甲材料中，先发出期初结存的500千克，然后发出3月5日购入的400（900－500＝400）千克。3月5日购入甲材料的单位成本＝7440÷1200＝6.2（元），该企业发出甲材料实际成本＝3000+400×6.2＝5480（元）。

拓展：若计算该企业结存甲材料的实际成本。结存的甲材料为3月5日购入的800（1200－400＝800）千克，以及3月8日购入的300千克。该企业结存甲材料的实际成本＝800×6.2+1830＝6790（元）。

**【答案】** D

**【例题47·单选题】** 某企业期初无存货，本期陆续购进12批存货，发出4批，在本期物价持续上升的情况下，与加权平均法相比，该企业采用先进先出法导致的结果是(　　)。

A. 当期利润较低

B. 库存存货价值较低

C. 期末存货成本接近于市价

D. 发出存货的成本较高

**【解析】** 结转到“主营业务成本”科目的金额为最先购入存货的成本，成本较低，成本少计的情况下，企业的利润增加，选项A错误；先进先出法下，物价上涨，发出的都是最先购入的价格较低的存货，期末结余的是最近购入的价格较高的存货，故会高估存货价值，存货成本接近于市价，选项C正

确，选项BD错误。

【答案】C

3. 月末一次加权平均法

月末一次加权平均法是指以本月全部进货数量加上月初存货数量作为权数，去除本月全部进货成本加上月初存货成本，计算出存货的加权平均单位成本，以此为基础计算本月发出存货成本和期末结存存货成本的方法。

| | |
|---|---|
| 具体计算过程 | 存货单位成本=［月初结存存货成本+∑（本月各批进货的实际单位成本×本月各批进货的数量）］÷（月初结存存货数量+本月各批进货数量之和）<br>本月发出存货成本=本月发出存货数量×存货单位成本<br>本月月末结存存货成本=月末结存存货数量×存货单位成本<br>或：<br>本月月末结存存货成本=月初结存存货成本+本月购入存货成本-本月发出存货成本 |
| 优点 | 可以简化成本计算工作 |
| 缺点 | 由于月末一次计算加权平均单价和发出存货成本，不便于存货成本的日常管理与控制 |

## 经典题解

【例题48·单选题】某企业采用月末一次加权平均法核算发出材料成本。2017年6月1日结存乙材料200件、单位成本35元，6月10日购入乙材料400件、单位成本40元，6月20日购入乙材料400件、单位成本45元。当月发出乙材料600件。不考虑其他因素，该企业6月份发出乙材料的成本为(　　)元。(2018年·1.5分)

A. 24600　　B. 25000

C. 26000　　D. 23000

【解析】该企业6月份发出乙材料的成本=（200×35+400×40+400×45）÷（200+400+400）×600=24600（元）。

拓展：若计算该企业6月末结存乙材料的实际成本=（200×35+400×40+400×45）÷（200+400+400）×（200+400+400-600）=16400（元）。

【答案】A

4. 移动加权平均法

移动加权平均法是指以每次进货的成本加上原有结存存货的成本的合计额，除以每次进货数量加上原有结存存货的数量的合计数，据以计算加权平均单位成本，作为在下次进货前计算各次发出存货成本依据的一种方法。

| | |
|---|---|
| 具体计算过程 | 存货单位成本=（原有结存存货成本+本次进货的成本）÷（原有结存存货数量+本次进货数量）<br>本次发出存货成本=本次发出存货数量×本次发货前存货的单位成本<br>本月月末结存存货成本=月末结存存货的数量×本月月末存货单位成本<br>或：<br>本月月末结存存货成本=月初结存存货成本+本月收入存货成本-本月发出存货成本 |
| 优点 | 可以及时了解存货的结存情况，计算的平均单位成本以及发出和结存的成本比较客观 |
| 缺点 | 每次计算平均单位成本的工作量较大，对收发货较频繁的企业不太适用 |

## 经典题解

【例题 49·单选题】下列各种存货发出的计价方法中，不利于存货成本日常管理与控制的方法是（ ）。

A. 先进先出法

B. 移动加权平均法

C. 月末一次加权平均法

D. 个别计价法

【解析】月末一次加权平均法，平时只记录存货发出的数量，不记录金额，所以不利于存货成本日常管理与控制。

【答案】C

【例题 50·单选题】A 公司月初结存甲材料 13 吨，每吨单价 8290 元，本月购入情况如下：3 日购入 5 吨，单价 8800 元；17 日购入 12 吨，单价 7900 元。本月发出情况如下：10 日发出 10 吨；28 日发出 10 吨。A 公司采用移动加权平均法计算发出存货成本，则 A 公司月末结存甲材料成本为（ ）元。

A. 81126.70　　B. 78653.25

C. 85235.22　　D. 67221.33

【解析】3 日购入后的平均单价 =（13×8290+5×8800）÷（13+5）= 8431.67（元）；17 日购入后的平均单价 =［（13+5−10）×8431.67+12×7900］÷（8+12）= 8112.67（元）；月末结存甲材料数量 = 13+5+12−10−10 = 10（吨）；结存甲材料成本 = 10×8112.67 = 81126.70（元）。

拓展：本月发出甲材料的成本 = 13×8290+5×8800+12×7900−81126.7 = 165443.3（元）；或者，8431.67×10+8112.67×10 = 165443.4（元），小数尾差导致结果稍有差异。

【答案】A

【例题 51·单选题】延用【例题 50】资料，A 公司采用先进先出法计算发出存货成本，则 A 公司月末结存甲材料成本为（ ）元。

A. 112400　　B. 79000

C. 85235.22　　D. 67221.33

【解析】10 日发出 10 吨的甲材料，先从月初结存的 13 吨中发出。10 日发出甲材料的成本 = 10×8290 = 82900（元）。

28 日发出 10 吨的甲材料中，先发出月初结存的 3（13−10 = 3）吨，再发出 3 日购入的 5 吨，最后发出 17 日购入的 2（10−3−5 = 2）吨。28 日发出甲材料的成本 = 3×8290+5×8800+2×7900 = 84670（元）。

本月结存甲材料为 17 日购入的 10 吨（12−2 = 10）。本月结存甲材料成本 = 10×7900 = 79000（元）。

拓展：先进先出法下，本月发出甲材料的成本 = 82900+84670 = 167570（元）。

【答案】B

【例题 52·单选题】延用【例题 50】资料，A 公司采用月末一次加权平均法计算发出存货成本，则 A 公司月末结存甲材料成本为（ ）元。

A. 112400　　B. 82190

C. 85235.22　　D. 67221.33

【解析】甲材料的平均单位成本 =（8290×13+8800×5+7900×12）/（13+5+12）= 8219（元）。甲材料的结存成本 = 8219×（13+5+12−10−10）= 82190（元）。

拓展：月末一次加权平均法下，本月发出甲材料的成本 = 8219×（10+10）= 164380（元）。

【答案】B

### 二、原材料（★★★）

原材料是指企业在生产过程中经过加工改变其形态或性质并构成产品主要实体的各种原料、主要材料和外购半成品，以及不构成产品实体但有助于产品形成的辅助材料。

原材料具体包括原料及主要材料、辅助材料、外购半成品（外购件）、修理用备件（备品备件）、包装材料、燃料等。

原材料的日常收发及结存可以采用实际成本核算，也可以采用计划成本核算。

（一）采用实际成本核算

1. 购入材料

由于支付方式不同，原材料入库的时间与付款的时间可能一致，也可能不一致，在账务处理上也有所不同。使用的会计科目有“原材料”“在途物资”等。

<table>
<tr><th>业务情形</th><th colspan="3">账务处理</th></tr>
<tr><td>单货同到</td><td colspan="3">借：原材料<br>　　应交税费—应交增值税（进项税额）<br>　贷：银行存款（或其他货币资金、应付票据、应付账款等）</td></tr>
<tr><td>单到货未到</td><td colspan="2">①单到时：<br>借：在途物资<br>　　应交税费—应交增值税（进项税额）<br>　贷：银行存款（或其他货币资金、应付票据、应付账款等）</td><td>②材料验收入库时：<br>借：原材料<br>　贷：在途物资</td></tr>
<tr><td>货到单未到</td><td colspan="2">①月末仍未收到发票账单时，材料按暂估价值入账：<br>借：原材料<br>　贷：应付账款—暂估应付账款</td><td>②下月初用红字冲销原暂估入账金额<br>③待收到发票账单以后再按“单货同到”进行账务处理</td></tr>
<tr><td>采用预付货款方式采购材料</td><td>①预付货款时：<br>借：预付账款<br>　贷：银行存款</td><td>②收到材料并验收入库时：<br>借：原材料<br>　　应交税费—应交增值税（进项税额）<br>　贷：预付账款</td><td>③补付货款时：<br>借：预付账款<br>　贷：银行存款<br>退回做相反分录</td></tr>
</table>

**【历年考核要点】**

月末货到单未到的暂估处理、下月初的账务处理。

### 经典题解

**【例题53·判断题】** 已验收入库但至月末尚未收到增值税扣税凭证的赊购货物，应按合同协议价格计算增值税进项税额暂估入账。（　　）（2020年·1分）

**【解析】** 已验收入库但至月末尚未收到增值税扣税凭证的赊购货物，应在期末按货物的暂估价值入账，无需暂估增值税应纳税额。

**【答案】** ×

2. 发出材料

借：生产成本（直接用于产品生产）

　　制造费用（间接用于产品生产）

　　销售费用（销售部门消耗）

　　管理费用（行政部门消耗）

　　在建工程（工程项目消耗）

　　研发支出（研发环节消耗）

　　委托加工物资（发出加工材料）

　　其他业务成本（用于出售）

　贷：原材料

（二）采用计划成本核算

1. 原材料核算应设置的会计科目

“材料采购”科目（核算材料实际成本）、“原材料”科目（核算材料计划成本）、

"材料成本差异"科目（核算材料实际成本与计划成本的差额）。

**【提示】**

（1）材料成本差异>0，正数，表示超支；材料成本差异<0，负数，表示节约。

（2）"材料成本差异"科目的账户结构：

借方登记**购入**材料的**超支**差异及**发出**材料应负担的**节约**差异；

贷方登记购入材料的节约差异及发出材料应负担的超支差异。

期末如为借方余额，反映企业库存材料实际成本大于计划成本的差异（即超支差异）；如为贷方余额，反映企业库存材料实际成本小于计划成本的差异（即节约差异）。

**【历年考核要点】**

材料成本差异科目的账户结构以及借方或贷方的核算内容。

## 经典题解

**【例题54·多选题】**某企业采用计划成本进行材料日常核算，下列各项中，应通过"材料成本差异"科目借方核算的有（　　）。（2020年·2分）

A. 发出材料应负担的节约差异

B. 入库材料的超支差异

C. 入库材料的节约差异

D. 发出材料应负担的超支差异

**【解析】**"材料成本差异"科目借方登记入库材料的超支差异及发出材料应负担的节约差异，贷方登记入库材料的节约差异及发出材料应负担的超支差异。

**【答案】**AB

2. 原材料的账务处理

| 业务情形 | 账务处理 |
|---|---|
| 单货同到 | 购买材料时：<br>借：材料采购（实际成本）<br>　　应交税费—应交增值税（进项税额）<br>　贷：银行存款（或其他货币资金、应付票据、应付账款等）<br>验收入库时：<br>借：原材料（计划成本）<br>　　材料成本差异（超支差异）<br>　贷：材料采购（实际成本）<br>　　　材料成本差异（节约差异） |
| 货到单未到 | 按计划成本暂估入账，下月初用红字冲回。单到时，再按正常的"单货同到"处理 |

续表

<table>
<tr><th>业务情形</th><th colspan="2">账务处理</th></tr>
<tr><td>发出材料时</td><td>平时发出材料时，一律用计划成本<br>借：生产成本等（计划成本）<br>　贷：原材料（计划成本）</td><td>月末，计算本月发出材料应负担的成本差异并进行分摊，将发出材料的计划成本调整为实际成本<br>借：生产成本等<br>　贷：材料成本差异（结转超支差）<br>或者：<br>借：材料成本差异（结转节约差）<br>　贷：生产成本等</td></tr>
</table>

【提示 1】材料成本差异率的计算。

本期材料成本差异率 =（期初结存材料的成本差异 + 本期验收入库材料的成本差异）÷（期初结存材料的计划成本 + 本期验收入库材料的计划成本）×100%

（1）发出材料应负担的成本差异 = 发出材料的计划成本×本期材料成本差异率

发出材料的实际成本 = 发出材料的计划成本 + 发出材料应负担的成本差异

（2）结存材料应负担的成本差异 = 期末结存材料的计划成本×本期材料成本差异率

结存材料的实际成本 = 结存材料的计划成本 + 结存材料应负担的成本差异

【提示 2】材料成本差异率为正数表示超支差，材料成本差异率为负数表示节约差。

## 【历年考核要点】

1. “发出材料所负担的材料成本差异”和“月末结存材料所负担的材料成本差异”的计算

2. “发出材料实际成本”和“月末结存材料实际成本”的计算

以上计算，都要先计算出材料成本差异率。

## 经典题解

【例题 55 · 单选题】企业采用计划成本法核算原材料，对于货款已付但尚未验收入库的在途材料，应计入的会计科目是（　　）。（2020 年 · 2 分）

A. 在途物资　　B. 原材料
C. 周转材料　　D. 材料采购

【解析】“在途物资”科目是企业采用实际成本法核算原材料时用到的科目，选项 A 错误；在采用计划成本核算材料时，“原材料”科目的借方登记入库材料的计划成本，贷方登记发出材料的计划成本，期末余额在借方，反映企业库存材料的计划成本，选项 B 错误；周转材料，是指企业能够多次使用，不符合固定资产定义，逐渐转移其价值但仍保持原有形态的材料物品，选项 C 错误。

【答案】D

【例题 56 · 单选题】期初材料计划成本 500 万元，超支差异为 90 万元。本月入库材料计划成本 1100 万元，节约差异为 170 万元。本月领用材料计划成本 1200 万元，领用材料实际成本（　　）万元。（2018 年 · 1.5 分）

A. 1395　　B. 1140
C. 1005　　D. 1260

【解析】材料成本差异率 =（90－170）/（500 + 1100）×100% = －80/1600×100% = －5%，本月领用材料的实际成本 = 1200×（1－5%）= 1140（万元）。

【答案】B

【例题 57 · 单选题】某工业企业为增值税小规模纳税人，原材料采用计划成本核算，A 材料计划成本每吨为 20 元。本期购进 A 材料 6000 吨，收到的增值税专用发票上注明的价款总额为 102000 元，增值税税额为 13260 元。另发生运杂费用 2400 元，途中保险费用 559 元。原材料运抵企业后验收入库原材料

5995吨，运输途中合理损耗5吨。购进A材料发生的成本差异（节约）为（ ）元。（2018年改编·1.5分）

A. 1781　　B. 1681

C. 15041　　D. 14941

**【解析】** 购入A材料的实际成本＝102000+13260+2400+559＝118219（元），计划成本＝5995×20＝119900（元），故购进A材料的节约差异＝119900－118219＝1681（元）。

**【解题思路】** 计划成本应按实际验收入库数量乘以单位计划成本计算，运输途中合理损耗反映在材料成本差异中，实际入库数量需要扣除运输途中发生的合理损耗，如计算的是实际总成本，则不需要扣除。

**【答案】** B

**【例题58·单选题】** 某企业月初结存材料的计划成本为200000元，材料成本差异为节约差异2000元；本月入库材料的计划成本为200000元，材料成本差异为超支差异800元。当月生产车间领用材料的计划成本为300000元。假定该企业按月末计算的材料成本差异率分配和结转材料成本差异，则当月生产车间领用材料应负担的材料成本差异为（ ）元。

A. 900　　B. -900

C. 2100　　D. -2100

**【解析】** 当月生产车间领用材料应负担的材料成本差异＝［（－2000＋800）/（200000+200000）］×300000＝-900（元）。

**【答案】** B

**【例题59·单选题】** 某企业材料采用计划成本核算。月初结存材料计划成本为200万元，材料成本差异为节约差20万元，当月购入材料一批，实际成本为135万元，计划成本为150万元，领用材料的计划成本为180万元。当月结存材料的实际成本为（ ）万元。

A. 153　　B. 162

C. 170　　D. 187

**【解析】** 本月材料成本差异率＝（－20－15）/（200＋150）×100%＝－10%，领用原材料的实际成本＝180×（1－10%）＝162（万元），当月结存材料的实际成本＝200－20＋135－162＝153（万元）。

**【答案】** A

### 三、周转材料（★）

周转材料，是指企业能够多次使用，不符合固定资产定义，逐渐转移其价值但仍保持原有形态的材料物品。企业的周转材料包括包装物和低值易耗品等。

（一）包装物的内容

1. 生产过程中用于包装产品作为产品组成部分的包装物

2. 随同商品出售而不单独计价的包装物

3. 随同商品出售单独计价的包装物

4. 出租或出借给购买单位使用的包装物

（二）包装物的账务处理

与“原材料”科目类似，可以按实际成本核算，也可以按计划成本核算。

| 业务情形 | 账务处理 |
| --- | --- |
| 生产领用包装物 | 借：生产成本<br>　贷：周转材料—包装物<br>如果按计划成本核算，“周转材料”科目按计划成本结转，同时结转材料成本差异 |

续表

<table>
<tr><th>业务情形</th><th colspan="2">账务处理</th></tr>
<tr><td rowspan="2">随同商品出售</td><td>不单独计价</td><td>借：销售费用<br>　贷：周转材料—包装物<br>如果按计划成本核算，“周转材料”科目按计划成本结转，同时结转材料成本差异</td></tr>
<tr><td>单独计价</td><td>（1）销售时：<br>借：银行存款等<br>　贷：其他业务收入<br>　　　应交税费—应交增值税（销项税额）<br>（2）结转成本时：<br>借：其他业务成本<br>　贷：周转材料—包装物<br>如果按计划成本核算，“周转材料”科目按计划成本结转，同时结转材料成本差异</td></tr>
<tr><td rowspan="5">出租或出借包装物</td><td>发出时</td><td>借：周转材料—包装物—出租（出借）包装物<br>　贷：周转材料—包装物—库存包装物<br>如按计划成本核算，还应结转材料成本差异</td></tr>
<tr><td>收取押金时</td><td>借：库存现金、银行存款等<br>　贷：其他应付款—存入保证金<br>退还押金时，编制相反的会计分录</td></tr>
<tr><td>确认收入时<br>（出租包装物）</td><td>借：库存现金、银行存款、其他应收款等<br>　贷：其他业务收入<br>　　　应交税费—应交增值税（销项税额）</td></tr>
<tr><td>摊销成本时</td><td>借：其他业务成本（出租包装物）<br>　　销售费用（出借包装物）<br>　贷：周转材料—包装物—包装物摊销<br>如果按计划成本核算，应结转材料成本差异</td></tr>
<tr><td>发生修理费用时</td><td>借：其他业务成本（出租包装物）<br>　　销售费用（出借包装物）<br>　贷：库存现金、银行存款、原材料、应付职工薪酬等</td></tr>
</table>

**【历年考核要点】**

包装物领用后不同用途的归属科目。

## 经典题解

**【例题 60 · 多选题】** 下列各项中，关于包装物的会计处理表述正确的有（　　）。（2020 年 · 2 分）

A. 随同商品出售不单独计价的包装物，按实际成本计入其他业务成本

B. 随同商品出售单独计价的包装物，按实际成本计入销售费用

C. 出租的包装物发生的修理费用，按实际支出计入其他业务成本

D. 生产产品领用的包装物，按实际成本计入生产成本

【解析】选项 A 错误，随同商品出售不单独计价的包装物，按实际成本计入销售费用；选项 B 错误，随同商品出售单独计价的包装物，按实际成本计入其他业务成本。

【答案】CD

【例题 61 · 单选题】2021 年 7 月 1 日，某企业销售商品领用不单独计价包装物的计划成本为 60000 元，材料成本差异率为 -5%，下列各项中，关于该包装物会计处理正确的是（ ）。

A. 借：销售费用 63000
　　贷：周转材料—包装物 60000
　　　　材料成本差异 3000

B. 借：销售费用 57000
　　　材料成本差异 3000
　　贷：周转材料—包装物 60000

C. 借：其他业务成本 63000
　　贷：周转材料—包装物 60000
　　　　材料成本差异 3000

D. 借：其他业务成本 57000
　　　材料成本差异 3000
　　贷：周转材料—包装物 60000

【解析】企业销售商品时随同商品出售的不单独计价的包装物计入销售费用，因为该包装物的计划成本为 60000 元，材料成本差异率为 -5%，所以实际成本 = 60000 ×（1-5%）= 57000（元）。即计入销售费用的金额为 57000 元，结转的材料成本差异 = 60000×（-5%）= -3000（元），从“材料成本差异”科目的借方结转。相关会计处理如下：

借：销售费用 57000
　　材料成本差异 3000
　贷：周转材料—包装物 60000

【答案】B

（三）低值易耗品

1. 低值易耗品的内容

作为存货核算和管理的低值易耗品，一般划分为一般工具、专用工具、替换设备、管理用具、劳动保护用品和其他用具等。

2. 低值易耗品的账务处理

企业应当设置“周转材料—低值易耗品”科目进行核算。低值易耗品的摊销可采用一次摊销法或分次摊销法。摊销时计入“制造费用”等科目。

（1）一次摊销法：金额较小的，可在领用时一次计入成本费用，为加强实物管理，应当在备查簿中进行登记。账务处理如下：

借：制造费用等（实际成本）
　贷：周转材料—低值易耗品（计划成本）
　　　材料成本差异（或借方）

（2）分次摊销法：低值易耗品等企业的周转材料符合存货定义和条件的，按照使用次数分次计入成本费用。在采用分次摊销法的情况下，需要单独设置“周转材料—低值易耗品—在用”“周转材料—低值易耗品—在库”“周转材料—低值易耗品—摊销”明细科目。

| 节点 | 账务处理 |
| --- | --- |
| 购入时 | 借：周转材料—低值易耗品—在库<br>　贷：银行存款等 |
| 领用时 | 借：周转材料—低值易耗品—在用<br>　贷：周转材料—低值易耗品—在库 |

续表

| 节点 | 账务处理 |
| --- | --- |
| 摊销时 | 借：制造费用等<br>　贷：周转材料—低值易耗品—摊销<br>最后一次摊销时，还应同时：<br>借：周转材料—低值易耗品—摊销<br>　贷：周转材料—低值易耗品—在用 |

## 经典题解

**【例题62·多选题】**下列各项中，企业应通过“周转材料”科目核算的有（　　）。（2020年·2分）

A. 为维修设备采购的价值较低的专用工具

B. 购入用于出租出借的包装物

C. 为行政管理部门购买的低值易耗品

D. 在建工程购入的专项材料

**【解析】**选项D计入工程物资。

**【答案】**ABC

**【例题63·判断题】**“周转材料—低值易耗品”科目，借方登记低值易耗品的减少，贷方登记低值易耗品的增加，期末余额在贷方。（　　）（2018年·1分）

**【解析】**“周转材料—低值易耗品”科目，借方登记低值易耗品的增加，贷方登记低值易耗品的减少，期末余额在借方，表示企业期末结存低值易耗品的金额。

**【答案】**×

### 四、委托加工物资（★★）

（一）委托加工物资的内容和成本构成

委托加工物资是指企业委托外单位加工的各种材料、商品等物资。

企业委托外单位加工物资的成本包括：

（1）加工中实际耗用物资的成本；

（2）支付的加工费用及应负担的运杂费等；

（3）支付的税费，包括委托加工物资收回后直接出售的应税消费品所应负担的消费税（指属于消费税应税范围的加工物资）等。

**【提示】**支付税费的有关核算。

| 税种 | 情形 | 处理 |
| --- | --- | --- |
| 增值税 | 一般纳税人，取得增值税专用发票 | 记入“应交税费—应交增值税（进项税额）”科目借方 |
|  | 小规模纳税人或者一般纳税人未取得增值税专用发票 | 记入“委托加工物资”科目借方 |
| 消费税 | 收回后用于直接销售 | 记入“委托加工物资”科目借方 |
|  | 收回后用于连续生产应税消费品 | 记入“应交税费—应交消费税”科目借方 |

（二）委托加工物资的账务处理

（1）发给外单位加工的物资：

借：委托加工物资

　贷：原材料等

　　材料成本差异（或借方）

（2）支付加工费用、应负担的运杂费等：

借：委托加工物资

　　应交税费—应交增值税（进项税额）

　贷：银行存款等

（3）委托加工物资由受托方代收代缴消费税：

| 收回后用于直接销售 | 收回后用于再加工应税消费品 |
| --- | --- |
| ①由受托方代收代缴的消费税：<br>借：委托加工物资<br>　贷：银行存款等<br>②完工收回委托加工物资时：<br>借：库存商品<br>　贷：委托加工物资<br>　　　材料成本差异（或借方）<br>③销售产品时：<br>借：银行存款等<br>　贷：主营业务收入<br>　　　应交税费—应交增值税（销项税额）<br>同时结转成本：<br>借：主营业务成本<br>　贷：库存商品 | ①由受托方代收代缴的消费税：<br>借：应交税费—应交消费税<br>　贷：银行存款等<br>②完工收回委托加工物资时：<br>借：原材料等<br>　贷：委托加工物资<br>　　　材料成本差异（或借方）<br>③最终产品销售时，按总的应交消费税记入“应交税费—应交消费税”科目的贷方：<br>借：税金及附加<br>　贷：应交税费—应交消费税<br>最后，补交“应交税费—应交消费税”的借贷差额即可：<br>借：应交税费—应交消费税<br>　贷：银行存款 |

【提示1】如果以计划成本核算，在发出委托加工物资时，同时结转发出材料应负担的材料成本差异，收回委托加工物资时，应视同材料等购入结转形成的材料成本差异。

【提示2】

（1）由受托方代收代缴的消费税，收回后直接用于销售的，计入委托加工物资的成本，最后也结转到“主营业务成本”影响当期损益。

（2）由受托方代收代缴的消费税，收回后用于连续生产应税消费品的，第一环节支付的消费税先记入“应交税费—应交消费税”科目的借方，最后销售时，全部的应交消费税记入“税金及附加”科目，扣除第一环节支付的消费税，补齐差额即可，也计入到当期损益。所以两种处理方式实际上是“殊途同归”。

**【历年考核要点】**

1. 委托加工物资的成本构成、成本计算
2. 委托加工物资在不同情况下支付的增值税的归属科目
3. 委托加工物资在不同情况下支付的消费税的归属科目

## 经典题解

**【例题64·多选题】**甲企业为增值税一般纳税人，委托乙企业加工一批应交消费税的材料，该批材料加工收回后用于连续生产应税消费品。下列各项中，甲企业应计入该批委托加工材料成本的有（　　）。（2020年·2分）

A. 支付的加工费

B. 应负担的不含税运杂费

C. 支付的可抵扣的增值税

D. 支付的消费税

**【解析】**选项C计入应交税费—应交增值税（进项税额）；选项D计入应交税费—应交消费税。

**【答案】**AB

**【例题65·单选题】**下列各项中，关于收回后用于连续生产应税消费品的委托加工物资在加工过程中发生的相关税费，不应计入委托加工物资成本的是（　　）。（2018年·1.5分）

A. 发出加工物资应负担的材料超支差异

B. 由受托方代收代缴的消费税

C. 企业支付给受托方的加工费

D. 企业发出物资支付的运费

【解析】委托加工物资收回后用于继续生产应税消费品，受托方代收代缴的消费税记入“应交税费—应交消费税”科目借方，不计入收回委托加工物资成本。

【答案】B

【例题66·单选题】甲公司为增值税一般纳税人，委托外单位加工一批应交消费税的商品，以银行存款支付加工费200万元、增值税26万元、消费税30万元，该加工商品收回后将直接用于销售。甲公司支付上述相关款项时，应编制的会计分录是（　　）。（2017年改编·1.5分）

A. 借：委托加工物资　256
　　贷：银行存款　256

B. 借：委托加工物资　200
　　　应交税费—应交增值税（进项税额）　26
　　贷：银行存款　226

C. 借：委托加工物资　200
　　　应交税费—应交增值税（进项税额）　26
　　　　　　　—应交消费税　30
　　贷：银行存款　256

D. 借：委托加工物资　230
　　　应交税费—应交增值税（进项税额）　26
　　贷：银行存款　256

【解析】委托加工物资收回后直接用于销售的，消费税计入委托加工物资的成本。

【答案】D

【例题67·多选题】下列各项中，应计入加工收回后直接出售的委托加工物资成本的有（　　）。（2017年·2分）

A. 由受托方代收代缴的消费税

B. 支付委托加工的往返运输费

C. 实际耗用的原材料费用

D. 支付的加工费

【解析】委托加工物资收回后直接出售，应将材料费用、加工费、运输费以及受托方代收代缴的消费税计入委托加工物资的成本核算。

【解题思路】对于委托加工物资消费税的问题，需关注两点：①收回后直接出售，将受托方代收代缴的消费税计入委托加工物资成本；②收回后继续加工应税消费品，将受托方代收代缴的消费税计入应交税费—应交消费税。

【答案】ABCD

## 五、库存商品（★★）

（一）库存商品的内容

库存商品是指企业完成全部生产过程并已验收入库、合乎标准规格和技术条件，可以按照合同规定的条件送交订货单位，或可以作为商品对外销售的产品以及外购或委托加工完成验收入库用于销售的各种商品。

库存商品具体包括库存产成品、外购商品、存放在门市部准备出售的商品、发出展览的商品、寄存在外的商品、接受来料加工制造的代制品和为外单位加工修理的代修品等。

【提示】已完成销售手续但购买单位在月末未提取的产品，不应作为企业的库存商品，单独设置“代管商品”备查簿进行登记。

### 经典题解

【例题68·多选题】下列各项中，企业应通过“库存商品”科目核算的有（　　）。（2020年·2分）

A. 存放在门市部准备出售的商品

B. 已完成销售手续但购买方在月末尚未提取的产品

C. 发出展览的商品

D. 接受来料加工制造的代制品

【解析】库存商品具体包括库存产成品、外购商品、存放在门市部准备出售的商品（选项A），发出展览的商品（选项C）、寄存在外的商品、接受来料加工制造的代制品（选项D）和为外单位加工修理的代修品等。选项B，已完成销售手续但购买方尚未提取的产品控制权已经转移，不属于企业的存货。

【答案】ACD

（二）库存商品的账务处理

1. 工业企业生产完工的产成品入库

（1）验收入库商品时：

借：库存商品

　贷：生产成本—基本生产成本

（2）发出商品（销售）时：

借：主营业务成本

　贷：库存商品

2. 商品流通企业

商品流通企业发出商品的核算，通常采用毛利率法和售价金额核算法等方法进行日常核算。

（1）毛利率法。

毛利率法是指根据本期销售净额乘以上期实际（或本期计划）毛利率匡算本期销售毛利，并据以计算发出存货和期末存货成本的一种方法。计算公式如下：

毛利率＝销售毛利/销售净额×100%

销售净额＝商品销售收入－销售退回与折让

销售毛利＝销售净额×毛利率

销售成本＝销售净额－销售毛利

期末存货成本＝期初存货成本＋本期购货成本－本期销售成本

【提示】这一方法是商品流通企业，尤其是商业批发企业常用的计算本期商品销售成本和期末库存商品成本的方法。

商品流通企业由于经营商品的品种繁多，如果分品种计算商品成本，工作量将大大增加，而且一般来讲，商品流通企业同类商品的毛利率大致相同，采用此种方法既能减轻工作量，也能满足对存货管理的需要。

【历年考核要点】

1. 已知本期销售净额、上期毛利率，计算本期销售成本（即发出成本）

2. 已知本期销售净额、上期毛利率，计算期末结存成本

## 经典题解

【例题69·单选题】某企业采用毛利率法对库存商品进行核算。2018年4月1日，“库存商品”科目期初余额为150万元，本月购进商品一批，采购成本为250万元，本月实现商品销售收入300万元。上季度该类商品的实际毛利率为20%。不考虑其他因素，该企业本月末“库存商品”科目的期末余额为（　　）万元。（2019年·1.5分）

A. 160　　B. 100

C. 80　　D. 110

【解析】销售毛利＝300×20%＝60（万元）；本期销售成本＝300－60＝240（万元）；月末库存商品成本＝150＋250－240＝160（万元）。

【答案】A

【例题70·单选题】企业采用毛利率法核算库存商品，月初商品成本600万元，购进存货成本1400万元，本月销售收入1600万元，该商品上期毛利率为15%，则月末结存商品成本为（　　）万元。（2018年·1.5分）

A. 700　　B. 1360

C. 400　　D. 640

【解析】销售毛利＝销售净额×毛利率＝1600×15%＝240（万元）；销售成本＝销售净额－销售毛利＝1600－240＝1360（万元）；期末存货成本＝期初存货成本＋本期购进存货成本－本期销售成本＝600＋1400－1360＝640（万元）。

【答案】D

（2）售价金额核算法。

售价金额核算法，是指平时商品的购入、加工收回、销售均按售价记账，售价与进价的差额通过“商品进销差价”科目核算，期

末计算进销差价率和本期已销售商品应分摊的进销差价，并据以调整本期销售成本的一种方法。

计算公式如下：

商品进销差价率 =（期初库存商品进销差价+本期购入商品进销差价）÷（期初库存商品售价+本期购入商品售价）×100%

本期销售商品应分摊的商品进销差价 = 本期商品销售收入×商品进销差价率

本期销售商品的成本 = 本期商品销售收入-本期销售商品应分摊的商品进销差价

期末结存商品的成本 = 期初库存商品的进价成本+本期购进商品的进价成本-本期销售商品的成本 =（期初库存商品售价+本期购入商品售价-本期商品销售收入）×（1-商品进销差价率）

【提示】企业的商品进销差价率各期之间比较均衡的，也可以采用上期商品进销差价率分摊本期的商品进销差价。年度终了，应对商品进销差价进行核实调整。

**【历年考核要点】**

1. 已知进价、售价、本期销售收入，计算本期销售成本

2. 已知进价、售价、本期销售收入，计算期末结存成本

## 经典题解

**【例题 71 · 单选题】** 某商场采用售价金额核算法核算库存商品，2021 年 3 月 1 日，该商场库存商品的进价成本总额为 180 万元，售价总额为 250 万元；本月购入商品的进价成本总额为 500 万元，售价总额为 750 万元；本月实现的销售收入总额为 600 万元。不考虑其他因素，2021 年 3 月 31 日该商场库存商品的成本总额为（　　）万元。

A. 408　　　B. 400

C. 272　　　D. 192

**【解析】** 本月商品进销差价率 =（期初库存商品进销差价+本期购入商品进销差价）÷（期初库存商品售价+本期购入商品售价）×100% =（250-180+750-500）÷（250+750）×100% = 32%，2021 年 3 月 31 日该商场库存商品的成本总额 =（250+750-600）×（1-32%）= 272（万元）。

**【答案】** C

**【例题 72 · 单选题】** 某百货超市 2021 年年初库存商品的成本为 11200 万元，售价总额为 14000 万元。当年购入商品的成本为 8000 万元，售价总额为 10000 万元，当年实现的销售收入为 16800 万元。在采用售价金额核算法的情况下，该百货超市 2021 年销售成本为（　　）万元。

A. 16800　　　B. 5760

C. 13440　　　D. 19200

**【解析】** 商品进销差价率 =［（14000-11200）+（10000-8000）］÷（14000+10000）×100% = 20%，销售成本 = 16800-16800×20% = 13440（万元）。

**【答案】** C

### 六、存货清查（★★）

为了反映和监督企业在财产清查中查明的各种存货的盘盈、盘亏和毁损情况，企业应当设置“待处理财产损溢”科目，借方登记存货的盘亏、毁损金额及盘盈的转销金额，贷方登记存货的盘盈金额及盘亏的转销金额。企业清查的各种存货损溢，应在期末结账前处理完毕，期末处理后，本科目应无余额。

存货盘盈、盘亏及毁损的账务处理如下表所示。

| 存货清查 | 盘亏及毁损时 | 盘盈时 |
|---|---|---|
| 批准前 | 借：待处理财产损溢<br>　贷：原材料、库存商品等<br>　　　应交税费—应交增值税（进项税额转出）<br>【提示】管理不善等原因造成的一般经营损失，需要转出进项税额，自然灾害等非常损失不需要转出进项税额 | 借：原材料、库存商品等<br>　贷：待处理财产损溢 |
| 批准后 | 借：原材料等（残料）<br>　　其他应收款（过失人或保险公司赔偿）<br>　　管理费用（一般经营损失）<br>　　营业外支出等（非常损失）<br>　贷：待处理财产损溢 | 借：待处理财产损溢<br>　贷：管理费用 |

【历年考核要点】

1. 存货盘亏及毁损的净损失的计算
2. 不同原因导致存货盘亏及毁损的账务处理
3. 存货盘盈报经批准后贷记科目

## 经典题解

**【例题 73 · 单选题】** 某公司因暴雨毁损原材料一批，该批材料实际成本为 1 万元。残料变现价值为 0.05 万元，保险公司按合同约定赔偿 0.3 万元。不考虑其他因素，该批材料的毁损净损失为（　　）万元。（2020 年 · 2 分）

A. 1　　　　B. 0.65

C. 0.05　　　D. 0.7

**【解析】** 该批材料的毁损净损失 = 1 − 0.05 − 0.3 = 0.65（万元）。

**【答案】** B

**【例题 74 · 判断题】** 材料盘亏净损失属于一般经营损失的部分，应记入"营业外支出"科目。（　　）（2020 年 · 1 分）

**【解析】** 扣除残料价值和应由保险公司、过失人赔款后的净损失，属于一般经营损失的部分，记入"管理费用"科目，属于非常损失的部分，记入"营业外支出"科目。

**【答案】** ×

**【例题 75 · 单选题】** 某企业为增值税一般纳税人，2019 年 6 月 20 日因管理不善造成一批库存材料毁损。该批材料账面余额为 20000 元，增值税进项税额为 2600 元，未计提存货跌价准备，收回残料价值 1000 元，应由责任人赔偿 5000 元。不考虑其他因素，该企业应确认的材料毁损净损失为（　　）元。（2019 年改编 · 1.5 分）

A. 14000　　　B. 21600

C. 17600　　　D. 16600

**【解析】** 相关分录内容如下：

批准处理前：

借：待处理财产损溢　　22600

　贷：原材料　　20000

　　　应交税费—应交增值税（进项税额转出）　　2600

批准处理后：

借：其他应收款　　5000

　　原材料　　1000

　　管理费用　　16600

　贷：待处理财产损溢　　22600

**【答案】** D

**【例题 76 · 单选题】** 下列各项中，关于企业原材料盘亏及毁损会计处理表述正确的是（　　）。

A. 保管员过失造成的损失赔偿，计入管理费用

B. 因台风造成的净损失，计入营业外支出

C. 应由保险公司赔偿的部分，计入营业外收入

D. 经营活动造成的净损失，计入其他业务成本

**【解析】** 选项AC计入其他应收款；选项B计入营业外支出；选项D计入管理费用。

**【答案】** B

**【例题77·单选题】** 某企业因洪水毁损一批实际成本为500000元的库存商品。其残料价值50000元已验收入库，应由保险公司赔偿300000元。不考虑其他因素，下列选项中，关于毁损库存商品的会计处理正确的是（　　）。

A. 批准处理前：

借：待处理财产损溢　500000

　贷：主营业务成本　500000

B. 批准处理后：

借：其他应收款　300000

　　原材料　50000

　　营业外支出　150000

　贷：待处理财产损溢　500000

C. 批准处理后：

借：管理费用　150000

　贷：待处理财产损溢　150000

D. 批准处理前：

借：待处理财产损溢　150000

　贷：库存商品　150000

**【解析】** 报经批准前：

借：待处理财产损溢　500000

　贷：库存商品　500000

报经批准后：

借：原材料　50000

　　其他应收款　300000

　　营业外支出　150000

　贷：待处理财产损溢　500000

**【答案】** B

## 七、存货减值（★★）

（一）存货跌价准备的计提和转回

资产负债表日，存货应当按照成本与可变现净值孰低计量。其中，成本是指期末存货的实际成本；可变现净值是指在日常活动中，存货的估计售价减去至完工时估计将要发生的成本、估计的销售费用以及估计的相关税费后的金额。

当存货成本低于可变现净值时，存货按成本计价；存货成本高于其可变现净值时，应当计提存货跌价准备，计入当期损益。

以前减记存货价值的影响因素已经消失的，减记的金额应当予以恢复，并在原已计提的存货跌价准备金额内转回，转回的金额计入当期损益。

如果存货是需要进一步加工才能出售：可变现净值=存货的估计售价-进一步加工成本-估计的销售费用和相关税费

如果存货是直接用于出售的：可变现净值=存货的估计售价-估计的销售费用和相关税费

（二）存货跌价准备的账务处理

（1）企业应当设置“存货跌价准备”科目核算存货跌价准备的计提、转回和转销情况，当期应计提的存货跌价准备=（存货成本-可变现净值）-存货跌价准备已有贷方余额。

| 情形 | 账务处理 |
|---|---|
| 结果大于零 | 表示当期应当补提存货跌价准备<br>借：资产减值损失<br>　贷：存货跌价准备 |

续表

| 情形 | 账务处理 |
| --- | --- |
| 结果小于零 | 表示减值的金额应当予以恢复，应在已计提的存货跌价准备范围内转回，转回的金额计入当期损益<br>借：存货跌价准备<br>  贷：资产减值损失 |

【提示】存货跌价准备记入“资产减值损失”科目，而不是“信用减值损失”科目，因为此时坏掉的是“物”，而不是“人”。

（2）企业结转存货销售成本时，对于已计提存货跌价准备的，应当一并结转，同时调整销售成本。

借：主营业务成本、其他业务成本

  贷：库存商品、原材料等

借：存货跌价准备

  贷：主营业务成本、其他业务成本

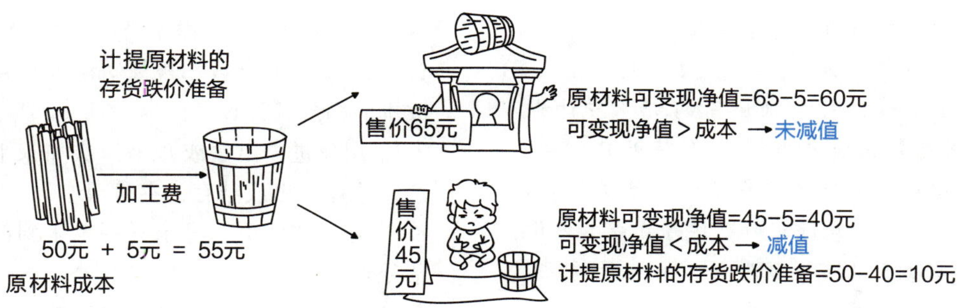


【历年考核要点】

1. 存货可变现净值的计算

2. 存货跌价准备金额的计算及账务处理

## 经典题解

【例题78·单选题】2019年12月31日，某企业E商品账面余额为3000000元，由于市场价格下跌，该商品预计可变现净值为2500000元，“存货跌价准备”科目期初余额为零。下列各项中，不考虑其他因素，该商品期末计提存货跌价准备的会计处理正确的是(  )。(2020年·2分)

A. 借：营业外支出 2500000
  贷：存货跌价准备 2500000

B. 借：管理费用 500000
  贷：存货跌价准备 500000

C. 借：信用减值损失 500000
  贷：存货跌价准备 500000

D. 借：资产减值损失 500000
  贷：存货跌价准备 500000

【解析】账面余额3000000元高于可变现净值2500000元，二者的差额为500000元，应计提存货跌价准备，记入“资产减值损失”科目。

【答案】D

【例题79·多选题】下列各项中，关于存货期末计量会计处理表述错误的有(  )。(2020年·2分)

A. 当存货可变现净值高于存货成本时应按其可变现净值计价

B. 当存货可变现净值高于存货成本时应将其差额计入当期损益

C. 已计提的存货跌价准备不得转回

D. 当存货账面价值高于其可变现净值

时，应计提存货跌价准备

**【解析】** 当存货可变现净值高于存货成本时，按成本计量，选项AB不正确；已计提的存货跌价准备在减值因素消失时可以转回，选项C不正确。

**【答案】** ABC

**【例题80·多选题】** 下列各项中，关于企业存货减值的相关会计处理表述错误的有（　　）。（2019年·2分）

A. 企业结转存货销售成本时，对于其已计提的存货跌价准备，应当一并结转

B. 资产负债表日，当存货期末账面价值低于其可变现净值时，企业应当按可变现净值计量

C. 资产负债表日，期末存货应当按照成本与可变现净值孰低计量

D. 资产负债表日，当存货期末账面价值高于其可变现净值时，企业应当按账面价值计量

**【解析】** 选项BD，资产负债表日，存货应当按照成本与可变现净值孰低计量。当存货成本低于可变现净值时，按存货成本计价；存货成本高于其可变现净值，应当计提存货跌价准备，计入当期损益。

**【答案】** BD

**【例题81·单选题】** 某企业2017年3月31日，乙存货的实际成本为100万元，加工该存货至完工产成品估计还将发生成本为25万元，估计销售费用和相关税费为3万元，估计该存货生产的产成品售价120万元。假定乙存货月初“存货跌价准备”科目余额为12万元，2017年3月31日应计提的存货跌价准备为（　　）万元。（2017年·1.5分）

A. -8　　B. 4

C. 8　　D. -4

**【解析】** 可变现净值＝存货的估计售价－进一步加工成本－估计的销售费用和相关税费＝120－25－3＝92（万元）。当期应计提的存货跌价准备＝（存货成本－可变现净值）－存货跌价准备已有贷方余额＝（100－92）－12＝－4（万元）。

**【答案】** D

**【例题82·多选题】** 下列各项中，影响企业资产负债表日存货可变现净值的有（　　）。（2017年·2分）

A. 存货的账面价值

B. 销售存货过程中估计的销售费用及相关税费

C. 存货的估计售价

D. 存货至完工估计将要发生的成本

**【解析】** 可变现净值是指在日常活动中，存货的估计售价减去至完工时估计将要发生的成本、估计的销售费用以及估计的相关税费后的金额。

**【答案】** BCD

**开小灶**

本节必考点汇总：（详见轻松过关2）

1. 一般纳税人（或小规模纳税人）存货成本的构成及计算
2. 采用先进先出法或月末一次加权平均法，计算发出或结存的存货成本
3. 实际成本法下，月末货到单未到的暂估处理
4. “材料采购”“材料成本差异”账户结构
5. 材料成本差异率的计算、发出材料实际成本或结存材料实际成本的计算
6. 不同用途包装物的科目归属及摊销的会计处理
7. 低值易耗品摊销的会计处理
8. 涉及增值税、消费税时，委托加工物资入账金额的计算及账务处理
9. 采用毛利率法计算商品发出或结存成本
10. 采用售价金额核算法计算售出或结存商品成本
11. 存货盘盈及盘亏的会计处理
12. 存货盘亏形成净损失的计算
13. 期末存货的计量原则
14. 计算当期应计提的存货跌价准备

# 第五节 固定资产

查看本节视频
使用“会计云课堂”App/微信扫描

## 一、固定资产概述（★）

（一）固定资产的概念和特征

固定资产是指同时具有以下特征的有形资产：

（1）为生产商品、提供劳务、出租或经营管理而持有；

（2）使用寿命超过一个会计年度。

（二）固定资产分类

| 分类标准 | 具体内容 |
|---|---|
| 按经济用途分类 | （1）生产经营用固定资产<br>（2）非生产经营用固定资产 |
| 综合分类 | （1）生产经营用固定资产<br>（2）非生产经营用固定资产<br>（3）租出固定资产（指企业在经营租赁方式下出租给外单位使用的固定资产）<br>（4）不需用固定资产<br>（5）未使用固定资产<br>（6）土地（指过去已经估价单独入账的土地） |

（三）固定资产的科目设置

为了核算固定资产取得、计提折旧和处置等情况，企业一般需要设置“固定资产”“累计折旧”“在建工程”“工程物资”和“固定资产清理”等科目。

## 二、取得固定资产（★★★）

（一）外购固定资产

1. 外购固定资产成本的确定

企业外购的固定资产，应按实际支付的购买价款、相关税费（不含可抵扣增值税）、使固定资产达到预定可使用状态前所发生的可归属于该项资产的运输费、装卸费、安装费和专业人员服务费等，作为固定资产的取得成本。

【提示】

（1）专业人员服务费：构成固定资产入账成本。

（2）员工培训费：不构成固定资产入账成本，在发生时计入当期损益（“管理费用”科目）。

2. 外购固定资产的账务处理

（1）外购不需要安装的固定资产。

借：固定资产

　　应交税费—应交增值税（进项税额）

　贷：银行存款、应付账款等

（2）外购需要安装的固定资产。

购入时：

借：在建工程

　　应交税费—应交增值税（进项税额）

　贷：银行存款、应付账款等

耗用的材料和人工等：

借：在建工程

　贷：原材料、应付职工薪酬等

达到预定可使用状态：

借：固定资产

　贷：在建工程

3. 企业以一笔款项购入多项没有单独标价的固定资产

按各项固定资产公允价值的比例对总成本进行分配，分别确定各项固定资产的成本。

**【历年考核要点】**

外购固定资产入账成本的计算。

| 相关税金 | | 是否计入固定资产入账成本 |
|---|---|---|
| 增值税 | 一般纳税人取得增值税专用发票 | × |
| | 一般纳税人未取得增值税专用发票、小规模纳税人 | √ |
| 其他税金（关税、契税、耕地占用税、车辆购置税） | | √ |

## 经典题解

**【例题83·单选题】** 某企业为增值税一般纳税人，购入生产用设备一台，增值税专用发票上注明价款10万元，增值税1.3万元，发生运费取得增值税专用发票注明运费0.5万元，增值税0.045万元，发生保险费取得增值税专用发票注明保险费0.3万元，增值税0.018万元，该设备取得时的成本为（　　）万元。

A. 10.8　　B. 10.818

C. 10.863　　D. 12.163

**【解析】** 增值税一般纳税人取得增值税专用发票，其进项税额可以抵扣。该设备取得时的成本=10+0.5+0.3=10.8（万元）。

**【答案】** A

**【例题84·判断题】** 企业以一笔款项购入多项没有单独标价的固定资产时，应按各项固定资产账面价值的比例对总成本进行分配，分别确定各项固定资产的成本。（　　）

**【解析】** 应以各项固定资产的公允价值比例分配总成本，而不是以账面价值比例进行分配。

**【答案】** ×

（二）建造固定资产

企业自行建造固定资产，主要有自营和出包两种方式。

自行建造的固定资产，按建造该项资产达到预定可使用状态前所发生的必要支出，作为固定资产的成本。

企业自行建造固定资产，应先通过“在建工程”科目核算，工程达到预定可使用状态时再转入“固定资产”科目。

1. 自营工程

| 节点 | 账务处理 |
|---|---|
| 购入工程物资时 | 借：工程物资<br>　　应交税费—应交增值税（进项税额）<br>　贷：银行存款等 |
| 领用工程物资时 | 借：在建工程<br>　贷：工程物资 |
| 领用外购原材料时 | 借：在建工程<br>　贷：原材料 |
| 领用本企业生产的商品时 | 借：在建工程<br>　贷：库存商品 |

续表

| 节点 | 账务处理 |
|---|---|
| 发生工程人员工资等其他费用时 | 借：在建工程<br>贷：应付职工薪酬等 |
| 达到预定可使用状态时 | 借：固定资产<br>贷：在建工程 |

**【历年考核要点】**

自建固定资产入账成本的计算。

常见干扰项：以一般纳税人为例，在建工程领用外购原材料时，按原材料的成本计入在建工程，不涉及增值税进项税额转出问题，增值税进项税额可继续抵扣；在建工程领用本企业生产的商品时，不涉及视同销售问题。

## 经典题解

**【例题85·单选题】** 某增值税一般纳税人自建仓库一幢，购入一批工程物资，增值税专用发票上注明价款200万元，增值税税额为26万元，已全部用于建造仓库；耗用库存原材料50万元，购入时的增值税税额为6.5万元；支付建筑工人工资30万元。不考虑其他因素。该仓库建造完成并达到预定可使用状态，其入账价值为(　　)万元。

A. 306　　B. 280

C. 312.5　　D. 230

**【解析】** 一般纳税人建造固定资产相关的增值税可以抵扣，所以该仓库的入账价值=200+50+30=280（万元）。

**【解题思路】** 领用原材料建造仓库，购入时的增值税可以正常抵扣，按照当时购入原材料的实际成本50万元计入在建工程即可。

**【答案】** B

2. 出包工程

出包工程是指企业通过招标方式将工程项目发包给建造承包商，由建造承包商组织施工的建筑工程和安装工程。

企业采用出包方式进行的固定资产工程，其工程的具体支出主要由建造承包商核算，在这种方式下，“在建工程”科目主要是反映企业与建造承包商办理工程价款结算的情况，企业支付给建造承包商的工程价款作为工程成本，通过“在建工程”科目核算。工程达到预定可使用状态时，将“在建工程”科目余额转入“固定资产”科目。

| | |
|---|---|
| 企业按合理估计的发包工程进度和合同规定向建造承包商结算进度款 | 借：在建工程<br>应交税费—应交增值税（进项税额）<br>贷：银行存款 |
| 工程完成时按合同规定补付的工程款 | 借：在建工程<br>应交税费—应交增值税（进项税额）<br>贷：银行存款 |
| 工程达到预定可使用状态时 | 借：固定资产<br>贷：在建工程 |

### 三、对固定资产计提折旧（★★★）

（一）固定资产折旧概述

固定资产折旧是指企业在固定资产使用寿命内，按照确定的方法对应计折旧额进行系统分摊。

应计折旧额，是指应当计提折旧的固定资产原价扣除其预计净残值后的金额。已计提减值准备的固定资产，还应当扣除已计提的固定资产减值准备累计金额。

1. 影响固定资产折旧的主要因素

（1）固定资产原价，是指固定资产的成本。

（2）预计净残值，是指假定固定资产预计使用寿命已满并处于使用寿命终了时的预期状态，企业目前从该项资产处置中获得的扣除预计处置费用后的金额。

（3）固定资产减值准备，是指固定资产已计提的固定资产减值准备累计金额。

（4）固定资产的使用寿命，是指企业使用固定资产的预计期间，或者该固定资产所能生产产品或提供劳务的数量。

**【历年考核要点】**

1. 固定资产折旧的影响因素

2. 明确三个概念：

固定资产账面原值＝账面余额＝入账价值

固定资产账面净值＝固定资产账面原值－累计折旧

固定资产账面价值＝固定资产账面原值－累计折旧－固定资产减值准备＝固定资产账面净值－固定资产减值准备

**经典题解**

**【例题86·多选题】**下列各项中，影响固定资产折旧的因素有（　　）。

A. 固定资产原价

B. 固定资产的预计使用寿命

C. 固定资产预计净残值

D. 已计提的固定资产减值准备

**【解析】**影响固定资产折旧的因素包括：固定资产原价、预计使用寿命、预计净残值和已计提的固定资产减值准备。

**【答案】**ABCD

2. 计提折旧的范围

除以下情况外，企业应当对所有固定资产计提折旧：

（1）已提足折旧仍继续使用的固定资产；

（2）单独计价入账的土地。

**【提示】**

（1）更新改造期间的固定资产、改扩建期间的固定资产不计提折旧；日常维修期间的固定资产需计提折旧；未使用，不需用的固定资产需计提折旧。

（2）企业在确定计提折旧的范围时，还应注意以下几点：

①固定资产应当按月计提折旧，当月增加的固定资产，当月不计提折旧，从下月起计提折旧；当月减少的固定资产，当月仍计提折旧，从下月起不计提折旧。

②固定资产提足折旧后，不论能否继续使用，均不再计提折旧；提前报废的固定资产，也不再补提折旧。所谓提足折旧，是指已经提足该项固定资产的应计折旧额。

③已达到预定可使用状态但尚未办理竣工决算的固定资产，应当按照估计价值确定其成本，并计提折旧；待办理竣工决算后，再按实际成本调整原来的暂估价值，但不需要调整原已计提的折旧额。

3. 固定资产的使用寿命、预计净残值和折旧方法的复核

企业至少应当于每年年度终了，对固定资产的使用寿命、预计净残值和折旧方法进行复核。使用寿命预计数与原先估计数有差异的，应当调整固定资产使用寿命。预计净残值预计数与原先估计数有差异的，应当调整预计净残值。与固定资产有关的经济利益预期实现方式有重大改变的，应当改变固定

资产折旧方法。固定资产使用寿命、预计净残值和折旧方法的改变应当作为会计估计变更处理。

**【历年考核要点】**

固定资产的折旧范围。

## 经典题解

**【例题87·多选题】**下列各项中，企业应计提折旧的有（ ）。（2020年·2分）

A. 上月已达到预定可使用状态尚未办理竣工决算的办公大楼

B. 非生产经营用的中央空调设施

C. 日常维修期间停工的生产设备

D. 已提足折旧继续使用的生产线

**【解析】**除以下情况外，企业应当对所有固定资产计提折旧：①已提足折旧仍继续使用的固定资产；②单独计价入账的土地。

**【答案】**ABC

**【例题88·判断题】**企业应将已达到预定可使用状态但尚未办理竣工决算的固定资产，按照估计价值确定其成本并计提折旧。（ ）（2020年·1分）

**【答案】**√

**【例题89·单选题】**下列各项中，关于固定资产计提折旧的表述正确的是（ ）。（2018年改编·1.5分）

A. 单独计价入账的土地应计提折旧

B. 提前报废的固定资产应补提折旧

C. 已提足折旧继续使用的房屋应计提折旧

D. 暂时闲置的库房应计提折旧

**【解析】**单独计价入账的土地不计提折旧，选项A不正确；提前报废的固定资产无需补提折旧，选项B不正确；已提足折旧仍继续使用的房屋无需计提折旧，选项C不正确。

**【答案】**D

**【例题90·多选题】**下列各项中，应计提固定资产折旧的有（ ）。

A. 短期租入的设备

B. 经营租出的办公楼

C. 已投入使用但未办理竣工决算的厂房

D. 已达到预定可使用状态但未投产的生产线

**【解析】**以短期方式租入的设备承租人不计提折旧，选项A不正确。

**【答案】**BCD

**【例题91·判断题】**已达到预定可使用状态暂按估计价值确定成本的固定资产，在办理竣工决算后，应按实际成本调整原来的暂估价值，但不需调整原已计提的折旧额。（ ）

**【答案】**√

（二）固定资产的折旧方法

企业应当根据与固定资产有关的经济利益的预期实现方式，合理选择固定资产折旧方法。可选用的折旧方法包括年限平均法（又称直线法）、工作量法、双倍余额递减法和年数总和法等。

1. 年限平均法

采用年限平均法计提固定资产折旧，其特点是将固定资产的应计折旧额（并非成本）均衡地分摊到固定资产预计使用寿命内，每期折旧额相等。

公式如下：

年折旧率＝（1－预计净残值率）÷预计使用寿命（年）×100%

月折旧率＝年折旧率÷12

月折旧额＝固定资产原价×月折旧率

## 经典题解

**【例题92·单选题】**企业现有固定资产原值960万元，其中上月已提足折旧额仍继续使用的设备为60万元。采用年限平均法计提折旧，所有设备的月折旧率均为1%。不考虑其他因素，该企业当月应计提的折旧额为（ ）万元。

A. 9.6　　B. 9.4

C. 9　　D. 9.2

**【解析】**上月已提足折旧仍继续使用的固定资产不计提折旧。所以本月需计提折旧的固定资产原值 = 960 - 60 = 900（万元），当月应计提折旧额 = 900×1% = 9（万元）。

**【答案】**C

**【例题 93·单选题】**甲公司是增值税一般纳税人，2020 年 2 月 1 日购入需要安装的设备一台，取得的增值税专用发票上注明的设备价款为 100 万元，增值税税额为 13 万元。购买过程中，以银行存款支付运杂费等费用 13 万元（不考虑相关税费）。安装时，领用材料 6 万元，该材料负担的增值税税额为 0.78 万元；支付安装工人工资 13 万元。该设备于 2020 年 3 月 30 日达到预定可使用状态。甲公司对该设备采用年限平均法计提折旧，预计使用年限为 10 年，预计净残值为零。假定不考虑其他因素，2020 年该设备应计提的折旧额为(　　)万元。

A. 9　　B. 9.9

C. 11　　D. 13.2

**【解析】**该设备的入账价值 = 100+13+6+13 = 132（万元），从 2020 年 4 月份开始计提折旧，2020 年度该设备应计提的折旧额 = 132÷10×9/12 = 9.9（万元）。

**【答案】**B

2. 工作量法

工作量法是指根据实际工作量计算固定资产每期应计提折旧额的一种方法。

公式如下：

单位工作量折旧额 = ［固定资产原价×（1-预计净残值率）］÷预计总工作量

某项固定资产月折旧额 = 该项固定资产当月工作量×单位工作量折旧额

3. 双倍余额递减法

双倍余额递减法是指在不考虑固定资产预计净残值的情况下，根据每期期初固定资产原价减去累计折旧后的余额和双倍的直线法折旧率计算固定资产折旧的一种方法。

采用双倍余额递减法计提固定资产折旧，一般应在固定资产使用寿命到期前两年内，将固定资产账面净值扣除预计净残值后的余额平均摊销。

公式如下：

年折旧率 = 2/预计使用寿命（年）×100%

年折旧额 = 每个折旧年度年初固定资产账面净值×年折旧率

月折旧额 = 年折旧额/12

**【历年考核要点】**

会计年度和折旧年度相同时，各会计年度的年折旧额的计算。

**【提示】**折旧年度不同于会计年度，会计年度从每年的 1 月 1 日起至 12 月 31 日，折旧年度从购入固定资产的次月开始，往后 12 个月，如 2020 年 10 月购入固定资产，第一个折旧年度是 2020 年 11 月至 2021 年 10 月。

## 经典题解

**【例题 94·单选题】**某企业一台生产设备原价为 800 万元，预计净残值为 38.4 万元，预计可使用 5 年，采用双倍余额递减法计提折旧。至 2017 年 12 月 31 日，该设备已使用 3 年，账面净值为 172.8 万元，未计提固定资产减值准备。不考虑其他因素，该设备 2018 年应计提的折旧额为(　　)万元。(2019 年·1.5 分)

A. 86.4　　B. 67.2

C. 53.76　　D. 69.12

**【解析】**2018 年应计提的折旧额 =（172.8-38.4）÷2 = 67.2（万元）。

**【答案】**B

**【例题 95·单选题】**某企业采用双倍余额递减法计算固定资产折旧。2016 年 12 月购入一项固定资产，原价为 200000 元，预计使用年限为 5 年，预计净残值为 4000 元，不考虑其他因素，2017 年该项固定资产应计提的折旧额为(　　)元。(2018 年·1.5 分)

A. 80000　　B. 65333

C. 39200　　D. 78400

【解析】年折旧率 = 2/5×100% = 40%，该固定资产是 2016 年 12 月购入的，当月增加的固定资产次月开始计提折旧，即从 2017 年 1 月开始计提折旧，也就是第一个折旧年度和会计年度完全相同，因此 2017 年应计提的折旧额 = 200000×40% = 80000（元），选项 A 正确。

【解题思路】采用双倍余额递减法计提折旧，只有在最后两年内才需要考虑预计净残值。

【答案】A

【例题 96·多选题】2016 年 12 月 20 日，某企业购入一台设备，其原价为 2000 万元，预计使用年限 5 年，预计净残值 5 万元，采用双倍余额递减法计提折旧，下列各项中，该企业采用双倍余额递减法计提折旧的结果表述正确的有（　　）。（2018 年·2 分）

A. 2017 年折旧额为 665 万元

B. 应计折旧总额为 1995 万元

C. 年折旧率为 33%

D. 2017 年折旧额为 800 万元

【解析】本题采用双倍余额递减法计提折旧：

年折旧率 = 2/预计使用年限×100% = 2/5×100% = 40%，选项 C 不正确；

第一年应计提的折旧额 = 2000×40% = 800（万元）；

第二年应计提的折旧额 =（2000 - 800）×40% = 480（万元）；

第三年应计提的折旧额 =（2000 - 800 - 480）×40% = 288（万元）；

第四、五年的年折旧额 = [（2000 - 800 - 480 - 288）- 5] /2 = 213.5（万元）。

应计折旧总额可以用原值减去预计净残值 = 2000 - 5 = 1995（万元），也可以用各年计提的折旧求和 = 800 + 480 + 288 + 213.5×2 = 1995（万元），选项 B 正确；因为该设备是 2016 年 12 月 20 日购入的，当月增加的固定资产次月开始计提折旧，即从 2017 年 1 月份开始计提折旧，也就是折旧年度和会计年度完全相同，因此 2017 年折旧额为 800 万元，选项 D 正确，选项 A 不正确。

【答案】BD

【例题 97·单选题】某企业 2019 年 6 月购进设备一台，该设备的入账价值为 100 万元，预计净残值为 5.6 万元，预计使用年限为 5 年。在采用双倍余额递减法计提折旧的情况下，该设备 2020 年应计提折旧额为（　　）万元。

A. 24　　　B. 32

C. 20　　　D. 8

【解析】本题考核会计年度和折旧年度不同时，各会计年度的年折旧额的计算。

第一个折旧年度计提的折旧额 [2019.7 - 2020.6] = 100×2/5 = 40（万元）；

第二个折旧年度计提的折旧额 [2020.7 - 2021.6] =（100 - 40）×2/5 = 24（万元）；

第三个折旧年度计提的折旧额 [2021.7 - 2022.6] =（100 - 40 - 24）×2/5 = 14.4（万元）；

第四个折旧年度计提的折旧额 [2022.7 - 2023.6] =（100 - 40 - 24 - 14.4 - 5.6）÷2 = 8（万元）；

第五个折旧年度计提的折旧额 [2023.7 - 2024.6] =（100 - 40 - 24 - 14.4 - 5.6）÷2 = 8（万元）。

2019 年度应提折旧额 [2019.7 - 2019.12] = 40×6/12 = 20（万元）。

2020 年度应提折旧额 [2020.1 - 2020.12] = 40×6/12 + 24×6/12 = 32（万元）。

2021 年度应提折旧额 [2021.1 - 2021.12] = 24×6/12 + 14.4×6/12 = 19.2（万元）。

2022 年度应提折旧额 [2022.1 - 2022.12] = 14.4×6/12 + 8×6/12 = 11.2（万元）。

2023 年度应提折旧额 [2023.1 - 2023.12] = 8×6/12 + 8×6/12 = 8（万元）。

2024 年度应提折旧额［2024.1－2024.6］＝8×6/12＝4（万元）。

【答案】B

4. 年数总和法

年数总和法是指将固定资产的原价减去预计净残值后的余额，乘以一个逐年递减的分数计算每年的折旧额，这个分数的分子代表固定资产尚可使用寿命，分母代表固定资产预计使用寿命逐年数字总和。

公式如下：

年折旧率＝尚可使用年限÷预计使用寿命的年数总和×100%

年折旧额＝（固定资产原价－预计净残值）×年折旧率

【提示】已计提减值准备的固定资产，应当按照该项资产的账面价值（固定资产账面余额扣减累计折旧和减值准备后的金额）以及尚可使用寿命重新计算确定折旧率和折旧额。

## 经典题解

【例题 98·单选题】2018 年 12 月 3 日，某企业购入一台不需要安装的生产设备并投入使用，原价为 60000 元，预计净残值为 3000 元，预计使用年限为 5 年，按年数总和法计提折旧。不考虑其他因素，2019 年 12 月 31 日该设备的账面价值为（　　）元。（2020 年·2 分）

A. 48600　　B. 48000

C. 41000　　D. 40000

【解析】2018 年 12 月购入的设备，2019 年 1 月开始计提折旧，所以折旧年度和会计年度是一致的，由于该企业采用年数总和法计提折旧，所以 2019 年计提的折旧额＝(60000－3000）×5/（1＋2＋3＋4＋5）＝19000（元），该设备的账面价值＝该设备的账面原值－累计折旧－固定资产减值准备（本题不涉及）＝60000－19000－0＝41000（元）。

【答案】C

【例题 99·单选题】2015 年 12 月，某企业购入一台设备，初始入账价值为 400 万元，设备于当月交付使用，预计使用寿命为 5 年，预计净残值为 4 万，采用年数总和法计提折旧，不考虑其他因素，2017 年该设备应计提的折旧额为（　　）万元。（2018 年·1.5 分）

A. 132　　B. 96

C. 105.6　　D. 160

【解析】该设备是 2015 年 12 月购入的，当月增加的固定资产次月开始计提折旧，即从 2016 年 1 月份开始计提折旧，也就是折旧年度和会计年度相同。2017 年年折旧率＝4/（1＋2＋3＋4＋5）＝4/15；2017 年固定资产折旧＝（固定资产原值－预计净残值）×年折旧率＝（400－4）×4/15＝105.6（万元）。

【答案】C

【例题 100·单选题】延用【例题 99】资料，采用双倍余额递减法计提折旧，不考虑其他因素，2017 年该设备应计提的折旧额为（　　）万元。

A. 132　　B. 96

C. 105.6　　D. 160

【解析】2017 年年折旧率＝2/5×100%＝40%；2017 年固定资产折旧额＝固定资产账面净值×年折旧率＝（400－400×40%）×40%＝96（万元）。

【答案】B

【例题 101·单选题】某公司属于增值税一般纳税人，2019 年 7 月 5 日购入一台需要安装的机器设备，增值税专用发票注明的价款为 600 万元，增值税税额 78 万元，以上款项以支票支付。安装过程中领用本公司原材料 80 万元，该设备 2019 年 8 月 8 日达到预定可使用状态并交付车间使用。该固定资产预计使用 5 年，预计净残值率为 5%，同时对该固定资产采用年数总和法计提折旧，则 2020 年应当计提的折旧额为（　　）万元。（计算结果保留两位小数）

A. 215.33　　B. 172.26

C. 200.97　　D. 196.45

【解析】本题考核会计年度和折旧年度不同时，各会计年度的年折旧额的计算。

固定资产的入账价值 = 600 + 80 = 680（万元）；固定资产应当在 2019 年 9 月开始计提折旧。

第一个折旧年度的折旧额［2019.9－2020.8］= 680×（1－5%）×5/15 = 215.33（万元）；

第二个折旧年度的折旧额［2020.9－2021.8］= 680×（1－5%）×4/15 = 172.27（万元）；

第三个折旧年度的折旧额［2021.9－2022.8］= 680×（1－5%）×3/15 = 129.2（万元）；

第四个折旧年度的折旧额［2022.9－2023.8］= 680×（1－5%）×2/15 = 86.13（万元）；

第五个折旧年度的折旧额［2023.9－2024.8］= 680×（1－5%）×1/15 = 43.07（万元）。

2019 年度（9 月－12 月）应当计提的折旧额 = 215.33×4/12 = 71.78（万元）。

2020 年度应当计提的折旧额 = 215.33×8/12+172.27×4/12 = 200.97（万元）。

2021 年度应当计提的折旧额 = 172.27×8/12+129.2×4/12 = 157.92（万元）。

2022 年度应当计提的折旧额 = 129.2×8/12+86.13×4/12 = 114.84（万元）。

2023 年度应当计提的折旧额 = 86.13×8/12+43.07×4/12 = 71.78（万元）。

2024 年度（1 月－8 月）应当计提的折旧额 = 43.07×8/12 = 28.71（万元）。

【答案】C

（三）固定资产折旧的账务处理

固定资产应当按月计提折旧，计提的折旧记入“累计折旧”科目，并根据用途计入相关资产的成本或者当期损益。

借：制造费用（用于生产车间）
　　管理费用（用于行政管理部门，不需用、未使用的固定资产）
　　销售费用（用于专设销售部门）
　　在建工程（用于工程建设）
　　研发支出（用于项目研发）
　　其他业务成本等（用于经营出租）
　贷：累计折旧

**【历年考核要点】**

固定资产折旧的归属科目。

## 经典题解

**【例题 102 · 单选题】**下列各项中，企业计提专设销售机构的固定资产折旧应借记的会计科目是（　　）。（2020 年 · 2 分）

A. 销售费用

B. 管理费用

C. 其他业务成本

D. 制造费用

【解析】专设销售机构的固定资产折旧应借记“销售费用”科目，贷记“累计折旧”科目，选项 A 正确。

【答案】A

**【例题 103 · 多选题】**下列各项中，关于企业固定资产折旧的会计处理表述正确的有（　　）。（2018 年 · 2 分）

A. 自行建造厂房使用自有固定资产，计提的折旧应计入在建工程成本

B. 基本生产车间使用自有固定资产，计提的折旧应计入制造费用

C. 经营租出的固定资产，其计提的折旧应计入管理费用

D. 专设销售机构使用的自有固定资产，计提的折旧应计入销售费用

【解析】选项 C，经营租出的固定资产其计提的折旧计入其他业务成本。

【答案】ABD

**【例题 104 · 单选题】**下列关于企业计提固定资产折旧会计处理的表述中，不正确的是（　　）。

A. 对管理部门使用的固定资产计提的折旧应计入管理费用

B. 对财务部门使用的固定资产计提的折旧应计入财务费用

C. 对生产车间使用的固定资产计提的折旧应计入制造费用

D. 对研发无形资产时使用的固定资产计提的折旧应计入研发支出

【解析】选项B，财务部门使用的固定资产的折旧计入管理费用。

【答案】B

## 四、固定资产发生的后续支出（★★★）

固定资产的后续支出，是指固定资产在使用过程中发生的更新改造支出、修理费用等。与固定资产有关的更新改造等后续支出，符合资本化条件的应当予以资本化。

（一）资本化的后续支出

| 情形 | 账务处理 |
|---|---|
| 固定资产转入改扩建时 | 借：在建工程<br>　累计折旧<br>　固定资产减值准备<br>　贷：固定资产 |
| 发生改扩建工程支出时 | 借：在建工程<br>　应交税费—应交增值税（进项税额）<br>　贷：银行存款等 |
| 处置替换部件时 | 借：银行存款<br>　原材料（残料价值）<br>　营业外支出（净损失）<br>　贷：在建工程（被替换部分的账面价值）<br>【提示】企业发生的某些固定资产后续支出可能涉及到替换原固定资产的某组成部分，当发生的后续支出符合固定资产确认条件时，应将其计入固定资产成本，同时将被替换部分的账面价值扣除 |
| 改扩建工程达到预定可使用状态时 | 借：固定资产<br>　贷：在建工程 |
| 转为固定资产后，按重新确定的使用寿命、预计净残值和折旧方法计提折旧 | |

【提示】更新改造后固定资产的入账成本=（改造前固定资产原值-累计折旧-固定资产减值准备）+资本化的更新改造支出-被替换部分的账面价值

【历年考核要点】

1. 更新改造后的固定资产入账价值的计算

2. “被替换部件”的账面价值和账面原值的区分

### 经典题解

【例题105·判断题】企业对固定资产进行更新改造时，应当将该固定资产账面价值转入在建工程，并将被替换部件的变价收入冲减在建工程。（　　）（2020年·1分）

【解析】被替换部分的变价收入冲减营业外支出。

【答案】×

**【例题106·单选题】** A公司对一幢办公楼进行更新改造，该办公楼原值为1000万元，已计提折旧500万元。更新改造过程中发生支出600万元，被替换部分账面原值为100万元，出售价款为2万元。不考虑相关税费，则新办公楼的入账价值为（　　）万元。（2018年·1.5分）

A. 1100　　B. 1050

C. 1048　　D. 1052

**【解析】** 被替换部分的账面价值=账面原值-累计折旧-固定资产减值准备（本题不涉及）=100-500÷1000×100=50（万元）。新办公楼的入账价值=1000-500+600-50=1050（万元）。

**【答案】** B

**【例题107·单选题】** 某企业对生产设备进行改良，发生资本化支出共计45万元，被替换旧部件的账面价值为10万元，该设备原价为500万元，已计提折旧300万元。不考虑其他因素，该设备改良后的入账价值为（　　）万元。（2017年·1.5分）

A. 245　　B. 235

C. 200　　D. 190

**【解析】** 设备改良后的入账价值=45-10+500-300=235（万元）。

**【答案】** B

**【例题108·单选题】** 企业的某项固定资产账面原价为2000万元，采用年限平均法计提折旧，预计使用寿命为10年，预计净残值为0。在第4个折旧年度末企业对该项固定资产的某一主要部件进行更换，发生支出合计1000万元，符合准则规定的固定资产确认条件。被更换部件的账面原价为800万元，出售取得变价收入1万元。固定资产更新改造后的入账价值为（　　）万元。

A. 2200　　B. 1720

C. 1200　　D. 2199

**【解析】** 固定资产进行更新改造后的入账价值=该项固定资产进行更新改造前的账面价值+发生的资本化后续支出-该项固定资产被更换部件的账面价值=（2000-2000÷10×4）+1000-（800-800÷10×4）=1720（万元）。

**【答案】** B

（二）费用化的后续支出

与固定资产有关的修理费用等后续支出，不符合固定资产确认条件的，应当根据不同情况分别在发生时计入当期管理费用、销售费用或其他业务成本。如涉及可抵扣的增值税，同时确认增值税的进项税额。

借：管理费用（企业生产车间和行政管理部门固定资产修理费用）

　　销售费用（专设销售机构的固定资产修理费用）

　　其他业务成本（出租的固定资产修理费用）

　　应交税费—应交增值税（进项税额）

　贷：原材料、应付职工薪酬、银行存款等

## 经典题解

**【例题109·判断题】** 企业生产车间发生的固定资产日常修理费用应确认为制造费用。（　　）

**【解析】** 企业生产车间发生的固定资产日常修理费用应确认为管理费用。

**【答案】** ×

### 五、处置固定资产（★★★）

固定资产处置，即固定资产的终止确认，具体包括固定资产的出售、报废、毁损、对外投资、非货币性资产交换、债务重组等。企业处置固定资产应通过“固定资产清理”科目核算。通常包括以下环节：

1. 固定资产转入清理

借：固定资产清理

　　累计折旧

　　固定资产减值准备

　贷：固定资产

2. 发生的清理费用

借：固定资产清理

应交税费—应交增值税（进项税额）

贷：银行存款等

3. 收回出售固定资产的价款、残料价值和变价收入等

借：银行存款

原材料等

贷：固定资产清理

应交税费—应交增值税（销项税额）（残料入库不涉及）

4. 保险赔偿等的处理

借：其他应收款

贷：固定资产清理

5. 清理净损益的处理

（1）因已丧失使用功能或因自然灾害发生毁损等原因而报废清理产生的利得或损失应计入营业外收支。

借：营业外支出—非流动资产处置损失（正常原因丧失使用功能）

—非常损失（自然灾害等）

贷：固定资产清理

如为净收益，贷记“营业外收入—非流动资产处置利得”科目。

（2）因出售、转让等原因产生的固定资产处置利得或损失应计入资产处置损益。

借：固定资产清理

贷：资产处置损益（利得）

借：资产处置损益（损失）

贷：固定资产清理

【提示】固定资产的毁损通过“固定资产清理”科目核算；而存货的毁损通过“待处理财产损溢”科目核算。

## 【历年考核要点】

1. “固定资产清理”的账户结构
2. 固定资产出售转让的账务处理
3. 固定资产报废毁损的账务处理

## 经典题解

**【例题110·判断题】**企业报废的固定资产清理完毕，应将“固定资产清理”科目的余额转入“资产处置损益”科目。（ ）（2020年·1分）

**【解析】**企业报废的固定资产清理完毕，应将“固定资产清理”科目的余额转入“营业外支出”或“营业外收入”科目。

**【答案】**×

**【例题111·判断题】**企业因经营业务调整出售固定资产而发生的处置净损失，应记入“营业外支出”科目。（ ）（2019年·1分）

**【解析】**企业出售固定资产的净损失，应记入“资产处置损益”科目。

**【答案】**×

**【例题112·单选题】**某企业出售一台旧设备，原价为23万元，已计提折旧5万元。出售该设备开具的增值税专用发票上注明的价款为20万元，增值税税额为2.6万元，发生的清理费用为1.5万元，不考虑其他因素，该企业出售设备应确认的净收益为（ ）万元。（2018年改编·1.5分）

A. −2.9　　B. 0.5

C. 20　　D. 2

**【解析】**该企业出售设备后确认的净收益=20−（23−5）−1.5=0.5（万元）。涉及的会计分录为：

借：固定资产清理　18

累计折旧　5

贷：固定资产　23

借：银行存款　22.6

贷：固定资产清理　20

应交税费—应交增值税（销项税额）　2.6

借：固定资产清理　1.5

贷：银行存款　1.5

借：固定资产清理　0.5

贷：资产处置损益　0.5

**【答案】**B

【例题 113·多选题】下列各项中，应通过“固定资产清理”科目核算的有（ ）。（2018 年·2 分）

A. 固定资产盘亏的账面价值

B. 固定资产更新改造支出

C. 固定资产毁损净损失

D. 固定资产出售的账面价值

【解析】选项 A 通过“待处理财产损溢”科目进行核算；选项 B 通过“在建工程”科目进行核算。

【答案】CD

【例题 114·单选题】某企业处置一项固定资产收回的价款为 80 万元，该资产原价为 100 万元，已计提折旧 60 万元，计提减值准备 5 万元，处置发生清理费用 5 万元。不考虑其他因素，处置该资产对当期利润总额的影响金额为（ ）万元。

A. 40　　B. 80

C. 50　　D. 35

【解析】处置固定资产的净收益 = 80 −（100−60−5）−5 = 40（万元），影响利润总额的金额为 40 万元。

【答案】A

【例题 115·多选题】下列各项中，影响固定资产清理净损益的有（ ）。

A. 清理固定资产发生的清理费用

B. 清理固定资产的变价收入

C. 清理固定资产的账面价值

D. 清理固定资产耗用的材料成本

【解析】固定资产清理首先要将固定资产账面价值转入固定资产清理科目的借方，清理过程中发生的清理费用记入“固定资产清理”科目的借方，变价收入记入“固定资产清理”科目的贷方，将“固定资产清理”科目的借贷金额合计起来得到的就是固定资产清理的净损益。

【答案】ABCD

## 六、固定资产清查（★★）

企业应定期或者至少于每年年末对固定资产进行清查盘点。在固定资产清查过程中，如果发现盘盈、盘亏的固定资产，应填制固定资产盘盈盘亏报告表。清查固定资产的损溢，应及时查明原因，并按照规定程序报批处理。

（一）固定资产盘盈

应当作为重要的前期差错进行账务处理。

批准前：

借：固定资产（重置成本）

　贷：以前年度损益调整

借：以前年度损益调整

　贷：应交税费—应交所得税

批准后：

借：以前年度损益调整

　贷：盈余公积

　　　利润分配—未分配利润

（二）固定资产盘亏

批准前：

借：待处理财产损溢

　　累计折旧

　　固定资产减值准备

　贷：固定资产

　　　应交税费—应交增值税（进项税额转出）（自然灾害除外）

批准后：

借：其他应收款（保险赔款或过失人赔偿）

　　营业外支出—盘亏损失

　贷：待处理财产损溢

**【易错易混点辨析】** 库存现金、存货和固定资产清查的对比。

| 项目 | 盘盈（现金称"溢余"） | 盘亏（现金称"短缺"） |
| --- | --- | --- |
| 库存现金 | 借：库存现金<br>　贷：待处理财产损溢<br>借：待处理财产损溢<br>　贷：其他应付款<br>　　营业外收入(不明原因) | 借：待处理财产损溢<br>　贷：库存现金<br>借：其他应收款<br>　管理费用(不明原因)<br>　贷：待处理财产损溢 |
| 存货 | 借：原材料等<br>　贷：待处理财产损溢<br>借：待处理财产损溢<br>　贷：管理费用 | 借：待处理财产损溢<br>　贷：原材料等<br>　　应交税费—应交增值税（进项税额转出）（管理不善导致）<br>借：原材料等（收回的残料）<br>　其他应收款（有关人员或保险公司赔款）<br>　管理费用（一般经营损失）<br>　营业外支出（非常损失）<br>　贷：待处理财产损溢 |
| 固定资产 | 借：固定资产（重置成本）<br>　贷：以前年度损益调整<br>借：以前年度损益调整<br>　贷：应交税费—应交所得税<br>借：以前年度损益调整<br>　贷：盈余公积<br>　　利润分配—未分配利润 | 借：待处理财产损溢<br>　累计折旧<br>　固定资产减值准备<br>　贷：固定资产<br>　　应交税费—应交增值税（进项税额转出）（如有）<br>借：其他应收款（应收赔款）<br>　营业外支出—盘亏损失<br>　贷：待处理财产损溢 |

**【历年考核要点】**

1. 固定资产盘盈、盘亏的归属科目
2. "待处理财产损溢"科目和"固定资产清理"科目的核算内容

## 经典题解

**【例题 116·单选题】** 下列各项中，企业通过"待处理财产损溢"科目核算的业务是(　　)。(2020 年·2 分)

A. 固定资产报废

B. 固定资产减值

C. 固定资产盘盈

D. 固定资产盘亏

**【解析】** 选项 A 通过"固定资产清理"科目进行核算；选项 B 通过"资产减值损失"科目进行核算；选项 C 通过"以前年度损益调整"科目进行核算，选项 ABC 均错误。

**【答案】** D

**【例题 117·多选题】** 某公司年末固定资产清查时发现上年购入的一台设备未入账，其重置成本为 10000 元，该公司按净利润的 10%提取法定盈余公积。不考虑其他因素，下列各项中，该设备盘盈的会计处理错误的有(　　)。(2020 年·2 分)

A. 借：以前年度损益调整　10000
　　贷：盈余公积—法定盈余公积　1000
　　　　利润分配—未分配利润　9000

B. 借：待处理财产损溢　10000
　　贷：营业外收入　10000

C. 借：固定资产 10000
　　贷：以前年度损益调整 10000
D. 借：固定资产 10000
　　贷：待处理财产损溢 10000

【解析】固定资产盘盈的会计处理为：

借：固定资产 10000
　贷：以前年度损益调整 10000
借：以前年度损益调整 10000
　贷：盈余公积—法定盈余公积 1000（10000×10%）
　　利润分配—未分配利润 9000

【答案】BD

【例题 118·单选题】下列各项中，按管理权限报经批准后计入营业外支出的是（ ）。（2018 年·1.5 分）

A. 因管理不善造成的原材料盘亏
B. 固定资产盘亏净损失
C. 无法查明原因的现金短缺
D. 由过失人赔付的库存商品毁损

【解析】选项 AC 计入管理费用；选项 B 计入营业外支出；选项 D 计入其他应收款。

【答案】B

## 七、固定资产减值（★）

1. 固定资产减值金额的确定

固定资产在资产负债表日存在可能发生减值的迹象时，其可收回金额低于账面价值的，企业应当将该固定资产的账面价值减记至可收回金额，减记的金额确认为减值损失，计入当期损益，同时计提相应的资产减值准备。

2. 固定资产减值的账务处理

借：资产减值损失
　贷：固定资产减值准备

固定资产减值损失一经确认，在以后会计期间不得转回。

### 经典题解

【例题 119·多选题】下列各项中，会导致企业固定资产账面价值减少的事项有（ ）。（2019 年·2 分）

A. 计提固定资产折旧
B. 提前报废固定资产
C. 盘亏固定资产
D. 确认固定资产减值损失

【解析】固定资产账面价值=账面原值-累计折旧-固定资产减值准备，选项 A 增加累计折旧，账面价值减少；选项 BC 账面原值减少，账面价值减少；选项 D 增加固定资产减值准备，账面价值减少。

【答案】ABCD

【例题 120·单选题】2021 年 12 月 31 日，丁公司的某生产线存在可能发生减值的迹象。经计算，该生产线的可收回金额为 200 万元，账面原价为 400 万元，已提折旧 120 万元，以前年度未对该生产线计提减值准备。该固定资产 2021 年 12 月 31 日应计提的减值准备金额为（ ）万元。

A. 80　　B. 200
C. 0　　D. 120

【解析】该固定资产 2021 年 12 月 31 日应计提的减值准备金额=（400-120）-200=80（万元）。

【答案】A

**开小灶**

本节必考点汇总：（详见轻松过关 2）

1. 固定资产的入账价值计算和账务处理
2. 固定资产计提折旧的范围
3. 固定资产的折旧方法、折旧额的计算以及折旧的账务处理
4. 固定资产折旧的科目归属
5. 更新改造后固定资产入账价值的计算
6. 固定资产出售或转让产生损益的科目归属及计算
7. 固定资产报废或毁损产生损益的科目归属及计算
8. 固定资产盘盈、盘亏的科目归属及账务处理
9. 固定资产减值损失的计算

# 第六节　无形资产和长期待摊费用

查看本节视频
使用"会计云课堂"App/微信扫描

## 一、无形资产（★★）

（一）无形资产概述

1. 无形资产的概念和特征

无形资产是指企业拥有或者控制的没有实物形态的可辨认非货币性资产。

无形资产的特征：

（1）不具有实物形态；

（2）具有可辨认性；

（3）属于非货币性长期资产。

【提示】商誉由于无法与企业自身分离而存在，不具有可辨认性，不属于无形资产。

2. 无形资产的内容

无形资产主要包括：专利权、非专利技术、商标权、著作权、特许权和土地使用权等。

（二）无形资产的账务处理

1. 取得无形资产

无形资产应按取得成本进行初始计量。

（1）外购无形资产。其成本包括购买价款、相关税费以及直接归属于使该项资产达到预定用途所发生的其他支出。

【提示】下列各项不包括在无形资产的初始成本中：

①引入新产品进行宣传发生的广告费、管理费用及其他间接费用；

②无形资产达到预定用途以后发生的费用。

（2）企业自行研究开发无形资产。企业内部研究开发项目所发生的支出应区分研究阶段支出和开发阶段支出。

<table>
<tr><th colspan="2">节点</th><th>账务处理</th></tr>
<tr><td colspan="2">研究阶段</td><td rowspan="2">借：研发支出—费用化支出<br>　　应交税费—应交增值税（进项税额）<br>　贷：银行存款、原材料、应付职工薪酬等<br>期末：<br>借：管理费用<br>　贷：研发支出—费用化支出</td></tr>
<tr><td rowspan="2">开发阶段</td><td>不符合资本化条件</td></tr>
<tr><td>符合资本化条件</td><td>借：研发支出—资本化支出<br>　　应交税费—应交增值税（进项税额）<br>　贷：银行存款、原材料、应付职工薪酬等</td></tr>
<tr><td colspan="2">达到预定用途</td><td>借：无形资产<br>　贷：研发支出—资本化支出</td></tr>
</table>

【提示1】①如果无法可靠区分研究阶段和开发阶段的支出，应当将其所发生的研发支出全部费用化，计入当期损益（管理费用）；

②未达到预定用途前，"研发支出—资本化支出"科目余额列示在资产负债表中的"开发支出"项目。

【提示2】内部研发与"爱情长跑"。

内部研发就像谈恋爱，在关系没有确定之前逛街、看电影、吃饭、送礼物相关的支出全部要费用化，这就是所谓内部研发的研究阶段，不确定性比较大。如果一切顺利双方见过家长，关系基本确定了，这就进入开发阶段了：一种情况，领证结婚爱情长跑结束，开发阶段相关的支出符合资本化条件，转入无形资产成本。另一种情况，仍以分手告终，开发阶段相关的支出不符合资本化条件，计入当期损益（管理费用）。

**【历年考核要点】**

1. 取得无形资产入账价值的计算
2. 研发过程中影响当期损益金额的计算

## 经典题解

**【例题121·多选题】** 下列各项中，自行研发无形资产业务的会计处理表述错误的有（　　）。（2020年·2分）

A. 满足资本化条件的研发支出达到预定用途，应转入“无形资产”科目的借方

B. 不满足资本化条件的研发支出，期末应转入“管理费用”科目的借方

C. 满足资本化条件的研发支出，应记入“研发支出—费用化支出”科目的借方

D. 不满足资本化条件的研发支出，应记入“研发支出—资本化支出”科目的借方

**【解析】** 选项C错误，满足资本化条件的研发支出，应记入“研发支出—资本化支出”科目的借方；选项D错误，不满足资本化条件的研发支出，应记入“研发支出—费用化支出”科目的借方。

**【答案】** CD

**【例题122·单选题】** 某公司自行研发非专利技术共发生支出460万元，其中：研究阶段发生支出160万元；开发阶段发生支出300万元，符合资本化条件的支出为180万元。不考虑其他因素，该研发活动应计入当期损益的金额为（　　）万元。（2019年·1.5分）

A. 180　　B. 280

C. 340　　D. 160

**【解析】** 开发阶段发生的符合资本化条件的支出180万元应计入无形资产成本；研究阶段发生的支出160万元和开发阶段发生的不符合资本化条件的支出120万元（300−180）全部计入管理费用，影响当期损益，所以计入当期损益的金额=160+120=280（万元），选项B正确。

**【答案】** B

**【例题123·单选题】** 某企业自行研究开发一项技术，共发生研发支出450万元，其中，研究阶段发生职工薪酬100万元，专用设备折旧费用50万元；开发阶段满足资本化条件支出300万元，取得增值税专用发票上注明的增值税税额为39万元；开发阶段结束，研究开发项目达到预定用途形成无形资产。不考虑其他因素，下列各项中，关于该企业研发支出会计处理表述正确的是（　　）。（2018年改编·1.5分）

A. 确认管理费用150万元，确认无形资产300万元

B. 确认管理费用150万元，确认无形资产339万元

C. 确认管理费用100万元，确认无形资产350万元

D. 确认管理费用189万元，确认无形资产300万元

**【解析】** 研究阶段：

借：研发支出—费用化支出　　150
　贷：应付职工薪酬　　100
　　　累计折旧　　50

期末：

借：管理费用　　150
　贷：研发支出—费用化支出　　150

开发阶段：

借：研发支出—资本化支出　　300
　　应交税费—应交增值税（进项税额）　　39
　贷：银行存款　　339

最终达到预定用途形成无形资产：

借：无形资产　　300

　贷：研发支出—资本化支出　　300

【答案】A

【例题 124·多选题】下列各项中，应计入专利权入账价值的有(　　)。(2018 年·2 分)

A. 无法区分研究阶段和开发阶段的设备折旧费

B. 研究阶段支付的研发人员薪酬

C. 依法取得专利权发生的注册费

D. 开发阶段满足资本化条件的材料支出

【解析】选项 AB 最终计入管理费用。

【答案】CD

【例题 125·判断题】企业无法可靠区分研究阶段和开发阶段支出的，所发生的研发支出全部费用化，计入当期损益。(　　)(2018 年·1 分)

【答案】√

【例题 126·单选题】2016 年 1 月 1 日，某企业开始自行研究开发一套软件，研究阶段发生支出 30 万元，开发阶段发生支出 125 万元，开发阶段的支出均满足资本化条件。4 月 15 日，该软件开发成功并依法申请了专利，支付相关手续费 1 万元。不考虑其他因素，该项无形资产的入账价值为(　　)万元。(2017 年·1.5 分)

A. 126　　B. 155

C. 125　　D. 156

【解析】研究阶段支出应费用化，不构成无形资产入账成本，无形资产的入账价值 = 125+1 = 126（万元）。

【答案】A

【例题 127·多选题】某企业为改进技术自行研究开发一项无形资产。研究阶段发生支出 50 万元，开发阶段发生符合资本化条件的支出 120 万元，不符合资本化条件的支出 80 万元，研发结束形成无形资产。不考虑其他因素，下列各项中，关于上述研发支出的会计处理结果正确的有(　　)。

A. 计入管理费用的金额为 130 万元

B. 无形资产的入账价值为 120 万元

C. 计入制造费用的金额为 80 万元

D. 无形资产的入账价值为 170 万元

【解析】研究阶段发生的支出 50 万元及开发阶段不符合资本化条件的支出 80 万元应记入“管理费用”科目，选项 A 正确，选项 C 错误；开发阶段符合资本化条件的支出 120 万元计入无形资产成本，选项 B 正确，选项 D 错误。

【答案】AB

2. 摊销无形资产

（1）无形资产的摊销范围。

企业应当于取得无形资产时分析判断其使用寿命。使用寿命有限的无形资产应进行摊销。使用寿命不确定的无形资产不应摊销。

（2）无形资产的应摊销金额、摊销期、预计残值和摊销方法。

| 事项 | 使用寿命有限的无形资产 |
|---|---|
| 应摊销金额 | 应摊销金额 = 成本 - 预计残值 - 无形资产减值准备 |
| 摊销期 | 自可供使用（即其达到预定用途）当月起开始摊销，处置当月不再摊销<br>【提示】企业固定资产是当月增加下月起计提折旧，处置当月仍计提折旧 |
| 预计残值 | 通常视为零 |
| 摊销方法 | 年限平均法（直线法）、生产总量法等<br>企业选择的无形资产的摊销方法，应当反映与该项无形资产有关的经济利益的预期实现方式。无法可靠确定预期实现方式的，应当采用直线法摊销 |

（3）无形资产摊销的账务处理。

借：生产成本、制造费用、在建工程等（某项无形资产包含的经济利益通过所生产的产品或其他资产实现的）

管理费用（管理用无形资产）

其他业务成本（出租的无形资产）

贷：累计摊销

**【历年考核要点】**

1. 无形资产摊销的范围、时间、方法
2. 无形资产摊销的归属科目
3. 无形资产摊销额、账面价值的计算

## 经典题解

**【例题128·多选题】**下列各项中，关于企业无形资产摊销的表述正确的有（　　）。（2020年·2分）

A. 行政管理用无形资产的摊销额计入管理费用

B. 使用寿命不确定的无形资产不进行摊销

C. 无形资产摊销方法应反映其经济利益的预期实现方式

D. 使用寿命有限的无形资产处置当月应进行摊销

**【解析】**无形资产自可供使用（即其达到预定用途）当月起开始摊销，处置当月不再摊销，选项D错误。

**【答案】**ABC

**【例题129·多选题】**下列各项中，关于制造业企业计提无形资产摊销的会计处理表述正确的有（　　）。（2020年·2分）

A. 使用寿命有限的无形资产处置当月不再摊销

B. 财务软件的摊销额计入管理费用

C. 管理用特许权的摊销额计入管理费用

D. 对外出租专利技术的摊销额计入其他业务成本

**【答案】**ABCD

**【例题130·单选题】**某企业将其自行开发完成的管理系统软件出租给乙公司，每年收取使用费240000元（不含增值税）。双方约定租赁期限为5年。该管理系统软件的总成本为600000元。该企业以直线法按月计提摊销。不考虑其他因素，该企业对其计提累计摊销进行的会计处理正确的是（　　）。（2018年·1.5分）

A. 借：其他业务成本　　10000
　　贷：累计摊销　　10000

B. 借：管理费用　　20000
　　贷：累计摊销　　20000

C. 借：其他业务成本　　20000
　　贷：累计摊销　　20000

D. 借：管理费用　　10000
　　贷：累计摊销　　10000

**【解析】**企业每月摊销的金额=600000/5/12=10000（元），该无形资产用于出租，无形资产计提的摊销需计入其他业务成本，相关账务处理如下：

借：其他业务成本　　10000
　　贷：累计摊销　　10000

**【答案】**A

**【例题131·多选题】**某公司为增值税一般纳税人，2017年1月4日购入一项无形资产，取得的增值税专用发票注明价款为880万元，增值税税额为52.8万元，该无形资产使用年限为5年，采用年限平均法进行摊销，预计残值为零。下列关于该项无形资产的会计处理中，正确的有（　　）。（2018年·2分）

A. 2017年1月4日取得该项无形资产的成本为880万元

B. 2017年12月31日该项无形资产的累计摊销额为176万元

C. 该项无形资产自2017年2月起开始摊销

D. 该无形资产的应计摊销总额为932.8万元

**【解析】**无形资产按照取得时的成本进行初始计量，选项A正确；对于使用寿命有限的无形资产应当自可供使用当月起开始摊销，所以2017年的摊销额=880÷5=176（万元），选项B正确，选项C错误；该无形资产的应计摊销总额为无形资产的成本880万元，选项D错误。

【答案】AB

【例题132·单选题】甲公司为增值税一般纳税人，2019年1月5日以2700万元购入一项专利权，另支付注册登记费120万元。为推广由该专利权生产的产品，甲公司发生广告宣传费60万元。该专利权预计使用5年，预计残值为零，采用直线法摊销。假设不考虑其他因素，2019年12月31日该专利权的账面价值为（　　）万元。

A. 2160　　B. 2256

C. 2304　　D. 2700

【解析】为推广由该专利权生产的产品，甲公司发生广告宣传费应计入当期损益。2019年12月31日该专利权的账面价值=2700+120-（2700+120）÷5=2256（万元）。

【答案】B

3. 出售和报废无形资产

（1）企业出售无形资产，应当将取得的价款与该无形资产账面价值及出售的相关税费的差额作为资产处置损益进行会计处理。

借：银行存款等

　　无形资产减值准备

　　累计摊销

　贷：无形资产

　　　应交税费—应交增值税（销项税额）

　　　资产处置损益（差额，或借方）

（2）无形资产预期不能为企业带来未来经济利益的，应将其报废并予以转销，其账面价值转入当期损益。

借：营业外支出

　　累计摊销

　　无形资产减值准备

　贷：无形资产

【历年考核要点】

出售或报废无形资产对净损益影响金额的计算。

## 经典题解

【例题133·单选题】甲公司为增值税一般纳税人，现将一项专利权转让给乙公司，开具的增值税专用发票上注明的价款为40万元，增值税税额为2.4万元。该专利权成本为30万元，已累计摊销15万元。不考虑其他因素，转让该项专利权应确认的处置净损益为（　　）万元。（2020年·2分）

A. 25　　B. 27.4

C. 10　　D. 12.4

【解析】转让该项专利权的账务处理为：

借：银行存款等　　42.4

　　累计摊销　　15

　贷：无形资产　　30

　　　应交税费—应交增值税（销项税额）　　2.4

　　　资产处置损益　　25

【答案】A

【例题134·单选题】下列各项中，关于制造业企业让渡无形资产使用权的相关会计处理表述正确的是（　　）。（2019年·1.5分）

A. 转让无形资产使用权的收入计入营业外收入

B. 已转让使用权的无形资产应停止计提摊销

C. 已转让使用权的无形资产计提的摊销额计入管理费用

D. 转让无形资产使用权的收入计入其他业务收入

【解析】企业让渡无形资产使用权的收入，一般通过“其他业务收入”科目核算；所让渡无形资产计提的摊销额，一般通过“其他业务成本”科目核算。

【答案】D

4. 无形资产的减值

（1）无形资产减值金额的确定。

无形资产在资产负债表日存在可能发生减值的迹象，且其可收回金额低于账面价值的，企业应当将该无形资产的账面价值减记至可收回金额，减记的金额确认为减值损失，计入当期损益，同时计提相应的减值准备。

（2）无形资产减值的账务处理。

借：资产减值损失

　贷：无形资产减值准备

无形资产减值损失一经确认，以后会计期间不得转回。

【提示】初级中有关资产减值相关内容对比。

| 项目 | 比较基础 | 是否允许转回 | 账务处理 | |
|---|---|---|---|---|
| | | | 计提 | 转回 |
| 应收款项 | 预期信用损失 | √ | 借：信用减值损失<br>　贷：坏账准备 | 借：坏账准备<br>　贷：信用减值损失 |
| 存货 | 成本与<br>可变现净值 | √ | 借：资产减值损失<br>　贷：存货跌价准备 | 借：存货跌价准备<br>　贷：资产减值损失 |
| 固定资产 | 账面价值与<br>可收回金额 | × | 借：资产减值损失<br>　贷：固定资产减值准备 | — |
| 无形资产 | 账面价值与<br>可收回金额 | × | 借：资产减值损失<br>　贷：无形资产减值准备 | — |

**【历年考核要点】**

1. 资产减值损失的核算内容以及以后会计期间能否转回

2. 无形资产计提减值准备对账面价值和后续摊销的影响

## 经典题解

**【例题135·判断题】**无形资产减值损失一经确认，在以后会计期间不得转回。（　　）（2020年·1分）

**【答案】**√

**【例题136·单选题】**下列各项中，不会引起无形资产账面价值发生增减变动的是（　　）。

A. 对无形资产计提减值准备

B. 研究阶段支出

C. 摊销无形资产

D. 出售无形资产

**【解析】**无形资产账面价值=无形资产账面原值-累计摊销-无形资产减值准备。选项A，无形资产减值准备增加，使无形资产账面价值减少。选项B，研究阶段支出全部费用化，不影响无形资产账面价值。选项C，累计摊销增加，使无形资产账面价值减少。选项D，无形资产账面原值减少，使无形资产账面价值减少。

**【答案】**B

**【例题137·单选题】**下列各项中，应记入“资产减值损失”科目的是（　　）。

A. 管理不善导致的原材料盘亏净损失

B. 固定资产、无形资产的减值损失

C. 应收账款减值损失

D. 无形资产出售净损失

**【解析】**选项A，管理不善导致的原材料盘亏净损失计入管理费用；选项C，应收账款的减值损失计入信用减值损失；选项D，无形资产出售净损失计入资产处置损益。

**【答案】**B

【例题138·多选题】下列各项中，企业计提的资产减值准备在以后会计期间不得转回的有(　　)。

A. 固定资产减值准备

B. 无形资产减值准备

C. 坏账准备

D. 存货跌价准备

【解析】应收款项计提的坏账准备、存货计提的存货跌价准备在以后会计期间可以转回。

【答案】AB

## 二、长期待摊费用(★)

长期待摊费用是指企业已经发生但应由本期和以后各期负担的分摊期限在一年以上的各项费用，如以租赁方式租入的使用权资产发生的改良支出等。企业应通过“长期待摊费用”科目，核算长期待摊费用的发生、摊销和结存等情况。

账务处理：

借：长期待摊费用

　　应交税费—应交增值税（进项税额）

　贷：银行存款

　　　原材料

　　　应付职工薪酬等

摊销长期待摊费用时，借记“管理费用”“销售费用”等科目。

【提示】如果“长期待摊费用”项目不能使以后会计期间受益，应当将尚未摊销的该项目的摊余价值全部转入当期损益。

### 经典题解

【例题139·单选题】2018年12月初，某企业“长期待摊费用”科目余额为4000元，本月借方发生额为3000元，贷方发生额为2000元。不考虑其他因素，2018年末该企业“长期待摊费用”科目的余额为(　　)元。(2019年·1.5分)

A. 借方3000　　B. 借方5000

C. 贷方3000　　D. 贷方5000

【解析】长期待摊费用是资产类科目，增加在借方，2018年末该企业“长期待摊费用”科目的余额=4000+3000-2000=5000(元)，选项B正确。

【答案】B

**开小灶**

本节必考点汇总：(详见轻松过关2)

1. 外购无形资产入账价值的确认
2. 自行研发无形资产入账价值的确认
3. 无形资产摊销的范围和科目归属
4. 无形资产的减值
5. 出售无形资产对利润的影响
6. 长期待摊费用的核算内容

## 本章小结

1. 关于应收账款计提坏账准备、冲减多计提的坏账准备、转销坏账、已核销又收回坏账该如何进行账务处理？是否会影响期末应收账款的账面价值？
2. 交易性金融资产在取得时、持有期间以及处置时如何进行账务处理？
3. 原材料采用计划成本核算时，如何计算材料成本差异率？
4. 固定资产取得时、折旧时以及处置时如何进行账务处理？
5. 无形资产取得时、摊销时以及处置时如何进行账务处理？

## 历年经典试题回顾

(一)

甲公司为增值税一般纳税人，2019年该公司发生交易性金融资产业务如下：

(1) 1月4日，从上海证券交易所购入乙公司发行的面值为625万元的公司债券，共支付价款655万元（其中包含已到付息期但尚未领取的债券利息25万元）。另支付交易费用7.5万元、增值税税额0.45万元，已取得可抵扣的增值税专用发票。甲公司将购入的乙公司债券划分为交易性金融资产。

(2) 1月21日，甲公司存出投资款专户收到债券价款中包含的应收债券利息25万元。

(3) 5月31日，甲公司持有乙公司债券的公允价值为645万元。

(4) 6月28日，甲公司将持有的全部乙公司债券转让，取得价款共计676.2万元，转让债券应交的增值税税额为1.2万元。

要求：根据上述资料，不考虑其他因素，分析回答下列小题。（答案中的金额单位用万元表示）（2020年）

1. 根据资料（1），甲公司购入该交易性金融资产的初始入账金额是(　　)万元。

A. 625　　B. 637.5

C. 655　　D. 630

2. 根据资料（1）和（2），下列各项中，1月21日甲公司收到债券利息会计处理正确的是(　　)。

A. 借：其他货币资金—存出投资款　25
　　贷：应收利息　25

B. 借：银行存款　25
　　贷：应收利息　25

C. 借：银行存款　25
　　贷：投资收益　25

D. 借：其他货币资金—存出投资款　25
　　贷：投资收益　25

3. 根据资料（1）和（3），下列各项中，5月31日甲公司交易性金融资产业务会计处理表述正确的是(　　)。

A. 贷记“公允价值变动损益”科目15万元

B. 借记“交易性金融资产—公允价值变动”科目15万元

C. 贷记“投资收益”科目20万元

D. 借记“交易性金融资产—公允价值变动”科目20万元

4. 根据资料（1）至（4），下列各项中，甲公司出售乙公司债券业务会计处理表述正确的是(　　)。

A. 贷记“交易性金融资产—成本”科目655万元

B. 借记“其他货币资金—存出投资款”科目676.2万元

C. 贷记“应交税费—转让金融商品应交增值税”科目1.2万元

D. 贷记“投资收益”科目21.2万元

5. 根据资料（1）至（4），该投资对甲公司2019年度利润表“营业利润”项目本期金额的影响是(　　)万元。

A. 47.5　　B. 37.5

C. 55　　D. 46.2

(二)

某企业为增值税一般纳税人，2019年发生与固定资产有关的经济业务如下：

(1) 6月28日，购入一台不需要安装的生产设备N并投入使用，增值税专用发票上注明的价款为120万元，增值税税额为15.6万元。购进设备发生保险费2万元，增值税税额为0.12万元，已取得增值税专用发票，全部款项以银行存款支付。该设备预计使用年限为10年，预计净残值为2万元，采用年限平均法计提折旧。

(2) 9月30日，该企业自行建造厂房一幢达到预定可使用状态。建造该厂房领用本企业自产产品的实际成本为30万元，分配工程人员薪酬40万元，支付工程费用200万元、增值税税额18万元，已取得增值税专用发票。预计该厂房可使用50年，预计净残值为零，采用年限平均法计提折旧。

(3) 12月20日，设备N因自然灾害毁损，清理设备N支付拆卸费1万元，增值税税额为0.09万元，全部款项以银行存款支付，已确认应收保险公司赔款50万元。

要求：根据上述资料，不考虑其他因素，分析回答下列小题。(答案中的金额单位用万元表示，计算结果保留两位小数)(2020年)

1. 根据资料(1)，设备N的入账价值是(　　)万元。

A. 120　　B. 137.72

C. 122　　D. 135.6

2. 根据资料(1)，下列各项中，设备N计提折旧的会计处理表述正确的是(　　)。

A. 2019年7月开始计提折旧

B. 计提的折旧费计入制造费用

C. 2019年6月开始计提折旧

D. 每月计提折旧额为1万元

3. 根据资料(2)，下列各项中，该企业自行建造厂房的会计处理正确的是(　　)。

A. 领用企业自产产品：

借：在建工程　30

　贷：库存商品　30

B. 分配应负担工程人员薪酬：

借：在建工程　40

　贷：应付职工薪酬　40

C. 工程完工结转固定资产成本：

借：固定资产　270

　贷：在建工程　270

D. 支付工程费用：

借：在建工程　218

　贷：银行存款　218

4. 根据资料(1)和(3)，下列各项中，设备N毁损相关会计处理表述正确的是(　　)。

A. 将设备账面价值转入固定资产清理，借记“固定资产清理”科目116万元

B. 应收保险公司赔款，借记“其他应收款”科目50万元

C. 支付清理费用，借记“固定资产清理”科目1万元

D. 结转设备毁损净损失，借记“营业外支出”科目65万元

5. 根据资料(1)至(3)，上述业务导致年末资产负债表“固定资产”项目期末余额增加的金额是(　　)万元。

A. 270　　B. 384.65

C. 268.65　　D. 392

(三)

甲企业为增值税一般纳税人，2019年发生与无形资产相关的经济业务如下：

(1) 1月7日，自行研发一项管理用M非专利技术。截至4月30日，以银行存款共支付研究费用50000元，其中，相关业务取得增值税专用发票注明的增值税税额为6500元，研究阶段的相关活动已结束。

(2) 5月3日，M非专利技术研发活动进入开发阶段。该阶段共发生研发人员薪酬500000元、其他研发费用100000元，所有支出均符合资本化条件，取得增值税专用发票注明的增值税税额为13000元。9月10日，M非专利技术研发活动结束，经测试达到预定技术标准并投入使用。M非专利技术预计使用年限为5年，无残值，采用直线法摊销。

(3) 12月1日，将M非专利技术经营出租给乙企业，双方约定的租赁期限为3年。月末，甲企业收取当月租金20000元，增值税税额为1200元，并开具增值税专用发票，款项已存入银行。

要求：根据上述资料，不考虑其他因素，分析回答下列小题。(2020年)

1. 根据资料（1），下列各项中，甲企业支付和结转研究费用的相关会计处理表述正确的是(　　)。
A. 支付时记入“研发支出—资本化支出”科目
B. 支付时记入“研发支出—费用化支出”科目
C. 支付时记入“管理费用”科目
D. 期末将“研发支出—费用化支出”科目的余额转入“管理费用”科目

2. 根据资料（1）和（2），甲企业自行研发M非专利技术的入账金额是(　　)元。
A. 650000　　B. 665600
C. 613000　　D. 600000

3. 根据资料（1）至（3），下列各项中，2019年12月甲企业出租M非专利技术会计处理正确的是(　　)。
A. 收取租金时：
借：银行存款　21200
　贷：其他业务收入　20000
　　应交税费—应交增值税（销项税额）　1200
B. 计提摊销时：
借：管理费用　10000
　贷：累计摊销　10000
C. 计提摊销时：
借：其他业务成本　10000
　贷：累计摊销　10000
D. 收取租金时：
借：银行存款　21200
　贷：营业外收入　20000
　　应交税费—应交增值税（销项税额）　1200

4. 根据资料（1）至（3），2019年度甲企业M非专利技术累计摊销的金额是(　　)元。
A. 32500　　B. 43333
C. 40000　　D. 30650

5. 根据资料（1）至（3），下列各项中，M非专利技术业务影响2019年利润表有关项目表述正确的是(　　)。
A. 营业收入增加20000元
B. 营业成本增加10000元
C. 营业利润增加70000元
D. 研发费用增加80000元

（四）

甲公司为增值税一般纳税人，存货按实际成本进行日常核算，2019年12月初“应收账款”科目借方余额800000元（各明细科目无贷方余额），“应收票据”科目借方余额300000元，“坏账准备—应收账款”科目贷方余额80000元。

2019年12月甲公司发生如下经济业务：

（1）10日，采用委托收款方式向乙公司销售一批商品，发出的商品满足收入确认条件，开具的增值税专用发票上注明价款500000元，增值税税额为65000元；用银行存款为乙公司垫付运费40000元，增值税税额为3600元，上述全部款项至月末尚未收到。

（2）18日，购入一批原材料，取得并经税务机关认证的增值税专用发票上注明的价款为270000元，增值税税额为35100元，材料验收入库。甲公司背书转让面值300000元，不带息的银行承兑汇票结算购料款，不足部分以银行存款补付。

（3）25日，因丙公司破产，应收丙公司账款40000元不能收回，经批准确认为坏账并予以核销。

（4）31日，经评估计算，甲公司“坏账准备—应收账款”科目应保持的贷方余额为102400元。

要求：根据上述资料，不考虑其他条件，分析回答下列小题。（2019年改编）

1. 根据资料（1），下列各项中，甲公司销售商品确认的应收账款的金额是(　　)元。
A. 608600　　B. 605000
C. 540000　　D. 565000

2. 根据资料（2），下列各项中，甲公司采购材料相关会计科目处理正确的是(　　)。

A. 贷记“银行存款”科目5100元

B. 贷记“应收票据”科目300000元

C. 贷记“应收票据”科目305100元

D. 借记“原材料”科目270000元

3. 根据资料（3），下列各项中，甲公司核销坏账的会计处理正确的是(　　)。

A. 借：信用减值损失—计提的坏账准备 40000

　　贷：应收账款—丙公司 40000

B. 借：坏账准备—应收账款 40000

　　贷：信用减值损失—计提的坏账准备 40000

C. 借：信用减值损失—计提的坏账准备 40000

　　贷：坏账准备—应收账款 40000

D. 借：坏账准备—应收账款 40000

　　贷：应收账款—丙公司 40000

4. 根据期初资料、资料（1）至（4），下列各项中，关于甲公司12月末坏账准备会计处理表述正确的是(　　)。

A. 计提坏账准备前，“坏账准备—应收账款”科目为贷方余额80000元

B. 本年末应计提坏账准备的金额为62400元

C. 计提坏账准备前，“坏账准备—应收账款”科目为贷方余额40000元

D. 本年末应计提坏账准备的金额为102400元

5. 根据期初资料、资料（1）至（4），12月31日甲公司资产负债表“应收账款”项目期末余额应列示的金额是(　　)元。

A. 1408600　　B. 1306200

C. 1266200　　D. 1328600

（五）

某企业为增值税一般纳税人，采用实际成本法核算存货。2019年11月30日资产负债表“存货”项目的“期末余额”栏为200000元。12月发生存货相关业务如下：

（1）10日，购入原材料2000千克，采购单价为100元，取得经税务机关认证的增值税专用发票注明的价款为200000元，增值税税额为26000元；由销售方代垫运费，取得经税务机关认证的增值税专用发票注明的运费为2000元，增值税税额为180元；全部款项以银行存款支付。12日，原材料验收入库，发现短缺10千克，经查属于运输途中的合理损耗。

（2）20日，企业行政管理部门领用周转材料（低值易耗品）一批，实际成本为9000元，采用分次摊销法进行摊销。该批周转材料估计使用3次，此次为第1次摊销。

（3）25日，委托外单位加工一批应交消费税的材料，发出材料并支付加工费。发出材料的成本为80000元，取得经税务机关认证的增值税专用发票注明的加工费为15000元，增值税税额为1950元，由受托加工单位代收代缴消费税为5000元。全部款项以银行存款支付。月末材料加工完成后收回验收入库，将用于直接对外销售。

要求：根据上述资料，不考虑其他因素，分析回答下列小题。（2019年改编）

1. 根据资料（1），下列各项中，关于企业购入原材料的相关会计处理表述正确的是(　　)。

A. 运输途中发生合理损耗不应调整原材料单位成本

B. 价款已付尚未验收入库的原材料采购成本记入“在途物资”科目

C. 销售方代垫运费2000元应记入原材料采购成本

D. 销售方代垫运费的增值税税额作为可抵扣的进项税额入账

2. 根据资料（1），该批原材料的采购成本是(　　)元。

A. 200000　　B. 201000

C. 199000　　D. 202000

3. 根据资料（2），下列各项中，关于行政部门领用并摊销周转材料的会计处理正确的是(　　)。

A. 借：周转材料—低值易耗品—在用 9000

贷：周转材料—低值易耗品—在库 9000

B. 借：管理费用 3000

贷：周转材料—低值易耗品—摊销 3000

C. 借：管理费用 9000

贷：周转材料—低值易耗品—在库 9000

D. 借：周转材料—低值易耗品—摊销 3000

贷：周转材料—低值易耗品—在用 3000

4. 根据资料（3），下列各项中，构成企业委托加工成本的是(　　)。

A. 材料成本 80000 元

B. 增值税 1950 元

C. 加工费 15000 元

D. 消费税 5000 元

5. 根据期初资料、资料（1）至（3），2019 年 12 月 31 日，该企业资产负债表“存货”项目“期末余额”栏的列报金额是(　　)元。

A. 410000　　B. 414000

C. 499000　　D. 419000

（六）

某企业为增值税一般纳税人，2019 年 12 月发生的有关经济业务如下：

（1）2 日，企业自行开发的一项行政部门管理用 M 非专利技术的研发活动结束，达到预定用途。其中，研究阶段自本年 1 月 1 日开始至 6 月 30 日结束，共发生支出 600000 元，不符合资本化确认条件；开发阶段自本年 7 月 1 日开始至 12 月 2 日结束，达到预定用途，共发生支出 300000 元，全部符合资本化确认条件。企业预计 M 非专利技术的受益年限为 5 年，残值为零，采用直线法进行摊销。

（2）10 日，购入一台不需要安装的 N 生产设备，取得经税务机关认证的增值税专用发票注明的价款为 800000 元，增值税税额为 104000 元，款项尚未支付。

（3）12 日，N 生产设备运达并交付使用。以银行存款支付 N 设备运输费，取得经税务机关认证的增值税专用发票注明的运输费为 3000 元，增值税税额为 270 元。

要求：根据上述资料，不考虑其他因素，分析回答下列小题。（2019 年改编）

1. 根据资料（1），下列各项中，关于 M 非专利技术研发支出的会计科目处理表述正确的是(　　)。

A. 12 月 2 日一次性将“研发支出—费用化支出”科目归集金额 600000 元转入“管理费用”科目

B. 6 月 30 日之前发生的研发支出在发生时记入“研发支出—费用化支出”科目共计 600000 元

C. 12 月 2 日一次性将“研发支出—资本化支出”科目归集金额 300000 元转入“无形资产”科目

D. 7 月至 12 月发生的研发支出在发生时记入“研发支出—资本化支出”科目共计 300000 元

2. 根据资料（1），下列各项中，关于 M 非专利技术摊销的会计处理表述正确的是(　　)。

A. 应自 2019 年 12 月起开始计提摊销

B. 计提的摊销额应计入管理费用

C. 2019 年 12 月 M 非专利技术的摊销金额为 5000 元

D. 应自 2020 年 1 月起开始计提摊销

3. 根据资料（2）和（3），下列各项中，关于 N 设备的会计处理表述正确的是(　　)。

A. 支付运输费 3000 元记入“固定资产”科目借方

B. 月末将“在建工程”科目借方金额 3000 元转入“固定资产”科目

C. 支付运输费 3000 元记入“在建工程”科目借方

D. 购进设备价款 800000 元记入“固定资产”科目借方

4. 根据资料（2）和（3），下列各项中，关于购进 N 设备的增值税会计处理正确的是(　　)。

A. 借记“应交税费—应交增值税（进项税额）”科目 62562 元

B. 借记“应交税费—应交增值税（进项税额）”科目 104270 元

C. 借记“应交税费—应交增值税（进项税额）”科目 104000 元

D. 借记“应交税费—待抵扣进项税额”科目 41708 元

5. 根据资料（1）至（3），该企业 2019 年 12 月 31 日资产负债表中“固定资产”项目和“无形资产”项目期末余额增加的金额分别是(　　)。

A. 800000 元和 295000 元

B. 803000 元和 295000 元

C. 800000 元和 300000 元

D. 803000 元和 300000 元

（七）

某企业为增值税一般纳税人，适用的增值税税率为 13%。2019 年 12 月 1 日，该企业“原材料—甲材料”科目期初结存数量为 2000 千克，单位成本为 15 元，未计提存货跌价准备。12 月份发生有关原材料收发业务或事项如下：

（1）10 日，购入甲材料 2020 千克，增值税专用发票上注明的价款为 32320 元。增值税税额为 4201.6 元，销售方代垫运杂费 2680 元（不考虑增值税），运输过程中发生合理损耗 20 千克。材料已验收入库，款项尚未支付。

（2）20 日，销售甲材料 100 千克，开出的增值税专用发票上注明的价款为 2000 元，增值税税额为 260 元，材料已发出，款项尚未收到。

（3）25 日，本月生产产品耗用甲材料 3000 千克，生产车间一般耗用甲材料 100 千克。

（4）31 日，采用月末一次加权平均法计算并结转发出甲材料成本。

（5）31 日，预计甲材料可变现净值为 12800 元。

要求：根据上述资料，不考虑其他因素，分析回答下列小题。(2018 年改编)

1. 根据资料（1），下列会计处理核算正确的是(　　)。

A. 借记“原材料”科目 32320 元

B. 借记“应交税费—应交增值税（进项税额）”科目 4201.6 元

C. 借记“销售费用”科目 2680 元

D. 原材料的单位成本为 17.5 元

2. 根据资料（2），下列说法正确的是(　　)。

A. 增加应收账款 2260 元

B. 增加银行存款 2260 元

C. 增加应收票据 2260 元

D. 增加其他货币资金 2260 元

3. 根据资料（3），下列各项中，关于该企业发出材料会计处理的表述正确的是(　　)。

A. 生产产品耗用原材料应计入制造费用

B. 生产产品耗用原材料应计入生产成本

C. 生产车间一般耗用原材料应计入管理费用

D. 生产车间一般耗用原材料应计入制造费用

4. 根据期初资料、资料（1）、（2）和（4），下列各项中，关于结转销售材料成本的会计处理结果正确的是(　　)。

A. 甲材料加权平均单位成本 15.58 元

B. 主营业务成本增加 1625 元

C. 其他业务成本增加 1625 元

D. 甲材料加权平均单位成本 16.25 元

5. 根据期初资料、资料（1）至（5），下列各项中，关于该企业 12 月末原材料的会计处理结果表述正确的是(　　)。

A. 12 月末应计提存货跌价准备 200 元

B. 12 月末列入资产负债表“存货”项目的“原材料”金额为 12800 元

C. 12月末甲材料的成本为13000元

D. 12月末甲材料成本高于其可变现净值，不计提存货跌价准备

（八）

甲公司为生产多种产品的制造企业，是增值税一般纳税人，适用的增值税税率为13%，原材料采用实际成本核算，材料发出成本采用月末一次加权平均法计算，2019年12月1日，M材料库存数量为500千克，每千克实际成本为200元，该公司12月份发生有关存货业务如下：

（1）2日，以面值为250000元的银行汇票购买M材料800千克，每千克不含增值税购买价格为250元，价款共计200000元，增值税专用发票上注明的增值税税额为26000元，由销货方代垫运杂费3000元（不考虑增值税）。材料验收入库，银行汇票多余款项通过银行退回并已收妥。

（2）10日，收到乙公司作为资本投入的M材料3000千克，并验收入库，同时收到乙公司开具的增值税发票，投资合同约定该批材料不含增值税价格为600000元（与公允价值相同），允许抵扣的增值税税额为78000元，乙公司在甲公司注册资本中享有份额的金额为580000元。

（3）31日，发料凭证汇总表中列明M材料的耗用情况如下：生产产品领用1600千克，车间管理部门领用300千克，行政管理部门领用200千克，销售部门领用100千克。

（4）31日，财产清查中盘亏M材料的成本为15000元，确认应转出增值税进项税额为1950元，经查属于材料保管人员过失造成的，按规定由其赔偿6000元，其他损失由公司承担，款项尚未收到。

要求：依据上述资料，不考虑其他因素，分析回答下列小题。（答案中的金额单位用元表示，计算结果出现小数的，保留小数点后两位小数）（2017年改编）

1. 根据资料（1），下列各项中，甲公司会计处理正确的是(　　)。

A. 退回银行汇票的多余款项时：

借：银行存款　　21000

　贷：其他货币资金　　21000

B. 用银行汇票购买材料时：

借：原材料　　203000

　应交税费—应交增值税（进项税额）　　26000

　贷：银行存款　　229000

C. 申请签发银行汇票时：

借：其他货币资金　　250000

　贷：银行存款　　250000

D. 用银行汇票购买材料时：

借：原材料　　203000

　应交税费—应交增值税（进项税额）　　26000

　贷：其他货币资金　　229000

2. 根据资料（2），下列各项中，甲公司会计处理结果正确的是(　　)。

A. “资本公积”科目贷方登记98000元

B. “原材料”科目借方登记600000元

C. “应交税费”科目借方登记78000元

D. “实收资本”科目贷方登记678000元

3. 根据期初资料、资料（1）至（2），甲公司当月发出M材料平均单价是(　　)元。

A. 205.35　　B. 210

C. 209.3　　D. 204.65

4. 根据资料（3），下列各项中，甲公司会计处理表述正确的是(　　)。

A. 车间管理部门领用的材料计入制造费用

B. 生产产品领用的材料计入生产成本

C. 销售部门领用的材料计入销售费用

D. 行政管理部门领用的材料计入管理费用

5. 根据资料（4），下列各项中，甲公司会计处理正确的是(　　)。

A. 应收账款增加6000元

B. 原材料减少15000元

C. 其他应收款增加6000元

D. 管理费用增加15000元

（九）

2016年1月1日，甲企业（增值税一般纳税人）开始自行研发一项专利技术，发生与该项专利技术相关的经济业务活动如下：

（1）1月31日，该项专利技术研究阶段工作结束，共发生研发人员薪酬25万元。本月用银行存款支付其他研发支出，取得增值税专用发票注明的价款为64万元，增值税税额为3.84万元。

（2）2月1日，研发活动进入开发阶段，该阶段领用本企业原材料成本为100万元（不考虑增值税），确认研究人员薪酬130万元，用银行存款支付其他研发支出，取得增值税专用发票注明的价款为18万元，增值税税额为1.08万元。开发阶段的全部支出中有10万元不符合资本化条件。

（3）8月1日，该专利技术达到预定用途，并按法律程序申请获得专利权，以银行存款支付注册登记费2万元。8月5日，交付企业行政管理部门使用。专利权采用直线法按5年进行摊销，预计净残值为零。

（4）2017年1月1日，将专利权经营出租给乙企业，租期为10个月，每月租金为5万元（不考虑增值税），每月摊销额为4万元。

要求：根据上述资料，不考虑其他因素，分析回答下列小题。（答案中的金额单位用万元表示）（2017年改编）

1. 根据资料（1），下列各项中，关于研究阶段研发支出的会计处理正确的是(　　)。

A. 发生其他研发支出时：

借：研发支出—费用化支出　64

　　应交税费—应交增值税（进项税额）　3.84

　贷：银行存款　67.84

B. 确认研发人员薪酬时：

借：研发支出—费用化支出　25

　贷：应付职工薪酬　25

C. 1月末结转研究阶段支出时：

借：管理费用　89

　贷：研发支出—费用化支出　89

D. 1月末结转研究阶段支出时：

借：无形资产　89

　贷：研发支出—费用化支出　89

2. 根据资料（2），下列各项中，关于开发阶段研发支出的会计处理表述正确的是(　　)。

A. 借记“研发支出—资本化支出”科目248万元

B. 借记“研发支出—资本化支出”科目238万元

C. 借记“研发支出—费用化支出”科目248万元

D. 借记“研发支出—费用化支出”科目10万元

3. 根据资料（2）至（3），下列各项中，该企业相关会计处理结果正确的是(　　)。

A. 专利权入账价值为240万元

B. 2016年专利权摊销额为20万元

C. 2016年专利权摊销额为20.83万元

D. 专利权入账价值为250万元

4. 根据资料（4），下列各项中，关于专利权出租会计处理表述正确的是(　　)。

A. 摊销额计入营业外支出

B. 摊销额计入其他业务成本

C. 租金收入计入其他业务收入

D. 租金收入计入营业外收入

5. 根据资料（1）至（4），截至2017年10月末，上述业务对甲企业2016至2017年营业利润的影响合计金额是(　　)万元。

A. −99　　B. −111

C. −109　　D. −117

## 历年经典试题回顾参考答案及解析

“扫码看解析”

使用“微信”或“会计云课堂”App扫右方二维码，对答案、看解析、掌握解题思路，开启轻松过关之旅。

（一）

1. 【答案】D

解析：甲公司购入该交易性金融资产的初始入账金额＝655－25＝630（万元）；初始入账成本按公允价值计量；已到付息期但尚未领取的债券利息计入应收利息；交易费用计入投资收益。

2. 【答案】A

解析：实际收到已到付息期但尚未领取的债券利息时：

借：其他货币资金—存出投资款　25

　贷：应收利息　25

3. 【答案】AB

解析：确认甲公司持有乙公司债券的公允价值变动损益时：

借：交易性金融资产—公允价值变动15

　贷：公允价值变动损益　15

4. 【答案】BC

解析：

借：其他货币资金—存出投资款　676.2

　贷：交易性金融资产—成本　630

　　　　　　　　　—公允价值变动15

　　　投资收益　31.2

借：投资收益　1.2

　贷：应交税费—转让金融商品应交增值税　1.2

5. 【答案】B

解析：该投资对甲公司2019年度利润表“营业利润”项目本期的影响金额＝－7.5（资料1）＋15（资料3）＋31.2－1.2（资料4）＝37.5（万元）。

（二）

1. 【答案】C

解析：设备N的入账价值＝120＋2＝122（万元）。

2. 【答案】ABD

解析：企业当月增加的固定资产，当月不计提折旧，从下月起计提折旧，本题中6月份增加固定资产，7月份开始计提折旧，选项A正确，选项C错误；生产车间所使用的固定资产计提的折旧应计入制造费用，选项B正确；N设备每月计提折旧额＝（122－2）÷10÷12＝1（万元），选项D正确。

3. 【答案】ABC

解析：该企业自行建造厂房的会计处理为：

领用企业自产产品：

借：在建工程　30

　贷：库存商品　30

分配应负担工程人员薪酬：

借：在建工程　40

　贷：应付职工薪酬　40

支付工程费用：

借：在建工程　200

　　应交税费—应交增值税（进项税额）　18

　贷：银行存款　218

工程完工结转固定资产成本：

借：固定资产　270

　贷：在建工程　270

4. 【答案】ABC

解析：设备N毁损转入固定资产清理：

借：固定资产清理　116

　　累计折旧　6

　贷：固定资产　122

支付拆卸费：

借：固定资产清理 1

应交税费—应交增值税（进项税额） 0.09

贷：银行存款 1.09

确认应收保险公司赔款：

借：其他应收款 50

贷：固定资产清理 50

结转净损失：

借：营业外支出 67

贷：固定资产清理 67

5. 【答案】C

**解析**：厂房2019年折旧额＝270÷50÷12×3＝1.35（万元）。

“固定资产”项目应根据“固定资产”科目的期末余额，减去“累计折旧”和“固定资产减值准备”科目的期末余额后的金额，以及“固定资产清理”科目的期末余额填列，上述业务导致年末资产负债表“固定资产”项目期末余额增加的金额＝122（资料1）－122（资料3）＋270（资料2）－1.35（资料2）＝268.65（万元）。

（三）

1. 【答案】BD

**解析**：相关会计分录为：

支付时：

借：研发支出—费用化支出 50000

应交税费—应交增值税（进项税额） 6500

贷：银行存款 56500

期末：

借：管理费用 50000

贷：研发支出—费用化支出 50000

2. 【答案】D

**解析**：甲企业自行研发M非专利技术的入账金额＝500000＋100000＝600000（元）。

3. 【答案】AC

**解析**：相关会计分录为：

收取租金时：

借：银行存款 21200

贷：其他业务收入 20000

应交税费—应交增值税（销项税额） 1200

计提摊销时：

借：其他业务成本 10000

贷：累计摊销 10000（600000/5/12）

4. 【答案】C

**解析**：M非专利技术2019年9月研发结束投入使用，2019年度甲企业M非专利技术累计摊销的金额＝600000/5/12×4＝40000（元）。

5. 【答案】ABD

**解析**：营业收入＝主营业务收入＋其他业务收入，营业成本＝主营业务成本＋其他业务成本，将非专利技术出租，其他业务收入增加20000元，其他业务成本增加10000元，因此营业收入增加20000元，营业成本增加10000元。研发费用应根据“管理费用”科目下的“研发费用”明细科目的发生额以及“管理费用”科目下的“无形资产摊销”明细科目的发生额分析填列＝50000＋600000÷5÷12×3＝80000（元），该非专利技术影响营业利润的金额＝20000－10000－80000＝－70000（元）。

（四）

1. 【答案】A

**解析**：分录如下：

借：应收账款 608600

贷：主营业务收入 500000

应交税费—应交增值税（销项税额） 65000

银行存款 43600

2. 【答案】ABD

**解析**：分录如下：

借：原材料 270000

应交税费—应交增值税（进项税额） 35100

贷：应收票据 300000

银行存款 5100

3. 【答案】D

**解析**：核销坏账分录如下：

借：坏账准备—应收账款　　40000

　贷：应收账款—丙公司　　40000

4. 【答案】BC

**解析**：2019 年 12 月初“坏账准备—应收账款”科目贷方余额为 80000 元，本期确认坏账损失 40000 元，因此，计提坏账准备前“坏账准备—应收账款”科目金额 = 80000 - 40000 = 40000（元），即为贷方余额 40000 元，选项 A 错误，选项 C 正确；本年末应计提的坏账准备的金额 = 102400 -（80000 - 40000）= 62400（元），选项 B 正确，选项 D 错误。

5. 【答案】C

**解析**：资产负债表中，“应收账款”项目应根据“应收账款”科目的期末余额减去相应的坏账准备后的净额进行填列，如“预收账款”科目所属明细科目期末余额为借方余额，也在本项目填列。12 月 31 日甲公司资产负债表“应收账款”项目期末余额应列示的金额 = 800000 + 608600 - 40000 - 102400 = 1266200（元）。

（五）

1. 【答案】BCD

**解析**：运输途中发生的合理损耗计算采购成本时不用扣除，但是计算单位成本时需要将合理损耗的数量扣除，按照实际入库的数量计算，选项 A 不正确。

12 月 10 日购入时：

借：在途物资　　202000

　　应交税费—应交增值税（进项税额）　　26180

　贷：银行存款　　228180

12 月 12 日验收入库时：

借：原材料　　202000

　贷：在途物资　　202000

选项 BCD 正确。

2. 【答案】D

**解析**：该批原材料的采购成本 = 200000 + 2000 = 202000（元），选项 D 正确。

3. 【答案】AB

**解析**：领用时：

借：周转材料—低值易耗品—在用　　9000

　贷：周转材料—低值易耗品—在库　　9000

第 1 次摊销时：

借：管理费用　　3000

　贷：周转材料—低值易耗品—摊销　　3000

选项 AB 正确，选项 CD 不正确。

4. 【答案】ACD

**解析**：发出物资：

借：委托加工物资　　80000

　贷：原材料　　80000

支付加工费：

借：委托加工物资　　15000

　　应交税费—应交增值税（进项税额）　　1950

　贷：银行存款　　16950

发生受托单位代收代缴的消费税（收回后直接对外销售）：

借：委托加工物资　　5000

　贷：银行存款　　5000

5. 【答案】D

**解析**：2019 年 12 月 31 日，该企业资产负债表中“存货”项目“期末余额”栏的列报金额 = 200000（期初资料）+ 202000（资料 1）- 3000（资料 2）+（15000 + 5000）（资料 3）= 419000（元），选项 D 正确。

（六）

1. 【答案】BCD

**解析**：期末，将“研发支出—费用化支出”科目归集金额转入“管理费用”科目，选项 A 错误；研发无形资产，研究阶段的支出全部费用化，计入研发支出—费用化支出的金额是 600000 元，选项 B 正确；开发阶段满足资本化条件的支出，计入研发支出—资本化支出，金额是

300000元，选项D正确；研发项目达到预定用途形成无形资产的，将研发支出—资本化支出的金额转入“无形资产”科目，金额是300000元，选项C正确。

2. 【答案】ABC

**解析**：无形资产，当月增加当月开始摊销，从2019年12月开始摊销，选项A正确，选项D错误；该无形资产是行政部门管理用，摊销额计入管理费用，选项B正确；2019年12月该非专利技术摊销金额=300000/5/12=5000(元)，选项C正确。

3. 【答案】AD

**解析**：购入不需要安装的固定资产，购入时，按照购买的价款和运输费的价款，记入“固定资产”科目的借方，不通过“在建工程”科目核算，选项BC错误，选项AD正确。

4. 【答案】B

**解析**：购入机器设备，增值税可以全额抵扣，购买价款对应的增值税和运费对应的增值税计入应交税费—应交增值税（进项税额），选项B正确，选项ACD错误。

5. 【答案】B

**解析**：固定资产当月增加当月不提折旧，下月开始计提折旧，年末“固定资产”项目的增加金额是803000元；无形资产当月增加当月摊销，所以期末“无形资产”项目的增加金额=300000-5000=295000（元），选项B正确。

（七）

1. 【答案】BD

**解析**：企业应该编制的会计分录为：

借：原材料　　35000

　　应交税费—应交增值税（进项税额）　　4201.6

　贷：应付账款　　39201.6

原材料的单位成本=（32320+2680）/（2020-20）=17.5（元）。

2. 【答案】A

**解析**：企业销售甲材料应编制的会计分录为：

借：应收账款　　2260

　贷：其他业务收入　　2000

　　　应交税费—应交增值税（销项税额）　　260

3. 【答案】BD

**解析**：生产产品耗用材料计入生产成本，选项A错误，选项B正确；生产车间一般耗用原材料计入制造费用，选项C错误，选项D正确。

4. 【答案】CD

**解析**：甲材料的加权平均单位成本=（2000×15+32320+2680）/（2000+2020-20）=16.25（元），选项A错误，选项D正确；20日，销售甲材料100千克，需要结转其他业务成本的金额=100×16.25=1625（元），所以其他业务成本增加1625元，选项B错误，选项C正确。

5. 【答案】ABC

**解析**：本月发出甲材料的成本金额=(100+3000+100)×16.25=52000(元)，期末剩余甲材料的成本=2000×15+32320+2680-52000=13000(元)，选项C正确；期末甲材料的可变现净值为12800元，所以应当计提存货跌价准备的金额=13000-12800=200(元)，选项A正确，选项D错误；所以12月末列入“存货”项目的“原材料”的金额为12800元，选项B正确。

（八）

1. 【答案】ACD

**解析**：用银行汇票购买材料时：

借：原材料　　203000

　　应交税费—应交增值税（进项税额）　　26000

　贷：其他货币资金　　229000

2. 【答案】ABC

**解析**：10日接受投入M材料时：

借：原材料　　600000

　　应交税费—应交增值税（进项税额）　　78000

　贷：实收资本　　580000

　　　资本公积—资本溢价　　98000

3. 【答案】B

解析：甲公司采用月末一次加权平均法核算，月末发出 M 材料的平均单价 = (500 × 200 + 203000 + 600000) / (500 + 800+3000) = 210（元）。

4. 【答案】ABCD

解析：31 日，核算发出材料成本时：

借：生产成本　　336000（1600×210）
　　制造费用　　63000（300×210）
　　管理费用　　42000（200×210）
　　销售费用　　21000（100×210）
　贷：原材料　　462000（2200×210）

5. 【答案】BC

解析：31 日，盘亏 M 材料时：

借：待处理财产损溢　　16950
　贷：原材料　　15000
　　　应交税费—应交增值税（进项税额转出）　　1950

报经批准处理后：

借：管理费用　　10950
　　其他应收款　　6000
　贷：待处理财产损溢　　16950

（九）

1. 【答案】ABC

解析：根据资料（1）：

借：研发支出—费用化支出　　89
　　应交税费—应交增值税（进项税额）　　3.84
　贷：应付职工薪酬　　25
　　　银行存款　　67.84
借：管理费用　　89
　贷：研发支出—费用化支出　　89

2. 【答案】BD

解析：开发阶段中应当资本化的金额 = 100+130+18−10 = 238（万元），开发阶段中应当费用化的金额为 10 万元。

3. 【答案】AB

解析：无形资产开发阶段符合资本化条件的支出为 238 万元，注册登记费为 2 万元，所以无形资产的入账价值 = 238+2 = 240（万元）。因为该无形资产在 2016 年 8 月 1 日达到预定用途，所以 2016 年共摊销 5 个月，2016 年摊销的金额 = 240/5/12×5 = 20（万元）。

4. 【答案】BC

解析：无形资产出租取得的租金收入计入其他业务收入，其摊销额相应的计入其他业务成本。

5. 【答案】C

解析：上述业务对甲企业 2016 至 2017 年营业利润的影响合计金额 = −（25 + 64）（资料 1）−10（资料 2）−20（资料 3）+ 5 × 10（资料 4）− 4 × 10（资料 4）= −109（万元）。



## 同步强化练习题

### 一、单项选择题

1. 下列项目中，不属于货币资金的是(　　)。

A. 债权人持有的商业汇票

B. 银行存款

C. 其他货币资金

D. 库存现金

2. 下列各项中，关于现金清查结果的会计处理表述不正确的是(　　)。

A. 应支付给有关人员的现金溢余，计入其他应付款

B. 应由责任人赔偿的现金短缺，计入其他应收款

C. 无法查明原因的现金溢余，按管理权限报经批准后计入营业外收入

D. 无法查明原因的现金短缺，按管理权限报经批准后计入营业外支出

3. 下列各项中，关于银行存款业务的表述中正确的是(　　)。

A. 企业单位信用卡存款账户可以交存现金

B. 企业信用证保证金存款余额不可以转回其开户行结算存款

C. 企业银行汇票存款的收款人不得将其收到的银行汇票背书转让

D. 企业外埠存款除采购人员可从中提取少量现金外，一律采用转账结算

4. 某企业为增值税一般纳税人，2021 年 10 月该企业使用信用卡购买一批办公用品，取得增值税专用发票上注明价款 1000 元，增值税税额 130 元。不考虑其他因素，下列关于购买办公用品应记入的相关科目的表述正确的是(　　)。

A. 借记“管理费用”科目 1130 元

B. 借记“材料采购”科目 1130 元

C. 贷记“其他货币资金”科目 1130 元

D. 贷记“银行存款”科目 1130 元

5. 下列各项中，不会引起其他货币资金发生变动的是(　　)。

A. 企业销售商品收到商业汇票

B. 企业用银行本票购买办公用品

C. 企业将款项汇往外地开立采购专用账户

D. 企业为购买基金将资金存入在证券公司指定银行开立的投资款专户

6. 企业将款项汇往异地银行开立采购专户，应当编制的会计分录为(　　)。

A. 借记“应收账款”科目，贷记“银行存款”科目

B. 借记“其他货币资金”科目，贷记“银行存款”科目

C. 借记“其他应收款”科目，贷记“银行存款”科目

D. 借记“材料采购”科目，贷记“其他货币资金”科目

7. 某企业采用托收承付结算方式销售一批商品，增值税专用发票注明的价款为 1000 万元，增值税税额为 130 万元，销售商品为客户代垫运输费 5 万元，全部款项已办妥托收手续。不考虑其他因素，该企业应确认的应收账款为(　　)万元。

A. 1000　　B. 1005

C. 1130　　D. 1135

8. 下列应收、暂付款项中，不通过“其他应收款”科目核算的是(　　)。

A. 应收保险公司的赔款

B. 应向购货方收取的代垫运杂费

C. 应向职工收取的各种垫付款项

D. 应收出租包装物的租金

9. 下列各项中，应在“预付账款”科目贷方核算的是(　　)。

A. 收回多预付款项

B. 预付购入设备的款项

C. 收到购货款

D. 发出商品

10. 2021 年 12 月 1 日，某公司“坏账准备—应收账款”科目贷方余额为 1 万元。12 月 16 日，收回已作坏账转销的应收账款 2 万元。12 月 31 日，应收账款账面余额为 120 万元。经评估，应收账款的账面价值为 110 万元，不考虑其他因素，12 月 31 日该公司应计提的坏账准备金额为(　　)万元。

A. 10　　B. 8

C. 7　　D. 9

11. 关于交易性金融资产的计量，下列说法中正确的是(　　)。

A. 取得交易性金融资产时，要按取得时的公允价值和相关交易费用之和作为初始确认金额

B. 应当按取得交易性金融资产的公允价值作为初始确认金额，相关交易费用发生时计入投资收益

C. 资产负债表日，交易性金融资产的公允价值变动计入当期所有者权益

D. 处置交易性金融资产时，其公允价值与初始入账金额之间的差额应确认为所有者权益，不调整公允价值变动损益

12. 甲公司从证券市场购入股票 20000 股，每股 10 元，其中包含已宣告但尚未发放的现金股利 0.6 元/股，另支付交易费用 1000 元。甲公司将该股票划分为交易性金融资产，则其初始入账价值为(　　)元。

A. 201000　　B. 200000

C. 188000　　D. 189000

13. A 公司 2020 年 12 月 10 日购入 B 公司 15 万股股票作为交易性金融资产，每股价格 6 元。2020 年 12 月 31 日该股票的市价为每股 7 元，2021 年 3 月 1 日 B 公司宣告发放现金股利 3 万元，3 月 15 日 A 公司收到 B 公司分派的现金股利 3 万元。2021 年 6 月 30 日该股票的市价为每股 6.5 元，则 A 公司至 2021 年 6 月 30 日累计确认的投资收益为(　　)万元。

A. 10.5　　B. 7.5

C. 3　　D. 0

14. A 公司 2021 年 6 月 2 日从证券交易市场中购入 B 公司发行在外的普通股股票 1000 万股作为交易性金融资产核算，每股支付购买价款 5 元，另支付相关交易费用 1 万元，2021 年 6 月 30 日，该股票的公允价值为 5.2 元/股。不考虑其他因素，则该项金融资产对营业利润的影响金额为(　　)万元。

A. 200　　B. 199

C. 0　　D. 201

15. 某公司 2021 年 3 月 15 日购入 M 公司发行在外的普通股股票作为交易性金融资产核算。购买时支付价款 1200 万元（其中包括已宣告但尚未发放的现金股利 100 万元，交易费用 20 万元），至 2021 年 6 月 30 日，该股票的公允价值为 1200 万元。2021 年 8 月 19 日该公司将持有的 M 公司的股票全部出售，收取价款为 1210 万元，不考虑增值税等相关因素，则在处置时应当确认的投资收益为(　　)万元。

A. 10　　B. 130

C. 80　　D. 30

16. 甲公司 2020 年 1 月 1 日，购入面值为 2000 万元，年利率为 4% 的 A 债券，取得时的价款是 2080 万元（含已到付息期但尚未领取的利息 80 万元），另外支付交易费用 1 万元。甲公司将该项金融资产划分为交易性金融资产。2020 年 1 月 5 日，收到购买时价款中所含的利息 80 万元；2020 年 12 月 31 日，A 债券的公允价值为 2120 万元；2021 年 1 月 5 日，收到 A 债券 2020 年度的利息 80 万元；2021 年 4 月 20 日甲公司出售 A 债券，售价为 2160 万元。甲公司出售 A 债券时确认投资收益的金额为(　　)万元。

A. 40　　B. 120

C. 160　　D. 80

17. 下列各项与存货相关的费用中，不应计入存货成本的是(　　)。

A. 材料采购过程中支付的保险费

B. 材料入库后发生的储存费用

C. 材料入库前发生的挑选整理费

D. 材料采购过程中发生的装卸费用

18. 某小规模纳税企业购入原材料取得的增值税专用发票上注明货款 100 万元，增值税 13 万元，在购入材料的过程中另支付运杂费 2 万元。则该企业原材料的入账价值为(　　)万元。

A. 115　　B. 113

C. 102　　D. 100

19. 某企业因台风造成原材料毁损一批，该批原材料取得时的成本为 20 万元，负担的增值税为 2.6 万元，该批原材料的计税价格为 22 万元。取得保险公司的赔款

为10万元。则此项业务下列表述正确的是(　　)。

A. 应确认应交税费—应交增值税（销项税额）2.86万元

B. 应计入待处理财产损溢22.86万元

C. 应计入营业外支出10万元

D. 应确认应交税费—应交增值税（进项税额转出）2.6万元

20. 某企业为增值税小规模纳税人，本月购入甲材料2060千克，每千克单价50元（含增值税），另外支付运杂费3500元，运输途中发生合理损耗60千克，入库前发生挑选整理费用620元。该批材料入库的实际单位成本为(　　)元。

A. 50　　B. 51.81

C. 52　　D. 53.56

21. 某商品流通企业（一般纳税人）采购甲商品2000件，每件进价6万元，取得的增值税专用发票上注明的增值税为1560万元，另支付采购费用20万元。该企业采购的该批甲商品的单位成本为(　　)万元。

A. 6.01　　B. 6

C. 6.78　　D. 6.79

22. 下列各项中，不会引起企业期末存货账面价值发生变动的是(　　)。

A. 已确认销售收入但尚未发出商品

B. 结转完工入库产品成本

C. 已收到材料但尚未收到发票账单

D. 已收到发票账单并付款但尚未收到材料

23. 某企业采用先进先出法计算发出材料的成本。2021年3月1日结存A材料100吨，每吨实际成本为400元；4月4日和5月17日分别购进A材料300吨和400吨，每吨实际成本分别为350元和420元；4月10日和5月27日分别发出200吨A材料。A材料5月末账面余额为(　　)元。

A. 30000　　B. 25601

C. 178000　　D. 168000

24. 某企业采用月末一次加权平均法计算发出原材料的成本。2021年9月1日，甲材料结存300千克，每千克实际成本为15元；9月10日购入甲材料450千克，每千克实际成本为20元；9月25日发出甲材料600千克。9月发出甲材料成本为(　　)元。

A. 10800　　B. 15000

C. 12000　　D. 10600

25. 随同产品出售单独计价的包装物，应于发出时按其实际成本计入(　　)。

A. 其他业务成本

B. 销售费用

C. 管理费用

D. 其他应收款

26. 出租包装物，应将其摊销额计入(　　)。

A. 其他业务成本

B. 管理费用

C. 销售费用

D. 主营业务成本

27. 下列各项中，关于“材料成本差异”科目的表述正确的是(　　)。

A. 期末贷方余额反映库存材料的超支差异

B. 期末余额应在资产负债表中单独列示

C. 期末贷方余额反映库存材料的节约差异

D. 借方登记入库材料的节约差异

28. 企业销售产品领用不单独计价的包装物一批，其计划成本为10000元，材料成本差异率为3%。对于该项业务，下列处理中正确的是(　　)。

A. 应计入其他业务成本的金额为10300元

B. 应计入其他业务成本的金额为10000元

C. 应计入销售费用的金额为10000元

D. 应计入销售费用的金额为10300元

29. A公司与B公司均为增值税一般纳税人，A公司委托B公司加工一批材料（属于应税消费品），收回后继续用于生产应税消费品，A公司发出原材料实际成本为100万元。加工完成后，A公司支付加工费20万元（不含增值税），并取得增值税专用发票，增值税税率为13%，消费税税率为10%。不考虑其他因素，A公司收回该批委托加工物资的入账价值为(　　)万元。

A. 116.85　　B. 136.33

C. 120　　D. 139.73

30. 某商品流通企业采用毛利率法计算发出存货成本。该企业2021年4月份实际毛利率为20%，本年度5月1日的存货成本为3000万元，5月份购入存货成本为2500万元，销售收入为3000万元，销售退回为500万元。该企业5月末存货成本为(　　)万元。

A. 1300　　B. 1900

C. 2110　　D. 3500

31. 某商场库存商品采用售价金额核算法进行核算。2021年5月初，库存商品的进价成本为34万元，售价总额为45万元。当月购进商品的进价成本为126万元，售价总额为155万元。当月销售收入为130万元。月末结存商品的实际成本为(　　)万元。

A. 30　　B. 56

C. 104　　D. 130

32. 下列关于原材料损失的说法中，应计入营业外支出的是(　　)。

A. 计量差错引起的原材料盘亏净损失

B. 应由责任人赔偿的原材料损失

C. 原材料运输途中发生的合理损耗

D. 自然灾害造成的原材料毁损净损失

33. 存货采用先进先出法计价，在物价持续上涨的情况下，将会使企业的(　　)。

A. 期末存货价值升高，当期利润减少

B. 期末存货价值升高，当期利润增加

C. 期末存货价值降低，当期利润增加

D. 期末存货价值降低，当期利润减少

34. 某企业原材料采用实际成本核算，2021年6月29日该企业对存货进行全面清查。发现短缺原材料一批，账面成本12000元，已计提存货跌价准备2000元。经确认，应由保险公司赔款4000元，由过失人员赔款3000元，假定不考虑其他因素，该项存货清查业务应确认的净损失为(　　)元。

A. 3000　　B. 5000

C. 6000　　D. 8000

35. 下列关于存货跌价准备的表述正确的是(　　)。

A. 存货跌价准备一经计提在存货持有期间不得转回

B. 转回存货跌价准备会减少存货的账面价值

C. 存货的成本高于其可变现净值的差额为当期需要计提的存货跌价准备金额

D. 企业出售存货时要将对应的存货跌价准备一并结转

36. 甲公司为一家制造型企业，为增值税一般纳税人。2021年5月10日，为降低采购成本，向乙公司一次性购入三套不同型号且有不同生产能力的设备A、B、C。甲公司以银行存款支付货款1900万元，增值税税额为247万元，保险费20万元。A设备在安装过程中领用账面价值为10万元的生产用原材料，支付安装工人工资为8万元。A设备于2021年12月21日达到预定可使用状态。假定A、B、C设备均满足固定资产定义及确认条件，公允价值分别为750万元、600万元、650万元。不考虑其他因素，则A设备的入账价值为(　　)万元。

A. 600　　B. 738

C. 658　　D. 750

37. 2021年4月9日甲公司（增值税一般纳税人）外购不需安装的生产用设备一台，取得增值税专用发票上注明的价款为120万元，增值税税额为15.6万元，取得增值税专用发票注明保险费1万元，增值税税额为0.06万元，取得运输增值税专用发票注明的运费为6万元，增值税税额为 0.54 万元。则甲公司购入该固定资产的入账价值为(　　)万元。

A. 127　　B. 126

C. 142.6　　D. 142.66

38. 甲公司为增值税一般纳税人，2021 年 8 月 1 日，甲公司购入一台需要安装的生产用设备，取得的增值税专用发票上注明的设备买价为 40000 元，增值税税额为 5200 元，支付的运输费为 1200 元，增值税税额为 108 元，已取得增值税专用发票。设备安装时领用原材料价值 1000 元（不含税），购进该批原材料的增值税进项税额为 130 元，设备安装时支付有关人员工资薪酬 2000 元。该固定资产的入账成本为(　　)元。

A. 44200　　B. 42200

C. 41200　　D. 41308

39. 甲公司为增值税一般纳税人，自行建造某项生产用大型设备，建造过程中发生外购设备和材料成本共 100 万元，增值税税额共 13 万元，已取得增值税专用发票，外购设备和材料已全部投入使用，人工成本 80 万元，符合资本化条件的借款费用 5 万元，安装费用 10 万元，为达到正常运转发生测试费 2 万元，外聘专业人员服务费 1 万元，员工培训费 0.5 万元。甲公司建造该设备的成本为(　　)万元。

A. 198.5　　B. 211.5

C. 198　　D. 211

40. 下列各项中，不会导致固定资产账面价值发生增减变动的是(　　)。

A. 盘盈固定资产

B. 短期租入设备

C. 以固定资产对外投资

D. 计提固定资产减值准备

41. 2020 年 12 月 31 日，甲公司购入一台设备并投入使用，其成本为 25 万元，预计使用年限 5 年，预计净残值 1 万元，采用双倍余额递减法计提折旧。假定不考虑其他因素，2021 年度该设备应计提的折旧为(　　)万元。

A. 4.8　　B. 8

C. 9.6　　D. 10

42. 某企业对其拥有的一台大型设备进行更新改造。该设备原价为 1000 万元，已计提折旧 500 万元，更新改造过程中发生满足固定资产确认条件的支出为 700 万元，被替换部分账面价值为 100 万元，不考虑其他因素，该设备更新改造后的入账价值为(　　)万元。

A. 1100　　B. 1200

C. 1600　　D. 1700

43. 某企业 2020 年 12 月 31 日购入一台设备，入账价值为 200 万元，预计使用寿命为 10 年，预计净残值为 20 万元，采用年限平均法计提折旧。2021 年 12 月 31 日该设备存在减值迹象，经测试预计可收回金额为 120 万元。2021 年 12 月 31 日该设备账面价值应为(　　)万元。

A. 120　　B. 160

C. 180　　D. 182

44. 某企业 2021 年 7 月一台固定资产被盗，该固定资产原值 120 万元，已提折旧 12 万元，经过调查，该损失属于企业保管不善造成的，保险公司赔偿金为 20 万元。不考虑相关税费，则报经批准后应计入(　　)。

A. 管理费用 88 万元

B. 营业外支出 88 万元

C. 资产减值损失 88 万元

D. 其他应收款 88 万元

45. 某企业转让一台旧设备，取得价款 56 万元，发生清理费用 2 万元。该设备原值为 60 万元，已提折旧 10 万元。假定不考虑其他因素，出售该设备影响当期损益的金额为(　　)万元。

A. 4　　B. 6

C. 54　　D. 56

46. 2021 年 3 月 31 日，甲公司采用出包方式对某固定资产进行改良，该固定资产账面原值为 1800 万元，预计使用年限为 5

年，截至2021年3月31日已使用3年，预计净残值为零，采用年限平均法计提折旧。改良过程中，甲公司支付出包工程款48万元（不考虑增值税）。2021年8月31日，改良工程达到预定可使用状态并投入使用，预计尚可使用4年，预计净残值为零，仍采用年限平均法计提折旧。2021年度该固定资产应计提的折旧额为(　　)万元。

A. 154　　B. 90

C. 64　　D. 192

47. 某企业自行研发一项非专利技术累计支出680万元，其中280万元属于开发阶段符合资本化条件的支出，240万元属于研究阶段的支出，160万元属于无法可靠区分研究阶段和开发阶段的支出。该技术研发完成并形成一项非专利技术。不考虑其他因素，该非专利技术的入账价值为(　　)万元。

A. 520　　B. 680

C. 280　　D. 440

48. 甲公司出售一项商标权，取得不含税价款为500万元，适用增值税税率为6%。该商标权取得时实际成本为350万元，已摊销70万元，已计提减值准备20万元。不考虑其他因素，甲公司出售该项商标权应计入当期损益的金额为(　　)万元。

A. -100　　B. 240

C. 160　　D. 155

49. 将一项自行研发的非专利技术对外转让，转让净损益应计入(　　)。

A. 资本公积

B. 营业外收入

C. 其他业务收入

D. 资产处置损益

50. A公司和B公司均为增值税一般纳税人，2021年1月4日，A公司与B公司签订商标销售合同，将一项酒类商标权出售，A公司开出的增值税专用发票上注明的价款为100万元，增值税税额为6万元，款项已经存入银行。该商标的账面余额为120万元，已累计摊销金额为40万元，未计提减值准备，不考虑其他因素。A公司出售该商标权计入资产处置损益的金额为(　　)万元。

A. 26　　B. 100

C. 20　　D. 80

## 二、多项选择题

1. 下列各项中，符合资产定义的有(　　)。

A. 约定未来购入的商品

B. 在产品

C. 受托代销商品

D. 委托加工物资

2. 企业现金清查中发现现金短缺，在进行账务处理时可能会涉及到的会计科目有(　　)。

A. 待处理财产损溢

B. 管理费用

C. 其他应收款

D. 营业外支出

3. 下列各项中，应通过“其他货币资金”科目核算的有(　　)。

A. 银行汇票存款

B. 信用卡存款

C. 外埠存款

D. 存出投资款

4. 下列各项中，会引起应收账款账面余额发生增减变动的有(　　)。

A. 计提坏账准备

B. 收回应收账款

C. 转销坏账准备

D. 已转销的坏账又收回

5. 关于“预付账款”账户，下列说法正确的有(　　)。

A. “预付账款”属于负债性质的账户

B. 预付款项情况不多的企业，可以不单独设置“预付账款”账户，将预付的货款记入“应付账款”账户的借方

C. “预付账款”账户贷方余额反映的是应付供应单位的款项

D. “预付账款”账户核算企业因销售业务产生的往来款项

6. 下列会计处理中，应记入“坏账准备”科目贷方的有(　　)。

A. 首次按“应收账款”账户期末余额计算坏账准备

B. 收回已确认并转销的坏账

C. 期末“坏账准备”账户余额在贷方，且大于计提前坏账准备余额

D. 冲销多计提的坏账准备

7. 按现行准则规定，通过“应收票据”和“应付票据”账户核算的票据包括(　　)。

A. 银行承兑汇票

B. 信用证保证金存款

C. 银行本票存款

D. 商业承兑汇票

8. 下列各项中，关于交易性金融资产的会计处理表述正确的有(　　)。

A. 持有期间发生的公允价值变动计入公允价值变动损益

B. 持有期间被投资单位宣告发放的现金股利计入投资收益

C. 取得时支付的价款中包含的应收股利计入初始成本

D. 取得时支付的相关交易费用计入投资收益

9. 下列各项中，会引起交易性金融资产账面价值发生变化的有(　　)。

A. 期末交易性金融资产账面价值与公允价值不同

B. 出售部分交易性金融资产

C. 确认作为交易性金融资产核算的债券的利息

D. 被投资单位宣告分配现金股利

10. 企业持有交易性金融资产时，对于持有的分期付息到期还本的债券投资，在计息日企业进行相关账务处理会涉及到的会计科目有(　　)。

A. 投资收益

B. 营业外收入

C. 公允价值变动损益

D. 应收利息

11. 下列项目中，构成一般纳税人存货采购成本的有(　　)。

A. 购买商品时支付的保险费

B. 运输途中的合理损耗

C. 入库前的挑选整理费

D. 购入存货支付的取得增值税专用发票的增值税

12. 下列项目中，属于存货加工成本的有(　　)。

A. 直接人工

B. 按照一定方法分配的制造费用

C. 管理费用

D. 入库前的挑选整理费

13. 某企业为增值税一般纳税人，委托其他单位加工应税消费品，该产品收回后继续加工应税消费品，下列各项中，应计入委托加工物资成本的有(　　)。

A. 发出材料的实际成本

B. 支付给受托方的加工费

C. 支付给受托方的增值税

D. 受托方代收代缴的消费税

14. 一般纳税人委托其他单位加工材料收回后直接对外销售的，其发生的下列支出中，应计入委托加工物资成本的有(　　)。

A. 加工费

B. 支付的取得专用发票的增值税税额

C. 由委托方承担的往返运杂费

D. 受托方代收代缴的消费税

15. 小规模纳税人委托其他单位加工材料收回后用于连续生产应税消费品的，其发生的下列支出中，应计入委托加工物资成本的有(　　)。

A. 加工费

B. 支付的增值税税额

C. 发出材料的实际成本

D. 受托方代收代缴的消费税

16. “材料成本差异”账户借方登记(　　)。

A. 购进材料实际成本小于计划成本的差额

B. 发出材料应负担的超支差异
C. 发出材料应负担的节约差异
D. 购进材料实际成本大于计划成本的差额

17. 下列各项中，企业盘亏的库存商品按管理权限报经批准后，正确的会计处理有(　　)。
A. 应由保险公司和过失人承担的赔款，记入“其他应收款”科目
B. 入库的残料价值，记入“原材料”科目
C. 盘亏库存商品的净损失中，属于一般经营损失的部分，记入“管理费用”科目
D. 盘亏库存商品的净损失中，属于非常损失的部分，记入“营业外支出”科目

18. 下列会计处理中，正确的有(　　)。
A. 由于管理不善造成的存货净损失计入存货成本
B. 自然灾害原因造成的存货净损失计入营业外支出
C. 购入存货运输途中发生的合理损耗应计入管理费用
D. 为特定客户设计产品发生的可直接确定的设计费用计入相关产品成本

19. 下列关于存货减值的说法中，正确的有(　　)。
A. 资产负债表日，存货应当按照成本与可变现净值孰低计量
B. 当存货成本高于可变现净值时，企业应当计提存货跌价准备
C. 存货跌价准备科目的期末余额一般在借方，反映企业已计提但尚未转销的存货跌价准备
D. 企业计提的存货跌价准备在持有期间不可以进行转回

20. 下列与存货相关会计处理的表述中，正确的有(　　)。
A. 应收保险公司存货损失赔偿款计入其他应收款
B. 存货成本包括采购成本、加工成本和其他成本
C. 按管理权限报经批准的盘盈存货价值冲减管理费用
D. 结转商品销售成本的同时转销其已计提的存货跌价准备

21. 关于固定资产，下列说法中正确的有(　　)。
A. 购置的不需要安装的固定资产，按实际支付的买价、包装费、运输费、安装成本、交纳的有关税金（不含增值税）等，作为入账价值
B. 自行建造的固定资产，按建造该项资产达到预定可使用状态前所发生的必要支出，作为入账价值
C. 投资者投入的固定资产，按投资方原账面价值作为入账价值
D. 固定资产减值准备可以转回，但转回的金额不应超过原已计提的固定资产减值准备

22. 下列需记入“在建工程”科目的有(　　)。
A. 不需安装的固定资产
B. 需要安装的固定资产
C. 固定资产的改扩建
D. 应计入固定资产账面价值以外的后续支出

23. 下列各项中，关于固定资产计提折旧的表述错误的有(　　)。
A. 承租方短期租入的房屋应计提折旧
B. 提前报废的固定资产应补提折旧
C. 已提足折旧继续使用的房屋应计提折旧
D. 暂时闲置的库房应计提折旧

24. 下列固定资产中，应计提折旧的有(　　)。
A. 已达到预定可使用状态但尚未办理竣工决算的固定资产
B. 提前报废的固定资产
C. 未使用的机器设备
D. 按规定单独估价作为固定资产入账的土地

25. 下列项目中，应计入固定资产入账价值的有(　　)。

A. 固定资产购入时发生的运杂费

B. 固定资产安装过程中发生的各种材料、工资等费用

C. 固定资产日常修理期间发生的修理费

D. 固定资产改良过程中发生的材料费

26. “固定资产清理”科目贷方登记的项目有(　　)。

A. 转入清理的固定资产的账面价值

B. 变价收入

C. 结转的清理净收益

D. 结转的清理净损失

27. 关于无形资产的内容，下列说法中正确的有(　　)。

A. 无形资产是指企业拥有或控制的没有实物形态的不可辨认非货币性资产

B. 合并中产生的商誉作为无形资产核算

C. 合并中产生的商誉不作为无形资产核算

D. 商标权属于无形资产

28. 下列各项中，企业计提无形资产摊销的会计处理表述正确的有(　　)。

A. 出租的无形资产，其摊销额计入其他业务成本

B. 生产产品使用的无形资产，其摊销额计入相关资产成本

C. 行政管理部门使用的无形资产，其摊销额计入管理费用

D. 财务部门使用的无形资产，其摊销额计入财务费用

29. 下列关于无形资产会计处理的表述中，不正确的有(　　)。

A. 无形资产均应确定预计使用年限并分期摊销

B. 以出让方式取得的自用土地使用权应确认为无形资产

C. 内部研发项目开发阶段的支出应全部确认为无形资产

D. 商誉应确认为无形资产

30. 下列有关无形资产会计处理的表述中，正确的有(　　)。

A. 出售无形资产时应将取得价款扣除账面价值及相关税费后的差额计入资产处置损益

B. 不能为企业带来经济利益的无形资产的账面价值，应该全部转入当期的营业外支出

C. 企业自用的、使用寿命确定的无形资产的摊销金额，应该全部计入当期管理费用

D. 外购的使用寿命有限的无形资产应当在取得当月起开始摊销

31. 下列各项关于无形资产会计处理的表述中，正确的有(　　)。

A. 无形资产摊销方法应反映其所含经济利益的预期实现方式

B. 计提的无形资产减值准备在该资产价值恢复时应予转回

C. 使用寿命不确定的无形资产账面价值均应按10年平均摊销

D. 以支付土地出让金方式取得的自用土地使用权应单独确认为无形资产

32. 甲公司2021年1月1日开始自行研究开发某管理用无形资产，其中，研究阶段发生职工薪酬30万元、计提专用设备折旧40万元；进入开发阶段后，符合资本化条件前发生职工薪酬30万元、计提专用设备折旧30万元，符合资本化条件后发生职工薪酬100万元、计提专用设备折旧200万元。2021年12月1日，该无形资产研发成功并达到预定用途，预计使用年限为10年，采用直线法摊销，不考虑净残值等其他因素。甲公司2021年对上述业务进行的下列会计处理中，正确的有(　　)。

A. 研发阶段确认的管理费用为130万元

B. 无形资产达到预定用途确认的成本为300万元

C. 影响2021年管理费用的金额为132.5万元

D. 2021年年末无形资产的账面价值为272.5万元

33. 关于无形资产处置，下列说法中正确的有(　　)。

A. 企业出售无形资产，应当将取得的价款与该无形资产账面价值及相关税费的差额计入当期损益

B. 企业出售无形资产，应当将取得的价款与该无形资产账面净值及相关税费的差额计入当期损益

C. 无形资产预期不能为企业带来经济利益的，应当将该无形资产的账面价值予以转销

D. 无形资产预期不能为企业带来经济利益的，也应按原预定方法和使用寿命摊销

## 三、判断题

1. “库存现金”科目借方登记企业库存现金的减少，贷方登记企业库存现金的增加，期末贷方余额反映期末企业实际持有的库存现金的金额。（ ）
2. “银行存款日记账”应定期与“银行对账单”核对，至少每年核对一次。（ ）
3. 企业采购商品或接受服务采用银行汇票结算时，应通过“应付票据”科目核算。（ ）
4. 属于无法查明原因的现金短缺，应计入营业外支出。（ ）
5. 属于无法查明原因的现金溢余，应计入营业外收入。（ ）
6. 应收账款附有现金折扣条件的，应按照扣除现金折扣前的应收账款总额入账。（ ）
7. “坏账准备”账户期末余额在贷方，在资产负债表上列示时，应列示于“坏账准备”项目中。（ ）
8. 已确认为坏账的应收账款，并不意味着企业放弃了其追索权，一旦重新收回，应及时入账。（ ）
9. 企业计提坏账准备时，按照应计提的金额，借记“信用减值损失”科目。（ ）
10. 企业持有交易性金融资产期间，如果公允价值上升，应借记“投资收益”科目，贷记“公允价值变动损益”科目。（ ）
11. 企业采用计划成本进行材料日常核算时，月末分摊发出材料成本差异时，超支差异记入“材料成本差异”科目的借方，节约差异记入“材料成本差异”科目的贷方。（ ）
12. 购入材料在运输途中发生的合理损耗应从材料成本中扣除。（ ）
13. 属于因自然灾害造成的存货毁损，应按该存货的实际成本计入营业外支出。（ ）
14. 不能归属于使存货达到目前场所和状态的其他支出，应在发生时计入存货成本。（ ）
15. 低值易耗品应按照使用次数分次计入成本费用，金额较小的，也可以在领用时一次计入成本费用。（ ）
16. 企业委托外单位加工材料时发生的加工费、消费税、运杂费等都应该计入委托加工物资的成本。（ ）
17. 商品批发企业一般采用售价金额核算法核算库存商品成本。（ ）
18. 如果企业的商品进销差价率各期之间比较均衡，也可以采用上期商品进销差价率分摊本期的商品进销差价，年度终了，应对商品进销差价进行核实调整。（ ）
19. 企业发生存货盘盈，按照管理权限报经批准后，记入“营业外收入”科目。（ ）
20. 企业采用月末一次加权平均法计量发出材料的成本，在本月有材料入库的情况下，当物价上涨时，当月月初发出材料的单位成本小于月末发出材料的单位成本。（ ）
21. 企业计提存货跌价准备，会影响资产负债表中“存货”项目的金额。（ ）
22. 企业管理部门以经营租出方式将一台固定资产出租给另一企业使用，该固定资产的所有权尚未转移。企业对该固定资产仍应计提折旧，计提折旧时应记入

"其他业务成本"科目。（　）

23. 固定资产更新改造期间发生的资本化的后续支出应通过"在建工程"科目进行核算。（　）

24. 生产车间用的固定资产发生的不符合固定资产后续支出资本化条件的日常修理费用，记入"制造费用"科目。（　）

25. 已达到预定可使用状态但尚未办理竣工决算的固定资产，应当按照估计价值确定其成本，并计提折旧；待办理竣工决算后，再按实际成本调整原来的暂估价值，并调整原已计提的折旧额。（　）

26. 固定资产预计使用寿命发生改变时，应同时改变固定资产折旧方法。（　）

27. 固定资产使用寿命、预计净残值和折旧方法的改变应当作为会计政策变更。（　）

28. 企业至少应当于每年年度终了对固定资产的使用寿命、预计净残值和折旧方法进行复核，使用寿命预计数与原先估计数有差异的应当调整固定资产使用寿命。（　）

29. 固定资产减值因素消失时，已计提的减值损失在以后会计期间可以转回。（　）

30. 固定资产盘亏时应按照固定资产的账面价值转入"固定资产清理"科目。（　）

31. 固定资产折旧方法的选择只影响资产负债表中资产总额，并不会影响利润表中的净利润。（　）

32. 企业出售的无形资产，应将取得的价款确认为收入；同时，将无形资产的账面价值确认为费用。（　）

33. 企业使用寿命确定的无形资产应自可供使用（即其达到预定用途）下月起开始摊销，处置当月照常摊销。（　）

34. 外购的无形资产，其成本包括购买价款、相关税费以及直接归属于使该项资产达到预定用途所发生的其他支出，也包括为运行无形资产发生的培训费支出。（　）

35. 企业选择的无形资产摊销方法，应当反映与该项无形资产有关的经济利益的预期实现方式。无法可靠确定预期实现方式的，应当采用直线法摊销。（　）

36. 以租赁方式租入的使用权资产发生的改良支出，应计入在建工程。（　）

## 四、不定项选择题

（一）

甲公司2020年和2021年有关交易性金融资产业务如下：

（1）2020年11月1日，甲公司从上海证券交易所购入A上市公司股票200万股，支付价款2000万元（其中包含已宣告但尚未发放的现金股利80万元），另支付相关交易费用2万元（不含增值税），取得的增值税专用发票上注明的增值税税额为0.12万元。甲公司将其划分为交易性金融资产进行管理和核算。

（2）2020年11月20日，甲公司收到A上市公司向其发放的现金股利80万元。

（3）2020年12月31日，甲公司持有A上市公司股票的公允价值为1950万元。不考虑相关税费和其他因素。

（4）2021年3月10日，A上市公司宣告发放2020年现金股利，甲公司按其持有该上市公司股份计算确定的应分得的现金股利为100万元，假定不考虑相关税费。

（5）2020年11月1日，甲公司购入B公司发行的公司债券，支付价款5200万元（其中包含已到付息期但尚未领取的债券利息100万元），另支付交易费用60万元（不含增值税），取得的增值税专用发票上注明的增值税税额为3.6万元。该债券面值为5000万元。甲公司将其划分为交易性金融资产进行管理和核算。2020年11月10日，甲公司收到该笔债券利息100万元。假定不考虑其他相关税费等因素。2020年12月31日，甲公司购买的B

公司债券的公允价值为5160万元。

(6) 2021年3月15日，甲公司出售了所持有的全部B公司债券，售价为6000万元。并按照6%的适用税率交纳了增值税。

要求：根据上述资料，不考虑其他因素，分析回答下列小题。(答案中的金额单位用万元表示，计算结果保留小数点后两位)

1. 根据资料（1），下列各项中，甲公司会计处理正确的是(　　)。

A. 取得交易性金融资产：

借：交易性金融资产—成本　1920

　　应收股利　80

　贷：其他货币资金　2000

B. 取得交易性金融资产：

借：交易性金融资产—成本　2000

　贷：其他货币资金　2000

C. 支付相关交易费用：

借：投资收益　2

　　应交税费—应交增值税（进项税额）　0.12

　贷：其他货币资金　2.12

D. 支付相关交易费用：

借：投资收益　2.12

　贷：其他货币资金　2.12

2. 根据资料（1）至（4），下列各项中，甲公司会计处理正确的是(　　)。

A. 收到现金股利80万元：

借：其他货币资金　80

　贷：应收股利　80

B. 2020年12月31日公允价值变动：

借：交易性金融资产—公允价值变动　30

　贷：公允价值变动损益　30

C. A公司宣告发放现金股利100万元：

借：应收股利　100

　贷：投资收益　100

D. A公司宣告发放现金股利100万元：

借：应收股利　100

　贷：交易性金融资产—成本　100

3. 根据资料（5），下列各项中，甲公司会计处理正确的是(　　)。

A. 购入B公司的公司债券时：

借：交易性金融资产—成本　5100

　　应收利息　100

　　投资收益　60

　　应交税费—应交增值税（进项税额）　3.6

　贷：其他货币资金　5263.6

B. 收到购买价款中包含的已到付息期但尚未领取的债券利息时：

借：其他货币资金　100

　贷：应收利息　100

C. 确认B公司债券的公允价值变动损益时：

借：交易性金融资产—公允价值变动 60

　贷：公允价值变动损益　60

D. 确认B公司债券的公允价值变动损益时：

借：交易性金融资产—公允价值变动 60

　贷：投资收益　60

4. 根据资料（6），甲公司出售所持有的全部B公司债券应确认的转让金融商品应交增值税为(　　)万元。

A. 45.28　　B. 50.94

C. 0　　D. 47.55

5. 根据上述资料，甲公司出售所持有的全部B公司债券时应确认的投资收益为(　　)万元。

A. 860　　B. 794.72

C. 900　　D. 840

（二）

甲公司为增值税一般纳税人，适用的增值税税率为13%，存货采用计划成本核算。2020年1月份发生如下事项：

(1) 期初结存M原材料计划成本为25万元，材料成本差异借方余额为3万元，存货跌价准备贷方余额为3万元。

(2) 2日，购入M原材料一批，实际支付价款为50万元，取得增值税专用发票上注明的增值税税额为 6.5 万元；采购过程中发生运杂费 0.3 万元，保险费 1 万元，入库前挑选整理费 0.2 万元（上述费用不考虑增值税）。该批 M 原材料的计划成本为 58 万元。

(3) 10 日，生产产品领用该 M 原材料一批，领用材料计划成本 30 万元。管理部门领用 M 原材料一批，领用材料计划成本 5 万元。

(4) 15 日，收回之前委托乙公司加工的 N 半成品一批，委托加工时发出半成品的实际成本为 15 万元；加工过程中支付加工费 2 万元，取得增值税专用发票上注明的增值税税额为 0.26 万元；装卸费 0.8 万元，取得增值税专用发票上注明的增值税税额为 0.048 万元；受托方代收代缴消费税 4.5 万元。甲公司收回该委托加工物资后准备继续加工生产应税消费品，该批 N 半成品的计划成本为 20 万元。

(5) 月末，甲公司结存 M 原材料的可变现净值为 42 万元。

要求：根据上述资料，不考虑其他因素，分析回答下列小题。（答案中金额单位用万元表示，计算结果保留小数点后两位）

1. 根据资料（1）和（2），该公司本月 M 原材料成本差异率是(　　)。

A. -4.22%　　B. 1.20%

C. 6.02%　　D. 11.45%

2. 根据资料（1）至（3），该公司本月发出 M 原材料的会计处理结果表述正确的是(　　)。

A. 生产产品领用 M 原材料计入生产成本

B. 管理部门领用 M 原材料计入管理费用

C. 生产产品领用 M 原材料的实际成本为 30 万元

D. 管理部门领用 M 原材料的实际成本为 4.79 万元

3. 根据资料（4），下列有关甲公司委托加工业务的表述中，正确的是(　　)。

A. 甲公司将发出的委托加工物资仍作为存货进行核算

B. 收回委托加工物资时，支付的装卸费应计入管理费用核算

C. 收回委托加工物资的实际成本为 17.8 万元

D. 收回委托加工物资的实际成本为 22.3 万元

4. 根据资料（1）至（3）以及资料（5），甲公司月末 M 原材料应计提的存货跌价准备金额为(　　)万元。

A. 0.98　　B. 3.98

C. 18.78　　D. 37.5

5. 根据资料（1）至（5），期末甲公司资产负债表“存货”项目期末余额是(　　)万元。

A. 42　　B. 59.80

C. 88.53　　D. 70.73

（三）

甲公司为增值税一般纳税人，适用的增值税税率为 13%，存货采用计划成本核算。A 材料的计划单位成本为 0.21 万元。2020 年 6 月与存货有关的经济业务如下：

(1) 6 月 1 日，原材料—A 材料借方余额为 2500 万元，材料成本差异贷方余额为 300 万元。

(2) 6 月 3 日，购入 A 材料 1000 吨，取得货物增值税专用发票注明的价款为 200 万元，增值税税额为 26 万元，取得运费增值税专用发票注明的运费为 2 万元，增值税税额为 0.18 万元。材料已验收入库，以上款项均已通过银行转账方式支付。

(3) 6 月 12 日，购入 A 材料 2000 吨，取得货物增值税专用发票注明的价款为 500 万元，增值税税额为 65 万元，取得运费普通发票注明的运费价税合计金额为 5 万元，支付保险费、包装费共计 2 万元，支付入库前挑选整理人员工资 1 万元。验收入库时发现短缺 1 吨，经查明属于运输途中的合理损耗，以上款项均已通过银行转账方式支付。

(4) 6 月 22 日，以电汇方式购入 A 材料

3000吨，取得货物增值税专用发票注明的价款为600万元，增值税税额为78万元。但材料尚未收到。

（5）6月25日，收到22日购入的A材料3000吨，并已验收入库。

（6）截至6月30日甲公司基本生产车间领用A材料2500吨；辅助生产车间领用A材料100吨；车间管理部门领用A材料50吨；厂部管理部门领用A材料10吨。

要求：根据以上资料，不考虑其他因素，分析回答下列小题。（计算结果保留小数点后两位，答案中金额单位用万元表示）

1. 甲公司2020年6月3日购入A材料应当编制的会计分录正确的是(　　)。

A. 借：原材料　200
　　应交税费—应交增值税（进项税额）　26
　贷：银行存款　226

B. 借：材料采购　202
　　应交税费—应交增值税（进项税额）　26.18
　贷：银行存款　228.18

C. 借：原材料　210
　贷：材料采购　202
　　材料成本差异　8

D. 借：原材料　200
　贷：材料采购　200

2. 甲公司2020年6月12日购入A材料的实际成本为(　　)万元。

A. 419.79　　B. 508
C. 507.59　　D. 573

3. 甲公司2020年6月22日应当编制的会计分录为(　　)。

A. 借：原材料　630
　贷：材料采购　600
　　材料成本差异　30

B. 借：材料采购　600
　　应交税费—应交增值税（进项税额）　78
　贷：银行存款　678

C. 借：原材料　600
　　应交税费—应交增值税（进项税额）　78
　贷：银行存款　678

D. 无需做账务处理

4. 甲公司2020年6月的材料成本差异率为(　　)。

A. 6.64%　　B. 5.25%
C. -6.64%　　D. -5.25%

5. 下列关于6月领用A材料的表述正确的是(　　)。

A. 记入“生产成本—基本生产成本”科目的金额为490.14万元

B. 记入“生产成本—辅助生产成本”科目的金额为19.61万元

C. 记入“制造费用”科目的金额为9.95万元

D. 记入“管理费用”科目的金额为1.99万元

（四）

某企业为增值税一般纳税人，适用的增值税税率为13%，所有固定资产均采用年限平均法计提折旧。2019年至2020年该企业发生的有关固定资产的业务如下：

（1）2019年12月22日，购入一台不需要安装的生产用M设备，增值税专用发票上注明的价款为120万元，增值税税额为15.6万元。另支付该设备保险费，取得增值税专用发票上注明的保险费为2万元，增值税税额为0.12万元，款项均以银行存款支付。预计该设备可使用10年，预计净残值为2万元。

（2）2020年3月1日，该企业决定自建一栋库房。3月5日，购入工程物资取得的增值税专用发票上注明的价款为200万元，增值税税额为26万元，款项以银行存款支付，该批物资于当日全部用于工程建设。3月15日，领用本企业生产的钢材一批，市场售价为60万元，实际成本为30万元。6月30日，确认3月至6月累计支付的工程人员薪酬40万元。

(3) 2020年6月30日，自建库房工程完工并达到预定可使用状态。预计该库房可以使用50年，预计净残值为零。

(4) 2020年12月25日，M设备因雷电天气意外毁损，以银行存款支付不含税清理费用1万元，应收保险公司赔款50万元。

(5) 2020年12月31日，固定资产出现减值迹象。经测试，固定资产可收回金额为250万元。

要求：根据上述资料，假定该企业取得的增值税专用发票均经过税务机关认证，不考虑其他因素，分析回答下列小题。(答案中的金额单位用万元表示，计算结果保留小数点后两位)

1. 根据资料(1)，该企业购入M设备的入账价值是(　　)万元。

A. 120　　B. 122

C. 135.6　　D. 137.72

2. 根据期初资料和资料(1)，下列各项中，关于M设备计提折旧的相关表述正确的是(　　)。

A. 2020年1月M设备开始计提折旧

B. M设备年折旧率为9.84%

C. 2020年M设备计提折旧额为12万元

D. M设备计提的折旧额计入制造费用

3. 根据资料(2)，下列各项中，关于企业自行建造库房会计处理正确的是(　　)。

A. 3月5日购入工程物资时：

借：工程物资　200

　　应交税费—应交增值税(进项税额)　26

　贷：银行存款　226

B. 3月15日，领用本企业生产的钢材时：

借：在建工程　60

　贷：库存商品　60

C. 3月15日，领用本企业生产的钢材时：

借：在建工程　30

　贷：库存商品　30

D. 6月30日，确认累计支付的工程人员薪酬时：

借：在建工程　40

　贷：应付职工薪酬　40

4. 根据期初资料、资料(1)和(4)，下列各项中，关于该企业M设备毁损的会计处理结果正确的是(　　)。

A. 转入固定资产清理的M设备账面价值为110万元

B. 按支付的清理费用，借记"固定资产清理"科目1万元

C. 按应收保险公司的赔偿款，借记"其他应收款"科目50万元

D. 毁损的M设备导致企业营业外支出增加61万元

5. 根据期初资料、资料(1)至(5)，2020年12月31日该企业资产负债表"固定资产"项目期末余额的金额是(　　)万元。

A. 267.3　　B. 250

C. 264.6　　D. 189

(五)

甲公司为增值税一般纳税人，2020年度发生如下交易或事项：

(1) 1月3日，甲公司出售某办公楼，实际收取款项2092.8万元(含增值税，增值税税率9%)存入银行，该办公楼原价为3000万元，采用年限平均法按20年计提折旧，预计净残值率为4%，出售时已计提折旧9年，未计提减值准备。

(2) 6月1日，为了盘活企业的非流动资产，甲公司将某项非专利技术对外转让，该非专利技术原值为1500万元，已计提摊销为960万元。取得转让价款636万元(含增值税，增值税税率6%)，款项已存入银行。

(3) 7月2日，对厂房进行更新改造。该厂房原值为500万元，累计折旧为200万元，改造过程中发生可资本化的支出120万元。工程项目于10月20日完工，达到预定可使用状态。

（4）12月31日，经减值测试，应计提固定资产减值准备920万元。

要求：根据上述资料，不考虑其他因素，分析回答下列小题。（答案中的金额单位用万元表示）

1. 根据资料（1），下列各项中，与办公楼折旧相关的表述正确的是（　　）。

A. 该办公楼的预计净残值为96万元

B. 该办公楼的年折旧率为4.8%

C. 该办公楼的预计净残值为120万元

D. 该办公楼的年折旧率为5%

2. 根据资料（1），下列各项中，甲公司出售该办公楼会计处理正确的是（　　）。

A. 将出售办公楼转入清理时：

借：固定资产清理　1704

　　累计折旧　1296

　贷：固定资产　3000

B. 收到出售办公楼价款时：

借：银行存款　2092.8

　贷：固定资产清理　1920

　　　应交税费—应交增值税（销项税额）　172.8［2092.8/（1+9%）×9%］

C. 结转清理净损益时：

借：固定资产清理　270

　贷：资产处置损益　270

D. 结转清理净损益时：

借：固定资产清理　216

　贷：资产处置损益　216

3. 根据资料（2），下列各项中，甲公司出售非专利技术应确认资产处置损益（　　）万元。

A. 96　　B. 60

C. 76　　D. 36

4. 根据资料（3），下列各项中，甲公司更新改造厂房达到预定可使用状态的入账价值是（　　）万元。

A. 420　　B. 300

C. 120　　D. 620

5. 根据资料（4），2020年12月31日甲公司计提固定资产减值准备会计处理正确的是（　　）。

A. 借：制造费用　920

　　贷：固定资产减值准备　920

B. 借：管理费用　920

　　贷：固定资产减值准备　920

C. 借：营业外支出　920

　　贷：固定资产减值准备　920

D. 借：资产减值损失　920

　　贷：固定资产减值准备　920

（六）

甲企业为增值税一般纳税人，适用的增值税税率为13%，因保管车辆的需要，2020年1月该企业决定采用自营方式建造一栋车库。相关资料如下：

（1）2020年1月至6月，购入工程物资100万元，增值税13万元；发生运输费用5万元，增值税0.45万元；全部款项以银行存款付讫。施工期间，购入的工程物资全部用于工程建设；确认的工程人员薪酬为30万元；支付其他直接费用39万元；领用本企业生产的水泥一批，该批水泥成本为20万元，公允价值为30万元。

（2）2020年6月30日，车库达到预定可使用状态，预计可使用20年，预计净残值为2万元，采用年限平均法计提折旧。

（3）2022年6月30日，董事会决定将该车库进行改扩建，当日领用本企业外购原材料一批，成本15万元，领用本企业自产产品一批，成本50万元，公允价值为60万元。

（4）2022年12月31日，车库改扩建完成，支付工程款取得增值税专用发票注明的价款30万元，增值税税额为2.7万元。

要求：根据上述资料，不考虑其他因素，分析回答下列小题。（答案中的金额单位用万元表示）

1. 根据资料（1），下列各项中，甲企业购入工程物资的入账成本是（　　）万元。

A. 118.45　　B. 118

C. 113　　D. 105

2. 根据资料（1），下列各项中，甲企业建造车库领用自产水泥的会计处理正确的是(　　)。

A. 借：在建工程 33.9
　贷：主营业务收入 30
　　应交税费—应交增值税（销项税额） 3.9
借：主营业务成本 20
　贷：库存商品 20

B. 借：在建工程 20
　贷：库存商品 20

C. 借：在建工程 22.6
　贷：库存商品 20
　　应交税费—应交增值税（进项税额转出） 2.6

D. 借：在建工程 23.9
　贷：库存商品 20
　　应交税费—应交增值税（销项税额） 3.9

3. 根据资料（2），下列各项中，关于该车库2020年的有关会计处理结果正确的是(　　)。

A. 入账价值为194万元
B. 当年计提折旧4.85万元
C. 当年计提折旧4.8万元
D. 年末账面价值为189.2万元

4. 根据资料（1）至（3），下列各项中，甲企业2022年将该车库改扩建的会计处理正确的是(　　)。

A. 转入在建工程：
借：在建工程 174.8
　累计折旧 19.2
　贷：固定资产 194

B. 领用外购原材料时：
借：在建工程 15
　贷：原材料 15

C. 将原材料进项税额转出时：
借：在建工程 1.95
　贷：应交税费—应交增值税（进项税额转出） 1.95

D. 领用本企业自产产品时：
借：在建工程 50
　贷：库存商品 50

5. 根据资料（1）至（4），2022年12月31日车库完成改扩建后的入账金额为(　　)万元。

A. 279.8　　B. 271.33
C. 272.35　　D. 269.8

（七）

甲企业为增值税一般纳税人。2020年度至2022年度发生的与无形资产有关业务如下：

（1）2020年1月10日，甲企业开始自行研发一项行政管理用非专利技术，截至2020年5月31日，用银行存款支付外单位协作费74万元，领用本单位原材料成本26万元。经测试，该项研发活动已完成研究阶段。

（2）2020年6月1日研发活动进入开发阶段，该阶段发生研究人员的薪酬支出35万元，领用材料成本85万元，全部符合资本化条件，2020年11月1日，该项研发活动结束，最终开发形成一项非专利技术投入使用，该非专利技术预计可使用年限为5年，预计净残值为零，采用直线法摊销。

（3）2020年12月1日，甲企业将该非专利技术出租给乙企业，双方约定租赁期限为2年，每月末以银行转账结算方式收取租金2.5万元，并开具增值税专用发票，注明的价款2.5万元，增值税税额为0.15万元。

（4）2022年12月30日，甲企业将该非专利技术出售，开具增值税专用发票注明的价款52万元，增值税税额3.12万元。款项通过银行收讫。

要求：根据上述资料，不考虑其他因素，分析回答下列小题。（答案中的金额单位用万元表示）

1. 根据资料（1），下列各项中，甲企业研发支出的支付和结转的相关会计处理表述正确的是(　　)。

A. 支付的外单位协作费应予以费用化

B. 领用的本单位原材料应予以资本化

C. 期末应转入“管理费用”科目 74 万元

D. 期末应转入“管理费用”科目 26 万元

2. 根据资料（1）和（2），甲企业自行研究开发无形资产的入账价值是(　　)万元。

A. 100　　B. 120

C. 146　　D. 220

3. 根据资料（1）至（3），下列各项中，关于甲企业该非专利技术摊销的会计处理表述正确的是(　　)。

A. 应当自可供使用的下月起开始摊销

B. 应当自可供使用的当月起开始摊销

C. 该非专利技术出租前的摊销额应计入管理费用

D. 该非专利技术月摊销金额为 2 万元

4. 根据资料（3），下列各项中，甲企业 2020 年 12 月与出租无形资产有关的会计处理正确的是(　　)。

A. 借：其他业务成本　　2
　　贷：累计摊销　　2

B. 借：管理费用　　2
　　贷：累计摊销　　2

C. 借：银行存款　　2.65
　　贷：其他业务收入　　2.5
　　　　应交税费—应交增值税（销项税额）　　0.15

D. 借：银行存款　　2.5
　　贷：营业外收入　　2.5

5. 根据资料（4），出售非专利技术对甲企业 2022 年度利润表“营业利润”项目本期金额的影响额是(　　)万元。

A. −18　　B. 21.12

C. −20　　D. −16

## 同步强化练习题参考答案及解析

“扫码看解析”

使用“微信”或“会计云课堂”App 扫右方二维码，对答案、看解析、掌握解题思路，开启轻松过关之旅。

### 一、单项选择题

1. 【答案】A

**解析：**货币资金包括库存现金、银行存款和其他货币资金，债权人持有的商业汇票属于“应收票据”科目核算的内容。

2. 【答案】D

**解析：**无法查明原因的现金短缺，按管理权限报经批准后计入管理费用。

3. 【答案】D

**解析：**选项 A，企业单位信用卡存款账户不得交存现金；选项 B，企业信用证保证金存款余额可以转回其开户行结算存款；选项 C，企业银行汇票存款的收款人可以将其收到的银行汇票背书转让，但是未填写实际结算金额或实际结算金额超过出票金额的银行汇票不可以背书转让。

4. 【答案】C

**解析：**企业使用信用卡购买办公用品时，应：

借：管理费用　　1000
　　应交税费—应交增值税（进项税额）　　130
　贷：其他货币资金　　1130

5. 【答案】A

**解析：**选项 A 通过“应收票据”科目核算，不会引起其他货币资金发生变动；选项 BCD 分别属于其他货币资金中的银行本票存款、外埠存款和存出投资款。

6. 【答案】B

**解析**：企业将款项汇往异地银行开立采购专户时：

借：其他货币资金—外埠存款

　贷：银行存款

7. 【答案】D

**解析**：企业应确认的应收账款的金额=1000+130+5=1135（万元）。

8. 【答案】B

**解析**：应向购货方收取的代垫运杂费通过"应收账款"科目核算。

9. 【答案】A

**解析**：预付账款科目借方核算预付的款项及补付的款项，贷方核算收到货物时应结转的预付账款及收回多付款项的金额。选项B，应记入"预付账款"科目的借方；选项CD，与预付账款无关。

10. 【答案】C

**解析**：应计提的坏账准备金额=（120-110）-（1+2）=7（万元）。

11. 【答案】B

**解析**：选项A，对于交易性金融资产，应当按照取得时的公允价值作为初始确认金额，相关的交易费用在发生时计入当期损益；选项C，资产负债表日，企业应将交易性金融资产的公允价值变动计入当期损益（公允价值变动损益）；选项D，处置交易性金融资产时，其公允价值与账面价值之间的差额应确认为投资收益，不调整公允价值变动损益。

12. 【答案】C

**解析**：取得交易性金融资产的交易费用应通过"投资收益"科目核算，不计入交易性金融资产的初始入账价值，支付价款中包含的已宣告但尚未发放的现金股利则应计入应收股利。所以，该交易性金融资产的初始入账价值=20000×（10-0.6）=188000（元）。

13. 【答案】C

**解析**：本题涉及确认投资收益的只有被投资方宣告发放现金股利，所以确认的投资收益为3万元。

14. 【答案】B

**解析**：影响营业利润的金额=-1（投资收益）+（5.2-5）×1000（公允价值变动损益）=199（万元）。

15. 【答案】A

**解析**：处置时应确认的投资收益=1210-1200=10（万元），选项A正确。

16. 【答案】A

**解析**：甲公司出售A债券时确认的投资收益=2160-2120=40（万元）。

17. 【答案】B

**解析**：材料入库后发生的储存费用若不属于为达到下一生产阶段必需的费用，应计入当期损益。

18. 【答案】A

**解析**：小规模纳税人取得的增值税专用发票不能抵扣增值税进项税额，应计入原材料成本中，该企业原材料的入账价值=100+13+2=115（万元）。

19. 【答案】C

**解析**：因自然灾害导致的原材料毁损，增值税进项税额不需要转出。该企业应当编制的会计分录为：

借：待处理财产损溢　20

　贷：原材料　20

借：其他应收款　10

　　营业外支出　10

　贷：待处理财产损溢　20

20. 【答案】D

**解析**：材料应按照实际数量入库。所以，实际单位成本=（2060×50+3500+620）/（2060-60）=53.56（元）。

21. 【答案】A

**解析**：该批甲商品的单位成本=（2000×6+20）÷2000=6.01（万元）。

22. 【答案】B

**解析**：选项A，已确认销售收入，证明客户已经取得控制权，不再属于本企业存货，将会导致存货减少；选项B，结转完工入库产品成本，借记“库存商品”科目，贷记“生产成本”科目，两者均属于存货，因此不会引起企业期末存货账面价值发生变动；选项C，如果期末仍未收到发票账单需要暂估入账，仍会增加企业存货账面价值；选项D，借记“在途物资”科目，属于企业存货，会导致企业存货账面价值增加。

23. 【答案】D

**解析：**由于4月10日和5月27日分别发出200吨A材料，所以4月10日和5月27日共发出A材料400吨，采用先进先出法，即发出的材料由3月1日结存的100吨和4月4日购进的300吨构成，所以5月末剩余的A材料为5月17日购进的400吨，因此A材料月末账面余额 = 400×420 = 168000（元）。

24. 【答案】A

**解析：**月末一次加权平均单位成本 =（300×15+450×20）/（300+450）= 18（元），发出甲材料成本 = 600×18 = 10800（元）。

25. 【答案】A

**解析：**随同产品出售单独计价的包装物，取得的收入计入其他业务收入，其成本应计入其他业务成本。

26. 【答案】A

**解析：**出租包装物，其收入应计入其他业务收入，其摊销额应计入其他业务成本。

27. 【答案】C

**解析：**期末贷方余额反映库存材料的节约差异，选项A错误，选项C正确；该科目期末余额在“存货”项目中填列，选项B错误；借方登记入库材料的超支差异，选项D错误。

28. 【答案】D

**解析：**企业销售商品领用的不单独计价的包装物，应按实际成本计入销售费用，因此，计入销售费用的金额 = 10000+10000×3% = 10300（元）。

29. 【答案】C

**解析：**A公司为增值税一般纳税人并取得了增值税专用发票，因此增值税不应计入委托加工物资的成本；委托加工物资收回后继续用于生产应税消费品，此时消费税不应计入委托加工物资的成本。该批委托加工物资的入账价值 = 100+20 = 120（万元）。

30. 【答案】D

**解析：**销售毛利 =（3000－500）×20% = 500（万元）；5月销售成本 =（3000－500）－500 = 2000（万元）；5月末存货成本 = 3000+2500－2000 = 3500（万元）。

31. 【答案】B

**解析：**商品进销差价率 = [（45－34）+（155－126）] ÷（45+155）×100% = 20%；

本期销售商品的成本 = 130－130×20% = 104（万元）；

月末结存商品的实际成本 = 34+126－104 = 56（万元）。

32. 【答案】D

**解析：**选项A，计量差错引起的原材料盘亏净损失最终应计入管理费用；选项B，应由责任人赔偿的原材料损失应计入其他应收款；选项C，原材料运输途中发生的合理损耗计入原材料采购总成本，不需进行专门的账务处理。

33. 【答案】B

**解析：**存货采用先进先出法计价，在物价持续上涨的情况下，期末存货成本接近于市价，而发出存货的价值低，期末存货价值高，销售成本降低，当期利润增加。

34. 【答案】A

**解析：**盘亏存货的净损失是盘亏存货的账面价值扣除应收赔偿款后的净额。所以，净损失 = 12000－2000－4000－3000 = 3000（元）。

35. 【答案】D

**解析：**以前计提存货跌价准备的影响因

素已经消失，应在原计提跌价准备的金额内转回，选项A不正确；存货账面价值=存货账面余额-存货跌价准备，转回存货跌价准备会增加存货账面价值，选项B不正确；存货的成本高于其可变现净值的差额为当期需要提足的存货跌价准备，如果期初有余额，则本期计提存货跌价准备的金额应当将期初余额考虑在其中，选项C不正确。

36. 【答案】B

**解析：**A设备入账价值=（1900+20）×750/（750+600+650）+10+8=738（万元）。

37. 【答案】A

**解析：**增值税一般纳税人取得增值税专用发票上的进项税额可以抵扣，购买固定资产入账价值=购买价款+运费+保险费=120+6+1=127（万元）。

38. 【答案】A

**解析：**该固定资产的入账成本=40000+1200+1000+2000=44200（元）。

39. 【答案】C

**解析：**发生的员工培训费计入当期损益，该设备的成本=100+80+5+10+2+1=198（万元）。

40. 【答案】B

**解析：**短期租入设备不属于企业的固定资产，不影响固定资产账面价值。

41. 【答案】D

**解析：**2021年度该设备应计提的折旧=2/5×100%×25=10（万元）。

42. 【答案】A

**解析：**该设备更新改造后的入账价值=1000-500+700-100=1100（万元）。

43. 【答案】A

**解析：**计提减值准备前固定资产的账面价值=200-（200-20）÷10=182（万元），大于可收回金额120万元，要将固定资产的账面价值减记至可收回金额，因此该设备账面价值为120万元。

44. 【答案】B

**解析：**企业固定资产盘亏净损失应计入营业外支出中，企业清查后应计入营业外支出的金额=120-12-20=88（万元）。

45. 【答案】A

**解析：**结转前，“固定资产清理”科目借方发生额=60-10+2=52（万元），“固定资产清理”科目贷方发生额为56万元，所以“固定资产清理”科目贷方余额为4万元，出售时结转至“资产处置损益”科目的金额为4万元。

46. 【答案】A

**解析：**2021年8月31日改良后固定资产的账面价值=1800-1800/5×3+48=768（万元）；2021年9月份到12月份应计提折旧额=768/4×4/12=64（万元）；2021年1月份到3月份应计提折旧=1800/5/12×3=90（万元），所以2021年应计提折旧额=90+64=154（万元）。

47. 【答案】C

**解析：**开发阶段符合资本化条件的支出计入无形资产，所以该项非专利技术的入账价值为280万元，研究阶段支出以及无法可靠区分研究阶段和开发阶段的支出计入管理费用。

48. 【答案】B

**解析：**出售该项商标权应计入当期损益的金额=500-（350-70-20）=240（万元）。

会计分录如下：

| | |
|---|---|
| 借：银行存款 | 530 |
| 　　累计摊销 | 70 |
| 　　无形资产减值准备 | 20 |
| 　贷：无形资产 | 350 |
| 　　　应交税费—应交增值税（销项税额） | 30 |
| 　　　资产处置损益 | 240 |

49. 【答案】D

**解析：**出售无形资产产生的净损益应计入资产处置损益。

50. 【答案】C

**解析：**出售该无形资产计入资产处置损

益的金额 = 100 - （120 - 40） = 20（万元）。A 公司会计处理如下：

借：银行存款　　106
　　累计摊销　　40
　贷：无形资产　　120
　　　应交税费—应交增值税（销项税额）　　6
　　　资产处置损益　　20

## 二、多项选择题

1. 【答案】BD

解析：选项 A，约定未来购入的商品，不是过去交易或事项形成的，不符合资产定义；选项 C，受托代销商品，受托方不拥有商品的所有权，不符合资产定义。

2. 【答案】ABC

解析：短缺时：

借：待处理财产损溢
　贷：库存现金

经批准后：

借：其他应收款（应由责任人或保险公司赔偿的部分）
　　管理费用（无法查明原因的部分）
　贷：待处理财产损溢

3. 【答案】ABCD

解析：其他货币资金是指企业除库存现金、银行存款以外的其他各种货币资金，主要包括银行汇票存款、银行本票存款、信用卡存款、信用证保证金存款、存出投资款和外埠存款等，以上四个选项均正确。

4. 【答案】BC

解析：选项 A，计提坏账准备时：

借：信用减值损失
　贷：坏账准备

不影响应收账款的账面余额。

选项 B，收回应收账款时：

借：银行存款
　贷：应收账款

应收账款的账面余额减少。

选项 C，转销坏账准备时：

借：坏账准备
　贷：应收账款

应收账款的账面余额减少。

选项 D，已转销的坏账又收回时：

借：应收账款
　贷：坏账准备

借：银行存款
　贷：应收账款

不影响应收账款的账面余额。

5. 【答案】BC

解析：“预付账款”属于资产性质的账户，选项 A 错误；“预付账款”账户核算企业因购货业务产生的往来款项，选项 D 错误。

6. 【答案】ABC

解析：冲销多计提的坏账准备应在“坏账准备”科目的借方反映。

7. 【答案】AD

解析：“应收票据”账户和“应付票据”账户核算的是商业汇票的内容，包括银行承兑汇票和商业承兑汇票。信用证保证金存款和银行本票存款属于其他货币资金核算的内容。

8. 【答案】ABD

解析：取得时支付的价款中包含的应收股利计入应收股利，不计入初始成本，选项 C 错误。

9. 【答案】AB

解析：选项 A，由于交易性金融资产是以公允价值计量的，期末应按照账面价值和公允价值的差额调增或调减交易性金融资产的账面价值；选项 B，使得交易性金融资产账面价值减少；选项 C，应借记“应收利息”科目，贷记“投资收益”科目，不影响交易性金融资产的账面价值；选项 D，应借记“应收股利”科目，贷记“投资收益”科目，不影响交易性金融资产的账面价值。

10. 【答案】AD

解析：企业持有交易性金融资产时，对于持有的分期付息到期还本的债券投资，在计息日企业进行的相关账务处理为：

借：应收利息

　贷：投资收益

11. 【答案】ABC

**解析**：一般纳税人购入存货支付的增值税（已取得增值税专用发票）应作为进项税额抵扣，不构成存货成本。

12. 【答案】AB

**解析**：存货的加工成本是指在存货的加工过程中发生的追加费用，包括直接人工以及按照一定方法分配的制造费用。

13. 【答案】AB

**解析**：增值税一般纳税人的增值税不计入委托加工物资成本；委托加工物资收回后用于连续生产应税消费品的，受托方代收代缴的消费税记入“应交税费—应交消费税”科目的借方，不计入委托加工物资成本。

14. 【答案】ACD

**解析**：一般纳税人委托其他单位加工材料收回后直接对外销售的，受托方代收代缴的消费税应计入委托加工物资的成本；委托加工物资收回后用于连续生产应税消费品的，按规定准予抵扣的，应将受托方代收代缴的消费税记入“应交税费—应交消费税”科目的借方。一般纳税人取得专用发票的增值税不能计入委托加工物资的成本。

15. 【答案】ABC

**解析**：小规模纳税人委托其他单位加工材料收回后直接对外销售的，受托方代收代缴的消费税应计入委托加工物资的成本；委托加工物资收回后用于连续生产应税消费品的，按规定准予抵扣的，应按受托方代收代缴的消费税记入“应交税费—应交消费税”科目的借方。小规模纳税人的增值税计入委托加工物资的成本。

16. 【答案】CD

**解析**：购进材料实际成本小于计划成本的差额属于节约差异，反映在材料成本差异账户的贷方；发出材料应负担的超支差异，在材料成本差异账户贷方反映，发出材料应负担的节约差异在借方反映。

17. 【答案】ABCD

18. 【答案】BD

**解析**：由于管理不善造成的存货净损失计入管理费用，选项A错误；购入存货运输途中发生的合理损耗应计入存货成本，选项C错误。

19. 【答案】AB

**解析**：“存货跌价准备”科目的期末余额一般在贷方，反映企业已计提但尚未转销的存货跌价准备，选项C不正确；如果以前减记存货价值的影响因素已经消失，应将其在原已计提存货跌价准备的金额内转回，选项D不正确。

20. 【答案】ABCD

21. 【答案】AB

**解析**：选项C错误，投资者投入固定资产的成本，应当按照投资合同或协议约定的价值确定，但合同或协议约定价值不公允的除外；选项D错误，固定资产减值准备一经确认，在以后会计期间不能转回。

22. 【答案】BC

**解析**：购入不需要安装的固定资产发生的成本，不通过“在建工程”科目核算，直接计入固定资产成本；应计入固定资产账面价值以外的后续支出，应当确认为费用。

23. 【答案】ABC

**解析**：承租方短期租入的房屋，出租方计提折旧，承租方不计提折旧，选项A错误；提前报废的固定资产无须补提折旧，选项B错误；已提足折旧仍继续使用的房屋无须计提折旧，选项C错误。

24. 【答案】AC

**解析**：选项B，提前报废的固定资产不再补提折旧；选项 D，单独计价入账的土地不计提折旧。

25. 【答案】ABD

解析：日常修理期间发生的修理费不符合固定资产的确认条件，所以不能计入固定资产的成本。

26. 【答案】BD

解析：“固定资产清理”科目借方登记转出的固定资产账面价值（选项 A 错误）、清理过程中应支付的相关税费及其他费用，贷方登记出售固定资产取得的价款、残料价值和变价收入（选项 B 正确），结转的清理净收益登记在借方（选项 C 错误），结转的清理净损失登记在贷方（选项 D 正确）。

27. 【答案】CD

解析：无形资产是可辨认非货币性资产，选项 A 错误；合并中产生的商誉不具有可辨认性，不是无形资产，选项 B 错误。

28. 【答案】ABC

解析：选项 D，应计入管理费用。

29. 【答案】ACD

解析：选项 A，对于使用寿命不确定的无形资产不应该摊销；选项 C，内部研发项目开发阶段的支出符合资本化条件的才确认为无形资产，不符合资本化条件的研发支出应该费用化，计入当期损益；选项 D，商誉不具有可辨认性，不应确认为无形资产。

30. 【答案】ABD

解析：选项 C，企业自用的无形资产如果用于产品生产，那么无形资产的摊销额最终计入产品的成本。

31. 【答案】AD

解析：无形资产减值损失一经确认，在以后会计期间不得转回，选项 B 错误；使用寿命不确定的无形资产不能摊销，选项 C 错误。

32. 【答案】ABC

解析：选项 A，研发阶段确认的管理费用 = 30 + 40 + 30 + 30 = 130（万元）；选项 B，无形资产的成本 = 100 + 200 = 300（万元）；选项 C，影响 2021 年管理费用的金额 = 130 + 300/10 × 1/12 = 132.5（万元）；选项 D，2021 年年末无形资产的账面价值 = 300 − 300/10 × 1/12 = 297.5（万元）。

33. 【答案】AC

解析：企业出售无形资产，应当将取得的价款与该无形资产账面价值及相关税费的差额计入当期损益，选项 A 正确，选项 B 错误；无形资产预期不能为企业带来经济利益的，应当将该无形资产的账面价值予以转销，选项 C 正确，选项 D 错误。

## 三、判断题

1. 【答案】×

解析：“库存现金”科目借方登记企业库存现金的增加，贷方登记企业库存现金的减少。期末借方余额反映期末企业实际持有的库存现金的金额。

2. 【答案】×

解析：“银行存款日记账”应定期与“银行对账单”核对，至少每月核对一次。

3. 【答案】×

解析：企业采购商品或接受服务采用银行汇票结算时，应通过“其他货币资金”科目核算。

4. 【答案】×

解析：属于无法查明原因的现金短缺，应计入管理费用。

5. 【答案】√

6. 【答案】√

解析：现金折扣并不会影响应收账款的入账价值。

7. 【答案】×

解析：在资产负债表上，无“坏账准备”项目。与应收账款等有关的坏账准备，在资产负债表上反映在“应收账款”等项目中。

8. 【答案】√
9. 【答案】√
10. 【答案】×
**解析：**企业持有交易性金融资产期间，如果公允价值上升，应借记“交易性金融资产—公允价值变动”科目，贷记“公允价值变动损益”科目。
11. 【答案】×
**解析：**发出材料时，超支差异记入“材料成本差异”科目的贷方，节约差异记入“材料成本差异”科目的借方。
12. 【答案】×
**解析：**购入材料在运输途中发生的合理损耗应计入材料采购成本，不需要从材料成本中扣除。
13. 【答案】×
**解析：**应将存货毁损的净损失计入营业外支出。
14. 【答案】×
**解析：**应在发生时计入当期损益，不得计入存货成本。
15. 【答案】√
16. 【答案】×
**解析：**企业委托加工物资如果收回后直接用于出售，那么受托方代收代缴的消费税要计入委托加工物资的成本；如果收回后用于继续生产应税消费品，那么受托方代收代缴的消费税要记入“应交税费—应交消费税”科目的借方，不计入委托加工物资的成本。
17. 【答案】×
**解析：**商品批发企业一般采用毛利率法核算库存商品成本，从事商业零售业务的企业一般采用售价金额核算法核算库存商品成本。
18. 【答案】√
19. 【答案】×
**解析：**企业发生存货盘盈，在按照管理权限报经批准后，应该冲减管理费用。
20. 【答案】×
**解析：**采用月末一次加权平均法，单位成本只在月末进行一次计算，所以当月发出材料的单位成本是相同的。
21. 【答案】√
**解析：**“存货”项目反映的是存货的账面价值，存货的账面价值=存货的账面余额-存货跌价准备，企业计提存货跌价准备，会影响资产负债表中“存货”项目的金额。
22. 【答案】√
23. 【答案】√
24. 【答案】×
**解析：**生产车间用的固定资产发生的不符合固定资产后续支出资本化条件的日常修理费用，记入“管理费用”科目。
25. 【答案】×
**解析：**已达到预定可使用状态但尚未办理竣工决算的固定资产，应当按照估计价值确定其成本，并计提折旧；待办理竣工决算后，再按实际成本调整原来的暂估价值，但不需要调整原已计提的折旧额。
26. 【答案】×
**解析：**与固定资产有关的经济利益预期实现方式有重大改变的，应当改变固定资产折旧方法。
27. 【答案】×
**解析：**固定资产使用寿命、预计净残值和折旧方法的改变应当作为会计估计变更。
28. 【答案】√
29. 【答案】×
**解析：**根据《企业会计准则第8号—资产减值》的规定，企业固定资产减值损失一经确认，在以后会计期间不得转回。
30. 【答案】×
**解析：**固定资产盘亏时应按固定资产的账面价值转入“待处理财产损溢”科目。
31. 【答案】×
**解析：**折旧方法不同，计提的折旧额不同，计入成本费用的金额也就不同，因此也会影响利润表中的净利润。

32. 【答案】×

解析：企业出售无形资产取得的价款扣除该无形资产账面价值以及出售相关税费后的差额作为资产处置损益进行会计处理。

33. 【答案】×

解析：对于使用寿命确定的无形资产应当自可供使用（即其达到预定用途）当月起开始摊销，处置当月不再摊销。

34. 【答案】×

解析：无形资产成本不包括为运行无形资产发生的培训费支出。

35. 【答案】√

36. 【答案】×

解析：以租赁方式租入的使用权资产发生的改良支出，应计入长期待摊费用。

## 四、不定项选择题

（一）

1. 【答案】AC

解析：甲公司取得交易性金融资产时，应编制如下会计分录：

（1）2020 年 11 月 1 日，购买 A 上市公司股票时：

借：交易性金融资产—成本 1920
　　应收股利 80
　贷：其他货币资金 2000

（2）2020 年 11 月 1 日，支付相关交易费用时：

借：投资收益 2
　　应交税费—应交增值税（进项税额） 0.12
　贷：其他货币资金 2.12

选项 AC 正确。

2. 【答案】ABC

解析：

（1）2020 年 11 月 20 日，收到价款中包含的已宣告但尚未发放的现金股利：

借：其他货币资金 80
　贷：应收股利 80

（2）2020 年 12 月 31 日，确认 A 上市公司股票的公允价值变动损益：

借：交易性金融资产—公允价值变动 30
　贷：公允价值变动损益 30

（3）2021 年 3 月 10 日，A 公司宣告发放现金股利：

借：应收股利 100
　贷：投资收益 100

3. 【答案】ABC

解析：

（1）2020 年 11 月 1 日，购入 B 公司的公司债券时：

借：交易性金融资产—成本 5100
　　应收利息 100
　　投资收益 60
　　应交税费—应交增值税（进项税额） 3.6
　贷：其他货币资金 5263.6

（2）2020 年 11 月 10 日，收到购买价款中包含的已到付息期但尚未领取的债券利息时：

借：其他货币资金 100
　贷：应收利息 100

（3）2020 年 12 月 31 日，确认 B 公司债券的公允价值变动损益时：

借：交易性金融资产—公允价值变动 60
　贷：公允价值变动损益 60

4. 【答案】A

解析：转让金融商品应交增值税 =（6000 - 5200）/（1 + 6%）× 6% = 45.28（万元）。

5. 【答案】B

解析：会计分录如下：

借：其他货币资金 6000
　贷：交易性金融资产—成本 5100
　　　　　　　　　　—公允价值变动 60
　　　投资收益 840

借：投资收益 45.28
　贷：应交税费—转让金融商品应交增值税 45.28

（二）

1. 【答案】A

解析：购入M原材料实际成本=50+0.3+1+0.2=51.5（万元），该批M原材料的计划成本为58万元，购入材料形成的材料成本差异=51.5-58=-6.5（万元）（节约差）。甲公司本月材料成本差异率=(3-6.5)÷(25+58)×100%=-4.22%。

2. 【答案】ABD

解析：生产产品领用M原材料的实际成本为=30×(1-4.22%)=28.73（万元），管理部门领用M原材料的实际成本为=5×(1-4.22%)=4.79（万元）。

3. 【答案】AC

解析：收回委托加工物资时，支付的装卸费应计入委托加工物资的成本核算，选项B错误；收回委托加工物资的实际成本=15+2+0.8=17.8（万元），选项D错误。

4. 【答案】A

解析：结存M原材料实际成本=(25+3)（资料1）+51.5（资料2）-(28.73+4.79)（资料3）=45.98（万元），结存M原材料的可变现净值为42万元，期末存货跌价准备应有余额=45.98-42=3.98（万元），期初存货跌价准备贷方余额3万元，本期补提存货跌价准备金额=3.98-3=0.98（万元）。

5. 【答案】C

解析："存货"项目期末余额=(25+3)（资料1）+51.5（资料2）-4.79（资料3）+(15+2+0.8)（资料4）-3.98（资料5）=88.53（万元）。

（三）

1. 【答案】BC

解析：6月3日应当编制的会计分录为：

借：材料采购（实际成本）　202
　　应交税费—应交增值税（进项税额）　26.18
　贷：银行存款　228.18

借：原材料（计划成本）　210
　贷：材料采购　202
　　　材料成本差异（节约差）　8

2. 【答案】B

解析：甲公司2020年6月12日购入A材料的实际成本=500（买价）+5（运费）+2（保险费、包装费）+1（入库前挑选整理费）=508（万元）。

3. 【答案】B

解析：材料尚未收到则不能做入库处理，所以应当根据发票及账单编制如下会计分录：

借：材料采购　600
　　应交税费—应交增值税（进项税额）　78
　贷：银行存款　678

4. 【答案】C

解析：甲公司2020年6月的材料成本差异率=（期初结存材料的成本差异+本期验收入库材料的成本差异）÷（期初结存材料的计划成本+本期验收入库材料的计划成本）×100%={-300-8+[508-(2000-1)×0.21]+(600-3000×0.21)}÷[2500+210+(2000-1)×0.21+3000×0.21]×100%=-249.79÷3759.79×100%=-6.64%。

5. 【答案】AB

解析：基本生产车间领用A材料的实际成本=2500×0.21×(1-6.64%)=490.14（万元）；

辅助生产车间领用A材料的实际成本=100×0.21×(1-6.64%)=19.61（万元）；

车间管理部门领用A材料的实际成本=50×0.21×(1-6.64%)=9.80（万元）；

厂部管理部门领用A材料的实际成本=10×0.21×(1-6.64%)=1.96（万元）。

（四）

1. 【答案】B

解析：企业购入M设备的入账价值=120+2=122（万元），选项B正确。

2. 【答案】ABCD

**解析**：新增固定资产次月开始计提折旧，2020年M设备计提折旧额=（122-2）/10=12（万元），年折旧率=12/122×100%=9.84%，生产用M设备计提折旧计入制造费用。

3. 【答案】ACD

**解析**：领用本企业生产的钢材用于建造，按成本领用即可，选项B错误。

4. 【答案】ABCD

**解析**：该企业M设备毁损的会计分录如下：

固定资产转入清理时：

借：固定资产清理　110
　　累计折旧　12
　贷：固定资产　122

支付清理费用时：

借：固定资产清理　1
　贷：银行存款　1

确认保险公司赔偿时：

借：其他应收款　50
　贷：固定资产清理　50

结转净损失时：

借：营业外支出　61
　贷：固定资产清理　61

5. 【答案】B

**解析**：确认减值前固定资产账面价值=（200+30+40）（资料2）-（200+30+40）/50/12×6=267.3（万元），固定资产可收回金额为250万元，应计提固定资产减值准备=267.3-250=17.3（万元），资产负债表"固定资产"项目期末余额=267.3-17.3=250（万元）。

（五）

1. 【答案】BC

**解析**：该办公楼的预计净残值=办公楼原价×预计净残值率=3000×4%=120（万元），选项A错误，选项C正确；办公楼的年折旧率=（1-预计净残值率）/预计使用年限=（1-4%）/20×100%=4.8%，选项B正确，选项D错误。

2. 【答案】ABD

**解析**：出售办公楼时，已计提9年折旧，累计折旧=3000×4.8%×9=1296（万元）。出售办公楼时，先将办公楼转入固定资产清理：

借：固定资产清理　1704
　　累计折旧　1296
　贷：固定资产　3000

实际收取出售价款时：

借：银行存款　2092.8
　贷：固定资产清理　1920
　　　应交税费—应交增值税（销项税额）　172.8

结转清理净损益时：

借：固定资产清理　216
　贷：资产处置损益　216

3. 【答案】B

**解析**：甲公司应编制的会计分录为：

借：银行存款　636
　　累计摊销　960
　贷：无形资产　1500
　　　应交税费—应交增值税（销项税额）　36［636/（1+6%）×6%］
　　　资产处置损益　60

4. 【答案】A

**解析**：厂房达到预定可使用状态的入账价值=500-200+120=420（万元）。

5. 【答案】D

**解析**：计提固定资产减值准备的相关会计处理为：

借：资产减值损失　920
　贷：固定资产减值准备　920

（六）

1. 【答案】D

**解析**：购入工程物资增值税进项税额可以抵扣，不计入成本。甲企业购入工程物资的入账成本=100+5=105（万元），选项D正确。

2. 【答案】B

**解析：**建造固定资产领用自产水泥，按成本计入在建工程，无需视同销售，也不做进项税额转出处理，分录如下：

借：在建工程　20

　贷：库存商品　20

3. 【答案】ACD

**解析：**车库的入账价值 = 100+5+30+39+20 = 194（万元），选项A正确；预计净残值为2万元，采用直线法计提折旧，所以年折旧额 =（194－2）÷20 = 9.6（万元），车库6月份完工，所以从7月份开始计提折旧，2020年计提折旧月份是6个月，所以2020年计提折旧 = 9.6÷2 = 4.8（万元），选项B错误，选项C正确；车库年末账面价值 = 194－4.8 = 189.2（万元），选项D正确。

4. 【答案】ABD

**解析：**领用外购原材料的进项税额无需转出，选项C错误。

5. 【答案】D

**解析：**车库的入账金额 = 174.8+15+50+30 = 269.8（万元）。

（七）

1. 【答案】A

**解析：**领用的本单位原材料应予以费用化，选项B错误。期末应转入"管理费用"科目的金额 = 74+26 = 100（万元），选项CD错误。

2. 【答案】B

**解析：**企业自行研发无形资产在研究阶段发生的支出不符合资本化条件，计入研发支出—费用化支出，期末计入当期损益（管理费用）；开发阶段符合资本化条件的支出计入研发支出—资本化支出，最终计入无形资产。所以甲企业自行研究开发无形资产的入账价值 = 35+85 = 120（万元）。

3. 【答案】BCD

**解析：**对于使用寿命有限的无形资产应当自可供使用的当月起开始摊销，处置当月不再摊销，所以选项A错误，选项B正确；该无形资产出租前供行政管理使用，所以出租前其摊销金额应计入管理费用，选项C正确；月摊销金额 = 120/5/12 = 2（万元），选项D正确。

4. 【答案】AC

**解析：**出租无形资产的摊销金额计入其他业务成本，租金收入计入其他业务收入，每月摊销金额 = 120/5/12 = 2（万元）。所以该分录为：

借：银行存款　2.65

　贷：其他业务收入　2.5

　　应交税费—应交增值税（销项税额）　0.15

借：其他业务成本　2

　贷：累计摊销　2

5. 【答案】A

**解析：**出售非专利技术计入资产处置损益的金额，即为对"营业利润"项目本期金额的影响额 = 52－（120－2×25）= －18（万元）。

会计分录如下：

借：银行存款　55.12

　　累计摊销　50

　　资产处置损益　18

　贷：无形资产　120

　　应交税费—应交增值税（销项税额）　3.12

# 第三章 负 债

## 本章考情分析

负债是反映企业财务状况的一个会计要素，内容包括短期借款，应付及预收款项，应付职工薪酬和应交税费等。本章属于比较重要的章节，近 3 年考试题型涉及单项选择题、多项选择题、判断题、不定项选择题，分值在 11 分左右。近三年本章考查分值逐年上升，需要引起注意。

**近 3 年题型题量分析表**

| 题型<br>年份 | 单项选择题 | 多项选择题 | 判断题 | 不定项选择题 | 合计 |
|---|---|---|---|---|---|
| 2020 年 | 3 题 6 分 | 1 题 2 分 | 2 题 2 分 | 2 题 4 分 | 14 分 |
| 2019 年 | 6 题 9 分 | 1 题 2 分 | 2 题 2 分 | — | 13 分 |
| 2018 年 | 3 题 4.5 分 | 1 题 2 分 | 2 题 2 分 | — | 8.5 分 |

## 2021 年教材主要变化

1. 删除“矿产资源补偿费”“环境保护税”相关内容
2. 修改“应付职工薪酬”明细科目名称及对应习题表述
3. 修改部分文字表述

## 本章考点框架

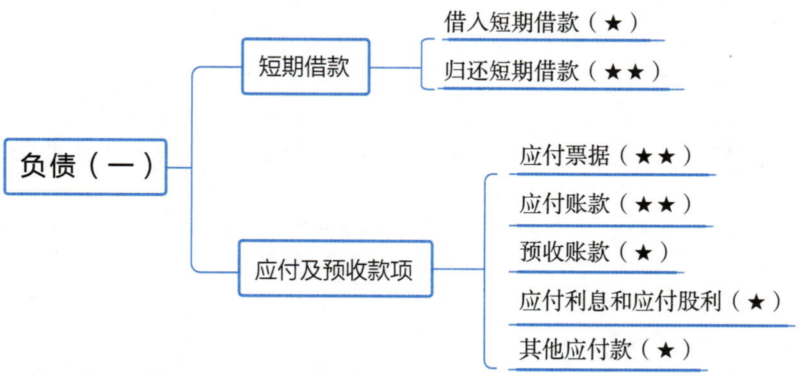

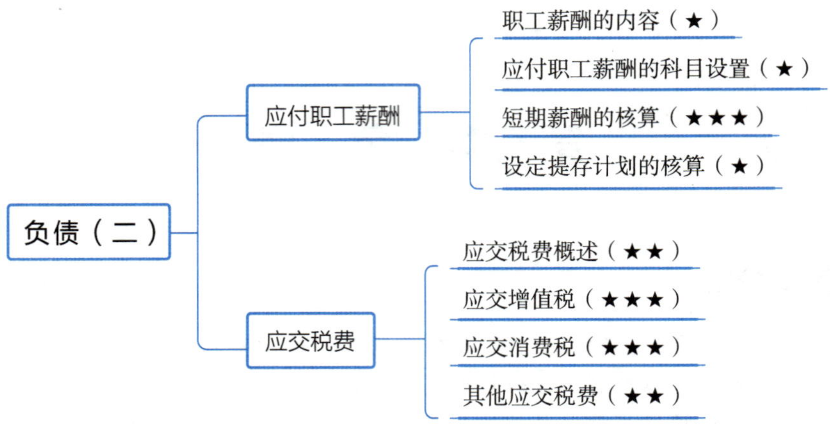


## 本章重难点精讲

### 第一节　短期借款

查看本节视频
使用"会计云课堂"App/微信扫描

短期借款是指企业向银行或其他金融机构等借入的期限在1年以下（含1年）的各种款项。短期借款一般是企业为了满足正常生产经营所需的资金或者是为了抵偿某项债务而借入的。

【提示】短期借款的债权人包括银行、其他非银行金融机构或其他单位和个人。

企业应设置"短期借款"科目核算短期借款的取得、偿还等情况。该科目的贷方登记取得短期借款本金的金额，借方登记偿还短期借款的本金金额，期末余额在贷方，反映企业尚未偿还的短期借款。本科目可按借款种类、贷款人和币种设置明细科目进行明细核算。

#### 一、借入短期借款（★）

| 节点 | 账务处理 |
| --- | --- |
| 借入时 | 借：银行存款<br>　贷：短期借款 |
| 计提利息时 | 借：财务费用<br>　贷：应付利息<br>【提示1】企业筹建期间的短期借款利息，计入管理费用<br>【提示2】在实际工作中，如果短期借款利息是按期支付的，如按季支付利息或者利息是在借款到期时连同本金一起归还，并且其数额较大的，企业于月末应采用预提方式进行短期借款利息的核算；如果企业的利息是按月支付的，或者在借款到期时连同本金一起归还，数额不大的可以不采用预提的方法，而在实际支付或收到银行的计息通知时：<br>借：财务费用<br>　贷：银行存款<br>【提示3】利息预提与非预提的方式，核算上的区别在于是否通过"应付利息"科目核算 |

续表

| 节点 | 账务处理 |
| --- | --- |
| 支付利息时 | 借：财务费用（支付当月利息）<br>　　应付利息（支付前期计提利息）<br>　贷：银行存款 |

## 二、归还短期借款（★★）

借款到期，本息一起归还：

借：短期借款

　　应付利息/财务费用

　贷：银行存款

**【历年考核要点】**

短期借款利息在预提与非预提两种方式下的账务处理及适用范围。

### 经典题解

**【例题1·单选题】**企业因日常业务经营需要向银行借入短期借款，利息按月预提、按季支付。下列各项中，预提借款利息应贷记的会计科目是（　　）。（2020年·2分）

A. 应付利息　　B. 应付账款

C. 合同负债　　D. 短期借款

**【解析】**预提利息时的账务处理：

借：财务费用

　贷：应付利息

选项A正确。

**【答案】**A

**【例题2·多选题】**下列各项中，关于制造业企业预提短期借款利息的会计处理正确的有（　　）。（2019年·2分）

A. 借记“制造费用”科目

B. 贷记“应付账款”科目

C. 贷记“应付利息”科目

D. 借记“财务费用”科目

**【解析】**企业预提利息的账务处理如下：

借：财务费用

　贷：应付利息

**【答案】**CD

**【例题3·单选题】**2017年9月1日，某企业向银行借入资金350万元用于生产经营，借款期限为3个月，年利率为6%，到期一次还本付息，利息按月计提，下列各项中，关于该借款相关科目的会计处理结果正确的是（　　）。（2018年·1.5分）

A. 借入款项时，借记“短期借款”科目350万元

B. 借款到期归还本息时，贷记“银行存款”科目355.25万元

C. 每月预提借款利息时，贷记“财务费用”科目5.25万元

D. 每月预提借款利息时，借记“应付利息”科目1.75万元

**【解析】**相关分录如下：

9月1日借入款项时：

借：银行存款　　350

　贷：短期借款　　350

9月末、10月末计提利息时：

借：财务费用　　1.75

　贷：应付利息　　1.75

11月末到期偿还本息时：

借：短期借款　　350

　　应付利息（9、10月份预提利息）　　3.5

　　财务费用（11月份利息费用）　　1.75

　贷：银行存款　　355.25

**【答案】**B

**开小灶**

本节必考点汇总：（详见轻松过关2）

利息计提与实际支付时的科目归属和账务处理。

## 第二节　应付及预收款项

查看本节视频
使用"会计云课堂"App/微信扫描

### 一、应付票据（★★）

（一）应付票据概述

应付票据是指企业购买材料、商品和接受服务等而开出、承兑的商业汇票，包括商业承兑汇票和银行承兑汇票。

（二）应付票据的账务处理

<table>
<tr><th>节点</th><th colspan="2">账务处理</th></tr>
<tr><td>采购开出应付票据</td><td colspan="2">借：材料采购、在途物资、原材料、库存商品等<br>　　应交税费—应交增值税（进项税额）<br>　贷：应付票据</td></tr>
<tr><td>开出银行承兑汇票<br>支付给银行的手续费</td><td colspan="2">借：财务费用<br>　　应交税费—应交增值税（进项税额）<br>　贷：银行存款</td></tr>
<tr><td>到期支付票款</td><td colspan="2">借：应付票据<br>　贷：银行存款</td></tr>
<tr><td rowspan="3">转销应付票据</td><td>商业承兑汇票到期无力偿还票款</td><td>借：应付票据<br>　贷：应付账款</td></tr>
<tr><td>银行承兑汇票到期无力偿还票款</td><td>借：应付票据<br>　贷：短期借款</td></tr>
<tr><td colspan="2">【提示】应付银行承兑汇票到期，如企业无力支付票款，则由承兑银行代为支付，并作为付款企业的借款处理</td></tr>
</table>

**【历年考核要点】**

1. 应付票据的核算内容
2. 开出银行承兑汇票支付银行手续费的账务处理
3. 应付票据转销的不同账务处理

**经典题解**

**【例题 4 · 单选题】** 下列各项中，企业以银行存款支付银行承兑汇票手续费应借记的会计科目是（　　）。（2020 年 · 2 分）

A. 财务费用

B. 管理费用

C. 研发费用

D. 在建工程

**【解析】** 企业因开出银行承兑汇票而支付给银行的承兑汇票手续费，应当计入当期财务费用。支付手续费时，按照确认的手续费，借记"财务费用"科目，取得增值税专用发票的，按注明的增值税进项税额，借记"应交税费—应交增值税（进项税额）"科目，按照实际支付的金额，贷记"银行存款"科目。

**【答案】** A

**【例题5·单选题】** 下列各项中，企业签发的银行承兑汇票到期无力支付时，应将未支付的票款记入的会计科目是（ ）。（2020年·2分）

A. 短期借款

B. 其他应付款

C. 应付账款

D. 营业外支出

**【解析】** 企业应付银行承兑汇票到期，无力支付票款时，应由承兑银行代为支付并作为付款企业的借款处理，企业应将应付票据的账面余额转作短期借款，借记“应付票据”科目，贷记“短期借款”科目，选项A正确。

**【答案】** A

**【例题6·单选题】** 下列各项中，企业对于到期无力支付票款的商业承兑汇票，转销时应贷记的会计科目是（ ）。（2020年·2分）

A. 短期借款

B. 其他应付款

C. 预收账款

D. 应付账款

**【解析】** 应付商业承兑汇票到期，如企业无力支付票款，由于商业汇票已经失效，企业应将应付票据按账面余额转作应付账款，借记“应付票据”科目，贷记“应付账款”科目，选项D正确。

**【答案】** D

**【例题7·判断题】** 企业向供货单位采购原材料支付货款开出的银行承兑汇票，应通过“应付账款”科目核算。（ ）（2019年·1分）

**【解析】** 企业向外单位开出的银行承兑汇票，通过“应付票据”科目核算。

**【答案】** ×

**【例题8·多选题】** 下列各项中，引起“应付票据”科目金额发生增减变动的有（ ）。

A. 开出商业承兑汇票购买原材料

B. 转销已到期无力支付票款的商业承兑汇票

C. 转销已到期无力支付票款的银行承兑汇票

D. 支付银行承兑汇票手续费

**【解析】** 选项A，增加“应付票据”科目余额；选项BC，减少“应付票据”科目余额；选项D，计入财务费用，不影响“应付票据”科目余额。

**【答案】** ABC

## 二、应付账款（★★）

### （一）应付账款概述

应付账款是指企业因购买材料、商品或接受服务等经营活动而应支付的款项。

应付账款包括购买材料、商品或接受服务等应支付的价款，应支付的增值税额，应付销货方代垫的运杂费、包装费等。享有的现金折扣金额不影响应付账款的入账价值。

### （二）应付账款的账务处理

| 节点 | 账务处理 |
| --- | --- |
| 发生时 | 借：原材料等<br>　　应交税费—应交增值税（进项税额）<br>　贷：应付账款<br>【提示】附有商业折扣的，应按扣除商业折扣后的金额入账 |

续表

<table>
<tr><th>节点</th><th colspan="2">账务处理</th></tr>
<tr><td rowspan="2">偿还时</td><td colspan="2">借：应付账款<br>　贷：银行存款<br>　　　应付票据等（开出商业汇票抵付）</td></tr>
<tr><td colspan="2">附有现金折扣条件的应付账款偿还时：<br>借：应付账款<br>　贷：银行存款（实际偿还的金额）<br>　　　财务费用（享有的现金折扣）<br>【提示】附有现金折扣的：<br>①入账时，按照扣除现金折扣前的应付账款总额入账，不影响应付账款的入账价值<br>②偿还应付账款时，在折扣期限内因付款而获得的现金折扣，应当冲减财务费用</td></tr>
<tr><td>实务中，企业外购电力、燃气等动力时，一般通过“应付账款”科目核算</td><td>（1）在每月付款时先作暂付款处理：<br>借：应付账款<br>　　应交税费—应交增值税（进项税额）<br>　贷：银行存款等</td><td>（2）月末按用途分配：<br>借：生产成本<br>　　制造费用<br>　　管理费用等<br>　贷：应付账款</td></tr>
<tr><td>确实无法支付的应付账款予以转销时</td><td colspan="2">借：应付账款<br>　贷：营业外收入</td></tr>
</table>

【提示】转销应付账款与应付票据的对比。

| | |
|---|---|
| **应付票据** | 借：应付票据<br>　贷：应付账款（商业承兑汇票）<br>　　　短期借款（银行承兑汇票） |
| **应付账款** | 借：应付账款<br>　贷：营业外收入 |

## 【历年考核要点】

1. 影响应付账款入账价值的因素
2. 附有现金折扣和商业折扣的情况下，应付账款的入账金额与实付金额的计算
3. 转销应付账款的账务处理

## 经典题解

**【例题9·判断题】** 企业对于确实无法支付的应付账款，经核准应按其账面余额计入营业外收入。（　　）（2020年·1分）

**【答案】** √

**【例题10·单选题】** 企业因债权人撤销而转销无法支付的应付账款时，应按所转销的应付账款账面余额计入（　　）。（2018年·1.5分）

A. 资本公积　　B. 其他应付款

C. 管理费用　　D. 营业外收入

**【解析】** 企业因债权人撤销或其他原因而转销的无法支付的应付账款，应计入营业外收入。

**【答案】** D

【例题 11·多选题】企业发生赊购商品业务，下列各项中影响应付账款入账金额的有（ ）。

A. 商品价款　　B. 增值税进项税额

C. 现金折扣　　D. 销货方代垫运杂费

【解析】现金折扣不影响应付账款入账金额，在实际发生时冲减财务费用，选项 C 错误。

【答案】ABD

## 三、预收账款（★）

预收账款是指企业按照合同规定预收的款项。

| 节点 | 账务处理 |
| --- | --- |
| 取得预收款时 | 借：银行存款等<br>　贷：预收账款<br>　　　应交税费—应交增值税（销项税额） |
| 确认收入时 | 借：预收账款<br>　贷：其他业务收入等 |
| 收到补付的款项时 | 借：银行存款等<br>　贷：预收账款<br>　　　应交税费—应交增值税（销项税额） |
| 退回客户多预付的款项时 | 借：预收账款<br>　　应交税费—应交增值税（销项税额）（如有）<br>　贷：银行存款等 |

【提示】由于“预收账款”科目不适用于收入准则，这里可以理解为租赁业务收到预收账款的处理，在收到预收账款时发生纳税义务，确认增值税销项税额。

收入准则中核算的销售商品或提供服务预收的款项，通过“合同负债”科目核算。“合同负债”科目核算企业已收或应收客户对价而应向客户转让商品的义务。该科目贷方登记企业在向客户转让商品之前，已经收到或已经取得无条件收取合同对价权利的金额；借方登记企业向客户转让商品时冲销的金额；期末贷方余额，反映企业在向客户转让商品之前，已经收到的合同对价或已经取得的无条件收取合同对价权利的金额。该科目按合同进行明细核算。

【易错易混点辨析】

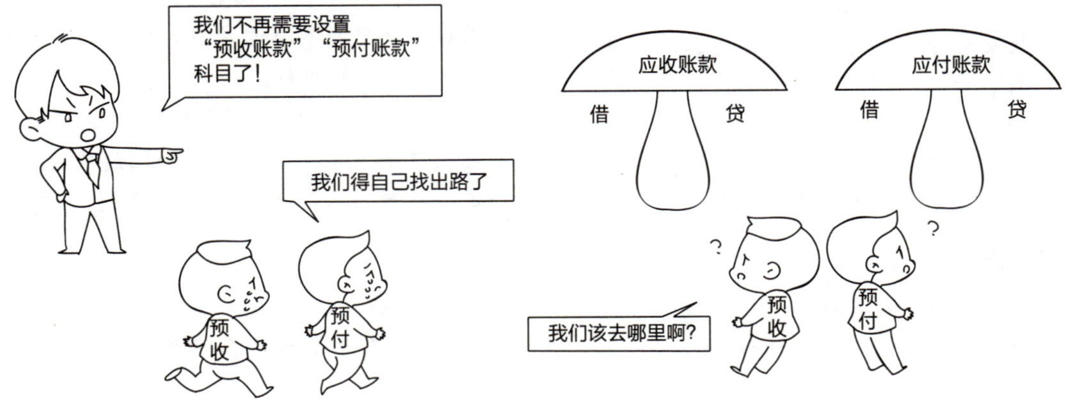

不单独设置“预收账款”科目的企业，发生的预收账款通过“应收账款”科目贷方核算；不单独设置“预付账款”科目的企业，发生的预付账款通过“应付账款”科目的借方核算。

### 经典题解

**【例题12·单选题】**预收账款业务不多的企业，可以不设“预收账款”科目，而将预收的款项直接记入(　　)科目。

A. 其他应收款

B. 应付账款

C. 其他应付款

D. 应收账款

**【解析】**预收账款业务不多的企业，可以不设“预收账款”科目，而将预收的款项直接记入“应收账款”科目的贷方。

**【答案】**D

## 四、应付利息和应付股利(★)

(一)应付利息

应付利息是指企业按照合同约定应支付的利息，包括预提短期借款利息、分期付息到期还本的长期借款、企业债券等应支付的利息。

(1)计提时：

借：财务费用等

　贷：应付利息

(2)实际支付时：

借：应付利息

　贷：银行存款等

**【提示】**如果是到期一次还本付息的长期借款及应付债券的利息则不通过“应付利息”科目核算。

### 【历年考核要点】

应付利息的核算内容及实际案例应用。

### 经典题解

**【例题13·多选题】**下列各项中，关于“应付利息”科目表述错误的有(　　)。(2018年·2分)

A. 企业开出银行承兑汇票支付银行手续费，应记入“应付利息”科目借方

B. “应付利息”科目期末贷方余额反映企业应付未付的利息

C. 按照短期借款合同约定计算确认的应付利息，应记入“应付利息”科目借方

D. 企业支付已经预提的利息，应记入“应付利息”科目借方

**【解析】**选项A，企业因开出银行承兑汇票而支付银行的承兑汇票手续费，应当计入当期损益，借记“财务费用”科目，贷记“银行存款”科目；选项C，企业应当按照计算确认的短期借款利息费用，借记“财务费用”科目，贷记“应付利息”科目。

**【答案】**AC

(二)应付股利

应付股利是指企业根据股东大会或类似机构审议批准的利润分配方案确定分配给投资者的现金股利或利润。

企业根据股东大会或类似机构审议批准的利润分配方案，确认应支付给投资者的现金股利或利润时，作如下处理：

宣告时：

借：利润分配—应付现金股利或利润

　贷：应付股利

实际支付时：

借：应付股利

　贷：银行存款等

**【提示1】**企业董事会或类似机构通过的利润分配方案中拟分配的现金股利或利润，不做账务处理，不通过“应付股利”科目核算，但应在附注中披露。

**【提示2】**企业宣告分配股票股利不需要进行账务处理。企业实际分配股票股利不通过“应付股利”科目核算，通过“股本”科目核算。

### 【历年考核要点】

判断现金股利确认的时间及账务处理。

## 经典题解

【例题 14·多选题】下列各项中，股份有限公司应通过“应付股利”科目核算的有（　　）。(2020 年·2 分)

A. 实际发放股票股利

B. 宣告发放现金股利

C. 宣告发放股票股利

D. 实际发放现金股利

【解析】宣告发放股票股利不做账务处理，实际发放股票股利的会计分录：

借：利润分配

　贷：股本

【答案】BD

【例题 15·判断题】企业董事会通过的利润分配方案中拟分配的现金股利，不需要进行账务处理。（　　）(2020 年·1 分)

【答案】√

【例题 16·判断题】企业根据股东大会或类似机构审议批准的利润分配方案中确认分配的股票股利，应通过“应付股利”科目核算。（　　）(2019 年·1 分)

【解析】应付股利是指企业根据股东大会或类似机构审议批准的利润分配方案确定分配给投资者的现金股利或利润。企业分配的股票股利不通过“应付股利”科目核算。

【答案】×

【例题 17·判断题】企业向投资者宣告发放现金股利，应在宣告时确认为费用。（　　）

【解析】企业向投资者宣告发放现金股利时，借记“利润分配”科目，贷记“应付股利”科目，属于一项负债，不确认为费用。

【答案】×

### 五、其他应付款（★）

其他应付款是指企业除应付账款、应付票据、预收账款、应付职工薪酬、应交税费、应付利息、应付股利等经营活动以外的其他各项应付、暂收的款项，如应付短期租赁固定资产租金、租入包装物租金、存入保证金等。

企业应通过“其他应付款”科目，核算其他应付款的增减变动及其结存情况，并按照其他应付款的项目和对方单位（或个人）设置明细科目进行明细核算。

（一）发生时

借：管理费用等

　贷：其他应付款

（二）支付或退回时

借：其他应付款

　贷：银行存款等

【易错易混点辨析】

| 其他应收款核算的内容 | 其他应付款核算的内容 |
|---|---|
| （1）应收的各种赔款、罚款，如因企业财产等遭受意外损失而应向有关保险公司收取的赔款等<br>（2）应收的出租包装物租金<br>（3）应向职工收取的各种垫付款项，如为职工垫付的水电费、应由职工负担的医药费、房租费等<br>（4）存出保证金，如租入包装物支付的押金<br>（5）其他各种应收、暂付款项 | （1）应付的各种赔款、罚款、滞纳金、违约金等<br>（2）应付短期租赁固定资产租金<br>（3）租入包装物租金<br>（4）从职工工资中代扣的应由职工个人负担的社会保险费和住房公积金<br>（5）存入保证金，如租出包装物收取的押金 |

【历年考核要点】

其他应付款核算内容及实际案例应用。

## 经典题解

**【例题18·单选题】**下列各项中，应通过“其他应付款”科目核算的是（　　）。（2020年·2分）

A. 应付存入保证金

B. 应付供货单位货款

C. 应付职工防暑降温费

D. 应付股东现金股利

**【解析】**“其他应付款”科目核算的主要内容有：应付短期租赁固定资产租金、租入包装物租金、存入保证金（选项A正确）等；选项B通过“应付账款”科目核算；选项C通过“应付职工薪酬”科目核算；选项D通过“应付股利”科目核算。

**【答案】**A

**【例题19·单选题】**某企业2019年1月1日以短期租赁方式租入管理用办公设备一批，月租金为2000元，每季度末一次性支付本季度租金。不考虑其他因素，该企业1月31日计提租入设备租金时相关会计科目处理正确的是（　　）。（2019年改编·1.5分）

A. 贷记“应付账款”科目2000元

B. 贷记“预收账款”科目2000元

C. 贷记“预付账款”科目2000元

D. 贷记“其他应付款”科目2000元

**【解析】**计提租入设备租金分录如下：

借：管理费用　　2000

　贷：其他应付款　　2000

选项D正确。

**【答案】**D

**【例题20·多选题】**下列各项中，企业应通过“其他应付款”科目核算的有（　　）。（2019年·2分）

A. 购进商品时发生的供货方代垫运费

B. 应付的合同违约金

C. 代垫职工家属医药费

D. 存入保证金

**【解析】**选项A计入应付账款；选项C计入其他应收款。

**【答案】**BD

**【例题21·单选题】**下列各项中，应列入资产负债表“其他应付款”项目的是（　　）。（2018年改编·1.5分）

A. 应付租入包装物租金

B. 应付购买材料款

C. 结转到期无力支付的应付票据

D. 应付由企业负担的职工社会保险费

**【解析】**选项A计入其他应付款；选项B计入应付账款；选项C计入应付账款或短期借款；选项D计入应付职工薪酬。

**【答案】**A

**开小灶**

本节必考点汇总：（详见轻松过关2）

1. 支付的银行承兑汇票手续费及增值税的科目归属
2. 转销应付票据的科目归属
3. 应付账款入账价值的确认
4. 应付账款转销时的科目归属
5. 应付利息的核算内容
6. 应付股利的核算内容
7. 其他应付款的核算内容

## 第三节　应付职工薪酬

查看本节视频

使用“会计云课堂”App/微信扫描

### 一、职工薪酬的内容（★）

职工薪酬，是指企业为获得职工提供的服务或解除劳动关系而给予的各种形式的报酬或补偿。职工薪酬包括短期薪酬、离职后福利、辞退福利和其他长期职工福利。企业提供给职工配偶、子女、受赡养人、已故员工遗属及其他受益人等的福利，也属于职工薪酬。

【提示】这里的“职工”，主要包括三类人员：

(1) 与企业订立劳动合同的所有人员，含全职、兼职和临时职工。

(2) 未与企业订立劳动合同，但由企业正式任命的企业治理层和管理层人员，例如董事会成员、监事会成员等。

(3) 在企业的计划和控制下，虽未与企业订立劳动合同或未由其正式任命，但向企业所提供服务与职工所提供服务类似的人员，也属于职工的范畴，包括通过企业与劳务中介公司签订用工合同而向企业提供服务的人员。

职工薪酬主要包括以下内容：

| 类型 | 概念 | 具体内容 |
|---|---|---|
| 短期薪酬 | 企业在职工提供相关服务的年度报告期间结束后 12 个月内需要全部予以支付的职工薪酬，因解除与职工的劳动关系给予的补偿除外 | ①职工工资、奖金、津贴和补贴<br>②职工福利费<br>③医疗保险费、工伤保险费等社会保险费<br>【提示】养老保险费和失业保险费属于离职后福利<br>④住房公积金<br>⑤工会经费和职工教育经费<br>⑥短期带薪缺勤<br>【提示】是指职工虽然缺勤但企业仍有向其支付报酬的义务，包括年休假、病假、婚假、产假、丧假、探亲假等。长期带薪缺勤属于其他长期职工福利<br>⑦短期利润分享计划<br>【提示】是指因职工提供服务而与职工达成的基于利润或其他经营成果提供薪酬的协议<br>⑧其他短期薪酬 |
| 离职后福利 | 企业为获得职工提供的服务而在职工退休或与企业解除劳动关系后，提供的各种形式的报酬和福利，短期薪酬和辞退福利除外 | ①设定提存计划，是指企业向独立的基金缴存固定费用后，不再承担进一步支付义务的离职后福利计划<br>②设定受益计划，是指除设定提存计划以外的离职后福利计划 |
| 辞退福利 | 企业在职工劳动合同到期之前解除与职工的劳动关系，或者为鼓励职工自愿接受裁减而给予职工的补偿 | 在职工劳动合同到期之前：<br>①无论职工本人是否愿意，企业决定解除与职工的劳动关系<br>②为鼓励员工自愿接受裁减而给予员工的补偿 |
| 其他长期职工福利 | 除短期薪酬、离职后福利、辞退福利之外所有的职工薪酬，包括长期带薪缺勤、长期残疾福利、长期利润分享计划等 | |

**【历年考核要点】**

企业职工薪酬组成内容及实际案例应用。

## 经典题解

**【例题 22 · 判断题】** 因解除与职工的劳动关系给予的补偿，属于企业短期薪酬核算范围。(　　)(2020 年 · 1 分)

**【解析】** 短期薪酬是指企业在职工提供相关服务的年度报告期间结束后 12 个月内需要全部予以支付的职工薪酬，因解除与职工的劳动关系给予的补偿除外。因解除与职工的劳动关系给予的补偿属于辞退福利。

【答案】×

【例题 23·单选题】下列各项中，不属于企业职工薪酬组成内容的是（　　）。（2019 年·1.5 分）

A. 根据设定提存计划计提应向单独主体缴存的提存金

B. 为鼓励职工自愿接受裁减而给予职工的补偿

C. 按国家规定标准提取的职工教育经费

D. 为职工代扣代缴的个人所得税

【解析】职工薪酬主要包括以下内容：（1）短期薪酬，具体包括：①职工工资、奖金、津贴和补贴；②职工福利费；③医疗保险费、工伤保险费等社会保险费；④住房公积金；⑤工会经费和职工教育经费（选项 C）；⑥短期带薪缺勤；⑦短期利润分享计划；⑧其他短期薪酬。（2）离职后福利，分为设定提存计划（选项 A）和设定受益计划。（3）辞退福利（选项 B）。（4）其他长期职工福利，包括长期带薪缺勤、长期残疾福利、长期利润分享计划等。

【答案】D

【例题 24·单选题】下列各项中，不属于企业职工薪酬的是（　　）。（2018 年·1.5 分）

A. 为职工报销因公差旅费

B. 为职工缴纳的医疗保险

C. 为职工缴存的住房公积金

D. 支付职工技能培训费

【解析】医疗保险归属于社会保险费，职工技能培训费归属于职工教育经费，这两项和住房公积金均属于短期薪酬包括的内容，属于职工薪酬。为职工报销因公差旅费，借记“管理费用”科目，贷记“其他应收款”等科目，不属于企业职工薪酬。

【答案】A

## 二、应付职工薪酬的科目设置（★）

企业通过“应付职工薪酬”科目核算应付职工薪酬的计提、结算、使用等情况。“应付职工薪酬”科目包括“工资”“职工福利费”“非货币性福利”“社会保险费”“住房公积金”“工会经费”“职工教育经费”“带薪缺勤”“利润分享计划”“设定提存计划”“设定受益计划”“辞退福利”等明细科目。

### 经典题解

【例题 25·多选题】下列各项中，属于“应付职工薪酬”科目核算内容的有（　　）。（2018 年·2 分）

A. 正式任命并聘请的独立董事津贴

B. 已订立劳动合同的全职职工的奖金

C. 已订立劳动合同的临时职工的工资

D. 向住房公积金管理机构缴存的住房公积金

【解析】选项 A 属于应付职工薪酬中短期薪酬的津贴；选项 B 属于应付职工薪酬中短期薪酬的奖金；临时工也属于职工的范畴，因此选项 C 也属于应付职工薪酬；选项 D 属于应付职工薪酬中短期薪酬的住房公积金，四个选项均正确。

【答案】ABCD

【例题 26·判断题】企业提前解除劳动合同给予职工解除劳动关系的补偿，应通过“应付职工薪酬—辞退福利”科目核算。（　　）（2018 年·1 分）

【解析】相关处理如下：

借：管理费用

　贷：应付职工薪酬—辞退福利

【答案】√

## 三、短期薪酬的核算（★★★）

企业应当在职工为其提供服务的会计期间，将实际发生的短期薪酬确认为负债，并计入当期损益，其他会计准则要求或允许计入资产成本的除外。

（一）货币性职工薪酬

1. 工资、奖金、津贴和补贴

（1）确认应付职工薪酬。

企业发生职工工资、奖金、津贴和补贴等货币性职工薪酬，应当在职工为其提供服务的会计期间，将实际发生的职工工资、奖金、津贴和补贴等，根据职工提供服务的受益对象，将应确认的职工薪酬，编制如下会计分录：

借：生产成本（生产车间生产工人薪酬）
　　制造费用（生产车间管理人员薪酬）
　　管理费用（行政管理人员薪酬）
　　销售费用（销售人员薪酬）
　　合同履约成本（履行合同过程中发生的人员薪酬）
　　研发支出（从事研发活动人员薪酬）
　　在建工程等（从事工程建设人员薪酬）
　贷：应付职工薪酬—工资

（2）支付职工薪酬、扣还各种款项。

借：应付职工薪酬—工资
　贷：其他应收款（代垫的家属医药费等）
　　　应交税费—应交个人所得税（代扣的个人所得税）
　　　银行存款等（实际支付给职工的款项）

2. 职工福利费

计提时，按实际发生额计入受益对象：

借：生产成本
　　制造费用
　　管理费用
　　销售费用等
　贷：应付职工薪酬—职工福利费

实际支付时：

借：应付职工薪酬—职工福利费
　贷：银行存款等

3. 国家规定计提标准的职工薪酬（单位应负担的）

期末根据规定的计提基数和计提比例计提时：

借：生产成本
　　制造费用
　　管理费用
　　销售费用等
　贷：应付职工薪酬—工会经费
　　　　　　　　　—职工教育经费
　　　　　　　　　—社会保险费
　　　　　　　　　—住房公积金

实际缴纳时：

借：应付职工薪酬—工会经费
　　　　　　　　—职工教育经费
　　　　　　　　—社会保险费
　　　　　　　　—住房公积金
　贷：银行存款

**【提示1】**对于国家规定了计提基础和计提比例的医疗保险费、工伤保险费等社会保险费和住房公积金，以及按规定提取的工会经费（2%）和职工教育经费（8%），企业应当在职工为其提供服务的会计期间，根据规定的计提基础和计提比例计算确定相应的职工薪酬金额，按照受益对象计入当期损益或相关资产成本。

**【提示2】**单位代扣应由个人负担的社会保险费，借记“应付职工薪酬”科目，贷记“其他应付款”科目。

4. 短期带薪缺勤

职工带薪缺勤，分为累积带薪缺勤和非累积带薪缺勤两类。企业应当对累积带薪缺勤和非累积带薪缺勤分别进行会计处理。

（1）累积带薪缺勤。

累积带薪缺勤，是指带薪权利可以结转下期的带薪缺勤，本期尚未用完的带薪缺勤权利可以在未来期间使用。

确认累积带薪缺勤时：

借：管理费用等
　贷：应付职工薪酬—带薪缺勤—短期带薪缺勤—累积带薪缺勤

**【提示】**处理原则：企业应当在职工提供了服务从而增加了其未来享有的带薪缺勤

权利时，确认与累积带薪缺勤相关的职工薪酬，并以累积未行使权利而增加的预期支付金额计量。

（2）非累积带薪缺勤。

非累积带薪缺勤，是指带薪权利不能结转下期的带薪缺勤，本期尚未用完的带薪缺勤权利将予以取消，并且职工离开企业时也无权获得现金支付。

**【提示1】**处理原则：企业确认职工享有的与非累积带薪缺勤权利相关的薪酬，视同职工出勤确认的当期损益或相关资产成本。

**【提示2】**通常情况下，与非累积带薪缺勤相关的职工薪酬已经包含在企业每期向职工发放的工资等薪酬中，因此，不必作额外的账务处理。

累积带薪缺勤

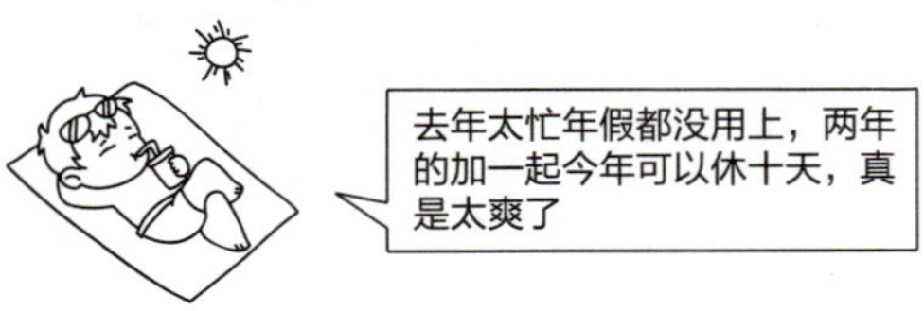


非累积带薪缺勤

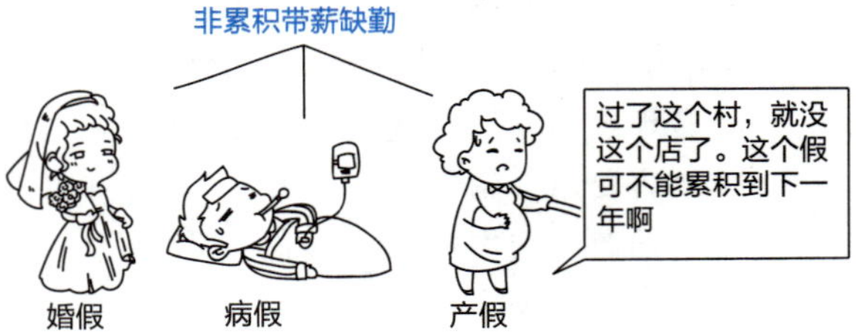


**【历年考核要点】**

1. “应付职工薪酬”科目的借方、贷方核算内容

2. 分配职工薪酬的归属科目及数据计算（与非货币性职工薪酬考点类似）

3. 支付职工薪酬时扣还各种款项的归属科目

4. 累积带薪缺勤确认的归属科目及计算

5. 非累积带薪缺勤的处理原则

## 经典题解

**【例题27·单选题】**下列各项中，企业按税法规定代扣个人所得税，应借记的会计科目是（　　）。（2020年·2分）

A. 财务费用

B. 应付职工薪酬

C. 税金及附加

D. 管理费用

**【解析】**代扣个人所得税时：

借：应付职工薪酬

　贷：应交税费—应交个人所得税

**【答案】**B

**【例题28·单选题】**下列各项中，企业根据本月“工资费用分配汇总表”分配所列财务部门人员薪酬时，应借记的会计科目是（　　）。（2020年·2分）

A. 管理费用

B. 主营业务成本

C. 其他业务成本

D. 财务费用

**【解析】**企业财务部门人员的薪酬计入管理费用。

**【答案】**A

**【例题29·判断题】**企业生产车间生产人员福利费应根据实际发生额记入生产成本。（　　）（2020年·1分）

**【解析】**对于职工福利费，企业应当在实际发生时根据实际发生额计入当期损益或相关资产成本，借记“生产成本”“制造费用”“管理费用”“销售费用”等科目，贷记“应付职工薪酬—职工福利费”科目。生产车间生产人员的福利费属于直接人工，记入“生产成本”科目。

**【答案】**√

**【例题30·单选题】**下列各项中，企业应记入“应付职工薪酬”科目贷方的是（　　）。（2019年·1.5分）

A. 支付职工的培训费

B. 发放职工工资

C. 确认因解除与职工劳动关系应给予的补偿

D. 缴存职工基本养老保险费

**【解析】** 选项ABD，支付职工的培训费、发放职工工资和缴存职工基本养老保险费的分录如下：

借：应付职工薪酬

　贷：银行存款等

选项C，确认因解除与职工劳动关系应给予的补偿分录如下：

借：管理费用

　贷：应付职工薪酬

选项C正确，应记入"应付职工薪酬"科目的贷方。

**【答案】** C

**【例题31·单选题】** 2018年7月31日，某企业确认本月应发放生产车间职工的降温补贴11500元，其中：车间生产工人8500元，车间管理人员3000元。全部款项将于发放职工工资时支付。下列各项中，该企业会计处理正确的是(　　)。(2019年·1.5分)

A. 借：生产成本　8500

　　管理费用　3000

　贷：其他应付款　11500

B. 借：生产成本　8500

　　制造费用　3000

　贷：其他应付款　11500

C. 借：生产成本　8500

　　管理费用　3000

　贷：应付职工薪酬—职工福利费　11500

D. 借：生产成本　8500

　　制造费用　3000

　贷：应付职工薪酬—职工福利费　11500

**【解析】** 对于职工福利费，企业应当在实际发生时根据实际发生额计入当期损益或相关资产成本，车间生产工人的降温补贴借记"生产成本"科目，车间管理人员的降温补贴借记"制造费用"科目，贷记"应付职工薪酬—职工福利费"科目，选项D正确。

**【答案】** D

**【例题32·判断题】** 某企业职工张某经批准休探亲假5天，根据企业规定确认为非累积带薪缺勤，该企业应当在其休假期间确认与非累积带薪缺勤相关的职工薪酬。(　　)(2019年·1分)

**【答案】** √

**【例题33·判断题】** 企业应在职工实际发生缺勤的会计期间确认与非累积带薪缺勤相关的应付职工薪酬。(　　)(2018年·1分)

**【答案】** √

**【例题34·判断题】** 企业在职工提供了服务从而增加了其未来享有的带薪缺勤权利时，确认与非累积带薪缺勤相关的职工薪酬。(　　)(2017年·1分)

**【解析】** 企业应当在职工提供了服务从而增加了其未来享有的带薪缺勤权利时，确认与累积带薪缺勤相关的职工薪酬。

**【答案】** ×

**【提示】** 如果带薪缺勤属于长期带薪缺勤的，企业应当作为其他长期职工福利处理。

**【例题35·单选题】** 甲公司共有200名职工。从2019年1月1日起，该公司实行累积带薪缺勤制度。该制度规定，每名职工每年可享受5个工作日带薪年休假，未使用的年休假只能向后结转一个公历年度，超过1年未行使的权利作废；职工休年休假时，首先使用当年可享受的权利，不足部分再从上年结转的带薪年休假余额中扣除，在职工离开公司时，对未使用的累积带薪年休假无权获得现金支付。2019年12月31日，每个职工当年平均未使用带薪年休假为2天。根据过去的经验并预期该经验将继续适用，甲公司预计2020年有150名职工将享受不超过5天的带薪年休假，剩余50名总部管理人员每人将平均享受6天带薪年休假，该公司平均每名职工每个工作日工资为400元。甲公司2019年年末因累积带薪缺勤计入管理费用的金额为(　　)元。

A. 20000　　B. 120000

C. 60000　　D. 0

**【解析】** 甲公司2019年年末应当将预计由于累积未使用的带薪年休假而导致预期将支付的工资确认为负债，根据甲公司预计2020年职工的年休假情况，只有50名总部管理人员会使用2019年的未使用带薪年休假1天（6-5），而其他2019年累积未使用的带薪年休假都将失效，所以应计入管理费用的金额=50×（6-5）×400=20000（元）。

**【答案】** A

（二）非货币性职工薪酬

1. 以自产产品作为福利发放给职工（视同销售）

| 节点 | 账务处理 |
| --- | --- |
| 计提职工薪酬时 | 借：生产成本<br>　　管理费用<br>　　制造费用<br>　　销售费用<br>　　在建工程<br>　　研发支出等<br>　贷：应付职工薪酬—非货币性福利（公允价值+按公允价值计算的销项税额） |
| 实际发放时 | 借：应付职工薪酬—非货币性福利<br>　贷：主营业务收入（公允价值）<br>　　　应交税费—应交增值税（销项税额）（公允价值×增值税税率）<br>同时，结转成本：<br>借：主营业务成本<br>　　存货跌价准备（如涉及）<br>　贷：库存商品 |

2. 以外购商品作为福利发放给职工

| 节点 | 账务处理 |
| --- | --- |
| 购买商品时 | 借：库存商品（含增值税）<br>　贷：银行存款等 |
| 计提职工薪酬时 | 借：生产成本<br>　　管理费用<br>　　制造费用<br>　　销售费用<br>　　在建工程<br>　　研发支出等<br>　贷：应付职工薪酬—非货币性福利 |

续表

| 节点 | 账务处理 |
| --- | --- |
| 实际发放时 | 借：应付职工薪酬—非货币性福利<br>　贷：库存商品（含增值税） |

【提示】将外购商品用于发放职工福利，进项税额不可以抵扣；如果购买时尚未得知该商品将要用于发放福利，已经抵扣了进项税额的，发放时要做进项税额转出处理。

【历年考核要点】

应付职工薪酬入账价值的计算。

## 经典题解

【例题 36·单选题】某家电生产企业，2020 年 1 月以其生产的每台成本为 800 元的微波炉作为非货币性福利发放给职工，发放数量为 100 台，该型号的微波炉不含增值税的市场售价为 1000 元，适用的增值税税率为 13%。不考虑其他因素，该企业确认职工薪酬的金额应为（　　）元。（2019 年改编·1.5 分）

A. 90400　　B. 80000

C. 100000　　D. 113000

【解析】分录如下：

借：生产成本等　　113000

　贷：应付职工薪酬　　113000

借：应付职工薪酬　　113000

　贷：主营业务收入　　100000

　　应交税费—应交增值税（销项税额）　　13000

借：主营业务成本　　80000

　贷：库存商品　　80000

选项 D 正确。

【答案】D

【例题 37·单选题】某纺织业企业为增值税一般纳税人，适用的增值税税率为 13%。该企业以其生产的服装作为福利发放给 100 名生产车间管理人员，每人一套，每套服装不含税售价为 350 元，成本为 280 元。不考虑其他因素，下列各项中，该企业关于非货币性福利的会计处理结果错误的是（　　）。（2018 年改编·1.5 分）

A. 确认制造费用 39550 元

B. 确认应付职工薪酬 39550 元

C. 确认主营业务收入 39550 元

D. 确认增值税销项税额 4550 元

【解析】相关会计处理如下：

确认时：

借：制造费用　　39550

　贷：应付职工薪酬—非货币性福利　　39550［350×100×（1+13%）］

实际发放时：

借：应付职工薪酬—非货币性福利　　39550

　贷：主营业务收入　　35000

　　应交税费—应交增值税（销项税额）　　4550

借：主营业务成本　　28000（280×100）

　贷：库存商品　　28000

【答案】C

3. 将拥有的房屋或租赁住房等资产供职工无偿使用

（1）将企业拥有的房屋等资产无偿提供给职工使用，根据受益对象：

借：生产成本、管理费用、销售费用等

　贷：应付职工薪酬—非货币性福利（折旧金额）

借：应付职工薪酬—非货币性福利

　贷：累计折旧

（2）将租赁住房等资产供职工无偿使用，根据受益对象：

借：生产成本、管理费用、销售费用等
　贷：应付职工薪酬—非货币性福利（支付的租金）
借：应付职工薪酬—非货币性福利
　贷：银行存款等

【提示】难以认定受益对象的非货币性福利，应当直接计入当期损益和应付职工薪酬。

## 经典题解

**【例题 38·单选题】** 下列各项中，企业为管理人员提供免费使用汽车的折旧费，应借记的会计科目是（　　）。（2020 年·2 分）

A. 制造费用

B. 生产成本

C. 营业外支出

D. 应付职工薪酬

**【解析】** 本题会计分录为：

借：管理费用
　贷：应付职工薪酬—非货币性福利
借：应付职工薪酬—非货币性福利
　贷：累计折旧

**【答案】** D

**【例题 39·多选题】** 下列各项中，关于企业非货币性福利职工薪酬的会计处理表述错误的有（　　）。（2020 年·2 分）

A. 难以认定受益对象的非货币性福利，应当直接计入当期损益

B. 企业租赁汽车供高级管理人员无偿使用，应当将每期应付的租金计入管理费用

C. 企业以自产产品作为非货币性福利发放给销售人员，应当按照产品的实际成本计入销售费用

D. 企业将自有房屋无偿提供给生产工人使用，应当按照该住房的公允价值计入生产成本

**【解析】** 选项 C 错误，企业以自产产品作为非货币性福利发放给销售人员，应当按照该产品的公允价值和增值税销项税额计入销售费用；选项 D 错误，企业将自有的房屋无偿提供给生产工人使用，应当按照该住房每期应计提的折旧计入生产成本。

**【答案】** CD

**【例题 40·单选题】** 企业将自有房屋无偿提供给本企业行政管理人员使用，下列各项中，关于计提房屋折旧的会计处理表述正确的是（　　）。（2017 年·1.5 分）

A. 借记“其他业务成本”科目，贷记“累计折旧”科目

B. 借记“其他应收款”科目，贷记“累计折旧”科目

C. 借记“营业外支出”科目，贷记“累计折旧”科目

D. 借记“管理费用”科目，贷记“应付职工薪酬”科目，同时借记“应付职工薪酬”科目，贷记“累计折旧”科目

**【解析】** 企业将自有房屋无偿提供给本企业行政管理人员使用：

借：管理费用
　贷：应付职工薪酬
借：应付职工薪酬
　贷：累计折旧

**【答案】** D

### 四、设定提存计划的核算（★）

企业对于设定提存计划，应当根据在资产负债表日为换取职工在会计期间提供的服务而应向单独主体缴存的提存金，确认为应付职工薪酬，并计入当期损益或相关资产成本，应编制如下会计分录：

借：生产成本
　　制造费用
　　管理费用
　　销售费用等
　贷：应付职工薪酬—设定提存计划

## 经典题解

**【例题 41·判断题】** 企业在资产负债表

日为换取职工在会计期间提供的服务而应向单独主体缴存的提存金，确认为其他应付款。（ ）

【解析】企业在资产负债表日为换取职工在会计期间提供的服务而应向单独主体缴存的提存金，应确认为应付职工薪酬。

【答案】×

**开小灶**

本节必考点汇总：（详见轻松过关 2）

1. 职工薪酬的构成
2. 计提的职工薪酬的科目归属
3. 累积带薪缺勤的处理原则
4. 企业以自有资产等发放非货币性福利的账务处理

# 第四节 应交税费

查看本节视频

使用“会计云课堂”App/微信扫描

## 一、应交税费概述（★★）

企业根据税法规定应交纳的各种税费包括：增值税、消费税、城市维护建设税、资源税、企业所得税、土地增值税、房产税、车船税、城镇土地使用税、教育费附加、印花税、耕地占用税、契税、车辆购置税等。企业应通过“应交税费”科目，核算各种税费的应交、交纳等情况。

【提示】企业代扣代缴的个人所得税，通过“应交税费”科目核算。企业交纳的印花税等不需要预计应交数的税金，不通过“应交税费”科目核算。

**【历年考核要点】**

“应交税费”科目核算的税种范围。

**经典题解**

【例题 42 · 多选题】下列各项中，应通过“应交税费”科目核算的有（ ）。（2018 年 · 2 分）

A. 交纳的印花税

B. 增值税一般纳税人购进固定资产应支付的增值税进项税额

C. 为企业员工代扣代缴的个人所得税

D. 交纳的房产税

【解析】选项 BCD 通过“应交税费”科目核算，而企业交纳的印花税等不需要预计应交数的税金，不通过“应交税费”科目核算。

【答案】BCD

## 二、应交增值税（★★★）

（一）增值税概述

增值税是以商品（含应税劳务、行为）在流转过程中产生的增值额作为计税依据而征收的一种流转税。

| 项目 | 内容 |
| --- | --- |
| 纳税人 | （1）按照我国现行增值税制度的规定，在我国境内销售货物、加工修理修配劳务、服务、无形资产和不动产以及进口货物的企业、单位和个人为增值税的纳税人<br>（2）根据经营规模大小及会计核算水平的健全程度，增值税纳税人分为一般纳税人和小规模纳税人 |

续表

| 项目 | 内容 | |
|---|---|---|
| 计税方法 | 一般计税方法 | 应纳税额＝当期销项税额－当期进项税额<br>当期销项税额＝不含税销售额×增值税税率<br>当期进项税额＝购进货物、加工修理修配劳务、服务、无形资产或者不动产，支付或者负担的增值税税额<br>下列进项税额准予从销项税额中抵扣：<br>①从销售方取得的增值税专用发票（含税控机动车销售统一发票，下同）上注明的增值税税额<br>②从海关进口增值税专用缴款书上注明的增值税税额<br>③从境外单位或者个人购进服务、无形资产或者不动产，从税务机关或者扣缴义务人取得的解缴税款的完税凭证上注明的增值税税额<br>④购进农产品，除取得增值税专用发票或者海关进口增值税专用缴款书外，按照农产品收购发票或者销售发票上注明的农产品买价和9%的扣除率计算的进项税额；如用于生产销售或委托加工税率为13%的农产品，按照农产品收购发票或者销售发票上注明的农产品买价和10%的扣除率计算的进项税额<br>⑤一般纳税人支付的道路、桥、闸通行费，凭取得的通行费发票上注明的收费金额和规定的方法计算的可抵扣的增值税进项税额<br>【提示】当期销项税额小于当期进项税额不足抵扣时，其不足部分可以结转下期继续抵扣 |
| | 简易计税方法 | 增值税的简易计税方法是按照销售额与征收率的乘积计算应纳税额，不得抵扣进项税额<br>计算公式：<br>应纳税额＝不含税销售额×征收率<br>不含税销售额＝含税销售额÷（1+征收率）<br>【提示】如果纳税人采用销售额和应纳税额合并定价的方法，应按上述公式还原为不含税销售额计算<br>征收率：一般为3%，国家另有规定的除外<br>适用范围：小规模纳税人、一般纳税人发生财政部和国家税务总局规定的特定应税销售行为 |

（二）一般纳税人的账务处理

增值税核算应设置的会计科目，如下表所示。

| 一级科目 | 二级科目 | 核算内容 |
|---|---|---|
| 应交税费 | 应交增值税 | 进项税额：记录一般纳税人购进货物、加工修理修配劳务、服务、无形资产或不动产而支付或负担的、准予从当期销项税额中抵扣的增值税税额 |
| | | 销项税额抵减：记录一般纳税人按照现行增值税制度规定因扣减销售额而减少的销项税额 |
| | | 已交税金：记录一般纳税人当月已交纳的应交增值税税额 |

续表

| 一级科目 | 二级科目 | 核算内容 |
| --- | --- | --- |
| 应交税费 | 应交增值税 | 转出未交增值税：记录一般纳税人月度终了转出当月应交未交的增值税税额 |
| | | 减免税款：记录一般纳税人按现行增值税制度规定准予减免的增值税税额 |
| | | 出口抵减内销产品应纳税额：记录实行“免、抵、退”办法的一般纳税人按规定计算的出口货物的进项税抵减内销产品的应纳税额 |
| | | 销项税额：记录一般纳税人销售货物、加工修理修配劳务、服务、无形资产或不动产应收取的增值税税额 |
| | | 出口退税：记录一般纳税人出口货物、加工修理修配劳务、服务、无形资产按规定退回的增值税税额 |
| | | 进项税额转出：记录一般纳税人购进货物、加工修理修配劳务、服务、无形资产或不动产等发生非正常损失以及其他原因而不应从销项税额中抵扣、按规定转出的进项税额 |
| | | 转出多交增值税：记录一般纳税人月度终了转出当月多交的增值税税额 |
| | 未交增值税 | 核算一般纳税人月度终了从“应交增值税”或“预交增值税”明细科目转入当月应交未交、多交或预交的增值税税额，以及当月交纳以前期间未交的增值税税额 |
| | 预交增值税 | 核算一般纳税人转让不动产、提供不动产经营租赁服务、提供建筑服务、采用预收款方式销售自行开发的房地产项目等，以及其他按现行增值税制度规定应预交的增值税税额 |
| | 待抵扣进项税额 | 核算一般纳税人已取得增值税扣税凭证并经税务机关认证，按照现行增值税制度规定准予以后期间从销项税额中抵扣的进项税额 |
| | 待认证进项税额 | 核算一般纳税人由于未经税务机关认证而不得从当期销项税额中抵扣的进项税额<br>包括：一般纳税人已取得增值税扣税凭证、按照现行增值税制度规定准予从销项税额中抵扣，但尚未经税务机关认证的进项税额；一般纳税人已申请稽核但尚未取得稽核相符结果的海关缴款书进项税额 |
| | 待转销项税额 | 核算一般纳税人销售货物、加工修理修配劳务、服务、无形资产或不动产，已确认相关收入（或利得）但尚未发生增值税纳税义务而需于以后期间确认为销项税额的增值税税额 |
| | 简易计税 | 核算一般纳税人采用简易计税方法发生的增值税计提、扣减、预缴、缴纳等业务 |
| | 转让金融商品应交增值税 | 核算增值税纳税人转让金融商品发生的增值税税额 |
| | 代扣代交增值税 | 核算纳税人购进在境内未设经营机构的境外单位或个人在境内的应税行为代扣代缴的增值税 |

1. 取得资产、接受劳务或服务

| 情形 | 账务处理 |
| --- | --- |
| 一般纳税人取得货物、加工修理修配劳务、服务、无形资产或固定资产 | (1) 根据合法扣税凭证注明的增值税税额记入“应交税费—应交增值税（进项税额）”科目<br>基本账务处理：<br>借：材料采购、原材料、无形资产、固定资产等<br>　　应交税费—应交增值税（进项税额）<br>　贷：银行存款等<br>【提示】属于购进货物时即能认定进项税额不能抵扣的，直接将增值税专用发票上注明的增值税税额计入购入货物或接受劳务等的成本<br>(2) 购进农产品进项税额的会计处理<br>借：材料采购、在途物资、原材料、库存商品等<br>　　应交税费—应交增值税（进项税额）<br>　贷：应付账款、应付票据、银行存款等 |
| 一般纳税人已取得增值税扣税凭证、按照现行增值税制度规定准予从销项税额中抵扣，但尚未经税务机关认证的进项税额，以及一般纳税人已申请稽核但尚未取得稽核相符结果的海关缴款书 | 借：原材料等<br>　　应交税费—待认证进项税额<br>　贷：应付账款等<br>经认证后准予抵扣时：<br>借：应交税费—应交增值税（进项税额）<br>　贷：应交税费—待认证进项税额 |
| 进项税额转出 | (1) 改变用途，如原生产用原材料被领用于集体福利或个人消费等<br>借：应付职工薪酬<br>　贷：原材料、库存商品等<br>　　　应交税费—应交增值税（进项税额转出）<br>(2) 发生非正常损失，如管理不善或被依法没收等<br>借：待处理财产损溢等<br>　贷：原材料、库存商品等<br>　　　应交税费—应交增值税（进项税额转出）<br>【提示】非正常损失，是指因管理不善造成货物被盗、丢失、霉烂变质，以及因违反法律法规造成货物或者不动产被依法没收、销毁、拆除的情形 |

## 经典题解

**【例题43·单选题】**下列各项中，不应计入存货成本的是(　　)。

A. 一般纳税人进口原材料支付的关税

B. 一般纳税人购进原材料支付的增值税专用发票注明的增值税

C. 小规模纳税人购进原材料支付的增值税

D. 一般纳税人进口应税消费品支付的消费税

**【解析】**一般纳税人购进原材料支付的增值税专用发票注明的增值税记入“应交税费—应交增值税（进项税额）”科目的借方，不计入存货成本。

**【答案】**B

2. 销售等业务的账务处理

<table>
<tr><th>情形</th><th>账务处理</th></tr>
<tr><td>企业销售货物、加工修理修配劳务、服务、无形资产或固定资产</td><td>借：应收账款、应收票据、银行存款等<br>　贷：主营业务收入、其他业务收入、固定资产清理等<br>　　　应交税费—应交增值税（销项税额）/应交税费—简易计税<br>【提示 1】企业销售货物等发生销售退回的，应根据税务机关开具的红字增值税专用发票作相反的会计分录<br>【提示 2】会计准则规定的收入或利得确认时点早于增值税纳税义务发生时点的，将相关销项税额记入“应交税费—待转销项税额”科目，待实际发生纳税义务时再转入“应交税费—应交增值税（销项税额）”或“应交税费—简易计税”科目</td></tr>
<tr><td>视同销售</td><td>企业将自产或委托加工的货物用于集体福利或个人消费，将自产、委托加工或购买的货物作为投资、分配给股东或投资者、无偿赠送他人等，税法上视为视同销售行为，需要计算确认增值税销项税额<br>①集体福利：<br>借：应付职工薪酬<br>　贷：主营业务收入等<br>　　　应交税费—应交增值税（销项税额）<br>同时：<br>借：主营业务成本等<br>　贷：库存商品<br>②对外投资：<br>借：长期股权投资等<br>　贷：主营业务收入等<br>　　　应交税费—应交增值税（销项税额）<br>同时：<br>借：主营业务成本等<br>　贷：库存商品<br>③（以实物）支付（分配）股利：<br>借：应付股利<br>　贷：主营业务收入等<br>　　　应交税费—应交增值税（销项税额）<br>同时：<br>借：主营业务成本等<br>　贷：库存商品<br>④对外捐赠：<br>借：营业外支出<br>　贷：库存商品（成本价）<br>　　　应交税费—应交增值税（销项税额）（计税价或公允价或市场价×现行增值税税率）</td></tr>
</table>

【易错易混点辨析】视同销售和不视同销售（进项税额不允许抵扣，需做转出处理）。

| 项目 | 自产或委托加工 | 外购 |
|---|---|---|
| 集体福利 | 视同销售 | 进项税额转出 |
| 个人消费 | 视同销售 | 进项税额转出 |

续表

| 项目 | 自产或委托加工 | 外购 |
| --- | --- | --- |
| 对外投资 | 视同销售 | 视同销售 |
| 分配给股东或投资者 | 视同销售 | 视同销售 |
| 无偿赠送他人 | 视同销售 | 视同销售 |

将外购商品作为集体福利和个人消费，由于企业作为最终消费者，商品已到增值税链条的最终环节，后续不会再发生流转，故不应视同销售；如果外购商品直接用于集体福利、个人消费，进项税额不得抵扣，计入成本；如果外购商品改变用途用于集体福利、个人消费，购进时确认的进项税额需要做转出处理。

3. 交纳增值税

（1）交纳当月应交增值税：

借：应交税费—应交增值税（已交税金）

　贷：银行存款

（2）交纳以前期间未交的增值税：

借：应交税费—未交增值税

　贷：银行存款

4. 月末转出多交增值税和未交增值税

月度终了，企业应将当月应交未交或多交的增值税从“应交增值税”明细科目转入“未交增值税”明细科目。

（1）对于当月应交未交的增值税：

借：应交税费—应交增值税（转出未交增值税）

　贷：应交税费—未交增值税

（2）对于当月多交的增值税：

借：应交税费—未交增值税

　贷：应交税费—应交增值税（转出多交增值税）

【提示】

| 科目 | 借方 | 贷方 |
| --- | --- | --- |
| 应交税费—应交增值税 | 月末借方余额代表留抵税额 | 月末无贷方余额 |
| 应交税费—未交增值税 | 借方余额代表多交的增值税 | 贷方余额代表期末结转下期应交的增值税 |

## 经典题解

**【例题44·单选题】**下列各项中，增值税一般纳税人当期发生（增值税专用发票已经税务机关认证）准予以后期间抵扣的进项税额，应记入的会计科目是（　　）。（2019年·1.5分）

A. 应交税费—待转销项税额

B. 应交税费—未交增值税

C. 应交税费—待抵扣进项税额

D. 应交税费—应交增值税

**【解析】**“待抵扣进项税额”明细科目，核算一般纳税人已取得增值税扣税凭证并经税务机关认证，按照现行增值税制度规定准予以后期间从销项税额中抵扣的进项税额，选项C正确。

**【答案】**C

**【例题45·多选题】**下列各项中，关于增值税一般纳税人会计处理表述正确的有（　　）。（2018年·2分）

A. 已单独确认进项税额的购进货物用于投资，应贷记“应交税费—应交增值税（进项税额转出）”科目

B. 将委托加工的货物用于对外捐赠，应贷记“应交税费—应交增值税（销项税额）”科目

C. 已单独确认进项税额的购进货物发生非正常损失，应贷记“应交税费—应交增值税（进项税额转出）”科目

D. 企业管理部门领用本企业生产的产品，应贷记“应交税费—应交增值税（销项税额）”科目

**【解析】** 外购货物用于投资，应视同销售，确认增值税销项税额，选项 A 不正确；委托加工的货物对外捐赠，应视同销售，确认增值税销项税额，选项 B 正确；存货发生非正常损失，进项税额不得抵扣，应做进项税额转出，选项 C 正确；企业领用自己生产的存货，不视同销售，按成本领用，选项 D 不正确。

**【答案】** BC

（三）小规模纳税人的账务处理

小规模纳税人核算增值税采用简易方法，按照销售价款（不含税）的 3%（或 5%）的征收率征收。

小规模纳税人进行账务处理时，只需在“应交税费”科目下设置“应交增值税”明细科目，该明细科目不再设置增值税专栏。

| 情形 | 账务处理 |
| --- | --- |
| 购进货物 | 借：原材料等（价税合计数）<br>贷：银行存款等<br>【提示】小规模纳税人购买货物的增值税进项税额不可以抵扣，计入采购成本中 |
| 销售货物（服务） | 借：银行存款等<br>贷：主营业务收入等<br>应交税费—应交增值税 |
| 交纳增值税 | 借：应交税费—应交增值税<br>贷：银行存款 |

**【历年考核要点】**

1. 小规模纳税人增值税税额的归属
2. 小规模纳税人增值税价税分离的计算

## 经典题解

**【例题 46 · 单选题】** 某企业为增值税小规模纳税人，2019 年 8 月购入原材料取得的增值税专用发票注明价款为 10000 元，增值税税额为 1300 元。当月销售产品开具的增值税普通发票注明含税价款为 123600 元，适用的征收率为 3%。不考虑其他因素，该企业 2019 年 8 月应交纳的增值税税额为（　　）元。（2019 年改编 · 1.5 分）

A. 3600　　B. 2408

C. 3708　　D. 2300

**【解析】** 小规模纳税人核算增值税采用简化的方法，购入材料取得增值税专用发票上注明的增值税一律不予抵扣，直接计入原材料成本；销售时按照不含税的销售额和规定的增值税征收率计算应交纳的增值税（即应纳税额），所以该企业 2019 年 8 月应交纳的增值税税额 = 123600/（1 + 3%）× 3% = 3600（元），选项 A 正确。

**【答案】** A

**【例题 47 · 单选题】** 某企业为增值税小规模纳税人。该企业购入一批原材料，取得增值税专用发票上注明的价款为 150 万元，增值税税额为 19.5 万元；另付运费 1 万元，增值税税额为 0.09 万元。不考虑其他因素，该批原材料的入账成本为（　　）万元。（2018 年改编 · 1.5 分）

A. 151　　B. 170.59

C. 170.5　　D. 151.09

【解析】原材料的入账成本=150+19.5+1+0.09=170.59（万元）。

【答案】B

【例题48·判断题】小规模纳税人销售货物采用销售额和应纳增值税合并定价的方法向客户结算款项时，应按照不含税销售额确认收入。（　　）（2018年·1分）

【答案】√

（四）差额征税的账务处理

1. 企业按规定相关成本费用允许扣减销售额的账务处理

发生成本费用时：

借：主营业务成本等

　贷：银行存款等

根据增值税扣税凭证抵减销项税额时：

借：应交税费—应交增值税（销项税额抵减）等

　贷：主营业务成本等

2. 企业转让金融商品按规定以盈亏相抵后的余额作为销售额（参见第二章第三节）

## 经典题解

【例题49·单选题】某旅行社为增值税一般纳税人，应交增值税采用差额征税方式核算。2019年7月份，该旅行社为乙公司提供职工境内旅游服务，向乙公司收取含税价款212万元，其中增值税12万元，全部款项已收妥入账。旅行社以银行存款支付其他接团旅游企业的旅游费用和其他单位相关费用共计106万元，其中，因允许扣减销售额而减少的销项税额6万元。则下列会计处理错误的是（　　）。

A. 借：银行存款　212

　　贷：主营业务收入　200

　　　　应交税费—应交增值税（销项税额）　12

B. 借：主营业务成本　106

　　贷：银行存款　106

C. 借：应交税费—应交增值税（销项税额抵减）　6

　　贷：主营业务成本　6

D. 借：应交税费—应交增值税（销项税额抵减）　6

　　贷：主营业务收入　6

【解析】根据增值税扣税凭证抵减销项税额时：

借：应交税费—应交增值税（销项税额抵减）　6

　贷：主营业务成本　6

选项D错误。

【答案】D

（五）增值税税控系统专用设备和技术维护费用抵减增值税额的账务处理

企业初次购入增值税税控系统专用设备和每年支付技术维护费的账务处理：

1. 购入时

借：固定资产（初次购入）

　贷：银行存款等

2. 发生设备技术维修费

借：管理费用

　贷：银行存款等

3. 按规定抵减的增值税应纳税额

借：应交税费—应交增值税（减免税款）

　　　　—应交增值税（小规模纳税人）

　贷：管理费用等

【提示】小微企业在取得销售收入时，应按照现行增值税制度的规定计算应交增值税，并确认为应交税费，当达到增值税制度规定的免征增值税条件时，将有关应交增值税转入当期损益。

## 三、应交消费税（★★★）

（一）消费税概述

消费税是指在我国境内生产、委托加工和进口应税消费品的单位和个人，按其流转额交纳的一种税。

【提示】消费税是在销售收入中包含的税款，亦称为“价内税”。

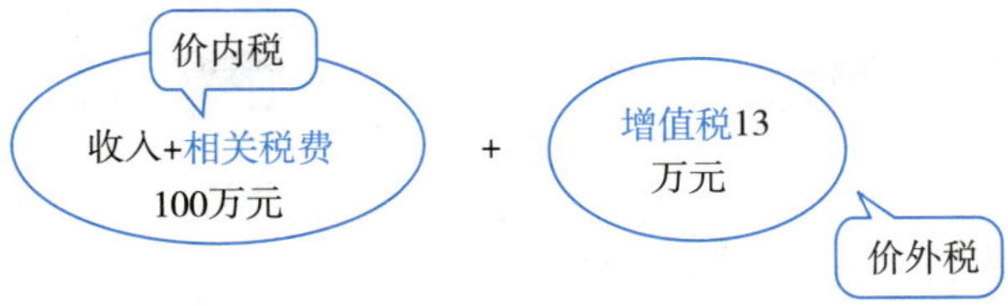

（二）应交消费税的账务处理

企业应在“应交税费”科目下设置“应交消费税”明细科目，核算应交消费税的发生、交纳情况。应交纳的消费税计入该科目贷方，已交纳的消费税计入该科目借方；期末贷方余额反映企业尚未交纳的消费税，期末借方余额反映企业多交纳的消费税。

<table>
<tr><th colspan="2">情形</th><th>账务处理</th></tr>
<tr><td colspan="2">销售应税消费品</td><td>企业生产的应税消费品直接对外销售的，其应交纳的消费税，通过“税金及附加”科目核算：<br>借：税金及附加<br>　贷：应交税费—应交消费税</td></tr>
<tr><td colspan="2">自产自用应税消费品</td><td>企业生产的应税消费品用于在建工程等非生产机构：<br>借：在建工程等<br>　贷：应交税费—应交消费税</td></tr>
<tr><td rowspan="2">委托加工<br>应税消费品</td><td>如果收回后直接用于对外销售的</td><td>由受托方代收代缴的消费税计入委托加工物资的成本：<br>借：委托加工物资<br>　贷：银行存款、应付账款等</td></tr>
<tr><td>如果收回后连续生产应税消费品的</td><td>（1）由受托方代收代缴的消费税先记入“应交税费—应交消费税”的借方：<br>借：应交税费—应交消费税<br>　贷：银行存款等<br>（2）最终产品出售时，按总的应交消费税记入“应交税费—应交消费税”的贷方：<br>借：税金及附加<br>　贷：应交税费—应交消费税<br>（3）最后，再补交其差额即可</td></tr>
</table>

续表

| 情形 | 账务处理 |
|---|---|
| 进口应税消费品 | 企业进口应税消费品在进口环节应交纳的消费税，计入该项物资的成本：<br>借：库存商品等<br>　贷：银行存款等 |

**【历年考核要点】**

委托加工应税消费品在两种情况下（收回后直接出售/收回后用于连续生产），消费税和增值税的归属。

| | 计入成本 | 单独确认 |
|---|---|---|
| 消费税 | 委托加工物资收回后直接出售 | 委托加工物资收回后继续加工应税消费品：应交税费—应交消费税 |
| 增值税 | 一般纳税人（增值税普通发票）<br>小规模纳税人 | 一般纳税人（增值税专用发票）：应交税费—应交增值税 |

## 经典题解

**【例题50·多选题】**下列各项中，企业应交消费税的相关会计处理表述错误的有（　　）。（2020年·2分）

A. 收回委托加工物资直接对外销售，受托方代收代缴的消费税记入“应交税费—应交消费税”科目的借方

B. 销售产品应交的消费税记入“税金及附加”科目的借方

C. 用于在建工程的自产产品应交纳的消费税记入“税金及附加”科目的借方

D. 收回委托加工物资连续生产应税消费品，受托方代收代缴的消费税记入“委托加工物资”科目的借方

**【解析】**选项A计入委托加工物资的成本；选项C计入在建工程；选项D计入应交税费—应交消费税。选项ACD均错误。

**【答案】**ACD

**【例题51·单选题】**A公司为增值税一般纳税人，委托M公司加工应交消费税的B材料一批（非金银首饰），发出材料价款20000元，支付加工费10000元，取得增值税专用发票上注明增值税税额为1300元，由受托方代收代缴的消费税为1000元，材料已加工完成。委托方收回B材料用于连续生产应税消费品，该B材料收回时的成本为（　　）元。

A. 31000　　B. 30000

C. 31300　　D. 32300

**【解析】**委托加工物资收回后用于连续生产应税消费品的，应按已由受托方代收代缴的消费税金额，借记“应交税费—应交消费税”科目，不计入委托加工物资成本，所以B材料收回时的成本＝20000＋10000＝30000（元）。

**【答案】**B

### 四、其他应交税费（★★）

（一）应交资源税

对外销售应税产品应交纳的资源税应记入“税金及附加”科目；自产自用的应税产品应交纳的资源税应记入“生产成本”“制造费用”等科目。

基本账务处理：

借：税金及附加
　　生产成本
　　制造费用等
　贷：应交税费—应交资源税

## 经典题解

**【例题 52 · 单选题】** 某企业将应交资源税的自产矿产品用于其产品生产，不考虑其他因素，该企业确认应交资源税应借记的会计科目是（　　）。（2020 年 · 2 分）

A. 生产成本　　B. 管理费用

C. 税金及附加　　D. 销售费用

**【解析】** 自产自用应税产品应交纳的资源税应借记“生产成本”“制造费用”等科目，贷记“应交税费—应交资源税”科目，选项 A 正确。

**【答案】** A

（二）应交城市维护建设税

应纳税额 =（实际交纳的增值税 + 实际交纳的消费税）× 适用税率

基本账务处理：

计提时：

借：税金及附加等
　贷：应交税费—应交城市维护建设税

交纳时：

借：应交税费—应交城市维护建设税
　贷：银行存款

（三）应交教育费附加

应纳税额 =（实际交纳的增值税 + 实际交纳的消费税）× 征收率

基本账务处理：

计提时：

借：税金及附加等
　贷：应交税费—应交教育费附加

交纳时：

借：应交税费—应交教育费附加
　贷：银行存款

（四）应交土地增值税

土地增值税按照转让房地产所取得的增值额和规定的税率计算征收，通过“应交税费—应交土地增值税”科目核算。转让土地使用权时：

（1）连同地上建筑物及其附着物一并在“固定资产”科目核算：

借：固定资产清理（转让时应交的土地增值税）
　贷：应交税费—应交土地增值税

（2）土地使用权在“无形资产”科目核算：

借：银行存款（实际收到的金额）
　　累计摊销（已计提的摊销额）
　　无形资产减值准备（已计提的减值准备金额）
　贷：应交税费—应交土地增值税（转让时应交的土地增值税）
　　　无形资产
　　　资产处置损益（差额，或借方）

**【提示】** 房地产开发经营企业销售房地产应交纳的土地增值税：

借：税金及附加
　贷：应交税费—应交土地增值税

## 经典题解

**【例题 53 · 判断题】** 房地产开发经营企业销售房地产应缴纳的土地增值税记入“税金及附加”科目。（　　）（2020 年 · 1 分）

**【解析】** 房地产开发经营企业销售房地产应交纳的土地增值税，借记“税金及附加”科目，贷记“应交税费—应交土地增值税”科目。

**【答案】** √

（五）应交房产税、城镇土地使用税和车船税

企业应交的房产税、城镇土地使用税和车船税记入“税金及附加”科目。

相关账务处理为：

借：税金及附加
　贷：应交税费—应交房产税、应交城镇土地使用税、应交车船税

### 经典题解

**【例题 54 · 单选题】** 下列各项中，企业确认当期销售部门使用车辆应交纳的车船税，应借记的会计科目是(　　)。(2019 年 · 1.5 分)

A. 其他业务成本

B. 税金及附加

C. 管理费用

D. 销售费用

**【解析】** 确认车船税时：

借：税金及附加

　贷：应交税费—应交车船税

选项 B 正确。

**【答案】** B

（六）应交个人所得税

企业按规定计算的代扣代缴的职工个人所得税，通过“应交税费”科目核算。

基本账务处理：

代扣个人所得税时：

借：应付职工薪酬

　贷：应交税费—应交个人所得税

代缴个人所得税时：

借：应交税费—应交个人所得税

　贷：银行存款等

**开小灶**

本节必考点汇总：（详见轻松过关 2）

1. 应交税费的核算内容
2. 增值税的一般计税方法
3. 应交税费的明细科目设置
4. 一般纳税人的会计处理
5. 小规模纳税人的会计处理
6. 增值税税控系统专用设备和技术维护费用抵减增值税税额的账务处理
7. 委托加工物资消费税的核算
8. 其他应交税费的核算

## 本章小结

1. 应付及预收款项主要包含哪些内容？
2. 应付职工薪酬包含哪些内容以及如何进行账务处理？
3. 增值税视同销售与增值税进项税额转出分别适用于哪些具体业务？

## 历年经典试题回顾

（一）

甲企业为增值税一般纳税人，销售产品适用的增值税税率为 13%，“应交税费”科目期初余额为零。采用实际成本进行存货日常核算。2019 年 12 月该企业发生与存货相关的经济业务如下：

(1) 6 日，从乙企业采购一批原材料，取得增值税专用发票注明的价款为 100 万元，增值税税额为 13 万元，原材料验收入库。甲企业开具一张面值为 113 万元的银行承兑汇票，同时支付承兑手续费 0.0533 万元，取得的增值税专用发票注明的增值税税额为 0.0032 万元。

(2) 10 日，甲企业向丙企业销售一批不需用的原材料，开具的增值税专用发票注明的价款为 500 万元，增值税税额为 65 万元，收到一张面值为 565 万元、期限为 2 个月的商业承兑汇票。该批原材料的实际成本为 400 万元。

(3) 27 日，领用一批自产产品作为福利发给 300 名职工，其中专设销售机构人员 100 名，总部管理人员 200 名。该批产品不含增值税的售价为 30 万元，实际成本为 21 万元。

要求：根据上述资料，不考虑其他因素，分析回答下列小题。（答案中的金额单位用万元表示）（2020 年）

1. 根据资料（1），下列各项中，甲企业采购原材料会计处理正确的是（ ）。

A. 借：财务费用 0.0533
　　应交税费—应交增值税（进项税额） 0.0032
　贷：银行存款 0.0565

B. 借：材料采购 100
　　应交税费—应交增值税（进项税额） 13
　贷：其他货币资金 113

C. 借：原材料 100
　　应交税费—应交增值税（进项税额） 13
　贷：应付票据 113

D. 借：原材料 113
　贷：应付票据 113

2. 根据资料（2），下列各项中，甲企业销售原材料会计处理表述正确的是（ ）。

A. 贷记“其他业务收入”科目 500 万元

B. 贷记“应交税费—应交增值税（销项税额）”科目 65 万元

C. 借记“其他业务成本”科目 400 万元

D. 借记“其他货币资金”科目 565 万元

3. 根据资料（3），下列各项中，甲企业发放福利会计处理表述正确的是（ ）。

A. 贷记“应交税费—应交增值税（销项税额）”科目 3.9 万元

B. 贷记“主营业务收入”科目 30 万元

C. 借记“管理费用”科目 22.6 万元

D. 借记“销售费用”科目 7 万元

4. 根据资料（1）至（3），甲企业 12 月应交纳增值税的金额是（ ）万元。

A. 68.9

B. 65

C. 55.8968

D. 55.9

5. 根据资料（1）至（3），上述业务导致甲企业 12 月 31 日资产负债表“存货”项目变动金额是（ ）万元。

A. 321

B. 300

C. 400

D. 421

（二）

某企业为增值税一般纳税人，2019 年 12 月初“应付职工薪酬”科目贷方余额为 210 万元。本月该企业发生的有关职工薪酬的经济业务如下：

（1）以银行存款发放上月应付职工薪酬，并按规定代扣职工个人所得税 18 万元，扣除已垫付职工房租 12 万元，实发薪酬 180 万元。

（2）分配本月货币性职工薪酬 240 万元（未包括累积带薪缺勤相关的职工薪酬），其中基本生产车间生产工人薪酬为 120 万元，车间管理人员薪酬为 50 万元，企业行政管理人员薪酬为 40 万元，专设销售机构人员薪酬为 30 万元。

（3）将自制的 200 台加湿器作为本月生产车间生产工人的职工福利发放，加湿器的成本为每台 400 元，市场不含税售价为每台 500 元，适用的增值税税率为 13%。

（4）该企业实行累积带薪缺勤制度，期末预计 10 名部门经理人员和 20 名销售人员将在下一年度休完本年未使用的带薪休假，预期支付的金额分别为 1.5 万元和 1.8 万元。

要求：根据上述资料，不考虑其他因素，分析回答下列小题。（答案中的金额单位用万元表示）（2020 年）

1. 根据期初资料和资料（1），下列各项中，该企业支付职工薪酬的相关会计处理表述正确的是（ ）。

A. 贷记“应交税费”科目 18 万元

B. 贷记“其他应收款”科目 30 万元

C. 贷记“银行存款”科目 180 万元

D. 借记“应付职工薪酬”科目 210 万元

2. 根据资料（2），下列各项中，关于该企业分配职工薪酬的会计处理表述正确的是(　　)。

A. 车间管理人员薪酬50万元计入管理费用

B. 企业行政管理人员薪酬40万元计入管理费用

C. 专设销售机构人员薪酬30万元计入销售费用

D. 基本生产车间生产工人薪酬120万元计入生产成本

3. 根据资料（3），下列各项中，该企业确认和发放非货币性福利的会计处理正确的是(　　)。

A. 结转发放非货币性福利的产品成本：

借：主营业务成本　8

　贷：库存商品　8

B. 发放非货币性福利：

借：应付职工薪酬　11.3

　贷：主营业务收入　10

　　应交税费—应交增值税（销项税额）　1.3

C. 发放非货币性福利：

借：应付职工薪酬　9.3

　贷：库存商品　8

　　应交税费—应交增值税（销项税额）　1.3

D. 确认非货币性福利：

借：生产成本　11.3

　贷：应付职工薪酬　11.3

4. 根据资料（4），下列各项中，关于该企业累积带薪缺勤会计处理正确的是(　　)。

A. 借：管理费用　1.5

　　销售费用　1.8

　贷：其他应付款　3.3

B. 借：生产成本　3.3

　贷：应付职工薪酬　3.3

C. 借：管理费用　1.5

　　销售费用　1.8

　贷：应付职工薪酬　3.3

D. 借：管理费用　3.3

　贷：应付职工薪酬　3.3

5. 根据资料（2）至（4），2019年12月该企业应计入产品成本的职工薪酬金额是(　　)万元。

A. 181.3　　B. 254.6

C. 173.3　　D. 170

（三）

甲企业为增值税一般纳税人，适用的增值税税率为13%，每月月初发放上月工资，2019年12月1日，“应付职工薪酬”科目贷方余额为33万元。该企业2019年12月发生职工薪酬业务如下：

（1）5日，结算上月应付职工薪酬33万元。其中代扣代缴的职工个人所得税1.5万元，代扣为职工垫付的房租0.5万元，实际发放职工薪酬31万元。

（2）31日，企业以其生产的M产品作为非货币性福利发放给车间生产人员。该批产品不含税的市场售价为50万元，实际生产成本为40万元。

（3）31日，对本月职工工资分配的结果如下：车间生产人员14万元，车间管理人员5万元，企业行政管理人员2万元，专设销售机构人员9万元。

（4）31日，企业计提本月基本养老保险费、基本医疗保险费等社会保险费共计17.7万元，计提本月住房公积金8.85万元。

要求：根据上述资料，不考虑其他因素，分析回答下列小题。（答案中的金额单位用万元表示）（2017年改编）

1. 根据期初资料和资料（1），下列各项中，企业结算职工薪酬的相关会计处理正确的是(　　)。

A. 代扣个人所得税时：

借：其他应付款　1.5

　贷：应交税费—应交个人所得税　1.5

B. 代扣为职工垫付的房租时：
借：应付职工薪酬 0.5
贷：应收账款 0.5
C. 代扣个人所得税时：
借：应付职工薪酬 1.5
贷：应交税费—应交个人所得税 1.5
D. 代扣为职工垫付的房租时：
借：应付职工薪酬 0.5
贷：其他应收款 0.5

2. 根据资料（2），下列各项中，企业发放非货币性福利会计处理结果正确的是（ ）。
A. 发放非货币性福利时，借记“应付职工薪酬—非货币性福利”科目 50 万元
B. 发放非货币性福利时确认收入，贷记“主营业务收入”科目 50 万元
C. 确认非货币性福利时，借记“生产成本”科目 56.5 万元
D. 发放非货币性福利时结转成本，借记“主营业务成本”科目 56.5 万元

3. 根据资料（3），下列各项中，企业分配工资的相关会计处理结果正确的是（ ）。
A. 专设销售机构人员工资，借记“销售费用”科目 9 万元
B. 车间生产人员工资，借记“生产成本”科目 14 万元
C. 车间管理人员和企业行政管理人员工资，借记“管理费用”科目 7 万元
D. 全部人员工资，贷记“应付职工薪酬”科目 30 万元

4. 根据资料（1）至（4），下列各项中，关于职工薪酬的表述正确的是（ ）。
A. 为职工垫付的房租不属于职工薪酬
B. 计提的住房公积金属于其他长期职工福利
C. 计提的基本医疗保险费属于短期薪酬
D. 计提的基本养老保险费属于短期薪酬

5. 根据期初资料和资料（1）至（4），下列各项中，甲企业 2019 年 12 月 31 日资产负债表中“应付职工薪酬”项目的期末余额是（ ）万元。
A. 56.55 B. 106.55
C. 96.55 D. 113.05

（四）

甲公司为增值税一般纳税人，适用的增值税税率为 13%，2019 年度至 2021 年度发生有关业务资料如下：

（1）2019 年 1 月 1 日，甲公司从银行取得借款 500 万元，期限为 1 年。合同年利率为 6%，到期一次还本付息。所借款项已存入银行。

（2）2019 年 1 月 1 日，采用出包方式建造某生产线，支付工程款 500 万元。

（3）2019 年 6 月 1 日，获得非关联方捐赠 168 万元，款项已存入银行。当日支付生产线工程余款 288.74 万元。购建该生产线取得增值税专用发票注明的价款 698 万元，增值税税额 90.74 万元。

（4）2019 年 12 月 1 日，生产线工程完工，达到预定可使用状态。甲公司为了使操作人员能够迅速使用该设备，支付专业人员培训费取得增值税专用发票注明的价款 10 万元，增值税税额 0.6 万元。甲公司预计该生产线可以使用 5 年，预计净残值为 2 万元，采用年数总和法计提折旧。

（5）2019 年 12 月 31 日，甲公司归还银行借款本息（甲公司每月计提的利息均计入财务费用）。

（6）2021 年 6 月 20 日，该生产线因自然灾害损毁，其账面价值为 373.2 万元，残料作价 5 万元验收入库。甲公司自行清理，以银行存款支付清理费用 3 万元（不考虑增值税）。经保险公司核定赔偿损失 200 万元，赔款尚未收到。

要求：根据上述资料，不考虑其他因素，分析回答下列小题。（答案中的金额单位用万元表示）（2017 年改编）

1. 根据资料（1）和（5），下列各项中会计处理表述正确的是（ ）。

A. 2019年1月1日取得借款时，应贷记“短期借款”科目500万元

B. 2019年1月31日计提借款利息时，应借记“财务费用”科目2.5万元

C. 2019年12月31日归还借款时，应借记“短期借款”科目500万元

D. 2019年1月31日计提借款利息时，应贷记“应付利息”科目2.5万元

2. 根据资料（2）至（3），下列各项中，甲公司会计处理表述正确的是(　　)。

A. 6月1日取得捐赠款时，借记“银行存款”科目168万元

B. 1月1日支付工程款时，借记“在建工程”科目500万元

C. 6月1日取得捐赠款时，贷记“营业外收入”科目168万元

D. 1月1日支付工程款时，借记“预付账款”科目500万元

3. 根据资料（1）至（4），甲公司该生产线的入账价值是(　　)万元。

A. 788.84　　B. 698

C. 738　　D. 799.34

4. 根据资料（1）至（6），下列各项中，关于该生产线计提折旧的表述正确的是(　　)。

A. 自2020年1月起计提折旧

B. 自2019年12月起计提折旧

C. 2020年计提折旧金额232万元

D. 2021年计提折旧金额为92.8万元

5. 根据资料（6），下列各项中，关于固定资产毁损的会计处理的表述正确的是(　　)。

A. 确定应由保险公司理赔的损失时，借记“应收账款”科目200万元

B. 残料入库时，借记“原材料”科目5万元

C. 将毁损的生产线转入清理时，借记“固定资产清理”科目373.2万元

D. 结转毁损的生产线净损失时，借记“营业外支出—非常损失”科目171.2万元

## 历年经典试题回顾参考答案及解析

“扫码看解析”

使用“微信”或“会计云课堂”App扫右方二维码，对答案、看解析、掌握解题思路，开启轻松过关之旅。

（一）

1. 【答案】AC

**解析**：相关会计分录如下：

借：原材料　100

　　应交税费—应交增值税（进项税额）　13

　贷：应付票据　113

借：财务费用　0.0533

　　应交税费—应交增值税（进项税额）　0.0032

　贷：银行存款　0.0565

2. 【答案】ABC

**解析**：相关会计分录如下：

借：应收票据　565

　贷：其他业务收入　500

　　　应交税费—应交增值税（销项税额）　65

借：其他业务成本　400

　贷：原材料　400

3. 【答案】ABC

**解析**：相关会计分录如下：

借：销售费用　11.3

　　管理费用　22.6

　贷：应付职工薪酬　33.9

借：应付职工薪酬 33.9
　贷：主营业务收入 30
　　应交税费—应交增值税（销项税额） 3.9
借：主营业务成本 21
　贷：库存商品 21

4. 【答案】C

**解析**：甲企业12月应交纳增值税的金额 =（65 + 3.9）-（13 + 0.0032）= 55.8968（万元）。

5. 【答案】A

**解析**：甲企业12月31日资产负债表“存货”项目变动金额 = 100 - 400 - 21 = -321（万元），即变动金额为321万元。

（二）

1. 【答案】ACD

**解析**：该企业支付职工薪酬的相关会计处理为：

借：应付职工薪酬 210
　贷：应交税费—应交个人所得税 18
　　其他应收款 12
　　银行存款 180

2. 【答案】BCD

**解析**：分配本月货币性职工薪酬相关账务处理为：

借：生产成本 120
　　制造费用 50
　　管理费用 40
　　销售费用 30
　贷：应付职工薪酬 240

3. 【答案】ABD

**解析**：将自产产品用于发放职工福利需要视同销售，相关会计分录为：

确认非货币性福利：

借：生产成本 11.3
　贷：应付职工薪酬
　　11.3［200×500×（1+13%）÷10000］

发放非货币性福利：

借：应付职工薪酬 11.3
　贷：主营业务收入 10
　　应交税费—应交增值税（销项税额） 1.3

结转发放非货币性福利的产品成本：

借：主营业务成本 8（200×400÷10000）
　贷：库存商品 8

4. 【答案】C

**解析**：确认累积带薪缺勤时，借记“管理费用”（1.5万元）“销售费用”（1.8万元）科目，贷记“应付职工薪酬”科目。

5. 【答案】A

**解析**：产品成本包括产品的直接人工、直接材料和制造费用，生产车间生产工人的职工薪酬属于直接人工，车间管理人员薪酬属于制造费用，所以2019年12月该企业应计入产品成本的职工薪酬金额 = 120（车间生产工人职工薪酬）+50（车间管理人员薪酬）+11.3（生产车间生产工人的非货币性福利）= 181.3（万元）。

（三）

1. 【答案】CD

**解析**：企业代扣个人所得税时：

借：应付职工薪酬 1.5
　贷：应交税费—应交个人所得税 1.5

为职工垫付房租时：

借：其他应收款 0.5
　贷：银行存款 0.5

代扣为职工垫付的房租时：

借：应付职工薪酬 0.5
　贷：其他应收款 0.5

2. 【答案】BC

**解析**：根据资料（2），相关的会计处理如下：

借：生产成本 56.5
　贷：应付职工薪酬—非货币性福利 56.5

借：应付职工薪酬—非货币性福利 56.5
　贷：主营业务收入　50
　　应交税费—应交增值税（销项税额）　6.5
借：主营业务成本　40
　贷：库存商品　40

3.【答案】ABD

**解析**：根据资料（3），相关的会计处理如下：

借：生产成本　14
　　制造费用　5
　　管理费用　2
　　销售费用　9
　贷：应付职工薪酬　30

4.【答案】AC

**解析**：选项 B，计提的住房公积金属于短期薪酬；选项 D，计提的养老保险属于离职后福利。

5.【答案】A

**解析**："应付职工薪酬"项目的期末余额 = 33（期初）－33（资料 1）+（56.5－56.5）（资料 2）+30（资料 3）+（17.7+8.85）（资料 4）= 56.55（万元）。

（四）

1.【答案】ABCD

**解析**：2019 年 1 月 1 日取得借款时：

借：银行存款　500
　贷：短期借款　500

2019 年 1 月 31 日计提短期借款利息时：

借：财务费用　2.5（500×6%/12）
　贷：应付利息　2.5

2019 年 12 月 31 日归还短期借款时：

借：短期借款　500
　　应付利息　27.5
　　财务费用　2.5
　贷：银行存款　530

2.【答案】ABC

**解析**：1 月 1 日支付工程款：

借：在建工程　500
　贷：银行存款　500

6 月 1 日取得捐赠款时：

借：银行存款　168
　贷：营业外收入　168

6 月 1 日支付工程余款：

借：在建工程　198
　　应交税费—应交增值税（进项税额）　90.74
　贷：银行存款　288.74

3.【答案】B

**解析**：该生产线的入账价值 698 万元，支付专业人员培训费在发生时计入当期损益。

4.【答案】ACD

**解析**：2019 年 12 月 1 日固定资产达到预定可使用状态，应从 2020 年 1 月开始计提折旧，2020 年应计提折旧额 =（698－2）×5/15 = 232（万元）；2021 年应计提折旧额 =（698－2）×4/15×6/12 = 92.8（万元）。

5.【答案】BCD

**解析**：固定资产毁损的账务处理：

将毁损的生产线转入清理时：

借：固定资产清理　373.2
　　累计折旧　324.8（232+92.8）
　贷：固定资产　698

残料入库时：

借：原材料　5
　贷：固定资产清理　5

支付清理费用时：

借：固定资产清理　3
　贷：银行存款　3

确认保险公司理赔款项时：

借：其他应收款　200
　贷：固定资产清理　200

结转净损失时：

借：营业外支出—非常损失　171.2
　贷：固定资产清理　171.2

**扫一扫 “码”上做题**

本部分习题均配备二维码，使用“微信”或“会计云课堂”App 扫一扫左侧二维码，即可在线做题并获取详尽的答案解析、解题思路点拨等超值服务，助您轻松过关。

**【“会计云课堂”App 安装二维码详见封底页】**

## 同步强化练习题

### 一、单项选择题

1. 下列各项中，属于“其他应付款”科目核算范围的是(　　)。
A. 应付短期租赁固定资产的租金
B. 应付供应商的货款
C. 应付给职工的薪酬
D. 应付供应商代垫的运杂费

2. 下列项目中，不属于职工薪酬的是(　　)。
A. 职工出差报销的火车票
B. 职工福利费
C. 医疗保险费
D. 职工工资

3. 下列有关离职后福利的说法中，不正确的是(　　)。
A. 离职后福利是指企业在职工提供相关服务的年度报告期间结束后十二个月内需要全部予以支付的职工薪酬
B. 离职后福利计划包括设定提存计划和设定受益计划
C. 设定提存计划是指向独立的基金缴存固定费用后，企业不再承担进一步支付义务的离职后福利计划
D. 设定受益计划是指除设定提存计划以外的离职后福利计划

4. 下列职工薪酬中，不应当根据职工提供服务的受益对象计入成本费用的是(　　)。
A. 职工福利费
B. 因解除与职工的劳动关系给予的补偿
C. 工会经费和职工教育经费
D. 社会保险费

5. 由生产产品、提供劳务负担的职工薪酬，应当(　　)。
A. 计入管理费用
B. 计入存货成本或提供劳务成本
C. 确认为当期费用
D. 计入销售费用

6. 下列各项税费中，不通过“应交税费”科目核算的是(　　)。
A. 房产税
B. 车船税
C. 城镇土地使用税
D. 印花税

7. 某企业为增值税一般纳税人。2021 年 12 月 25 日，向职工发放一批自产的空气净化器作为福利，该批产品售价为 10 万元，生产成本为 7.5 万元，按计税价格计算的增值税销项税额为 1.3 万元。不考虑其他因素，该笔业务应确认的应付职工薪酬为(　　)万元。
A. 7.5　　B. 11.3
C. 10　　D. 8.8

8. 企业按规定计算代扣代缴职工个人所得税时，应贷记的会计科目是(　　)。
A. 其他应付款
B. 应交税费
C. 应付职工薪酬
D. 银行存款

9. 下列关于企业从应付职工薪酬中扣还的代垫医药费的说法中，正确的是(　　)。
A. 该业务会导致企业应付职工薪酬增加

B. 该业务会导致企业银行存款增加

C. 该业务会导致企业其他应收款减少

D. 该业务会导致企业银行存款减少

10. 下列关于消费税核算的表述不正确的是(　　)。

A. 企业销售应税消费品的消费税应通过“税金及附加”科目核算

B. 企业在建工程领用应税消费品时，应当将消费税的金额计入在建工程成本中

C. 进口应税消费品直接出售的，进口环节交纳的消费税需要计入进口货物的成本中

D. 委托加工物资收回后直接出售，受托方代收代缴的消费税应记入“应交税费—应交消费税”科目

11. 委托加工物资收回后用于连续生产应税消费品的，由受托方代收代缴的消费税，委托方应借记的会计科目是(　　)。

A. 在途物资

B. 委托加工物资

C. 应交税费—应交消费税

D. 税金及附加

12. 甲企业为增值税一般纳税人，委托乙企业加工一批应交消费税的W材料，发出原材料的成本为50000元，加工费为10000元，取得的增值税专用发票上注明的增值税税额为1300元，发票已通过税务机关认证。由乙企业代收代缴的消费税为4000元。甲企业收回W材料直接销售。不考虑其他因素，甲企业收回委托加工W材料的成本为(　　)元。

A. 60000　　B. 65300

C. 64000　　D. 61300

13. 甲公司为增值税一般纳税人，2019年3月2日从境外购入一批原材料，以银行存款支付进口增值税29万元，当月已向海关申请稽核比对，但尚未取得稽核相符结果，则关于支付进口增值税的会计处理正确的是(　　)。

A. 借：应交税费—应交增值税（进项税额）　29
　　贷：银行存款　29

B. 借：应交税费—待认证进项税额　29
　　贷：银行存款　29

C. 借：应交税费—未交增值税　29
　　贷：银行存款　29

D. 借：应交税费—应交增值税（已交税金）　29
　　贷：银行存款　29

14. 下列各项中，房地产开发经营企业确认当期因销售房地产应交纳的土地增值税，应借记的会计科目是(　　)。

A. 营业外支出

B. 税金及附加

C. 管理费用

D. 销售费用

## 二、多项选择题

1. 下列关于短期借款的表述中，正确的有(　　)。

A. 短期借款利息如果是借款到期时连同本金一起归还的，并且数额不大，可以不采用预提方式

B. 企业生产经营期间取得短期借款所支付的利息费用计入财务费用

C. 月末计提短期借款利息时通过“预提费用”科目核算

D. 短期借款是企业向银行或其他金融机构等借入的期限在1年以下（含1年）的各种款项

2. 关于应付账款的核算，下列选项表述正确的有(　　)。

A. 应付账款附有现金折扣条件，应按扣除现金折扣后的净额入账

B. 销货方代购货方垫付的运杂费等应计入购货方的应付账款入账金额

C. 企业确实无法支付的应付账款应计入营业外收入

D. 企业采购存货已入库，如果月末发票及账单尚未到达应暂估应付账款入账

3. 下列关于应付股利的说法中，正确的有(　　)。

A. 根据股东大会或类似机构审议批准的

利润分配方案确定分配给投资者的现金股利或利润，应确认为应付股利

B. 贷方登记应支付的现金股利或利润

C. 董事会或类似机构通过的利润分配方案确定分配给投资者的现金股利或利润，应确认为应付股利

D. 借方登记实际支付的现金股利或利润

4. 下列各项中，不应通过“其他应付款”科目核算的有（　　）。

A. 租入包装物支付的押金

B. 应缴纳的教育费附加

C. 为职工垫付的水电费

D. 外单位存入的保证金

5. 下列各项交易或事项，应通过“其他应付款”科目核算的有（　　）。

A. 应赔付给相关单位的现金溢余

B. 应付股东的现金股利

C. 应付、暂收所属单位或个人的款项

D. 预付销货单位的货款

6. 根据受益对象进行分配，计提应付职工薪酬时可以记入的会计科目有（　　）。

A. 制造费用

B. 研发支出

C. 在建工程

D. 财务费用

7. 下列各项中，应确认为应付职工薪酬的有（　　）。

A. 非货币性福利

B. 社会保险费

C. 职工工资

D. 工会经费

8. 下列各项中，应通过“应付职工薪酬”科目核算的有（　　）。

A. 提取的工会经费

B. 计提的职工住房公积金

C. 计提的职工医疗保险费

D. 确认的职工短期带薪缺勤

9. 下列各项中，应列入资产负债表“应付职工薪酬”项目的有（　　）。

A. 支付临时工的工资

B. 发放给困难职工的补助金

C. 缴纳职工的工伤保险费

D. 支付辞退职工的经济补偿金

10. 下列各项中，应作为职工薪酬计入相关资产成本的有（　　）。

A. 设备采购人员差旅费

B. 公司总部管理人员的工资

C. 生产职工的伙食补贴

D. 材料入库前挑选整理人员工资

11. 下列税金中，不应计入存货成本的有（　　）。

A. 由受托方代收代缴的委托加工物资收回后直接用于对外销售的商品负担的消费税

B. 由受托方代收代缴的委托加工物资收回后继续用于生产应交消费税的商品负担的消费税

C. 小规模纳税企业进口原材料交纳的增值税

D. 一般纳税企业进口原材料交纳的增值税（取得增值税专用发票）

12. 一般纳税企业发生的下列各项业务中，属于视同销售行为，要计算增值税销项税额的有（　　）。

A. 将自产的产品用于建造办公楼

B. 将自产的产品分配给股东

C. 将外购的材料用于建造厂房

D. 将自产的产品用于集体福利

13. 下列税金中，应记入“税金及附加”科目的有（　　）。

A. 应交房产税

B. 应交城镇土地使用税

C. 应交车船税

D. 应交企业所得税

14. 下列各项中，有关应交土地增值税的账务处理说法正确的有（　　）。

A. 土地增值税是对转让国有土地使用权、地上建筑物及其附着物并取得增值性收入的单位和个人征收的一种税

B. 房地产开发经营企业销售房地产应交纳的土地增值税，应借记“税金及附加”科目

C. 企业转让的土地使用权连同地上建筑物及其附着物一并在“固定资产”科目核算的，转让时应交的土地增值税，应借记“固定资产清理”科目

D. 企业转让的土地使用权连同地上建筑物及其附着物一并在“固定资产”科目核算的，转让时应交的土地增值税，应借记“税金及附加”科目

## 三、判断题

1. 短期借款利息在预提或实际支付时均应通过“短期借款”科目核算。（　）
2. 购买存货附有现金折扣条件的，企业应按照扣除现金折扣后的应付款净额记入“应付账款”科目。（　）
3. 经股东大会批准，企业对外宣告分配现金股利时，应借记“利润分配”科目，贷记“应付股利”科目；但是对外宣告发放股票股利时，则不需要通过“应付股利”科目核算。（　）
4. 其他应付款的核算范围包括应付短期租赁固定资产的租金、租入包装物的租金，但是不包括存入保证金。（　）
5. 车间管理人员的社会保险费应计入当期管理费用。（　）
6. 职工薪酬中的工会经费应当根据职工提供服务的受益对象分别计入成本费用。（　）
7. 计提应付职工薪酬时，国家规定了计提基础和计提比例的，应当按照国家规定的标准计提。（　）
8. 对于设定提存计划，企业应当根据在资产负债表日为换取职工在会计期间提供的服务而应向单独主体缴存的提存金，确认为应付职工薪酬，并计入当期损益或相关资产成本。（　）
9. 企业将自产的产品作为福利发放给本单位职工，应当根据产品的实际成本加上增值税销项税额作为应付职工薪酬核算。（　）
10. 对于短期带薪缺勤，不管是累积带薪缺勤还是非累积带薪缺勤，均应确认因累积未行使权利而增加的预期支付的金额。（　）
11. 累积带薪缺勤是指带薪权利不能结转下期的带薪缺勤，本期尚未用完的带薪缺勤权利将予以取消，并且职工离开企业时也无权获得现金支付。（　）
12. 企业将拥有的住房等资产供职工无偿使用，应通过“应付职工薪酬”科目核算。（　）
13. 增值税小规模纳税人购进货物支付的增值税直接计入有关货物的成本。（　）
14. 企业将自产的应税矿产品对外销售，按规定应交纳的资源税计入相关资产成本。（　）
15. 制造业企业单独出售土地使用权交纳的土地增值税应记入“税金及附加”科目。（　）
16. “待转销项税额”明细科目核算一般纳税人销售货物、加工修理修配劳务、服务、无形资产或不动产，已确认相关收入（或利得）但尚未发生增值税纳税义务而需于以后期间确认为销项税额的增值税税额。（　）
17. 企业将自产的应税消费品对外销售，按规定缴纳的消费税，记入“税金及附加”科目。（　）
18. 应付股利是指企业根据董事会或类似机构审议批准的利润分配方案确定分配给投资者的现金股利或利润。（　）

## 四、不定项选择题

（一）

长江公司为增值税一般纳税人，销售货物适用的增值税税率为13%。2021年发生的经济业务如下：

（1）6月1日，预收甲公司购货定金100万元，并于当日送存银行。6月20日，将甲公司的预定货物发出，开具增值税专用发票注明的价款为200万元，增值税税额为26万元，余款尚未收回。

(2) 6月16日，从乙公司购入生产用原材料一批，取得货物增值税专用发票注明的价款为100万元，增值税税额为13万元。按照购买协议规定，长江公司可以享受现金折扣的条件为2/10，1/20，N/30(计算现金折扣时不考虑增值税)。

(3) 6月29日，长江公司向乙公司支付货款。

(4) 7月1日，因欠丙公司货款500万元向丙公司开具面值为500万元、期限为6个月的无息银行承兑汇票一张。因向银行申请承兑汇票，以银行存款支付汇票手续费1万元。

(5) 12月31日，向丙公司开具的银行承兑汇票到期，长江公司无力支付。

要求：根据上述资料，不考虑其他因素，回答下列小题。(答案中的金额单位用万元表示)

1. 下列针对相关业务的表述正确的是(　　)。

A. 预收甲公司购货定金属于企业的负债

B. “预收账款”明细科目的借方余额应在“应收账款”项目列报

C. 预收账款不多的企业可以将预收款项通过“应付账款”科目核算

D. 6月1日长江公司“合同负债”科目应记入100万元

2. 长江公司在购入原材料时的会计处理正确的是(　　)。

A. 借：原材料 100
　　应交税费—应交增值税（进项税额） 13
　贷：应付账款 113

B. 借：原材料 112
　贷：应付账款 112

C. 借：原材料 113
　贷：应付账款 113

D. 借：原材料 99
　　应交税费—应交增值税（进项税额） 13
　贷：应付账款 112

3. 长江公司6月29日向乙公司支付购货款的下列会计处理表述正确的是(　　)。

A. 冲减应付账款113万元

B. 实际支付113万元

C. 冲减财务费用1万元

D. 冲减主营业务收入1万元

4. 下列各项中，长江公司的会计处理正确的是(　　)。

A. 6月1日
借：银行存款 100
　贷：合同负债 100

B. 7月1日
借：应付账款 500
　贷：应付票据 500

C. 7月1日
借：财务费用 1
　贷：银行存款 1

D. 12月31日
借：应付票据 500
　贷：应付账款 500

5. 下列关于应付票据的表述中正确的是(　　)。

A. 应付票据是指企业购买材料、商品和接受服务等而开出、承兑的商业汇票

B. 应付票据包括商业承兑汇票和银行汇票

C. 企业因开出银行承兑汇票而支付银行的承兑汇票手续费应计入财务费用

D. 企业应付商业承兑汇票到期无力支付票款时，应将应付票据的账面余额转入应付账款

（二）

甲公司为增值税一般纳税人，适用的增值税税率为13%。2021年9月发生部分经济业务如下：

(1) 2日，外购原材料一批，取得货物增值税专用发票注明的价款为100万元，增值税税额为13万元，取得运费增值税专用发票注明的运费为2万元，增值税税额为0.18万元，原材料已验收入库。以上

款项均通过银行转账方式支付。

(2) 5日，将一批原材料委托乙公司将其加工为A产品（非金银首饰的应税消费品）。发出原材料的成本为80万元，支付加工费取得增值税专用发票注明的价款为20万元，增值税税额为2.6万元，乙公司按税法规定代收代缴的消费税为5万元。收回的A产品用于继续生产应税消费品。以上款项均通过银行转账方式支付。

(3) 15日，将一台设备对外经营出租，当月确认租金收入为11.3万元（含税，税率为13%）。

(4) 20日，将闲置的一处仓库对外转让，取得转让收入218万元（含税，税率为9%）。已知该仓库的原值为800万元，已提折旧600万元，已提减值准备100万元。

(5) 30日，计提税金及附加。已知当月实际交纳的增值税为70万元、消费税为30万元、印花税为6万元、城市维护建设税为7万元、教育费附加和地方教育费附加为5万元。

要求：根据上述资料，不考虑其他因素，分析回答下列小题。（答案中的金额单位用万元表示）

1. 根据资料（1），下列会计处理正确的是(　　)。

A. 借：原材料　100
　　应交税费—应交增值税（进项税额）　13.18
　　销售费用　2
　贷：银行存款　115.18

B. 借：原材料　102
　　应交税费—应交增值税（进项税额）　13.18
　贷：银行存款　115.18

C. 借：原材料　115.18
　贷：银行存款　115.18

D. 借：原材料　113
　　销售费用　2.18
　贷：银行存款　115.18

2. 根据资料（2），收回的委托加工物资成本为(　　)万元。

A. 100　　B. 105
C. 102.6　　D. 107.6

3. 根据资料（3），下列会计处理表述中正确的是(　　)。

A. 甲公司将设备出租属于非日常活动，应当将租金收入计入营业外收入中
B. 甲公司出租的设备应当作为固定资产核算
C. 出租设备的折旧金额应计入其他业务成本中
D. 当月租金收入影响营业收入的金额为10万元

4. 根据资料（4），下列会计处理正确的是(　　)。

A. 借：固定资产清理　100
　　累计折旧　600
　　固定资产减值准备　100
　贷：固定资产　800

B. 借：银行存款　218
　贷：固定资产清理　200
　　应交税费—应交增值税（销项税额）　18

C. 借：固定资产清理　100
　贷：营业外收入　100

D. 借：固定资产清理　100
　贷：资产处置损益　100

5. 根据资料（5），甲公司当月计提税金及附加的金额为(　　)万元。

A. 88　　B. 42
C. 48　　D. 37

（三）

ABC公司为增值税一般纳税人，适用的增值税税率为13%，2020年2月29日应付职工薪酬科目的贷方余额为523.55万元（均为工资）。3月发生如下与职工薪酬有关的经济业务：

(1) 5日，支付上月工资，代扣个人所得税35.25万元，代扣社会保险费78.5万

元，剩余款项以银行转账方式支付。

(2) 15 日，生产车间 5 名员工离职，以银行转账方式支付经济补偿金 50 万元。

(3) 20 日，将自产的一批产品发放给本单位销售部门的优秀员工。该批产品成本为 120 万元，已计提存货跌价准备为 50 万元，市场售价为 80 万元。

(4) 25 日，管理部门员工预借差旅费 2 万元，以现金支付。

(5) 31 日，计提当月工资薪金 525 万元，其中生产车间工人工资 236 万元，车间管理人员工资 35 万元，行政管理部门人员工资 129.5 万元，专设销售机构人员工资 103 万元，工程人员工资 21.5 万元。

(6) 31 日，当月短期累积带薪缺勤合计 25 万元，其中行政管理部门 22 万元，专设销售机构 3 万元。

要求：根据上述资料，不考虑其他因素，回答下列问题。(答案中的金额单位用万元表示，小数点后保留两位小数)

1. 根据资料 (1)，下列会计处理正确的是(　　)。

A. 借：应付职工薪酬　35.25
　　贷：其他应付款　35.25

B. 借：应付职工薪酬　78.5
　　贷：其他应付款　78.5

C. 借：应付职工薪酬　523.55
　　贷：银行存款　523.55

D. 借：应付职工薪酬　409.8
　　贷：银行存款　409.8

2. 根据资料 (2)，支付经济补偿款应计入的会计科目是(　　)。

A. 生产成本　　B. 制造费用

C. 管理费用　　D. 营业外支出

3. 根据资料 (3)，下列说法中正确的是(　　)。

A. 应确认主营业务收入 80 万元

B. 应结转主营业务成本 120 万元

C. 应计入销售费用 90.4 万元

D. 此项业务会影响企业当月损益 -80.4 万元

4. 根据资料 (4) 和 (5)，下列说法中正确的是(　　)。

A. 管理部门员工预借差旅费应计入其他应付款 2 万元

B. 预借差旅费应确认应付职工薪酬 2 万元

C. 计提工资计入当期损益的金额为 525 万元

D. 计提工资应确认应付职工薪酬 525 万元

5. 根据资料 (1) 至 (6)，3 月 31 日“应付职工薪酬”科目的贷方余额为(　　)万元。

A. 550　　B. 525

C. 643.6　　D. 1219.5

(四)

某家电企业为增值税一般纳税人，适用的增值税税率为 13%，2021 年 8 月份该企业发生的有关职工薪酬的资料如下：

(1) 当月应付职工工资总额为 500 万元，“工资费用分配汇总表”中列示的产品生产工人工资为 350 万元，车间管理人员工资为 70 万元，企业行政管理人员工资为 50 万元，专设销售机构人员工资为 30 万元。

(2) 根据“工资费用分配汇总表”，本月企业应付职工工资总额为 500 万元，扣回代垫的职工家属医药费 6 万元，按税法规定应代扣代缴职工个人所得税共计 15 万元，企业以银行存款支付工资 479 万元。

(3) 根据国家规定的计提基础和计提标准，当月应计提的基本养老保险费为 60 万元，基本医疗保险费为 50 万元，其他保险费为 40 万元以及住房公积金为 50 万元。

(4) 当月企业以其生产的电风扇作为福利发放给 500 名直接参加产品生产的职工，该型号电风扇市场不含税销售价为每台 600 元，每台成本为 400 元。

要求：根据上述资料，不考虑其他因素，分析回答下列小题。(答案中的金额单位用万元表示)

1. 根据资料（1），不考虑其他因素，下列说法中正确的是(　　)。

A. 生产成本增加350万元

B. 制造费用增加70万元

C. 管理费用增加50万元

D. 销售费用增加30万元

2. 根据资料（2），下列分录中正确的是(　　)。

A. 扣回代垫的职工家属医药费时：

借：库存现金　6

　贷：其他应收款　6

B. 代扣个人所得税时：

借：其他应收款　15

　贷：应交税费—应交个人所得税　15

C. 支付工资薪金时：

借：应付职工薪酬　500

　贷：银行存款　500

D. 支付工资薪金时：

借：应付职工薪酬　500

　贷：银行存款　479

　　其他应收款　6

　　应交税费—应交个人所得税　15

3. 根据资料（3），下列关于企业计提基本养老保险费和医疗保险费的表述正确的是(　　)。

A. 企业计提的基本养老保险费属于离职后福利

B. 应贷记“应付职工薪酬—设定提存计划—基本养老保险费”科目60万元

C. 企业计提的基本医疗保险费属于短期薪酬

D. 应贷记“应付职工薪酬—社会保险费—基本医疗保险费”科目50万元

4. 根据资料（4），下列各项中，关于该企业会计处理结果正确的是(　　)。

A. 主营业务收入增加30万元

B. 主营业务成本增加20万元

C. 应付职工薪酬增加33.9万元

D. 生产成本增加20万元

5. 根据资料（1）至（4），该企业“应付职工薪酬”科目的贷方发生额是(　　)万元。

A. 733.9　　B. 700

C. 500　　D. 200

## 同步强化练习题参考答案及解析

“扫码看解析”

使用“微信”或“会计云课堂”App扫右方二维码，对答案、看解析、掌握解题思路，开启轻松过关之旅。

### 一、单项选择题

1. 【答案】A

**解析**：选项A计入其他应付款；选项BD计入应付账款；选项C计入应付职工薪酬。

2. 【答案】A

**解析**：职工出差报销的火车票不是企业为获得职工提供的服务而给予的报酬，职工出差火车票报销时，借记“管理费用”等科目，贷记“库存现金”“银行存款”或“其他应收款”科目。

3. 【答案】A

**解析**：短期薪酬是指企业在职工提供相关服务的年度报告期间结束后十二个月内需要全部予以支付的职工薪酬，离职后福利是指企业为获得职工提供的服务而在职工退休或与企业解除劳动关系后，提供的各种形式的报酬和福利，短期薪酬和辞退福利除外，选项A错误。

4.【答案】B

解析：因解除与职工的劳务关系给予的补偿，不分职工提供服务的受益对象，都计入管理费用。

5.【答案】B

解析：应由生产产品、提供劳务负担的职工薪酬，计入存货成本或提供劳务成本。

6.【答案】D

解析：企业交纳的印花税不需要预计应交数，不通过“应交税费”科目核算。

7.【答案】B

解析：企业以其自产产品作为非货币性福利发放给职工的，应当根据受益对象按照该生产产品的公允价值加上增值税销项税额计入相关资产成本或当期损益，同时确认应付职工薪酬，应计入应付职工薪酬的金额 = 10 + 1.3 = 11.3（万元）。

确认非货币性职工福利时：

借：管理费用等 11.3

　贷：应付职工薪酬 11.3

实际发放时：

借：应付职工薪酬 11.3

　贷：主营业务收入 10

　　应交税费—应交增值税（销项税额） 1.3

借：主营业务成本 7.5

　贷：库存商品 7.5

8.【答案】B

解析：企业按规定计算的代扣代缴的职工个人所得税，应借记“应付职工薪酬”科目，贷记“应交税费—应交个人所得税”科目。

9.【答案】C

解析：企业从应付职工薪酬中扣还的代垫医药费，有关的账务处理如下：

借：应付职工薪酬

　贷：其他应收款—代垫医药费

从分录中可以看出该业务会导致企业的应付职工薪酬减少，其他应收款减少，所以选项 C 正确。

10.【答案】D

解析：选项 A，企业销售应税消费品：

借：税金及附加

　贷：应交税费—应交消费税

选项 B，企业在建工程领用应税消费品，用于非应税项目时，计入工程成本：

借：在建工程

　贷：应交税费—应交消费税

选项 C，进口应税消费品直接出售的，直接计入货物成本：

借：原材料

　贷：银行存款

选项 D，委托加工物资收回后直接出售的，代扣代缴的消费税直接计入委托加工物资成本。

11.【答案】C

解析：委托加工物资收回后，直接用于销售的，受托方代收代缴的消费税计入委托加工物资的成本；委托加工物资收回后用于连续生产应税消费品，委托方应按已由受托方代收代缴的消费税，借记“应交税费—应交消费税”科目。

12.【答案】C

解析：因收回 W 材料后直接出售，乙企业代收代缴的消费税计入委托加工物资成本，且加工费已取得增值税专用发票，其进项税额可以进行抵扣，所以甲企业收回委托加工 W 材料的成本 = 50000+10000+4000 = 64000（元）。

13.【答案】B

解析：增值税一般纳税人进口环节交纳的增值税应经过稽核比对无误后方可抵扣，所以支付的正在稽核比对的增值税记入“应交税费—待认证进项税额”科目。

14.【答案】B

解析：会计分录为：

借：税金及附加

　贷：应交税费—应交土地增值税

选项 B 正确。

## 二、多项选择题

1. 【答案】ABD

解析：月末计提短期借款利息时通过“应付利息”科目核算，选项C错误。

2. 【答案】BCD

解析：应付账款附有现金折扣条件，应按扣除现金折扣前的应付款总额入账，选项A错误。

3. 【答案】ABD

解析：选项C，董事会或类似机构通过的利润分配方案中拟分配的现金股利或利润，不需要进行账务处理，但应在附注中披露。

4. 【答案】ABC

解析：选项AC，租入包装物支付的押金、为职工垫付的水电费应记入“其他应收款”科目；选项B，应缴纳的教育费附加应记入“应交税费”科目；选项D，外单位存入的保证金应记入“其他应付款”科目。

5. 【答案】AC

解析：选项B通过“应付股利”科目核算；选项D通过“预付账款”科目核算。

6. 【答案】ABC

解析：选项A，生产车间管理人员的职工薪酬记入“制造费用”科目；选项B，研发人员的职工薪酬记入“研发支出”科目；选项C，建造工程人员的职工薪酬记入“在建工程”科目；选项D，财务人员的职工薪酬记入“管理费用”科目，而不是“财务费用”科目。

7. 【答案】ABCD

解析：应付职工薪酬包括职工工资、奖金、津贴和补贴，职工福利费，非货币性福利，社会保险费，住房公积金，工会经费和职工教育经费，带薪缺勤，利润分享计划，离职后福利，辞退福利等，因此选项ABCD均通过“应付职工薪酬”科目核算。

8. 【答案】ABCD

9. 【答案】ABCD

10. 【答案】CD

解析：选项A，设备采购人员的差旅费计入管理费用，且不属于职工薪酬；选项B，公司总部管理人员的工资计入管理费用；选项C，生产职工的伙食补贴计入生产成本；选项D，材料入库前挑选整理人员工资计入材料成本。

11. 【答案】BD

解析：选项A计入委托加工物资的成本；选项B记入“应交税费—应交消费税”科目的借方；选项C计入原材料成本；选项D记入“应交税费—应交增值税（进项税额）”科目。

12. 【答案】BD

解析：企业将自产或委托加工的货物用于集体福利或个人消费，将自产、委托加工或购买的货物作为投资、分配给股东、无偿赠送他人等，应视同销售计算缴纳增值税，借记“长期股权投资”“营业外支出”等科目，贷记“应交税费—应交增值税（销项税额）”科目等。选项AC，将自产或外购产品用于安装、建造，按成本价领用即可，不视同销售。

13. 【答案】ABC

解析：企业应交的房产税、城镇土地使用税、车船税记入“税金及附加”科目；选项D，应交企业所得税记入“所得税费用”科目。

14. 【答案】ABC

解析：选项D，企业转让的土地使用权连同地上建筑物及其附着物一并在“固定资产”科目核算的，转让时应交的土地增值税，应借记“固定资产清理”科目。

## 三、判断题

1. 【答案】×

解析：短期借款利息在预提利息时，借

记“财务费用”科目，贷记“应付利息”科目；实际支付利息时，借记“应付利息”“财务费用”科目，贷记“银行存款”科目，均不通过“短期借款”科目核算。

2. 【答案】×

**解析**：确定应付账款的入账价值，不考虑现金折扣。

3. 【答案】√

4. 【答案】×

**解析**：存入保证金也属于其他应付款的核算范围。

5. 【答案】×

**解析**：车间管理人员的社会保险费应计入制造费用。

6. 【答案】√

7. 【答案】√

8. 【答案】√

9. 【答案】×

**解析**：企业将自产的产品作为福利发放给本单位职工，应当根据产品的公允价值加增值税销项税额作为应付职工薪酬核算。

10. 【答案】×

**解析**：只有累积带薪缺勤应确认因累积未行使权利而增加的预期支付的金额。

11. 【答案】×

**解析**：累积带薪缺勤是指带薪权利可以结转下期的带薪缺勤，本期尚未用完的带薪缺勤权利可以在未来期间使用。非累积带薪缺勤，是指带薪权利不能结转下期的带薪缺勤，本期尚未用完的带薪缺勤权利将予以取消，并且职工离开企业时也无权获得现金支付。

12. 【答案】√

13. 【答案】√

14. 【答案】×

**解析**：企业将自产的应税矿产品对外销售，按规定应交纳的资源税计入当期损益（税金及附加）。

15. 【答案】×

**解析**：制造业企业单独出售土地使用权交纳土地增值税应编制的会计分录为：

借：银行存款等（含增值税）
　　累计摊销
　　无形资产减值准备
　贷：无形资产
　　　应交税费—应交土地增值税
　　　资产处置损益（差额，或借方）

16. 【答案】√

17. 【答案】√

18. 【答案】×

**解析**：应付股利是指企业根据股东大会或类似机构审议批准的利润分配方案确定分配给投资者的现金股利或利润。

## 四、不定项选择题

（一）

1. 【答案】ABD

**解析**：预收的款项属于企业的负债，选项A正确；“预收账款”明细科目的借方余额属于应收账款，应在“应收账款”项目列报，选项B正确；预收账款不多的企业可以将预收款项通过“应收账款”核算，选项C错误；6月1日预收的货款应计入合同负债，选项D正确。

2. 【答案】A

**解析**：应付账款应按不扣除现金折扣的金额入账，正确分录为：

借：原材料　100
　　应交税费—应交增值税（进项税额）　13
　贷：应付账款　113

3. 【答案】AC

**解析**：支付货款时应当编制的会计分录为：

借：应付账款　113
　贷：银行存款　112
　　　财务费用　1

4. 【答案】ABC

解析：银行承兑汇票到期无力支付，应将其转入短期借款，选项D错误。

5. 【答案】ACD

解析：应付票据包括商业承兑汇票和银行承兑汇票，银行汇票属于其他货币资金，选项B错误。

（二）

1. 【答案】B

解析：运费需计入原材料的采购成本，增值税确认为进项税额用于抵扣税款。

2. 【答案】A

解析：委托加工物资收回成本＝80＋20＝100（万元）。委托方收回委托加工物资用于继续生产应税消费品的，受托方代收代缴的消费税记入“应交税费—应交消费税”科目借方。

3. 【答案】BCD

解析：公司将设备经营出租，设备仍属于公司固定资产，继续作为固定资产核算，该项业务属于公司日常经营活动，当月应确认其他业务收入＝11.3÷（1＋13%）＝10（万元），出租设备发生的折旧应计入其他业务成本中。

4. 【答案】ABD

解析：出售固定资产的净损益记入“资产处置损益”科目。

5. 【答案】C

解析：计入税金及附加的金额＝30＋6＋7＋5＝48（万元）。

（三）

1. 【答案】BD

解析：ABC公司应编制的会计分录为：

借：应付职工薪酬　523.55
　贷：应交税费—应交个人所得税　35.25
　　其他应付款　78.5
　　银行存款　409.8

选项BD正确。

2. 【答案】C

解析：企业支付的经济补偿款属于辞退福利，应计入管理费用。

3. 【答案】ACD

解析：ABC公司应编制的会计分录为：

借：应付职工薪酬　90.4
　贷：主营业务收入　80
　　应交税费—应交增值税（销项税额）　10.4
借：主营业务成本　70
　　存货跌价准备　50
　贷：库存商品　120
借：销售费用　90.4
　贷：应付职工薪酬　90.4

对当月损益的影响金额＝80－70－90.4＝－80.4（万元），选项ACD正确。

4. 【答案】D

解析：预借差旅费应通过“其他应收款”科目核算，选项AB错误；计提工资计入当期损益的金额＝129.5＋103＝232.5（万元），选项C错误；计提工资应贷记“应付职工薪酬”科目525万元，选项D正确。

5. 【答案】A

解析：3月31日“应付职工薪酬”科目的贷方余额＝525＋25＝550（万元）。

（四）

1. 【答案】ABCD

解析：生产工人工资计入生产成本；车间管理人员工资计入制造费用；企业行政管理人员工资计入管理费用；专设销售机构人员工资计入销售费用，选项ABCD均正确。

2. 【答案】D

解析：扣回代垫的职工家属医药费：

借：应付职工薪酬　6
　贷：其他应收款　6

代扣个人所得税：

借：应付职工薪酬　15
　贷：应交税费—应交个人所得税　15

支付应付职工薪酬：

借：应付职工薪酬　479
　贷：银行存款　479

3.【答案】ABCD

**解析**：企业计提的基本养老保险费属于离职后福利，计提时应贷记“应付职工薪酬—设定提存计划—基本养老保险费”科目60万元，选项AB正确；企业计提的基本医疗保险费属于短期薪酬，计提时应贷记“应付职工薪酬—社会保险费—基本医疗保险费”科目50万元，选项CD正确。

4.【答案】AB

**解析**：企业以自产产品作为职工福利，视同销售：

借：生产成本　33.9

　贷：应付职工薪酬　33.9

借：应付职工薪酬　33.9

　贷：主营业务收入

　　30（500×600÷10000）

　　应交税费—应交增值税（销项税额）　3.9（500×600×13%÷10000）

借：主营业务成本

　　20（500×400÷10000）

　贷：库存商品　20

5.【答案】A

**解析**：“应付职工薪酬”科目的贷方发生额=500+60+50+40+50+33.9=733.9（万元）。

# 第四章 所有者权益

## 本章考情分析

所有者权益是反映企业财务状况的一个会计要素，本章重点介绍实收资本或股本、资本公积和留存收益的有关内容。近 3 年考试题型主要为单项选择题、多项选择题和判断题，分值在 7 分左右，属于比较重要的章节。

**近 3 年题型题量分析表**

| 题型<br>年份 | 单项选择题 | 多项选择题 | 判断题 | 不定项选择题 | 合计 |
| --- | --- | --- | --- | --- | --- |
| 2020 年 | 2 题 4 分 | 1 题 2 分 | 1 题 1 分 | 1 题 2 分 | 9 分 |
| 2019 年 | 2 题 3 分 | 2 题 4 分 | — | — | 7 分 |
| 2018 年 | 2 题 3 分 | 1 题 2 分 | 1 题 1 分 | — | 6 分 |

## 2021 年教材主要变化

无实质性变化。

## 本章考点框架

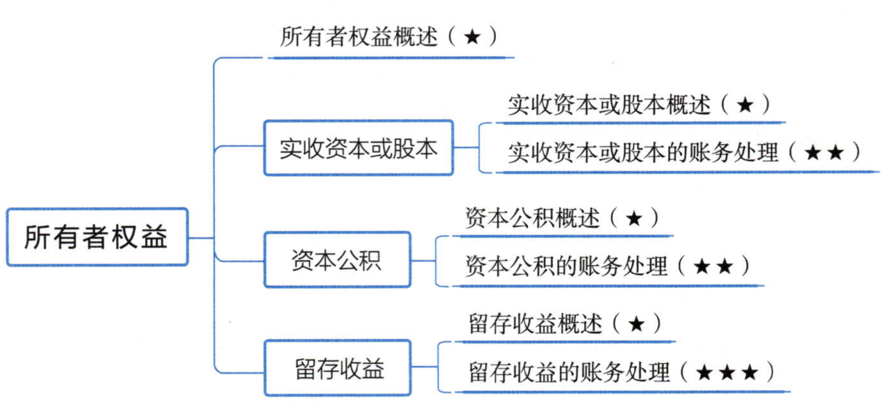

## 本章重难点精讲

### 所有者权益概述（★）

所有者权益是指企业资产扣除负债后由所有者享有的剩余权益。公司的所有者权益又称为股东权益。

所有者权益通常由实收资本（或股本）、其他权益工具、资本公积、其他综合收益、专项储备和留存收益（盈余公积、未分配利润）构成。

【提示】其他权益工具、其他综合收益、专项储备，初级中不涉及具体账务处理。本章重点介绍实收资本或股本、资本公积和留存收益的有关内容。

## 第一节 实收资本或股本

查看本节视频
使用"会计云课堂"App/微信扫描

### 一、实收资本或股本概述（★）

实收资本是指企业按照章程规定或合同、协议约定，接受投资者投入企业的资本。实收资本的构成比例或股东的股份比例，是确定所有者在企业所有者权益中份额的基础，也是企业进行利润或股利分配的主要依据。

我国《公司法》规定，股东可以用货币出资，也可以用实物、知识产权、土地使用权等可以用货币估价并可以依法转让的非货币财产作价出资；但是，法律、行政法规规定不得作为出资的财产除外。

| | 实收资本 | 股本 |
|---|---|---|
| 借方 | 登记实收资本的减少数额 | 登记公司按照法定程序经批准减少的股本数额 |
| 贷方 | 登记实收资本的增加数额 | 登记公司在核定的股份总额及股本总额范围内实际发行股票的面值总额 |
| 期末余额 | 在贷方，反映企业期末实收资本实有数额 | 在贷方，反映公司股本实有数额 |
| 适用范围 | 除股份有限公司外 | 股份有限公司 |

【提示】实收资本与资本公积的区别。

实收资本的构成比例或股东的股权比例，是确定所有者在企业所有者权益中份额的基础，也是企业进行利润或股利分配的主要依据，同时还是企业清算时确定所有者对净资产的要求权的依据，它体现了所有者对企业的基本产权关系。

资本公积是投资者的出资额**超出**其在注册资本中所占份额的部分（即资本溢价或股本溢价），以及直接计入所有者权益的利得和损失（即其他资本公积），它**不直接**表明所有者对企业的基本产权关系。

## 二、实收资本或股本的账务处理（★★）

（一）接受现金资产投资

| 项目 | 账务处理 |
| --- | --- |
| 股份有限公司接受现金资产投资 | 借：银行存款等<br>　贷：股本（按每股股票面值和发行股份总数的乘积计算的金额）<br>　　资本公积—股本溢价（实际收到的金额与股本之间的差额） |
| 股份有限公司以外的企业接受现金资产投资 | 借：银行存款等<br>　贷：实收资本（按投资合同或协议约定的投资者在注册资本中所占份额的部分）<br>　　资本公积—资本溢价（实际收到的金额与实收资本之间的差额） |

【提示】股份有限公司发行费用的处理。

属于溢价发行的，发行费用从溢价收入中扣除，冲减资本公积—股本溢价；溢价金额不足冲减的，或者属于按面值发行无溢价的，依次冲减盈余公积和未分配利润，即按照分录中①②③的顺序冲减。

借：资本公积—股本溢价①
　　盈余公积②
　　利润分配—未分配利润③
　贷：银行存款

【历年考核要点】

1. 实收资本（或股本）的入账价值（接受非现金资产投资同理）

2. 股份有限公司发行股票时发行费用的处理原则

3. 倒挤资本公积差额的计算（接受非现金资产投资同理）

### 经典题解

【例题1·单选题】某股份有限公司对外公开发行普通股2000万股，每股面值为1元，每股发行价格为3元，发行手续费600000元从发行收入中扣除，发行所得款项存入银行。不考虑其他因素，下列各项中，该笔业务会计处理正确的是（　　）。（2020年·2分）

A. 借：银行存款　59400000
　　贷：股本　20000000
　　　资本公积　39400000

B. 借：银行存款　59400000
　　　财务费用　600000
　　贷：股本　20000000
　　　资本公积　40000000

C. 借：银行存款　60000000
　　　财务费用　600000
　　贷：股本　20000000
　　　资本公积　40600000

D. 借：银行存款　60000000
　　贷：股本　60000000

【解析】股份有限公司发行股票时，股本反映面值总额，其金额为每股股票面值和发行股份总数的乘积，即计入股本的金额 = 1×20000000 = 20000000（元），发生的手续费、佣金等交易费用，应从溢价中抵扣，冲减资本公积（股本溢价），不涉及到财务费用，即计入资本公积（股本溢价）的金额 = 3×20000000 − 20000000 − 600000 = 39400000（元）。

【答案】A

【例题2·单选题】某上市公司公开发行普通股1000万股，每股面值1元，每股发行价格5元，支付券商发行费用100万元。该公司发行普通股计入股本的金额为（　　）万元。

A. 5000　　B. 1000

C. 4900　　D. 5100

【解析】股本反映面值总额，其金额为每股股票面值和发行股份总数的乘积，所以计入股本的金额＝1000×1＝1000（万元）。

【答案】B

（二）接受非现金资产投资

借：固定资产、原材料、无形资产等（投资合同或协议约定的价值，不公允的除外）

　　应交税费—应交增值税（进项税额）

　贷：实收资本（或股本）（投资合同或协议约定的投资者在企业注册资本或股本中所占份额）

　　　资本公积—资本溢价（或股本溢价）（差额）

【提示1】被投资企业接受投入的固定资产、无形资产进项税额可以抵扣；投资企业的固定资产、无形资产按正常出售核算，计算增值税销项税额。

【提示2】被投资企业接受投入的原材料进项税额可以抵扣；投资企业的原材料视同销售，计算增值税销项税额。

## 经典题解

【例题3·单选题】甲公司为增值税一般纳税人，收到乙公司作为资本投入的原材料一批，合同约定该批材料不含增值税的价值为100万元，增值税税额13万元（由乙公司支付），甲公司已取得增值税专用发票。该批材料合同约定的价值与公允价值相符，乙公司享有甲公司注册资本的份额为80万元。不考虑其他因素，下列各项中，甲公司接受乙公司投资相关会计处理表述正确的是（　　）。（2020年·2分）

A. 借记“原材料”科目113万元

B. 贷记“资本公积—资本溢价”科目33万元

C. 贷记“实收资本”科目100万元

D. 贷记“应交税费—应交增值税（进项税额）”科目13万元

【解析】甲公司接受乙公司投资的账务处理为：

借：原材料　100

　　应交税费—应交增值税（进项税额）　13

　贷：实收资本　80

　　　资本公积—资本溢价　33

选项B正确。

【答案】B

【例题4·单选题】甲公司初始设立时收到乙公司作为资本投入的一项非专利技术，合同约定的价值与公允价值相同，均为50000元，经税务机关认证的增值税进项税额为3000元（由投资方支付税款，并开具增值税专用发票）。乙公司投资额未超过其在甲公司注册资本中所占的份额。不考虑其他因素，甲公司应确认的实收资本金额为（　　）元。（2019年·1.5分）

A. 53000　　B. 47000

C. 50000　　D. 3000

【解析】甲公司账务处理如下：

借：无形资产　50000

　　应交税费—应交增值税（进项税额）　3000

　贷：实收资本　53000

【答案】A

【例题5·单选题】甲、乙公司均为增值税一般纳税人，适用的增值税税率为13%，甲公司接受乙公司投入的原材料一批，账面价值为260万元，投资协议约定价值为300万元，假定投资协议约定的价值与公允价值相符，接受投资后甲公司注册资本为1000万元，乙公司投入的材料在注册资本中享有的份额为20%。甲公司资本公积应增加（　　）万元。

A. 339　　B. 200

C. 139　　D. 100

【解析】甲公司账务处理如下：

借：原材料　300

　　应交税费—应交增值税（进项税额）　39

　贷：实收资本　200（1000×20%）

　　　资本公积—资本溢价　139

【答案】C

（三）实收资本（或股本）的增减变动

1. 实收资本（或股本）的增加

| 途径 | 账务处理 |
| --- | --- |
| 接受投资者追加投资 | 借：银行存款等<br>　贷：实收资本（或股本）<br>　　　资本公积--资本溢价（或股本溢价） |
| 资本公积转增资本 | 借：资本公积—资本溢价（或股本溢价）<br>　贷：实收资本（或股本） |
| 盈余公积转增资本 | 借：盈余公积<br>　贷：实收资本（或股本） |
| 【提示1】用资本公积或盈余公积转增资本时，如果是股份有限公司或有限责任公司应按原投资者各自出资比例计算确定各投资者相应增加的出资额<br>【提示2】资本公积转增资本和盈余公积转增资本，企业所有者权益总额不发生变化 | |

## 经典题解

【例题6·多选题】某公司由甲、乙投资者分别出资100万元设立。为扩大经营规模，该公司的注册资本由200万元增加到250万元，丙企业以现金出资100万元享有该公司20%的注册资本，不考虑其他因素，该公司接受丙企业出资，相关会计处理结果正确的有（　　）。（2018年·2分）

A. 贷记“实收资本”科目100万元

B. 贷记“盈余公积”科目100万元

C. 贷记“资本公积”科目50万元

D. 借记“银行存款”科目100万元

【解析】接受丙企业投资的相关账务处理如下：

借：银行存款　　100

　贷：实收资本　　50（250×20%）

　　　资本公积　　50

【答案】CD

【例题7·多选题】下列各项中，会导致企业实收资本增加的有（　　）。

A. 资本公积转增资本

B. 接受投资者追加投资

C. 盈余公积转增资本

D. 接受非流动资产捐赠

【解析】选项A，借：资本公积，贷：实收资本，实收资本增加；选项B，借：银行存款等，贷：实收资本等，实收资本增加；选项C，借：盈余公积，贷：实收资本，实收资本增加；选项D，借：固定资产等，贷：营业外收入，不影响实收资本，选项D错误。

【答案】ABC

2. 实收资本（或股本）的减少

| 途径 | 账务处理 |
| --- | --- |
| 一般企业按法定程序报经批准减少注册资本 | 借：实收资本<br>　贷：银行存款 |

续表

| 途径 | 账务处理 |
| --- | --- |
| 股份有限公司回购并注销股票 | 回购股票时：<br>借：库存股<br>　贷：银行存款<br>注销时：<br>①如果回购价款大于股票面值，差额冲减资本公积—股本溢价，不足冲减的，依次冲减盈余公积和利润分配—未分配利润<br>借：股本（每股面值×注销股数）<br>　　资本公积—股本溢价<br>　　盈余公积<br>　　利润分配—未分配利润<br>　贷：库存股（每股回购价格×注销股数）<br>②如果回购价款小于股票面值，差额计入资本公积—股本溢价<br>借：股本（每股面值×注销股数）<br>　贷：库存股（每股回购价格×注销股数）<br>　　　资本公积—股本溢价（差额）<br>【提示】“库存股”科目属于所有者权益备抵科目，借方表示增加，贷方表示减少，回购股票时，所有者权益减少，资产减少；注销股票时分录借贷方均为所有者权益科目，属于所有者权益内部增减变动，并不影响所有者权益总额 |

**【历年考核要点】**

1. 回购、注销股票对留存收益总额和所有者权益总额的影响

2. 回购和注销股票的账务处理

## 经典题解

**【例题8·单选题】** 下列各项中，股份有限公司回购股票支付的价款低于股票面值总额的差额，在注销股份时应计入的会计科目是(　　)。(2020年·2分)

A. 资本公积

B. 利润分配—未分配利润

C. 盈余公积

D. 营业外收入

**【解析】** 企业回购股票支付的价款低于面值总额的，应按股票面值总额，借记“股本”科目，按所注销的库存股账面余额，贷记“库存股”科目，按其差额，贷记“资本公积—股本溢价”科目。

**【答案】** A

**【例题9·多选题】** 某公司经股东大会批准，按照每股4元的价格回购并注销本公司普通股股票1000万股，每股股票面值为1元。注销前，该公司资本公积（股本溢价）为2000万元，盈余公积为3000万元。不考虑其他因素，下列各项中，该公司注销已回购股票相关会计处理表述正确的有(　　)。(2020年·2分)

A. 借记“股本”科目1000万元

B. 贷记“库存股”科目4000万元

C. 借记“盈余公积”科目2000万元

D. 借记“资本公积”科目1000万元

**【解析】** 该公司回购股票的账务处理为：

借：库存股　4000

　贷：银行存款　4000

注销股票的会计处理为：

借：股本　1000

　　资本公积—股本溢价　2000

　　盈余公积　1000

　贷：库存股　4000

**【答案】** AB

**【例题10·多选题】**某公司期初的所有者权益为：股本5000万元（每股面值为1元），资本公积1000万元（其中股本溢价800万元），盈余公积500万元，未分配利润600万元。本期经股东大会批准，以每股7元的价格回购本公司股票200万股并注销。下列各项中，该公司回购并注销股票的相关会计处理结果正确的有（　　）。（2018年·2分）

A. 注销时，借记“资本公积—股本溢价”科目800万元

B. 注销时，借记“盈余公积”科目400万元

C. 回购时，借记“库存股”科目1400万元

D. 注销时，借记“股本”科目1400万元

**【解析】**回购时：

借：库存股　　1400（7×200）
　贷：银行存款　　1400

注销时：

借：股本　　200（1×200）
　　资本公积—股本溢价　　800
　　盈余公积　　400（1400-200-800）
　贷：库存股　　1400

**【答案】**ABC

**【例题11·多选题】**甲公司2019年12月31日的股本为10000万股，每股面值为1元，资本公积（股本溢价）为4000万元，盈余公积为1500万元。经股东大会批准，甲公司以银行存款回购本公司股票1500万股并注销，每股回购价为4元。下列各项中表述正确的有（　　）。

A. 回购库存股时使所有者权益减少6000万元

B. 注销库存股时减少资本公积4500万元

C. 注销库存股时不影响所有者权益总额

D. 注销库存股时股本减少1500万元

**【解析】**库存股属于所有者权益的备抵科目，回购时库存股增加，所有者权益总额减少，选项A正确；注销库存股为所有者权益内部增减变动，不影响所有者权益总额，选项C正确。会计分录如下：

回购时：

借：库存股　　6000（1500×4）
　贷：银行存款　　6000

注销时：

借：股本　　1500
　　资本公积—股本溢价　　4000
　　盈余公积　　500（6000-1500-4000）
　贷：库存股　　6000

**【答案】**ACD

**开小灶**

本节必考点汇总：（详见轻松过关2）

1. 非现金资产的入账价值、实收资本（股本）的入账价值
2. 溢价发行股票时发行费用、溢价金额的科目归属及计算
3. 影响实收资本增减变化的因素
4. 回购、注销股票的会计处理及其对所有者权益总额的影响

## 第二节　资本公积

查看本节视频
使用“会计云课堂”App/微信扫描

### 一、资本公积概述（★）

资本公积是企业收到投资者出资额超出其在注册资本（或股本）中所占份额的部分，以及其他资本公积等。资本公积包括资本溢价（或股本溢价）和其他资本公积等。

形成资本溢价（或股本溢价）的原因有

溢价发行股票、投资者超额缴入资本等。

其他资本公积是指除资本溢价（或股本溢价）、净损益、其他综合收益和利润分配以外所有者权益的其他变动。

【提示1】资本公积的来源不是企业实现的利润，而主要来自资本溢价（或股本溢价）等。

【提示2】资本公积不直接表明所有者对企业的基本产权关系；不体现各所有者的占有比例，也不能作为所有者参与企业财务经营决策或进行利润分配（或股利分配）的依据。

## 经典题解

【例题12·多选题】下列各项中，属于资本公积来源的有(　　)。

A. 盈余公积转入

B. 股本溢价

C. 资本溢价

D. 从企业实现的净利润提取

【解析】盈余公积可以转增资本，但不能转入资本公积，选项A错误；从企业实现的净利润中提取的留存于企业的内部积累应计入盈余公积，不计入资本公积，选项D错误。

【答案】BC

### 二、资本公积的账务处理（★★）

（一）资本溢价（或股本溢价）

| | |
|---|---|
| 资本溢价 | 非股份有限公司接受投资者投入资产的金额超过投资者在企业注册资本中所占份额的部分，通过“资本公积—资本溢价”科目核算 |
| 股本溢价 | 股份有限公司在溢价发行股票的情况下，企业发行股票取得的收入，等于股票面值的部分作为股本处理，超出股票面值的溢价收入应作为股本溢价处理 |

【历年考核要点】

资本公积的构成及数额计算。

## 经典题解

【例题13·单选题】2019年8月1日，某股份有限公司委托证券公司发行股票5000万股，每股面值1元，每股发行价格6元，向证券公司支付佣金900万元，从发行收入中扣除。不考虑其他因素，该公司发行股票记入“资本公积—股本溢价”科目的金额为(　　)万元。(2020年·2分)

A. 24100　　B. 30000

C. 5000　　D. 29100

【解析】记入“资本公积—股本溢价”科目的金额=5000×6-900-5000=24100（万元）。

【答案】A

【例题14·单选题】下列各项中，有限责任公司收到投资者投入的出资额，超出其在注册资本中所占份额的部分应贷记的会计科目是(　　)。(2020年·2分)

A. 盈余公积　　B. 资本公积

C. 实收资本　　D. 其他综合收益

【解析】有限责任公司收到投资者投入的出资额，按投资合同或协议约定的投资者在企业注册资本中所占份额的部分，贷记“实收资本”科目，超过投资者在企业注册资本中所占份额的部分，贷记“资本公积—资本溢价”科目。

【答案】B

【例题15·单选题】下列各项中，关于股份有限公司溢价发行股票相关会计处理表述正确的是(　　)。(2019年·1.5分)

A. 发行股票发生的交易费用应单独计入当期损益

B. 溢价总额不足以抵扣发行股票发生的交易费用的差额应冲减股本

C. 溢价总额高于发行股票发生的交易费用的差额作为资本公积入账

D. 溢价总额不足以抵扣发行股票发生的交易费用的差额应计入当期损益

**【解析】** 发行股票相关的手续费、佣金等交易费用，如果是溢价发行股票的，应从溢价中抵扣，冲减资本公积—股本溢价，而不是计入当期损益，选项 A 错误；无溢价发行股票或溢价金额不足以抵扣交易费用的，应将不足抵扣的部分依次冲减盈余公积和未分配利润，选项 BD 错误；在溢价发行股票的情况下，企业发行股票取得的收入，等于股票面值部分作为股本处理，超出股票面值的溢价收入应作为资本公积—股本溢价处理，选项 C 正确。

**【答案】** C

**【例题 16 · 单选题】** 某公司委托证券公司发行普通股 400000 股，每股面值为 1 元，每股发行价格为 16 元。双方协议约定，证券公司按发行收入的 2%收取佣金，并直接从发行收入中扣除。不考虑其他因素，该公司发行股票应计入资本公积的金额为(　　)元。(2018 年 · 1.5 分)

A. 6272000　　B. 5880000

C. 5872000　　D. 6000000

**【解析】** 该公司发行股票应计入资本公积的金额 = 400000×16×（1-2%）-400000×1 = 5872000（元）。

**【答案】** C

**【例题 17 · 单选题】** 下列各项中，关于股份有限公司溢价发行股票的相关会计处理表述正确的是(　　)。

A. 发行股票的溢价计入盈余公积

B. 发行股票相关的手续费计入股本

C. 发行股票相关的手续费应从溢价中抵扣

D. 发行股票取得的款项全部计入股本

**【解析】** 股份有限公司溢价发行股票的会计处理为：

借：银行存款

　贷：股本

　　资本公积—股本溢价

发行股票的溢价计入资本公积，选项 A 错误；发行股票相关的手续费，冲减资本公积—股本溢价，选项 B 错误，选项 C 正确；发行股票取得的款项计入银行存款等，股票的面值计入股本，发行收入与股本之间的差额计入资本公积—股本溢价，选项 D 错误。

**【答案】** C

**【例题 18 · 多选题】** 下列各项中，应计入资本公积的有(　　)。

A. 注销的库存股账面余额低于所冲减股本的差额

B. 投资者超额缴入的资本

C. 交易性金融资产发生的公允价值变动

D. 溢价发行股票，超出股票面值的溢价收入

**【解析】** 选项 C 计入公允价值变动损益。

**【答案】** ABD

（二）其他资本公积

其他资本公积是指除资本溢价（或股本溢价）、净损益、其他综合收益和利润分配以外所有者权益的其他变动。如企业对被投资单位的长期股权投资采用权益法核算的，在持股比例不变的情况下，对因被投资单位除净损益、其他综合收益和利润分配以外的所有者权益的其他变动，投资企业按应享有或分担份额调整长期股权投资的账面价值和资本公积—其他资本公积。

账务处理如下：

借：长期股权投资—其他权益变动

　贷：资本公积—其他资本公积

（或相反分录）

处置长期股权投资时（假设全部处置）要将原记入“资本公积—其他资本公积”科目的金额结转至“投资收益”科目中。

借：资本公积—其他资本公积

　贷：投资收益（或相反分录）

**【提示】** 因初级教材中不涉及长期股权投资核算内容，所以此处其他资本公积的核算简单了解即可。

（三）资本公积转增资本

资本公积转增资本时，按转增的金额，借记“资本公积”科目，贷记“实收资本”或“股本”科目。

【提示】资本公积转增资本，企业所有者权益总额不变。

## 经典题解

**【例题 19·单选题】**某公司年初资本公积为 1500 万元，经股东大会批准，用资本公积转增资本 300 万元。不考虑其他因素，该公司年末的资本公积为（　　）万元。

A. 1700　　B. 1500

C. 1200　　D. 1400

**【解析】**资本公积转增资本会减少资本公积，所以该公司年末的资本公积 = 1500 − 300 = 1200（万元）。

**【答案】**C

**开小灶**

本节必考点汇总：（详见轻松过关 2）

1. 资本公积核算的内容
2. 资本公积的用途

# 第三节　留存收益

查看本节视频

使用“会计云课堂”App/微信扫描

## 一、留存收益概述（★）

留存收益是指企业从历年实现的利润中提取或形成的留存于企业的内部积累，包括盈余公积和未分配利润两类。

盈余公积是指企业按照有关规定从净利润中提取的积累资金。公司制企业的盈余公积包括法定盈余公积和任意盈余公积。

未分配利润是指企业实现的净利润经过弥补亏损、提取盈余公积和向投资者分配利润后留存在企业的、历年结存的利润。

【易错易混点辨析】资本公积与实收资本（或股本）、留存收益的关系。

| | 来源 | 用途 |
|---|---|---|
| 资本公积 | 投资者出资额超过其在注册资本（或股本）中所占份额的部分以及其他资本公积，不直接表明所有者对企业的基本产权关系 | 主要用来转增资本（股本） |
| 实收资本（或股本） | 实际投入企业并依法进行注册的资本，体现了所有者对企业的基本产权关系 | 实收资本（或股本）的构成比例是所有者参与财务经营决策的基础、股利分配的依据，同时还是企业清算时确定所有者对净资产的要求权的依据 |
| 留存收益 | 企业从历年实现的利润中提取或形成的留存于企业的内部积累，包括盈余公积和未分配利润 | 盈余公积可用于转增资本（或股本）、发放现金股利或利润和弥补亏损，但不能转入资本公积 |

【历年考核要点】

留存收益的构成。

## 经典题解

**【例题20·单选题】**下列各项中能导致企业盈余公积减少的是（　　）。（2020年·2分）

A. 股东大会宣告分配股票股利

B. 以资本公积转增资本

C. 提取盈余公积

D. 以盈余公积弥补亏损

**【解析】**选项A，宣告分配股票股利不作账务处理，不影响盈余公积；

选项B不影响盈余公积，会计分录为：

借：资本公积

　贷：实收资本/股本

选项C增加盈余公积，会计分录为：

借：利润分配—提取法定（任意）盈余公积

　贷：盈余公积—法定（任意）盈余公积

选项D减少盈余公积，会计分录为：

借：盈余公积

　贷：利润分配—盈余公积补亏

**【答案】**D

**【例题21·多选题】**下列各项中，属于企业留存收益的有（　　）。（2020年·2分）

A. 提取的任意盈余公积

B. 发行股票取得的溢价收入

C. 提取的法定盈余公积

D. 历年积累的未分配利润

**【解析】**选项B计入资本公积。

**【答案】**ACD

### 二、留存收益的账务处理（★★★）

（一）利润分配

利润分配是指企业根据国家有关规定和企业章程、投资者协议等，对企业当年可供分配的利润所进行的分配。

（1）企业应通过“利润分配”科目，核算企业利润的分配（或亏损的弥补）和历年分配（或弥补）后的未分配利润（或未弥补亏损）。

（2）利润分配的顺序依次是：①提取法定盈余公积；②提取任意盈余公积；③向投资者分配利润。

（3）计算公式。

期末可供分配的利润＝当期实现的净利润（或净亏损）+年初未分配利润（或-年初未弥补亏损）+其他转入（如盈余公积补亏）

期末可供投资者分配的利润＝期末可供分配的利润-提取的盈余公积

期末未分配利润＝期末可供投资者分配的利润-向投资者分配的现金股利或利润、实际发放的股票股利等

（4）账务处理。

| 项目 | 账务处理 |
| --- | --- |
| 结转当期实现的净利润（或发生的净亏损） | 借：本年利润<br>　贷：利润分配—未分配利润（或相反分录）<br>【提示】如果年初未分配利润为负数，即存在未弥补亏损，那么结转当年实现的净利润，也是自动弥补以前年度亏损的过程 |
| 提取盈余公积 | 借：利润分配—提取法定盈余公积<br>　　　　　　—提取任意盈余公积<br>　贷：盈余公积—法定盈余公积<br>　　　　　　—任意盈余公积 |

续表

| 项目 | 账务处理 |
| --- | --- |
| 向投资者分配现金股利或利润 | 宣告分配现金股利时：<br>借：利润分配—应付现金股利或利润<br>　贷：应付股利<br>实际发放现金股利时：<br>借：应付股利<br>　贷：银行存款等<br>【提示】宣告分配股票股利时不作账务处理，实际发放股票股利时：<br>借：利润分配—转作股本的股利<br>　贷：股本 |
| 盈余公积弥补亏损 | 借：盈余公积<br>　贷：利润分配—盈余公积补亏 |
| 将“利润分配”科目所属其他明细科目的余额结转至“未分配利润”明细科目 | 借：利润分配—未分配利润<br>　贷：利润分配—提取法定盈余公积<br>　　　　　　　—提取任意盈余公积<br>　　　　　　　—应付现金股利或利润<br>　　　　　　　—转作股本的股利等<br>借：利润分配—盈余公积补亏<br>　贷：利润分配—未分配利润<br>【提示】结转后，“利润分配”科目中除“未分配利润”明细科目以外，其他明细科目无余额 |

**企业取得的净利润，应当按照国家规定和企业章程、投资者协议等，一般是按1→3的顺序分配：**

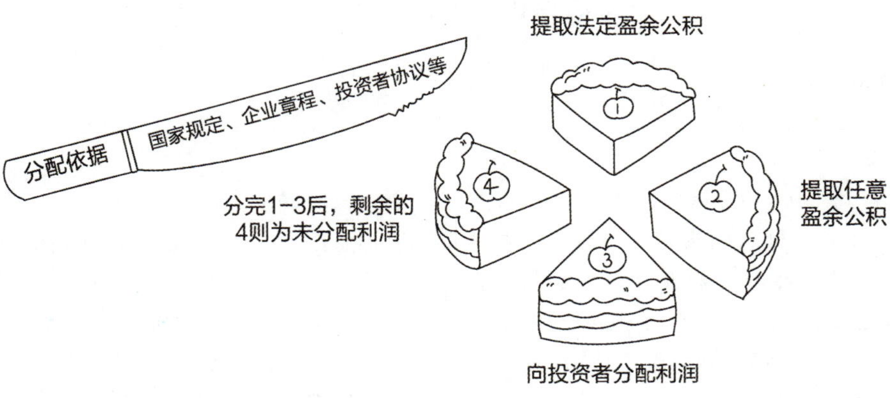


**【易错易混点辨析】**弥补亏损的相关问题。

企业弥补亏损的途径主要有两条：一是用以后年度利润弥补；二是用盈余公积弥补。

1. 用以后年度利润弥补亏损

“利润分配—未分配利润”科目如出现借方余额，则表示累积未弥补的亏损金额。对于未弥补亏损可以用以后年度实现的税前利润进行弥补，一般企业弥补期限不得超过5

年，超过5年以后用税后利润弥补。

2. 用盈余公积弥补亏损

用盈余公积弥补亏损时，借记“盈余公积”科目，贷记“利润分配—盈余公积补亏”科目。

**【历年考核要点】**

可供分配利润和未分配利润的金额计算。

## 经典题解

**【例题22·单选题】** 某公司年初未分配利润为1000万元，当年实现净利润500万元，按10%提取法定盈余公积，5%提取任意盈余公积，宣告发放现金股利100万元，不考虑其他因素，该公司年末未分配利润为(　　)万元。

A. 1450　　B. 1475

C. 1325　　D. 1400

**【解析】** 该公司年末未分配利润=1000+500−500×（10%+5%）−100=1325（万元）。

**【答案】** C

**【例题23·单选题】** 2019年年初某企业“利润分配—未分配利润”科目借方余额20万元，2019年度该企业实现净利润为160万元，根据净利润的10%提取盈余公积，2019年年末该企业可供分配的利润的金额为(　　)万元。

A. 126　　B. 124

C. 140　　D. 160

**【解析】** 2019年年末该企业的可供分配的利润的金额=年初未分配利润+本年实现的净利润+其他转入=−20+160=140（万元）。

**【答案】** C

（二）盈余公积

盈余公积是指企业按照有关规定从净利润中提取的积累资金，包括法定盈余公积和任意盈余公积。

法定盈余公积是企业按照规定的比例从净利润中提取的盈余公积。

任意盈余公积可根据股东会或股东大会的决议从净利润中提取。

| 类型 | 具体内容 |
|---|---|
| 公司制企业 | （1）应按照净利润（减弥补以前年度亏损，下同）的10%提取法定盈余公积<br>（2）可根据股东会或股东大会的决议提取任意盈余公积<br>（3）法定盈余公积累计额已达到注册资本的50%时可以不再提取 |
| 非公司制企业 | （1）法定盈余公积的比例可超过净利润的10%<br>（2）经类似权力机构批准，也可提取任意盈余公积 |

**【提示1】** 如果以前年度未分配利润有盈余（即年初未分配利润余额为正数），在计算提取法定盈余公积的基数时，不应包括企业年初未分配利润；如果以前年度有亏损（即年初未分配利润余额为负数），应先弥补以前年度亏损再提取盈余公积。

**【提示2】** 企业提取的盈余公积经批准可用于弥补亏损、转增资本、发放现金股利或利润等。

企业应通过“盈余公积”科目，核算盈余公积的提取、使用等情况。该科目贷方登记企业按照规定提取的各项盈余公积数额；借方登记企业因将盈余公积用于弥补亏损、转增资本以及分配现金股利或利润等原因而减少的盈余公积数额；期末贷方余额表示企业提取的盈余公积结存数。该科目可通过“法定盈余公积”“任意盈余公积”科目分别进行明细核算。

**【总结】** 所有者权益各事项对留存收益和所有者权益总额增减变动的影响。

<table>
<tr><th colspan="2">项目</th><th>账务处理</th><th>对所有者权益总额的影响</th><th>对留存收益总额的影响</th></tr>
<tr><td colspan="2">提取盈余公积</td><td>借：利润分配—提取法定（任意）盈余公积<br>贷：盈余公积—法定（任意）盈余公积</td><td>—</td><td>—</td></tr>
<tr><td colspan="2">盈余公积补亏</td><td>借：盈余公积<br>贷：利润分配—盈余公积补亏</td><td>—</td><td>—</td></tr>
<tr><td colspan="2">盈余公积转增资本</td><td>借：盈余公积<br>贷：实收资本（或股本）</td><td>—</td><td>减少</td></tr>
<tr><td colspan="2">宣告分配现金股利</td><td>借：利润分配—应付现金股利或利润/盈余公积<br>贷：应付股利</td><td>减少</td><td>减少</td></tr>
<tr><td colspan="2">实际发放现金股利</td><td>借：应付股利<br>贷：银行存款等</td><td>—</td><td>—</td></tr>
<tr><td colspan="2">宣告分配股票股利</td><td>不作账务处理</td><td>—</td><td>—</td></tr>
<tr><td colspan="2">实际发放股票股利</td><td>借：利润分配<br>贷：股本</td><td>—</td><td>减少</td></tr>
<tr><td colspan="2">资本公积转增资本</td><td>借：资本公积<br>贷：实收资本（或股本）</td><td>—</td><td>—</td></tr>
<tr><td colspan="2">税后利润补亏</td><td>不作账务处理，“利润分配—未分配利润”科目借贷方相互抵销</td><td>—</td><td>—</td></tr>
<tr><td colspan="2">回购股票</td><td>借：库存股<br>贷：银行存款</td><td>减少（库存股是所有者权益的备抵科目）</td><td>—</td></tr>
<tr><td rowspan="2">注销股票</td><td>回购价>面值总额</td><td>借：股本<br>资本公积—股本溢价<br>盈余公积<br>利润分配—未分配利润<br>贷：库存股</td><td>—</td><td>涉及盈余公积以及未分配利润时，留存收益减少</td></tr>
<tr><td>回购价<面值总额</td><td>借：股本<br>贷：库存股<br>资本公积—股本溢价</td><td>—</td><td>—</td></tr>
</table>

**【历年考核要点】**

1. 盈余公积的计提和期末数额的计算
2. 盈余公积的用途
3. 实际业务案例对留存收益和所有者权益总额增减变动的影响
4. “利润分配—未分配利润”科目的结转

## 经典题解

**【例题24·单选题】**某企业年初所有者权益总额为500万元，当年以资本公积转增资本50万元，实现净利润300万元，提取盈余公积30万元，向投资者分配现金股利70

万元。不考虑其他因素，该企业年末所有者权益为(　　)万元。(2020 年·2 分)

A. 730　　B. 650

C. 680　　D. 770

【解析】以资本公积转增资本、提取盈余公积属于所有者权益内部的增减变动，不影响所有者权益总额，所以该企业年末所有者权益 = 500+300−70 = 730（万元）。

【答案】A

【例题 25·单选题】下列各项中，企业应通过“利润分配”科目核算的是(　　)。(2020 年·2 分)

A. 支付已宣告发放的现金股利

B. 以盈余公积转增资本

C. 以股票溢价抵扣股票发行手续费

D. 以盈余公积弥补亏损

【解析】选项 A，账务处理为：

借：应付股利

　贷：银行存款等

选项 B，账务处理为：

借：盈余公积

　贷：实收资本/股本

选项 C，账务处理为：

借：资本公积—股本溢价

　贷：银行存款

选项 D，账务处理为：

借：盈余公积

　贷：利润分配—盈余公积补亏

【答案】D

【例题 26·多选题】下列各项中，导致企业年末可供分配利润总额发生增减变动的有(　　)。(2020 年·2 分)

A. 本年发生净亏损

B. 支付上年宣告发放的现金股利

C. 用盈余公积转增资本

D. 本年实现净利润

【解析】可供分配的利润 = 当年实现的净利润(或净亏损) + 年初未分配利润(或 − 年初未弥补亏损) + 其他转入(如用盈余公积弥补亏损)。

【答案】AD

【例题 27·单选题】下列各项中，年终结转后“利润分配—未分配利润”科目借方余额反映的是(　　)。(2019 年·1.5 分)

A. 历年累积未弥补的亏损

B. 本年实现的净利润

C. 本年发生的净亏损

D. 历年累积未分配的利润

【解析】年终结转后，“利润分配—未分配利润”科目借方余额反映企业历年累积未弥补的亏损，选项 A 正确。

【答案】A

【例题 28·多选题】下列各项中，引起企业资产和所有者权益同时减少的经济业务有(　　)。(2019 年·2 分)

A. 以盈余公积弥补以前年度亏损

B. 宣告发放并支付现金股利

C. 以资本公积转增资本

D. 以现金资产回购本公司股票并注销

【解析】以盈余公积弥补以前年度亏损，是所有者权益内部的一增一减，不影响所有者权益和资产，选项 A 错误；以资本公积转增资本，是所有者权益内部的一增一减，不影响所有者权益和资产，选项 C 错误。

【答案】BD

【例题 29·多选题】某公司年初“利润分配—未分配利润”科目贷方余额为 700000 元，本年实现净利润 5000000 元，本年提取法定盈余公积 500000 元，宣告分配现金股利 2000000 元。不考虑其他因素，该公司当年结转本年利润及其分配的会计处理正确的有(　　)。(2019 年·2 分)

A. 结转本年实现的净利润时：

借：本年利润　　5000000

　贷：利润分配—未分配利润　　5000000

B. 结转本年实现的净利润时：

借：利润分配—未分配利润　　5000000

　贷：本年利润　　5000000

C. 结转“利润分配”科目所属明细科目余额时：

借：利润分配—提取法定盈余公积 500000
—应付现金股利或利润 2000000
贷：利润分配—未分配利润 2500000

D. 结转“利润分配”科目所属明细科目余额时：

借：利润分配—未分配利润 2500000
贷：利润分配—提取法定盈余公积 500000
—应付现金股利或利润 2000000

**【解析】** 结转本年实现的净利润时：

借：本年利润 5000000
贷：利润分配—未分配利润 5000000

提取法定盈余公积时：

借：利润分配—提取法定盈余公积 500000
贷：盈余公积—法定盈余公积 500000

宣告分配现金股利时：

借：利润分配—应付现金股利或利润 2000000
贷：应付股利 2000000

结转“利润分配”科目所属明细科目余额时：

借：利润分配—未分配利润 2500000
贷：利润分配—提取法定盈余公积 500000
—应付现金股利或利润 2000000

**【答案】** AD

**【例题 30 · 单选题】** 2017 年 1 月 1 日，某股份有限公司未分配利润为 100 万元，2017 年度实现净利润 400 万元，法定盈余公积的提取比例为 10%，不考虑其他因素，下列关于盈余公积的账务处理正确的是（ ）。（2018 年 · 1.5 分）

A. 借：利润分配—提取法定盈余公积 40
贷：盈余公积 40

B. 借：本年利润—提取法定盈余公积 40
贷：盈余公积 40

C. 借：本年利润—提取法定盈余公积 50
贷：盈余公积 50

D. 借：利润分配—提取法定盈余公积 50
贷：盈余公积 50

**【解析】** 如果以前年度未分配利润有盈余（即年初未分配利润余额为正数），在计算提取法定盈余公积的基数时，不应包括年初未分配利润，所以 2017 年提取法定盈余公积的金额 = 400×10% = 40（万元）。企业按规定提取盈余公积时，应通过“利润分配”和“盈余公积”科目核算，选项 A 正确。

**【答案】** A

**【例题 31 · 多选题】** 下列各项中，引起企业留存收益总额发生增减变动的有（ ）。（2018 年 · 2 分）

A. 用盈余公积发放现金股利

B. 用盈余公积弥补亏损

C. 用盈余公积转增资本

D. 用净利润发放现金股利

**【解析】** 选项 A，减少盈余公积，减少留存收益；选项 B，属于留存收益内部的增减变动，留存收益总额不变；选项 C，减少盈余公积，减少留存收益；选项 D，减少未分配利润，减少留存收益。

**【答案】** ACD

**【例题 32 · 单选题】** 2019 年年初，某公司“盈余公积”项目余额为 150 万元，当年实现利润总额 900 万元，所得税费用 300 万元，按净利润的 10% 提取法定盈余公积，经股东大会批准将盈余公积 50 万元转增资本，2019 年 12 月 31 日，该公司资产负债表中“盈余公积”项目年末余额为（ ）万元。

A. 210　　B. 150

C. 160　　D. 100

**【解析】** 2019 年 12 月 31 日，该公司资

产负债表中“盈余公积”项目的年末余额=150+（900-300）×10%-50=160（万元）。

【答案】C

【例题33·多选题】下列各项中，关于盈余公积的用途表述正确的有（ ）。

A. 以盈余公积转增实收资本

B. 以盈余公积转增资本公积

C. 以盈余公积弥补亏损

D. 以盈余公积发放现金股利

【解析】企业提取的盈余公积经批准可用于弥补亏损、转增资本、发放现金股利或利润等，不能转增资本公积，选项B错误。

【答案】ACD

**开小灶**

本节必考点汇总：（详见轻松过关2）

1. 留存收益的内容
2. 期末可供分配利润、期末未分配利润的计算
3. 利润分配核算及结转利润分配其他明细科目
4. 盈余公积的增减变化及期末余额的计算
5. 影响留存收益总额、所有者权益总额变动的业务

## 本章小结

1. 实收资本（股本）增加及减少时如何进行账务处理？
2. 资本公积包含的内容有哪些？
3. 哪些情形会影响留存收益？

## 历年经典试题回顾

（一）

2019年年初某股份有限公司股东权益共计8600万元，其中，股本5000万元，资本公积1000万元，盈余公积2000万元，未分配利润600万元，2019年度该公司发生有关股东权益业务如下：

（1）2月1日，经批准增发普通股股票500万股，每股面值1元，每股发行价格为4元，按照发行收入的3%支付手续费和佣金。股票已全部发行完毕，所收股款存入该公司开户银行。

（2）10月8日，经股东大会批准，该公司以每股3元价格回购本公司股票600万股（每股面值1元），并在规定时间内注销回购的股票。

（3）2019年度实现净利润1000万元。年末，按净利润的10%提取法定盈余公积；经股东大会批准，按净利润的5%提取任意盈余公积；并宣告发放现金股利100万元。

要求：根据上述资料，不考虑其他因素，分析回答以下小题。（答案中的金额单位用万元表示）（2020年）

1. 根据资料（1），该公司发行股票记入“资本公积—股本溢价”科目的金额是（ ）万元。

A. 1500　　B. 2000

C. 1940　　D. 1440

2. 根据期初资料、资料（1）和（2），下列各项中，该公司注销股票的会计处理结果正确的是（ ）。

A. 冲减资本公积1800万元

B. 冲减股本600万元

C. 冲减盈余公积1200万元

D. 冲减资本公积1200万元

3. 根据期初资料和资料（3），下列各项中，该公司利润分配业务会计处理结果正确的是(　　)。
A. “应付股利”科目贷方增加 100 万元
B. “资本公积”科目贷方增加 750 万元
C. “盈余公积”科目贷方增加 150 万元
D. “利润分配—未分配利润”科目贷方增加 750 万元

4. 根据期初资料、资料（1）至（3），下列各项中，不影响股东权益总额的业务是(　　)。
A. 注销回购股票 600 万股
B. 按净利润的 5%计提任意盈余公积
C. 向投资者宣告发放现金股利 100 万元
D. 按净利润的 10%计提法定盈余公积

5. 根据期初资料、资料（1）至（3），2019 年 12 月 31 日该公司资产负债表中股东权益总额是(　　)。
A. 9640　　B. 9740
C. 9700　　D. 11440

（二）

2017 年 1 月 1 日，某股份有限公司资产负债表中股东权益各项目年初余额为：股本 3000 万元，资本公积 4000 万元，盈余公积 400 万元，未分配利润 2000 万元。2017 年公司发生相关业务资料如下：

（1）经股东大会批准，宣告发放 2016 年度现金股利 1500 万元。

（2）经股东大会批准已履行相应增资手续，将资本公积 4000 万元转增股本。

（3）经批准增资扩股。委托证券公司发行普通股 400 万股，每股面值 1 元，每股发行价 6 元，按照发行总价的 3%向证券公司支付相关发行费用（不考虑增值税）。

（4）当年实现净利润 3000 万元。提取法定盈余公积和任意盈余公积的比例分别为 10%和 5%。

要求：根据上述资料，不考虑其他因素，分析回答下列小题。（答案中的金额单位用万元表示）（2018 年）

1. 根据期初资料和资料（1），下列各项中，关于宣告发放现金股利对该公司股东权益和负债项目影响结果表述正确的是(　　)。
A. “负债合计”项目增加 1500 万元
B. “未分配利润”项目减少 1500 万元
C. “股东权益合计”项目减少 1500 万元
D. “盈余公积”项目减少 1500 万元

2. 根据资料（2），下列各项中，关于该公司以资本公积转增股本的会计处理结果表述正确的是(　　)。
A. 股东权益总额减少 4000 万元
B. 股东权益总额不变
C. 留存收益减少 4000 万元
D. 股本增加 4000 万元

3. 根据资料（3），该公司增发股票计入资本公积的金额是(　　)万元。
A. 2000　　B. 2328
C. 1928　　D. 1940

4. 根据期初资料和资料（4），下列各项中，关于该公司盈余公积的计算结果正确的是(　　)。
A. 本年增加盈余公积 450 万元
B. 期末盈余公积余额为 1100 万元
C. 本年增加盈余公积 300 万元
D. 期末盈余公积余额为 850 万元

5. 根据期初资料和资料（1）至（4），下列各项中，关于 2017 年 12 月 31 日该公司资产负债表“股东权益”有关项目的期末余额计算结果正确的是(　　)。
A. “股本”项目为 7400 万元
B. “股东权益合计”项目为 17626 万元
C. “资本公积”项目为 5928 万元
D. “未分配利润”项目为 3050 万元

## 历年经典试题回顾参考答案及解析

“扫码看解析”

使用“微信”或“会计云课堂”App扫右方二维码，对答案、看解析、掌握解题思路，开启轻松过关之旅。

（一）

1. 【答案】D

解析：记入“资本公积—股本溢价”科目的金额 = 500×（4－1）－500×4×3% = 1440（万元）。发行股票的会计分录为：

借：银行存款 1940

　贷：股本 500

　　资本公积—股本溢价 1440

2. 【答案】BD

解析：回购的会计分录为：

借：库存股 1800

　贷：银行存款 1800

注销的会计分录为：

借：股本 600

　资本公积—股本溢价 1200

　贷：库存股 1800

3. 【答案】ACD

解析：结转实现净利润的会计分录为：

借：本年利润 1000

　贷：利润分配—未分配利润 1000

提取盈余公积的会计分录为：

借：利润分配—提取法定盈余公积 100

　　　　—提取任意盈余公积 50

　贷：盈余公积—法定盈余公积 100

　　　　—任意盈余公积 50

借：利润分配—未分配利润 150

　贷：利润分配—提取法定盈余公积 100

　　　　—提取任意盈余公积 50

宣告发放现金股利的会计分录为：

借：利润分配—应付现金股利或利润 100

　贷：应付股利 100

借：利润分配—未分配利润 100

　贷：利润分配—应付现金股利或利润 100

4. 【答案】ABD

解析：选项C导致股东权益减少。

5. 【答案】A

解析：2019年12月31日该公司资产负债表中股东权益总额 = 8600（期初）+500（资料1）+1440（资料1）－1800（资料2）+1000（资料3）－100（资料3）= 9640（万元），选项A正确。

（二）

1. 【答案】ABC

解析：根据资料（1），相关会计分录为：

借：利润分配—应付现金股利或利润 1500

　贷：应付股利 1500

借：利润分配—未分配利润 1500

　贷：利润分配—应付现金股利或利润 1500

期初未分配利润2000万元足够分配现金股利，因而不涉及盈余公积，选项D不正确。

2. 【答案】BD

解析：根据资料（2），相关会计分录为：

借：资本公积 4000

　贷：股本 4000

资本公积转增股本属于所有者权益项目内部之间的增减变动，所以股东权益总额不变，不涉及盈余公积和未分配利润的增减变动，不影响留存收益。

3. 【答案】C

**解析：** 增发股票计入资本公积的金额 =（6-1）×400-6×400×3% = 1928（万元）。

根据资料（3），相关会计分录为：

借：其他货币资金

2328（400×6-400×6×3%）

贷：股本　400

资本公积—股本溢价　1928

4. 【答案】AD

**解析：** 根据资料（4），相关会计分录为：

借：利润分配—提取法定盈余公积　300

—提取任意盈余公积　150

贷：盈余公积—法定盈余公积　300

—任意盈余公积　150

借：利润分配—未分配利润　450

贷：利润分配—提取法定盈余公积　300

—提取任意盈余公积　150

本期盈余公积增加金额 = 300 + 150 = 450（万元）；期末盈余公积余额 = 400 + 450 = 850（万元）。

5. 【答案】AD

**解析：** 股本 = 3000（期初）+4000（资料2）+400（资料3）= 7400（万元）；资本公积 = 4000（期初）-4000（资料2）+1928（资料3）= 1928（万元）；未分配利润 = 2000（期初）-1500（资料1）+3000（资料4）-450（资料4）= 3050（万元），股东权益合计 = 7400（股本）+1928（资本公积）+850（盈余公积）+3050（未分配利润）= 13228（万元）。



## 同步强化练习题

### 一、单项选择题

1. 下列各项中，不属于所有者权益的是(　　)。

A. 资本溢价

B. 计提的盈余公积

C. 投资者投入的资本

D. 应付高管人员基本薪酬

2. 股份有限公司采用回购本公司股票方式减资的，下列说法中不正确的是(　　)。

A. 按股票面值和注销股数计算的股票面值总额减少股本

B. 按股票面值和注销股数计算的股票面值总额减少库存股

C. 按所注销库存股的账面余额减少库存股

D. 回购股票支付的价款低于面值总额的，应按股票面值总额，借记“股本”科目，按所注销库存股的账面余额，贷记“库存股”科目，按其差额，贷记“资本公积—股本溢价”科目

3. 有限责任公司接受新投资者投资时，其实际缴纳的出资额大于其所享有注册资本所占份额的部分应计入(　　)。

A. 资本公积—其他资本公积

B. 资本公积—资本溢价

C. 实收资本

D. 营业外收入

4. 某公司2020年年初所有者权益总额为1400万元，当年实现净利润450万元，提取盈余公积45万元，向投资者分配现金股利200万元，本年内以资本公积转增资本50万元，投资者追加现金投资30万元。该公司年末所有者权益总额为(　　)万元。

A. 1605　　B. 1635

C. 1680　　D. 1835

5. 下列事项中，不涉及资本公积增减变动的是(　　)。

A. 溢价发行股票过程中涉及的相关手续费、佣金等交易费用

B. 股票发行过程中的溢价收入

C. 交易性金融资产的公允价值变动

D. 资本公积转增资本

6. 下列各项中，不影响当年可供分配利润的是(　　)。

A. 当年资本公积转增资本

B. 年初未弥补亏损

C. 当年盈余公积补亏

D. 当年实现净利润

7. 某企业2020年1月1日所有者权益构成情况如下：实收资本1500万元，资本公积100万元，盈余公积300万元，未分配利润200万元。2020年度实现利润总额为600万元，企业所得税税率为25%。假定不存在纳税调整事项及其他因素，该企业2020年12月31日可供分配的利润为(　　)万元。

A. 600　　B. 650

C. 800　　D. 1100

8. A公司2020年年初未分配利润借方余额为500万元，当年实现利润总额800万元，企业所得税税率为25%，假定年初亏损可用税前利润弥补。不考虑其他相关因素，A公司当年年末未分配利润的余额为(　　)万元。

A. 300　　B. 275

C. 225　　D. 725

9. 某企业年初未分配利润贷方余额为100万元，本年利润总额为400万元，本年所得税费用为150万元，按净利润的10%提取法定盈余公积，提取任意盈余公积12.5万元，向投资者分配利润12.5万元。该企业年末未分配利润贷方余额为(　　)万元。

A. 300　　B. 325

C. 312.5　　D. 285

10. 甲上市公司2020年1月1日所有者权益构成情况如下：股本1500万元，资本公积100万元，盈余公积300万元，未分配利润400万元。2020年度发生亏损200万元，盈余公积弥补亏损100万元。假定不存在纳税调整事项及其他因素，甲上市公司2020年12月31日可供分配利润为(　　)万元。

A. 500　　B. 400

C. 300　　D. 1300

11. 某企业盈余公积年初余额为50万元，本年利润总额为600万元，所得税费用为150万元，按净利润的10%提取法定盈余公积，并将盈余公积10万元转增资本。该企业盈余公积年末余额为(　　)万元。

A. 45　　B. 85

C. 95　　D. 110

12. 下列关于计提法定盈余公积的说法不正确的是(　　)。

A. 公司制企业应该按照净利润（减弥补以前年度亏损）的10%提取法定盈余公积

B. 非公司制企业法定盈余公积的提取比例可超过净利润的10%

C. 在计算本年提取法定盈余公积的基数时，应该包括企业年初盈余的未分配利润

D. 公司制企业法定盈余公积累计额已达到注册资本的50%时可以不再提取

13. 某公司年初未分配利润为1000万元，盈余公积为500万元；本年实现净利润5000万元，分别提取法定盈余公积500万元、任意盈余公积250万元，宣告发放现金股利500万元。不考虑其他因素，

该公司年末留存收益为(　　)万元。

A. 5250　　B. 6000

C. 6500　　D. 5750

14. 上市公司发生的下列交易或事项中，会引起所有者权益总额发生增减变动的是(　　)。

A. 实际发放股票股利

B. 应付账款获得债权人豁免

C. 以本年利润弥补以前年度亏损

D. 注销库存股

15. 下列各项中，所有者权益总额不会发生变动的是(　　)。

A. 直接计入当期损益的利得

B. 直接计入所有者权益的利得

C. 接受投资者投入无形资产

D. 提取盈余公积

16. 下列各项中，会导致企业所有者权益总额增加的事项是(　　)。

A. 以盈余公积发放现金股利

B. 以盈余公积弥补以前年度亏损

C. 资本公积转增资本

D. 当年实现净利润

## 二、多项选择题

1. 下列各项中，会导致企业实收资本增加的有(　　)。

A. 盈余公积转增资本

B. 接受投资者追加投资

C. 资本公积转增资本

D. 提取盈余公积

2. 下列各项中，属于资本公积来源的有(　　)。

A. 盈余公积转入

B. 权益法核算下被投资单位除净利润、利润分配和其他综合收益以外的所有者权益变动

C. 资本溢价或股本溢价

D. 从企业实现的净利润提取

3. 下列各项中，会引起资本公积发生增减变动的有(　　)。

A. 接受社会捐赠非流动资产

B. 资产负债表日交易性金融资产的公允价值变动

C. 溢价发行股票（不考虑发行的手续费）

D. 资本公积转增资本

4. 下列各项中，不会引起留存收益总额发生增减变动的有(　　)。

A. 资本公积转增资本

B. 盈余公积转增资本

C. 盈余公积弥补亏损

D. 税后利润弥补亏损

5. 下列各项中，影响可供分配的利润项目的因素有(　　)。

A. 年初盈余公积

B. 提取法定盈余公积

C. 其他转入

D. 当年实现的净利润

6. 下列各项中，会引起负债和所有者权益同时发生变动的有(　　)。

A. 以盈余公积补亏

B. 以现金回购本公司股票

C. 宣告发放现金股利

D. 转销确实无法支付的应付账款

7. 下列各项中，仅引起所有者权益内部结构发生变动的有(　　)。

A. 用盈余公积弥补亏损

B. 用盈余公积转增资本

C. 宣告分配现金股利

D. 用资本公积转增股本

8. 下列各项中，不会引起所有者权益总额发生增减变动的有(　　)。

A. 宣告发放现金股利

B. 资本公积转增资本

C. 盈余公积转增资本

D. 接受投资者追加投资

9. 下列各项中，会导致所有者权益总额减少的事项有(　　)。

A. 实际发放股票股利

B. 宣告分配现金股利

C. 企业发生亏损

D. 提取盈余公积

10. 下列各项中，能够引起所有者权益总额变化的有(　　)。
A. 以盈余公积转增资本
B. 增发新股
C. 向股东支付已宣告分配的现金股利
D. 回购库存股

11. 下列各项中，会引起“实收资本（或股本）”科目金额增加的有(　　)。
A. 将资本公积转增资本
B. 将盈余公积转增资本
C. 注销库存股
D. 回购本公司股票

12. 甲公司 2019 年 12 月 31 日的股本为 10000 万股，每股面值为 1 元，资本公积（股本溢价）4000 万元，盈余公积 1500 万元。经股东大会批准，甲公司以银行存款回购本公司股票 1500 万股并注销，每股回购价为 0.9 元。下列各项中，会计处理正确的有(　　)。
A. 回购股票使所有者权益减少 1350 万元
B. 回购股票不影响资产总额
C. 注销股票时使股本减少 1350 万元
D. 注销股票时使资本公积增加 150 万元

## 三、判断题

1. 实收资本是所有者投入资本形成的，而资本公积、留存收益属于经营过程中形成的。(　　)
2. 企业溢价发行股票发生的手续费、佣金应从溢价中抵扣，溢价金额不足的依次冲减盈余公积和未分配利润。(　　)
3. 用盈余公积转增资本，所有者权益总额不变。(　　)
4. 盈余公积是指企业按照有关规定从净利润（减弥补以前年度亏损）中提取的积累资金。公司制企业的盈余公积不包括任意盈余公积。(　　)
5. 企业计提法定盈余公积是以国家法律法规为依据，计提任意盈余公积是由企业权力机构自行决定的。(　　)
6. 企业在计算确定提取法定盈余公积的基数时，应包括年初未分配利润的贷方余额。(　　)
7. 年终，先将损益类科目的发生额结转入“本年利润”科目，然后将“本年利润”科目余额结转入“利润分配—未分配利润”科目。(　　)
8. 企业以盈余公积向投资者分配现金股利会使企业的留存收益总额减少。(　　)
9. 企业接受投资者以非现金资产投资时，应按投资合同或协议约定的价值确认资产的价值和在注册资本中应享有的份额，并将其差额确认为资本公积，但投资合同或协议约定的价值不公允的除外。(　　)
10. 企业董事会或类似机构作出拟分配利润方案的，企业应当进行账务处理。(　　)

## 四、不定项选择题

（一）

2020 年初甲股份有限公司资产负债表中所有者权益各项目余额为：股本 1000 万元，资本公积 500 万元（均为股本溢价），盈余公积 500 万元，未分配利润 1000 万元。2020 年该公司发生的有关所有者权益业务资料如下：

（1）委托证券公司发行了普通股 500 万股，每股面值 1 元，每股发行价格 6 元，按照发行价的 3% 向证券公司支付相关手续费。

（2）经股东大会批准将资本公积 2000 万元转增股本。

（3）本年实现净利润 2000 万元，分别按净利润的 10% 和 5% 提取法定盈余公积和任意盈余公积。

（4）年末经股东大会批准宣告发放现金股利 1000 万元。

要求：根据上述资料，不考虑其他因素，分析回答下列小题。（答案中的金额单位用万元表示）

1. 根据资料（1），该公司增发股票计入资本公积的金额是(　　)万元。

A. 2500　　B. 3000

C. 2910　　D. 2410

2. 根据资料（2），该公司资本公积转增股本的会计处理结果正确的是(　　)。

A. 所有者权益总额减少 2000 万元

B. 留存收益减少 2000 万元

C. 所有者权益总额不变

D. 股本增加 2000 万元

3. 根据期初资料和资料（3），该公司盈余公积的会计处理结果正确的是(　　)。

A. 期末盈余公积余额为 700 万元

B. 本年增加盈余公积 300 万元

C. 期末盈余公积余额为 800 万元

D. 本年增加盈余公积 200 万元

4. 根据资料（4），该公司宣告发放现金股利对资产负债表项目产生影响的表述正确的是(　　)。

A. 所有者权益减少 1000 万元

B. 负债增加 1000 万元

C. 盈余公积减少 1000 万元

D. 所有者权益总额不变

5. 根据期初资料、资料（1）至（4），该公司 2020 年末宣告发放现金股利前可供投资者分配的利润为(　　)万元。

A. 3000　　B. 2700

C. 1700　　D. 3500

（二）

甲股份有限公司(以下简称“甲公司”)2012 年至 2020 年度有关业务资料如下：

（1）2012 年 1 月 1 日，甲公司股东权益总额为 23250 万元（其中，股本总额为 5000 万股，每股面值为 1 元；资本公积为 15000 万元；盈余公积为 3000 万元；未分配利润为 250 万元）。2012 年度实现净利润 200 万元，按实现净利润的 10% 提取法定盈余公积，股本与资本公积项目等未发生变化。

①2013 年 3 月 1 日，甲公司董事会提出如下预案：分配现金股利 150 万元；以 2012 年 12 月 31 日的股本总额为基数，以资本公积（股本溢价）转增股本，每 10 股转增 2 股，共计 1000 万股。

②2013 年 5 月 5 日，甲公司召开股东大会，审议批准了董事会提出的预案。

③2013 年 6 月 10 日，甲公司办妥了上述资本公积转增股本的有关手续。

（2）2013 年，甲公司发生净亏损 1571 万元。

（3）2014 年至 2019 年，甲公司分别实现利润总额 100 万元、150 万元、200 万元、250 万元、300 万元和 300 万元。假定甲公司适用的所得税税率为 25%，无其他纳税调整事项。

（4）2020 年 5 月 9 日，甲公司股东大会决定以法定盈余公积弥补 2019 年 12 月 31 日账面累计未弥补亏损。

假定：2013 年发生的亏损可用以后 5 年内实现的税前利润弥补。

要求：根据以上资料，不考虑其他因素，分析回答下列小题。（答案中金额单位用万元表示）

1. 根据资料（1），下列会计处理中正确的是(　　)。

A. 甲公司 2013 年 3 月 1 日应确认应付股利

B. 甲公司 2013 年 3 月 1 日应调增股本 1000 万股

C. 甲公司 2013 年 5 月 5 日应根据股东大会审议批准的现金股利分配方案进行会计处理

D. 甲公司 2013 年 5 月 5 日应编制资本公积转增股本的会计分录

2. 根据资料（1），下列各项中，会计处理正确的是(　　)。

A. 提取盈余公积的会计分录：

借：利润分配—提取法定盈余公积　　20

　贷：盈余公积—法定盈余公积　　20

B. 2013 年 5 月 5 日宣告分配 2012 年度现金股利的会计分录：

借：利润分配—应付现金股利或利润　　150

　贷：应付股利　　150

C. 2013年6月10日资本公积转增股本的会计分录：

借：资本公积 1000

贷：股本 1000

D. 甲公司资本公积转增股本不影响所有者权益总额

3. 根据资料（1）和资料（2），下列各项中，相关会计处理及表述正确的是（ ）。

A. 结转2013年亏损的会计分录是：

借：利润分配—未分配利润 1571

贷：本年利润 1571

B. 2013年12月31日股本金额为6000万元

C. 2013年12月31日资本公积为14000万元

D. 2013年12月31日未分配利润为-1271万元

4. 根据资料（1）至资料（3），下列各项中，相关会计处理表述正确的是（ ）。

A. 2018年12月31日未分配利润金额为-271万元

B. 2019年应交所得税为75万元

C. 2019年无需缴纳所得税

D. 2019年12月31日未分配利润为-46万元

5. 关于盈余公积补亏，下列说法或会计处理中，正确的是（ ）。

A. 用盈余公积弥补亏损影响留存收益总额

B. 用盈余公积弥补亏损使盈余公积减少

C. 用盈余公积弥补亏损的分录是：

借：盈余公积—法定盈余公积

贷：利润分配—盈余公积补亏

D. 用盈余公积弥补亏损的分录是：

借：盈余公积—法定盈余公积

贷：利润分配—未分配利润

## 同步强化练习题参考答案及解析

“扫码看解析”

使用“微信”或“会计云课堂”App扫右方二维码，对答案、看解析、掌握解题思路，开启轻松过关之旅。

### 一、单项选择题

1. 【答案】D

**解析**：所有者权益包括实收资本（或股本）（选项C）、资本公积（选项A）、盈余公积（选项B）和未分配利润等。选项D通过“应付职工薪酬”科目核算，属于负债。

2. 【答案】B

**解析**：股份有限公司采用回购本公司股票方式减资的，按股票面值和注销股数计算的股票面值总额冲减股本，选项A正确；回购股票支付的价款高于面值总额的，借记“股本”科目，按所注销库存股的账面余额，贷记“库存股”科目，按其差额，借记“资本公积—股本溢价”科目，股本溢价不足冲减的，应借记“盈余公积”“利润分配—未分配利润”科目，选项C正确；回购股票支付的价款低于面值总额的，应按股票面值总额，借记“股本”科目，按所注销库存股的账面余额，贷记“库存股”科目，按其差额，贷记“资本公积—股本溢价”科目，选项D正确。

3. 【答案】B

4. 【答案】C

**解析**：以资本公积转增资本、提取盈余公积是所有者权益内部的增减变动，并不影响所有者权益总额，因此该公司年末所有者权益总额=1400+450-200+30=1680（万元）。

5. 【答案】C

解析：选项 C 计入公允价值变动损益，不涉及资本公积。

6. 【答案】A

解析：可供分配利润 = 当年实现的净利润（或净亏损）+年初未分配利润（或-年初未弥补亏损）+其他转入（如盈余公积补亏）。选项 A，增加实收资本（股本），减少资本公积，不影响可供分配的利润。

7. 【答案】B

解析：企业可供分配的利润 = 当年实现的净利润（或净亏损）+年初未分配利润（或-年初未弥补亏损）+其他转入（如盈余公积补亏），该企业 2020 年 12 月 31 日可供分配的利润 = 200+600×（1-25%）= 650（万元）。

8. 【答案】C

解析：当年实现的净利润 = 800-（800-500）×25% = 725（万元），年末未分配利润 = 725-500 = 225（万元）。

9. 【答案】A

解析：年末未分配利润贷方余额 = 100+（400-150）×（1-10%）-12.5-12.5 = 300（万元）。

10. 【答案】C

解析：甲上市公司 2020 年 12 月 31 日可供分配利润 = 年初未分配利润 400-本年发生的净亏损 200+其他转入（盈余公积补亏）100 = 300（万元），选项 C 正确。

11. 【答案】B

解析：盈余公积年末余额 = 50+（600-150）×10%-10 = 85（万元）。

12. 【答案】C

解析：如果以前年度未分配利润有盈余（即年初未分配利润余额为正数），在计算提取法定盈余公积的基数时，不应包括企业年初未分配利润；如果以前年度有亏损（即年初未分配利润余额为负数），应先弥补以前年度亏损再提取盈余公积，选项 C 错误。

13. 【答案】B

解析：留存收益包括盈余公积和未分配利润，提取盈余公积不影响留存收益总额，所以该公司年末留存收益 = 1000+500+5000-500 = 6000（万元）。

14. 【答案】B

解析：实际发放股票股利时，借记“利润分配”科目，贷记“股本”科目，所有者权益总额不变，选项 A 错误；应付账款获得债权人豁免，计入营业外收入，营业外收入最终会转入本年利润，导致所有者权益总额增加，选项 B 正确；以本年利润弥补以前年度亏损无需专门作账务处理，选项 C 错误；注销库存股不会引起所有者权益总额发生变化，选项 D 错误。

15. 【答案】D

解析：无论是直接计入当期损益的利得，还是直接计入所有者权益的利得，最终都会使所有者权益增加，选项 AB 错误；接受投资者投入无形资产使所有者权益增加，选项 C 错误；提取盈余公积，未分配利润减少，盈余公积增加，所有者权益总额不变，选项 D 正确。

16. 【答案】D

解析：以盈余公积发放现金股利的会计分录为：

借：盈余公积

　贷：应付股利—应付现金股利或利润

盈余公积是所有者权益类科目，借方表示减少，该业务会导致所有者权益总额减少，选项 A 错误；

以盈余公积弥补以前年度亏损的会计分录为：

借：盈余公积

　贷：利润分配—盈余公积补亏

借贷双方属于所有者权益内部的一增一减，不影响所有者权益总额，选项 B 错误；

资本公积转增资本的会计分录为：

借：资本公积

　贷：实收资本（或股本）

借贷双方属于所有者权益内部的一增一减，不影响所有者权益总额，选项C错误；

当年实现净利润，会导致所有者权益总额增加，选项D正确。

## 二、多项选择题

1. 【答案】ABC

解析：选项D，增加盈余公积，不影响企业的实收资本。

2. 【答案】BC

解析：盈余公积可以转增资本，但不能转增资本公积，选项A错误；从企业实现的净利润中提取的是盈余公积，不计入资本公积，选项D错误。

3. 【答案】CD

解析：选项A，接受捐赠的非流动资产计入营业外收入；选项B，交易性金融资产公允价值的变动计入公允价值变动损益；选项C，溢价发行股票的溢价收入计入资本公积，导致资本公积增加；选项D，资本公积转增资本，导致资本公积减少。

4. 【答案】ACD

解析：选项A不涉及留存收益；选项B导致盈余公积减少，实收资本（或股本）增加，使留存收益减少；选项C是留存收益内部的增减变动，不影响留存收益总额；选项D不作专门的账务处理，不影响留存收益。

5. 【答案】CD

解析：可供分配的利润=当年实现的净利润（或净亏损）+年初未分配利润（或-年初未弥补亏损）+其他转入。

6. 【答案】CD

解析：以盈余公积补亏仅仅是所有者权益内部的此增彼减，选项A错误；以现金回购本公司股票，所有者权益减少（库存股属于所有者权益备抵科目），资产减少，选项B错误；宣告发放现金股利，所有者权益减少，负债增加，选项C正确；转销确实无法支付的应付账款，负债减少，所有者权益增加（营业外收入最终会影响所有者权益），选项D正确。

7. 【答案】ABD

解析：用盈余公积弥补亏损，盈余公积减少，未分配利润增加；用盈余公积转增资本，盈余公积减少，实收资本（或股本）增加；用资本公积转增股本，资本公积减少，股本增加。上述三项均为仅引起所有者权益内部结构发生变动，选项ABD正确。宣告分配现金股利时，未分配利润减少，应付股利增加，所有者权益减少，负债增加，选项C错误。

8. 【答案】BC

解析：宣告发放现金股利使所有者权益减少，选项A错误；接受投资者追加投资使所有者权益增加，选项D错误。

9. 【答案】BC

解析：选项AD，均属于所有者权益内部增减变动，不会影响所有者权益总额。

10. 【答案】BD

解析：选项A，盈余公积转增资本属于所有者权益内部的此增彼减，不影响所有者权益总额；选项B，企业增发新股使所有者权益总额增加；选项C，向股东支付现金股利，借：应付股利，贷：银行存款等，不影响所有者权益总额；选项D，回购库存股使所有者权益减少。

11. 【答案】AB

解析：选项C，注销库存股，引起股本减少；选项D，回购本公司股票，库存股增加，银行存款减少，不影响股本。

12. 【答案】AD

解析：库存股属于所有者权益备抵科目，回购股票使所有者权益减少、资产减少。注销股票时，股本按面值减少。会计分录如下：

回购时：

借：库存股　　1350（1500×0.9）

　贷：银行存款　　1350

注销时：

借：股本　　1500

　贷：库存股　　1350

　　资本公积—股本溢价　　150

## 三、判断题

1. 【答案】×

解析：实收资本和资本公积通常都是所有者投入资本形成的，而留存收益是经营过程中形成的。

2. 【答案】√

3. 【答案】√

解析：用盈余公积转增资本，盈余公积减少，实收资本（或股本）增加，所有者权益总额不变。

4. 【答案】×

解析：盈余公积是指企业按照有关规定从净利润（减弥补以前年度亏损）中提取的积累资金。公司制企业的盈余公积包括法定盈余公积和任意盈余公积。

5. 【答案】√

6. 【答案】×

解析：企业在计算确定提取法定盈余公积的基数时，不应包括年初未分配利润的贷方余额。

7. 【答案】√

8. 【答案】√

解析：留存收益包括盈余公积和未分配利润，盈余公积减少导致留存收益减少。

9. 【答案】√

10. 【答案】×

解析：企业董事会或类似机构作出拟分配利润方案的，企业无需进行账务处理，但应在附注中披露。

## 四、不定项选择题

（一）

1. 【答案】D

解析：该公司增发股票计入资本公积金额＝500×6×（1−3%）−500×1＝2410（万元）。

2. 【答案】CD

解析：资本公积转增股本的会计分录为：

借：资本公积　　2000

　贷：股本　　2000

3. 【答案】BC

解析：本年提取的盈余公积＝2000×（10%+5%）＝300（万元），期末盈余公积余额＝500+300＝800（万元）。

4. 【答案】AB

解析：宣告发放现金股利1000万元的会计分录：

借：利润分配—应付现金股利或利润　　1000

　贷：应付股利　　1000

所有者权益总额减少1000万元，应付股利增加，即负债增加1000万元。

5. 【答案】B

解析：可供投资者分配的利润＝年初未分配利润（或−年初未弥补亏损）+当年实现的净利润（或净亏损）+其他转入−提取的盈余公积＝1000+2000−300＝2700（万元）。

（二）

1. 【答案】C

解析：企业董事会的预分配方案，不应确认为负债，应根据股东大会审议批准的现金股利分配方案进行会计处理，选项A错误，选项C正确；2013年6月10日企业办妥了资本公积转增股本的有关手续后才能进行会计处理，选项BD错误。

2. 【答案】ABCD

3. 【答案】ABC

解析：结转亏损的分录是：借记“利润分配—未分配利润”科目，贷记“本年利润”科目，选项A正确；2013年12月31日股本金额＝5000+1000（资料1）＝6000（万元），选项B正确；2013年12月31日资本公积金额＝15000−1000（资料1）＝14000（万元），选项C正确；2013年12月31日未分配利润＝(250+200−20−150)−

1571 = -1291(万元)，选项 D 错误。

4. 【答案】B

**解析：**2018 年 12 月 31 日未分配利润 = -1291+（100 + 150 + 200 + 250 + 300）= -291（万元），选项 A 错误；2019 年已超出税前利润弥补亏损的时间，应交所得税 = 300×25% = 75（万元），选项 B 正确，选项 C 错误；2019 年 12 月 31 日未分配利润 = -291 + 300×（1 - 25%）= -66（万元），选项 D 错误。

5. 【答案】BC

**解析：**用盈余公积弥补亏损，应借记“盈余公积—法定盈余公积”科目，贷记“利润分配—盈余公积补亏”科目，盈余公积减少，未分配利润增加，留存收益总额不变，选项 BC 正确。

# 附　录

## 考点清单

### 第一章　会计概述



### 第二章　资　产

2021年会计专业技术资格考试

应试指导及全真模拟测试

# 初级会计实务

（下册）

---

肖磊荣　张志凤　编著

东奥会计在线　组编

北京科学技术出版社

# 目 录

## 第二部分　考点精讲及强化训练

## 第三部分　全真模拟测试题及参考答案

# 第五章 收入、费用和利润

## 本章考情分析

收入、费用和利润是反映企业经营成果的会计要素。本章在近3年考试中各种题型均有出现，平均分值在16分左右，属于非常重要的章节。

**近3年题型题量分析表**

| 题型<br>年份 | 单项选择题 | 多项选择题 | 判断题 | 不定项选择题 | 合计 |
| --- | --- | --- | --- | --- | --- |
| 2020年 | 3题6分 | 1题2分 | 1题1分 | 4题8分 | 17分 |
| 2019年 | 3题4.5分 | 2题4分 | 1题1分 | 5题10分 | 19.5分 |
| 2018年 | 2题3分 | — | — | 5题10分 | 13分 |

## 2021年教材主要变化

1. 删除“其他业务收入”核算内容中非货币性资产交换和债务重组的知识点

2. 删除“税金及附加”核算内容中的环境保护税、耕地占用税、契税和车辆购置税

3. 删除“资产处置收益”“营业外收入”和“营业外支出”核算内容中有关债务重组相关的知识点

## 本章考点框架

- 收入、费用和利润
  - 收入
    - 收入的确认和计量（★★★）
    - 收入核算应设置的会计科目（★★）
    - 履行履约义务确认收入的账务处理（★★★）
    - 合同成本（★★）
  - 费用
    - 营业成本（★★）
    - 税金及附加（★★）
    - 期间费用（★★）
  - 利润
    - 利润的构成（★★）
    - 营业外收支（★★）
    - 所得税费用（★★）
    - 本年利润（★）

# 本章重难点精讲

## 第一节　收　入



企业在确认和计量收入时，应遵循的基本原则是：确认收入的方式应当反映其向客户转让商品或提供服务的模式，收入的金额应当反映企业因转让商品或提供服务而预期有权收取的对价金额。通过收入的确认和计量能更进一步地反映企业的生产经营成果，并准确核算企业实现的损益。

### 一、收入的确认和计量（★★★）

（一）收入确认的原则

企业应当在履行了合同中的履约义务，即在客户取得相关商品控制权时确认收入。

取得相关商品控制权，是指客户能够主导该商品的使用并从中获得几乎全部的经济利益，也包括有能力阻止其他方主导该商品的使用并从中获得经济利益。

取得商品控制权包括三个要素：

（1）能力（现时权利）。即客户必须拥有现时权利，能够主导该商品的使用并从中获得几乎全部经济利益。

（2）主导该商品的使用。即客户在其活动中有权使用该商品，或能够允许或阻止其他方使用该商品。

（3）能够获得几乎全部的经济利益。

【提示1】本章所称的客户是指与企业订立合同以向该企业购买其日常活动产出的商品并支付对价的一方。

【提示2】本章的收入不涉及：

①出租资产收取的租金；（租赁准则）

②债权投资收取的利息收益；（金融工具准则）

③股权投资取得的股利收益；（金融工具准则、长期股权投资准则）

④保费收入等。（与保费有关的准则）

【提示3】出租资产收取的租金适用于租赁准则等，不适用于收入准则，但仍然可用“其他业务收入”科目核算，属于企业营业收入。

**经典题解**

**【例题1·多选题】**下列各项中，属于工业企业营业收入的有（　　）。

A. 债权投资的利息收入

B. 出租无形资产的租金收入

C. 销售产品取得的收入

D. 出售无形资产的净收益

**【解析】**选项A计入投资收益；选项B虽然不属于收入准则规范内容，但也属于营业收入，计入其他业务收入；选项C计入主营业务收入；选项D计入资产处置损益；选项BC属于工业企业的营业收入。

**【答案】**BC

**【例题2·多选题】**下列各项中，应按收入准则进行会计处理的有（　　）。

A. 销售商品

B. 提供服务

C. 出租无形资产收取的租金

D. 进行股权投资取得的现金股利

**【解析】**收入准则不涉及企业对外出租资产收取的租金，进行债权投资收取的利息，进行股权投资取得的现金股利以及保费收入等。

**【答案】**AB

（二）收入确认的前提条件

企业与客户之间的合同同时满足下列五项条件的，企业应当在客户取得相关商品控制权时确认收入：

（1）合同各方已批准该合同并承诺将履行各自义务；

（2）该合同明确了合同各方与所转让商品相关的权利和义务；

（3）该合同有明确的与所转让商品相关的支付条款；

（4）该合同具有商业实质，即履行该合同将改变企业未来现金流量的风险、时间分布或金额；

（5）企业因向客户转让商品而有权取得的对价很可能收回。

（三）收入确认和计量的步骤

| 步骤 | 内容 | 实质 |
| --- | --- | --- |
| 第 1 步 | 识别与客户订立的合同 | 收入确认 |
| 第 2 步 | 识别合同中的单项履约义务 | |
| 第 3 步 | 确定交易价格 | 收入计量 |
| 第 4 步 | 将交易价格分摊至各单项履约义务 | |
| 第 5 步 | 履行各单项履约义务时确认收入 | 收入确认 |

1. 识别与客户订立的合同

合同是指双方或多方之间订立有法律约束力的权利义务的协议。合同包括书面形式、口头形式以及其他形式。

合同的存在是企业确认客户合同收入的前提，企业与客户之间的合同一经签订，企业即享有从客户取得与转移商品和服务对价的权利，同时负有向客户转移商品和服务的履约义务。

2. 识别合同中的单项履约义务

履约义务，是指合同中企业向客户转让可明确区分商品或服务的承诺。

企业向客户转让可明确区分商品（或者商品的组合）的承诺以及向客户转让一系列实质相同且转让模式相同的、可明确区分商品的承诺应当作为单项履约义务。

3. 确定交易价格

交易价格，是指企业因向客户转让商品而预期有权收取的对价金额。

①企业代第三方收取的款项（例如增值税）以及企业预期将退还给客户的款项，应当作为负债进行会计处理，不计入交易价格。

②合同标价并不一定代表交易价格，合同条款中所承诺的对价金额，可能是固定金额、可变金额或两者同时存在。

4. 将交易价格分摊至各单项履约义务

合同中包含两项或多项履约义务时，企业应当在合同开始日，按照各单项履约义务所承诺商品的单独售价（企业向客户单独销售商品的价格）的相对比例，将交易价格分摊至各单项履约义务。

**经典题解**

**【例题 3 · 单选题】** 甲公司与乙公司签订合同，向乙公司销售 E、F 两种产品，不含增值税的合同总价款为 3 万元。E、F 产品不含增值税的单独售价分别为 2.2 万元和 1.1 万元。该合同包含两项可明确区分的履约义务。不考虑其他因素，按照交易价格分摊原则，E 产品应分摊的交易价格为(　　)万元。(2020 年 · 2 分)

A. 2　　B. 1

C. 2.2　　D. 1.1

**【解析】** E 产品应分摊的交易价格 = 2.2÷(2.2+1.1) ×3 = 2（万元）。

**【答案】** A

5. 履行各单项履约义务时确认收入

企业应当在履行了合同中的履约义务，即客户取得相关商品控制权时确认收入。

企业应当根据实际情况，首先判断履约义务是否满足在某一时段内履行的条件，如不满足，则该履约义务属于在某一时点履行的履约义务。对于在某一时段内履行的履约义务，企业应当选取恰当的方法来确定履约进度。

## 二、收入核算应设置的会计科目（★★）

企业一般需要设置“主营业务收入”“其他业务收入”“主营业务成本”“其他业务成本”“合同取得成本”“合同履约成本”“合同资产”“合同负债”等科目，核算企业与客户之间的合同产生的收入及相关的成本费用。

（一）“主营业务收入”科目

（1）本科目核算企业确认的销售商品、提供服务等主营业务的收入。

（2）本科目贷方登记企业主营业务活动实现的收入，借方登记期末转入“本年利润”科目的主营业务收入。期末，应将本科目的余额转入“本年利润”科目，结转后本科目应无余额。

（3）本科目可按主营业务的种类进行明细核算。

（4）本科目的主要账务处理。

企业在履行了合同中的单项履约义务时：

借：银行存款/应收账款/应收票据/合同资产等

　贷：主营业务收入

　　应交税费—应交增值税（销项税额）/应交税费—待转销项税额

（二）“其他业务收入”科目

（1）本科目核算企业确认的除主营业务活动以外的其他经营活动实现的收入，包括出租固定资产、出租无形资产、出租包装物和商品、销售材料等实现的收入。

（2）本科目贷方登记企业其他业务活动实现的收入，借方登记期末转入“本年利润”科目的其他业务收入，结转后该科目应无余额。

（3）本科目可按其他业务的种类进行明细核算。

（4）本科目的主要账务处理。参见“主营业务收入”科目。

### 经典题解

**【例题4·单选题】**下列各项中，属于制造业企业主营业务收入的是（　　）。（2020年·2分）

A. 销售原材料收入

B. 出租包装物租金收入

C. 出售生产设备净收益

D. 销售产品收入

**【解析】**“主营业务收入”科目核算企业确认的销售商品、提供服务等主营业务的收入，选项D正确；选项AB计入其他业务收入；选项C计入资产处置损益。

**【答案】**D

**【例题5·多选题】**下列各项中，制造业企业应通过“其他业务收入”科目核算的有（　　）。（2019年改编·2分）

A. 出租包装物实现的收入

B. 对外提供运输服务取得的收入

C. 对外出租闲置设备取得的租金收入

D. 出售自产产品取得的销售收入

**【解析】**选项ABC通过“其他业务收入”科目核算；选项D通过“主营业务收入”科目核算。

**【答案】**ABC

（三）“主营业务成本”科目

（1）本科目核算企业确认销售商品、提供服务等主营业务收入时应结转的成本。

（2）本科目借方登记企业应结转的主营业务成本，贷方登记期末转入“本年利润”科目的主营业务成本，结转后该科目应无余额。

（3）本科目可按主营业务的种类进行明细核算。

（4）本科目的主要账务处理。

企业根据本期销售各种商品、提供各种服务的实际成本，结转主营业务成本时：

借：主营业务成本

　　存货跌价准备（如有）

　贷：库存商品/合同履约成本等

（四）“其他业务成本”科目

（1）本科目核算企业确认的除主营业务活动以外的其他经营活动所形成的成本，包括销售材料的成本、出租固定资产的折旧额、出租无形资产的摊销额、出租包装物的成本或摊销额等。

（2）本科目借方登记企业应结转的其他业务成本，贷方登记期末转入“本年利润”科目的其他业务成本，结转后该科目应无余额。

（3）本科目可按其他业务的种类进行明细核算。

（4）本科目的主要账务处理。

企业发生其他业务成本时：

借：其他业务成本

　贷：原材料/周转材料等

（五）“合同取得成本”科目

（1）本科目核算企业取得合同发生的、预计能够收回的增量成本。

（2）该科目借方登记发生的合同取得成本，贷方登记摊销的合同取得成本，期末借方余额反映企业尚未结转的合同取得成本。

（3）本科目可按合同进行明细核算。

（4）本科目的主要账务处理。

企业发生合同取得成本时：

借：合同取得成本

　贷：银行存款等

对合同取得成本进行摊销时：

借：销售费用

　贷：合同取得成本

涉及增值税的，还应进行相应的处理。

（六）“合同履约成本”科目

（1）本科目核算企业为履行当前或预期取得的合同所发生的、不属于其他企业会计准则规范范围且按照收入准则应当确认为一项资产的成本。

（2）本科目借方登记发生的合同履约成本，贷方登记摊销的合同履约成本，期末借方余额，反映企业尚未结转的合同履约成本。

（3）本科目可按合同分别“服务成本”“工程施工”等进行明细核算。

（4）本科目的主要账务处理。

企业发生合同履约成本时：

借：合同履约成本

　贷：银行存款/应付职工薪酬/原材料等

对合同履约成本进行摊销时：

借：主营业务成本/其他业务成本

　贷：合同履约成本

涉及增值税的，还应进行相应的处理。

（七）“合同资产”科目

（1）本科目核算企业已向客户转让商品而有权收取对价的权利，且该权利取决于时间流逝之外的其他因素（如履行合同中的其他履约义务），该权利既承担信用风险，还可能承担履约风险等其他风险。仅取决于时间流逝因素的权利不在本科目核算，应在“应收账款”科目核算。

（2）本科目借方登记因已转让商品而有权收取的对价金额，贷方登记取得无条件收款权的金额，期末借方余额，反映企业已向客户转让商品而有权收取的对价金额。

（3）本科目按合同进行明细核算。

（4）本科目的主要账务处理。

企业在客户实际支付合同对价或在该对价到期应付之前，已经向客户转让了商品的，应当按因已转让商品而有权收取的对价金额：

借：合同资产

　贷：主营业务收入/其他业务收入等

企业取得收款权时：

借：应收账款等

　贷：合同资产

涉及增值税的，还应进行相应的处理。

### 经典题解

**【例题6·多选题】**2019年3月1日，甲公司与客户签订合同，向其销售A、B两项商品，A商品的单独售价为6000元，B商品的单独售价为24000元，合同价款为25000元。合同约定，A商品于合同开始日交付，B商品在一个月之后交付，只有当两项商品全部交付之后，甲公司才有权收取25000元的合同对价。假定A商品和B商品分别构成单项履约义务，其控制权在交付时转移给客户。上述价格均不包含增值税，且假定不考虑相关税费影响。甲公司下列会计处理中正确的有(　　)。

A. 分摊至A商品的合同价款为5000元

B. 分摊至B商品的合同价款为20000元

C. 2019年3月1日，销售A商品应确认合同资产5000元

D. 2019年3月1日，销售A商品应确认应收账款5000元

**【解析】**分摊至A商品的合同价款=6000÷（6000+24000）×25000=5000（元），选项A正确；分摊至B商品的合同价款=24000÷（6000+24000）×25000=20000（元），选项B正确；因只有当两项商品全部交付之后，甲公司才有权收取25000元的合同对价，所以甲公司2019年3月1日销售A商品时，应通过“合同资产”科目核算，不应通过“应收账款”科目核算，选项C正确，选项D错误，只有交付B商品后，才存在仅取决于时间流逝因素的收款权利，通过“应收账款”科目核算。甲公司的账务处理如下：

（1）交付A商品时：

借：合同资产　　5000

　贷：主营业务收入　　5000

（2）交付B商品时：

借：应收账款　　25000

　贷：合同资产　　5000

　　　主营业务收入　　20000

**【答案】**ABC

（八）“合同负债”科目

（1）本科目核算企业已收或应收客户对价而应向客户转让商品的义务。

（2）本科目贷方登记企业在向客户转让商品之前，已经收到或已经取得无条件收取合同对价权利的金额；借方登记企业向客户转让商品时冲销的金额；期末贷方余额，反映企业在向客户转让商品之前，已经收到的合同对价或已经取得的无条件收取合同对价权利的金额。

（3）本科目按合同进行明细核算。

（4）本科目的主要账务处理。

企业在向客户转让商品之前，客户已经支付了合同对价或企业已经取得了无条件收取合同对价权利的，企业应当在客户实际支付款项与到期应支付款项孰早时点，按照该已收或应收的金额：

借：银行存款/应收账款/应收票据等

　贷：合同负债

企业向客户转让相关商品时：

借：合同负债

　贷：主营业务收入/其他业务收入

　　　应交税费—应交增值税（销项税额）

此外，企业发生减值的，还应当设置“合同履约成本减值准备”“合同取得成本减值准备”“合同资产减值准备”等科目进行核算。

### 三、履行履约义务确认收入的账务处理（★★★）

（一）在某一时点履行履约义务确认收入

对于在某一时点履行的履约义务，企业应当在客户取得相关商品控制权时点确认收入。在判断客户是否已取得商品控制权时，企业应当综合考虑下列迹象：①企业就该商品享有现时收款权利，即客户就该商品负有现时付款义务；②企业已将该商品的法定所有权转移给客户，即客户已拥有该商品的法定所有权；③企业已将该商品实物转移给客户，即客户已占有该商品实物；④企业已将

该商品所有权上的主要风险和报酬转移给客户，即客户已取得该商品所有权上的主要风险和报酬；⑤客户已接受该商品；⑥其他表明客户已取得商品控制权的迹象。

1. 一般销售商品业务收入的账务处理

| 时间节点 | 账务处理 |
|---|---|
| 确认收入时 | 借：银行存款、应收账款、合同资产、应收票据、合同负债等<br>　贷：主营业务收入<br>　　　应交税费—应交增值税（销项税额）<br>借：主营业务成本<br>　　存货跌价准备（已销售商品所对应的存货跌价准备）<br>　贷：库存商品 |
| 代垫运费时 | 借：应收账款等<br>　贷：银行存款 |

2. 已经发出商品但不能确认收入的账务处理

【提示】典型业务为支付手续费方式的委托代销商品。

| 时间节点 | 委托方的账务处理 |
|---|---|
| 发出商品时 | 借：发出商品<br>　贷：库存商品（成本价）<br>【提示】如已发出商品被客户退回，应编制相反会计分录 |
| 受托方售出商品后，委托方收到代销清单时 | 借：应收账款<br>　贷：主营业务收入<br>　　　应交税费—应交增值税（销项税额）<br>借：主营业务成本<br>　贷：发出商品 |
| 确认手续费时 | 借：销售费用<br>　　应交税费—应交增值税（进项税额）<br>　贷：应收账款 |
| 收到货款时 | 借：银行存款<br>　贷：应收账款 |

【提示】“发出商品”科目的期末余额应在资产负债表“存货”项目列示。

**【历年考核要点】**

1. 不符合收入确认条件时发出商品的账务处理
2. 委托代销方式下，委托方确认收入的时点以及支付代销手续费的科目归属

## 经典题解

**【例题 7 · 单选题】** 下列各项中，企业结转发出不满足收入确认条件的商品成本应借记的会计科目是(　　)。(2020 年 · 2 分)

A. 主营业务成本

B. 发出商品

C. 其他业务成本

D. 库存商品

**【解析】** 对于不满足收入确认条件的商品，在发出商品时，借记“发出商品”科目，贷记“库存商品”科目，选项 B 正确。

**【答案】** B

**【例题 8 · 单选题】** 采用支付手续费委托代销方式下，下列各项中，委托方在收到受托方开出的代销清单时应将支付的代销手续费记入的会计科目是(　　)。(2020 年 · 2 分)

A. 销售费用　　B. 财务费用

C. 其他业务成本　　D. 管理费用

**【解析】** 委托方应支付受托方的代销手续费是为了销售商品而发生的，记入“销售费用”科目，选项 A 正确。

**【答案】** A

**【例题 9 · 判断题】** 某企业赊销商品时知晓客户财务困难，不能确定能否收回货款，为了维持客户的长期合作关系仍将商品发出并开具销售发票，对于该赊销，不需要进行相关的会计处理。(　　)(2019 年 · 1 分)

**【解析】** 本题不符合企业因向客户转让商品而有权取得的对价很可能收回的条件，所以不能确认收入。

发出商品时：

借：发出商品

　贷：库存商品

同时，因企业销售该批商品时纳税义务已经发生，应确认增值税销项税额：

借：应收账款

　贷：应交税费—应交增值税（销项税额）

**【答案】** ×

**【例题 10 · 多选题】** 某企业销售一批商品，该商品已发出且纳税义务已发生，由于货款收回存在较大不确定性，不符合收入确认条件。下列各项中，关于该笔销售业务会计处理表述正确的有(　　)。

A. 发出商品的同时结转其销售成本

B. 根据增值税专用发票上注明的税额确认应收账款

C. 根据增值税专用发票上注明的税额确认应交税费

D. 将发出商品的成本记入“发出商品”科目

**【解析】** 由于货款收回存在较大的不确定性，不符合收入确认条件，所以不能确认收入及结转成本，选项 A 错误；发出商品时，应借记“发出商品”科目，贷记“库存商品”科目，选项 D 正确；纳税义务已经发生，应借记“应收账款”科目，贷记“应交税费—应交增值税（销项税额）”科目，选项 BC 正确。

**【答案】** BCD

3. 商业折扣、现金折扣和销售退回的账务处理

(1) 商业折扣是指企业为促进商品销售而给予的价格扣除。

商业折扣在销售前即已发生，并不构成最终成交价格的一部分，因此应当按照扣除商业折扣后的金额确定销售商品收入金额。

(2) 现金折扣是指债权人为鼓励债务人在规定的期限内付款而向债务人提供的债务扣除。现金折扣发生在商品销售之后，是否发生以及发生多少要视客户的付款情况而定，企业在确认销售商品收入时不能确定现金折扣金额。因此，企业销售商品涉及现金折扣的，应当按照扣除现金折扣前的金额确定销售商品收入金额。现金折扣实际上是企业为了尽快回笼资金而发生的筹资费用，应在实际发生时计入当期财务费用。

【提示】在计算现金折扣时，应注意销售方是按不包含增值税的价款提供现金折扣，

还是按包含增值税的价款提供现金折扣，两种情况下购买方享有的折扣金额不同。

【历年考核要点】

1. 现金折扣的金额计算及科目归属

2. 现金折扣条件下应收账款的入账价值，以及实际收款金额的计算

经典题解

【例题 11·多选题】甲公司为增值税一般纳税人，2019 年 10 月 2 日销售 M 商品 1000 件并开具增值税专用发票，每件商品的标价为 200 元（不含增值税），M 商品适用的增值税税率为 13%。每件商品的实际成本为 120 元，由于成批销售，甲公司给予客户 10%的商业折扣。M 商品于 10 月 2 日发出，客户于 10 月 9 日付款。该销售业务属于在某一时点履行的履约义务。不考虑其他因素，下列各项中，有关甲公司销售商品会计处理表述错误的有（　　）。（2020 年·2 分）

A. 确认主营业务收入 180000 元

B. 确认财务费用 20000 元

C. 确认主营业务成本 108000 元

D. 确认应交增值税销项税额 26000 元

【解析】甲公司销售商品的账务处理为：

10 月 2 日发出商品时：

借：应收账款　　203400

　贷：主营业务收入　　180000

　　应交税费—应交增值税（销项税额）　　23400

同时：

借：主营业务成本　　120000

　贷：库存商品　　120000

10 月 9 日收到款项时：

借：银行存款　　203400

　贷：应收账款　　203400

【答案】BCD

【例题 12·单选题】某企业为增值税一般纳税人，本月赊购一批产品并验收入库，取得增值税专用发票上注明的价款为 3000 万元，增值税税额为 390 万元。合同中规定的现金折扣条件为 2/10，1/20，N/30，计算现金折扣时考虑增值税。不考虑其他因素，该企业应付账款的入账价值为（　　）万元。（2018 年改编·1.5 分）

A. 3322.2　　B. 3390

C. 3000　　D. 3356.1

【解析】现金折扣不影响应付账款的入账价值，该企业应付账款的入账价值 = 3000 + 390 = 3390（万元）。

【答案】B

【例题 13·单选题】某企业为增值税一般纳税人，适用的增值税税率为 13%。2019 年 9 月 1 日，该企业向某客户销售商品 20000 件，单位售价为 20 元（不含增值税），单位成本为 10 元，给予客户 10%的商业折扣，当日商品送抵客户，并符合收入确认条件。销售合同约定的现金折扣条件为 2/10，1/20，N/30（计算现金折扣时不考虑增值税）。不考虑其他因素，该客户于 9 月 15 日付款时享有的现金折扣为（　　）元。

A. 4520　　B. 3600

C. 4068　　D. 4000

【解析】销售商品确认的收入 = 20000 × 20 ×（1 - 10%）= 360000（元）；计算现金折扣时不考虑增值税，那么 9 月 15 日付款时该客户享有的现金折扣 = 360000 × 1% = 3600（元）。

【答案】B

【例题 14·单选题】某企业为增值税一般纳税人，适用的增值税税率为 13%，2019 年 8 月 1 日赊销一批商品，售价为 120000 元（不含增值税）。规定的现金折扣条件为 2/10，1/20，N/30，计算现金折扣时考虑增值税。客户于 2019 年 8 月 15 日付清货款，该企业实际收款金额为（　　）元。

A. 118800　　B. 117600

C. 134244　　D. 132888

【解析】应收账款确认金额 = 120000 ×（1 + 13%）= 135600（元）；8 月 15 日付款应当享受的现金折扣为 1%，所以该企业实

际收款金额＝135600×（1－1%）＝134244（元）。

【答案】C

（3）销售退回是指企业售出的商品由于质量、规格等方面不符合销售合同规定条款的要求而发生的退货。

| 情形 | 账务处理 |
| --- | --- |
| 未确认收入的已发出商品发生退回 | “发出商品”科目余额转到“库存商品”科目：<br>借：库存商品<br>　贷：发出商品 |
| 已确认收入的售出商品发生退回（除资产负债表日后事项外） | 直接冲减退回当月的收入和成本，相应的现金折扣一并反向结转：<br>借：主营业务收入<br>　　应交税费—应交增值税（销项税额）<br>　贷：银行存款等<br>　　　财务费用（如有现金折扣）<br>借：库存商品<br>　贷：主营业务成本 |

### 经典题解

【例题15·判断题】企业未满足销售收入确认条件的售出商品发生销售退回时，应借记“库存商品”科目，贷记“主营业务成本”科目。（　　）（2019年·1分）

【解析】未满足收入确认条件，不确认收入，也不结转成本，发生的商品退回，借记“库存商品”科目，贷记“发出商品”科目。

【答案】×

4. 销售材料等存货的账务处理

企业在日常活动中发生的对外销售不需用的原材料、随同商品对外销售单独计价的包装物等业务时，比照商品销售进行账务处理。销售原材料、包装物等存货确认的收入作为其他业务收入处理，结转的相关成本作为其他业务成本处理。

（1）确认收入时：

借：银行存款等

　贷：其他业务收入

　　　应交税费—应交增值税（销项税额）

（2）结转原材料成本：

借：其他业务成本

　贷：原材料等

（二）在某一时段内履行履约义务确认收入

1. 某一时段内履行的履约义务确认收入应满足的条件

满足下列条件之一的，属于在某一时段内履行的履约义务：

（1）客户在企业履约的同时即取得并消耗企业履约所带来的经济利益。

（2）客户能够控制企业履约过程中在建的商品。

（3）企业履约过程中所产出的商品具有不可替代用途，且该企业在整个合同期间内有权就累计至今已完成的履约部分收取款项。

2. 在某一时段内履行的履约义务的收入确认方法

（1）原则：对于在某一时段内履行的履约义务，企业应当在该段时间内按照履约进度确认收入，履约进度不能合理确定的除外。企业应当采用恰当的方法确定履约进度，以使其如实反映企业向客户转让商品和服务的履约情况。

（2）履约进度的确认方法：企业应当考虑商品的性质，采用实际测量的完工进度、评估已实现的结果、时间进度、已完工或交付的产品等产出指标，或采用投入的材料数量、花费的人工工时、机器工时、发生的成本和时间进度等投入指标确定恰当的履约进度，并且在确定履约进度时，应当扣除那些控制权尚未转移给客户的商品和服务。具体计算方法：

本期确认收入=合同的交易价格总额×履约进度-以前期间已确认收入

【提示】当履约进度不能合理确定时，企业已经发生的成本预计能够得到补偿的，应当按照已经发生的成本金额确认收入，直到履约进度能够合理确定为止。

3. 账务处理

（1）预收款项时：

借：银行存款

  贷：合同负债

（2）实际发生服务成本时：

借：合同履约成本

  贷：银行存款、应付职工薪酬等

（3）确认服务收入并结转服务成本时：

借：合同负债、银行存款等

  贷：主营业务收入

    应交税费—应交增值税（销项税额）

借：主营业务成本

  贷：合同履约成本

【历年考核要点】

1. 履约进度能合理确定时，收入的确认计量

2. 履约进度不能合理确定时，收入的确认计量

## 经典题解

【例题16·多选题】某公司经营一家健身俱乐部，适用的增值税税率为6%。2019年1月1日，与客户签订合同，并收取客户会员费6000元（不含税）。客户可在未来12个月内享受健身服务，且没有次数限制。不考虑其他因素，下列各项中，该公司相关会计处理表述正确的有（  ）。（2020年·2分）

A. 1月1日收到会员费确认合同负债6000元

B. 1月1日收到会员费确认预计负债6000元

C. 1月31日确认主营业务收入的金额为530元

D. 1月31日确认主营业务收入的金额为500元

【解析】符合收入准则的预收款项计入合同负债，选项A正确，选项B错误；客户在会籍期间可随时来俱乐部健身，且没有次数限制，客户已健身的次数不会影响其未来继续健身的次数，该公司在合同下的履约义务是承诺随时准备在客户需要时为其提供健身服务，因此，该履约义务属于在某一时段内履行的履约义务，并且该履约义务在会员的会籍期间内随时间的流逝而被履行。因此，该公司应按照直线法确认收入，1月31日应确认主营业务收入的金额为6000/12×1=500（元），选项C错误，选项D正确。

【答案】AD

【例题17·判断题】在某一时段内履行的履约义务，若能合理确定履约进度的，企业应于资产负债表日按照合同的交易价格总额乘以履约进度扣除以前会计期间累计已确认的收入后的金额，确认当期收入。（  ）（2020年·1分）

【答案】√

【例题18·判断题】对于在某一时段内履行的履约义务，当履约进度不能合理确定时，即使企业已经发生的成本预计能够得到补偿，也不应确认收入。（  ）（2020年·1分）

【解析】当履约进度不能合理确定时，企业已经发生的成本预计能够得到补偿的，

应当按照已经发生的成本金额确认收入，直到履约进度能够合理确定为止。

【答案】×

【例题19·单选题】甲公司为增值税一般纳税人。2019年12月1日，与乙公司签订了一项为期6个月的咨询合同，合同不含税总价款为60000元，当日收到总价款的50%，增值税税额为1800元。截至年末，甲公司累计发生服务成本6000元，估计还将发生服务成本34000元，假定该业务属于在某一时段内履行的履约义务，履约进度按照已发生的成本占估计总成本的比例确定。2019年12月31日，甲公司应确认该项服务的收入为(　　)元。(2018年改编·1.5分)

A. 9000

B. 30000

C. 6000

D. 40000

【解析】履约进度按照已发生的成本占估计总成本的比例确定，履约进度=6000÷(6000+34000)×100%=15%，所以应确认的收入=60000×15%=9000(元)。

【答案】A

【例题20·单选题】2019年4月12日，某企业与客户签订一项工程服务合同，合同期为一年，属于某一时段内履行的履约义务。合同收入总额为3000万元（不含增值税），预计合同总成本为2100万元，至2019年12月31日该企业实际发生总成本为1400万元，但履约进度不能合理确定，企业已经发生的成本预计能够得到补偿。则2019年度该企业应确认的服务收入为(　　)万元。

A. 3000　　B. 2100

C. 1400　　D. 0

【解析】当履约进度不能合理确定时，企业已经发生的成本预计能够得到补偿的，应当按照已经发生的成本金额确认收入，即确认收入1400万元。

【答案】C

## 四、合同成本（★★）

企业在与客户之间建立合同关系过程中发生的成本主要有合同取得成本和合同履约成本。

（一）合同取得成本

1. 合同取得成本的概念

（1）企业为取得合同发生的增量成本预期能够收回的，应当作为合同取得成本确认为一项资产。增量成本，是指企业不取得合同就不会发生的成本，如销售佣金。

（2）该资产摊销期限不超过一年的，可以在发生时计入当期损益。

（3）企业为取得合同发生的、除预期能够收回的增量成本之外的其他支出，例如，无论是否取得合同均会发生的差旅费、投标费、为准备投标资料发生的相关费用等，应当在发生时计入当期损益，除非这些支出明确由客户承担。

2. 合同取得成本的账务处理

对于确认为资产的合同取得成本，企业应当采用与该资产相关的商品收入确认相同的基础（即，在履约义务履行的时点或按照履约义务的履约进度）进行摊销，计入当期损益。

（1）支付相关费用时：

借：合同取得成本（增量成本）
　　管理费用等（差旅费、尽职调查费用等）
　贷：银行存款等

（2）确认收入、摊销合同取得成本时：

借：应收账款等
　贷：主营业务收入
　　　应交税费—应交增值税（销项税额）

借：销售费用
　贷：合同取得成本

经典题解

【例题21·单选题】甲公司为一家咨询服务提供商（中了一个向新客户提供咨询服

务的标）。甲公司为取得合同而发生的成本如下：（1）尽职调查的外部律师费 7 万元；（2）提交标书的差旅费 8 万元（客户不承担）；（3）销售人员佣金 4 万元。假定不考虑其他因素，甲公司应确认的与合同相关的资产为（　　）万元。（2020 年 · 2 分）

A. 4　　B. 12

C. 15　　D. 19

**【解析】**尽职调查的律师费和提交标书的差旅费计入管理费用，确认为当期损益；销售人员佣金属于预期未来能够收回的增量成本，应作为合同取得成本确认为一项资产，所以应确认的与合同相关的资产为 4 万元。

**【答案】**A

**【例题 22 · 判断题】**企业为取得合同发生的增量成本预期能够收回的，应作为合同履约成本确认为一项资产。（　　）（2020 年 · 1 分）

**【解析】**企业为取得合同发生的增量成本预期能够收回的，应作为合同取得成本确认为一项资产。

**【答案】**×

（二）合同履约成本

1. 合同履约成本的概念

合同履约成本是指企业为履行当前或预期取得的合同所发生的、属于《企业会计准则第 14 号—收入》（2018）规范范围并且按照该准则应当确认为一项资产的成本。

企业为履行合同可能会发生各种成本，在确认收入的同时应当对这些成本进行分析，属于《企业会计准则第 14 号—收入》（2018）准则规范范围且同时满足下列条件的，应当作为合同履约成本确认为一项资产：

（1）该成本与一份当前或预期取得的合同直接相关。

①与合同直接相关的成本，包括：直接人工（如支付给直接为客户提供所承诺服务的人员的工资、奖金等）；直接材料（如为履行合同耗用的原材料、辅助材料、构配件、零件、半成品的成本和周转材料的摊销及租赁费用等）；制造费用或类似费用（如组织和管理相关生产、施工、服务等活动发生的费用，包括车间管理人员的职工薪酬、劳动保护费、固定资产折旧费及修理费、物料消耗、取暖费、水电费、办公费、差旅费、财产保险费、工程保修费、临时设施摊销费等）。

②明确由客户承担的成本以及仅因该合同而发生的其他成本（如支付给分包商的成本、机械使用费、设计和技术援助费用、施工现场二次搬运费、生产工具和用具使用费、检验试验费、工程定位复测费、工程点交费用、场地清理费等）。

（2）该成本增加了企业未来用于履行（包括持续履行）履约义务的资源。

（3）该成本预期能够收回。

【提示】企业应当在下列支出发生时，将其计入当期损益：

①管理费用，除非这些费用明确由客户承担；

②非正常消耗的直接材料、直接人工和制造费用（或类似费用），这些支出为履行合同发生，但未反映在合同价格中；

③与履约义务中已履行（包括已全部履行或部分履行）部分相关的支出，即该支出与企业过去的履约活动相关；

④无法在尚未履行的与已履行（或已部分履行）的履约义务之间区分的相关支出。

### 经典题解

**【例题 23 · 多选题】**下列各项中，不属于合同履约成本的有（　　）。

A. 为取得合同发生但预期能够收回的增量成本

B. 为组织和管理企业生产经营发生的但非由客户承担的管理费用

C. 无法在尚未履行的与已履行（或已部分履行）的履约义务之间区分的支出

D. 为履行合同发生的非正常消耗的直接材料、直接人工和制造费用

**【解析】**选项 A，为取得合同发生但预期

能够收回的增量成本应作为合同取得成本确认为一项资产；选项BCD在发生时计入当期损益。

【答案】ABCD

2. 合同履约成本的账务处理

对于确认为资产的合同履约成本，企业应当采用与该资产相关的商品收入确认相同的基础（即，在履约义务履行的时点或按照履约义务的履约进度）进行摊销，计入当期损益。

（1）发生合同履约成本时：

借：合同履约成本

　贷：银行存款、应付职工薪酬、累计折旧等

（2）确认收入、摊销合同履约成本时：

借：银行存款等

　贷：主营业务收入

　　应交税费—应交增值税（销项税额）

借：主营业务成本

　贷：合同履约成本

【提示】合同履约成本并不是消耗多少，就结转多少到主营业务成本。只有履约进度按照采用实际测量的完工进度、评估已实现的结果、时间进度、已完工或交付的产品等产出指标来确认时，两者才会一致。采用其他方法时，"合同履约成本"科目期末会产生借方余额，表示尚未结转的合同履约成本，属于企业的资产。

**开小灶**

本节必考点汇总：（详见轻松过关2）

1. 收入确认的原则
2. 收入确认的前提条件
3. 收入确认和计量的步骤
4. 与收入相关的各个科目核算内容的具体应用
5. 不符合收入确认条件时发出商品的会计处理
6. 存在商业折扣或现金折扣时，应收账款和银行存款确认金额的计算
7. 销售退回冲减收入的时点及账务处理
8. 销售材料的核算
9. 在某一时段内履行的履约义务相关收入的确认和计量
10. 合同取得成本的内容
11. 合同履约成本的内容

## 第二节 费 用

查看本节视频
使用"会计云课堂"App/微信扫描

费用包括企业日常活动所发生的经济利益的总流出，主要是指企业为取得营业收入进行产品销售等营业活动所发生的营业成本、税金及附加和期间费用。

### 一、营业成本（★★）

营业成本是指企业为生产产品、提供服务等发生的可归属于产品成本、服务成本等的费用，应当在确认销售商品收入、提供服务收入等时，将已销售商品、已提供服务的成本等计入当期损益。营业成本包括主营业务成本和其他业务成本。

（一）主营业务成本

主营业务成本是指企业销售商品、提供服务等经常性活动所发生的成本。企业一般在确认销售商品、提供服务等主营业务收入时，或在月末，将已销售商品、已提供服务的成本转入主营业务成本。账务处理如下：

借：主营业务成本

　　存货跌价准备（如有）

　贷：库存商品、合同履约成本等

期末，应将"主营业务成本"科目余额

转入“本年利润”科目，借记“本年利润”科目，贷记“主营业务成本”科目，结转后本科目无余额。

（二）其他业务成本

其他业务成本是指企业确认的除主营业务活动以外的其他日常经营活动所发生的支出。其他业务成本包括销售材料的成本、出租固定资产的折旧额、出租无形资产的摊销额、出租包装物的成本或摊销额等。采用成本模式计量投资性房地产的，其投资性房地产计提的折旧额和摊销额，也构成其他业务成本。

基本账务处理：

借：其他业务成本

　贷：原材料

　　周转材料

　　累计折旧

　　累计摊销

　　银行存款等

期末，本科目的余额转入“本年利润”科目，结转后本科目无余额。

**经典题解**

**【例题24·多选题】**下列各项中，应计入制造业企业其他业务成本的有（　　）。（2020年·2分）

A. 经营租出固定资产的折旧额

B. 经营租出无形资产的摊销额

C. 销售原材料的实际成本

D. 出租包装物的摊销额

**【解析】**其他业务成本包括销售材料的成本（选项C）、出租固定资产的折旧额（选项A）、出租无形资产的摊销额（选项B）、出租包装物的成本或摊销额（选项D）等。

**【答案】**ABCD

## 二、税金及附加（★★）

税金及附加是指企业经营活动应负担的相关税费，包括消费税、城市维护建设税、教育费附加、资源税、土地增值税、房产税、城镇土地使用税、车船税、印花税等。账务处理如下：

（1）计算确定与经营活动相关的消费税、城市维护建设税、教育费附加、资源税、土地增值税（房地产开发企业）、房产税、城镇土地使用税、车船税等：

借：税金及附加

　贷：应交税费—应交消费税

　　—应交城市维护建设税

　　—应交教育费附加

　　—应交资源税

　　—应交土地增值税

　　—应交房产税

　　—应交城镇土地使用税

　　—应交车船税等

（2）交纳不需要预计应交数的税金（印花税）：

借：税金及附加

　贷：银行存款

（3）期末结转到本年利润：

借：本年利润

　贷：税金及附加

**【提示】**常见的不通过“税金及附加”科目核算的税费有个人所得税、企业所得税、增值税、车辆购置税、耕地占用税等。

**【历年考核要点】**

税金及附加的核算范围及金额计算。

**经典题解**

**【例题25·单选题】**下列各项中，企业应通过“税金及附加”科目核算的是（　　）。（2020年·2分）

A. 代扣代缴的个人所得税

B. 应交的房产税

C. 应交的企业所得税

D. 应交的增值税

**【解析】**“税金及附加”科目，核算企业经营活动发生的消费税、城市维护建设税、教育费附加、资源税、房产税（选项B）、城镇土地使用税、车船税、印花税等相关税费。个人所得税、企业所得税、增值税均不通过“税金及附加”科目核算。

**【答案】**B

【例题26·单选题】某企业2019年相关税费的发生额如下：增值税的销项税额为500万元，进项税额为450万元，销售应税消费品的消费税为50万元，城市维护建设税为7万元，教育费附加为3万元。不考虑其他因素，该企业2019年“税金及附加”科目借方累计发生额为(　　)万元。(2020年·2分)

A. 110　　B. 10

C. 60　　D. 50

【解析】企业的增值税不通过“税金及附加”科目核算。销售应税消费品的消费税、城市维护建设税和教育费附加均通过“税金及附加”科目核算，所以，该企业2019年“税金及附加”科目借方累计发生额=50+3+7=60（万元），选项C正确。

【答案】C

【例题27·多选题】下列各项中，关于企业确认相关税费会计处理表述错误的有(　　)。(2020年·2分)

A. 确认应交城镇土地使用税，借记“管理费用”科目

B. 确认应交城市维护建设税，借记“税金及附加”科目

C. 确认应交教育费附加，借记“税金及附加”科目

D. 确认应交车船税，借记“管理费用”科目

【解析】选项AD计入税金及附加。

【答案】AD

【例题28·多选题】2018年12月，某企业当月交纳增值税50万元，销售应税消费品交纳消费税20万元，经营用房屋交纳房产税10万元。该企业适用的城市维护建设税税率为7%，教育费附加为3%，不考虑其他因素。下列各项中，关于该企业12月份应交纳城市维护建设税和教育费附加的相关会计科目处理正确的有(　　)。(2019年·2分)

A. 借记“税金及附加”科目7万元

B. 贷记“应交税费—应交教育费附加”科目2.1万元

C. 贷记“应交税费—应交城市维护建设税”科目5.6万元

D. 借记“管理费用”科目7万元

【解析】应交城市维护建设税=（50+20）×7%=4.9（万元），选项C错误；应交教育费附加=（50+20）×3%=2.1（万元），选项B正确；企业的城市维护建设税以及教育费附加计入税金及附加，因本月城市维护建设税和教育费附加而计入税金及附加的金额=4.9+2.1=7（万元），选项A正确，选项D错误。

【答案】AB

【例题29·单选题】某企业为增值税一般纳税人，2019年应交的各种税金为：增值税300万元，消费税100万元，城市维护建设税50万元，房产税10万元，车船税2万元，印花税1万元，个人所得税80万元。上述各项税金中应计入税金及附加的金额为(　　)万元。

A. 543　　B. 243

C. 163　　D. 463

【解析】应计入税金及附加的金额=100+50+10+2+1=163（万元）。

【解题思路】计算计入税金及附加的金额时，关注点有两个：①如没有给出城市维护建设税和教育费附加的金额，只给了相关税率，那么需要根据实际交纳增值税和消费税之和作为基数，计算城市维护建设税和教育费附加的金额。②印花税不通过“应交税费”科目核算，但是应通过“税金及附加”科目核算，实际交纳时借记“税金及附加”科目，贷记“银行存款”等科目。

【答案】C

【例题30·多选题】下列各项中，应列入利润表中“税金及附加”项目的有(　　)。

A. 销售应税矿产品计提的应交资源税

B. 经营活动中计提的应交教育费附加

C. 经营活动中计提的应交城市维护建设税

D. 销售应税消费品计提的应交消费税

【解析】税金及附加是指企业经营活动应负担的相关税费，包括消费税、城市维护

建设税、教育费附加、资源税、房产税、城镇土地使用税、车船税、印花税等，以上四个选项均正确。

【答案】ABCD

## 三、期间费用（★★）

（一）期间费用的概述

期间费用是企业日常活动中所发生的经济利益的流出。通常不计入特定的成本核算对象，是因为期间费用是企业为组织和管理整个经营活动所发生的费用，与可以确定特定成本核算对象的材料采购、产成品生产等没有直接关系，因而期间费用不计入有关核算对象的成本，而是直接计入当期损益。期间费用包括销售费用、管理费用和财务费用。

（二）期间费用的账务处理

1. 销售费用

销售费用是指企业销售商品和材料、提供服务的过程中发生的各种费用，包括企业在销售商品过程中发生的保险费、包装费、展览费和广告费、商品维修费、预计产品质量保证损失、运输费、装卸费等以及为销售本企业商品而专设的销售机构（含销售网点、售后服务网点等）的职工薪酬、业务费、折旧费等经营费用。企业发生的与专设销售机构相关的固定资产修理费用等后续支出也属于销售费用。

企业应设置“销售费用”科目，核算销售费用的发生和结转情况。该科目借方登记企业所发生的各项销售费用，贷方登记期末转入“本年利润”科目的销售费用，结转后，“销售费用”科目应无余额。

账务处理：

借：销售费用

　贷：库存现金

　　　银行存款

　　　应付职工薪酬

　　　累计折旧等

期末：

借：本年利润

　贷：销售费用

**经典题解**

**【例题31·多选题】**下列各项中，制造业企业销售商品时发生的支出，应通过“销售费用”科目核算的有（　　）。（2020年·2分）

A. 装卸费

B. 保险费

C. 包装费

D. 代垫运费

**【解析】**销售费用是指企业销售商品和材料、提供服务的过程中发生的各种费用，包括企业在销售商品过程中发生的保险费、包装费、展览费和广告费、商品维修费、预计产品质量保证损失、运输费、装卸费等以及为销售本企业商品而专设的销售机构（含销售网点、售后服务网点等）的职工薪酬、业务费、折旧费等经营费用。选项D计入应收账款等。

**【答案】**ABC

**【例题 32·多选题】** 下列各项中，属于制造业企业其他业务成本核算内容的有（　　）。（2020 年·2 分）

A. 随同商品出售不单独计价的包装物成本

B. 出借包装物的摊销额

C. 随同商品出售单独计价的包装物成本

D. 出租包装物的摊销额

**【解析】** 选项 AB 计入销售费用。

**【答案】** CD

**【例题 33·多选题】** 下列各项中，企业应计入销售费用的有（　　）。（2019 年·2 分）

A. 随同商品销售不单独计价的包装物成本

B. 销售过程中代客户垫付的运输费

C. 预计产品质量保证损失

D. 已售商品的成本

**【解析】** 选项 B 计入应收账款等；选项 D 计入主营业务成本。

**【答案】** AC

**【例题 34·多选题】** 下列各项中，应计入期间费用的有（　　）。

A. 销售商品后发生的销售退回

B. 销售商品发生的售后服务费

C. 销售商品发生的商业折扣

D. 委托代销商品支付的手续费

**【解析】** 选项 A，除资产负债表日后事项外，发生时冲减当期收入和成本，不计入期间费用；选项 B，销售商品发生的售后服务费计入销售费用；选项 C，销售商品发生商业折扣的，按照扣除商业折扣后的金额入账，不影响期间费用；选项 D，委托代销商品支付的手续费计入销售费用。

**【答案】** BD

2. 管理费用

管理费用是指企业为组织和管理生产经营发生的各种费用。企业应设置“管理费用”科目，核算管理费用的发生和结转情况。该科目的借方登记企业发生的各项管理费用，贷方登记期末转入“本年利润”科目的管理费用。

| 情形 | 账务处理 |
| --- | --- |
| 企业在筹建期间内发生的开办费，包括人员工资、办公费、培训费、差旅费、印刷费、注册登记费以及不计入固定资产成本的借款费用等 | 借：管理费用<br>　贷：银行存款等 |
| 企业行政管理部门人员的职工薪酬 | 借：管理费用<br>　贷：应付职工薪酬 |
| 企业行政管理部门计提的固定资产折旧 | 借：管理费用<br>　贷：累计折旧 |
| 行政管理部门负担的工会经费、董事会费（包括董事会成员津贴、会议费和差旅费等）、聘请中介机构费、咨询费（含顾问费）、诉讼费、业务招待费、技术转让费、研究费用 | 借：管理费用<br>　贷：银行存款/研发支出等 |
| 企业生产车间和行政管理部门发生的固定资产日常修理费用等后续支出 | 借：管理费用<br>　贷：银行存款等 |

### 经典题解

**【例题 35·多选题】** 下列各项中，应计入企业管理费用的有（　　）。（2020 年·2 分）

A. 董事会成员的公务差旅费

B. 聘请会计师事务所咨询费

C. 行政管理部门的办公费

D. 计提销售商品预计产品质量保证损失

【解析】选项D计入销售费用。

【答案】ABC

【例题36·判断题】企业生产车间发生的固定资产日常修理费，应通过“制造费用”科目核算。(　　)(2020年·1分)

【解析】企业生产车间发生的固定资产日常修理费，应通过“管理费用”科目核算。

【答案】×

【例题37·多选题】2018年8月31日，某企业发生有关经济业务如下，书立销售合同支付印花税0.1万元，支付商品展览费4万元，收取货款发生现金折扣2万元，支付销售商品保险费1.06万元，不考虑其他因素，下列各项中，该企业相关会计科目处理正确的有(　　)。(2019年·2分)

A. 借记“税金及附加”科目0.1万元

B. 借记“销售费用”科目5.06万元

C. 借记“财务费用”科目2万元

D. 借记“管理费用”科目1.06万元

【解析】企业支付的印花税计入税金及附加，选项A正确；支付的商品展览费以及销售商品保险费计入销售费用，所以计入销售费用的金额=4+1.06=5.06（万元），选项B正确；销售商品发生的现金折扣计入财务费用，选项C正确。

【答案】ABC

【例题38·单选题】下列各项中，应通过管理费用核算的是(　　)。(2018年·1.5分)

A. 预计产品质量保证损失

B. 业务招待费

C. 商品维修费

D. 企业发生的现金折扣

【解析】选项AC属于销售费用；选项D属于财务费用。

【答案】B

【例题39·单选题】下列各项中，应计入企业管理费用的是(　　)。(2017年·1.5分)

A. 收回应收账款发生的现金折扣

B. 出售无形资产净损失

C. 生产车间机器设备的折旧费

D. 行政管理部门负担的工会经费

【解析】选项A计入财务费用；选项B计入资产处置损益；选项C计入制造费用。

【答案】D

【例题40·多选题】下列各项中，企业不应计入销售费用的有(　　)。(2017年改编·2分)

A. 商标法侵权案发生的诉讼费

B. 行政管理部门负担的工会经费

C. 专设销售机构固定资产的折旧费

D. 向中介机构支付的咨询费

【解析】选项C计入销售费用。

【答案】ABD

3. 财务费用

财务费用是指企业为筹集生产经营所需资金等而发生的筹资费用，包括利息支出(减利息收入)、汇兑损益以及相关的手续费、企业发生或收到的现金折扣等。

企业应设置“财务费用”科目，核算财务费用的发生和结转情况。该科目的借方登记企业发生的各项财务费用，贷方登记期末结转入“本年利润”科目的财务费用。

| 情形 | 账务处理 |
| --- | --- |
| 企业发生的各项财务费用 | 借：财务费用<br>　贷：银行存款/应收账款等 |
| 企业发生的应冲减财务费用的利息收入、汇兑差额和现金折扣 | 借：银行存款/应付账款等<br>　贷：财务费用 |

续表

| 情形 | 账务处理 |
| --- | --- |
| 期末，应将“财务费用”科目余额转入“本年利润”科目 | 借：本年利润<br>贷：财务费用<br>【提示】结转后“财务费用”科目无余额 |

## 经典题解

**【例题 41·单选题】**2019 年，某公司共发生经营活动短期借款利息费用 90 万元，收到流动资金存款利息收入 1 万元，支付银行承兑汇票手续费 15 万元。不考虑其他因素，2019 年度该公司财务费用的金额为(　　)万元。(2020 年·2 分)

A. 90

B. 106

C. 104

D. 105

**【解析】**2019 年度该公司财务费用的金额 = 90 - 1 + 15 = 104（万元）。

**【答案】**C

**【例题 42·多选题】**下列各项中，属于“财务费用”科目核算内容的有(　　)。(2020 年·2 分)

A. 支付公开发行普通股的佣金

B. 支付的银行承兑汇票手续费

C. 确认的财务部门人员薪酬

D. 确认的生产经营用短期借款利息费用

**【解析】**选项 A 冲减资本公积。选项 C 计入管理费用。选项 D，在筹建期间的发生的不符合资本化条件的利息费用，计入管理费用，因为筹建期间企业尚未开始运营，发生的费用计入管理费用；而正常经营期间发生的不可以资本化的利息费用，计入财务费用。

**【答案】**BD

**【例题 43·单选题】**下列各项中，不属于“财务费用”科目核算内容的是(　　)。(2018 年·1.5 分)

A. 短期借款利息支出

B. 销售商品发生的现金折扣

C. 办理银行承兑汇票支付的手续费

D. 发生的业务招待费

**【解析】**财务费用是指企业为筹集生产经营所需资金等而发生的筹资费用，包括利息支出（减利息收入）（选项 A）、汇兑损益以及相关的手续费（选项 C）、企业发生或收到的现金折扣（选项 B）等。业务招待费应计入管理费用，选项 D 不正确。

**【答案】**D

**【例题 44·单选题】**某企业 6 月份赊购 10000 元办公用品交付使用，预付第三季度办公用房租金 45000 元，支付第二季度短期借款利息 6000 元，其中 4 月至 5 月已累计计提利息 4000 元，不考虑其他因素，该企业 6 月份应确认的期间费用为(　　)元。(2018 年·1.5 分)

A. 10000

B. 6000

C. 12000

D. 55000

**【解析】**该企业 6 月份应确认的期间费用 = 10000（管理费用）+（6000 - 4000）（财务费用）= 12000（元）。

**【答案】**C

**【例题 45·单选题】**2016 年 11 月，某企业确认短期借款利息 7.2 万元（不考虑增值税），收到银行活期存款利息收入 1.5 万元。开具银行承兑汇票支付手续费 0.5 万元（不考虑增值税）。不考虑其他因素。11 月企业利润表中“财务费用”项目的本期金

额为（　　）万元。（2017 年・1.5 分）

A. 5.7

B. 5.2

C. 7.7

D. 6.2

【解析】该企业 11 月利润表中“财务费用”项目的本期金额 = 7.2 - 1.5 + 0.5 = 6.2（万元）。

【答案】D

**开小灶**

本节必考点汇总：（详见轻松过关 2）

1. 主营业务成本的核算内容
2. 其他业务成本核算内容的应用
3. 归属于税金及附加的税费
4. 税金及附加的金额计算
5. 销售费用的核算内容
6. 管理费用的核算内容
7. 财务费用的核算内容



## 第三节　利　润

### 一、利润的构成（★★）

利润包括收入减去费用后的净额、直接计入当期利润的利得和损失等。

直接计入当期利润的利得，是指由企业非日常活动所形成的、会导致所有者权益增加的、与所有者投入资本无关的经济利益的流入。

直接计入当期利润的损失，是指由企业非日常活动所发生的、会导致所有者权益减少的、与向所有者分配利润无关的经济利益的流出。

【提示】此处需要注意利得与收入、损失与费用的区别。【详见第一章】

与利润相关的计算公式：

（1）营业利润 = 营业收入 - 营业成本 - 税金及附加 - 销售费用 - 管理费用 - 研发费用 - 财务费用 - 信用减值损失 - 资产减值损失 + 投资收益（- 投资损失）+ 公允价值变动收益（- 公允价值变动损失）+ 其他收益 + 资产处置收益（- 资产处置损失）+ 净敞口套期收益（- 净敞口套期损失）

【提示】研发费用是指企业进行研究与开发过程中发生的费用化支出，以及计入管理费用的自行开发无形资产的摊销。

其他收益主要是指与企业日常活动相关，除冲减相关成本费用以外的政府补助。

信用减值损失是指企业计提各项金融工具信用减值准备所确认的信用损失。比如应收款项，债权投资，其他债权投资等。

资产减值损失是指企业计提有关资产减值准备所形成的损失。

（2）利润总额 = 营业利润 + 营业外收入 - 营业外支出

（3）净利润 = 利润总额 - 所得税费用

【历年考核要点】

1. 影响营业利润的实际案例应用
2. 净利润的金额计算

**经典题解**

【例题 46・单选题】下列各项中，影响营业利润的是（　　）。（2020 年・2 分）

A. 税收罚款支出

B. 当期确认的所得税费用

C. 接受的现金捐赠

D. 管理不善造成的库存现金短缺

【解析】营业利润 = 营业收入 - 营业成本 - 税金及附加 - 销售费用 - 管理费用（选项 D）- 研发费用 - 财务费用 + 其他收益 + 投

资收益（-投资损失）+净敞口套期收益（-净敞口套期损失）+公允价值变动收益（-公允价值变动损失）-信用减值损失-资产减值损失+资产处置收益（-资产处置损失）。选项A计入营业外支出；选项B计入所得税费用；选项C计入营业外收入。

【答案】D

【例题47·单选题】某公司2019年实现利润总额120万元，确认所得税费用30万元、其他综合收益税后净额8万元。不考虑其他因素，该公司2019年实现的净利润为（　　）万元。（2020年·2分）

A. 120

B. 128

C. 90

D. 98

【解析】该公司2019年实现的净利润=利润总额-所得税费用=120-30=90（万元）。

【答案】C

【例题48·单选题】下列各项中，不属于利润表“利润总额”项目的内容的是（　　）。（2018年·1.5分）

A. 确认的资产减值损失

B. 无法查明原因的现金溢余

C. 确认的所得税费用

D. 收到政府补助确认的其他收益

【解析】净利润=利润总额-所得税费用，计算利润总额时不需要考虑所得税费用，计算净利润时需要考虑，所以选项C不属于“利润总额”项目的内容。

【答案】C

## 二、营业外收支（★★）

（一）营业外收入

营业外收入是指企业确认的与其日常活动无直接关系的各项利得。

营业外收入主要包括非流动资产毁损报废收益、与企业日常活动无关的政府补助、盘盈利得（现金盘盈）、捐赠利得等。

与企业日常活动无关的政府补助指企业从政府无偿取得货币性资产或非货币性资产，且与企业日常活动无关的利得。

### 经典题解

【例题49·单选题】2019年9月，某企业报经批准结转无法查明原因的现金溢余500元，转销由于债权单位撤销无法清偿的应付账款8000元，出售管理用设备确认净收益6000元。不考虑其他因素，2019年9月该企业确认的营业外收入为（　　）元。（2020年·2分）

A. 14500

B. 8500

C. 6500

D. 14000

【解析】出售管理用设备确认净收益计入资产处置损益；2019年9月该企业确认的营业外收入=500+8000=8500（元）。

【答案】B

【例题50·单选题】下列各项中，制造业企业应通过“其他业务收入”科目核算的是（　　）。（2020年·2分）

A. 销售原材料收入

B. 处置固定资产净收益

C. 出售无形资产净收益

D. 接受现金捐赠利得

【解析】“其他业务收入”科目核算内容包括出租固定资产、出租无形资产、出租包装物和商品、销售材料等实现的收入，选项A正确；选项B计入资产处置损益或营业外收入；选项C计入资产处置损益；选项D计入营业外收入。

【答案】A

【例题51·多选题】下列各项中，企业应通过“营业外收入”科目核算的有（　　）。（2020年·2分）

A. 盘盈周转材料

B. 转销确实无法清偿的应付账款

C. 转让商品使用权的使用费收入

D. 无法查明原因的现金溢余

【解析】选项A，盘盈周转材料冲减管理费用；选项C，转让商品使用权的使用费收入计入其他业务收入。

【答案】BD

【例题52·判断题】企业接受固定资产捐赠产生的利得计入资本公积。(　　)(2020年·1分)

【解析】企业接受固定资产捐赠产生的利得计入营业外收入。

【答案】×

（二）营业外支出

营业外支出是指企业发生的与其日常活动无直接关系的各项损失，主要包括非流动资产毁损报废损失、捐赠支出、盘亏损失、非常损失、罚款支出等。

其中：非流动资产毁损报废损失，指因自然灾害等发生毁损、已丧失使用功能而报废非流动资产所产生的清理损失。

捐赠支出，指企业对外进行捐赠发生的支出。

盘亏损失，主要指对于财产清查盘点中盘亏的固定资产，查明原因并报经批准计入营业外支出的损失。

非常损失，指企业对于因客观因素（如自然灾害等）造成的损失，扣除保险公司赔偿后应计入营业外支出的净损失。

罚款支出，指企业支付的行政罚款、税务罚款，以及其他违反法律法规、合同协议等而支付的罚款、违约金、赔偿金等支出。

## 经典题解

【例题53·单选题】下列各项中，企业计入营业外支出的是(　　)。(2020年·2分)

A. 出售闲置设备净损失

B. 确认房屋减值损失

C. 原材料因管理不善发生的盘亏净损失

D. 对外捐赠设备支出

【解析】选项A计入资产处置损益；选项B计入资产减值损失；选项C计入管理费用；选项D计入营业外支出。

【答案】D

【例题54·单选题】下列各项中，企业应通过“营业外支出”科目核算的是(　　)。(2020年·2分)

A. 计提的预计产品质量保证损失

B. 支付外聘法律顾问费

C. 结转销售材料的成本

D. 支付的税收滞纳金

【解析】选项A，通过“销售费用”科目核算；选项B通过“管理费用”科目核算；选项C通过“其他业务成本”科目核算。

【答案】D

【例题55·单选题】下列各项中，企业应确认为营业外支出的是(　　)。(2020年·2分)

A. 购进材料定额内合理损耗

B. 核销确实无法收回的应收款项

C. 对外捐赠发生的支出

D. 支付银行承兑汇票手续费

【解析】营业外支出是指企业发生的与其日常活动无直接关系的各项损失，主要包括非流动资产毁损报废损失、捐赠支出（选项C）、盘亏损失、非常损失、罚款支出等；选项A计入购进材料的成本；选项B冲减坏账准备；选项D计入财务费用。

【答案】C

【例题56·单选题】下列各项中，应通过“营业外支出”科目核算的是(　　)。(2020年·2分)

A. 确认的专利权减值损失

B. 原材料因管理不善盘亏净损失

C. 闲置设备出售净损失

D. 仓库因自然灾害毁损净损失

【解析】营业外支出主要包括非流动资产毁损报废损失、捐赠支出、盘亏损失、非常损失（选项D正确）、罚款支出等；选项A计入资产减值损失；选项B计入管理费用；

选项C计入资产处置损益。

【答案】D

【例题57·单选题】某企业2019年发生经济业务如下：确认销售费用1000万元，公允价值变动损失60万元，确认信用减值损失4万元，支付税收滞纳金26万元。不考虑其他因素，上述业务导致该企业2019年营业利润减少的金额为（ ）万元。（2020年·2分）

A. 1090

B. 1064

C. 1086

D. 1060

【解析】税收滞纳金计入营业外支出，不影响营业利润，所以上述业务导致该企业2019年营业利润减少的金额 = 1000 + 60 + 4 = 1064（万元）。

【答案】B

【例题58·单选题】下列各项中，导致企业当期营业利润减少的是（ ）。（2019年·1.5分）

A. 租出非专利技术的摊销额

B. 对外捐赠的商品成本

C. 支付的税收滞纳金

D. 自然灾害导致生产线报废净损失

【解析】选项A，计入其他业务成本，减少营业利润；选项BCD，均计入营业外支出，不影响营业利润。

【答案】A

【例题59·判断题】企业因未及时缴纳企业所得税而支付税款滞纳金时，应借记"所得税费用"科目。（ ）（2019年·1分）

【解析】企业未及时缴纳企业所得税支付的税收滞纳金，借记"营业外支出"科目。

【答案】×

【例题60·单选题】下列各项中，制造业企业应计入其他业务成本的是（ ）。（2018年改编·1.5分）

A. 出租固定资产的折旧费

B. 管理不善导致的存货盘亏净损失

C. 台风造成的财产净损失

D. 捐赠支出

【解析】选项B，管理不善导致的存货盘亏净损失计入管理费用；选项CD，自然灾害等原因导致的财产损失和捐赠支出计入营业外支出。

【答案】A

【例题61·单选题】下列各项中，资产的净损失报经批准应计入营业外支出的是（ ）。

A. 管理不善造成的库存商品毁损

B. 自然灾害造成的包装物毁损

C. 属于一般经营损失的原材料毁损

D. 无法查明原因的现金短缺

【解析】选项ACD计入管理费用。

【答案】B

## 三、所得税费用（★★）

（一）应交所得税的计算

企业的所得税费用包括当期所得税和递延所得税两个部分，其中当期所得税是指当期应交所得税，递延所得税包括递延所得税资产和递延所得税负债。

应交所得税是指企业按照企业所得税法规定计算确定的针对当期发生的交易和事项，应交纳给税务部门的所得税金额，即当期应交所得税。应纳税所得额是在企业税前会计利润（即利润总额）的基础上调整确定的，计算公式为：

应纳税所得额=税前会计利润+纳税调整增加额-纳税调整减少额

应交所得税 = 应纳税所得额×所得税税率

| 项目 | 内容 |
|---|---|
| 纳税调整增加额 | 1. 企业已计入当期损失但企业所得税法规定不允许扣除项目的金额（如：税收滞纳金、罚款、罚金等） |
| | 2. 税法规定允许扣除项目中，企业已计入当期费用但超过税法规定扣除标准的金额<br>（1）企业发生的职工福利费支出，超过工资、薪金总额14%的部分<br>（2）企业拨缴的工会经费，超过工资、薪金总额2%的部分<br>（3）除国务院财政、税务主管部门另有规定外，企业发生的职工教育经费支出，超过工资、薪金总额8%的部分当年应纳税调增，准予结转以后纳税年度扣除等 |
| 纳税调整减少额 | 1. 前五年内的未弥补亏损<br>2. 国债利息收入等 |

（二）所得税费用的账务处理

企业应根据会计准则的规定，计算确定当期所得税和递延所得税之和，据以确认应从当期利润总额中扣除的所得税费用，通过“所得税费用”科目核算。

所得税费用＝当期所得税+递延所得税

递延所得税＝（递延所得税负债的期末余额－递延所得税负债的期初余额）－（递延所得税资产的期末余额－递延所得税资产的期初余额）

**【历年考核要点】**

1. 无递延所得税时所得税费用的计算
2. 有递延所得税时所得税费用的计算

**经典题解**

**【例题62·单选题】** A公司2019年度利润总额为300万元，其中本年度国债利息收入15万元，税收滞纳金5万元，实际发生的业务招待费25万元（税法核定的业务招待费15万元）。递延所得税负债年初数为2万元，年末数为3万元，递延所得税资产年初数为5万元，年末数为3万元。适用的企业所得税税率为25%，假定不考虑其他因素，A公司2019年度应纳税所得额为（　　）万元。（2020年·2分）

A. 299　　B. 300

C. 295　　D. 294

**【解析】** 应纳税所得额＝税前会计利润+纳税调整增加额－纳税调整减少额＝300－15+5+（25－15）＝300（万元）。递延所得税影响所得税费用，不影响应纳税所得额。

**【答案】** B

**【例题63·单选题】** 某企业2019年全年利润总额为6035万元，当年实现国债利息收入45万元，缴纳的税收滞纳金10万元，所得税税率为25%。不考虑其他因素，该企业2019年度所得税费用为（　　）万元。（2020年·2分）

A. 1517.5　　B. 1508.75

C. 1495　　D. 1500

**【解析】** 该企业2019年度的应纳税所得额＝6035－45＋10＝6000（万元），所得税费用＝应纳税所得额×所得税税率＝6000×25%＝1500（万元）。

**【答案】** D

**【例题64·单选题】** 甲企业2018年应交所得税100万元，“递延所得税负债”科目期初余额为30万元，期末余额为35万元；“递延所得税资产”科目期初余额为20万元，期末余额为18万元。甲企业2018年的所得税费用是（　　）万元。（2019年·1.5分）

A. 107　　B. 127

C. 97　　D. 105

**【解析】** 所得税费用＝当期应交所得税+递延所得税＝当期应交所得税+（递延所得税负债的期末余额－递延所得税负债的期初余

额）-（递延所得税资产的期末余额-递延所得税资产的期初余额）=100+（35-30）-（18-20）=107（万元）。

【答案】A

【例题65·单选题】某企业适用的所得税税率为25%。2018年度利润总额为3000万元，应纳税所得额为3200万元，递延所得税资产增加160万元，递延所得税负债增加80万元。不考虑其他因素，该企业2018年度应确认的所得税费用为（　　）万元。（2019年·1.5分）

A. 670　　B. 830

C. 880　　D. 720

【解析】应交所得税=应纳税所得额×所得税税率=3200×25%=800（万元）；所得税费用=当期所得税+递延所得税=800+80-160=720（万元）。

【答案】D

【例题66·单选题】企业应纳税所得额为800万元，递延所得税负债期末、期初余额为280万元和200万元，递延所得税资产期末、期初余额为150万元和110万元，企业所得税税率为25%，企业的所得税费用为（　　）万元。

A. 160　　B. 240

C. 320　　D. 200

【解析】递延所得税=（递延所得税负债的期末余额-递延所得税负债的期初余额）-（递延所得税资产的期末余额-递延所得税资产的期初余额）=（280-200）-（150-110）=40（万元），所以本题中所得税费用=当期所得税+递延所得税=800×25%+40=240（万元），选项B正确。

【答案】B

【例题67·单选题】2021年某企业取得债券投资利息收入15万元，其中国债利息收入5万元，全年利润总额为150万元，所得税税率为25%，不考虑其他因素，2021年该企业的净利润为（　　）万元。

A. 112.5

B. 113.75

C. 116.75

D. 111.25

【解析】2021年该企业的净利润=利润总额-所得税费用=150-（150-5）×25%=113.75（万元）。

【答案】B

## 四、本年利润（★）

### （一）结转本年利润的方法

会计期末，结转本年利润的方法有表结法和账结法。

| 账结法 | 表结法 |
| --- | --- |
| （1）每月末均需编制转账凭证，将在账上结计出的各损益类科目的余额结转入“本年利润”科目<br>（2）账结法在各月均可通过“本年利润”科目提供当月及本年累计的利润（或亏损）额 | （1）各损益类科目每月末只需结计出本月发生额和月末累计余额，不结转到“本年利润”科目，但每月末要将损益类科目本月发生额合计数填入利润表的本月数栏，同时将本月末累计余额填入利润表的本年累计数栏，通过利润表计算反映各期的利润或亏损<br>（2）表结法下，年中损益类科目无须结转入“本年利润”科目，只有在年末时才将全年累计余额结转入“本年利润”科目 |

年末一次转全年累计额

月月转各损益类科目余额

（二）结转本年利润的会计处理

（1）结转各项收入、利得类账户发生额：

借：主营业务收入
　　其他业务收入
　　公允价值变动损益（收益）
　　投资收益（收益）
　　资产处置损益（收益）
　　其他收益
　　营业外收入等
　贷：本年利润

（2）结转各项费用、损失类账户发生额：

借：本年利润
　贷：主营业务成本
　　　其他业务成本
　　　管理费用
　　　销售费用
　　　财务费用
　　　税金及附加
　　　信用减值损失
　　　资产减值损失
　　　公允价值变动损益（损失）
　　　投资收益（损失）
　　　资产处置损益（损失）
　　　营业外支出等

（3）计算所得税费用：

借：所得税费用
　　递延所得税资产（或贷方）
　贷：应交税费—应交所得税
　　　递延所得税负债（或借方）

（4）结转所得税费用，计算净利润：

借：本年利润
　贷：所得税费用

（5）结转净利润：

借：本年利润
　贷：利润分配—未分配利润

（6）结转净亏损：

借：利润分配—未分配利润
　贷：本年利润

## 经典题解

**【例题 68 · 多选题】** 下列各项中，关于采用表结法结转本年利润表述错误的有（　　）。（2020 年 · 2 分）

A. 每月均可通过“本年利润”科目提供当月利润额

B. 每月末将损益类科目的本月发生额合计数填入利润表的本月数栏

C. 年末将损益类科目全年累计余额结转入“本年利润”科目

D. 每月均可通过“本年利润”科目提供本年累计利润额

**【解析】** 表结法下，各损益类科目每月末只需结计出本月发生额和月末累计余额，不结转到“本年利润”科目（选项AD错误），只有在年末时才将全年累计余额结转入“本年利润”科目（选项C正确）。但每月末要将损益类科目的本月发生额合计数填入利润表的本月数栏（选项B正确），同时将本月末累计余额填入利润表的本年累计数栏，通过利润表计算反映各期的利润（或亏损）。

**【答案】** AD

**【例题69·判断题】** 年度终了，企业应将“本年利润”科目的本年累计余额转入“利润分配—未分配利润”科目。（　　）（2020年·1分）

**【答案】** √

**【例题70·单选题】** 下列各项中，关于本年利润结转方法表述正确的是（　　）。

A. 采用表结法，增加“本年利润”科目的结转环节和工作量

B. 采用表结法，每月月末应将各损益类科目的余额结转记入“本年利润”科目

C. 采用账结法，每月月末应将各损益类科目的余额结转记入“本年利润”科目

D. 采用账结法，减少“本年利润”科目的结转环节和工作量

**【解析】** 表结法下，每月末损益类科目不结转入“本年利润”科目，不会增加结转环节和工作量；在账结法下，每月月末均需编制转账凭证，将在账上结计出的各损益类科目的余额结转入“本年利润”科目，会增加结转环节和工作量。

**【答案】** C

**开小灶**

本节必考点汇总：（详见轻松过关2）

1. 营业外收支核算的内容
2. 影响营业利润、利润总额、净利润的业务及金额计算
3. 区分纳税调整增加事项及纳税调整减少事项
4. 应交所得税、所得税费用、净利润的计算
5. 账结法和表结法的特点
6. 结转到“本年利润”科目的损益类科目

## 本章小结

1. 履行履约义务确认收入如何进行账务处理？
2. 费用包含哪些内容？
3. 营业利润、利润总额及净利润的构成要素分别有哪些？

## 历年经典试题回顾

（一）

甲公司为增值税一般纳税人，主要开展咨询和商品销售业务，适用的增值税税率分别为6%和13%，2019年12月发生如下相关经济业务：

（1）1日，接受乙公司委托为其提供技术咨询服务，签订一项服务期限为5个月、总价款为20万元的咨询服务合同。合同签订时收取合同款10万元，其余款项于服务期满时一次收取。截止12月31日，甲公司履行合同实际发生劳务成本2万元（均为职工薪酬），估计还将发生劳务成本8万元，履约进度按时间的进度能够合理确定。

（2）2 日，向丙公司销售商品一批，开具的增值税专用发票上注明价款为 50 万元、增值税税额为 6.5 万元，该批商品实际成本为 36 万元，丙公司于当日收到该批商品并验收入库。12 日收到丙公司支付全部款项。

（3）20 日，收到丙公司退回当月所购商品中有质量问题的商品验收入库，其成本 3.6 万元。甲公司于当日支付退货款 5 万元、增值税 0.65 万元，并按规定向丙公司开具了增值税专用发票（红字）。

要求：根据上述资料，不考虑其他因素，分析回答下列小题。（答案中的金额单位用万元表示）（2020 年）

1. 根据资料（1），下列各项中，甲公司提供咨询服务相关会计处理正确的是(　　)。

A. 签订合同收取款项：
借：银行存款　10
　贷：合同负债　10

B. 发生劳务成本：
借：合同取得成本　2
　贷：应付职工薪酬　2

C. 签订合同收取款项：
借：银行存款　10
　贷：应收账款　10

D. 发生劳务成本：
借：合同履约成本　2
　贷：应付职工薪酬　2

2. 根据资料（1），下列各项中，甲公司提供咨询服务相关会计处理表述正确的是(　　)。

A. 31 日确认劳务收入，贷记“主营业务收入”科目 4 万元

B. 31 日确认劳务成本，借记“主营业务成本”科目 10 万元

C. 31 日结转劳务成本，借记“主营业务成本”科目 2 万元

D. 31 日确认劳务收入，贷记“主营业务收入”科目 10 万元

3. 根据资料（2），下列各项中，甲公司销售商品会计处理正确的是(　　)。

A. 2 日，销售商品时确认销售商品收入：
借：应收账款　56.5
　贷：主营业务收入　50
　　应交税费—应交增值税（销项税额）　6.5

B. 12 日，收回销售款项：
借：银行存款　56.5
　贷：应收账款　56.5

C. 12 日，收到货款时确认商品销售收入：
借：银行存款　56.5
　贷：主营业务收入　50
　　应交税费—应交增值税（销项税额）　6.5

D. 2 日，销售商品时结转销售商品成本：
借：主营业务成本　36
　贷：库存商品　36

4. 根据资料（2）和（3），下列各项中，甲公司发生销售退回业务相关会计处理表述正确的是(　　)。

A. 冲减主营业务收入 5 万元

B. 冲减增值税销项税额 0.65 万元

C. 冲减主营业务成本 3.6 万元

D. 减少银行存款 5.65 万元

5. 根据资料（1）至（3），下列各项中，上述业务对甲公司 2019 年 12 月利润表相关项目影响结果表述正确的是(　　)。

A. 营业利润增加 14.6 万元

B. 营业收入增加 49 万元

C. 营业成本增加 34.4 万元

D. 营业利润增加 15.12 万元

（二）

甲公司为增值税一般纳税人，主要生产和销售 M 和 N 产品。2019 年 8 月份发生有关经济业务如下：

（1）本月完工入库 M 产品一批。为推销该产品共发生支出 568000 元，其中电视广告费 500000 元、参加推介会的展览费 60000 元、专设销售机构人员薪酬 8000 元。全部款项以银行存款支付，取得增值税专用发票上注明的增值税税额 33600 元。

（2）本月发出M产品委托乙公司进一步加工为N产品，发出M产品实际成本为400000元，支付加工费50000元，增值税专用发票上注明的增值税税额为6500元，由受托方代收代缴消费税110000元。收回加工完成的N产品直接对外销售。相关款项以银行存款支付。

（3）销售M产品一批，开具增值税专用发票上注明的价款500000元、增值税税额65000元，收到客户出具一张面值为565000元、期限3个月的商业承兑汇票结算全部款项；该批产品生产成本为360000元。

（4）月末，经计算本期应交城市维护建设税1743元、教育费附加747元。

要求：根据上述资料，不考虑其他因素，分析回答下列小题。（2020年）

1. 根据资料（1），下列各项中，甲公司推销产品有关支出的会计处理表述正确的是（　　）。

A. 支付展览费60000元，记入“销售费用”科目借方

B. 支付广告费500000元，记入“管理费用”科目借方

C. 支付增值税进项税额33600元，记入“应交税费”科目借方

D. 支付专设销售机构人员薪酬8000元，记入“销售费用”科目借方

2. 根据资料（2），下列各项中，甲公司委托加工物资代收代缴消费税的会计处理表述正确的是（　　）。

A. 记入“税金及附加”科目的借方

B. 记入“应交税费—应交消费税”科目的贷方

C. 记入“委托加工物资”科目的借方

D. 记入“应交税费—应交消费税”科目的借方

3. 根据资料（2），甲公司委托加工完成的N产品实际成本是（　　）元。

A. 560000　　B. 450000

C. 566500　　D. 400000

4. 根据资料（3），下列各项中，甲公司销售M产品的会计处理表述正确的是（　　）。

A. 结转销售成本，记入“主营业务成本”科目借方

B. 确认销售收入，记入“主营业务收入”科目贷方

C. 确认增值税销项税额，记入“应交税费”科目贷方

D. 按商业汇票的面值，记入“其他货币资金”科目借方

5. 根据资料（1）至（4），甲公司利润表中“税金及附加”项目本期金额是（　　）元。

A. 2490　　B. 110000

C. 112490　　D. 137390

（三）

某股份有限公司为增值税一般纳税人，2019年初，所有者权益总额为54000万元。其中未分配利润金额为6000万元。

2019年该公司发生与所有者权益相关的经济业务如下：

（1）4月1日，经股东大会批准，宣告发放现金股利1600万元。4月29日，以银行存款实际支付现金股利。

（2）5月8日，经批准以增发股票的方式募集资金，共增发普通股500万股，每股面值1元，每股发行价值5元。证券公司代理发行费用为80万元，取得的增值税专用发票注明的增值税税额为4.8万元，从发行收入中扣除。股票已全部发行完毕，收到的股款已存入银行。

（3）全年实现利润总额为6035万元，其中，当年实现国债利息收入45万元，支付税收滞纳金10万元。除上述事项外，无其他纳税调整和递延所得税事项，该公司适用的所得税税率为25%。

要求：根据上述资料，不考虑其他因素，分析回答下列小题。（答案中的金额单位用万元表示）（2020年）

1. 根据资料（1），下列各项中，该公司宣告和支付现金股利相关会计处理表述正确的是(　　)。

A. 宣告时借记“利润分配—应付现金股利或利润”科目 1600 万元

B. 支付时贷记“银行存款”科目 1600 万元

C. 宣告时贷记“应付股利”科目 1600 万元

D. 支付时借记“利润分配—未分配利润”科目 1600 万元

2. 根据资料（2），下列各项中，该公司增发普通股相关会计处理表述正确的是(　　)。

A. 借记“财务费用”科目 80 万元

B. 贷记“股本”科目 500 万元

C. 借记“银行存款”科目 2415.2 万元

D. 贷记“资本公积—股本溢价”科目 1920 万元

3. 根据资料（3），该公司 2019 年度所得税费用的金额是(　　)万元。

A. 1517.5　　B. 1500

C. 1508.75　　D. 1497.5

4. 根据期初资料、资料（1）至（3），该公司 2019 年 12 月 31 日未分配利润的金额是(　　)万元。

A. 4400　　B. 8935

C. 10535　　D. 6000

5. 根据期初资料、资料（1）至（3），该公司 2019 年 12 月 31 日所有者权益总额是(　　)万元。

A. 60955　　B. 54000

C. 59355　　D. 54820

（四）

甲公司为增值税一般纳税人，其主营业务为生产并销售 M 产品。M 产品的售价中不包含增值税，确认销售收入的同时结转销售成本。该公司 2019 年适用的增值税税率为 13%。第四季度发生经济业务如下：

（1）10 月 10 日，向乙公司销售 M 产品 200 件并开具增值税专用发票，每件产品的售价为 110 元、实际成本为 70 元。M 产品已发出并符合收入确认条件。此外，现金折扣条件为 2/10，1/20，N/30，计算现金折扣时不考虑增值税。10 月 24 日，乙公司付清了扣除现金折扣后的剩余款项。

（2）10 月 16 日，委托丙公司销售 M 产品 400 件，每件成本为 70 元。合同约定丙公司应按每件 110 元的价格对外销售，甲公司按售价的 10% 支付手续费。10 月 31 日，收到丙公司开具的代销清单和已经税务机关认证的增值税专用发票，丙公司实际对外销售 M 产品 200 件，应收代销手续费 2200 元、增值税 132 元，全部款项尚未结算。

（3）11 月 29 日，向丁公司销售 M 产品 1000 件并开具增值税专用发票，每件产品的售价为 110 元、实际成本为 70 元，由于是成批销售，甲公司给予丁公司 10% 的商业折扣，M 产品于当日运抵丁公司，符合销售收入确认条件，全部款项至月末尚未收到。

（4）12 月 3 日，因上月 29 日售出 M 产品存在质量瑕疵，丁公司要求按实际售价总额给予 10% 的销售折让。甲公司同意其折让要求并开具增值税专用发票（红字），全部折让款从应收丁公司款项中扣减。

要求：根据上述资料，不考虑其他因素，分析回答下列小题。（2019 年改编）

1. 根据资料（1），下列各项中，关于甲公司向乙公司销售 M 产品相关会计科目处理正确的是(　　)。

A. 10 月 24 日，借记“财务费用”科目 220 元

B. 10 月 24 日，借记“银行存款”科目 24860 元

C. 10 月 10 日，贷记“库存商品”科目 14000 元

D. 10 月 10 日，贷记“主营业务收入”科目 22000 元

2. 根据资料（2），下列各项中，甲公司委托丙公司代销M产品会计处理正确的是(　　)。

A. 10月16日，向丙公司发出M产品时：

借：应收账款　49720

　贷：主营业务收入　44000

　　　应交税费—应交增值税(销项税额)　5720

B. 10月16日，向丙公司发出M产品时：

借：发出商品　44000

　贷：库存商品　44000

C. 10月31日，收到丙公司代销清单时：

借：销售费用　2200

　　应交税费—应交增值税（进项税额）　132

　贷：应收账款　2332

D. 10月31日，收到丙公司代销清单时：

借：主营业务成本　14000

　贷：发出商品　14000

3. 根据资料（3），下列各项中，甲公司向丁公司销售M产品会计处理结果正确的是(　　)。

A. 结转主营业务成本63000元

B. 结转主营业务成本70000元

C. 确认主营业务收入110000元

D. 确认主营业务收入99000元

4. 根据资料（3）和（4），下列各项中，甲公司给予丁公司M商品销售折让的会计处理结果正确的是(　　)。

A. 冲减应交税费1287元

B. 冲减主营业务成本7000元

C. 冲减主营业务收入11000元

D. 冲减主营业务收入9900元

5. 根据资料（1）至（4），下列各项中，销售M产品应列入甲公司2019年利润表“营业收入”项目本期金额的是(　　)元。

A. 155100

B. 133100

C. 130680

D. 143000

（五）

甲公司为增值税一般纳税人，适用的增值税税率为13%，该公司主营业务为经销W产品并按实际成本核算。W产品的售价中不包含增值税，确认收入的同时结转销售成本。2020年该公司发生的经济业务如下：

（1）3月1日，收到乙公司预付货款1017万元。3月2日，向乙公司发出一批W产品，按产品价目表上的标价计算其总价为1000万元，由于是成批销售，甲公司给予乙公司10%的商业折扣，当日开具增值税专用发票。发出的商品符合收入确认条件，该批产品成本总额为800万元。

（2）5月1日，向丙公司赊销W产品一批，合同约定的现金折扣条件为2/10，1/20，N/30（计算现金折扣时不考虑增值税），开出的增值税专用发票上注明价款为1000万元，增值税税额为130万元，该批产品成本总额为700万元。W产品已发出，符合收入确认条件，甲公司于5月7日收到丙公司上述款项。

（3）9月10日，向丁公司赊销W产品一批，开出的增值税专用发票上注明价款为2000万元，增值税税额为260万元，款项尚未收到，该批产品成本为1500万元。由于丁公司财务状况不稳定，收回款项存在较大的不确定性，不符合收入确认条件。

（4）10月15日，丁公司发现上述产品存在质量问题，要求给予10%的销售折让，甲公司同意后开出增值税专用发票（红字）。丁公司承诺近期付款，收入确认条件已经满足。

要求：根据上述资料，不考虑其他因素，分析回答下列小题。（答案中的金额单位用万元表示）（2018年改编）

1. 根据资料（1），下列各项中，关于甲公司向乙公司销售产品的会计处理正确的是(　　)。

A. 3 月 1 日收到预付款项时：

借：银行存款 1017

　贷：主营业务收入 900

　　　应交税费—应交增值税（销项税额） 117

B. 3 月 2 日发出商品时：

借：合同负债 1017

　贷：主营业务收入 900

　　　应交税费—应交增值税（销项税额） 117

C. 3 月 1 日收到预付款项时：

借：银行存款 1017

　贷：合同负债 1017

D. 3 月 2 日发出商品时：

借：主营业务成本 800

　贷：库存商品 800

2. 根据资料（2），下列各项中，甲公司向丙公司赊销 W 产品相关科目的会计处理结果正确的是（　　）。

A. 5 月 1 日，贷记“主营业务收入”科目 1000 万元

B. 5 月 7 日，借记“财务费用”科目 20 万元

C. 5 月 7 日，借记“银行存款”科目 1110 万元

D. 5 月 1 日，借记“应收账款”科目 1130 万元

3. 根据资料（3），下列各项中，关于甲公司向丁公司赊销 W 产品相关科目的会计处理结果正确的是（　　）。

A. 借记“主营业务成本”科目 1500 万元

B. 借记“发出商品”科目 2000 万元

C. 借记“应收账款”科目 260 万元

D. 借记“发出商品”科目 1500 万元

4. 根据资料（4），下列各项中，关于甲公司同意销售折让并确认收入相关科目的会计处理结果正确的是（　　）。

A. 贷记“主营业务收入”科目 2000 万元

B. 贷记“发出商品”科目 1500 万元

C. 借记“库存商品”科目 1500 万元

D. 借记“主营业务成本”科目 1500 万元

5. 根据资料（1）至（4），下列各项中，甲公司 2020 年销售 W 产品在“利润表”相关项目列示正确的是（　　）。

A. 营业成本为 3020 万元

B. 营业收入为 3680 万元

C. 营业收入为 3700 万元

D. 营业成本为 3000 万元

## 历年经典试题回顾参考答案及解析

“扫码看解析”

使用“微信”或“会计云课堂”App 扫右方二维码，对答案、看解析、掌握解题思路，开启轻松过关之旅。

（一）

1. 【答案】AD

**解析**：收入准则下预收合同款项 10 万元计入合同负债而非预收账款或应收账款，在合同履约过程中发生与合同直接相关的成本应计入合同履约成本而非合同取得成本。

甲公司提供咨询服务相关会计处理为：

签订合同收取款项：

借：银行存款 10

　贷：合同负债 10

发生劳务成本：

借：合同履约成本 2

　贷：应付职工薪酬 2

2. 【答案】AC

**解析**：该项服务的履约进度按时间的进度能够合理确定，所以履约进度 = 1 ÷ 5 × 100% = 20%，2019 年 12 月 31 日确认的

劳务收入 = 20×20% - 0 = 4（万元）。

确认劳务收入：

借：合同负债 4.24

　贷：主营业务收入 4

　　应交税费—应交增值税（销项税额） 0.24

结转劳务成本：

借：主营业务成本 2

　贷：合同履约成本 2

3. 【答案】ABD

**解析：** 甲公司销售商品会计处理为：

2 日，销售商品时确认销售商品收入：

借：应收账款 56.5

　贷：主营业务收入 50

　　应交税费—应交增值税（销项税额） 6.5

确认收入同时结转销售商品成本：

借：主营业务成本 36

　贷：库存商品 36

12 日，收回销售款项：

借：银行存款 56.5

　贷：应收账款 56.5

4. 【答案】ABCD

**解析：** 甲公司发生销售退回业务相关会计处理为：

借：主营业务收入 5

　应交税费—应交增值税（销项税额） 0.65

　贷：银行存款 5.65

借：库存商品 3.6

　贷：主营业务成本 3.6

5. 【答案】ABC

**解析：** 营业收入 = 4（资料 1）+50（资料 2）-5（资料 3）= 49（万元）；营业成本 = 2（资料 1）+36（资料 2）-3.6（资料 3）= 34.4（万元）；营业利润 = 49 - 34.4 = 14.6（万元）。

（二）

1. 【答案】ACD

**解析：** 电视广告费 500000 元、参加推介会的展览费 60000 元、专设销售机构人员薪酬 8000 元，均记入“销售费用”科目的借方，支付的增值税 33600 元记入“应交税费—应交增值税（进项税额）”科目的借方，选项 ACD 正确。

2. 【答案】C

**解析：** 需要交纳消费税的委托加工物资，由受托方代收代缴的消费税，收回后用于直接销售的，记入“委托加工物资”科目的借方，选项 C 正确。

3. 【答案】A

**解析：** 委托加工物资的成本 = 400000 + 50000 + 110000 = 560000（元），一般纳税人取得的增值税专用发票可以抵扣，不计入委托加工物资的成本。

4. 【答案】ABC

**解析：** 资料（3）的账务处理为：

借：应收票据 565000

　贷：主营业务收入 500000

　　应交税费—应交增值税（销项税额） 65000

借：主营业务成本 360000

　贷：库存商品 360000

收到客户开出的商业承兑汇票，通过“应收票据”科目核算，选项 D 错误。

5. 【答案】A

**解析：**“税金及附加”项目本期金额 = 1743 + 747 = 2490（元），资料（2）中消费税计入委托加工物资，不计入税金及附加。

（三）

1. 【答案】ABC

**解析：** 相关会计分录为：

宣告时：

借：利润分配—应付现金股利或利润 1600

　贷：应付股利 1600

实际发放时：

借：应付股利 1600

　贷：银行存款 1600

2. 【答案】BCD

**解析：**相关会计分录为：

借：银行存款 2415.2
应交税费—应交增值税（进项税额） 4.8
贷：股本 500
资本公积—股本溢价 1920

3. 【答案】B

**解析：**该公司2019年度所得税费用的金额=（6035－45＋10）×25%＝1500（万元）。

4. 【答案】B

**解析：**该公司2019年度实现的净利润的金额=6035－1500=4535（万元）：

借：本年利润 4535
贷：利润分配—未分配利润 4535
借：利润分配—未分配利润 1600
贷：利润分配—应付现金股利或利润 1600

该公司2019年12月31日未分配利润的金额=6000－1600+4535=8935（万元）。

5. 【答案】C

**解析：**该公司2019年12月31日所有者权益总额=(54000－6000)(期初资料)+(500+1920)(资料2)+8935=59355(万元)。

（四）

1. 【答案】ACD

**解析：**10月10日：

借：应收账款 24860
贷：主营业务收入 22000
应交税费—应交增值税（销项税额） 2860
借：主营业务成本 14000
贷：库存商品 14000

10月24日：

借：银行存款 24640
财务费用 220
贷：应收账款 24860

2. 【答案】CD

**解析：**10月16日：

借：发出商品 28000
贷：库存商品 28000

10月31日：

借：应收账款 24860
贷：主营业务收入 22000
应交税费—应交增值税（销项税额） 2860
借：主营业务成本 14000
贷：发出商品 14000
借：销售费用 2200
应交税费—应交增值税（进项税额） 132
贷：应收账款 2332

3. 【答案】BD

**解析：**11月29日：

借：应收账款 111870
贷：主营业务收入 99000
应交税费—应交增值税(销项税额) 12870
借：主营业务成本 70000
贷：库存商品 70000

4. 【答案】AD

**解析：**12月3日：

借：主营业务收入 9900
应交税费—应交增值税（销项税额） 1287
贷：应收账款 11187

【提示】“销售折让”知识点2021年教材已删除，但核算内容本身是恰当的，为了保持试题的完整性，所以本书中对该知识点相关试题予以保留。

销售折让是因售出商品质量、规格不符合要求等原因而在售价上给予的减让。账务处理：①如此前未确认收入，直接按扣除折让后的金额确认（如此前已确认增值税应予以反冲）；②如此前已确认收入（除资产负债表日后事项外），应于发生时反冲当期收入、增值税等，不冲减当期成本。

5. 【答案】B

**解析：** 销售 M 产品应列入甲公司 2019 年利润表"营业收入"项目本期金额 = 22000 + 22000 + 99000 − 9900 = 133100（元）。

（五）

1. 【答案】BCD

**解析：** 3 月 1 日，收到预付货款：

借：银行存款　1017
　贷：合同负债　1017

3 月 2 日，向乙公司发出销售商品：

借：合同负债　1017
　贷：主营业务收入　900
　　应交税费—应交增值税（销项税额）　117

借：主营业务成本　800
　贷：库存商品　800

2. 【答案】ABCD

**解析：** 5 月 1 日赊销商品：

借：应收账款　1130
　贷：主营业务收入　1000
　　应交税费—应交增值税（销项税额）　130

借：主营业务成本　700
　贷：库存商品　700

5 月 7 日收到上述赊销商品款：

借：银行存款　1110
　　财务费用　20
　贷：应收账款　1130

3. 【答案】CD

**解析：** 9 月 10 日，向丁公司赊销商品不符合收入确认条件：

借：发出商品　1500
　贷：库存商品　1500

借：应收账款　260
　贷：应交税费—应交增值税（销项税额）　260

4. 【答案】BD

**解析：** 10 月 15 日，丁公司承诺付款，甲公司确认销售：

借：应交税费—应交增值税（销项税额）　26
　贷：应收账款　26

借：应收账款　1800
　贷：主营业务收入　1800

借：主营业务成本　1500
　贷：发出商品　1500

5. 【答案】CD

**解析：** 营业收入 = 900（资料 1）+ 1000（资料 2）+ 1800（资料 3、4）= 3700（万元）；营业成本 = 800（资料 1）+ 700（资料 2）+ 1500（资料 3、4）= 3000（万元）。



## 同步强化练习题

### 一、单项选择题

1. 下列各项中，制造业企业应确认为其他业务收入的是(　　)。

A. 现金股利收入
B. 接受现金捐赠利得
C. 转让商标使用权收入
D. 银行存款利息收入

2. 企业与客户签订合同，向其销售A、B、C三件产品，不含增值税的合同总价款为90万元。A、B、C产品的不含增值税单独售价分别为30万元、50万元和20万元，合计100万元。B商品应分摊的交易价格为(　　)万元。

A. 27　　B. 50

C. 45　　D. 18

3. 企业销售商品时代第三方收取的款项，下列说法正确的是(　　)。

A. 计入交易价格

B. 冲减收入

C. 确认为一项负债

D. 不需要进行账务处理

4. 下列各项中，企业对于已经发出但不符合收入确认条件的商品，按其成本应借记的会计科目是(　　)。

A. 在途物资

B. 发出商品

C. 库存商品

D. 主营业务成本

5. 2021年9月1日，甲公司赊销给乙公司一批商品，售价为10000元，增值税税额为1300元，约定的现金折扣条件为：3/10、2/20、N/30，假定计算现金折扣时不考虑增值税。2021年9月16日，甲公司收到乙公司支付的款项，则甲公司实际收到的金额为(　　)元。

A. 11074　　B. 11400

C. 11100　　D. 11300

6. 乙商场于2020年5月25日外购一批商品，取得增值税专用发票注明的价款500万元，增值税税额65万元。购买协议约定的现金折扣条件为2/10，1/20，N/30(计算现金折扣不考虑增值税)。乙商场于2020年6月1日支付了上述款项，则下列会计表述中不正确的是(　　)。

A. 应付账款入账金额为565万元

B. 支付款项时应冲减财务费用10万元

C. 乙商场实际支付货款为560万元

D. 应付账款入账时不考虑现金折扣

7. 某工业企业当月实际交纳增值税25万元，消费税30万元，印花税5万元，房产税20万元。该企业适用的城市维护建设税税率为7%，教育费附加征收率为3%，则记入“税金及附加”科目的金额为(　　)万元。

A. 40.5　　B. 55.5

C. 60.5　　D. 35.5

8. 某企业为增值税一般纳税人，2019年实际发生的税金情况如下：增值税850万元，销售应税消费品应交消费税150万元，房产税100万元，车船税0.5万元，印花税1.5万元，进口环节交纳关税2万元。上述各项税金影响当期损益的金额为(　　)万元。

A. 254　　B. 252

C. 250　　D. 1104

9. 企业售出商品如果发生销售退回，下列说法中不正确的是(　　)。

A. 发出商品时不满足收入确认条件的，发生销售退回时应当增加库存商品，减少发出商品

B. 发出商品时满足收入确认条件的，发生销售退回时应当冲减收入实现月份的收入及成本等（非资产负债表日后事项）

C. 发出商品时增值税纳税义务如果已经发生，应当确认应交税费—应交增值税(销项税额)

D. 发出商品时满足收入确认条件的，发生销售退回时应当冲减退回当月的收入及成本等（非资产负债表日后事项）

10. 甲公司向乙公司销售商品一批，开具的增值税专用发票上注明售价为400万元，增值税税额为52万元；甲公司收到乙公司开出的不带息银行承兑汇票一张，票面金额为452万元，期限为2个月；甲公司以银行存款支付代垫运费，增值税专用发票上注明运输费0.2万元，增值税税额为0.018万元，所垫运费尚未收到；该批商品成本320万元；乙公司收到商品并验收入库。甲公司销

售商品时应确认的应收账款为(　　)万元。

A. 452.2　　B. 452.218

C. 0.218　　D. 0.2

11. 甲公司本年度委托乙商店代销零配件一批，代销价款100万元。年末收到乙商店发来的代销清单，代销清单列明已销售代销零配件的60%，甲公司收到代销清单时向乙商店开具增值税专用发票。乙商店按代销价款的5%收取手续费。该批零配件的实际成本为70万元。不考虑其他因素，则甲公司本年度应确认的销售收入为(　　)万元。

A. 60　　B. 70

C. 100　　D. 57

12. 2019年11月1日，甲公司接受乙公司委托为其安装一项大型设备，安装期限为8个月，合同约定乙公司应支付安装费总额为60000元，当日收到乙公司20000元预付款，其余款项安装结束验收合格后一次付清。截至2019年12月31日，甲公司实际发生安装费15000元，预计至安装完成还将发生安装费用25000元，该履约义务满足在某一时段内履行的条件。甲公司按已发生的成本占估计总成本的比例确定履约进度，不考虑其他因素，甲公司2019年应确认的收入为(　　)元。

A. 22500　　B. 15000

C. 20000　　D. 60000

13. 甲公司为增值税一般纳税人，提供服务适用的增值税税率为6%。2019年12月1日，甲公司为乙公司开发产品提供技术援助服务，服务期限为2个月，约定服务费为100万元（不含税），在服务结束时乙公司一次性支付。甲公司根据历史数据表明，乙公司会按约定支付服务费。假定截至12月31日甲公司的履约进度为50%，乙公司同时受益。不考虑其他因素，则甲公司在2019年12月31日应确认的收入为(　　)万元。

A. 100　　B. 50

C. 106　　D. 53

14. 甲公司于2019年9月与乙公司签订一项期限为8个月的培训服务合同，合同约定的培训费用为120万元。2019年12月31日根据合同规定乙公司向甲公司支付培训费50万元，甲公司实际发生的培训成本为20万元（均为职工薪酬），预计还将发生60万元。该履约义务属于在某一时段内履行的履约义务。甲公司按实际发生的成本占估计总成本的比例确认履约进度，不考虑其他因素，则甲公司2019年12月31日应确认的营业收入为(　　)万元。

A. 60　　B. 50

C. 30　　D. 20

15. 2019年12月1日，甲公司接受乙公司委托为其安装一项大型设备，安装期限为3个月，合同约定乙公司应支付安装费总额为60000元。该履约义务属于在某一时段内履行的履约义务。当日收到乙公司20000元预付款，其余款项安装结束验收合格后一次付清。截至2019年12月31日，甲公司实际发生安装费15000元，预计至安装完成还将发生安装费用25000元，甲公司确定的履约进度为37.5%，2020年2月15日，甲公司完成大型设备安装任务。不考虑其他因素，甲公司2020年应确认的营业收入为(　　)元。

A. 20000　　B. 22500

C. 37500　　D. 60000

16. 甲公司经营一家健身俱乐部。2019年12月1日，某客户与甲公司签订合同，成为甲公司的会员，并向甲公司支付会员费7632元（含税价），可在未来的12个月内在该俱乐部健身，且没有次数的限制。该业务适用的增值税税率为6%。甲公司2019年应确认的收入为(　　)元。

A. 6000　　B. 7632

C. 600　　D. 636

17. 某企业（增值税一般纳税人）2018年10

月承接一项设备安装服务，服务合同总收入为200万元（不含增值税），预计合同总成本为140万元，合同价款在签订合同时已收取，属于在某一时段内履行的履约义务。2018年已确认服务收入80万元，截至2019年12月31日，该服务的履约进度为60%。2019年该企业应确认的服务收入为（ ）万元。

A. 36　　B. 40
C. 72　　D. 120

18. 下列项目中，属于合同取得成本的是（ ）。
A. 差旅费
B. 投标费
C. 销售佣金
D. 为准备投标资料发生的相关费用

19. 下列人员的工资薪金直接计入期间费用的是（ ）。
A. 工程人员的工资
B. 为履行合同而提供服务人员的工资
C. 生产车间管理人员的工资
D. 销售人员的工资

20. 某制造企业经营出租其闲置厂房，下列各项中，该厂房计提的折旧应记入的会计科目是（ ）。
A. 其他业务成本
B. 营业外支出
C. 投资收益
D. 管理费用

21. 下列各项中属于企业“营业成本”项目核算内容的是（ ）。
A. 委托方委托代销商品支付的手续费
B. 非房地产开发企业销售厂房交纳的土地增值税
C. 出售无形资产的净损益
D. 出租非专利技术发生的摊销额

22. 企业发生的下列各项税费中不应记入“税金及附加”科目的是（ ）。
A. 自用房产交纳的房产税
B. 销售商品交纳的教育费附加
C. 销售应税消费品交纳的消费税
D. 处置固定资产交纳的增值税

23. 下列各项中，企业按税法规定缴纳的税金应记入“税金及附加”科目核算的是（ ）。
A. 设立营业账簿交纳的印花税
B. 转让厂房交纳的土地增值税
C. 进口商品交纳的关税
D. 代扣代缴管理人员个人所得税

24. 下列各项中，应列入利润表“税金及附加”项目的是（ ）。
A. 进口原材料应交的关税
B. 购进生产设备应交的增值税
C. 购入土地使用权交纳的契税
D. 销售自产应税化妆品应交的消费税

25. 下列各项中，不应计入财务费用的是（ ）。
A. 支付的银行承兑汇票手续费
B. 销售商品的现金折扣
C. 支付的发行股票手续费
D. 经营期间确认的短期借款利息费用

26. 下列各项中，不应列入利润表中“财务费用”项目的是（ ）。
A. 计提的短期借款利息
B. 筹建期间发生的开办费
C. 销售商品发生的现金折扣
D. 经营活动中支付银行借款的手续费

27. 下列各项中不应在企业“销售费用”科目核算的是（ ）。
A. 专设的销售机构的职工薪酬
B. 随同商品出售单独计价的包装物成本
C. 预计产品质量保证金
D. 企业发生的与专设销售机构相关的固定资产修理费用等后续支出

28. 企业发生的广告费应记入（ ）。
A. 销售费用
B. 管理费用
C. 营业外支出
D. 所得税费用

29. 下列各项中，不应计入企业管理费用的是（ ）。
A. 计提的生产车间职工养老保险费

B. 发生的内部控制建设咨询费用

C. 应向董事会成员支付的津贴

D. 发生的会计师事务所审计费

30. 下列各项中，企业不应确认为管理费用的是(　　)。

A. 计提的行政管理人员住房公积金

B. 计提应付行政管理人员的福利费

C. 代垫的行政管理人员的医药费

D. 计提的行政管理人员社会保险费

31. 下列各项中，应列入利润表“管理费用”项目的是(　　)。

A. 计提的应收款项的减值准备

B. 出租厂房的摊销额

C. 支付中介机构的咨询费

D. 转让专利技术所有权的净损失

32. 下列各项中，属于企业发生的损失的是(　　)。

A. 企业外币应收账款的汇兑损失

B. 企业管理不善引起的存货盘亏损失

C. 企业支付的税收滞纳金

D. 企业预计产品质量保证损失

33. 2019 年 12 月 20 日，某企业销售商品开出的增值税专用发票上注明的价款为 100 万元，增值税税额为 13 万元，全部款项已收存银行。该商品的成本为 90 万元，并结转相应的存货跌价准备金额为 5 万元。不考虑其他因素，该业务使企业 2019 年 12 月营业利润增加(　　)万元。

A. 28　　B. 10

C. 15　　D. 5

34. 下列各项中，影响企业当期营业利润的是(　　)。

A. 毁损报废房屋的净损失

B. 台风导致原材料毁损的净损失

C. 向灾区捐赠商品的成本

D. 对外出租设备的折旧费

35. 某企业出售一项固定资产收回的价款为 80 万元，该资产原价为 100 万元，已计提折旧 60 万元，计提减值准备 5 万元，处置发生清理费用 5 万元，不考虑其他因素，出售该资产对当期利润总额的影响金额为(　　)万元。

A. 40　　B. 80

C. 50　　D. 35

36. 2019 年 3 月某企业开始自行研发一项非专利技术，至 2019 年 12 月 31 日研发成功并达到预定可使用状态，累计研究支出为 100 万元，累计开发支出为 300 万元（其中符合资本化条件的支出为 280 万元）。该非专利技术使用寿命不能合理确定，假定不考虑其他因素，该业务导致企业 2019 年度利润总额减少(　　)万元。

A. 120　　B. 400

C. 380　　D. 300

37. 企业发生的下列交易或事项不会影响当期利润总额的是(　　)。

A. 出售存货结转的成本

B. 固定资产盘盈

C. 捐赠利得

D. 计提无形资产减值准备

38. 下列各项中，应记入“营业外收入”科目的是(　　)。

A. 无法查明原因的现金盘盈

B. 存货盘盈

C. 固定资产盘盈

D. 确实无法收回的应收账款

39. 甲公司 2019 年度营业收入 5020 万元，营业成本 3500 万元，税金及附加 120 万元，期间费用合计 320 万元，信用减值损失 10 万元，资产减值损失 40 万元，营业外收入 100 万元，营业外支出 10 万元（其中行政罚款 2 万元），适用的企业所得税税率为 25%，不考虑其他因素，则甲公司应当确认的所得税费用为(　　)万元。

A. 280.5　　B. 281

C. 257.5　　D. 258

40. 某企业本期营业收入 1000 万元，营业成本 800 万元，管理费用 20 万元，销售费用 35 万元，资产减值损失 40 万元，投资收益 45 万元，营业外收入 15 万元，营业外支出 10 万元，所得税费用 32 万元。假定不考虑其他因素，该企业本期营业利润为(　　)万元。

A. 123　　B. 200

C. 150　　D. 155

41. M 公司 2019 年度应纳税所得额为 2500 万元，递延所得税资产期初余额 50 万元，期末余额 20 万元，递延所得税负债期初余额 100 万元，期末余额 80 万元，M 公司适用的企业所得税税率为 25%，则 M 公司 2019 年度应确认的所得税费用为(　　)万元。

A. 625　　B. 635

C. 655　　D. 645

42. 某企业适用的所得税税率为 25%。2019 年度该企业实现利润总额 500 万元，应纳税所得额为 480 万元，影响所得税费用的递延所得税资产增加 8 万元。不考虑其他因素，该企业 2019 年度利润表“所得税费用”项目本期金额为(　　)万元。

A. 128　　B. 112

C. 125　　D. 120

43. 某企业 2019 年度税前会计利润为 2000 万元，其中本年国债利息收入 120 万元，税收滞纳金 20 万元，企业所得税税率为 25%，假定不考虑其他因素，该企业 2019 年度所得税费用为(　　)万元。

A. 465　　B. 470

C. 475　　D. 500

44. 某工业企业适用的所得税税率为 25%。2019 年度主营业务收入为 10000 万元，主营业务成本为 6000 万元，其他业务收入为 80 万元，其他业务成本为 40 万元，管理费用为 100 万元（全部为职工薪酬，税法规定的计税工资为 80 万元），财务费用为 20 万元，营业外收入为 40 万元，营业外支出为 10 万元（其中 5 万元属于支付的税收滞纳金，税法规定，计算所得税时，税收滞纳金不允许扣除）。假定不考虑其他因素，该企业 2019 年度的净利润应为(　　)万元。

A. 922.5　　B. 992.5

C. 987.5　　D. 2956.25

45. 下列交易或事项，不应确认为营业外支出的是(　　)。

A. 公益性捐赠支出

B. 无形资产出售净损失

C. 固定资产盘亏净损失

D. 台风造成的原材料净损失

## 二、多项选择题

1. 下列各项中，关于收入确认表述正确的有(　　)。

A. 已确认收入的商品发生销售退回，除属于资产负债表日后事项外，一般应在发生时冲减当期销售收入

B. 采用支付手续费方式委托代销商品的，应在发出商品时确认收入

C. 销售商品发生商业折扣的，销售收入应按扣除商业折扣后的金额确认

D. 对于在某一时点履行的履约义务，在客户取得相关商品控制权时确认收入

2. 取得商品控制权包括的要素有(　　)。

A. 客户必须拥有现时权利，能够主导该商品的使用并从中获得几乎全部经济利益

B. 客户有能力主导该商品的使用，即客户在其活动中有权使用该商品，或者能够允许或阻止其他方使用该商品

C. 客户能够获得商品几乎全部的经济利益

D. 客户只能在未来的某一期间主导该商品的使用并从中获益

3. 对于在某一时点履行的履约义务，企业应当在客户取得相关商品控制权时点确认收入。在判断控制权是否转移时，企业应当综合考虑的迹象有(　　)。

A. 企业就该商品享有现时收款权利，即客户就该商品负有现时付款义务

B. 企业已将该商品的法定所有权转移给客户，即客户已拥有该商品的法定所有权

C. 企业已将该商品实物转移给客户，即

客户已占有该商品实物

D. 客户已接受该商品

4. 下列项目中，属于在某一时段内履行的履约义务的有(　　)。

A. 客户在企业履约的同时即取得并消耗企业履约所带来的经济利益

B. 客户能够控制企业履约过程中在建的商品

C. 企业履约过程中所产出的商品具有不可替代用途，且该企业在整个合同期间内有权就累计至今已完成的履约部分收取款项

D. 销售商品收到现金

5. 下列为取得合同发生的各项支出，应计入当期损益的有(　　)。

A. 明确由客户承担的场地清理费

B. 增加企业未来用于履行履约义务资源的成本

C. 该支出与过去的履约合同相关

D. 应由企业负担的关联费用

6. 下列各项中，不应作为合同履约成本确认为资产的有(　　)。

A. 销售佣金

B. 投标费

C. 为履行合同耗用的原材料

D. 非正常消耗的直接材料、直接人工和制造费用

7. 下列企业发生的事项中，通过“主营业务成本”科目核算的有(　　)。

A. 工业企业销售产品结转的产品成本

B. 安装公司提供安装服务发生的支出

C. 工业企业出租固定资产计提的折旧

D. 工业企业结转的随同商品出售单独计价的包装物的成本

8. 下列各项中，工业企业应通过“其他业务成本”科目核算的有(　　)。

A. 结转销售商品成本

B. 出租包装物的摊销额

C. 出租无形资产的摊销额

D. 出售不需用原材料的成本

9. 下列各项中，通过“税金及附加”科目核算的有(　　)。

A. 委托加工物资受托方代收代缴的消费税

B. 企业交纳的印花税

C. 销售应税矿产品应交的资源税

D. 销售应税消费品交纳的消费税

10. 下列各项中应通过“销售费用”科目核算的有(　　)。

A. 商品维修费

B. 销售部门固定资产维修费

C. 支付的代销手续费

D. 发生的宣传费

11. 下列各项中不属于企业“财务费用”科目核算内容的有(　　)。

A. 满足资本化条件的利息支出

B. 筹建期间不符合资本化条件的利息支出

C. 支付银行承兑汇票的手续费

D. 购买商品享受的现金折扣

12. 下列关于现金折扣会计处理的表述中，正确的有(　　)。

A. 销售企业在确认销售收入时将现金折扣抵减收入

B. 销售企业在取得价款时将实际发生的现金折扣计入财务费用

C. 购买企业在购入商品时将现金折扣直接抵减应确认的应付账款

D. 购买企业在偿付应付账款时将实际发生的现金折扣冲减财务费用

13. 下列各项中，应计入财务费用的有(　　)。

A. 银行承兑汇票手续费

B. 购买交易性金融资产手续费

C. 外币应收账款汇兑损失

D. 商业汇票贴现发生的贴现息

14. 下列各项中，应计入管理费用的有(　　)。

A. 企业生产车间和行政管理部门发生的固定资产修理费用

B. 企业行政管理部门的办公费

C. 企业专设销售机构的业务费

D. 企业支付的年度财务报告审计费

15. 下列各项中，关于管理费用会计处理表述正确的有(　　)。

A. 无法查明原因的现金短缺应计入管理费用
B. 转销确实无法支付的应付账款应冲减管理费用
C. 行政管理部门负担的工会经费应计入管理费用
D. 企业在筹建期间发生的开办费应计入管理费用

16. 下列各项中，应通过“管理费用”科目核算的有(　　)。
A. 支付的企业年度财务报告审计费
B. 支付的咨询费
C. 支付的广告费
D. 发生的罚款支出

17. 下列各项中，影响企业当期营业利润的有(　　)。
A. 生产车间使用的固定资产的日常修理费用
B. 计提的车间机器设备减值损失
C. 出租机器设备取得的收入
D. 车间使用固定资产的折旧费

18. 下列各项中，影响企业当期营业利润的有(　　)。
A. 所得税费用
B. 固定资产减值损失
C. 销售商品收入
D. 交易性金融资产公允价值变动收益

19. 下列各项中，不影响企业当期营业利润的有(　　)。
A. 无法查明原因的现金短缺
B. 捐赠支出
C. 固定资产因自然灾害发生的毁损净损失
D. 支付的合同违约金

20. 下列各项中，影响企业营业利润的有(　　)。
A. 销售商品发生的展览费
B. 出售包装物取得的收入
C. 出售固定资产的净损失
D. 确认的固定资产减值损失

21. 下列各项中，应计入营业外收入的有(　　)。
A. 大型设备出售净收益
B. 存货收发计量差错形成的盘盈
C. 接受捐赠利得
D. 无法支付的应付账款

22. 下列各项中，应计入营业外收入的有(　　)。
A. 无法查明原因的现金溢余
B. 接受捐赠利得
C. 固定资产盘盈利得
D. 非流动资产毁损报废收益

23. 下列各项中，不应计入营业外支出的有(　　)。
A. 自然灾害造成的原材料净损失
B. 因材料陈旧而计提的减值损失
C. 相关人员赔偿的原材料损失
D. 计量差错引起的原材料盘亏

24. 下列各项中，影响当期利润表中利润总额的有(　　)。
A. 固定资产盘盈
B. 所得税费用
C. 对外捐赠固定资产
D. 出售无形资产的净收益

25. 下列各项中，既影响营业利润又影响利润总额的业务有(　　)。
A. 计提坏账准备
B. 对外捐赠固定资产
C. 计提所得税费用
D. 出售交易性金融资产的收益

26. 下列各项中，制造业企业应计入其他业务成本的有(　　)。
A. 销售外购原材料结转的成本
B. 出租无形资产计提的摊销额
C. 结转随同商品出售不单独计价的包装物的实际成本
D. 对外进行公益性捐赠发生的支出

27. 企业下列会计科目中，期末余额应结转到“本年利润”科目的有(　　)。
A. 主营业务收入
B. 信用减值损失
C. 投资收益
D. 公允价值变动损益

28. 下列各项中，不影响利润表中本期“所得税费用”项目金额的有(　　)。
A. 正常转让无形资产的净收益
B. 应缴纳的增值税
C. 固定资产盘盈
D. 销售商品收入

29. 下列各项中，影响利润表“所得税费用”项目金额的有(　　)。
A. 当期应交所得税
B. 递延所得税资产
C. 递延所得税负债
D. 代扣代缴的个人所得税

30. 下列项目中，能同时引起资产和利润总额减少的项目有(　　)。
A. 计提短期借款的利息
B. 计提行政管理部门固定资产折旧
C. 支付业务招待费
D. 管理部门无形资产摊销

## 三、判断题

1. 企业与客户签订合同，向其销售商品并提供安装服务，如果该安装服务较为简单，除该企业外的其他供应商也可以完成，则该合同中销售商品和提供安装服务应认定为两项单项履约义务。(　　)
2. 确认收入的方式应当反映其向客户转让商品或提供服务的模式，收入的金额应当反映企业因转让商品或提供服务而预期有权收取的对价金额。(　　)
3. 履约义务是指合同中企业向客户转让可明确区分商品或服务的承诺。(　　)
4. 企业应将向客户转让一系列实质相同且转让模式相同的、可明确区分商品的承诺作为单项履约义务。(　　)
5. 企业销售商品时如果不满足收入确认条件的，不应确认收入。企业商品已发出，需要在备查簿中进行登记以反映此项业务。(　　)
6. 向客户销售商品之前，已收到或已经取得无条件收取合同对价权利的，应当在收到全部货款时确认收入。(　　)
7. 企业向客户转让商品的对价未达到“很可能收回”的条件。在发出商品时，企业不应确认收入，将发出商品的成本记入“合同资产”科目，借记“合同资产”科目，贷记“库存商品”科目。(　　)
8. 企业取得合同发生的增量成本已经确认为资产的，应当采用与该资产相关的商品收入确认相同的基础进行摊销，计入当期损益。(　　)
9. 企业在确定商品销售收入时，应该考虑各种可能发生的现金折扣。(　　)
10. 企业应当在履行了合同中的履约义务，即在客户取得相关商品所有权时确认收入。(　　)
11. 资产负债表日，企业按照合同的交易价格总额乘以履约进度后的金额，确认当期收入。(　　)
12. 客户在企业履约的同时即取得并消耗企业履约所带来的经济利益，属于在某一时点履行的履约义务。(　　)
13. 对于在某一段时间内履行的履约义务，企业一律在该段时间内按照履约进度确认收入。(　　)
14. 企业为取得合同发生的增量成本预期能够收回的，应作为合同取得成本确认为一项资产。(　　)
15. 无法在尚未履行的与已履行（或已部分履行）的履约义务之间区分的相关支出，应计入合同履约成本。(　　)
16. 企业筹建期间的开办费、销售商品发生的商业折扣以及支付银行承兑汇票的手续费均通过“财务费用”科目核算。(　　)
17. 随同商品出售不单独计价包装物的成本应记入“销售费用”科目核算。(　　)
18. 凡是记入“税金及附加”科目的税费，贷方对应的均为“应交税费”科目。(　　)
19. 企业销售自产应税消费品交纳的消费税通过“税金及附加”科目核算。(　　)
20. 制造费用和销售费用都是本期发生的费

用，因此，均属于当期损益。 ( )

21. 企业报废固定资产发生的处置净损失属于企业的费用。 ( )
22. 公益性捐赠支出、出租包装物的摊销额、行政性罚款支出等都应记入“营业外支出”科目。 ( )
23. 企业采用“表结法”结转本年利润的，每月末结计出的本月发生额和月末累计余额无须转入“本年利润”科目，只有在年末时将损益类科目全年累计余额转入“本年利润”科目。 ( )
24. 账结法下，每月月末均需要编制转账凭证，将各损益类科目的余额结转入“本年利润”科目。 ( )
25. 月度终了时，“本年利润”科目无余额。 ( )
26. “本年利润”科目借方余额代表企业亏损，贷方余额代表企业盈利。 ( )
27. 期间费用是指企业日常活动发生的不能计入特定核算对象的成本，而应计入发生当期损益的费用。 ( )

## 四、不定项选择题

（一）

甲公司为增值税一般纳税人，适用的增值税税率为13%，商品售价中均不含增值税。销售商品和提供服务均为主营业务且符合收入确认条件，其成本在确认收入时逐笔结转。2019年12月，甲公司发生如下交易或事项：

(1) 1日，与乙公司签订为期3个月的服务合同，合同总价款为300万元。至12月31日，已经预收合同款220万元，实际发生服务成本140万元，估计为完成该合同还将发生服务成本60万元，该公司按实际发生的成本占估计总成本的比例确定履约进度。

(2) 5日，向丙公司销售商品一批，该批商品的标价为200万元（不含增值税），实际成本为160万元，由于成批销售，甲公司给予丙公司10%的商业折扣，甲公司于当日发出商品并开具增值税专用发票，符合商品销售收入确认条件。合同约定在3个月后产品没有任何质量问题丙公司再支付款项。

(3) 10日，向丁公司转让一项专利权的使用权，当月确认收入30万元存入银行，不考虑相关税费，该专利权本月应计提摊销15万元。

(4) 15日，因商品质量问题，甲公司对本年9月销售给客户的一批商品按售价给予5%的销售折让，该批商品原售价为200万元，增值税税额为26万元，实际成本为180万元，货款已结清，经认定，甲公司同意给予折让并开具红字增值税专用发票，以银行存款退还折让款。

(5) 25日，收到即征即退增值税10万元并存入银行（属于政府补助，计入其他收益）。

要求：根据上述资料，不考虑其他因素，分析回答下列小题。（答案中的金额单位用万元表示）

1. 根据资料（1），下列各项中，关于甲公司12月31日会计处理结果正确的是( )。
   A. 结转营业成本140万元
   B. 确认营业收入220万元
   C. 确认营业收入210万元
   D. 结转营业成本154万元
2. 根据资料（2），下列各项中，关于甲公司会计处理结果正确的是( )。
   A. 5日，“应收账款”科目借方登记203.4万元
   B. 5日，“合同资产”科目借方登记203.4万元
   C. 5日，“主营业务收入”科目贷方登记200万元
   D. 5日，“主营业务收入”科目贷方登记180万元
3. 根据资料（3），甲公司转让专利权使用权的会计处理正确的是( )。
   A. 收取款项时：

借：银行存款　　30
　贷：其他业务收入　　30
B. 结转摊销时：
借：其他业务成本　　15
　贷：累计摊销　　15
C. 收取款项时：
借：银行存款　　30
　贷：营业外收入　　30
D. 结转摊销时：
借：主营业务成本　　15
　贷：累计摊销　　15

4. 根据资料（4），下列各项中，甲公司会计处理的说法中正确的是(　　)。
A. 主营业务收入减少 10 万元
B. 主营业务成本减少 9 万元
C. 营业收入增加 10 万元
D. 发生销售折让不影响主营业务成本

5. 根据资料（1）至（5），甲公司本期应确认的营业收入的金额是(　　)万元。
A. 390　　B. 400
C. 410　　D. 420

（二）

甲公司为工业企业，系增值税一般纳税人，适用的增值税税率为 13%。2019 年 12 月发生如下经济业务：

（1）将外购的一批原材料对外销售，取得销售价款 35 万元，增值税税额为 4.55 万元，该批原材料的成本为 22 万元。以上款项已存入银行。

（2）将自产产品一批用于建设某生产线工程，该批产品成本为 160 万元，市场售价为 200 万元。

（3）将闲置设备与乙公司签订 2020 至 2021 年短期租赁协议，根据协议规定年租金 500 万元（含税，税率为 13%），当日已收取下年度租金。

（4）销售一批产品给丙公司，该批产品标价 200 万元，由于已经陈旧过时，甲公司给予丙公司 30% 的商业折扣。同时，在合同中约定现金折扣条件为 2/10，1/20，N/30（计算现金折扣时不考虑增值税）。

（5）将自行研发的一项专利权出租给丁公司使用，月租金为 10 万元（不含税，税率 6%），当日已收到本月租金。已知该专利权年摊销额为 12 万元。

要求：根据上述资料，不考虑其他因素，分析回答下列小题。（答案中金额单位用万元表示）

1. 根据上述资料，下列说法中正确的是(　　)。
A. 销售材料应通过“营业外收入”科目核算
B. 将自产产品用于工程建设应确认收入
C. 将设备出租当年无需确认收入
D. 出租专利权应在当年确认收入

2. 根据资料（2），下列会计处理正确的是(　　)。
A. 借：在建工程　　160
　贷：库存商品　　160
B. 借：在建工程　　186
　贷：库存商品　　160
　　应交税费—应交增值税（销项税额）　　26
C. 借：在建工程　　226
　贷：主营业务收入　　200
　　应交税费—应交增值税（销项税额）　　26
D. 借：主营业务成本　　160
　贷：库存商品　　160

3. 根据资料（4），下列说法中正确的是(　　)。
A. 甲公司应按 200 万元确认收入，按 60 万元确认销售费用
B. 甲公司应按扣除商业折扣后的金额确认收入
C. 甲公司应按扣除现金折扣后的金额确认收入
D. 甲公司实际发生现金折扣时计入财务费用

4. 根据资料（5），下列会计处理正确的是(　　)。
A. 借：银行存款　　10.6
　贷：主营业务收入　　10.6

B. 借：银行存款 10.6

  贷：主营业务收入 10

   应交税费—应交增值税（销项税额） 0.6

C. 借：银行存款 10.6

  贷：其他业务收入 10

   应交税费—应交增值税（销项税额） 0.6

D. 借：其他业务成本 12

  贷：累计摊销 12

5. 根据上述资料，甲公司 2019 年 12 月应确认的收入为(　　)万元。

A. 245　　B. 685

C. 185　　D. 385

（三）

甲公司为增值税一般纳税人，适用的增值税税率为 13%。销售商品和提供服务均属于企业主营业务，商品销售价格不含增值税，在确认销售收入时逐笔结转销售成本，2019 年该公司发生如下交易或事项：

(1) 4 月 21 日，向乙公司销售一批 E 产品，开出增值税专用发票上注明的销售价格为 600 万元，增值税税额为 78 万元，款项尚未收到；该批产品成本为 350 万元，甲公司已将商品发出，纳税义务已经发生，但该笔销售不符合收入确认条件。

(2) 7 月 6 日，甲公司承担一项安装服务，安装期 9 个月，安装服务符合在某一时段内履行履约义务确认收入的条件，履约进度按已发生成本占预计总成本的比例确定，合同总收入为 40 万元，当年实际发生成本 12 万元，预计还将发生成本 18 万元。

(3) 9 月 1 日，甲公司将本公司生产的部分 F 产品作为福利发给本公司职工，其中生产工人 400 件、车间管理人员 100 件、专设销售机构人员 50 件，该产品每件销售价格为 0.6 万元，实际成本为 0.4 万元。

(4) 12 月 4 日，甲公司向丙公司销售 G 产品，销售价格总额为 100 万元，产品的实际成本总额为 65 万元，因成批销售，甲公司给予丙公司 10%的商业折扣，丙公司 12 月 15 日付款，该笔销售符合收入确认条件。

要求：根据上述资料，假定不考虑其他因素，分析回答下列小题。(答案中的金额单位用万元表示)

1. 根据资料（1），下列各项中，甲公司向乙公司销售产品的会计处理结果正确的是(　　)。

A. 应收账款增加 678 万元

B. 库存商品减少 350 万元

C. 应收账款增加 78 万元

D. 应交税费增加 78 万元

2. 根据资料（2），2019 年度甲公司应确认的营业收入是(　　)万元。

A. 12　　B. 30

C. 40　　D. 16

3. 根据资料（3），下列各项中，甲公司向职工发放福利的会计处理正确的是(　　)。

A. 借：主营业务成本 220

  贷：库存商品 220

B. 借：生产成本 271.2

   制造费用 67.8

   销售费用 33.9

  贷：应付职工薪酬 372.9

C. 借：应付职工薪酬 372.9

  贷：主营业务收入 330

   应交税费—应交增值税（销项税额） 42.9

D. 借：发出商品 220

  贷：库存商品 220

4. 根据资料（4），下列各项中，甲公司向丙公司销售产品的会计处理结果正确的是(　　)。

A. 主营业务收入增加 90 万元

B. 主营业务成本增加 65 万元

C. 应交税费增加 11.7 万元

D. 销售费用增加 10 万元

5. 根据资料（1）至（4），对甲公司 2019 年营业利润的影响金额是(　　)万元。

A. 369

B. 355.1

C. 105.1

D. 139

（四）

甲公司为增值税一般纳税人，销售商品适用的增值税税率为13%，装修服务适用增值税税率为9%，酒店服务适用的增值税税率为6%。以上业务均为甲公司主营业务。2019年12月，甲公司发生如下经济业务：

（1）12月5日，甲公司与乙公司签订委托代销合同，甲公司委托乙公司销售W商品100件，W商品已经发出，每件商品成本为60元。合同约定乙公司应按每件100元对外销售，甲公司按不含增值税的销售价格的10%向乙公司支付手续费，乙公司适用的手续费的增值税税率为6%。乙公司没有售出的W商品须退回给甲公司。至12月31日，乙公司已将上述商品全部出售，收到乙公司开具的代销清单。开出的增值税专用发票上注明的销售价款为10000元，增值税税额为1300元。

（2）12月16日，甲公司收到客户丙退回的全部商品，甲公司于退货当日支付了退货款，并按规定向客户开具了增值税专用发票（红字）。该批商品系甲公司2019年9月20日销售的商品，增值税专用发票上注明售价为20000元，增值税税额为2600元，该批商品成本为15000元。

（3）12月1日，甲公司与乙公司签订一项为期3个月的装修合同，合同约定装修价款为100000元，增值税税额为9000元，装修费用每月末按完工进度支付。2019年12月31日，经专业测量师测量后，确定该项服务的履约进度为25%；乙公司按履约进度支付价款及相应的增值税，截至2019年12月31日，甲公司为完成合同累计发生服务成本20000元（假定均为装修人员薪酬），估计还将发生服务成本60000元。假定该业务属于甲公司的主营业务，全部由其自行完成。

（4）甲公司经营一家酒店，该酒店是甲公司的自有资产。12月甲公司计提与酒店经营直接相关的酒店、客房以及客房内的设备家具等折旧50000元、酒店土地使用权摊销费用200000元。经计算，当月确认房费、餐饮等服务含税收入848000元，全部存入银行。

要求：根据上述资料，不考虑其他因素，分析回答下列小题。（答案中的金额单位用元表示）

1. 根据资料（1），甲公司会计处理结果正确的是(　　)。

A. 12月5日发出商品时：

借：发出商品　6000

　贷：库存商品　6000

B. 12月5日发出商品时：

借：应收账款　11300

　贷：主营业务收入　10000

　　应交税费—应交增值税（销项税额）　1300

借：主营业务成本　6000

　贷：库存商品　6000

C. 12月31日甲公司收到乙公司开具的代销清单时：

借：应收账款　11300

　贷：主营业务收入　10000

　　应交税费—应交增值税（销项税额）　1300

借：主营业务成本　6000

　贷：发出商品　6000

D. 12月31日确认代销手续费时：

借：销售费用　1000

　应交税费—应交增值税（进项税额）　60

　贷：应收账款　1060

2. 根据资料（2），甲公司会计处理结果正确的是(　　)。

A. 应冲减营业收入20000元

B. 应冲减应交税费 2600 元

C. 应增加库存商品 15000 元

D. 应冲减主营业务成本 15000 元

3. 根据资料（3），甲公司会计处理结果正确的是（ ）。

A. 实际发生服务成本：

借：合同履约成本 20000

　贷：应付职工薪酬 20000

B. 12 月 1 日确认收入：

借：应收账款 109000

　贷：主营业务收入 100000

　　应交税费—应交增值税（销项税额） 9000

C. 12 月 31 日确认服务收入：

借：银行存款 27250

　贷：主营业务收入 25000

　　应交税费—应交增值税（销项税额） 2250

D. 12 月 31 日结转服务成本：

借：主营业务成本 20000

　贷：合同履约成本 20000

4. 根据资料（4），甲公司会计处理结果正确的是（ ）。

A. 固定资产折旧计入合同履约成本

B. 无形资产摊销计入合同履约成本

C. 应确认营业收入 800000 元

D. 应确认营业成本 250000 元

5. 根据上述资料，甲公司 2019 年应确认的营业收入为（ ）元。

A. 815000　　B. 835000

C. 15000　　D. -10000

（五）

甲公司为一家制造企业，适用的增值税税率为 13%，商品销售和提供服务均为主营业务且全部符合收入确认条件，销售成本月末一次结转，M 产品的单位成本为 80 元。2019 年 7 月该公司发生下列业务：

（1）1 日，向乙公司销售 M 产品 8000 件，开具的增值税专用发票上注明的价款为 80 万元，增值税税额为 10.4 万元。商品当日已发出，并且控制权已转移，甲公司上月已预收乙公司 30 万元货款，余款于当日收讫并存入银行。

（2）3 日，与丙公司签订一份服务合同，期限为 9 个月，合同总收入 225 万元（不含增值税），已预收 135 万元，甲公司能够合理估计履约进度，履约进度按照已发生成本占估计总成本的比例确定。截至 7 月 31 日已发生成本 32 万元，预计完成该合同义务还将发生成本 128 万元。

（3）5 日，采用托收承付方式向丁公司销售 M 产品 7500 件，开具的增值税专用发票上注明的价款为 75 万元，增值税税额为 9.75 万元，上述款项尚未收到，无其他收款条件。

（4）6 日，按照与戊公司签订的租赁合同，以经营租赁方式将上月初取得的一台拟自用的生产设备出租给戊公司。31 日收取当月租金 2 万元（不含增值税）存入银行。该设备原价 60 万元，预计净残值为零，采用年限平均法按 10 年计提折旧，未计提减值准备。

要求：根据上述资料，不考虑其他因素，分析回答下列小题。（答案中的金额单位用万元表示）

1. 根据资料（1），下列各项中，甲公司会计处理正确的是（ ）。

A. 上月收到预收货款时：

借：银行存款 30

　贷：主营业务收入 26.55

　　应交税费—应交增值税（销项税额） 3.45

B. 1 日发出商品收到余款时：

借：银行存款 60.4

　贷：主营业务收入 53.45

　　应交税费—应交增值税（销项税额） 6.95

C. 上月收到预收货款时：

借：银行存款 30

　贷：合同负债 30

D. 1 日发出商品收到余款时：

借：合同负债　　30
　　银行存款　　60.4
　贷：主营业务收入　　80
　　　应交税费—应交增值税（销项税额）　　10.4

2. 根据资料（2），2019 年 7 月甲公司应确认的营业收入是(　　)万元。
A. 45　　B. 225
C. 32　　D. 135

3. 根据资料（3），下列各项中，关于甲公司会计处理结果表述正确的是(　　)。
A. 5 日，确认营业收入 75 万元
B. 5 日，确认应收账款 84.75 万元
C. 5 日，确认营业收入 84.75 万元
D. 5 日，确认合同资产 84.75 万元

4. 根据资料（4），下列各项中，关于甲公司会计处理结果表述正确的是(　　)。
A. 当月出租设备计提折旧确认制造费用 6 万元
B. 当月出租设备计提折旧确认其他业务成本 0.5 万元
C. 当月收取租金确认营业外收入 2 万元
D. 当月收取租金确认其他业务收入 2 万元

5. 根据资料（1）至（4），2019 年 7 月甲公司利润表中下列项目本期金额计算结果正确的是(　　)。
A. 营业收入为 202 万元
B. 营业收入为 200 万元
C. 营业成本为 156 万元
D. 营业成本为 156.5 万元

（六）

甲企业为增值税一般纳税人，适用的增值税税率为 13%，商品销售价格均不含增值税。确认收入的同时，结转其销售成本。2020 年 11 月，该企业发生的经济业务如下：

（1）1 日，向乙企业销售一批商品，增值税专用发票注明的价格为 80 万元，增值税税额为 10.4 万元。实际成本为 35 万元。商品已发出，收到客户开具的商业承兑汇票结清全部款项。

（2）5 日，采用托收承付结算方式向丙企业销售一批商品。增值税专用发票注明的价款为 1000 万元，增值税税额为 130 万元。实际成本为 800 万元，为客户代垫运输费 5 万元（不考虑增值税），全部款项已办妥托收手续。

（3）10 日，向丁企业赊销一批商品，增值税专用发票注明的价款为 40 万元，增值税税额为 5.2 万元，实际成本为 22 万元。销售合同规定的现金折扣条件为 2/10，1/20，N/30。计算现金折扣不考虑增值税。18 日，收到结算销售款项并存入银行。

（4）25 日，收到丁企业退回本月 10 日购买的全部商品，同时向丁企业开具了红字增值税专用发票，并退回相关款项。

要求：根据上述资料，不考虑其他因素，分析回答下列小题。（答案中的金额单位用万元表示）

1. 根据资料（1），下列各项中，甲企业向乙企业销售商品会计处理表述正确的是(　　)。
A. 确认主营业务收入 80 万元
B. 结转主营业务成本 35 万元
C. 确认应收票据 90.4 万元
D. 确认应收账款 90.4 万元

2. 根据资料（2），甲企业向丙企业销售商品应确认的应收账款是(　　)万元。
A. 1000　　B. 1130
C. 1135　　D. 1005

3. 根据资料（3），下列各项中，甲企业向丁企业销售商品的会计处理正确的是(　　)。
A. 收到客户款项时：
借：银行存款　　44.4
　　财务费用　　0.8
　贷：应收账款　　45.2
B. 确认销售商品收入时：
借：应收账款　　45.2
　贷：主营业务收入　　40
　　　应交税费—应交增值税（销项税额）　　5.2

C. 结转销售商品成本时：
借：主营业务成本　　22
　贷：库存商品　　22
D. 收到客户款项时：
借：银行存款　　44.4
　　销售费用　　0.8
　贷：应收账款　　45.2

4. 根据资料（3）和（4），下列各项中，甲企业收到丁企业退回商品的会计处理结果正确的是(　　)。
A. 应交税费减少5.2万元
B. 财务费用减少0.8万元
C. 应收账款减少45.6万元
D. 主营业务成本增加22万元

5. 根据资料（1）至（4），甲企业上述业务对其2020年11月利润表“营业利润”项目本期金额的影响是(　　)万元。
A. 262.2　　B. 240
C. 245　　D. 263

（七）

甲公司为上市公司，适用的企业所得税税率为25%，2020年度甲公司有关资料如下：
（1）1月1日，所有者权益总额为11100万元，其中股本为8000万元（每股面值1元），资本公积（股本溢价）为2000万元，盈余公积为800万元，未分配利润为300万元。
（2）6月18日，经股东大会批准，甲公司按每股2元的价格回购本公司股票1000万股并注销。
（3）截至12月31日甲公司实现营业收入8100万元，发生营业成本4500万元，税金及附加500万元，销售费用400万元，管理费用400万元，财务费用350万元，资产减值损失250万元，营业外收入150万元，营业外支出50万元。
（4）经股东大会批准，甲公司本年度按净利润的10%提取法定盈余公积，按每10股0.5元发放现金股利350万元。

要求：根据上述资料，假定不考虑其他因素，分析回答下列小题。（答案中的金额单位用万元表示）

1. 根据资料（1）和（2），下列各项中，关于甲公司的会计处理正确的是(　　)。
A. 回购本公司股票时：
借：股本　　2000
　贷：银行存款　　2000
B. 回购本公司股份时：
借：库存股　　2000
　贷：银行存款　　2000
C. 注销本公司股份时：
借：股本　　1000
　　资本公积—股本溢价　　1000
　贷：库存股　　2000
D. 注销本公司股份时：
借：股本　　2000
　贷：库存股　　2000

2. 根据资料（3），2020年度甲公司实现营业利润(　　)万元。
A. 1700　　B. 1650
C. 1800　　D. 1850

3. 根据资料（4），下列会计处理正确的是(　　)。
A. 借：利润分配—提取法定盈余公积　　135
　　贷：盈余公积　　135
B. 借：利润分配—提取法定盈余公积　　180
　　贷：盈余公积　　180
C. 借：利润分配—未分配利润　　180
　　贷：盈余公积　　180
D. 借：利润分配—未分配利润　　135
　　贷：利润分配—提取法定盈余公积　　135

4. 根据资料（1）至（4），下列表述正确的是(　　)。
A. 甲公司回购本公司股票，会减少所有者权益2000万元
B. 甲公司回购库存股注销后的资本公积为1000万元

C. 甲公司2020年年末的盈余公积为800万元

D. 甲公司分配现金股利后的未分配利润为1300万元

5. 根据资料（1）至（4），甲公司2020年12月31日的所有者权益总额为(　　)万元。

A. 10450　　B. 10650

C. 10100　　D. 11950

（八）

甲公司适用的所得税税率为25%，2020年与所有者权益有关的交易或事项如下：

（1）1月1日，该公司股东权益总额为20500万元，其中股本为10000万元（每股面值1元），资本公积（股本溢价）为3000万元，盈余公积为6000万元，未分配利润为1500万元。

（2）6月28日，该公司经股东大会决议并报有关部门核准以银行存款回购本公司股票100万股，每股回购的价格为5元。7月3日将回购的股票100万股注销。

（3）2020年该公司全年实现利润总额为1800万元，其中相关会计处理与税法规定存在差异事项为：支付税收滞纳金300万元，本年取得的国债利息收入100万元。

（4）2020年该公司根据股东大会批准的利润分配方案，按实现净利润的10%分别提取法定盈余公积和任意盈余公积；向股东分配现金股利400万元。

要求：根据上述资料，不考虑其他因素，分析回答下列小题。（答案中的金额单位用万元表示）

1. 根据资料（1），2020年1月1日，该公司留存收益的金额是(　　)万元。

A. 10500　　B. 9000

C. 4500　　D. 7500

2. 根据资料（1）和（2），关于回购与注销本公司股票的会计处理结果正确的是(　　)。

A. 7月3日注销库存股冲减股本100万元

B. 6月28日回购股票确认库存股增加100万元

C. 6月28日回购股票确认库存股增加500万元

D. 7月3日注销库存股冲减资本公积200万元

3. 根据资料（3），该公司相关会计处理正确的是(　　)。

A. 计算所得税：

借：所得税费用　500

　贷：应交税费—应交所得税　500

B. 计算所得税：

借：所得税费用　450

　贷：应交税费—应交所得税　450

C. 将本年利润结转至利润分配时：

借：本年利润　1300

　贷：利润分配—未分配利润　1300

D. 将本年利润结转至利润分配时：

借：本年利润　1350

　贷：利润分配—未分配利润　1350

4. 根据资料（1）、（3）和（4），该公司2020年未分配利润的年末余额是(　　)万元。

A. 2580　　B. 2140

C. 2180　　D. 2540

5. 根据资料（1）至（4），2020年12月31日该公司资产负债表所有者权益相关项目期末余额填列正确的是(　　)。

A. 库存股500万元

B. 资本公积2600万元

C. 股本9900万元

D. 盈余公积6260万元

（九）

2019年年初，甲股份有限公司（以下简称“甲公司”）股东权益总计为45000万元，其中股本30000万元、资本公积1000万元、盈余公积9000万元、未分配利润5000万元，甲公司2019年发生的有关股东权益业务资料如下：

（1）经批准，甲公司以增发股票方式募集资金，共增发普通股股票400万股，每股面值 1 元，每股发行价格 5 元。证券公司代理发行费用共 60 万元，从发行收入中扣除。股票已全部发行完毕，所收款项存入甲公司开户银行。

（2）当年甲公司利润总额为 5015 万元，其中，投资收益中包括当年收到的国债利息收入 25 万元，营业外支出中包括当年缴纳的税款滞纳金 10 万元。除以上事项外，无其他纳税调整事项。甲公司适用的所得税税率为 25%。

（3）经股东大会批准，甲公司以每股 4 元价格回购本公司股票 100 万股并注销。

（4）12 月 31 日，甲公司确认 12 月 1 日取得的交易性金融资产公允价值变动收益 100 万元，该交易性金融资产取得时支付价款 1001 万元（含交易费用 1 万元）。

要求：根据上述资料，不考虑其他因素，分析回答下列小题。（答案中的金额单位用万元表示）

1. 根据资料（1），下列各项中，关于甲公司发行普通股的会计处理结果正确的是（　　）。

A. 财务费用增加 60 万元

B. 股本增加 2000 万元

C. 资本公积增加 1540 万元

D. 银行存款增加 1940 万元

2. 根据资料（2），2019 年甲公司实现净利润（　　）万元。

A. 3761.25　　B. 3772.5

C. 3775　　D. 3765

3. 根据资料（3），下列各项中，关于甲公司回购股票业务的会计处理正确的是（　　）。

A. 回购股票时：

借：库存股　　400

　贷：银行存款　　400

B. 回购股票时：

借：股本　　100

　贷：资本公积　　100

C. 回购股票时：

借：股本　　100

　　资本公积　　300

　贷：库存股　　400

D. 回购股票时：

借：库存股　　100

　　资本公积　　300

　贷：银行存款　　400

4. 根据资料（4），下列各项中，关于甲公司交易性金融资产业务会计处理正确的是（　　）。

A. 确认投资收益-1 万元

B. 确认公允价值变动损益 100 万元

C. 期末交易性金融资产列报金额为 1100 万元

D. 确认投资收益 99 万元

5. 根据期初资料和资料（1）至（4），甲公司 2019 年年末的资本公积是（　　）万元。

A. 2340　　B. 2840

C. 2240　　D. 2540

## 同步强化练习题参考答案及解析

“扫码看解析”

使用“微信”或“会计云课堂”App 扫右方二维码，对答案、看解析、掌握解题思路，开启轻松过关之旅。

### 一、单项选择题

1. 【答案】C

**解析**：选项 A 一般计入投资收益；选项 B 计入营业外收入；选项 D 冲减财务费用。

2. 【答案】C

**解析**：B 商品应分摊的交易价格 = 50÷（30+50+20）×90 = 45（万元）。

3. 【答案】C

解析：企业代第三方收取的款项（如增值税）以及企业预期将退还给客户的款项，应作为负债进行会计处理，不计入交易价格。

4. 【答案】B

解析：企业对于发出的商品，在不符合收入确认条件时，应按发出商品的实际成本，借记“发出商品”科目，贷记“库存商品”科目。

5. 【答案】C

解析：甲公司实际收到的金额 = 10000 + 1300 - 10000×2% = 11100（元）。

6. 【答案】C

解析：应付账款入账时不考虑现金折扣，应确认的应付账款 = 500 + 65 = 565（万元），选项 AD 正确；乙商场支付款项时应冲减财务费用 = 500×2% = 10（万元），选项 B 正确；乙商场实际支付的货款 = 565 - 10 = 555（万元），选项 C 不正确。

7. 【答案】C

解析：记入“税金及附加”科目的税费包括：消费税、城市维护建设税、教育费附加、资源税、房产税、印花税等。城市维护建设税及教育费附加的计税依据为纳税人当月实际交纳的增值税、消费税合计数。所以计入税金及附加的金额 = 30 + (25 + 30) × (7% + 3%) + 5 + 20 = 60.5（万元）。

8. 【答案】B

解析：进口环节交纳的关税计入成本中，增值税不影响损益，影响当期损益的金额 = 150+100+0.5+1.5 = 252（万元）。

9. 【答案】B

解析：发出商品时满足收入确认条件的，发生销售退回时应当冲减退回当月的收入及成本等（非资产负债表日后事项）。

10. 【答案】C

解析：甲公司应编制如下会计分录：

(1) 确认收入时：

借：应收票据　452

　贷：主营业务收入　400

　　应交税费—应交增值税（销项税额）　52

借：主营业务成本　320

　贷：库存商品　320

(2) 代垫运费时：

借：应收账款　0.218

　贷：银行存款　0.218

11. 【答案】A

解析：甲公司本年度应当按乙商店发来的代销清单确认收入，未销售部分不满足销售收入的确认条件，所以甲公司应确认的销售收入 = 100×60% = 60（万元）。

12. 【答案】A

解析：2019 年年末的履约进度 = 15000/(15000 + 25000) ×100% = 37.5%；2019 年应确认的收入 = 60000×37.5% = 22500（元）。

13. 【答案】B

解析：合同中的交易价格为 100 万元，同时客户在企业履约的同时即取得并消耗企业履约所带来的经济利益，为某一时段内按履约进度确认收入，所以在 12 月 31 日应确认收入 = 100×50% = 50（万元）。

14. 【答案】C

解析：2019 年年末的履约进度 = 20/(20+60) ×100% = 25%。2019 年 12 月 31 日应确认的营业收入 = 120×25% = 30（万元）。

15. 【答案】C

解析：甲公司 2019 年应确认的营业收入 = 60000×37.5% = 22500（元），2020 年应确认的收入 = 60000 - 22500 = 37500（元）。

16. 【答案】C

解析：客户在会籍期间可随时来俱乐部健身，且没有次数限制，客户已健身的次数不会影响其未来继续健身的次数，甲公司在该合同下的履约义务是承诺随时准备在客户需要时为其提供健身服务，因此，该履约义务属于在某一时段内履行的履约义务，并且该履约义务在会员的会籍期间内随时间的流逝而被履行。因此，甲公司应按照直线法确认收入，每月应当确认的收入＝7632÷（1＋6%）÷12＝600（元）。

17.【答案】B

**解析：**2019 年该企业应确认的服务收入＝200×60%－80＝40（万元）。

18.【答案】C

**解析：**销售佣金属于企业为取得合同发生的增量成本，属于合同取得成本。

19.【答案】D

**解析：**选项 A 记入“在建工程”科目；选项 B 记入“合同履约成本”科目；选项 C 记入“制造费用”科目；选项 D 记入“销售费用”科目。

20.【答案】A

**解析：**“其他业务成本”科目核算企业确认的除主营业务活动以外的其他经营活动所形成的成本，包括出租固定资产的折旧额、出租无形资产的摊销额等。

21.【答案】D

**解析：**选项 A 记入“销售费用”科目；选项 B 记入“固定资产清理”科目；选项 C 记入“资产处置损益”科目；选项 D 记入“其他业务成本”科目，填列在利润表“营业成本”项目。

22.【答案】D

**解析：**增值税不影响损益，通过“应交税费”科目核算，不计入税金及附加。

23.【答案】A

**解析：**选项 A，应计入税金及附加；选项 B，应计入固定资产清理；选项 C，应计入商品成本；选项 D，应冲减应付职工薪酬。

24.【答案】D

**解析：**选项 A 计入原材料的成本；选项 B 记入“应交税费—应交增值税（进项税额）”科目（企业是一般纳税人并取得增值税专用发票）或者固定资产的成本（企业是小规模纳税人，或者是一般纳税人但是没有取得增值税专用发票）；选项 C 计入无形资产成本。

25.【答案】C

**解析：**支付的发行股票手续费冲减资本公积，不计入财务费用。

26.【答案】B

**解析：**筹建期间发生的开办费记入“管理费用”科目，选项 B 错误。

27.【答案】B

**解析：**选项 B 计入其他业务成本。

28.【答案】A

**解析：**企业发生的广告费应记入“销售费用”科目。

29.【答案】A

**解析：**计提的生产车间职工养老保险费属于车间职工的职工薪酬，应该计入生产成本，不计入管理费用。

30.【答案】C

**解析：**代垫行政管理人员的医药费，在代垫时应计入其他应收款，会计分录为：

借：其他应收款

　贷：银行存款等

31.【答案】C

**解析：**选项 A，应记入“信用减值损失”科目；选项 B，应记入“其他业务成本”科目；选项 D，应记入“资产处置损益”科目。

32.【答案】C

**解析：**选项 A 记入“财务费用”科目；选项 B 记入“管理费用”科目；选项 C 记入“营业外支出”科目；选项 D 记入“销售费用”科目。损失是与企业非日常活动相关的，选项 ABD 与企业的日常活动相关，选项 C 与企业的非日常活动相关，所以选项 C 正确。

33.【答案】C

**解析：**该业务使企业 2019 年 12 月营业

利润增加的金额=营业收入-营业成本=100-（90-5）=15（万元）。

34.【答案】D

**解析：**选项D，对外出租设备的折旧费记入“其他业务成本”科目，影响企业当期营业利润；选项ABC计入营业外支出，不影响营业利润。

35.【答案】A

**解析：**出售该固定资产的净收益=80-（100-60-5）-5=40（万元），所以影响利润总额的金额为40万元。

36.【答案】A

**解析：**研究阶段支出100万元和开发阶段不符合资本化条件的支出20万元应计入管理费用，使用寿命不确定的无形资产无需摊销，所以减少2019年的利润总额=100+20=120（万元）。

37.【答案】B

**解析：**固定资产盘盈属于前期会计差错，应计入以前年度损益调整，之后调整留存收益，所以不会影响企业当期的利润总额。

38.【答案】A

**解析：**选项A，应记入“营业外收入”科目；选项B，应冲减“管理费用”科目；选项C，应记入“以前年度损益调整”科目；选项D，确实无法收回的应收账款应作为坏账核销，冲减“坏账准备”科目和“应收账款”科目。

39.【答案】A

**解析：**甲公司应当确认的所得税费用=（5020-3500-120-320-10-40+100-10+2）×25%=280.5（万元）。

40.【答案】C

**解析：**该企业本期营业利润=1000-800-20-35-40+45=150（万元）。

41.【答案】B

**解析：**所得税费用=当期所得税+递延所得税=2500×25%+（80-100）-（20-50）=635（万元）。M公司应当编制的会计分录为：

| | |
|---|---|
| 借：所得税费用 | 635 |
| 　　递延所得税负债 | 20 |
| 　贷：应交税费—应交所得税 | 625 |
| 　　　递延所得税资产 | 30 |

42.【答案】B

**解析：**该企业2019年度利润表“所得税费用”项目本期金额=480×25%-8=112（万元）。

43.【答案】C

**解析：**应纳税所得额=2000-120+20=1900（万元）；所得税费用=1900×25%=475（万元）。

44.【答案】D

**解析：**利润总额=10000-6000+80-40-100-20+40-10=3950（万元）。因为税法规定的计税工资是80万元，企业已计入当期费用100万元，超过税法规定扣除标准（80万元）的金额为20（100-80）万元，在计算应纳税所得额时，要纳税调增；税法规定，税收滞纳金不允许扣除，在计算利润总额时，已经进行了扣除，所以计算应纳税所得额时，也要纳税调增。因此，应交所得税=［3950+（100-80）+5］×25%=993.75（万元），净利润=3950-993.75=2956.25（万元）。

45.【答案】B

**解析：**选项B，应记入“资产处置损益”科目。

## 二、多项选择题

1.【答案】ACD

**解析：**采用支付手续费方式委托代销商品的，应在收到受托方代销清单时确认收入，选项B错误。

2.【答案】ABC

**解析：**选项D，表明其尚未取得该商品的控制权。

3.【答案】ABCD

4.【答案】ABC

**解析：**选项D，应在客户取得商品控制权时确认收入。

5. 【答案】CD

解析：选项 AB 应作为合同履约成本确认为一项资产；选项 CD 计入当期损益。

6. 【答案】ABD

解析：选项 A，应计入合同取得成本；选项 BD，应计入当期损益。

7. 【答案】AB

解析：选项 CD，均计入其他业务成本。

8. 【答案】BCD

解析：结转销售商品成本应通过“主营业务成本”科目核算。

9. 【答案】BCD

解析：选项 A，企业委托加工物资由受托方代收代缴的消费税，如果收回后继续加工生产应税消费品，受托方代收代缴的消费税记入“应交税费—应交消费税”科目借方核算，如果收回后直接对外出售，则记入“委托加工物资”科目中。

10. 【答案】ABCD

11. 【答案】AB

解析：选项 A 计入相关资产成本；选项 B 应通过“管理费用”科目核算。

12. 【答案】BD

解析：企业销售商品涉及现金折扣的，应当按照扣除现金折扣前的金额确定销售商品收入金额，选项 A 错误；购买企业按照扣除现金折扣前的金额确认应付账款，选项 C 错误。

13. 【答案】ACD

解析：购买交易性金融资产的手续费计入投资收益的借方。

14. 【答案】ABD

解析：专设销售机构的业务费计入销售费用。

15. 【答案】ACD

解析：转销确实无法支付的应付账款，按其账面余额转入营业外收入。

16. 【答案】AB

解析：支付的年度财务报告审计费和咨询费计入管理费用，选项 AB 正确；选项 C，支付的广告费计入销售费用；选项 D，发生的罚款支出计入营业外支出。

17. 【答案】ABC

解析：选项 A 计入管理费用；选项 B 计入资产减值损失；选项 C 计入其他业务收入；选项 D，车间使用固定资产计提的折旧费通过“制造费用”科目核算，不影响营业利润。

18. 【答案】BCD

解析：选项 A，所得税费用影响净利润但不影响营业利润；选项 B，计入资产减值损失；选项 C，计入主营业务收入；选项 D，计入公允价值变动损益。

19. 【答案】BCD

解析：选项 A 计入管理费用，影响营业利润；选项 BCD 计入营业外支出，不影响营业利润。

20. 【答案】ABCD

21. 【答案】CD

解析：选项 A 计入资产处置损益（贷方）；选项 B 计入管理费用（贷方）。

22. 【答案】ABD

解析：选项 C，盘盈的固定资产作为前期差错处理，计入以前年度损益调整，不计入当期的营业外收入。

23. 【答案】BCD

解析：选项 A，自然灾害造成的原材料净损失计入营业外支出；选项 B，因材料陈旧计提的减值损失计入资产减值损失；选项 C，相关人员赔偿的材料损失计入其他应收款；选项 D，计量差错引起的材料盘亏计入管理费用。

24. 【答案】CD

解析：选项 A 错误；固定资产盘盈通过“以前年度损益调整”科目核算；选项 B 错误，所得税费用不影响利润总额和营业利润，影响净利润。

25. 【答案】AD

解析：选项 A，确认“信用减值损失”科目，影响营业利润和利润总额；选项 B，记入“营业外支出”科目，只影响利润总额，不影响营业利润；选项 C，既不影响营业利润也不影响利润总额，影响净利润；选项 D，记入“投资收益”科目，影响营业利润和利润总额。

26. 【答案】AB

**解析：** 随同商品出售不单独计价的包装物的实际成本计入销售费用，选项 C 错误；公益性捐赠支出计入营业外支出，选项 D 错误。

27. 【答案】ABCD

28. 【答案】BC

**解析：** 利润表中所得税费用 = 当期所得税 + 递延所得税 = 应纳税所得额 × 25% + 递延所得税 = （利润总额 ± 纳税调整项）× 25% + 递延所得税。选项 A，应记入“资产处置损益”科目，影响利润总额，所以影响所得税费用；选项 B，通过“应交税费”科目核算，不影响所得税费用；选项 C，应记入“以前年度损益调整”科目，不影响所得税费用；选项 D，应记入“主营业务收入”科目，影响利润总额，所以影响所得税费用。

29. 【答案】ABC

**解析：** 所得税费用 = 递延所得税 + 当期应交所得税，递延所得税分为递延所得税资产和递延所得税负债，所以选项 ABC 都会影响“所得税费用”项目的金额。

30. 【答案】BCD

**解析：** 计提短期借款利息，借记“财务费用”等科目，贷记“应付利息”科目，使负债增加，利润总额减少，选项 A 错误。

## 三、判断题

1. 【答案】√

2. 【答案】√

3. 【答案】√

4. 【答案】√

5. 【答案】×

**解析：** 企业销售商品时如果不满足收入确认条件的，不应确认收入。企业商品已发出，应当借记“发出商品”科目，贷记“库存商品”科目。

6. 【答案】×

**解析：** 企业已经收到或已经取得无条件收取合同对价权利的金额，先确认为合同负债，待符合收入确认条件时确认收入。

7. 【答案】×

**解析：** 应将发出商品的成本借记“发出商品”科目，不是“合同资产”科目。

8. 【答案】√

9. 【答案】×

**解析：** 企业在确定商品销售收入时，不考虑各种可能发生的现金折扣。现金折扣在实际发生时记入“财务费用”科目，不影响销售收入的确认。

10. 【答案】×

**解析：** 企业应当在履行了合同中的履约义务，即在客户取得相关商品控制权时确认收入。

11. 【答案】×

**解析：** 资产负债表日，企业按照合同的交易价格总额乘以履约进度扣除以前会计期间累计已确认的收入后的金额，确认当期收入。

12. 【答案】×

**解析：** 客户在企业履约的同时即取得并消耗企业履约所带来的经济利益，属于在某一时段内履行的履约义务。

13. 【答案】×

**解析：** 对于在某一段时间内履行的履约义务，企业应当在该段时间内按照履约进度确认收入，但是履约进度不能合理确定的除外。

14. 【答案】√

15. 【答案】×

**解析：** 无法在尚未履行的与已履行（或已部分履行）的履约义务之间区分的相关支出，应计入当期损益。

16. 【答案】×

**解析：** 企业筹建期间的开办费计入管理费用；销售商品发生的商业折扣直接从

收入中扣除；支付的银行承兑汇票手续费计入财务费用。

17. 【答案】√

18. 【答案】×

解析：不是所有记入“税金及附加”科目的税费，贷方对应的科目均为“应交税费”。比如印花税，不需要预计应交数的税金，实际交纳时，直接贷记“银行存款”等科目。

19. 【答案】√

20. 【答案】×

解析：本期发生的制造费用属于存货成本，如果存货未出售则不影响当期损益。

21. 【答案】×

解析：企业报废固定资产发生的净损失应记入“营业外支出”科目，不属于企业的费用。

22. 【答案】×

解析：出租包装物的摊销额应记入“其他业务成本”科目。

23. 【答案】√

24. 【答案】√

25. 【答案】×

解析：年度终了时，“本年利润”科目无余额。

26. 【答案】√

27. 【答案】√

## 四、不定项选择题

（一）

1. 【答案】AC

解析：2019 年年末的履约进度 = 140/(140+60)×100% = 70%，则 2019 年应确认营业收入 = 300×70% = 210（万元），应结转营业成本 = (140+60)×70% = 140（万元）。

2. 【答案】BD

解析：商业折扣属于可变对价，应将其计入交易价格，应确认的主营业务收入 = 200×(1−10%) = 180（万元），合同约定在 3 个月后产品没有任何质量问题再支付款项，所以不能确认应收账款，而应确认合同资产金额 = 180+180×13% = 203.4（万元）。

3. 【答案】AB

解析：甲公司转让专利权的使用权收入通过“其他业务收入”科目核算；转让专利权的使用权的摊销通过“其他业务成本”科目核算。

4. 【答案】AD

解析：已确认销售收入的售出商品发生销售折让，且不属于资产负债表日后事项的，应在发生时冲减当期销售商品收入，不影响营业成本，如按规定允许扣减增值税税额的，还应冲减已确认的应交增值税销项税额，选项 AD 正确。

5. 【答案】C

解析：收到即征即退增值税计入其他收益，不影响营业收入，甲公司本期应确认的营业收入金额 = 210+180+30−10 = 410（万元）。

（二）

1. 【答案】CD

解析：销售原材料应作为其他业务收入核算，选项 A 错误；自产产品用于工程建设无需确认收入，选项 B 错误。

2. 【答案】A

解析：根据规定，将自产产品用于在建工程无需视同销售，所以选项 BCD 错误。

3. 【答案】BD

解析：甲公司应按扣除商业折扣后的金额确认收入，确认收入时不考虑现金折扣，甲公司应编制的会计分录为：

借：应收账款　　158.2
　贷：主营业务收入　　140
　　　应交税费—应交增值税（销项税额）　　18.2

所以选项 AC 错误。

4. 【答案】C

解析：甲公司为工业企业，将专利权对

外出租的租金应作为"其他业务收入"核算，选项 AB 错误；专利权月摊销额 = 12/12 = 1（万元），所以选项 D 错误。

5. 【答案】C

**解析：** 甲公司 12 月应确认的收入 = 35（资料 1）+140（资料 4）+10（资料 5）= 185（万元）。

（三）

1. 【答案】BCD

**解析：** 甲公司应当编制的会计分录为：

借：发出商品　350
　贷：库存商品　350
借：应收账款　78
　贷：应交税费—应交增值税（销项税额）　78

2. 【答案】D

**解析：** 2019 年度的履约进度 = 12÷（12+18）×100% = 40%；2019 年度应确认的营业收入 = 40×40% = 16（万元）。

3. 【答案】ABC

**解析：** 将自产产品作为福利发放给职工，做视同销售处理。

4. 【答案】ABC

**解析：** 甲公司应当编制的会计分录为：

12 月 4 日：

借：应收账款　101.7
　贷：主营业务收入　90
　　应交税费—应交增值税（销项税额）　11.7
借：主营业务成本　65
　贷：库存商品　65

12 月 15 日：

借：银行存款　101.7
　贷：应收账款　101.7

5. 【答案】C

**解析：** 营业收入 = 16+330+90 = 436（万元），营业成本 = 12+220+65 = 297（万元），销售费用 = 33.9（万元），营业利润 = 436−297−33.9 = 105.1（万元）。

（四）

1. 【答案】ACD

**解析：** 甲公司将 W 商品发送至乙公司后，这些商品对外销售是否获利以及获利多少等不由乙公司控制，乙公司没有取得这些商品的控制权。因此，甲公司将 W 商品发送至乙公司时，不应确认收入，选项 B 错误。

2. 【答案】ABCD

**解析：** 12 月 16 日销售退回时：

借：主营业务收入　20000
　应交税费—应交增值税（销项税额）　2600
　贷：银行存款等　22600
借：库存商品　15000
　贷：主营业务成本　15000

3. 【答案】ACD

**解析：** 该装修服务构成单项履约义务，并属于在某一时段内履行的义务，选项 B 错误。

4. 【答案】ABCD

**解析：** 甲公司经营酒店主要是通过提供客房服务赚取收入。而客房服务的提供直接依赖于酒店土地使用权以及家具等相关资产，这些资产折旧和摊销属于甲公司为履行与客户的合同而发生的合同履约成本。已确认的合同履约成本在收入确认时予以摊销，计入营业成本。甲公司应编制如下会计分录：

确认资产的折旧费、摊销费：

借：合同履约成本　250000
　贷：累计折旧　50000
　　累计摊销　200000

12 月确认酒店服务收入并摊销合同履约成本：

借：银行存款　848000
　贷：主营业务收入　800000
　　应交税费—应交增值税（销项税额）　48000
借：主营业务成本　250000
　贷：合同履约成本　250000

5. 【答案】A

**解析**：甲公司2019年12月应确认的营业收入=10000（资料1）-20000（资料2）+25000（资料3）+800000（资料4）=815000（元）。

（五）

1. 【答案】CD

**解析**：上月收到预收货款时：

借：银行存款　30
　贷：合同负债　30

1日发出商品并收到货款的账务处理：

借：合同负债　30
　　银行存款　60.4
　贷：主营业务收入　80
　　　应交税费—应交增值税（销项税额）　10.4

2. 【答案】A

**解析**：截至7月31日的履约进度=32/(32+128)×100%=20%，应确认的营业收入=225×20%=45（万元）。

3. 【答案】AB

**解析**：5日向丁公司销售M产品时：

借：应收账款　84.75
　贷：主营业务收入　75
　　　应交税费—应交增值税（销项税额）　9.75

4. 【答案】BD

**解析**：31日收取出租设备租金时，确认其他业务收入2万元，计提折旧计入其他业务成本=60/10/12=0.5（万元）。

5. 【答案】AD

**解析**：2019年7月利润表项目中：营业收入=80（资料1）+45（资料2）+75（资料3）+2（资料4）=202（万元）；营业成本=8000×80÷10000（期初资料、资料1）+32（资料2）+7500×80÷10000（期初资料、资料3）+0.5（资料4）=156.5（万元）。

（六）

1. 【答案】ABC

**解析**：

借：应收票据　90.4
　贷：主营业务收入　80
　　　应交税费—应交增值税（销项税额）　10.4

借：主营业务成本　35
　贷：库存商品　35

2. 【答案】C

**解析**：

借：应收账款　1135
　贷：主营业务收入　1000
　　　应交税费—应交增值税（销项税额）　130
　　　银行存款　5

借：主营业务成本　800
　贷：库存商品　800

3. 【答案】ABC

**解析**：10日：

借：应收账款　45.2
　贷：主营业务收入　40
　　　应交税费—应交增值税（销项税额）　5.2

借：主营业务成本　22
　贷：库存商品　22

18日：

借：银行存款　44.4
　　财务费用　0.8
　贷：应收账款　45.2

4. 【答案】AB

**解析**：根据资料（3）和（4），25日的会计处理如下：

借：主营业务收入　40
　　应交税费—应交增值税（销项税额）　5.2
　贷：银行存款　44.4
　　　财务费用　0.8

借：库存商品　22
　贷：主营业务成本　22

5. 【答案】C

**解析：**甲企业业上述业务对其2020年11月利润表“营业利润”项目本期金额的影响＝（80－35）（资料1）＋（1000－800）（资料2）＝245（万元）。

（七）

1. 【答案】BC

**解析：**回购本公司股票时：

借：库存股　2000（1000×2）
　贷：银行存款　2000

注销时：

借：股本　1000
　　资本公积—股本溢价　1000
　贷：库存股　2000

2. 【答案】A

**解析：**2020年度甲公司实现营业利润的金额＝8100－4500－500－400－400－350－250＝1700（万元）。

3. 【答案】AD

**解析：**甲公司当年实现的净利润＝（1700＋150－50）×（1－25%）＝1350（万元），所以提取的法定盈余公积＝1350×10%＝135（万元）。

4. 【答案】AB

**解析：**选项C，甲公司2020年年末的盈余公积＝800＋135＝935（万元）；选项D，分配现金股利后的未分配利润＝300＋1350－135－350＝1165（万元）。

5. 【答案】C

**解析：**甲公司2020年12月31日的所有者权益总额＝11100－2000＋1350－350＝10100（万元）。

（八）

1. 【答案】D

**解析：**留存收益包括盈余公积和未分配利润，1月1日该公司留存收益金额＝6000＋1500＝7500（万元）。

2. 【答案】AC

**解析：**回购股票，应以回购价确认库存股增加；注销库存股，首先要按股票的面值冲减股本，超出部分冲减资本公积，资本公积不足的依次冲减盈余公积和未分配利润，所以本题冲减资本公积的金额是400万元。

回购时：

借：库存股　500（5×100）
　贷：银行存款　500

注销时：

借：股本　100（1×100）
　　资本公积—股本溢价　400
　贷：库存股　500

3. 【答案】AC

**解析：**存在会计与税法差异的事项，所以需要进行纳税调整。应纳税所得额＝1800＋300－100＝2000（万元），不考虑递延所得税，所得税费用＝当期所得税＝2000×25%＝500（万元），净利润＝1800－500＝1300（万元）。

4. 【答案】B

**解析：**2020年末未分配利润＝1500＋1300－1300×（10%＋10%）－400＝2140（万元）。

5. 【答案】BCD

**解析：**回购的库存股已经注销，所以“库存股”项目期末无余额；“资本公积”项目期末余额＝3000－400＝2600（万元）；“股本”项目期末余额＝10000－100＝9900（万元）；“盈余公积”项目期末余额＝6000＋1300×（10%＋10%）＝6260（万元）。

（九）

1. 【答案】CD

**解析：**甲公司发行普通股的账务处理为：

借：银行存款　1940（400×5－60）
　贷：股本　400
　　　资本公积—股本溢价　1540

2. 【答案】D

**解析：**2019年甲公司确认所得税费用＝（5015－25＋10）×25%＝1250（万元）；实现净利润＝5015－1250＝3765（万元）。

3. 【答案】A

**解析：**回购股票时：

借：库存股　　400（100×4）
　贷：银行存款等　　400

注销股票时：

借：股本　　100
　　资本公积—股本溢价　　300
　贷：库存股　　400

4. 【答案】ABC

**解析：**交易性金融资产账务处理如下：

取得时：

借：交易性金融资产—成本　　1000
　　投资收益　　1
　贷：其他货币资金等　　1001

12 月 31 日确认公允价值变动：

借：交易性金融资产—公允价值变动　　100
　贷：公允价值变动损益　　100

5. 【答案】C

**解析：**甲公司 2019 年年末的资本公积 = 1000（期初）+1540（资料 1）-300（资料 3）= 2240（万元）。

# 第六章　财务报表

## 本章考情分析

财务报表是会计要素确认、计量和记录的总括反映，是对企业财务状况、经营成果和现金流量的结构性表述。本章内容包括资产负债表、利润表、所有者权益变动表和附注。近 3 年考试题型主要为单项选择题、多项选择题和判断题，也可在不定项选择题中考查，分值在 11 分左右，属于比较重要的章节。

**近 3 年题型题量分析表**

| 年份＼题型 | 单项选择题 | 多项选择题 | 判断题 | 不定项选择题 | 合计 |
|---|---|---|---|---|---|
| 2020 年 | 2 题 4 分 | 2 题 4 分 | 1 题 1 分 | 1 题 2 分 | 11 分 |
| 2019 年 | 4 题 6 分 | 3 题 6 分 | — | — | 12 分 |
| 2018 年 | 1 题 1.5 分 | 2 题 4 分 | 1 题 1 分 | — | 6.5 分 |

## 2021 年教材主要变化

1. 修改部分报表项目（长期待摊费用、应交税费、应付职工薪酬）的填列说明
2. 删除资产负债表“根据明细科目余额计算填列”方法下的“未分配利润”项目

## 本章考点框架

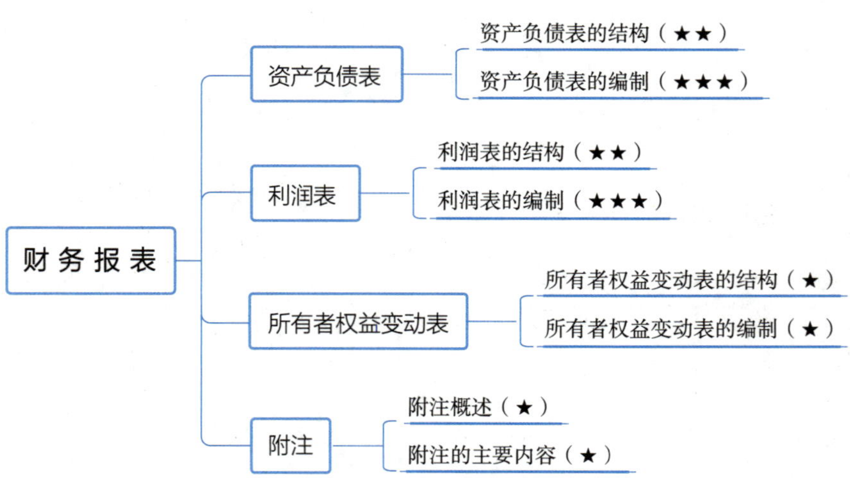

## 本章重难点精讲

### 第一节　资产负债表

查看本节视频
使用“会计云课堂”App/ 微信扫描

资产负债表是反映企业在某一特定日期的财务状况的报表，是企业经营活动的静态反映。通过资产负债表，可以反映企业在某一特定日期所拥有或控制的经济资源、所承担的现时义务和所有者对净资产的要求权，帮助财务报表使用者全面了解企业的财务状况、分析企业的偿债能力等情况，从而为其作出经济决策提供依据。

#### 一、资产负债表的结构（★★）

我国企业的资产负债表采用账户式结构，分为左右两方，左方为资产项目，大体按资产的流动性大小排列，流动性大的资产如“货币资金”“交易性金融资产”等排在前面，流动性小的资产如“长期股权投资”“固定资产”等排在后面。右方为负债及所有者权益项目，一般按要求清偿时间的先后顺序排列，“短期借款”“应付票据”“应付账款”等需要在一年以内或者长于一年的一个正常营业周期内偿还的流动负债排在前面，“长期借款”等在一年以上才需偿还的非流动负债排在中间，在企业清算之前不需要偿还的所有者权益项目排在后面。

| 资产 | 负债和所有者权益（或股东权益） |
| --- | --- |
| 资产流动性逐渐减弱↓<br>货币资金<br>交易性金融资产<br>……<br>……<br>……<br>长期股权投资<br>固定资产<br>……<br>…… | 负债偿还时间逐渐延长↓<br>短期借款<br>应付票据<br>应付账款<br>……<br>长期借款<br>……<br>……<br>清算之前不需要偿还的所有者权益（或股东权益） |
| 资产总计 | 负债和所有者权益（或股东权益）总计 |

#### 二、资产负债表的编制（★★★）

（一）资产负债表项目的填列方法

资产负债表各项目均需填列“期末余额”和“上年年末余额”两栏。

资产负债表的“上年年末余额”栏内各项数字，应根据上年年末资产负债表的“期末余额”栏内所列数字填列。

如果上年度资产负债表规定的各个项目的名称和内容与本年度不相一致，应按照本年度的规定对上年年末资产负债表各项目的名称和数字进行调整，填入本表“上年年末余额”栏内。

资产负债表的“期末余额”栏主要有以下几种填列方法：

1. 根据总账科目余额填列

| 项目 | 具体内容 |
| --- | --- |
| “短期借款”<br>“应付票据”<br>“实收资本（或股本）”<br>“资本公积”<br>“盈余公积”<br>“其他综合收益”等 | 根据总账科目的期末余额直接填列 |
| “货币资金” | 根据“库存现金”“银行存款”“其他货币资金”三个总账科目的期末余额计算填列 |
| “其他应付款” | 根据“应付利息”“应付股利”“其他应付款”总账科目的期末余额合计数填列 |

2. 根据明细账科目余额计算填列

| 项目 | 具体内容 |
| --- | --- |
| “应付账款” | 根据“应付账款”和“预付账款”两个科目所属的相关明细科目的期末贷方余额计算填列 |
| “预收款项” | 根据“应收账款”明细科目贷方余额和“预收账款”明细科目贷方余额合计数填列 |
| “交易性金融资产” | 根据“交易性金融资产”相关明细科目的期末余额分析填列 |
| “开发支出” | 根据“研发支出”科目中所属的“资本化支出”明细科目期末余额计算填列 |
| “应付职工薪酬” | 根据“应付职工薪酬”科目的明细科目期末余额计算填列 |
| “一年内到期的非流动资产”<br>“一年内到期的非流动负债” | 根据有关非流动资产和非流动负债项目的明细科目余额计算填列 |

【易错易混点辨析】“预收账款”“预付账款”“应收账款”“应付账款”科目期末余额填列方法。

| 会计科目 | 借方明细科目余额 | 贷方明细科目余额 |
| --- | --- | --- |
| 预收账款 | “应收账款”项目 | “预收款项”项目 |
| 预付账款 | “预付款项”项目 | “应付账款”项目 |
| 应收账款 | “应收账款”项目 | “预收款项”项目 |
| 应付账款 | “预付款项”项目 | “应付账款”项目 |

| 报表项目 | 填列方法 |
|---|---|
| 应付账款 | “应付账款”明细科目期末贷方余额+“预付账款”明细科目期末贷方余额 |
| 预收款项 | “应收账款”明细科目期末贷方余额+“预收账款”明细科目期末贷方余额 |

3. 根据总账科目和明细账科目余额分析计算填列

| 项目 | 具体内容 |
|---|---|
| “长期借款” | 根据“长期借款”总账科目余额扣除“长期借款”科目所属的明细科目中将在资产负债表日起一年内到期且企业不能自主地将清偿义务展期的长期借款后的金额计算填列 |
| “其他非流动资产” | 根据有关科目的期末余额减去将于一年内（含一年）收回数后的金额计算填列 |
| “其他非流动负债” | 根据有关科目的期末余额减去将于一年内（含一年）到期偿还数后的金额计算填列 |

## 经典题解

**【例题1·单选题】**下列各项中，资产负债表中“期末余额”根据总账科目余额直接填列的项目是(　　)。(2020年·2分)

A. 开发支出　　B. 在建工程

C. 应付账款　　D. 短期借款

**【解析】**选项AC应根据明细账科目余额计算填列；选项B应根据有关科目余额减去其备抵科目余额后的净额填列。

**【答案】**D

**【例题2·多选题】**在编制资产负债表时，下列各项中，可以直接根据有关总账科目的余额填列的项目有(　　)。(2020年·2分)

A. 短期借款

B. 应付职工薪酬

C. 应付票据

D. 货币资金

**【解析】**选项B属于根据明细账科目余额计算填列；选项D属于根据几个总账科目的期末余额计算填列。

**【答案】**AC

**【例题3·判断题】**“长期借款”项目，根据“长期借款”总账科目余额直接填列。(　　)

**【解析】**“长期借款”项目，应根据“长期借款”总账科目余额扣除“长期借款”科目所属的明细科目中将在一年内到期且企业不能自主地将清偿义务展期的长期借款后的金额计算填列。

**【答案】**×

4. 根据有关科目余额减去其备抵科目余额后的净额填列

| 项目 | 具体内容 |
|---|---|
| “应收账款” | 根据“应收账款”科目的期末余额，减去“坏账准备”科目期末余额后的净额填列，如“预收账款”科目所属明细科目期末为借方余额的，也在本项目填列 |
| “预付款项” | 根据“应付账款”明细科目借方余额加上“预付账款”明细科目借方余额减去有关预付账款计提的“坏账准备”科目期末余额后的净额填列 |
| “其他应收款” | 根据“应收利息”总账科目期末余额加上“应收股利”总账科目期末余额加上“其他应收款”总账科目期末余额减去有关的“坏账准备”科目期末余额后的净额填列 |

续表

| 项目 | 具体内容 |
| --- | --- |
| “在建工程” | 根据“在建工程”总账科目期末余额减去“在建工程减值准备”科目期末余额加上“工程物资”总账科目期末余额减去“工程物资减值准备”科目期末余额后的净额填列 |
| “投资性房地产” | “投资性房地产”采用成本模式计量时，根据“投资性房地产”科目的期末余额，减去“投资性房地产累计折旧”“投资性房地产减值准备”等备抵科目的期末余额后的净额填列 |
| “固定资产” | 根据“固定资产”科目的期末余额，减去“累计折旧”“固定资产减值准备”科目期末余额后的金额，以及“固定资产清理”科目的期末余额填列 |
| “无形资产” | 根据“无形资产”科目的期末余额，减去“累计摊销”“无形资产减值准备”科目期末余额后的净额填列 |
| “长期股权投资” | 根据“长期股权投资”科目的期末余额，减去“长期股权投资减值准备”科目的期末余额后的净额填列 |

**【历年考核要点】**

1. 在建工程、固定资产、无形资产项目期末余额的计算

2. 根据有关科目余额减去备抵科目填列的项目

3. “预收款项”“预付款项”“应收账款”“应付账款”项目金额的计算和填列方法

## 经典题解

**【例题4·单选题】**2019年12月31日，某公司有关科目余额如下，“在建工程”科目借方余额80万元，“在建工程减值准备”科目贷方余额8万元，“工程物资”科目借方余额30万元，“工程物资减值准备”科目贷方余额3万元。不考虑其他因素，2019年12月31日，该公司资产负债表“在建工程”项目期末余额应填列的金额为(　　)万元。(2020年·2分)

A. 72　　B. 80

C. 99　　D. 110

**【解析】**“在建工程”项目应根据“在建工程”科目的期末余额，减去“在建工程减值准备”科目的期末余额后的金额，以及“工程物资”科目的期末余额，减去“工程物资减值准备”科目的期末余额后的金额填列。所以该公司资产负债表“在建工程”项目期末余额=80-8+30-3=99（万元）。

**【答案】**C

**【例题5·单选题】**2018年12月31日，某公司下列会计科目余额为：“固定资产”科目借方余额1000万元，“累计折旧”科目贷方余额400万元，“固定资产减值准备”科目贷方余额80万元，“固定资产清理”科目借方余额20万元。2018年12月31日，该公司资产负债表中“固定资产”项目期末余额应列报的金额为(　　)万元。(2019年·1.5分)

A. 600　　B. 520

C. 620　　D. 540

**【解析】**“固定资产”项目应根据“固定资产”科目的期末余额，减去“累计折旧”和“固定资产减值准备”科目的期末余额后的金额，以及“固定资产清理”科目的期末余额填列，所以本题中“固定资产”项目期末余额应列报的金额=1000-400-80+20=540（万元），选项D正确。

**【答案】**D

**【例题6·单选题】**下列资产负债表项目

中，根据有关科目余额减去其备抵科目余额后的净额填列的是（ ）。（2018 年 · 1.5 分）

A. 预收款项

B. 短期借款

C. 无形资产

D. 长期借款

【解析】“预收款项”项目，需要根据“应收账款”明细科目贷方余额和“预收账款”明细科目贷方余额计算填列，选项 A 错误；“短期借款”项目，直接根据“短期借款”总账科目的期末余额填列，选项 B 错误；“无形资产”项目，应当根据“无形资产”科目的期末余额，减去“累计摊销”“无形资产减值准备”科目期末余额后的净额填列，选项 C 正确；“长期借款”项目，根据“长期借款”总账科目余额扣除“长期借款”科目所属的明细科目中将在资产负债表日起一年内到期且企业不能自主地将清偿义务展期的长期借款后的金额计算填列，选项 D 错误。

【答案】C

5. 综合运用上述填列方法分析填列

| 项目 | 具体内容 |
| --- | --- |
| “存货” | 根据“材料采购”“原材料”“库存商品”“周转材料”“委托加工物资”“生产成本”“受托代销商品”“发出商品”等科目的期末余额合计数，减去“受托代销商品款”“存货跌价准备”科目期末余额后的净额填列 |

【历年考核要点】

存货项目的构成及期末余额的计算。

## 经典题解

【例题 7 · 多选题】下列各项中，导致企业资产负债表“存货”项目期末余额发生变动的有（ ）。（2018 年 · 2 分）

A. 计提存货跌价准备

B. 用银行存款购入的修理用备件（备品备件）

C. 已经发出但不符合收入确认条件的商品

D. 收到受托代销的商品

【解析】选项 A，计提存货跌价准备，导致期末余额减少；选项 B，购入修理用备件，导致期末余额增加；选项 C，发出不符合收入确认条件的商品，借记“发出商品”科目，贷记“库存商品”科目，二者均属于“存货”项目，期末余额不变；选项 D，收到受托代销商品，借记“受托代销商品”科目，贷记“受托代销商品款”科目，二者均列入“存货”项目，期末余额不变。

【答案】AB

【例题 8 · 单选题】某企业采用实际成本法核算存货。年末结账后，该企业“原材料”科目借方余额为 80 万元，“工程物资”科目借方余额为 16 万元，“在途物资”科目借方余额为 20 万元。不考虑其他因素，该企业年末资产负债表“存货”项目的期末余额为（ ）万元。

A. 100　　B. 116

C. 96　　D. 80

【解析】工程物资列示于“在建工程”项目中，所以该企业资产负债表“存货”项目的期末余额 = 80+20 = 100（万元）。

【答案】A

（二）资产负债表项目的填列说明

1. 资产项目的填列说明

（1）“货币资金”项目，反映企业期末持有的库存现金、银行存款、银行汇票存款、银行本票存款、信用卡存款、信用证保证金存款、外埠存款、存出投资款等的合计数。本项目应根据“库存现金”“银行存款”“其他货币资金”科目期末余额的合计数填列。

（2）“交易性金融资产”项目，反映资产负债表日企业分类为以公允价值计量且其变动计入当期损益的金融资产，以及企业持有的指定为以公允价值计量且其变动计入当期损益的金融资产的期末账面价值。本项目应根据“交易性金融资产”科目的相关明细科目期末余额分析填列。自资产负债表日起超过一年到期且预期持有超过一年的以公允价值计量且其变动计入当期损益的非流动金融资产的期末账面价值，在“其他非流动金融资产”项目反映。

（3）“应收票据”项目，反映资产负债表日以摊余成本计量的、企业因销售商品、提供服务等收到的商业汇票，包括银行承兑汇票和商业承兑汇票。本项目应根据“应收票据”科目的期末余额，减去“坏账准备”科目中相关坏账准备期末余额后的金额分析填列。

（4）“应收账款”项目，反映资产负债表日以摊余成本计量的、企业因销售商品、提供服务等经营活动应收取的款项。本项目应根据“应收账款”科目的期末余额，减去“坏账准备”科目中相关坏账准备期末余额后的金额分析填列。如“预收账款”科目所属明细科目期末为借方余额的，也在本项目填列。

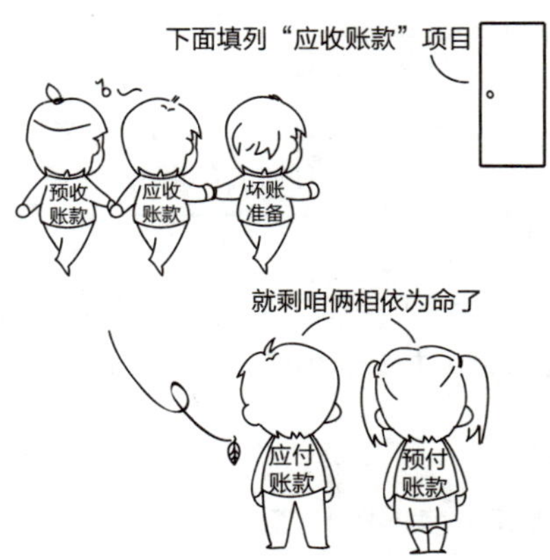


（5）“应收款项融资”项目，反映资产负债表日以公允价值计量且其变动计入其他综合收益的应收票据和应收账款等。

（6）“预付款项”项目，反映企业按照购货合同规定预付给供应单位的款项等。本项目应根据“预付账款”和“应付账款”科目所属各明细科目的期末借方余额合计数，减去“坏账准备”科目中有关预付账款计提的坏账准备期末余额后的净额填列。如“预付账款”科目所属明细科目期末为贷方余额的，应在资产负债表“应付账款”项目内填列。

**【提示1】**预付账款情况不多的企业，可以不设置“预付账款”科目，而将预付的款项通过“应付账款”科目借方核算，期末“应付账款”明细科目借方余额需要填列在资产负债表“预付款项”项目中。

**【提示2】**即使企业没有设置预付账款科目，也必须设置“预付款项”项目。

（7）“其他应收款”项目，应根据“应收利息”“应收股利”和“其他应收款”科目的期末余额合计数，减去“坏账准备”科目中相关坏账准备期末余额后的金额填列。其中的“应收利息”仅反映相关金融工具已到期可收取但于资产负债表日尚未收到的利息。基于实际利率法计提的金融工具的利息应包含在相应金融工具的账面余额中。

**【易错易混点辨析】**会计科目和报表项目。

注意“会计科目”与“报表项目”的区别：“其他应收款”项目的填列，不仅包括

“其他应收款”科目的账面价值，还包括“应收股利”和“应收利息”科目的账面价值。“其他应付款”项目和“其他应付款”科目的关系按上述内容理解。

(8)“存货”项目，反映企业期末在库、在途和在加工中的各种存货的可变现净值或成本（成本与可变现净值孰低）。本项目应根据“材料采购”“原材料”“库存商品”“周转材料”“委托加工物资”“生产成本”“受托代销商品”“发出商品”等科目的期末余额合计数，减去“受托代销商品款”“存货跌价准备”科目期末余额后的净额填列。材料采用计划成本核算，以及库存商品采用计划成本核算或售价核算的企业，还应按加或减材料成本差异、商品进销差价后的金额填列。

(9)“合同资产”项目，反映企业按照《企业会计准则第 14 号—收入》(2018) 的相关规定，根据本企业履行履约义务与客户付款之间的关系在资产负债表中列示的合同资产。本项目应根据“合同资产”科目的相关明细科目期末余额分析填列。同一合同下的合同资产和合同负债应当以净额列示，其中净额为借方余额的，应当根据其流动性在“合同资产”或“其他非流动资产”项目中填列，已计提减值准备的，还应减去“合同资产减值准备”科目中相关的期末余额后的金额填列；其中净额为贷方余额的，应当根据其流动性在“合同负债”或“其他非流动负债”项目中填列。

(10)“持有待售资产”项目，反映资产负债表日划分为持有待售类别的非流动资产及划分为持有待售类别的处置组中的流动资产和非流动资产的期末账面价值。本项目应根据“持有待售资产”科目的期末余额，减去“持有待售资产减值准备”科目的期末余额后的金额填列。

(11)“一年内到期的非流动资产”项目，反映企业预计自资产负债表日起一年内变现的非流动资产。本项目应根据有关科目的期末余额分析填列。

(12)“债权投资”项目，反映资产负债表日企业以摊余成本计量的长期债权投资的期末账面价值。本项目应根据“债权投资”科目的相关明细科目期末余额，减去“债权投资减值准备”科目中相关减值准备的期末余额后的金额分析填列。自资产负债表日起一年内到期的长期债权投资的期末账面价值，在“一年内到期的非流动资产”项目反映。企业购入的以摊余成本计量的一年内到期的债权投资的期末账面价值，在“其他流动资产”项目反映。

(13)“其他债权投资”项目，反映资产负债表日企业分类为以公允价值计量且其变动计入其他综合收益的长期债权投资的期末账面价值。本项目应根据“其他债权投资”科目的相关明细科目期末余额分析填列。自资产负债表日起一年内到期的长期债权投资的期末账面价值，在“一年内到期的非流动资产”项目反映。企业购入的以公允价值计量且其变动计入其他综合收益的一年内到期的债权投资的期末账面价值，在“其他流动资产”项目反映。

(14)“长期应收款”项目，反映企业租赁产生的应收款项和采用递延方式分期收款、实质上具有融资性质的销售商品和提供服务等经营活动产生的应收款项。本项目应根据“长期应收款”科目的期末余额，减去相应的“未实现融资收益”科目和“坏账准备”科目所属相关明细科目期末余额后的金额填列。

(15)“长期股权投资”项目，反映投资方对被投资单位实施控制、重大影响的权益性投资，以及对其合营企业的权益性投资。本项目应根据“长期股权投资”科目的期末余额，减去“长期股权投资减值准备”科目的期末余额后的净额填列。

(16)“其他权益工具投资”项目，反映资产负债表日企业指定为以公允价值计量且其变动计入其他综合收益的非交易性权益工具投资的期末账面价值。本项目应根据“其他权益工具投资”科目的期末余额填列。

（17）“固定资产”项目，反映资产负债表日企业固定资产的期末账面价值和企业尚未清理完毕的固定资产清理净损益。本项目应根据“固定资产”科目的期末余额，减去“累计折旧”和“固定资产减值准备”科目的期末余额后的金额，以及“固定资产清理”科目的期末余额填列。

（18）“在建工程”项目，反映资产负债表日企业尚未达到预定可使用状态的在建工程的期末账面价值和企业为在建工程准备的各种物资的期末账面价值。本项目应根据“在建工程”科目的期末余额，减去“在建工程减值准备”科目的期末余额后的金额，以及“工程物资”科目的期末余额，减去“工程物资减值准备”科目的期末余额后的金额填列。

（19）“使用权资产”项目，反映资产负债表日承租人企业持有的使用权资产的期末账面价值。本项目应根据“使用权资产”科目的期末余额，减去“使用权资产累计折旧”和“使用权资产减值准备”科目的期末余额后的金额填列。

（20）“无形资产”项目，反映企业持有的专利权、非专利技术、商标权、著作权、土地使用权等无形资产的成本减去累计摊销和减值准备后的净值。本项目应根据“无形资产”科目的期末余额，减去“累计摊销”和“无形资产减值准备”科目期末余额后的净额填列。

（21）“开发支出”项目，反映企业开发无形资产过程中能够资本化形成无形资产成本的支出部分。本项目应当根据“研发支出”科目中所属的“资本化支出”明细科目期末余额填列。

（22）“长期待摊费用”项目，反映企业已经发生但应由本期和以后各期负担的分摊期限在一年以上的各项费用。本项目应根据“长期待摊费用”科目的期末余额分析填列。长期待摊费用的摊销年限只剩一年或不足一年的，或预计在一年内（含一年）进行摊销的部分，不得归类为流动资产，仍在该项目中填列，不转入“一年内到期的非流动资产”项目。

（23）“递延所得税资产”项目，反映企业根据所得税准则确认的可抵扣暂时性差异产生的所得税资产。本项目应根据“递延所得税资产”科目的期末余额填列。

（24）“其他非流动资产”项目，反映企业除上述非流动资产以外的其他非流动资产。本项目应根据有关科目的期末余额填列。

### 经典题解

**【例题9·判断题】**企业日常核算中不设置“预付账款”账户，期末编制资产负债表时不需要填列“预付款项”项目。（　　）（2018年·1分）

**【解析】**预付账款情况不多的企业，可以不设置“预付账款”科目，而将预付的款项通过“应付账款”科目借方核算，期末“应付账款”明细科目借方余额需要填列在资产负债表“预付款项”项目中。

**【答案】**×

2. 负债项目的填列说明

（1）“短期借款”项目，反映企业向银行或其他金融机构等借入的期限在一年以下（含一年）的各种借款。本项目应根据“短期借款”科目的期末余额填列。

（2）“交易性金融负债”项目，反映企业资产负债表日承担的交易性金融负债，以及企业持有的指定为以公允价值计量且其变动计入当期损益的金融负债的期末账面价值。本项目应根据“交易性金融负债”科目的相关明细科目期末余额填列。

（3）“应付票据”项目，反映资产负债表日以摊余成本计量的、企业因购买材料、商品和接受服务等开出、承兑的商业汇票，包括银行承兑汇票和商业承兑汇票。本项目应根据“应付票据”科目的期末余额填列。

（4）“应付账款”项目，反映资产负债表日以摊余成本计量的、企业因购买材料、商品和接受服务等经营活动应支付的款项。

本项目应根据“应付账款”和“预付账款”科目所属的相关明细科目的期末贷方余额合计数填列。

（5）“预收款项”项目，应根据“预收账款”和“应收账款”科目所属各明细科目的期末贷方余额合计数填列。如“预收账款”科目所属明细科目期末为借方余额的，应在资产负债表“应收账款”项目内填列。

（6）“合同负债”项目，反映企业按照《企业会计准则第14号—收入》（2018）的相关规定，根据本企业履行履约义务与客户付款之间的关系在资产负债表中列示的合同负债。本项目应根据“合同负债”的相关明细科目期末余额分析填列。

（7）“应付职工薪酬”项目，反映企业为获得职工提供的服务或解除劳动关系而给予的各种形式的报酬或补偿。本项目应根据“应付职工薪酬”科目所属各明细科目的期末贷方余额分析填列。外商投资企业按规定从净利润中提取的职工奖励及福利基金，也在本项目列示。

（8）“应交税费”项目，反映企业按照税法规定计算应交纳的各种税费，包括增值税、消费税、资源税、土地增值税、城市维护建设税、房产税、城镇土地使用税、车船税、教育费附加、企业所得税等。企业代扣代缴的个人所得税，也通过本项目列示。企业所交纳的税金不需要预计应交数的，如印花税等，不在本项目列示。本项目应根据“应交税费”科目的期末贷方余额填列，如“应交税费”科目期末为借方余额，应以“-”号填列。

（9）“其他应付款”项目，应根据“应付股利”“应付利息”“其他应付款”科目的期末余额合计数填列。其中的“应付利息”仅反映相关金融工具已到期应支付但于资产负债表日尚未支付的利息。基于实际利率法计提的金融工具的利息应包含在相应金融工具的账面余额中。

（10）“持有待售负债”项目，反映资产负债表日处置组中与划分为持有待售类别的资产直接相关的负债的期末账面价值。本项目应根据“持有待售负债”科目的期末余额填列。

（11）“一年内到期的非流动负债”项目，反映企业非流动负债中将于资产负债表日后一年内到期部分的金额，如将于一年内偿还的长期借款。本项目应根据有关科目的期末余额分析填列。

（12）“长期借款”项目，反映企业向银行或其他金融机构借入的期限在一年以上（不含一年）的各项借款。本项目应根据“长期借款”科目的期末余额，扣除“长期借款”科目所属的明细科目中将在资产负债表日起一年内到期且企业不能自主地将清偿义务展期的长期借款后的金额计算填列。

（13）“应付债券”项目，反映企业为筹集长期资金而发行的债券本金（和应付的利息）。本项目应根据“应付债券”总账科目余额扣除“应付债券”科目所属的明细科目中将在一年内到期且企业不能自主地将清偿义务展期的应付债券后的金额计算填列。

（14）“租赁负债”项目，反映资产负债表日承租人企业尚未支付的租赁付款额的期末账面价值。本项目应根据“租赁负债”科目的期末余额填列。自资产负债表日起一年内到期应予以清偿的租赁负债的期末账面价值，在“一年内到期的非流动负债”项目反映。

（15）“长期应付款”项目，反映资产负债表日企业除长期借款和应付债券以外的其他各种长期应付款项的期末账面价值。本项目应根据“长期应付款”科目的期末余额，减去相关的“未确认融资费用”科目的期末余额后的金额，以及“专项应付款”科目的期末余额填列。

（16）“预计负债”项目，反映企业根据或有事项等相关准则确认的各项预计负债，包括对外提供担保、未决诉讼、产品质量保证、重组义务以及固定资产和矿区权益弃置义务等产生的预计负债。本项目应根据“预计负债”科目的期末余额填列。企业按照《企业会计准则第22号—金融工具确认和计量》(2018)的相关规定，对贷款承诺等项目计提的损失准备，应当在本项目中填列。

(17)“递延收益”项目，反映尚待确认的收入或收益。本项目核算包括企业根据政府补助准则确认的应在以后期间计入当期损益的政府补助金额、售后租回形成融资租赁的售价与资产账面价值差额等其他递延性收入。本项目应根据“递延收益”科目的期末余额填列。本项目中摊销期限只剩一年或不足一年的，或预计在一年内（含一年）进行摊销的部分，不得归类为流动负债，仍在本项目中填列，不转入“一年内到期的非流动负债”项目。

(18)“递延所得税负债”项目，反映企业根据所得税准则确认的应纳税暂时性差异产生的所得税负债。本项目应根据“递延所得税负债”科目的期末余额填列。

(19)“其他非流动负债”项目，反映企业除上述非流动负债以外的其他非流动负债。本项目应根据有关科目的期末余额，减去将于一年内（含一年）到期偿还数后的余额分析填列。非流动负债各项目中将于一年内（含一年）到期的非流动负债，应在“一年内到期的非流动负债”项目内反映。

3. 所有者权益项目的填列说明

(1)“实收资本（或股本）”项目，反映资产负债表日企业各投资者实际投入的资本（或股本）总额。本项目应根据“实收资本（或股本）”科目的期末余额填列。

(2)“其他权益工具”项目，反映资产负债表日企业发行在外的除普通股以外分类为权益工具的金融工具的期末账面价值，并下设“优先股”和“永续债”两个项目，分别反映企业发行的分类为权益工具的优先股和永续债的账面价值。

(3)“资本公积”项目，反映企业收到的投资者出资超出其在注册资本或股本中所占的份额以及直接计入所有者权益的利得和损失等。本项目应根据“资本公积”科目的期末余额填列。

(4)“其他综合收益”项目，应根据“其他综合收益”科目的期末余额填列。

(5)“专项储备”项目，反映高危行业企业按国家规定提取的安全生产费的期末账面价值。本项目应根据“专项储备”科目的期末余额填列。

(6)“盈余公积”项目，应根据“盈余公积”科目的期末余额填列。

(7)“未分配利润”项目，应根据“本年利润”科目和“利润分配”科目的余额计算填列。未弥补的亏损在本项目内以“–”号填列。

## 经典题解

**【例题10·单选题】** 2019年12月31日，某企业有关科目期末借方余额如下，原材料55万元，库存商品35万元，生产成本65万元，材料成本差异8万元。不考虑其他因素，2019年12月31日，该企业资产负债表中“存货”项目期末余额填列的金额为(　　)万元。(2020年·2分)

A. 155

B. 90

C. 147

D. 163

**【解析】** “存货”项目应根据“材料采购”“原材料”“库存商品”“周转材料”“委托加工物资”“发出商品”“生产成本”“受托代销商品”等科目的期末余额合计数，减去“受托代销商品款”“存货跌价准备”科目期末余额后的净额填列。材料采用计划成本核算，以及库存商品采用计划成本核算或售价核算的企业，还应按加或减材料成本差异、商品进销差价后的金额填列。所以该企业资产负债表中“存货”项目期末余额填列的金额=55+35+65+8=163（万元）。

**【答案】** D

【例题 11 · 单选题】下列各项中，“预付账款”科目所属明细科目期末为贷方余额，应将其贷方余额列入的资产负债表项目是(　　)。(2020 年 · 2 分)

A. 预收款项

B. 预付款项

C. 应收账款

D. 应付账款

【解析】“应付账款”项目，应根据“应付账款”和“预付账款”科目所属的相关明细科目的期末贷方余额合计数填列。

【答案】D

【例题 12 · 单选题】下列各项中，资产负债表日起一年内到期且企业不能自主将清偿义务展期的长期借款，应列入的资产负债表项目是(　　)。(2020 年 · 2 分)

A. 一年内到期的非流动负债

B. 其他非流动负债

C. 长期借款

D. 短期借款

【解析】在资产负债表日起一年内到期且企业不能自主地将清偿义务展期的长期借款应列报在资产负债表中的“一年内到期的非流动负债”项目。

【答案】A

【例题 13 · 单选题】2019 年 12 月 31 日，甲公司有关科目的期末贷方余额如下：实收资本 80 万元，资本公积 20 万元，盈余公积 35 万元，利润分配—未分配利润 5 万元。不考虑其他因素，2019 年 12 月 31 日，该公司资产负债表中“所有者权益合计”项目期末余额填列的金额为(　　)万元。(2020 年 · 2 分)

A. 80　　B. 100

C. 120　　D. 140

【解析】该公司资产负债表中“所有者权益合计”项目期末余额填列的金额 = 80+20+35+5 = 140（万元）。

【答案】D

【例题 14 · 多选题】下列各项中，应在资产负债表“在建工程”项目中列报的有(　　)。(2020 年 · 2 分)

A. 在建工程减值准备

B. 工程物资

C. 在建工程

D. 固定资产清理

【解析】选项 D 在“固定资产”项目列报。

【答案】ABC

【例题 15 · 多选题】下列会计科目中，其余额应在资产负债表“无形资产”项目填列的有(　　)。(2020 年 · 2 分)

A. 研发支出

B. 累计摊销

C. 无形资产

D. 无形资产减值准备

【解析】“无形资产”项目，应当根据“无形资产”科目的期末余额，减去“累计摊销”“无形资产减值准备”科目期末余额后的净额填列。选项 A 在“开发支出”项目填列。

【答案】BCD

【例题 16 · 多选题】下列各项中，应列入企业资产负债表“应交税费”项目的有(　　)。(2020 年 · 2 分)

A. “应交税费—应交消费税”科目期末贷方余额

B. “应交税费—应交资源税”科目期末贷方余额

C. “应交税费—应交车船税”科目期末贷方余额

D. “应交税费—应交个人所得税”科目期末贷方余额

【解析】“应交税费”项目，反映企业按照税法规定计算应交纳的各种税费，包括增值税、消费税、城市维护建设税、教育费附加、企业所得税、资源税、土地增值税、房产税、城镇土地使用税、车船税等。企业代扣代缴的个人所得税，也通过本项目列示。本项目应根据“应交税费”科目的期末贷方余额填列，如“应交税费”科目期末为借方余额，应以“-”号填列。

【答案】ABCD

【例题 17·单选题】2019 年 12 月 31 日“生产成本”科目借方余额 500 万元，“原材料”科目借方余额 300 万元，“材料成本差异”科目贷方余额 20 万元，“存货跌价准备”科目贷方余额 10 万元，“工程物资”科目借方余额 200 万元。资产负债表中“存货”项目金额为(　　)万元。(2019 年·1.5 分)

A. 970

B. 770

C. 780

D. 790

【解析】资产负债表中“存货”项目的金额 = 500 + 300 - 20 - 10 = 770（万元）。工程物资列示于“在建工程”项目中。

【答案】B

**开小灶**

本节必考点汇总：(详见轻松过关 2)

1. 根据总账科目余额直接填列、计算填列的项目
2. 根据明细账科目余额计算填列的项目
3. 根据总账科目和明细账科目余额分析计算填列的项目
4. 根据有关科目余额减去其备抵科目余额后的净额填列的项目
5. 存货项目的内容及计算

## 第二节　利润表

查看本节视频
使用“会计云课堂”App/ 微信扫描

利润表，又称损益表，是反映企业在一定会计期间的经营成果的报表。

### 一、利润表的结构（★★）

我国企业的利润表采用多步式格式。

**利润表**

会企 02 表

编制单位：　　　　　　＿＿年＿＿月　　　　　　单位：元

| 项目 | 本期金额 | 上期金额 |
|---|---|---|
| 一、营业收入 | | |
| 减：营业成本 | | |
| 税金及附加 | | |
| 销售费用 | | |
| 管理费用 | | |
| 研发费用 | | |
| 财务费用 | | |
| 其中：利息费用 | | |

续表

| 项目 | 本期金额 | 上期金额 |
| --- | --- | --- |
| 利息收入 | | |
| 加：其他收益 | | |
| 投资收益（损失以“-”号填列） | | |
| 其中：对联营企业和合营企业的投资收益 | | |
| 以摊余成本计量的金融资产终止确认收益（损失以“-”号填列） | | |
| 净敞口套期收益（损失以“-”号填列） | | |
| 公允价值变动收益（损失以“-”号填列） | | |
| 信用减值损失（损失以“-”号填列） | | |
| 资产减值损失（损失以“-”号填列） | | |
| 资产处置收益（损失以“-”号填列） | | |
| 二、营业利润（亏损以“-”号填列） | | |
| 加：营业外收入 | | |
| 减：营业外支出 | | |
| 三、利润总额（亏损总额以“-”号填列） | | |
| 减：所得税费用 | | |
| 四、净利润（净亏损以“-”号填列） | | |
| （一）持续经营净利润（净亏损以“-”号填列） | | |
| （二）终止经营净利润（净亏损以“-”号填列） | | |
| 五、其他综合收益的税后净额 | | |
| （一）不能重分类进损益的其他综合收益 | | |
| 1. 重新计量设定受益计划变动额 | | |
| 2. 权益法下不能转损益的其他综合收益 | | |
| 3. 其他权益工具投资公允价值变动 | | |
| 4. 企业自身信用风险公允价值变动 | | |
| …… | | |
| （二）将重分类进损益的其他综合收益 | | |
| 1. 权益法下可转损益的其他综合收益 | | |
| 2. 其他债权投资公允价值变动 | | |
| 3. 金融资产重分类计入其他综合收益的金额 | | |
| 4. 其他债权投资信用减值准备 | | |
| 5. 现金流量套期 | | |

续表

| 项目 | 本期金额 | 上期金额 |
|---|---|---|
| 6. 外币财务报表折算差额 | | |
| …… | | |
| 六、综合收益总额 | | |
| 七、每股收益 | | |
| （一）基本每股收益 | | |
| （二）稀释每股收益 | | |

## 二、利润表的编制（★★★）

（一）利润表项目的填列方法

第一步，以营业收入为基础，减去营业成本、税金及附加、销售费用、管理费用、研发费用、财务费用，加上其他收益、投资收益（或减去投资损失）、净敞口套期收益（或减去净敞口套期损失）、公允价值变动收益（或减去公允价值变动损失）、资产减值损失、信用减值损失、资产处置收益（或减去资产处置损失），计算出营业利润；

第二步，以营业利润为基础，加上营业外收入，减去营业外支出，计算出利润总额；

第三步，以利润总额为基础，减去所得税费用，计算出净利润（或净亏损）；

第四步，以净利润（或净亏损）为基础，计算出每股收益；

第五步，以净利润（或净亏损）和其他综合收益的税后净额，计算出综合收益总额。

（二）利润表主要项目的填列说明

（1）“营业收入”项目，反映企业经营主要业务和其他业务所确认的收入总额。本项目应根据“主营业务收入”和“其他业务收入”科目的发生额分析填列。

（2）“营业成本”项目，反映企业经营主要业务和其他业务所发生的成本总额。本项目应根据“主营业务成本”和“其他业务成本”科目的发生额分析填列。

（3）“税金及附加”项目，反映企业经营业务应负担的消费税、城市维护建设税、资源税、土地增值税、教育费附加、房产税、车船税、城镇土地使用税、印花税等相关税费。本项目应根据“税金及附加”科目的发生额分析填列。

（4）“销售费用”项目，反映企业在销售商品过程中发生的包装费、广告费等费用和为销售本企业商品而专设的销售机构的职工薪酬、业务费等经营费用。本项目应根据“销售费用”科目的发生额分析填列。

（5）“管理费用”项目，反映企业为组织和管理生产经营发生的管理费用。本项目应根据“管理费用”科目的发生额，减去“管理费用”科目下的“研发费用”、自行研发无形资产的“无形资产摊销”明细科目发生额分析填列。

（6）“研发费用”项目，反映企业进行研究与开发过程中发生的费用化支出，以及计入管理费用的自行开发无形资产的摊销。本项目应根据“管理费用”科目下的“研发费用”明细科目的发生额，以及“管理费用”科目下的“无形资产摊销”明细科目的发生额分析填列。

（7）“财务费用”项目：①“财务费用”项目下的“利息费用”项目，反映企业为筹集生产经营所需资金等而发生的应予费用化的利息支出。本项目应根据“财务费用”科目的相关明细科目的发生额分析填列。本项目作为“财务费用”项目的其中项，以正数填列。②“财务费用”项目下的“利息收入”项目，反映企业按照相关会计准则确认的应冲减财务费用的利息收入。本项目应根据“财务费用”科目的相关明细科目的发生额分析填列。本项目作为“财务费用”项目的其中项，以正数填列。

【提示】“财务费用”项目金额=利息支出-利息收入。

（8）“其他收益”项目，反映计入其他收益的政府补助，以及其他与日常活动相关且计入其他收益的项目。本项目应根据“其他收益”科目的发生额分析填列。企业作为个人所得税的扣缴义务人，根据《中华人民共和国个人所得税法》收到的扣缴税款手续费，应作为其他与日常活动相关的收益在本项目中填列。

（9）“投资收益”项目，反映企业以各种方式对外投资所取得的收益。本项目应根据“投资收益”科目的发生额分析填列。如为投资损失，以“-”号填列。

（10）“净敞口套期收益”项目，反映净敞口套期下被套期项目累计公允价值变动转入当期损益的金额或现金流量套期储备转入当期损益的金额。本项目应根据“净敞口套期损益”科目的发生额分析填列；如为套期损失，本项目以“-”号填列。

（11）“公允价值变动收益”项目，反映企业应当计入当期损益的资产或负债公允价值变动收益。本项目应根据“公允价值变动损益”科目的发生额分析填列。如为净损失，本项目以“-”号填列。

（12）“信用减值损失”项目，反映企业按照《企业会计准则第22号—金融工具确认和计量》的要求计提的各项金融工具信用减值准备所确认的信用损失。本项目应根据“信用减值损失”科目的发生额分析填列。

（13）“资产减值损失”项目，反映企业有关资产发生的减值损失。本项目应根据“资产减值损失”科目的发生额分析填列。

（14）“资产处置收益”项目，反映企业出售划分为持有待售的非流动资产（金融工具、长期股权投资和投资性房地产除外）或处置组（子公司和业务除外）时确认的处置利得或损失，以及处置未划分为持有待售的固定资产、在建工程、生产性生物资产及无形资产而产生的处置利得或损失。非货币性资产交换中换出非流动资产（金融工具、长期股权投资和投资性房地产除外）产生的利得或损失也包括在本项目内。本项目应根据“资产处置损益”科目的发生额分析填列；如为处置损失，以“-”号填列。

（15）“营业利润”项目，反映企业实现的营业利润。如为亏损，以“-”号填列。

（16）“营业外收入”项目，反映企业发生的除营业利润以外的收益，主要包括与企业日常活动无关的政府补助、盘盈利得、捐赠利得（经济实质属于股东对企业的资本性投入的除外）等。本项目应根据“营业外收入”科目的发生额分析填列。

（17）“营业外支出”项目，反映企业发生的除营业利润以外的支出，主要包括公益性捐赠支出、盘亏损失、非常损失、非流动资产毁损报废损失等。本项目应根据“营业外支出”科目的发生额分析填列。

（18）“利润总额”项目，反映企业实现的利润。如为亏损，以“-”号填列。

（19）“所得税费用”项目，反映企业根据所得税准则确认的应从当期利润总额中扣除的所得税费用。本项目应根据“所得税费用”科目的发生额分析填列。

（20）“净利润”项目，反映企业实现的净利润。如为亏损，以“-”号填列。

（21）“其他综合收益的税后净额”项目，反映企业根据企业会计准则规定未在损益中确认的各项利得和损失扣除所得税影响后的净额。

（22）“综合收益总额”项目，反映企业净利润与其他综合收益的税后净额的合计金额。

（23）“每股收益”项目，包括基本每股

收益和稀释每股收益两项指标，反映普通股或潜在普通股已公开交易的企业，以及正处在公开发行普通股或潜在普通股过程中的企业的每股收益信息。

【易错易混点辨析】会计核算时，研发无形资产发生的费用化的研发支出记入“研发支出—费用化支出”科目，期末转入“管理费用”科目；在报表中填列时，单独填列在“研发费用”项目中。

**【历年考核要点】**

1. 利润表项目的构成
2. “营业收入”“营业成本”“资产处置收益”“公允价值变动收益”等主要项目的填列和数据计算
3. 影响“营业利润”“利润总额”“净利润”项目的具体案例应用及数据计算

## 经典题解

**【例题18·单选题】**下列各项中，应列入利润表“销售费用”项目的是（　　）。（2020年·2分）

A. 计提行政管理部门使用无形资产的摊销额

B. 计提由行政管理部门负担的工会经费

C. 计提专设销售机构股东投入资产的折旧费

D. 发生的不符合资本化条件的研发费用

**【解析】**选项AB列入利润表“管理费用”项目，选项D列入利润表“研发费用”项目。

**【答案】**C

**【例题19·单选题】**下列各项中，不应列入利润表“营业成本”项目的是（　　）。（2020年·2分）

A. 已销商品的实际成本

B. 在建工程领用产品的成本

C. 对外提供服务结转的成本

D. 投资性房地产计提的折旧额

**【解析】**在建工程领用产品成本记入“在建工程”科目，期末反映在“在建工程”项目中。

**【答案】**B

**【例题20·单选题】**下列各项中，属于企业利润表中“营业成本”项目列报内容的是（　　）。（2020年·2分）

A. 税金及附加

B. 研发费用

C. 管理费用

D. 其他业务成本

**【解析】**“营业成本”项目应根据“主营业务成本”和“其他业务成本”科目的发生额分析填列。

**【答案】**D

**【例题21·单选题】**2018年10月，某企业“主营业务收入”科目贷方发生额为2000万元，“其他业务收入”科目贷方发生额为500万元，“其他收益”科目贷方发生额为300万元，本月在结转本年利润前上述科目均没有借方发生额。不考虑其他因素，该企业2018年10月利润表中“营业收入”项目“本期金额”的列报金额为（　　）万元。（2019年·1.5分）

A. 800　　B. 2800

C. 2500　　D. 2000

**【解析】**“营业收入”项目，应根据“主营业务收入”和“其他业务收入”科目的发生额分析填列，2018年10月利润表中“营业收入”项目“本期金额”的列报金额=2000+500=2500（万元）。

**【答案】**C

**【例题22·单选题】**2018年9月，某企业发生的财务费用资料如下：收到本月活期存款利息300元；支付购买材料货款获得供货方给予的现金折扣400元；计提本月应负担的生产经营用短期借款利息费用2000元。不考虑其他因素，该企业本月利润表中“财务费用”项目“本期金额”的列报金额为（　　）元。（2019年·1.5分）

A. 1600　　B. 2100

C. 1700　　D. 1300

【解析】该企业本月利润表中"财务费用"项目"本期金额"的列报金额 = 2000 − 300 − 400 = 1300（元）。

【答案】D

【例题23·单选题】下列各项中，影响企业利润表"利润总额"项目的是（　　）。（2019年·1.5分）

A. 向投资者分配的现金股利

B. 向灾区捐款发生的支出

C. 收到投资者超过注册资本份额的出资

D. 确认的所得税费用

【解析】选项A减少未分配利润，不影响利润总额；选项B计入营业外支出，影响利润总额；选项C计入资本公积，不影响利润总额；选项D计入所得税费用，不影响利润总额，影响净利润。

【答案】B

【例题24·单选题】某企业2018年度实现营业收入3000万元，发生营业成本2000万元，管理费用150万元，销售费用200万元，税金及附加60万元，取得投资收益100万元。不考虑其他因素，该企业2018年利润表"营业利润"项目"本期金额"的列报金额为（　　）万元。（2019年·1.5分）

A. 590

B. 690

C. 650

D. 750

【解析】"营业利润"项目"本期金额"的列报金额 = 3000 − 2000 − 150 − 200 − 60 + 100 = 690（万元）。

【答案】B

【例题25·多选题】下列各项中，属于企业利润表中列报的项目的有（　　）。（2019年·2分）

A. 每股收益

B. 综合收益总额

C. 其他收益

D. 信用减值损失

【答案】ABCD

【例题26·多选题】下列各项中，应列入利润表"资产处置收益"项目的有（　　）。（2019年·2分）

A. 出售原材料取得的净收入

B. 出售专利权取得的收益

C. 出售包装物取得的净收入

D. 出售生产设备取得的收益

【解析】选项AC列入"营业收入"项目；选项BD列入"资产处置收益"项目。

【答案】BD

【例题27·多选题】下列各项中，关于利润表项目本期金额填列方法表述正确的有（　　）。（2018年改编·2分）

A. "营业成本"项目应根据"主营业务成本"和"其他业务成本"科目的本期发生额分析填列

B. "营业利润"项目应根据"本年利润"科目的本期发生额减去"管理费用"科目下的"研发费用""无形资产摊销"明细科目发生额分析填列

C. "税金及附加"项目应根据"应交税费"科目的本期发生额分析填列

D. "营业收入"项目应根据"主营业务收入"和"其他业务收入"科目的本期发生额分析填列

【解析】选项B不正确，本年利润不仅仅包含营业利润，还包含营业外收支和所得税费用，因此"营业利润"项目不是以"本年利润"科目的本期发生额填列的；选项C不正确，"税金及附加"项目应根据"税金及附加"科目的发生额分析填列，而不是根据"应交税费"科目本期发生额分析填列。

【答案】AD

【例题28·单选题】2019年12月10日，甲公司购入乙公司股票10万股，将其划分为交易性金融资产，购买日支付价款249万元，另支付交易费用0.6万元，2019年12月31日，该股票的公允价值为258万元，不考虑其他因素，甲公司2019年度利润表“公允价值变动收益”项目本期金额为(　　)万元。

A. 9

B. 9.6

C. 0.6

D. 8.4

【解析】2019年12月10日，购入交易性金融资产的入账价值为249万元，所以2019年该交易性金融资产的公允价值变动金额＝258－249＝9（万元）。

【答案】A

**开小灶**

本节必考点汇总：（详见轻松过关2）

1. 利润表各项目的填列方法及金额计算

2. 影响营业利润、利润总额、净利润项目

## 第三节　所有者权益变动表

查看本节视频
使用“会计云课堂”App/微信扫描

所有者权益变动表是反映构成所有者权益各组成部分当期增减变动情况的报表。

通过所有者权益变动表，既可以为财务报表使用者提供所有者权益总量增减变动的信息，也能为其提供所有者权益增减变动的结构性信息，特别是能够让财务报表使用者理解所有者权益增减变动的根源。

### 一、所有者权益变动表的结构（★）

在所有者权益变动表上，企业至少应当单独列示反映下列信息的项目：

（1）综合收益总额；

（2）会计政策变更和差错更正的累积影响金额；

（3）所有者投入资本和向所有者分配利润等；

（4）提取的盈余公积；

（5）实收资本、其他权益工具、资本公积、其他综合收益、专项储备、盈余公积、未分配利润的期初和期末余额及其调节情况。

### 二、所有者权益变动表的编制（★）

（一）所有者权益变动表项目的填列方法

（1）所有者权益变动表各项目均需填列“本年金额”和“上年金额”两栏。

（2）所有者权益变动表“上年金额”栏内各项数字，应根据上年度所有者权益变动表“本年金额”栏内所列数字填列。

（3）上年度所有者权益变动表规定的各个项目的名称和内容同本年度不一致的，应对上年度所有者权益变动表各项目的名称和数字按照本年度的规定进行调整，填入所有者权益变动表的“上年金额”栏内。

（二）所有者权益变动表的主要项目说明

1.“上年年末余额”项目

“上年年末余额”项目，反映企业上年资产负债表中实收资本（或股本）、其他权益工具、资本公积、库存股、其他综合收益、专项储备、盈余公积、未分配利润的年末余额。

2.“会计政策变更”和“前期差错更正”项目

“会计政策变更”和“前期差错更正”项目，分别反映企业采用追溯调整法处理的会计政策变更的累积影响金额和采用追溯重述法处理的会计差错更正的累积影响金额。

3.“本年增减变动金额”项目

（1）“综合收益总额”项目，反映净利润和其他综合收益扣除所得税影响后的净额相加后的合计金额。

（2）“所有者投入和减少资本”项目，反映企业当年所有者投入的资本和减少的资本。

①“所有者投入的普通股”项目，反映企业接受投资者投入形成的实收资本（或股本）和资本溢价或股本溢价。

②“其他权益工具持有者投入资本”项目，反映企业发行的除普通股以外分类为权益工具的金融工具的持有者投入资本的金额。

③“股份支付计入所有者权益的金额”项目，反映企业处于等待期中的权益结算的股份支付当年计入资本公积的金额。

（3）“利润分配”下各项目，反映企业当年的利润分配金额。

①提取盈余公积。

②对所有者（或股东）的分配。

（4）“所有者权益内部结转”下各项目，反映所有者权益的组成部分之间当年的增减变动情况。

①“资本公积转增资本（或股本）”项目，反映企业当年以资本公积转增资本或股本的金额。

②“盈余公积转增资本（或股本）”项目，反映企业当年以盈余公积转增资本或股本的金额。

③“盈余公积弥补亏损”项目，反映企业当年以盈余公积弥补亏损的金额。

④“设定受益计划变动额结转留存收益”项目，反映企业因重新计量设定受益计划净负债或净资产所产生的变动计入其他综合收益，结转至留存收益的金额。

⑤“其他综合收益结转留存收益”项目，主要反映：第一，企业指定为以公允价值计量且其变动计入其他综合收益的非交易性权益工具投资终止确认时，之前计入其他综合收益的累计利得或损失从其他综合收益中转入留存收益的金额；第二，企业指定为以公允价值计量且其变动计入当期损益的金融负债终止确认时，之前由企业自身信用风险变动引起而计入其他综合收益的累计利得或损失从其他综合收益中转入留存收益的金额等。

**【历年考核要点】**

1. 所有者权益年末列报金额的计算
2. 所有者权益变动表的项目构成
3. 所有者权益变动表中单独列示反映的项目

## 经典题解

**【例题29·单选题】**2019年初，某公司所有者权益合计为500万元。本年度所有者权益变动表有关项目情况如下：综合收益总额360万元，提取盈余公积30万元，分配现金股利100万元。不考虑其他因素，该公司2019年度所有者权益变动表中“所有者权益合计”项目的本年年末余额为（　　）万元。（2020年·2分）

A. 760

B. 860

C. 830

D. 730

**【解析】**综合收益总额增加，“所有者权益合计”项目金额增加；提取盈余公积，盈余公积增加，未分配利润减少，属于所有者权益内部的增减变动，不影响“所有者权益合计”项目金额；分配现金股利，未分配利润减少，“所有者权益合计”项目金额减少。该公司所有者权益变动表中“所有者权益合计”项目的本年年末余额＝500＋360－100＝760（万元）。

**【答案】**A

**【例题30·多选题】**下列各项中，不属于企业资产负债表所有者权益项目的有（　　）。（2020年·2分）

A. 库存股

B. 公允价值变动收益

C. 每股收益

D. 其他综合收益

**【解析】**选项BC属于利润表的项目。

**【答案】**BC

**【例题31·多选题】** 下列各项中，属于所有者权益变动表"本年增减变动金额"项目的有（　　）。（2020年·2分）

A. 盈余公积转增资本

B. 提取盈余公积

C. 盈余公积弥补亏损

D. 资本公积转增资本

**【答案】** ABCD

**【例题32·多选题】** 下列各项中，企业应当在所有者权益变动表中单独列示反映的信息有（　　）。（2019年·2分）

A. 所有者投入资本

B. 综合收益总额

C. 向所有者（或股东）分配利润

D. 提取的盈余公积

**【解析】** 在所有者权益变动表上，企业至少应当单独列示的项目包括：（1）综合收益总额；（2）会计政策变更和差错更正的累积影响金额；（3）所有者投入资本和向所有者分配利润等；（4）提取的盈余公积；（5）实收资本、其他权益工具、资本公积、其他综合收益、专项储备、盈余公积、未分配利润的期初和期末余额及其调节情况。

**【答案】** ABCD

**【例题33·单选题】** 下列各项中，不属于所有者权益变动表中单独列示的项目的是（　　）。（2018年·1.5分）

A. 所有者投入资本

B. 综合收益总额

C. 会计估计变更

D. 会计政策变更

**【答案】** C

**【例题34·判断题】** 所有者权益变动表是反映构成所有者权益各组成部分当期增减变动情况的报表。（　　）

**【答案】** √

**开小灶**

本节必考点汇总：（详见轻松过关2）

所有者权益变动表单独列示的内容。

## 第四节　附　注

查看本节视频

使用"会计云课堂"App/微信扫描

### 一、附注概述（★）

附注是对资产负债表、利润表、现金流量表和所有者权益变动表等报表中列示项目的文字描述或明细资料，以及对未能在这些报表中列示项目的说明等。

### 二、附注的主要内容（★）

附注是财务报表的重要组成部分。根据企业会计准则的规定，企业应当按照如下顺序披露附注的内容：

（一）企业的基本情况

（1）企业注册地、组织形式和总部地址。

（2）企业的业务性质和主要经营活动。

（3）母公司以及集团最终母公司的名称。

（4）财务报告的批准报出者和财务报告批准报出日。

（5）营业期限有限的企业，还应当披露有关营业期限的信息。

（二）财务报表的编制基础

财务报表的编制基础是指财务报表是在持续经营基础上还是非持续经营基础上编制的。企业一般是在持续经营基础上编制财务报表，清算、破产属于非持续经营基础。

（三）遵循企业会计准则的声明

企业应当声明编制的财务报表符合企业会计准则的要求，真实、完整地反映了企业的财务状况、经营成果和现金流量等有关信息，以此明确企业编制财务报表所依据的制度基础。

（四）重要会计政策和会计估计

企业应当披露采用的重要会计政策和会计估计，不重要的会计政策和会计估计可以不披露。

（五）会计政策和会计估计变更以及差错更正的说明

企业应当按照会计政策、会计估计变更和差错更正会计准则的规定，披露会计政策和会计估计变更以及差错更正的有关情况。

（六）报表重要项目的说明

（七）或有和承诺事项、资产负债表日后非调整事项、关联方关系及其交易等需要说明的事项

（八）有助于财务报表使用者评价企业管理资本的目标、政策及程序的信息

### 经典题解

**【例题 35 · 判断题】** 企业采用的重要会计政策和会计估计属于财务报表附注披露的内容。（　　）（2020 年 · 1 分）

**【解析】** 企业在附注中应当披露采用的重要会计政策和会计估计，不重要的会计政策和会计估计可以不披露。

**【答案】** √

**【例题 36 · 单选题】** 下列各项中，关于财务报表附注的表述不正确的是（　　）。

A. 附注中包括财务报表重要项目的说明

B. 附注包含未在财务报表中列示的项目

C. 如果没有需要披露的重大事项，企业不必编制附注

D. 附注中包括重要的会计政策和会计估计变更以及差错更正的说明

**【解析】** 财务报表至少应当包括资产负债表、利润表、现金流量表、所有者权益（或股东权益）变动表以及附注，所以附注是不可或缺的，选项 C 不正确。

**【答案】** C

## 本章小结

1. 资产负债表“期末余额”栏的填列方法是什么？
2. 营业利润、利润总额和净利润三者之间有怎样的区别和联系？

## 历年经典试题回顾

甲公司为增值税一般纳税人。2019 年 10 月，甲公司发生的有关经济业务如下：

（1）1 日，将一台暂时闲置的生产设备出租给乙公司。双方合同约定租期为 6 个月，每月不含增值税的租金 5 万元，租金一次性收取且提供后续服务。甲公司开具的增值税专用发票上注明的价款为 30 万元，增值税税额为 3.9 万元。该设备每月应计提折旧费 4 万元。

（2）8 日，销售 M 产品 10000 件，每件标价为 1000 元（不含增值税），每件生产成本为 800 元，由于是成批销售，给予购买方 10%的商业折扣，开具的增值税专用发票上注明的价款为 900 万元，增值税税额为 117 万元；全部款项已收到并存入银行。

（3）8 日，销售 M 产品时领用单独计价的包装物一批，随同 M 产品出售。甲公司开具的增值税专用发票上注明的包装物价款为 2 万元，增值税税额为 0.26 万元；全部款项已收到并存入银行，包装物的实际成本为 1 万元。

（4）16 日，销售一批不需用的原材料，

甲公司开具的增值税专用发票上注明的价款为 4 万元，增值税税额为 0.52 万元，款项已收到并存入银行。该批原材料的实际成本为 3 万元。

要求：根据上述资料，不考虑其他因素，分析回答下列小题。（答案中的金额单位用万元表示）（2020 年）

1. 根据资料（1），甲公司 2019 年 10 月出租生产设备相关会计处理表述正确的是(　　)。

A. 应确认其他业务收入 5 万元

B. 应确认其他业务收入 30 万元

C. 计提折旧费应计入管理费用 4 万元

D. 计提折旧费应计入其他业务成本 4 万元

2. 根据资料（2），下列各项中，关于甲公司确认销售商品收入并结转售出商品成本的会计处理正确的是(　　)。

A. 借：主营业务成本　720
　　贷：库存商品　720

B. 借：银行存款　1130
　　贷：主营业务收入　1000
　　　　应交税费—应交增值税（销项税额）　130

C. 借：银行存款　1017
　　贷：主营业务收入　900
　　　　应交税费—应交增值税（销项税额）　117

D. 借：主营业务成本　800
　　贷：库存商品　800

3. 根据资料（3），下列各项中，甲公司结转随同 M 产品销售的包装物成本时借记的会计科目是(　　)。

A. 其他业务成本　　B. 管理费用

C. 主营业务成本　　D. 销售费用

4. 根据资料（4），下列各项中，关于甲公司销售原材料和结转成本的会计处理结果正确是(　　)。

A. “主营业务成本”科目借方增加 3 万元

B. “其他业务收入”科目贷方增加 4 万元

C. “其他业务成本”科目借方增加 3 万元

D. “主营业务收入”科目贷方增加 4 万元

5. 根据资料（1）至（4），甲公司 2019 年 10 月利润表“营业成本”项目的本期金额是(　　)万元。

A. 807　　B. 808

C. 727　　D. 728

## 历年经典试题回顾参考答案及解析

“扫码看解析”

使用“微信”或“会计云课堂”App 扫右方二维码，对答案、看解析、掌握解题思路，开启轻松过关之旅。

1. 【答案】AD

【解析】甲公司出租该固定资产，租金一次性收取且提供后续服务，根据权责发生制，收入不能一次全部确认，要按月确认。

10 月 1 日收到预收款项：

借：银行存款　33.9
　　贷：预收账款　30
　　　　应交税费—应交增值税（销项税额）　3.9

10 月 31 日，确认收入并结转成本：

借：预收账款　5
　　贷：其他业务收入　5

借：其他业务成本　4
　　贷：累计折旧　4

2. 【答案】CD

【解析】售出商品收入 = 10000 × 1000 × (1 - 10%) = 9000000（元）= 900（万元）；

售出商品成本 = 10000 × 800 = 8000000（元）= 800（万元）。

确认收入时：

借：银行存款 1017

贷：主营业务收入 900

应交税费—应交增值税（销项税额） 117

结转成本时：

借：主营业务成本 800

贷：库存商品 800

3. 【答案】A

【解析】选项 A 正确，随同商品出售而单独计价的包装物，其销售的收入记入“其他业务收入”科目的贷方；结转的成本记入“其他业务成本”科目的借方。

4. 【答案】BC

【解析】甲公司确认销售原材料收入和结转成本的相关会计分录为：

确认收入：

借：银行存款 4.52

贷：其他业务收入 4

应交税费—应交增值税（销项税额） 0.52

同时结转成本：

借：其他业务成本 3

贷：原材料 3

5. 【答案】B

【解析】“营业成本”项目根据“主营业务成本”科目和“其他业务成本”科目的发生额分析填列。甲公司 2019 年 10 月利润表“营业成本”项目的本期金额 = 4（资料 1）+800（资料 2）+1（资料 3）+3（资料 4）= 808（万元），选项 B 正确。

**扫一扫 “码”上做题**

本部分习题均配备二维码，使用“微信”或“会计云课堂”App 扫一扫左侧二维码，即可在线做题并获取详尽的答案解析、解题思路点拨等超值服务，助您轻松过关。

【“会计云课堂”App 安装二维码详见封底页】

## 同步强化练习题

### 一、单项选择题

1. 甲公司 2019 年 12 月 1 日“银行存款”科目余额为 200 万元，“库存现金”科目余额为 1 万元，“其他货币资金”科目余额为 100 万元。12 日从银行提取现金 5 万元，赊销商品应收款 113 万元，收到银行承兑汇票 50 万元。则 2019 年 12 月 31 日甲公司资产负债表中“货币资金”项目填列的金额为(　　)万元。

A. 351　　B. 301

C. 346　　D. 464

2. 2019 年 12 月初某企业“应收账款”明细科目借方余额为 300 万元，相应的“坏账准备”科目贷方余额为 20 万元，本月实际发生坏账损失 6 万元。2019 年 12 月 31 日经减值测试，该企业应补提坏账准备 11 万元。假定不考虑其他因素，2019 年 12 月 31 日该企业资产负债表“应收账款”项目的金额为(　　)万元。

A. 269　　B. 274

C. 275　　D. 280

3. 某企业“应付账款”科目月末贷方余额 80 万元，其中：“应付账款—甲公司”明细科目贷方余额 70 万元，“应付账款—乙公司”明细科目贷方余额 10 万元；“预付账款”科目月末贷方余额30万元，其中：“预付账款—A工厂”明细科目贷方余额50万元，“预付账款—B工厂”明细科目借方余额20万元。该企业月末资产负债表中“应付账款”项目的金额为(　　)万元。

A. 130　　B. 80

C. 100　　D. 110

4. 某企业2019年12月31日应收票据的账面余额为150万元，已计提坏账准备20万元，应付票据的账面余额为30万元，其他应收款的账面余额为15万元。该企业2019年12月31日资产负债表中“应收票据”项目的金额为(　　)万元。

A. 115

B. 130

C. 100

D. 150

5. 企业2019年10月31日生产成本借方余额250万元，原材料借方余额150万元，材料成本差异贷方余额10万元，委托加工物资借方余额50万元，工程物资借方余额100万元。则资产负债表“存货”项目的金额为(　　)万元。

A. 450

B. 440

C. 540

D. 550

6. 下列各项中，不应在资产负债表“存货”项目下反映的是(　　)。

A. 材料成本差异

B. 发出商品

C. 约定未来购入的存货

D. 委托加工物资

7. 某企业2019年12月31日“固定资产”账户余额为1500万元，“累计折旧”账户余额为400万元，“固定资产减值准备”账户余额为100万元，“在建工程”账户余额为100万元。该企业2019年12月31日资产负债表中“固定资产”项目的金额为(　　)万元。

A. 1500

B. 1000

C. 900

D. 1600

8. 某企业2019年12月31日无形资产账户余额为750万元，累计摊销账户余额为100万元，无形资产减值准备账户余额为50万元。该企业2019年12月31日资产负债表中“无形资产”项目的金额为(　　)万元。

A. 750

B. 600

C. 700

D. 650

9. 2019年7月1日，某企业开始研究开发一项技术，当月共发生研发支出800万元，其中，费用化的金额为650万元，符合资本化条件的金额为150万元。7月末，研发活动尚未完成。2019年7月31日，该企业应列入资产负债表“开发支出”项目的金额为(　　)万元。

A. 0

B. 150

C. 650

D. 800

10. 下列资产负债表项目中，应根据多个总账科目余额计算填列的是(　　)。

A. 实收资本

B. 盈余公积

C. 货币资金

D. 长期借款

11. 下列资产负债表项目中，应直接根据总账科目余额填列的是(　　)。

A. 预付款项

B. 应收账款

C. 资本公积

D. 长期借款

12. 下列资产负债表项目，需要根据相关总账所属明细科目的期末余额计算填列的是(　　)。

A. 应付账款

B. 实收资本

C. 应付票据

D. 长期借款

13. 下列项目在资产负债表中只需要根据某一个总分类账账户就能填列的是(　　)。

A. 其他应收款

B. 短期借款

C. 预付款项

D. 预收款项

14. 下列资产负债表项目中，应根据有关科目余额减去其备抵科目余额后的净额填列的是（　　）。

A. 预收款项

B. 其他应付款

C. 资本公积

D. 无形资产

15. 下列各项中，应列入资产负债表“其他应付款”项目的是(　　)。

A. 应付租入包装物租金

B. 应付购买原材料价款

C. 结转到期无力支付的商业承兑汇票

D. 应付由企业负担的职工社会保险费

16. 某企业 2019 年 4 月 1 日从银行借入期限为 3 年的长期借款 400 万元，编制 2021 年 12 月 31 日资产负债表时，此项借款应列入的报表项目是（　　）。

A. 长期应收款

B. 长期借款

C. 长期待摊费用

D. 一年内到期的非流动负债

17. 下列各项中，应列入利润表“税金及附加”项目的是(　　)。

A. 进口原材料应交的关税

B. 购进生产设备应交的增值税

C. 出售厂房应交的增值税

D. 销售自产应税化妆品应交的消费税

18. 下列各项中，应列入利润表“营业收入”项目的是(　　)。

A. 销售材料取得的收入

B. 接受捐赠收到的现金

C. 出售专利权取得的净收益

D. 出售自用房产取得的净收益

19. 下列各项中，不影响“营业利润”项目列示金额的是（　　）。

A. 由于自然灾害造成的存货毁损净损失

B. 将自产产品作为福利发放给职工

C. 取得交易性金融资产时发生的交易费用

D. 经营出租固定资产取得的收入

20. 某企业 2020 年发生的营业收入为 1000 万元，营业成本为 500 万元，销售费用为 50 万元，管理费用为 100 万元，财务费用为 25 万元，投资收益为 100 万元，资产减值损失为 50 万元，公允价值变动收益为 150 万元，营业外收入为 40 万元，营业外支出为 35 万元。该企业 2020 年的营业利润为(　　)万元。

A. 540

B. 525

C. 425

D. 500

21. 下列各项中，不属于所有者权益变动表项目的是(　　)。

A. 提取盈余公积

B. 应付债券

C. 综合收益总额

D. 所有者投入和减少资本

## 二、多项选择题

1. 资产负债表中的“应收账款”项目应根据(　　)填列。

A. 应收账款所属明细账借方余额合计

B. 预收账款所属明细账借方余额合计

C. 与应收账款有关的坏账准备科目的贷方余额

D. 应收账款总账科目借方余额

2. 下列各项中，应列入资产负债表“应收账款”项目的有(　　)。

A. 预付职工差旅费

B. 代购货单位垫付的运杂费

C. 销售产品应收取的款项

D. 对外提供服务应收取的款项

3. 资产负债表中的“存货”项目包括(　　)。

A. 生产成本

B. 存货跌价准备

C. 发出商品

D. 制造费用

4. 下列会计科目中，期末余额应列入资产负债表“存货”项目的有(　　)。

A. 库存商品

B. 材料成本差异

C. 生产成本

D. 委托加工物资

5. 下列各项中，应在资产负债表“预付款项”项目列示的有(　　)。

A. “应付账款”科目所属明细账科目的期末借方余额

B. “应付账款”科目所属明细账科目的期末贷方余额

C. “预付账款”科目所属明细账科目的期末借方余额

D. “预付账款”科目所属明细账科目的期末贷方余额

6. 下列各项中，应列入资产负债表“其他应付款”项目的有(　　)。

A. 计提的短期借款利息

B. 计提的一次还本付息的债券利息

C. 计提的分期付息到期还本的债券利息

D. 计提的分期付息到期还本的长期借款利息

7. 下列各项中，可以根据总账账户期末余额直接填列的资产负债表项目有（　　）。

A. 其他应付款

B. 货币资金

C. 资本公积

D. 短期借款

8. 下列资产负债表项目中，应根据有关科目余额减去备抵科目余额后的净额填列的有（　　）。

A. 一年内到期的非流动资产

B. 无形资产

C. 短期借款

D. 长期股权投资

9. 下列各项中，应根据总账科目和明细科目余额分析计算填列的有（　　）。

A. 长期借款

B. 应付债券

C. 预收款项

D. 其他非流动资产

10. 下列各项中，应列入资产负债表“应付职工薪酬”项目的有(　　)。

A. 支付临时工的工资

B. 发放困难职工的补助金

C. 缴纳职工的工伤保险费

D. 支付辞退职工的经济补偿金

11. 下列各项中，应列入利润表“营业成本”项目的有(　　)。

A. 销售材料成本

B. 无形资产出售净损失

C. 固定资产盘亏净损失

D. 经营出租固定资产折旧费

12. 下列各项中，应列入利润表“资产减值损失”项目的有（　　）。

A. 原材料盘亏损失

B. 固定资产减值损失

C. 长期股权投资减值损失

D. 无形资产转让净损失

13. 下列各项中，应在“税金及附加”项目填列的有(　　)。

A. 城市维护建设税

B. 土地增值税

C. 印花税

D. 房产税

14. 下列各项中，影响企业营业利润的有(　　)。

A. 出售原材料结转成本

B. 计提无形资产减值准备

C. 捐赠支出

D. 出售交易性金融资产损失

15. 下列交易或事项会影响企业综合收益总额的有(　　)。

A. 购买材料支付现金

B. 出售固定资产净收益

C. 交易性金融资产期末公允价值上升
D. 支付广告费

16. 下列各项中，属于所有者权益变动表单独列示的项目有(　　)。
A. 提取盈余公积
B. 其他综合收益
C. 所有者投入资本
D. 资本公积转增资本

17. 下列属于企业财务报表附注中应披露的内容有(　　)。
A. 企业的基本情况
B. 财务报表的编制基础
C. 重要会计政策和会计估计
D. 会计政策和会计估计变更以及差错更正的说明

## 三、判断题

1. 资产负债表是反映企业在某一特定日期财务状况的报表。(　　)
2. 交易性金融资产项目应根据“交易性金融资产”总账科目余额填列。(　　)
3. 如果“生产成本”“制造费用”科目存在期末余额，则应在资产负债表“存货”项目下列示。(　　)
4. 资产负债表中“预付款项”项目应根据“应付账款”和“预付账款”所属各明细科目期末借方余额合计减去“坏账准备”科目中有关预付账款计提的坏账准备期末余额后的净额填列。(　　)
5. “应收票据”项目应根据“应收票据”科目的期末余额填列。(　　)
6. “预付账款”科目所属各明细科目期末有贷方余额的，应在资产负债表“预付款项”项目以负数填列。(　　)
7. 资产负债表中的“其他应收款”项目填列时，应直接根据“其他应收款”科目余额填列。(　　)
8. “持有待售资产”项目，反映资产负债表日划分为持有待售类别的非流动资产及划分为持有待售类别的处置组中的流动资产和非流动资产的期末账面价值。(　　)
9. “无形资产”项目，应根据“无形资产”科目期末余额减去“累计摊销”科目余额后的净额填列。(　　)
10. “开发支出”项目应当根据“研发支出”科目中所属的“费用化支出”明细科目期末余额填列。(　　)
11. “短期借款”项目应根据“短期借款”和“应付利息”总账科目余额合计填列。(　　)
12. 附注是对资产负债表、利润表、现金流量表和所有者权益变动表等报表中列示项目的文字描述或明细资料，以及对未能在这些报表中列示项目的说明等。(　　)
13. “持有待售负债”项目，反映资产负债表日处置组中与划分为持有待售类别的资产直接相关的负债的期末账面价值。本项目应根据“持有待售负债”科目的期末余额填列。(　　)
14. 资产负债表中“长期借款”项目直接根据长期借款总账科目余额填列。(　　)
15. 购买商品支付货款取得的现金折扣列入利润表“财务费用”项目。(　　)
16. 利润表中“税金及附加”项目包括增值税。(　　)
17. “投资收益”项目，反映企业以各种方式对外投资所取得的收益。本项目应根据“投资收益”科目发生额分析填列。如为投资损失，本项目以“-”号填列。(　　)
18. “利润分配”总账的年末余额与相应的资产负债表中“未分配利润”项目的数额一致。(　　)
19. 利润表是反映企业在一定会计期间内经营成果的报表。(　　)
20. 利润表各项目均需填列“本期金额”和“上期金额”两栏。其中“上期金额”栏内各项数字，应根据上年该期利润表

的“本期金额”栏内所列数字填列。 （ ）

21. 利润表中的“其他综合收益的税后净额”项目，反映企业根据企业会计准则规定未在损益中确认的各项利得和损失扣除所得税影响后的净额。 （ ）

22. 所有者权益变动表“未分配利润”项目的本年年末余额应当与本年资产负债表“未分配利润”项目的年末余额相等。 （ ）

23. 所有者权益变动表能够反映所有者权益各组成部分当期增减变动情况，有助于报表使用者理解所有者权益增减变动的原因。 （ ）

24. 所有者权益变动表只是反映企业在一定期间未分配利润的增减变动情况的报表。 （ ）

## 四、不定项选择题

（一）

某公司为增值税一般纳税人，适用增值税税率为13%。2020年11月30日，该公司预收账款和应收账款有关明细科目如下表所示：

**预收账款和应收账款明细科目余额表**

单位：万元

| | 借方余额 | 贷方余额 |
|---|---|---|
| 预收账款—甲公司 | | 100 |
| 应收账款—乙公司 | 113 | |
| 应收账款—丙公司 | 10 | |
| 坏账准备—应收账款 | | 10 |

2020年12月公司发生如下业务：

（1）1日，将一台设备出租给甲公司，租赁期1个月，开具增值税专用发票上注明价款100万元，增值税税额为13万元，月末确认收入，上月已预收全部租金和增值税。

（2）21日，经确认应收乙公司账款发生坏账损失10万元，22日，收回上月已核销的丁公司坏账6万元，并存入银行。

（3）23日，采用赊销方式向丙公司销售产品，开具增值税专用发票注明价款100万元，增值税税额为13万元。协议规定现金折扣条件为2/10，1/20，N/30。计算现金折扣不考虑增值税，截至12月31日尚未收到丙公司应付的款项。

（4）25日，与甲公司签订协议，向甲公司销售商品一批，三个月交货，该批商品不含税价款300万元，增值税税额为39万元，签订协议一周后收到甲公司按合同约定价款的30%为预付定金，剩余款项于交货后付清。

（5）31日，经信用减值测试，该公司期末“坏账准备—应收账款”科目的贷方余额为20万元。

要求：根据上述资料，不考虑其他因素，分析回答下列小题。（答案中的金额单位用万元表示）

1. 根据资料（1），下列各项中，该公司出租设备的会计处理正确的是（ ）。

A. 上月预收租金时：

借：银行存款 100

　贷：预收账款—甲公司 100

B. 上月预收租金时：

借：银行存款 113

贷：预收账款—甲公司 100

应交税费—应交增值税（销项税额） 13

C. 确认收入时：

借：预收账款—甲公司 113

贷：其他业务收入 100

应交税费—应交增值税（销项税额） 13

D. 确认收入时：

借：预收账款—甲公司 100

贷：其他业务收入 100

2. 根据资料（2），下列各项中关于该公司坏账准备的会计处理结果表述正确的是（ ）。

A. 收回已转销的丁公司坏账时，坏账准备增加 6 万元

B. 收回已转销的丁公司坏账时，信用减值损失减少 6 万元

C. 确认乙公司坏账损失时，坏账准备减少 10 万元

D. 确认乙公司坏账损失时，信用减值损失增加 10 万元

3. 根据资料（3）和（4），下列各项中，该公司关于合同负债和应收账款相关会计处理结果表述正确的是（ ）。

A. 向丙公司销售商品时，借记“应收账款”科目 113 万元

B. 与甲公司签订协议时，贷记“主营业务收入”科目 300 万元

C. 收到甲公司预付货款时，贷记“合同负债”科目 90 万元

D. 与甲公司签订协议时，借记“应收账款”科目 339 万元

4. 根据期初资料和资料（2）至（5），2020 年 12 月 31 日该公司应计提的坏账准备的金额为（ ）万元。

A. 20　　B. 14

C. 10　　D. 6

5. 根据期初资料和资料（1）至（5），2020 年 12 月 31 日该公司资产负债表“应收账款”项目期末余额应列示的金额为（ ）万元。

A. 216

B. 123

C. 236

D. 206

（二）

甲有限责任公司（以下简称甲公司）为增值税一般纳税人，从事机械制造，适用的增值税税率为 13%，所得税税率为 25%，按净利润 10% 提取法定盈余公积。2020 年 1 月 1 日所有者权益总额为 5000 万元，其中实收资本 3000 万元，资本公积 1000 万元，其他综合收益 200 万元，盈余公积 200 万元，未分配利润 600 万元。2020 年度甲公司发生如下经济业务：

（1）经批准，甲公司接受乙公司投入不需要安装的设备一台并交付使用，合同约定的价值为 1000 万元（与公允价值相符），增值税税额为 130 万元；同时甲公司增加实收资本 800 万元，相关法律手续已办妥。

（2）出售一项专利技术，售价 100 万元，增值税税额为 6 万元，款项存入银行，不考虑相关税费。该项专利技术实际成本 80 万元，累计摊销额 20 万元，未计提减值准备。

（3）结转出售固定资产清理净收益 60 万元。

（4）接受非关联方捐赠现金 100 万元，已存入银行。

（5）除上述经济业务外，甲公司当年实现营业收入 9000 万元，发生营业成本 5000 万元、税金及附加 500 万元、销售费用 100 万元、管理费用 200 万元、财务费用 80 万元，营业外收入 180 万元。

要求：假定除上述资料外，不考虑其他相关因素，分析回答下列小题。（答案中金额单位用万元表示）

1. 根据期初资料和资料（1），下列各项说法中正确的是(　　)。
   A. 甲公司固定资产增加 1130 万元
   B. 甲公司增加实收资本 800 万元
   C. 甲公司接受投资后的所有者权益总额为 6130 万元
   D. 甲公司减少应交税费 130 万元
2. 根据资料（2），下列会计处理正确的是(　　)。
   A. 确认资产处置损益 40 万元
   B. 确认其他业务收入 100 万元
   C. 确认营业外收入 40 万元
   D. 增加应交税费 6 万元
3. 根据资料（3）和资料（4），下列说法正确的是(　　)。
   A. 固定资产清理净损益影响企业营业利润
   B. 接受非关联方现金捐赠影响营业利润
   C. 固定资产清理净损益影响营业外收支
   D. 接受非关联方现金捐赠计入资本公积
4. 根据资料（1）至（5），甲公司 2020 年度的营业利润为(　　)万元。
   A. 3120
   B. 3220
   C. 3250
   D. 3150
5. 根据资料（1）至（5），假定甲公司无任何纳税调整事项，则 2020 年年末未分配利润余额为(　　)万元。
   A. 600
   B. 3225
   C. 2962. 5
   D. 2625

（三）

甲股份有限公司（以下简称“甲公司”）于 2016 年 6 月成立。截至 2020 年 1 月 1 日甲公司股东权益总额为 8245 万元。其中，股本 3000 万元，资本公积 3242 万元，其他综合收益 1300 万元，盈余公积 1860 万元，未分配利润 -1157 万元。2020 年度发生与所有者权益有关的业务如下：

（1）1 月 15 日，经临时股东大会批准增发股票 5000 万股，每股面值 1 元，每股发行价格 6. 1 元。委托 A 证券公司发行，A 证券公司按发行收入的 1. 5% 收取手续费。股票发行成功，A 证券公司将扣除手续费后的股款转给甲公司。

（2）4 月 15 日，甲公司股东大会宣告以盈余公积发放现金股利 200 万元，同时以盈余公积发放股票股利 400 万股。

（3）5 月 5 日，甲公司实际发放了现金股利和股票股利。

（4）9 月 30 日，甲公司董事会决定回购本公司股票 4000 万股，每股回购价格 6. 5 元。

（5）10 月 31 日，甲公司按法定程序注销所回购的 4000 万股股票。

（6）甲公司当年利润总额为 2687 万元。

其他资料：甲公司适用企业所得税税率为 25%。税法规定企业发生年度亏损可以用下一纳税年度的税前利润弥补，但弥补期最长不得超过 5 年，甲公司无其他纳税调整事项。甲公司按净利润的 10% 分别提取法定盈余公积和任意盈余公积。

要求：根据上述资料，不考虑其他因素，分析回答下列小题。（计算结果保留小数点后两位，答案中金额单位用万元表示）

1. 根据资料（1），下列说法中正确的是(　　)。
   A. 其他货币资金增加 30042. 5 万元
   B. 股本增加 5000 万元
   C. 资本公积增加 25500 万元
   D. 管理费用增加 457. 5 万元
2. 根据资料（2）和（3），下列说法中正确的是(　　)。
   A. 宣告发放现金股利会减少所有者权益 200 万元
   B. 宣告发放股票股利会减少所有者权益 400 万元

C. 实际发放现金股利会减少所有者权益200万元

D. 实际发放股票股利会减少所有者权益400万元

3. 根据资料（4）和（5），下列会计处理中正确的是(　　)。

A. 回购时：

借：库存股　26000
　贷：银行存款　26000

B. 回购时：

借：股本　4000
　　库存股　22000
　贷：银行存款　26000

C. 注销时：

借：股本　4000
　　资本公积　22000
　贷：库存股　26000

D. 注销时：

借：资本公积　22000
　贷：库存股　22000

4. 根据上述资料，甲公司当年可供分配利润为(　　)万元。

A. 1530

B. 1147.5

C. 918

D. 858.25

5. 根据上述资料，甲公司2020年12月31日资产负债表中各项目填列正确的是(　　)。

A. 股本4400万元

B. 资本公积6284.5万元

C. 盈余公积2089.5万元

D. 股东权益合计16992万元

（四）

甲、乙、丙、丁、戊公司均为增值税一般纳税人，适用的增值税税率为13%，2020年11月30日，甲公司资产负债表有关项目期末余额为："货币资金"项目18500万元，"应收账款"项目3600万元，"合同负债"项目800万元，"应交税费"项目100万元，12月份发生的相关交易事项如下：

（1）3日，甲公司向乙公司销售商品一批，增值税专用发票上注明售价200万元，增值税税额26万元，该批商品成本为120万元，双方签订合同时，甲公司得知乙公司资金流转发生严重困难，但为了减少库存商品积压，仍将商品运达乙公司，同时纳税义务已发生。

（2）15日，甲公司同丙公司签订销售协议，向丙公司销售一批商品，实际成本900万元。销售协议约定，售价1200万元，相关增值税税额为156万元，丙公司预付60%的货款（不含增值税），商品尚未发出，未发生纳税义务，其余款项于2021年3月份结算。

（3）20日，甲公司与丁公司签订委托代销协议，丁公司按照协议价的5%收取手续费，并直接从代销款中扣除。协议价款600万元，实际成本460万元。25日，收到代销清单，已售出50%的商品，甲公司向丁公司开具增值税专用发票，26日，将收到的扣除手续费的代销商品款存入银行（假定计算代销手续费不考虑增值税）。

（4）收到戊公司商品退回，退回商品部分的价款为20万元，增值税税额为2.6万元，成本为12万元，该批商品是2020年10月甲公司赊销给戊公司的，售价200万元，增值税税额为26万元，已确认收入，款项尚未收到，甲公司向戊公司开具增值税红字专用发票，并收到戊公司带息商业承兑汇票，期限为5个月，用于抵偿其他款项。

要求：假定不考虑其他因素，分析回答下列小题。（答案中的金额单位用万元表示）

1. 根据资料（1），下列选项中说法正确的是(　　)。

A. 确认主营业务成本120万元

B. 确认发出商品120万元

C. 确认应收账款 226 万元

D. 确认主营业务收入 200 万元

2. 根据资料（2），15 日预收货款时下列选项中会计处理正确的是(　　)。

A. 借：银行存款　813.6
　　贷：合同负债　813.6

B. 借：主营业务成本　540
　　贷：库存商品　540

C. 借：银行存款　813.6
　　贷：主营业务收入　720
　　　　应交税费—应交增值税（销项税额）　93.6

D. 借：银行存款　720
　　贷：合同负债　720

3. 根据资料（3），下列选项中说法正确的是(　　)。

A. 20 日发出商品，应确认主营业务收入 600 万元

B. 25 日收到代销清单，销售费用增加 15 万元

C. 26 日收到代销商品款，银行存款增加 324 万元

D. 20 日发出商品，应确认应收账款 460 万元

4. 根据资料(4)，下列选项中正确的是(　　)。

A. 库存商品增加 12 万元

B. 应收票据增加 203.4 万元

C. 冲减销售商品收入 20 万元

D. 应收账款转应收票据 226 万元

5. 根据期初资料及资料（1）至（4），在资产负债表日相关资产负债表项目期末余额正确的是(　　)。

A. 应交税费 162.4 万元

B. 合同负债 1520 万元

C. 货币资金 19544 万元

D. 应收账款 3400 万元

## 同步强化练习题参考答案及解析

“扫码看解析”

使用“微信”或“会计云课堂”App 扫右方二维码，对答案、看解析、掌握解题思路，开启轻松过关之旅。

### 一、单项选择题

1. 【答案】B

**解析：** 2019 年 12 月 31 日甲公司资产负债表中“货币资金”项目填列的金额 = 200+1+100 = 301（万元）。提取现金、赊销商品不引起“货币资金”项目的增减变动；取得银行承兑汇票属于“应收票据”项目的增加。

2. 【答案】A

**解析：** 资产负债表“应收账款”项目金额 = “应收账款”明细科目借方余额 + “预收账款”明细科目借方余额 − “坏账准备”科目余额 = （300−6） − （20−6+11） = 269（万元）。

3. 【答案】A

**解析：** 该企业月末资产负债表中“应付账款”项目的金额 = 70+10+50 = 130（万元）。

4. 【答案】B

**解析：** “应收票据”项目的金额 = 150−20 = 130（万元）。

5. 【答案】B

**解析：** “存货”项目的金额 = 250+150−10+50 = 440（万元）；“工程物资”科目借方余额反映在“在建工程”项目中，不属于存货项目。

6. 【答案】C

**解析：** 约定未来购入的存货，不符合资产定义，不属于存货。

7. 【答案】B

解析："固定资产"项目的金额 = 1500 − 400 − 100 = 1000（万元）。"在建工程"账户余额在资产负债表的"在建工程"项目下单独列示，不属于"固定资产"项目的内容。

8. 【答案】B

解析："无形资产"项目的金额 = 750 − 100 − 50 = 600（万元）。

9. 【答案】B

解析："开发支出"项目应根据"研发支出—资本化支出"明细科目期末余额填列，即 150 万元。

10. 【答案】C

解析："货币资金"项目应根据"库存现金""银行存款""其他货币资金"三个总账科目的余额计算填列。

11. 【答案】C

解析："资本公积"项目应根据总账科目余额直接填列，选项 C 正确；"预付款项""应收账款"项目均应根据有关科目余额减去备抵科目余额后的净额填列，选项 AB 不正确；"长期借款"根据总账科目和明细账科目余额分析计算填列，选项 D 不正确。

12. 【答案】A

解析：资产负债表中的"应付账款"项目应根据"应付账款"所属明细科目贷方余额和"预付账款"所属明细科目期末贷方余额合计数计算填列，选项 A 正确；选项 BC 根据总账科目余额填列；选项 D 根据总账科目和明细账科目余额分析计算填列。

13. 【答案】B

解析："短期借款"项目应根据"短期借款"总账科目的余额填列。

14. 【答案】D

解析："无形资产"项目应根据"无形资产"科目的期末余额，减去"累计摊销"和"无形资产减值准备"科目期末余额后的净额填列。选项 ABC，无备抵科目。

15. 【答案】A

解析：选项 BC 列入"应付账款"项目；选项 D 列入"应付职工薪酬"项目。

16. 【答案】D

解析：截止到 2021 年 12 月 31 日，该长期借款还有 3 个月到期，所以应列入"一年内到期的非流动负债"项目中。

17. 【答案】D

解析：选项 A，计入"原材料"科目；选项 B，记入"应交税费—应交增值税（进项税额）"科目（一般纳税人企业取得增值税专用发票）或者固定资产的成本（企业是小规模纳税人，或者是一般纳税人但是没有取得增值税专用发票）；选项 C，记入"应交税费—应交增值税（销项税额）"科目，均不在"税金及附加"项目填列。

18. 【答案】A

解析：选项 A，通过"其他业务收入"科目核算，属于营业收入；选项 B，通过"营业外收入"科目核算；选项 CD 均通过"资产处置损益"科目核算。

19. 【答案】A

解析：选项 A，应记入"营业外支出"科目，不影响"营业利润"项目列示金额；选项 B，应确认"主营业务收入""主营业务成本"及与职工薪酬相关的成本或费用，影响"营业利润"项目列示金额；选项 C，应确认"投资收益"，影响"营业利润"项目列示金额；选项 D，应记入"其他业务收入"科目，影响"营业利润"项目列示金额。

20. 【答案】B

解析：营业外收入、营业外支出不影响营业利润，营业利润 = 1000 − 500 − 50 − 100 − 25 + 100 − 50 + 150 = 525（万元）。

21. 【答案】B

解析：选项 B 属于资产负债表项目。

## 二、多项选择题

1. 【答案】ABC

**解析**：资产负债表中的“应收账款”项目，应根据“应收账款”和“预收账款”科目所属各明细科目期末借方余额合计数，减去“坏账准备”科目中相关坏账准备期末余额后的净额填列。

2. 【答案】BCD

**解析**：预付职工差旅费计入其他应收款，选项 A 错误。

3. 【答案】ABCD

**解析**：制造费用，是生产产品过程中归集的产品成本，期末余额表示尚未结转到生产成本的金额，所以期末在存货项目反映。

4. 【答案】ABCD

**解析**：“存货”项目应根据“材料采购”“原材料”“库存商品”“周转材料”“委托加工物资”“生产成本”“受托代销商品”“发出商品”等科目的期末余额合计数，减去“受托代销商品款”“存货跌价准备”科目期末余额后的净额填列。材料采用计划成本核算，以及库存商品采用计划成本核算或售价核算的企业，还应按加或减材料成本差异、商品进销差价后的金额填列。ABCD 四个选项均属于存货项目核算的内容。

5. 【答案】AC

**解析**：“预付款项”项目应当根据“应付账款”明细科目的期末借方余额加上“预付账款”明细科目的期末借方余额合计填列，如有坏账准备的，还应减去相应的坏账准备。

6. 【答案】ACD

**解析**：选项 B，计提的一次还本付息的债券利息，记入“应付债券—应计利息”科目，不记入“应付利息”科目，不在“其他应付款”项目列示。“其他应付款”项目应根据“应付利息”“应付股利”“其他应付款”科目的期末余额合计数填列。

7. 【答案】CD

**解析**：选项 A，根据“应付利息”“应付股利”“其他应付款”的期末余额计算填列；选项 B，根据“库存现金”“银行存款”“其他货币资金”三个总账科目的期末余额计算填列。

8. 【答案】BD

**解析**：选项 A，根据明细账科目余额计算填列；选项 C，根据总账科目余额填列。

9. 【答案】ABD

**解析**：选项 C，“预收款项”项目根据明细账科目余额计算填列。

10. 【答案】ABCD

11. 【答案】AD

**解析**：选项 AD 记入“其他业务成本”科目，列入“营业成本”项目；选项 B 记入“资产处置损益”科目；选项 C 记入“营业外支出”科目。

12. 【答案】BC

**解析**：选项 A，原材料盘亏损失属于一般经营损失的，应记入“管理费用”科目，属于非正常原因的，应记入“营业外支出”科目；选项 D，无形资产转让净损失应记入“资产处置损益”科目。

13. 【答案】ABCD

**解析**：“税金及附加”项目，反映企业经营业务应负担的消费税、城市维护建设税、教育费附加、资源税、土地增值税、房产税、车船税、城镇土地使用税、印花税等相关税费。

14. 【答案】ABD

**解析**：选项 C，捐赠支出计入营业外支出，不影响营业利润。

15. 【答案】BCD

**解析**：“综合收益总额”项目，反映企业净利润与其他综合收益的税后净额的合计金额。选项 A，不影响净利润和其他综合收益。

16. 【答案】ABCD

解析：所有者权益变动表至少应当单独列示的项目：综合收益总额；会计政策变更和差错更正的累积影响金额；所有者投入资本和向所有者分配利润等；提取的盈余公积；实收资本、其他权益工具、资本公积、其他综合收益、专项储备、盈余公积、未分配利润的期初和期末余额及其调节情况。

17. 【答案】ABCD

## 三、判断题

1. 【答案】√
2. 【答案】×

解析：“交易性金融资产”项目应根据“交易性金融资产”科目的相关明细科目期末余额分析填列。自资产负债表日起超过一年到期且预期持有超过一年的以公允价值计量且其变动计入当期损益的非流动金融资产的期末账面价值，在“其他非流动金融资产”项目反映。

3. 【答案】√
4. 【答案】√
5. 【答案】×

解析：“应收票据”项目应根据“应收票据”科目的期末余额，减去“坏账准备”科目中有关应收票据计提的坏账准备期末余额后的金额填列。

6. 【答案】×

解析：“预付账款”科目所属各明细科目期末有贷方余额的，应在资产负债表“应付账款”项目内填列。

7. 【答案】×

解析：“其他应收款”项目应根据“应收利息”“应收股利”“其他应收款”期末余额合计数，减去相关“坏账准备”期末余额后的金额填列。

8. 【答案】√
9. 【答案】×

解析：“无形资产”项目，应根据“无形资产”科目期末余额减去“累计摊销”“无形资产减值准备”科目余额后的净额填列。

10. 【答案】×

解析：“开发支出”项目应当根据“研发支出”科目中所属的“资本化支出”明细科目期末余额填列。

11. 【答案】×

解析：“短期借款”项目应根据“短期借款”总账科目余额直接填列。

12. 【答案】√
13. 【答案】√
14. 【答案】×

解析：“长期借款”项目应根据“长期借款”科目的期末余额，扣除“长期借款”科目所属的明细科目中将在资产负债表日起一年内到期且企业不能自主地将清偿义务展期的长期借款后的金额计算填列。

15. 【答案】√
16. 【答案】×

解析：增值税属于价外税，利润表中“税金及附加”项目不包括增值税。

17. 【答案】√
18. 【答案】√
19. 【答案】√
20. 【答案】√
21. 【答案】√
22. 【答案】√
23. 【答案】√
24. 【答案】×

解析：所有者权益变动表是反映企业在一定期间所有者权益各项目增减变动情况的报表。

## 四、不定项选择题

（一）

1. 【答案】BD

解析：根据资料（1），相关会计处理如下：

上月预收租金：

借：银行存款　113
　贷：预收账款—甲公司　100
　　应交税费—应交增值税（销项税额）　13

确认收入时：

借：预收账款—甲公司　100
　贷：其他业务收入　100

2.【答案】AC

**解析：**收回已转销丁公司坏账时的处理如下：

借：应收账款　6
　贷：坏账准备　6

借：银行存款　6
　贷：应收账款　6

确认乙公司发生坏账损失时的处理如下：

借：坏账准备　10
　贷：应收账款　10

3.【答案】AC

**解析：**向丙公司销售商品的会计处理如下：

借：应收账款—丙公司　113
　贷：主营业务收入　100
　　应交税费—应交增值税（销项税额）　13

与甲公司签订协议时因为没有实际的业务发生，所以无需进行账务处理。

收到甲公司定金时的处理如下：

借：银行存款　90
　贷：合同负债　90

4.【答案】B

**解析：**根据资料（2），确认应收乙公司坏账损失10万元，坏账准备减少10万元，收回上月已核销的丁公司坏账6万元，坏账准备增加6万元，所以在月末计提坏账准备前坏账准备的金额=10-10+6=6（万元），根据资料（5），月末应保留的坏账准备的贷方余额为20万元，所以当期应当计提的坏账准备金额=20-6=14（万元）。

5.【答案】D

**解析：**根据期初资料，应收账款账面余额=113+10=123（万元），所以期末应收账款账面余额=123+（6-6-10）（资料2）+113（资料3）=226（万元），坏账准备期末贷方余额为20万元。故“应收账款”项目期末余额=226-20=206（万元）。

（二）

1.【答案】BCD

**解析：**甲公司应编制的会计分录为：

借：固定资产　1000
　应交税费—应交增值税（进项税额）　130
　贷：实收资本　800
　　资本公积—资本溢价　330

接受投资后的所有者权益总额=5000+800+330=6130（万元）；应交税费（借方）减少130万元。

2.【答案】AD

**解析：**相关会计处理为：

借：银行存款　106
　累计摊销　20
　贷：无形资产　80
　　应交税费—应交增值税（销项税额）　6
　　资产处置损益　40

3.【答案】A

**解析：**结转出售固定资产清理净损益，计入资产处置损益，影响营业利润，选项A正确，选项C错误；接受非关联方现金捐赠计入营业外收入，不影响营业利润，选项BD错误。

4.【答案】B

**解析：**甲公司2020年度的营业利润=（9000-5000-500-100-200-80）（资料5）+40（资料2）+60（资料3）=3220（万元）。

5.【答案】C

**解析：**甲公司2020年利润总额=3220+180+100（资料4）=3500（万元），应交所得税=3500×25%=875（万元），净利润=3500-875=2625（万元），提取法定

盈余公积 = 2625×10% = 262.5（万元），年末未分配利润 = 600 + 2625 - 262.5 = 2962.5（万元）。

（三）

1. 【答案】AB

**解析：** 股票发行费用冲减资本公积—股本溢价，甲公司应编制的会计分录为：

借：其他货币资金 30042.5

　贷：股本 5000

　　资本公积—股本溢价 25042.5

　[（6.1×5000）×（1-1.5%）-5000]

2. 【答案】A

**解析：** 宣告发放现金股利时：

借：盈余公积 200

　贷：应付股利 200

宣告发放股票股利时无需进行账务处理；实际支付现金股利及股票股利时：

借：应付股利 200

　贷：银行存款 200

借：盈余公积 400

　贷：股本 400

实际发放现金股利，不涉及所有者权益科目，所有者权益总额不变；实际发放股票股利，所有者权益内部变动，所有者权益总额不变。

3. 【答案】AC

**解析：** 企业回购库存股时应按回购价格计入库存股，选项 B 错误；注销时回购价款超过股本面值部分冲减资本公积—股本溢价，股本溢价不足冲减的，应依次冲减盈余公积、未分配利润，选项 D 错误。

4. 【答案】B

**解析：** 甲公司当年实现净利润 = 2687 -（2687 - 1157）×25% = 2304.5（万元），可供分配利润 = - 1157 + 2304.5 = 1147.5（万元）。

5. 【答案】AB

**解析：** 股本 = 3000+5000（资料 1）+400（资料 3）-4000（资料 5）= 4400（万元）；资本公积 = 3242 + 25042.5（资料 1）-22000（资料 5）= 6284.5（万元）；盈余公积 = 1860 -（200 + 400）（资料 3）+1147.5×20%（其他资料）= 1489.5（万元）；其他综合收益为 1300 万元；未分配利润 = - 1157 + 2304.5 - 1147.5 ×（10%+10%）= 918（万元）；股东权益合计 = 4400+6284.5+1489.5+1300+918 = 14392（万元）。

（四）

1. 【答案】B

**解析：** 销售时得知乙公司资金流转发生严重困难，不符合收入确认条件，分录如下：

借：发出商品 120

　贷：库存商品 120

同时：

借：应收账款 26

　贷：应交税费—应交增值税（销项税额） 26

2. 【答案】D

**解析：** 预收货款时相关分录如下：

借：银行存款 720

　贷：合同负债 720

3. 【答案】BC

**解析：** 20 日，发出商品时：

借：发出商品 460

　贷：库存商品 460

25 日，收到代销清单时：

借：应收账款 339

　贷：主营业务收入 300

　　应交税费—应交增值税（销项税额） 39

借：主营业务成本 230

　贷：发出商品 230

借：销售费用 15

　贷：应收账款 15

26 日，收到丁公司支付的货款：

借：银行存款 324

　贷：应收账款 324

4.【答案】ABC

**解析：**退回商品分录如下：

借：主营业务收入 20

应交税费—应交增值税（销项税额） 2.6

贷：应收账款 22.6

同时：

借：库存商品 12

贷：主营业务成本 12

戊公司商品退回后应收账款余额 = 200 + 26 − 22.6 = 203.4（万元），收到戊公司带息商业承兑汇票，期限为 5 个月，用于抵偿其他款项，应收账款减少 203.4 万元，应收票据增加 203.4 万元。

5.【答案】ABCD

**解析：**应交税费 = 100（期初资料）+ 26（资料 1）+ 39（资料 3）− 2.6（资料 4）= 162.4（万元）；合同负债 = 800（期初资料）+ 720（资料 2）= 1520（万元）；货币资金 = 18500（期初资料）+ 720（资料 2）+ 324（资料 3）= 19544（万元）；应收账款 = 3600（期初资料）+ 26（资料 1）+ 339（资料 3）− 15（资料 3）− 324（资料 3）− 22.6（资料 4）− 203.4（资料 4）= 3400（万元）。

# 第七章　管理会计基础

## 本章考情分析

本章系管理会计基础，内容包括管理会计概述、产品成本核算的要求和一般程序、产品成本的归集和分配、产品成本计算。历年重点考核成本核算对象的确定、各项要素费用的归集和分配、生产费用在完工产品和在产品之间的归集和分配等知识点。本章在近3年考试的各种题型中均出现过，分值在15分左右，属于非常重要的章节。

**近3年题型题量分析表**

| 年份\题型 | 单项选择题 | 多项选择题 | 判断题 | 不定项选择题 | 合计 |
|---|---|---|---|---|---|
| 2020年 | 1题2分 | 1题2分 | 1题1分 | 3题6分 | 11分 |
| 2019年 | 1题1.5分 | — | 1题1分 | 5题10分 | 12.5分 |
| 2018年 | 3题4.5分 | 2题4分 | 2题2分 | 5题10分 | 20.5分 |

## 2021年教材主要变化

无实质性变化。

## 本章考点框架

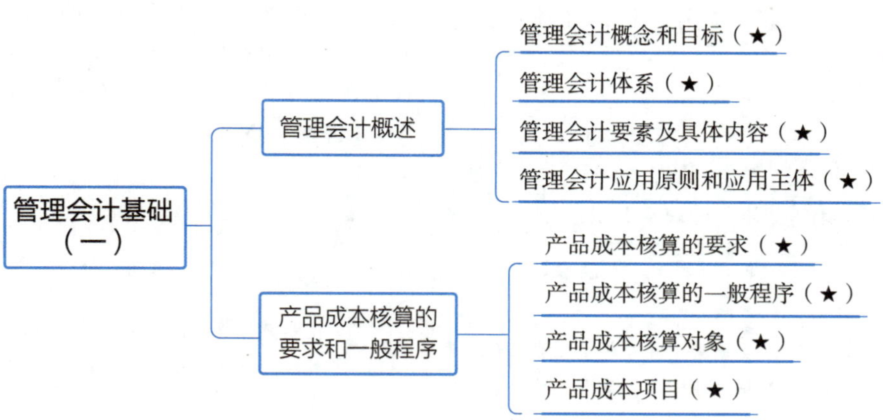

- 管理会计基础（二）
  - 产品成本的归集和分配
    - 产品成本归集和分配的基本原则（★）
    - 要素费用的归集和分配（★★★）
    - 生产费用在完工产品和在产品之间的归集和分配（★★★）
  - 产品成本计算
    - 产品成本计算方法概述（★）
    - 产品成本计算的品种法（★）
    - 产品成本计算的分批法（★）
    - 产品成本计算的分步法（★）

## 本章重难点精讲

### 第一节　管理会计概述

查看本节视频
使用“会计云课堂”App/微信扫描

#### 一、管理会计概念和目标（★）

管理会计是会计的重要分支，主要服务于单位（包括企业和行政事业单位）内部管理需要，是通过利用相关信息，有机融合财务与业务活动，在单位规划、决策、控制和评价等方面发挥重要作用的管理活动。

管理会计的目标是通过运用管理会计工具方法，参与单位规划、决策、控制、评价活动并为之提供有用信息，推动单位实现战略规划。

**经典题解**

**【例题1·单选题】**下列各项中，属于企业管理会计主要目标的是（　　）。（2020年·2分）

A. 提供现金流量信息

B. 提供财务状况信息

C. 提供经营成果信息

D. 推动企业实现战略规划

**【解析】**管理会计的目标是通过运用管理会计工具方法，参与单位规划、决策、控制、评价活动并为之提供有用信息，推动单位实现战略规划，选项D正确。

**【答案】**D

【提示】财务会计与管理会计的区别。

| | 财务会计 | 管理会计 |
|---|---|---|
| 服务对象方面 | 主要侧重于对外部相关单位和人员服务并提供财务信息，属于“对外报告会计” | 主要是为单位内部管理人员服务，提供有效经营和最优化决策的各种财务与管理信息，属于“对内报告会计” |

续表

|  | 财务会计 | 管理会计 |
|---|---|---|
| 职能定位方面 | “记录价值”，通过确认、计量、记录和报告等程序对单位已经发生的交易或事项进行加工处理，提供并解释历史信息，属于“报账型会计” | 重在“创造价值”，它渗透于单位管理的全过程，属于“经营管理型会计” |
| 程序与方法方面 | 有填制凭证、登记账簿、编制报表等较固定的程序与方法，并受会计规范的约束 | 为单位自身服务，采用的程序与方法灵活多样，具有较大的可选择性 |

## 二、管理会计体系（★）

根据《指导意见》，中国特色的管理会计体系是一个由理论、指引、人才、信息化加咨询服务构成的“4+1”的管理会计有机系统。其中，管理会计指引体系包括基本指引、应用指引和案例库。

| 管理会计基本指引 | 管理会计基本指引在管理会计指引体系中起统领作用，是制定应用指引和建设案例库的基础<br>管理会计基本指引是对管理会计基本概念、基本原则、基本方法、基本目标等内容的总结、提炼<br>不同于企业会计准则基本准则，管理会计基本指引只是对管理会计普遍规律和基本认识的总结升华，并不对应用指引中未作出描述的新问题提供处理依据 |
|---|---|
| 管理会计应用指引 | 在管理会计指引体系中，应用指引居于主体地位，是对单位管理会计工作的具体指导 |
| 管理会计案例库 | 案例库是对国内外管理会计经验的总结提炼，是对如何运用管理会计应用指引的实例示范 |

### 经典题解

**【例题 2 · 判断题】** 管理会计指引体系包括基本指引、应用指引和案例库，用以指导单位管理会计实践。（　　）（2020 年 · 1 分）

**【答案】** √

**【例题 3 · 判断题】** 在管理会计指引体系中，基本指引发挥着统领作用，是制定应用指引和建设案例库的基础。（　　）（2018 年 · 1 分）

**【答案】** √

## 三、管理会计要素及具体内容（★）

单位应用管理会计，应包括应用环境、管理会计活动、工具方法、信息与报告四项管理会计要素。

| 要素 | 具体内容 |
|---|---|
| 应用环境 | 管理会计应用环境是单位应用管理会计的基础。单位应用管理会计，首先应充分了解和分析其应用环境，包括外部环境和内部环境<br>外部环境主要包括国内外经济、市场、法律、行业等因素<br>内部环境主要包括与管理会计建设和实施相关的价值创造模式、组织架构、管理模式、资源、信息系统等因素 |
| 管理会计活动 | 管理会计活动是单位管理会计工作的具体开展，是单位利用管理会计信息，运用管理会计工具方法，在规划、决策、控制、评价等方面服务于单位管理需要的相关活动 |
| 工具方法 | 管理会计工具方法是实现管理会计目标的具体手段，主要应用于以下领域：<br>战略管理、预算管理、成本管理、营运管理、投融资管理、绩效管理、风险管理等 |
| 信息与报告 | 管理会计信息包括管理会计应用过程中所使用和生成的财务信息和非财务信息，是管理会计报告的基本元素<br>管理会计报告分类：<br>按期间可以分为定期报告和不定期报告<br>按内容可以分为综合性报告和专项报告等类别 |

## 经典题解

**【例题 4·多选题】**下列各项中，属于管理会计要素的有(　　)。(2020 年·2 分)

A. 工具方法　　B. 管理会计活动
C. 信息与报告　　D. 应用环境

**【解析】**单位应用管理会计，应包括应用环境（选项 D）、管理会计活动（选项 B）、工具方法（选项 A）、信息与报告（选项 C）四项管理会计要素。

**【答案】**ABCD

管理会计工具方法的应用领域：

| 应用领域 | 工具方法 |
|---|---|
| 战略管理领域 | 战略地图、价值链管理等 |
| 预算管理领域 | 滚动预算、零基预算、弹性预算、作业预算等 |
| 成本管理领域 | 目标成本法、标准成本法、变动成本法、作业成本法等 |
| 营运管理领域 | 本量利分析、敏感性分析、边际分析、内部转移定价、多维度盈利能力分析等 |
| 投融资管理领域 | 贴现现金流法、项目管理、情景分析、约束资源优化等 |
| 绩效管理领域 | 关键绩效指标法、经济增加值法、平衡计分卡、绩效棱柱模型等 |
| 风险管理领域 | 风险矩阵、风险清单等 |

1. 战略管理领域应用的工具方法

战略管理，是指对企业全局的、长远的发展方向、目标、任务和政策，以及资源配置作出决策和管理的过程。

战略管理领域应用的管理会计工具方法一般包括战略地图、价值链管理等。

战略地图通常以财务、客户、内部业务流程、学习与成长四个维度为主要内容，通过分析各维度的相互关系，绘制成战略因果关系图。

2. 预算管理领域应用的工具方法

预算管理领域应用的管理会计工具方法，一般包括滚动预算、零基预算、弹性预算、作业预算等。

| 工具方法 | 内容 | 具体应用 |
| --- | --- | --- |
| 滚动预算 | 是指企业根据上一期预算执行情况和新的预测结果，按既定的预算编制周期和滚动频率，对原有的预算方案进行调整和补充，逐期滚动，持续推进的预算编制方法。滚动预算一般包括中期滚动预算和短期滚动预算。中期滚动预算的预算编制周期通常为3年或5年，以年度作为预算滚动频率；短期滚动预算通常以1年为预算编制周期，以月度、季度作为预算滚动频率 | — |
| 零基预算 | 是指企业不以历史期经济活动及其预算为基础，以零为起点，从实际需要出发分析预算期经济活动的合理性，经综合平衡，形成预算的预算编制方法 | 适用于企业各项预算的编制，特别是不经常发生的预算项目或预算编制基础变化较大的预算项目 |
| 弹性预算 | 是指企业在分析业务量与预算项目之间数量依存关系的基础上，分别确定不同业务量及其相应预算项目所消耗资源的预算编制方法 | 适用于企业各项预算的编制，特别是市场、产能等存在较大不确定性，且其预算项目与业务量之间存在明显的数量依存关系的预算项目 |
| 作业预算 | 是指基于“作业消耗资源、产出消耗作业”的原理，以作业管理为基础的预算管理方法 | 主要适用于具有作业类型较多且作业链较长、管理层对预算编制的准确性要求较高、生产过程多样化程度较高，以及间接或辅助资源费用所占比重较大等特点的企业 |

3. 成本管理领域应用的工具方法

成本管理，是指企业在营运过程中实施成本预测、成本决策、成本计划、成本核算、成本分析和成本考核等一系列管理活动的总称。

| 工具方法 | 内容 | 具体应用 |
| --- | --- | --- |
| 目标成本法 | 是指企业以市场为导向，以目标售价和目标利润为基础确定产品的目标成本，从产品设计阶段开始，通过各部门、各环节乃至与供应商的通力合作，共同实现目标成本的成本管理方法 | 主要适用于制造业企业成本管理，在物流、建筑、服务等行业也有应用 |

续表

<table>
<tr><th>工具方法</th><th colspan="2">内容</th><th>具体应用</th></tr>
<tr><td>标准成本法</td><td colspan="2">是指企业以预先制定的标准成本为基础，通过比较标准成本与实际成本，计算和分析成本差异、揭示成本差异动因，进而实施成本控制、评价经济业绩的一种成本管理方法<br>（1）标准成本，是指在正常的生产技术水平和有效的经营管理条件下，企业经过努力应达到的产品成本水平<br>（2）成本差异，是指实际成本与相应标准成本之间的差额。当实际成本大于标准成本时，形成超支差异；当实际成本小于标准成本时，形成节约差异</td><td>一般适用于产品及其生产条件相对稳定，或生产流程与工艺标准化程度较高的企业</td></tr>
<tr><td rowspan="4">变动成本法</td><td colspan="2">是指企业以成本性态分析为前提条件，仅将生产过程中消耗的变动生产成本作为产品成本的构成内容，而将固定生产成本和非生产成本作为期间成本，直接由当期收益予以补偿的一种成本管理方法</td><td rowspan="4">主要适用于同时具备下列特征的企业：企业固定成本比重较大，企业规模大，产品或服务的种类多，固定成本分摊存在较大困难；企业作业保持相对稳定；短期经营决策发生较为频繁</td></tr>
<tr><td rowspan="3">按照成本性态分类</td><td>①固定成本，是指业务量在一定范围内增减变动，其总额不随业务量变动而增减变动，但单位成本随着业务量增加而相对减少的成本</td></tr>
<tr><td>②变动成本，是指在一定范围内，其总额随业务量变动发生相应的正比例变动，而单位成本保持不变的成本</td></tr>
<tr><td>③混合成本，是指总额随业务量变动但不成正比例变动的成本</td></tr>
<tr><td rowspan="3">作业成本法</td><td colspan="2">是指以“作业消耗资源、产出消耗作业”为原则，按照资源动因将资源费用追溯或分配至各项作业，计算出作业成本，然后再根据作业动因，将作业成本追溯或分配至各成本对象，最终完成成本计算的成本管理方法</td><td rowspan="3">主要适用于具备作业类型较多且作业链较长；同一生产线生产多种产品；企业规模较大且管理层对产品成本准确性要求较高；产品、客户和生产过程多样化程度较高；间接或辅助资源费用所占比重较大等特征的企业</td></tr>
<tr><td rowspan="2">作业按消耗对象不同分类</td><td>①主要作业，是指被产品、服务或顾客等最终成本对象消耗的作业</td></tr>
<tr><td>②次要作业，是指被原材料、主要作业等介于中间地位的成本对象消耗的作业</td></tr>
</table>

## 经典题解

**【例题 5·判断题】**变动成本法下的产品成本只包括生产过程中消耗的变动生产成本，不包括固定生产成本。（　　）(2019 年·1 分)

**【解析】**变动成本法，是指企业以成本性态分析为前提条件，仅将生产过程中消耗的变动生产成本作为产品成本的构成内容，而将固定生产成本和非生产成本作为期间成本，直接由当期收益予以补偿的一种成本管理方法。

**【答案】**√

**【例题 6·多选题】**下列各项中，属于变动成本的有（　　）。

A. 直接材料成本

B. 生产工人计件工资

C. 按销售额一定比例支付的销售代理费

D. 固定资产折旧

【解析】固定资产折旧属于固定成本。

【答案】ABC

4. 营运管理领域应用的工具方法

营运管理，是指为了实现企业战略和营运目标，各级管理者通过计划、组织、指挥、协调、控制、激励等活动，实现对企业生产经营过程中的物料供应、产品生产和销售等环节的价值增值管理。营运管理领域应用的管理会计工具方法，一般包括本量利分析、敏感性分析、边际分析、内部转移定价和多维度盈利能力分析等。

| 工具方法 | 内容 | 具体应用 |
|---|---|---|
| 本量利分析 | 本量利分析的基本公式如下：<br>营业利润 =（单价 - 单位变动成本）× 业务量 - 固定成本 | 主要用于企业生产决策、成本决策和定价决策，也可以广泛地用于投融资决策等。企业在营运计划的制订、调整以及营运监控分析等程序中通常会应用到本量利分析 |
| 敏感性分析 | 是指对影响目标实现的因素变化进行量化分析，以确定各因素变化对实现目标的影响及其敏感程度<br>敏感性分析可以分为单因素敏感性分析和多因素敏感性分析 | 具有广泛适用性，有助于识别、控制和防范短期营运决策、长期投资决策等相关风险，也可以用于一般经营分析 |
| 边际分析 | 是指分析某可变因素的变动引起其他相关可变因素变动的程度的方法，以评价既定产品或项目的获利水平，判断盈亏临界点，提示营运风险，支持营运决策 | 企业在营运计划的制订、调整以及营运监控分析等程序中通常会应用到边际分析 |
| 内部转移定价 | 是指企业内部转移价格的制定和应用方法<br>企业应用内部转移定价工具方法的主要目标，是界定各责任中心的经济责任，计量其绩效，为实施激励提供可靠依据 | 主要适用于具有一定经营规模、业务流程相对复杂、设置了多个责任中心且责任中心之间存在内部供求关系的企业 |
| 多维度盈利能力分析 | 是指企业对其一定期间内的经营成果，按照区域、产品、部门、客户、渠道、员工等维度进行计量，分析盈亏动因，从而支持企业精细化管理、满足内部营运管理需要的一种分析方法 | 主要适用于市场竞争压力较大、组织结构相对复杂或具有多元化产品（或服务）体系的企业 |

## 经典题解

【例题 7·单选题】下列各项中，不属于管理会计中营运管理领域工具方法的是（　　）。（2020 年·2 分）

A. 本量利分析

B. 内部转移定价

C. 多维度盈利能力分析

D. 风险清单

【解析】营运管理领域应用的管理会计工具方法一般包括：①本量利分析（选项 A）；②敏感性分析；③边际分析；④内部转移定价（选项 B）；⑤多维度盈利能力分析（选项 C）。选项 D 属于风险管理领域应用的工具方法。

【答案】D

5. 投融资管理领域应用的工具方法

投融资管理包括投资管理和融资管理。投资管理，是指企业根据自身战略发展规划，以企业价值最大化为目标，将资金投入到营运过程中的管理活动。融资管理，是指企业为实现既定的战略目标，在风险匹配的原则下，对通过一定的融资方式和渠道筹集资金进行的管理活动。投融资管理领域应用的管理会计工具方法，一般包括贴现现金流法、项目管理、情景分析、约束资源优化等。

| 工具方法 | 内容 | 具体应用 |
| --- | --- | --- |
| 贴现现金流法 | 是以明确的假设为基础，选择恰当的贴现率对预期的各期现金流入、流出进行贴现，通过贴现值的计算和比较，为财务合理性提供判断依据的价值评估方法 | 一般适用于在企业日常经营过程中，与投融资管理相关的资产价值评估、企业估值和项目投资决策等。贴现现金流法也适用于其他价值评估方法不适用的企业，包括正在经历重大变化的企业，如债务重组、重大转型、战略性重新定位、亏损或者处于开办期的企业等 |
| 项目管理 | 是指通过项目各参与方的合作，运用专门的知识、工具和方法，对各项资源进行计划、组织、协调、控制，使项目能够在规定的时间、预算和质量范围内，实现或超过既定目标的管理活动。项目管理的工具方法一般包括挣值法、成本效益法、价值工程法等 | 一般按照可行性研究、项目立项、项目计划、项目实施、项目验收和项目后评价等程序进行 |
| 情景分析 | 是指在对企业经营管理中未来可能出现的相关事件情景进行假设的基础上，结合企业管理要求，通过模拟等技术，分析相关方案发生的可能性、相应后果和影响，以作出最佳决策的方法 | 一般适用于企业的投融资决策，也可用于战略目标制定、风险评估等 |
| 约束资源优化 | 是指企业通过识别制约其实现生产经营目标的瓶颈资源，并对相关资源进行改善和调整，以优化企业资源配置、提高企业资源使用效率的方法 | 一般适用于企业的投融资管理和营运管理等领域 |

6. 绩效管理领域应用的工具方法

绩效管理，是指企业与所属单位（部门）、员工之间就绩效目标及如何实现绩效目标达成共识，并帮助和激励员工取得优异绩效，从而实现企业目标的管理过程。绩效管理的核心是绩效评价和激励管理。绩效管理领域应用的管理会计工具方法，一般包括关键绩效指标法、经济增加值法、平衡计分卡、绩效棱柱模型等。

| 工具方法 | 内容 | 具体应用 |
| --- | --- | --- |
| 关键绩效指标法 | 是指基于企业战略目标，通过建立关键绩效指标体系，将价值创造活动与战略规划目标有效联系，并据此进行绩效管理的方法 | 关键绩效指标法可单独使用，也可与经济增加值法、平衡计分卡等其他方法结合使用。关键绩效指标法的应用对象可为企业、所属单位（部门）和员工 |

续表

| 工具方法 | 内容 | 具体应用 |
|---|---|---|
| 经济增加值法 | 是指以经济增加值为核心，建立绩效指标体系，引导企业注重价值创造，并据此进行绩效管理的方法 | 经济增加值法较少单独使用，一般与关键绩效指标法、平衡计分卡等其他方法结合使用。企业应用经济增加值法进行绩效管理的对象，可为企业及其所属单位（部门）（可单独计算经济增加值）和高级管理人员 |
| 平衡计分卡 | 是指基于企业战略，从财务、客户、内部业务流程、学习与成长四个维度，将战略规划目标逐层分解转化为具体的、相互平衡的绩效指标体系，并据此进行绩效管理的方法 | 平衡计分卡通常与战略地图等其他工具结合使用<br>适用于战略目标明确、管理制度比较完善、管理水平相对较高的企业。平衡计分卡的应用对象可为企业、所属单位（部门）和员工 |
| 绩效棱柱模型 | 是指从企业利益相关者角度出发，以利益相关者满意为出发点，利益相关者贡献为落脚点，以企业战略、业务流程、组织能力为手段，用棱柱的五个构面构建三维绩效评价体系，并据此进行绩效管理的方法 | 适用于管理制度比较完善，业务流程比较规范，管理水平相对较高的大中型企业。绩效棱柱模型的应用对象可为企业和企业各级所属单位（部门） |

## 经典题解

**【例题 8·单选题】** 下列各项中，不属于绩效管理领域应用的管理会计工具方法是（　　）。（2020 年·2 分）

A. 平衡计分卡

B. 经济增加值法

C. 敏感性分析

D. 关键绩效指标法

**【解析】** 绩效管理领域应用的管理会计工具方法一般包括：（1）关键绩效指标法（选项 D）；（2）经济增加值法（选项 B）；（3）平衡计分卡（选项 A）；（4）绩效棱柱模型。选项 C 属于营运管理领域应用的管理会计工具方法。

**【答案】** C

7. 风险管理领域应用的工具方法

风险管理，是指企业为实现风险管理目标，对企业风险进行有效识别、评估、预警和应对等管理活动的过程。风险管理领域应用的管理会计工具方法，一般包括风险矩阵、风险清单等。

| 工具方法 | 内容 | 具体应用 |
|---|---|---|
| 风险矩阵 | 是指按照风险发生的可能性和风险发生后果的严重程度，将风险绘制在矩阵图中，展示风险及其重要性等级的风险管理工具方法 | 适用于表示企业各类风险重要性等级，也适用于各类风险的分析评价和沟通报告 |
| 风险清单 | 是指企业根据自身战略、业务特点和风险管理要求，以表单形式进行风险识别、风险分析、风险应对措施、风险沟通和报告等管理活动的工具方法 | 适用于各类企业及企业内部各个层级和各类型风险的管理 |

### 四、管理会计应用原则和应用主体（★）

1. 管理会计应用原则

| 相关原则 | 具体内容 |
|---|---|
| 战略导向原则 | 管理会计的应用应以战略规划为导向，以持续创造价值为核心，促进单位可持续发展 |
| 融合性原则 | 管理会计应嵌入单位相关领域、层次、环节，以业务流程为基础，利用管理会计工具方法，将财务和业务等有机融合 |
| 适应性原则 | 管理会计的应用应与单位应用环境和自身特征相适应。单位自身特征包括单位性质、规模、发展阶段、管理模式、治理水平等 |
| 成本效益原则 | 管理会计的应用应权衡实施成本和预期效益，合理、有效地推进管理会计应用 |

2. 管理会计应用主体

管理会计应用主体视管理决策主体确定，可以是单位整体，也可以是单位内部的责任中心；可以是企业，也可以是行政事业单位。

#### 经典题解

**【例题 9 · 单选题】** 单位应结合自身管理特点和时间需要选择适用的管理会计工具方法，下列各项中，这种方法体现的管理会计应用原则是（　　）。（2018 年 · 1.5 分）

A. 战略导向原则

B. 适应性原则

C. 融合性原则

D. 成本效益原则

**【解析】** 管理会计的适应性原则是指管理会计的应用应与单位应用环境和自身特征相适应，选项 B 正确。

**【答案】** B

**开小灶**

本节必考点汇总：（详见轻松过关 2）

1. 管理会计体系
2. 管理会计工具方法

## 第二节　产品成本核算的要求和一般程序



产品成本，是指企业在生产产品（包括提供劳务）过程中所发生的材料费用、职工薪酬等，以及不能直接计入而按一定标准分配计入的各种间接费用。产品成本核算是对生产经营过程中实际发生的成本、费用进行计算，并进行相应的账务处理。

### 一、产品成本核算的要求（★）

（一）做好各项基础工作

（二）正确划分各种费用支出的界限

（1）正确划分收益性支出和资本性支出。

（2）正确划分成本费用、期间费用和营业外支出的界线。

（3）正确划分本期成本费用与以后期间成本费用的界线。

（4）正确划分各种产品成本费用的界线。

（5）正确划分本期完工产品与期末在产品成本的界线。

【提示】产品成本与费用的区别。

| | 产品成本 | 费用 |
| --- | --- | --- |
| 定义 | 是为生产某种产品而发生的各种耗费的总和，通常是企业存货的主要构成内容 | 是企业在日常活动中发生的、会导致所有者权益减少的、与向所有者分配利润无关的经济利益的总流出 |
| 区别 | 着重于按产品进行归集，一般以成本计算单或成本汇总表及产品入库单等为计算依据，不包括期间费用 | 着重于按会计期间进行归集，一般以生产过程中取得的各种原始凭证为计算依据 |

（三）根据生产特点和管理要求选择适当的成本计算方法

产品成本的计算，关键是选择适当的产品成本计算方法。

（四）遵守一致性原则

在成本核算中，各种会计处理方法要前后一致，使前后各项的成本资料相互可比。

（五）编制产品成本报表

企业一般应当按月编制产品成本报表，全面反映企业生产成本、成本计划执行情况、产品成本及其变动情况等。

## 二、产品成本核算的一般程序（★）

（1）根据生产特点和成本管理的要求，确定成本核算对象。

（2）确定成本项目。企业计算产品生产成本，一般应当设置"直接材料""燃料及动力""直接人工""制造费用"等成本项目。

（3）设置有关成本和费用明细账。如生产成本明细账、制造费用明细账、产成品和自制半成品明细账等。

（4）收集确定各种产品的生产量、入库量、在产品盘存量以及材料、工时、动力消耗等，并对所有已发生生产费用进行审核。

（5）归集所发生的全部生产费用，并按照确定的成本计算对象予以分配，按成本项目计算各种产品的在产品成本、产成品成本和单位成本。

（6）结转产品销售成本。

为了核算产品成本和期间费用，企业一般应设置"生产成本""制造费用""主营业务成本""销售费用""管理费用""财务费用""税金及附加"等科目。如需单独核算停工损失和废品损失，还应设置"停工损失""废品损失"科目。

### 经典题解

【例题10·单选题】下列各项中，不属于产品成本的是（　　）。

A. 生产车间机器设备的日常维修费用

B. 生产产品耗用的材料成本

C. 生产车间管理人员的薪酬

D. 生产车间生产工人的薪酬

【解析】生产车间机器设备的日常维修费用计入管理费用，而不计入产品成本。

【答案】A

## 三、产品成本核算对象（★）

成本核算对象的确定（以一般情况下的制造企业为例）。

（1）大批大量单步骤生产产品或管理上不要求提供有关生产步骤成本信息的，以产品品种为成本核算对象。

（2）小批单件生产产品的，以每批或每件产品为成本核算对象。

（3）多步骤连续加工产品且管理上要求提供有关生产步骤成本信息的，以每种产品及各生产步骤为成本核算对象。

（4）产品规格繁多的，可将产品结构、耗用原材料和工艺过程基本相同的各种产品，适当合并作为成本核算对象。

## 四、产品成本项目（★）

企业应当根据生产经营特点和管理要求，按照成本的经济用途和生产要素内容相结合的原则或者成本性态等设置成本项目。制造企业一般可以设置的成本项目，如下表所示。

| 成本项目 | 含义 | 会计科目 |
|---|---|---|
| 直接材料 | 是指构成产品实体的原材料以及有助于产品形成的主要材料和辅助材料。包括原材料、辅助材料、备品配件、外购半成品、包装物、低值易耗品等费用 | “生产成本” |
| 燃料及动力 | 是指直接用于产品生产的外购和自制的燃料和动力 | |
| 直接人工 | 是指直接从事产品生产的工人的职工薪酬 | |
| 制造费用 | 是指企业为生产产品和提供劳务而发生的各项间接费用 | “制造费用” |

【提示】由于生产的特点、各种生产费用支出的比重及成本管理和核算的要求不同，企业可根据具体情况，适当增加一些项目，如“废品损失”“停工损失”等成本项目。

### 【历年考核要点】

1. 产品成本的构成及成本金额的计算
2. “制造费用”科目核算的内容

### 经典题解

**【例题11·单选题】** 下列各项中，不应计入产品成本的是(　　)。(2020年·2分)

A. 直接材料成本

B. 直接人工成本

C. 生产车间管理人员的工资

D. 销售机构相关的固定资产修理费用

**【解析】** 选项AB计入生产成本，选项C计入制造费用，选项ABC构成产品成本中的“料、工、费”，所以均计入产品成本。选项D计入销售费用。

**【答案】** D

**【例题12·单选题】** 下列各项中，企业生产产品耗用的外购半成品费用应归类的成本项目是(　　)。(2018年·1.5分)

A. 直接材料

B. 制造费用

C. 燃料及动力

D. 直接人工

**【解析】** 直接材料是指构成产品实体的原材料以及有助于产品形成的主要材料和辅助材料。包括原材料、辅助材料、备品配件、外购半成品、包装物、低值易耗品等费用。

**【答案】** A

**【例题13·多选题】** 下列各项中，属于制造业企业设置的成本项目有(　　)。(2018年·2分)

A. 制造费用

B. 废品损失

C. 直接材料

D. 直接人工

**【解析】** 制造业企业一般可设置“直接材料”“燃料及动力”“直接人工”“制造费用”等项目，由于生产的特点等原因，企业可根据具体的情况设置“废品损失”等成本项目。

**【答案】** ABCD

**【例题14·多选题】** 下列各项中，企业应通过“制造费用”科目核算的有(　　)。(2018年·2分)

A. 生产车间管理用耗电费

B. 生产车间生产工人工资

C. 生产车间管理用具摊销额

D. 生产车间管理用房屋折旧费

【解析】选项 B 应通过“生产成本”科目进行核算。

【答案】ACD

【例题 15 · 单选题】某企业只生产和销售甲产品，2021 年 4 月初在产品成本为 3.5 万元，4 月份发生如下费用：生产耗用材料 6 万元，生产工人工资 2 万元，行政管理部门人员工资 1.5 万元，制造费用 1 万元，月末在产品成本 3 万元，该企业 4 月份甲完工产品的生产成本为(　　)万元。

A. 11　　B. 9.5

C. 9　　D. 12.5

【解析】该企业 4 月份甲完工产品的生产成本=3.5+6+2+1−3=9.5（万元），行政管理部门人员工资计入管理费用，不影响生产成本。

【答案】B

【例题 16 · 多选题】某企业为生产多种产品的制造企业，下列各项中，通过“制造费用”科目核算的有(　　)。

A. 车间房屋和机器设备的折旧费

B. 支付用于产品生产的材料费用

C. 生产工人的工资和福利费

D. 季节性停工损失

【解析】选项 BC 直接计入生产成本。

【答案】AD

【例题 17 · 多选题】下列各项中，应计入产品成本的有(　　)。

A. 生产产品耗用的直接材料

B. 生产产品耗用的燃料费

C. 生产产品耗用的动力费

D. 生产车间管理人员的职工薪酬

【解析】产品成本包括企业在生产产品过程中所发生的材料费用、职工薪酬等，以及不能直接计入而按一定标准分配计入的各种间接费用。选项 ABC 属于直接产品成本，选项 D 属于间接费用。

【答案】ABCD

## 第三节　产品成本的归集和分配



### 一、产品成本归集和分配的基本原则（★）

企业应当根据生产经营特点，以正常生产能力水平为基础，按照资源耗费方式确定合理的分配标准。

具体可以体现为以下原则：

| 原则 | 内容 |
| --- | --- |
| 受益性原则 | 谁受益、谁负担，负担多少视受益程度而定 |
| 及时性原则 | 要及时将各项成本费用分配给受益对象，不应将本应在上期或下期分配的成本费用分配给本期 |
| 成本效益性原则 | 成本分配所带来的效益要远大于分配成本 |
| 基础性原则 | 成本分配要以完整、准确的原始记录为依据 |
| 管理性原则 | 成本分配要有助于企业加强成本管理 |

【提示】企业不得以计划成本、标准成本、定额成本等代替实际成本。企业采用计划成本、标准成本、定额成本等类似成本进行直接材料日常核算的，期末，应当将耗用直接材料的计划成本或定额成本等类似成本调整为实际成本。

## 二、要素费用的归集和分配（★★★）

（一）成本核算的科目设置

1. “生产成本”科目

“生产成本”科目应按产品品种等成本核算对象设置基本生产成本和辅助生产成本明细科目。其中，基本生产成本应当分别按照基本生产车间和成本核算对象设置明细账；辅助生产进行的产品生产和劳务供应是为基本生产服务的。

2. “制造费用”科目

制造费用是指制造业企业为生产产品（或提供劳务）而发生的，应计入产品成本但没有专设成本项目的各项间接生产费用。

（二）材料、燃料、动力费用的归集和分配

1. 归集和分配

制造业企业外购燃料和动力的，应当根据实际耗用数量或者合理的分配标准对燃料和动力费用进行归集分配，生产部门直接用于生产的燃料和动力，直接计入生产成本。生产部门间接用于生产（如照明、取暖）的燃料和动力，计入制造费用。

无论是外购的，还是自制的，发生材料、燃料及动力等各项要素费用时，对于直接用于产品生产、构成产品实体的原材料、燃料及动力，一般分产品领用，应根据领退料凭证直接计入相应产品成本的“直接材料”项目。

对于不能分产品领用的，例如，化工生产中为了几种产品共同耗用的材料，需要采用适当的分配方法，分配计入各相关产品成本的“直接材料”成本项目。分配标准的选择可以依据材料消耗和产品的关系，材料、燃料耗用量与产品重量、体积有关的，按照其重量或者体积进行分配，例如，以生铁为原材料生产各种铁铸件的，应以生产的铁铸件的重量比例为分配依据，燃料也可以按照所耗用的原材料作为分配标准，动力一般按用电度数（或水吨数），也可以按照产品的生产工时或者机器工时进行分配。

（1）通用分配公式。

对于能分产品耗用的费用等，直接记入产品成本的“直接材料”“直接人工”等项目；对于不能分产品耗用的费用，分配记入相关产品的“直接材料”“直接人工”等项目。分配时通用公式如下：

分配率=待分配费用÷分配标准之和

某产品应分配的费用金额=分配率×该产品的分配标准

分配标准：产品重量、消耗定额、生产工时、产品产量、产值比例等。

（2）材料、燃料、动力费用相应的计算公式。

材料、燃料、动力费用分配率=材料、燃料、动力消耗总额/分配标准（如产品重量、耗用的原材料、生产工时等）

某种产品应负担的材料、燃料、动力费用=该产品的重量、耗用的原材料、生产工时等×材料、燃料、动力费用分配率

在消耗定额比较准确的情况下，原材料、燃料也可按照产品的材料定额消耗量比例或材料定额费用比例进行分配。

按材料定额消耗量比例分配材料费用的计算公式如下：

某种产品材料定额消耗量=该种产品实际产量×单位产品材料消耗定额

材料消耗量分配率=材料实际总消耗量/各种产品材料定额消耗量之和

某种产品应分配的材料费用=该种产品的材料定额消耗量×材料消耗量分配率×材料单价

**【举例】**某企业生产甲、乙、丙三种产品。10月份三种产品的投入量分别为：500件、500件和375件，三种产品的消耗定额分别为：4千克、6千克和8千克，甲、乙、丙

三种产品本月共耗用原材料 10000 千克，每千克 5.20 元，共计 52000 元。

要求：按材料定额消耗量比例计算三种产品应负担的材料费用。

**【答案】**

甲产品的定额消耗量 = 500×4 = 2000（千克）；

乙产品的定额消耗量 = 500×6 = 3000（千克）；

丙产品的定额消耗量 = 375×8 = 3000（千克）。

材料费用分配率 = 52000/（2000+3000+3000）= 6.5；

甲产品应负担的材料费用 = 6.5×2000 = 13000（元）；

乙产品应负担的材料费用 = 6.5×3000 = 19500（元）；

丙产品应负担的材料费用 = 6.5×3000 = 19500（元）。

2. 账务处理

借：生产成本、制造费用等

　贷：原材料

**【历年考核要点】**

共同耗用的材料按定额消耗量比例分配。

## 经典题解

**【例题 18 · 单选题】** 某企业本月投产甲产品 50 件，乙产品 100 件，生产甲、乙两种产品共耗用材料 4500 千克，每千克 20 元，每件甲、乙产品材料消耗定额为 50 千克、15 千克，按材料定额消耗量比例分配材料费用，甲产品分配的材料费用为（　　）元。（2017 年 · 1.5 分）

A. 50000　　B. 30000

C. 33750　　D. 56250

**【解析】** 材料费用分配率 = 4500×20/（50×50+100×15）= 22.5，甲产品应分配的材料费用 = 22.5×50×50 = 56250（元）。

**【答案】** D

**【例题 19 · 单选题】** 某企业生产 A、B 两种产品的外购动力消耗定额分别为 4 工时和 6.5 工时。6 月份生产 A 产品 500 件，B 产品 400 件，共支付动力费 11040 元。该企业按定额消耗量比例分配动力费，当月 A 产品应分配的动力费为（　　）元。

A. 3840　　B. 4800

C. 6343　　D. 6240

**【解析】** 动力费用分配率 = 11040/（500×4+400×6.5）= 2.4，A 产品应分配的动力费 = 2.4×500×4 = 4800（元）。

**【答案】** B

（三）职工薪酬的归集和分配

职工薪酬是企业在生产产品或提供劳务活动过程中所发生的各种直接和间接人工费用的总和。

1. 归集和分配

（1）生产职工薪酬费用分配率 = 各种产品生产职工薪酬总额÷各种产品生产工时之和

某种产品应分配的生产职工薪酬 = 该种产品生产工时×生产职工薪酬费用分配率

（2）如果取得各种产品的实际生产工时数据比较困难，而各种产品的单件工时定额比较准确，也可按产品的定额工时比例分配职工薪酬，相应的计算公式如下：

某种产品耗用的定额工时 = 该种产品投产量×单位产品工时定额

生产职工薪酬费用分配率 = 各种产品生产职工薪酬总额÷各种产品定额工时之和

某种产品应分配的生产职工薪酬 = 该种产品定额工时×生产职工薪酬费用分配率

2. 职工薪酬的账务处理

借：生产成本

　　制造费用

　　管理费用

　　销售费用

　贷：应付职工薪酬

**【历年考核要点】**

按定额工时比例分配职工薪酬。

## 经典题解

**【例题20·单选题】** 某企业期初无在产品，本月完工甲产品600件，乙产品400件，共耗用直接人工费用12万元，采用定额工时比例法分配甲产品和乙产品直接人工费用。甲产品每件定额工时6小时，乙产品每件定额工时3小时。甲产品负担的直接人工费用是（　　）万元。（2018年·1.5分）

A. 7.2

B. 7.3

C. 4.8

D. 9

**【解析】** 甲产品负担的直接人工费用 = 12/（6×600+3×400）×600×6 = 9（万元）。

**【答案】** D

**【例题21·单选题】** 某企业生产甲、乙两种产品，2018年12月共发生生产工人工资70000元，福利费10000元。上述人工费按生产工时比例在甲、乙产品之间分配，其中甲产品的生产工时为1200小时，乙产品的生产工时为800小时。该企业生产甲产品应分配的人工费为（　　）元。

A. 28000

B. 32000

C. 42000

D. 48000

**【解析】** 该企业生产甲产品应分配的人工费 =（70000 + 10000）/（1200 + 800）× 1200 = 48000（元）。

**【答案】** D

（四）辅助生产费用的归集和分配

1. 辅助生产费用的归集

辅助生产费用的归集通过“生产成本—辅助生产成本”科目进行。一般按车间及产品和劳务设立明细账。

2. 辅助生产费用的分配及账务处理

辅助生产费用的分配应通过辅助生产费用分配表进行。辅助生产费用的分配方法通常采用直接分配法、交互分配法、计划成本分配法、顺序分配法和代数分配法等。

**【提示】** 顺序分配法和代数分配法的具体处理已删除。

（1）直接分配法。

| 特点 | 不考虑各辅助生产车间之间相互提供劳务或产品的情况，直接将各辅助生产车间发生的费用分配给辅助生产以外的各受益单位 |
|---|---|
| 计算公式 | 辅助生产的单位成本 = 辅助生产费用总额 ÷ 辅助生产的产品或劳务总量（不包括对各辅助生产车间之间提供的产品或劳务量）<br>各受益车间、产品或各部门应分配的费用 = 辅助生产的单位成本 × 该辅助生产车间之外的车间、产品或部门的耗用量 |
| 优缺点 | 采用此方法，各辅助生产费用只进行对外分配，且只分配一次，计算简便，但分配结果不够准确 |
| 适用范围 | 此方法适用于辅助生产内部相互提供产品和劳务不多、不进行费用的交互分配、对辅助生产成本和企业产品成本影响不大的情况 |

**【举例】** 某工业企业下设供水和供电两个辅助生产车间。辅助生产车间的制造费用不通过“制造费用”科目核算。基本生产成本明细账设有“直接材料”“直接人工”和“制造费用”三个成本项目。2020年4月份各辅助生产车间发生的费用及提供的产品和劳务数量如下表所示。

数量单位：吨、度
金额单位：元

| 辅助车间名称 | | 供水车间 | 供电车间 |
|---|---|---|---|
| 待分配辅助生产费用 | | 17600 | 18000 |
| 提供产品、劳务数量 | | 23000 | 35000 |
| 耗用量 | 供水车间耗用电 | | 5000 |
| | 供电车间耗用水 | 1000 | |
| | 基本车间耗用水电 | 20000 | 26000 |
| | 行政部门耗用水电 | 2000 | 4000 |

要求：

（1）采用直接分配法，分别计算水费分配率和电费分配率。

（2）根据水费分配率，计算各部门分配水费。

（3）根据电费分配率，计算各部门分配电费。

（4）编制辅助生产费用分配的会计分录（“生产成本—辅助生产成本”科目要列出明细科目）。

**【答案】**

（1）水费分配率=17600/（20000+2000）=0.8；

电费分配率=18000/（26000+4000）=0.6。

（2）水费分配：

基本车间耗用水费=20000×0.8=16000（元）；

行政部门耗用水费=2000×0.8=1600（元）。

（3）电费分配：

基本车间耗用电费=26000×0.6=15600（元）；

行政部门耗用电费=4000×0.6=2400（元）。

（4）分配水费的会计分录：

借：制造费用　　16000
　　管理费用　　1600
　贷：生产成本—辅助生产成本—供水车间　　17600

分配电费的会计分录：

借：制造费用　　15600
　　管理费用　　2400
　贷：生产成本—辅助生产成本—供电车间　　18000

**【历年考核要点】**

1. 直接分配法特点

2. 直接分配法下费用分配率计算及各受益部门所分担费用的计算

## 经典题解

**【例题22·判断题】**直接分配法不考虑各辅助生产车间之间相互提供劳务或产品的情况，将各种辅助生产费用直接分配给辅助生产车间以外的各受益单位。（　　）（2018年·1分）

**【答案】**√

**【例题23·单选题】**甲公司有供电和供水两个辅助生产车间，2020年1月供电车间供电80000度，费用120000元，供水车间供水5000吨，费用36000元；供电车间耗用水200吨，供水车间耗用电600度，甲公司采用直接分配法进行核算，2020年1月供水车间费用分配率是（　　）。

A. 7.375

B. 7.625

C. 7.2

D. 7.5

【解析】供水车间的费用分配率=待分配的辅助生产费用/劳务数量=36000/（5000-200）=7.5。

【答案】D

（2）交互分配法。

| 特点 | 进行两次分配。首先，在各辅助生产车间之间进行一次交互分配；然后将各辅助生产车间交互分配后的实际费用在辅助生产车间以外的各受益单位进行分配 |
|---|---|
| 计算公式 | 对内交互分配率=辅助生产费用总额/辅助生产车间提供的总产品或劳务总量<br>对外分配率=（交互分配前的成本费用+交互分配转入的成本费用-交互分配转出的成本费用）/对辅助生产车间以外的其他部门提供的产品或劳务总量 |
| 优缺点 | 提高了分配的正确性，但同时加大了分配的工作量 |

【举例】甲公司辅助生产车间的制造费用不通过“制造费用”科目核算。该公司锅炉和机修两个辅助生产车间之间相互提供产品和劳务，采用交互分配法进行分配。锅炉车间的成本按供汽量比例分配，机修车间的修理费用按修理工时比例进行分配。该公司2020年3月有关辅助生产成本的资料如下表所示。

数量单位：小时、立方米

金额单位：元

| 辅助生产车间名称 | | | 机修车间 | 锅炉车间 |
|---|---|---|---|---|
| 待分配辅助生产费用 | | | 480000 | 45000 |
| 供应劳务、产品数量 | | | 160000 | 10000 |
| 耗用劳务、产品数量 | 锅炉车间 | | 10000 | |
| | 机修车间 | | | 1000 |
| | 基本生产车间 | 第一车间 | 80000 | 5100 |
| | | 第二车间 | 70000 | 3900 |

要求：

（1）采用交互分配法，计算对内交互分配的机修车间修理费用分配率和锅炉车间蒸汽费用分配率。

（2）计算机修车间对锅炉车间分配的费用以及锅炉车间对机修车间分配的费用，编制辅助生产交互分配的会计分录（“生产成本—辅助生产成本”科目要列出明细科目）。

（3）计算机修车间、锅炉车间对外分配的分配率（保留两位小数）。

（4）计算基本生产第一、二车间应该承担的辅助生产费用。

（5）编制辅助生产费用分配的会计分录（“生产成本—辅助生产成本”科目要列出明细科目）。

【答案】

（1）对内交互分配：

机修车间修理费用分配率 = 480000/160000 = 3；

锅炉车间蒸汽费用分配率 = 45000/10000 = 4.5。

（2）锅炉车间分配给机修车间的蒸汽费用 = 1000×4.5 = 4500（元）；

机修车间分配给锅炉车间的修理费用 = 10000×3 = 30000（元）。

借：生产成本—辅助生产成本
　　　　—机修车间　　4500
　　　　—锅炉车间　　30000
　贷：生产成本—辅助生产成本
　　　　—机修车间　　30000
　　　　—锅炉车间　　4500

（3）机修车间交互分配后待分配的费用 = 480000+4500−30000 = 454500（元）；

锅炉车间交互分配后待分配的费用 = 45000+30000−4500 = 70500（元）；

机修车间对外分配率 = 454500/（80000+70000）= 3.03；

锅炉车间对外分配率 = 70500/（5100+3900）= 7.83。

（4）第一车间应分配的修理费用 = 80000×3.03 = 242400（元）；

第二车间应分配的修理费用 = 70000×3.03 = 212100（元）；

第一车间应分配的蒸汽费用 = 5100×7.83 = 39933（元）；

第二车间应分配的蒸汽费用 = 70500−39933 = 30567（元）（由于会有小数尾差，所以用倒挤）；

第一车间应承担的辅助生产成本 = 242400+39933 = 282333（元）；

第二车间应承担的辅助生产成本 = 212100+30567 = 242667（元）。

（5）辅助生产费用分配的会计分录：

借：制造费用—第一车间　　282333
　　　　—第二车间　　242667
　贷：生产成本—辅助生产成本
　　　　—机修车间　　454500
　　　　—锅炉车间　　70500

【历年考核要点】

1. 交互分配法的特点

2. 对内交互分配率的计算以及内部交互分配费用的计算

3. 对外待分配费用的计算以及对外分配率的计算

## 经典题解

**【例题 24 · 单选题】** 辅助生产成本交互分配法的交互分配，是指将辅助生产成本首先在企业内部（　　）。

A. 辅助生产车间之间分配

B. 辅助生产车间与销售部门之间分配

C. 辅助生产车间与基本生产车间之间分配

D. 辅助生产车间与行政管理部门之间分配

**【解析】** 采用交互分配法分配辅助生产成本，首先将辅助生产明细账上的合计数根据各辅助生产车间、部门相互提供的劳务或产品数量计算分配率，在辅助车间进行第一次交互分配，选项 A 正确。

**【答案】** A

**【例题 25 · 单选题】** 某企业有甲、乙两个辅助生产车间，采用交互分配法分配辅助生产费用，2020 年 5 月分配辅助生产费用前，甲车间通过“生产成本—辅助生产成本”科目归集辅助生产费用 21.6 万元；当月交互分配时，甲车间由乙车间分入辅助生产费用 1.4 万元，向乙车间分出辅助生产费用 1.8 万元，不考虑其他因素，由甲车间向其他部门分配的辅助生产费用为（　　）万元。

A. 21.6　　　　B. 21.2

C. 22　　　　D. 23

**【解析】** 甲车间向其他部门分配的辅助生产费用 = 21.6+1.4−1.8 = 21.2（万元）。

**【答案】** B

**【例题 26 · 多选题】** 甲公司有供电、燃气两个辅助生产车间，公司采用交互分配法分配辅助生产费用。本月供电车间供电 20 万度，成本费用为10万元，其中燃气车间耗用1万度电；燃气车间供气10万吨，成本费用为20万元，其中供电车间耗用0.5万吨燃气。下列计算中，正确的有（　　）。

A. 供电车间分配给燃气车间的成本费用为0.5万元

B. 燃气车间分配给供电车间的成本费用为1万元

C. 供电车间对外分配的成本费用为9.5万元

D. 燃气车间对外分配的成本费用为19.5万元

【解析】供电车间交互分配率＝10/20＝0.5；

供电车间分配给燃气车间的电费＝0.5×1＝0.5（万元）；

燃气车间交互分配率＝20/10＝2；

燃气车间分配给供电车间的燃气费＝2×0.5＝1（万元）；

燃气车间交互分配后待分配的费用＝20－1+0.5＝19.5（万元）；

供电车间交互分配后待分配的费用＝10－0.5+1＝10.5（万元）。

【答案】ABD

（3）计划成本分配法。

| | |
|---|---|
| **特点** | 辅助生产为各受益单位提供的劳务或产品，都按劳务或产品的计划单位成本进行分配，辅助生产车间实际发生的费用与按计划单位成本分配转出的费用之间的差额采用简化计算方法全部计入管理费用 |
| **计算公式** | 成本差异＝实际成本－按计划分配率分配转出的费用 |
| **优缺点** | 简化和加速了计算工作便于考核和分析各受益单位的成本经济责任，但成本分配不够准确 |
| **适用范围** | 适用于辅助生产劳务或产品计划单位成本比较准确的企业 |

**【历年考核要点】**

实际成本与计划转出差额的科目归属。

**经典题解**

**【例题27·单选题】**某企业采用计划成本分配法分配辅助生产费用时，应将生产车间实际发生的费用与按计划单位成本分配转出的费用之间的差额计入的会计科目是（　　）。（2020年·2分）

A. 制造费用

B. 管理费用

C. 生产成本

D. 销售费用

【解析】采用计划成本分配法分配辅助生产费用时，应将辅助生产车间实际发生的费用与按计划单位成本分配转出的费用之间的差额采用简化计算方法全部计入管理费用。

【答案】B

（五）制造费用的归集和分配

| | |
|---|---|
| **含义** | 制造费用，是指工业企业为生产产品（或提供劳务）而发生的，应计入产品成本但没有专设成本项目的各项间接费用 |
| **归集** | 制造费用归集和分配应当通过“制造费用”科目进行<br>制造费用的内容包括：物料消耗，车间管理人员的薪酬，车间管理用房屋和设备的折旧费、租赁费和保险费，车间管理用具摊销，车间管理用的照明费、水费、取暖费、劳动保护费、设计制图费、试验检验费、差旅费、办公费以及季节性及修理期间停工损失等 |

续表

| | | |
|---|---|---|
| 分配 | 分配原理 | 在基本生产车间只生产一种产品的情况下，制造费用可以直接计入该种产品的成本。在生产多种产品的情况下，制造费用应采用适当的分配方法计入各种产品的成本 |
| | 分配公式 | 制造费用分配率=制造费用总额÷各产品分配标准之和<br>某种产品应分配的制造费用=该种产品分配标准×制造费用分配率 |
| | 方法 | (1) 生产工人工时比例法：较为常用<br>(2) 生产工人工资比例法：适用于各种产品生产机械化程度相差不多的企业<br>(3) 机器工时比例法：产品生产的机械化程度较高的车间<br>(4) 按年度计划分配率分配法：适用于季节性生产企业 |

**【历年考核要点】**

1. 制造费用的分配方法
2. 按照机器工时分配制造费用的计算

## 经典题解

**【例题28·单选题】** 某制造业企业生产M、N两种产品，采用机器工时比例法分配制造费用。2019年12月，共发生制造费用100万元，M产品实际耗用机器工时200小时，N产品实际耗用机器工时300小时。不考虑其他因素，该企业M产品当月应分配的制造费用为（　　）万元。（2020年·2分）

A. 60

B. 100

C. 50

D. 40

**【解析】** 该企业M产品当月应分配的制造费用=200/（200+300）×100=40（万元）。

**【答案】** D

**【例题29·单选题】** 某企业本月生产甲、乙产品分别耗用机器工时50000小时、70000小时，当月车间设备维修费96000元（不考虑增值税），车间管理人员工资24000元，该企业按照机器工时分配制造费用。不考虑其他因素，当月甲产品应分担的制造费用为（　　）元。

A. 14000

B. 10000

C. 40000

D. 50000

**【解析】** 车间设备维修费计入管理费用，当月甲产品应分配的制造费用=24000/（50000+70000）×50000=10000（元），选项B正确。

**【答案】** B

**【例题30·多选题】** 下列各项中，属于制造企业制造费用分配方法的有（　　）。

A. 生产工人工时比例法

B. 交互分配法

C. 机器工时比例法

D. 生产工人工资比例法

**【解析】** 制造费用的分配，通常采用生产工人工时比例法、生产工人工资比例法、机器工时比例法和按年度计划分配率分配法等。选项B属于辅助生产费用的分配方法。

**【答案】** ACD

### （六）废品损失和停工损失的核算

1. 废品损失的核算

废品损失是指在生产过程中发生的和入库后发现的超定额的不可修复废品的生产成本，以及可修复废品的修复费用，扣除回收的废品残料价值和应收赔款以后的损失。

【提示】不属于废品损失的情形：（1）经质量检验部门鉴定不需要返修、可以降价出售的不合格品；（2）产品入库后由于保管不善等原因而损坏变质的产品；（3）实行“三包”企业在产品出售后发现的废品。

为单独核算废品损失，企业应增设“废

品损失”科目，在成本项目中增设“废品损失”项目。废品损失也可不单独核算，相应费用等体现在“生产成本—基本生产成本”“原材料”等科目中。辅助生产一般不单独核算废品损失。

（1）不可修复废品损失。

不可修复废品损失的生产成本，可按废品所耗实际费用计算，也可按废品所耗定额费用计算。

| 核算标准 | 核算方法 | |
|---|---|---|
| 按所耗实际费用 | 完工前发现 | 需要选取适当的分配方法将废品报废前和合格品在一起计算的各项费用，在合格品和废品之间进行分配，从而计算出废品的实际成本 |
| | 完工后发现 | 单位废品负担的各项生产费用应与单位合格产品完全相同，可按合格品产量和废品的数量比例分配各项生产费用，计算废品的实际成本 |
| 按所耗定额费用 | 废品的生产成本是按废品数量和各项费用定额计算的，不需要考虑废品实际发生的生产费用 | |

（2）可修复废品损失。

“废品损失”科目只登记返修发生的各种费用，不登记返修前发生的费用。

| ①发生可修复废品成本 | ②回收残料价值和应收赔款 | ③结转废品净损失 |
|---|---|---|
| 借：废品损失<br>　贷：原材料<br>　　　应付职工薪酬<br>　　　制造费用 | 借：原材料<br>　　其他应收款<br>　贷：废品损失 | 借：生产成本—基本生产成本<br>　贷：废品损失 |

**【历年考核要点】**

废品损失的核算范围及废品损失金额的计算。

## 经典题解

**【例题 31 · 单选题】** 某企业产品入库后发现可修复废品一批，生产成本为 20 万元，返修过程中发生直接材料 2 万元、直接人工 3 万元、制造费用 4 万元，废品残料作价 1 万元已回收入库。不考虑其他因素，该企业可修复废品的净损失为（　　）万元。（2018 年 · 1.5 分）

A. 8　　　　B. 28

C. 20　　　　D. 29

**【解析】** 可修复废品的净损失 =（2+3+4）−1=8（万元）。

**【答案】** A

**【例题 32 · 多选题】** 下列各项中，应计入废品损失的有（　　）。

A. 可修复废品的修复费用，扣除回收废品残料价值和应收赔款以后的损失

B. 产品入库后发现的超定额的不可修复废品的生产成本，扣除回收废品残料价值和应收赔款以后的损失

C. 产品入库后因保管不善而损坏变质的产品成本，扣除回收废品残料价值和应收赔款以后的损失

D. 生产过程中发生的超定额的不可修复废品的生产成本，扣除回收废品残料价值和应收赔款以后的损失

**【解析】** 废品损失是指在生产过程中发生的（选项 D）和入库后发现的（选项 B）超定额的不可修复废品的生产成本，以及可修复废品的修复费用（选项 A），扣除回

收的废品残料价值和应收赔款以后的损失。

【答案】ABD

【例题33·单选题】某企业产品入库后发现可修复废品一批，其生产成本为3500元。修复废品耗用直接材料1000元，直接人工500元、制造费用800元，回收残料计价100元，应收过失人赔款100元。不考虑其他因素，该批废品净损失为(　　)元。

A. 2100　　B. 5600

C. 3600　　D. 2300

【解析】该批废品净损失 = 1000 + 500 + 800 - 100 - 100 = 2100（元）。

【答案】A

【例题34·单选题】某工业企业甲产品在生产过程中发现不可修复废品一批，该批废品的成本构成为：直接材料3200元，直接人工4000元，制造费用2000元。废品残料计价500元已回收入库，应收过失人赔偿款1000元。假定不考虑其他因素，该批废品的净损失为(　　)元。

A. 7700　　B. 8700

C. 9200　　D. 10700

【解析】废品损失是在生产过程中发生的和入库后发现的超定额的不可修复废品的生产成本，以及可修复废品的修复费用，扣除回收的废品残料价值和应收赔款以后的损失。所以该批废品的净损失 = 3200 + 4000 + 2000 - 500 - 1000 = 7700（元）。

【答案】A

【例题35·判断题】经质检部门鉴定不需要返修、可以降价出售的不合格品，不计入废品损失。(　　)

【答案】√

【例题36·判断题】不单独核算废品损失的企业，相应的费用直接反映在“制造费用”或“营业外支出”科目中。(　　)

【解析】不单独核算废品损失的企业，相应费用等体现在“生产成本—基本生产成本”“原材料”等科目中。

【答案】×

2. 停工损失的核算

（1）单独核算停工损失的企业，应该增设“停工损失”科目，在成本项目中增设“停工损失”项目。

（2）不单独核算停工损失的企业，可直接反映在“制造费用”或“营业外支出”等科目中。辅助生产一般不单独核算停工损失。

（3）不满1个工作日的停工，一般不计算停工损失。“停工损失”科目月末无余额。

| 停工类型 | 内容 | 处理原则 |
| --- | --- | --- |
| 正常停工 | 季节性停工、正常生产周期内的修理期间的停工、计划内减产停工等 | 计入产品成本 |
| 非正常停工 | 原材料或工具等短缺停工、设备故障停工、电力中断停工、自然灾害停工等 | 计入当期损益 |

账务处理：

①停工期内发生，应列作停工损失的费用：

借：停工损失

　贷：应付职工薪酬、制造费用等

②应收过失人员或保险公司赔款：

借：其他应收款

　贷：停工损失

③期末时：

借：生产成本—基本生产成本（由本月产品成本负担的部分）

　　营业外支出（属于自然灾害部分）

　贷：停工损失

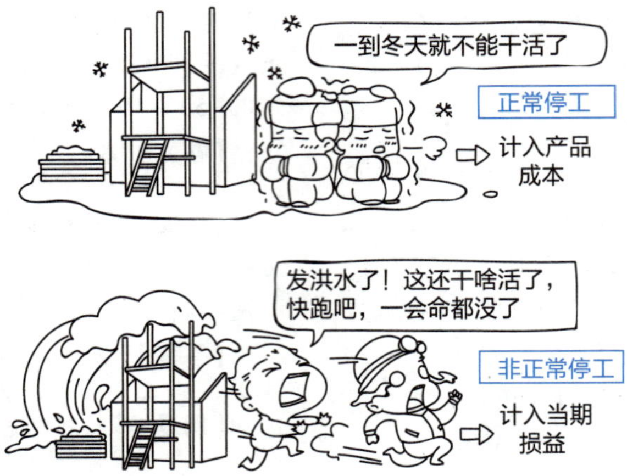


### 经典题解

【例题37·判断题】制造业企业发生的季节性停工费用应直接计入当期损益。(　　)(2020年·1分)

【解析】季节性停工、修理期间的正常停工费用在产品成本核算范围内，应计入产品成本。非正常停工费用应计入企业当期损益。

【答案】×

## 三、生产费用在完工产品和在产品之间的归集和分配（★★★）

（一）在产品数量的核算

企业的在产品是指没有完成全部生产过程、不能作为商品销售的产品，包括正在车间加工中的在产品（包括正在返修的废品）和已经完成一个或几个生产步骤但还需继续加工的半成品（包括未经验收入库的产品和等待返修的废品）两部分。

【提示1】能够直接对外销售的自制半成品，属于完工产品，验收入库后不应列入在产品。

【提示2】在产品清查结果的处理（在产品盘盈、盘亏处理的核算，应在“制造费用”科目结账前进行）：

| | 账务处理 | |
|---|---|---|
| | 批准前 | 批准后 |
| 盘盈 | 借：生产成本—基本生产成本<br>　贷：待处理财产损溢（定额成本） | 借：待处理财产损溢<br>　贷：制造费用 |
| 盘亏、毁损 | 借：待处理财产损溢<br>　贷：生产成本—基本生产成本<br>借：原材料等（取得的残料）<br>　贷：待处理财产损溢 | 借：制造费用（车间管理不善）<br>　贷：待处理财产损溢 |

### 经典题解

【例题38·判断题】工业企业在产品生产过程中通常会存在一定数量的在产品，在产品应包括对外销售的自制半成品。(　　)

【解析】工业企业的在产品不包括直接对外销售的自制半成品。

【答案】×

（二）生产费用在完工产品和在产品之间的分配

1. 分配原理

基本公式：月初在产品成本+本月发生生产成本=本月完工产品成本+月末在产品成本

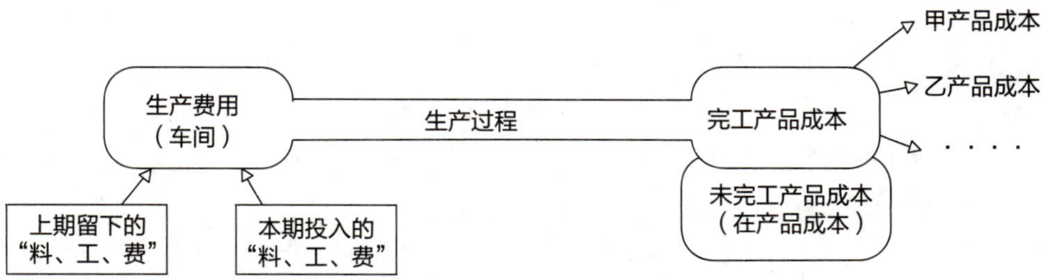


计算公式：

某种完工产品的总成本=期初在产品成本+本期投入的生产费用−期末在产品成本

$$某种完工产品的单位成本=\frac{某种完工产品的总成本}{完工产成品数量}$$

2. 分配方法

完工产品和在产品费用分配方法通常有：不计算在产品成本法、在产品按固定成本计价法、在产品按所耗直接材料成本计价法、约当产量比例法、在产品按定额成本计价法、在产品按完工产品成本计价法、定额比例法等。本章主要介绍约当产量比例法、在产品按定额成本计价法和定额比例法。

（1）约当产量比例法。

| | |
|---|---|
| **计算公式** | 月末在产品约当产量=月末在产品数量×完工程度<br>$分配率（单位成本）=\frac{月初在产品成本+本月发生生产成本}{完工产品产量+月末在产品约当产量}$<br>完工产品成本=分配率×完工产品产量<br>月末在产品成本=分配率×月末在产品约当产量 |
| **完工程度的计算** | 分配工资、福利费（直接人工）和制造费用完工程度：<br>a. 通常假定处于某工序的在产品只完成本工序的一半：<br>$某道工序完工程度=\frac{前面各道工序工时定额之和+本道工序工时定额\times 50\%}{产品工时定额}\times 100\%$<br>b. 如果特指了在产品所处工序的完工程度时：<br>某道工序完工程度=<br>$\frac{前面各道工序工时定额之和+本道工序工时定额\times 本道工序平均完工程度}{产品工时定额}\times 100\%$<br>c. 若各工序在产品数量和单位工时定额相差不多，在产品的完工程度也可按50%计算 |

续表

<table>
<tr><td>完工程度的计算</td><td>分配原材料完工程度：<br>a. 原材料在生产开始时一次投入：<br>在产品无论完工程度如何，都应和完工产品负担同样的材料，即在产品原材料完工程度为 100%<br>b. 原材料陆续投入：<br>a）分工序投入，但在每一道工序开始时一次投入：<br>$某工序在产品完工程度=\frac{至本工序累计材料消耗定额}{产品材料消耗定额}\times 100\%$<br>b）分工序投入，但在每一道工序随加工进度陆续投入：<br>$某工序在产品完工程度=\frac{前面各工序累计材料消耗定额+本工序材料消耗定额\times 50\%}{产品材料消耗定额}\times 100\%$</td></tr>
<tr><td>适用条件</td><td>产品数量较多，各月在产品数量变化也较大，且生产成本中直接材料成本和直接人工等加工成本的比重相差不大的产品</td></tr>
</table>

**【历年考核要点】**

1. 生产费用在完工产品和在产品之间分配的方法
2. 约当产量比例法的特点
3. 不同工序完工程度以及在产品约当产量的计算
4. 直接材料成本在完工产品和在产品之间分配的计算
5. 直接人工成本和制造费用在完工产品和在产品之间分配的计算

## 经典题解

**【例题 39·单选题】** 如果企业产品数量较多，各月末在产品数量变化也较大，产品成本中原材料费用和工资等其他费用所占比重相差不大，月末可采用的在在产品和完工产品之间分配生产成本的方法是（　　）。(2020 年·2 分)

A. 交互分配法

B. 约当产量比例法

C. 在产品按固定成本计价法

D. 定额比例法

**【解析】** 交互分配法是辅助生产费用的分配方法，选项 A 错误；在产品按固定成本计价法适用于月末在产品数量较多，但各月之间在产品数量变动不大或月末在产品数量很小的产品，选项 C 错误；定额比例法适用于各项消耗定额或成本定额比较准确、稳定，但各月末在产品数量变动较大的产品，选项 D 错误。

**【答案】** B

**【例题 40·多选题】** 下列各项中，属于生产费用在完工产品与在产品之间进行分配的方法有（　　）。(2020 年·2 分)

A. 在产品按定额成本计价法

B. 交互分配法

C. 定额比例法

D. 约当产量比例法

**【解析】** 选项 B 属于辅助生产费用的分配方法。

**【答案】** ACD

**【例题 41·多选题】** 下列关于约当产量比例法的说法中，正确的有（　　）。(2018 年改编·2 分)

A. 这种方法适用于各项消耗定额或成本定额比较准确、稳定，而且各月末在产品数量变化不是很大的产品

B. 各工序产品的完工程度可事先制定，产品工时定额不变时可长期使用

C. 如果材料是在生产开始时一次性投入的，无论在产品的完工程度如何，都应与完工产品负担同样材料成本

D. 如果材料是随着生产过程陆续投入的，

则应按照各工序投入的材料成本在全部材料成本中所占的比例计算在产品的约当产量

**【解析】** 选项 A，适用在产品按定额成本计价法。

**【答案】** BCD

**【例题 42·多选题】** 某企业生产费用在完工产品和在产品之间采用约当产量比例法进行分配。该企业甲产品月初在产品和本月生产费用共计 900000 元。本月甲产品完工 400 台，在产品 100 台且其平均完工程度为 50%。不考虑其他因素，下列各项中，计算结果正确的有(　　)。

A. 甲产品的完工产品成本为 800000 元

B. 甲产品的单位成本为 2250 元

C. 甲产品在产品的约当产量为 50 台

D. 甲产品的在产品成本为 112500 元

**【解析】** 在产品的约当产量 = 100×50% = 50（台），所以甲产品的单位成本 = 900000/（400+50）= 2000（元），甲产品完工产品的成本 = 2000×400 = 800000（元），在产品成本 = 2000×50 = 100000（元）。

**【答案】** AC

**【例题 43·单选题】** 甲产品的生产需经过两道工序，第一道工序定额工时 2 小时，第二道工序定额工时 3 小时。期末，甲产品在第一道工序的在产品 40 件，在第二道工序的在产品 20 件。假定每道工序平均完工进度为 50%，作为分配计算在产品加工成本的依据，其期末在产品约当产量为(　　)件。

A. 18　　B. 22

C. 28　　D. 36

**【解析】** 第一道工序的完工程度 =（2×50%）/（2+3）×100% = 20%；第二道工序的完工程度 =（2 + 3 × 50%）/（2 + 3）× 100% = 70%；期末在产品约当产量 = 40×20% + 20×70% = 22（件）。

**【答案】** B

**【例题 44·单选题】** 某企业只生产一种产品，采用约当产量比例法将生产费用在完工产品与在产品之间进行分配，材料在产品投产时一次投入，月初在产品直接材料成本为 10 万元，当月生产耗用材料的成本为 50 万元，当月完工产品 30 件，月末在产品 30 件，完工程度 60%，本月完工产品成本中直接材料成本为(　　)万元。

A. 30　　B. 22.5

C. 37.5　　D. 25

**【解析】** 因为原材料在产品投产时一次投入，所以月末在产品中直接材料成本的完工程度按照 100% 计算，本月完工产品成本中直接材料成本 =（10+50）/（30+30）×30 = 30（万元）。

**【答案】** A

（2）在产品按定额成本计价法。

| | |
|---|---|
| **计算公式** | 月末在产品成本 = 月末在产品数量×在产品单位定额成本<br>本月完工产品成本 =（月初在产品成本+本月发生生产成本）-月末在产品成本<br>【提示】实际脱离定额的差异完全由完工产品承担 |
| **适用条件** | 各项消耗定额或成本定额比较准确、稳定，而且各月末在产品数量变化不是很大的产品 |

（3）定额比例法。

| | |
|---|---|
| **计算公式** | 分配率 =（月初在产品成本+本月发生生产成本）/（完工产品定额+月末在产品定额）<br>完工产品应分配的成本 = 完工产品定额×分配率<br>月末在产品应分配的成本 = 月末在产品定额×分配率<br>【提示】直接材料、直接人工和制造费用，都可以按上述公式计算 |
| **适用条件** | 各项消耗定额或成本定额比较准确、稳定，但各月末在产品数量变动较大的产品 |

（三）联产品和副产品的成本分配

1. 联产品和副产品成本的含义

| | |
|---|---|
| **联产品** | 是指使用同种原料，经过同一生产过程同时生产出来的两种或两种以上的主要产品 |
| **副产品** | 是指在同一生产过程中，使用同种原料，在生产主产品的同时附带生产出来的非主要产品 |

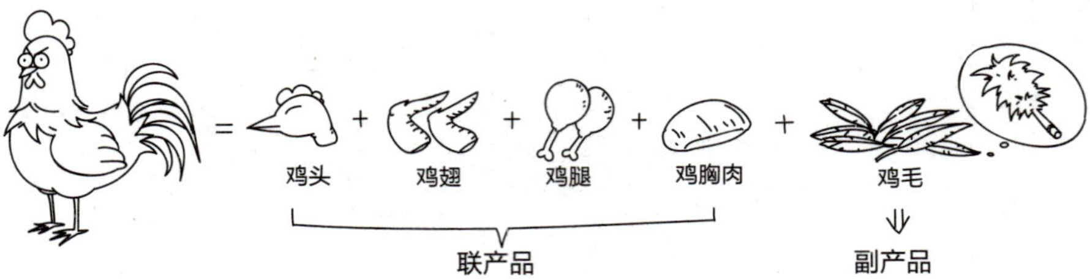


2. 联产品成本的分配

具体内容：

（1）将联产品作为成本核算对象，设置成本明细账。

（2）归集联产品成本，计算联合成本。

（3）计算各种产品的成本：相对销售价格分配法、实物量分配法。

（4）计算联产品分离后的加工成本。

各产品本月发生费用＝应分配的联合成本＋分离后的进一步加工成本

【提示】相对销售价格分配法和实物量分配法。

| 方法 | 具体内容 | 适用情形 |
|---|---|---|
| 相对销售价格分配法 | 联合成本分配率＝待分配联合成本/（A产品分离点的总售价＋B产品分离点的总售价）<br>A产品应分配联合成本＝联合成本分配率×A产品分离点的总售价<br>B产品应分配联合成本＝联合成本分配率×B产品分离点的总售价 | 适用于联产品在分离点上即可供销售的情形 |
| 实物量分配法 | 联合成本分配率＝待分配联合成本/（A产品实物数量＋B产品实物数量）<br>A产品应分配联合成本＝联合成本分配率×A产品实物数量<br>B产品应分配联合成本＝联合成本分配率×B产品实物数量 | 通常适用于所生产的产品价格很不稳定或无法直接确定 |

## 经典题解

**【例题45·单选题】**某公司生产甲产品和乙产品，甲产品和乙产品为联产品。2020年6月份发生加工成本600万元。甲产品和乙产品在分离点上的销售价格总额为750万元，其中甲产品的销售价格总额为450万元，乙产品的销售价格总额为300万元。采用相对销售价格分配法分配联合成本，该公司甲产品应分配的联合成本为（　　）万元。

A. 360　　B. 240

C. 300　　D. 450

**【解析】**该公司甲产品应分配的联合成本＝600×［450/（450+300）］＝360（万元）。

**【答案】**A

3. 副产品成本的分配

在分配主产品和副产品的生产成本时，通常先确定副产品的生产成本，然后再确定主产品的生产成本。

主产品成本=总成本-副产品成本

常用的确定副产品成本的方法有：不计算副产品成本扣除法、副产品成本按固定价格或计划价格计算法、副产品只负担继续加工成本法、联合成本在主副产品之间分配法以及副产品作价扣除法等。

【提示】副产品作价扣除法计算公式：副产品扣除单价=单位售价-（继续加工单位成本+单位销售费用+单位销售税金+合理的单位利润）。如果主副产品分离后，还需进一步加工，才能形成市场需要的产品。企业应根据副产品进一步加工生产的特点和管理要求，采用适当的方法单独计算副产品的成本。

## 经典题解

**【例题 46 · 单选题】** 某公司在生产主要产品的同时，还生产了某种副产品。该种副产品可直接对外出售，该公司规定的售价为每公斤 200 元。本月主产品和副产品发生的生产成本总额为 100 万元，副产品的产量为 300 公斤。假定该公司按预先规定的副产品的售价确定副产品的成本。则主产品的成本为(　　)元。

A. 940000　　B. 0

C. 60000　　D. 1000000

**【解析】** 副产品的成本=200×300=60000（元）；主产品的成本=（100×10000）-60000=940000（元）。

**【答案】** A

**【例题 47 · 判断题】** 在分配主产品和副产品的生产成本时，通常先确定主产品的生产成本，然后再确定副产品的生产成本。(　　)

**【解析】** 在分配主产品和副产品的生产成本时，通常先确定副产品的生产成本，然后再确定主产品的生产成本。

**【答案】** ×

（四）完工产品成本的结转

完工产品验收入库：

借：库存商品

　贷：生产成本—基本生产成本

## 经典题解

**【例题 48 · 单选题】** 某企业只生产一种产品。2020 年 4 月期初在产品成本 5 万元；4 月份发生如下费用：生产领用材料 9 万元，生产工人工资 5 万元，制造费用 3 万元，管理费用 4 万元，广告费 2 万元；月末在产品成本 6 万元。该企业 4 月份完工产品的生产成本为(　　)万元。

A. 16　　B. 15

C. 14　　D. 17

**【解析】** 本期发生的产品成本=9（直接材料）+5（直接人工）+3（制造费用）=17（万元），则完工产品的生产成本=期初在产品成本+本期发生的产品成本-月末在产品成本，因此该企业 4 月份完工产品的生产成本=5+17-6=16（万元）。

**【答案】** A

**开小灶**

本节必考点汇总：（详见轻松过关 2）

1. 按定额工时比例、定额消耗量比例分配要素费用
2. 直接分配法的特点及分配率的计算
3. 交互分配法对内、对外分配率以及分配费用的计算
4. 计划成本分配法的特点
5. 制造费用的归集和分配
6. 废品损失的内容
7. 可修复和不可修复废品损失的计算
8. 停工损失
9. 在产品的内容
10. 生产费用在完工产品和在产品之间分配的方法
11. 不同工序在产品完工程度的计算和在产品约当产量的计算
12. 定额比例法的内容

# 第四节　产品成本计算



## 一、产品成本计算方法概述（★）

各种产品成本基本计算方法的适用范围。

| 产品成本计算方法 | 成本计算对象 | 生产类型 | | |
|---|---|---|---|---|
| | | 生产组织特点 | 生产工艺特点 | 成本管理 |
| 品种法 | 产品品种 | 大量大批生产 | 单步骤生产 | |
| | | | 多步骤生产 | 不要求分步计算成本 |
| 分批法 | 产品批别 | 单件小批生产 | 单步骤生产 | |
| | | | 多步骤生产 | 不要求分步计算成本 |
| 分步法 | 生产步骤 | 大量大批生产 | 多步骤生产 | 要求分步计算成本 |

【提示】为简化成本计算，在产品的品种、规格繁多的工业企业中，可采用分类法；对于定额管理工作有一定基础的工业企业，还可以采用定额法。

### 经典题解

**【例题49·单选题】**适用于大量大批单步骤生产的企业的产品成本计算方法是(　　)。(2018年·1.5分)

A. 分类法　　B. 品种法

C. 分步法　　D. 分批法

**【解析】**品种法适用于单步骤、大量生产的企业；分批法主要适用于单件、小批生产的企业；分步法适用于大量大批、多步骤生产的企业。

**【答案】**B

**【例题50·单选题】**产品成本计算的分批法，适用的生产组织特点是(　　)。

A. 大量大批生产

B. 大量小批生产

C. 单件大批生产

D. 单件小批生产

**【解析】**分批法，是指以产品的批别作为产品成本核算对象，归集和分配生产成本，计算产品成本的一种方法。这种方法主要适用于单件、小批生产的企业。

**【答案】**D

## 二、产品成本计算的品种法（★）

（一）品种法特点

品种法，是指以产品品种作为成本核算对象，归集和分配生产成本，计算产品成本的一种方法。这种方法一般适用于单步骤、大量生产的企业（如发电、供水、采掘等企业）。

品种法计算成本的主要特点：

（1）成本核算对象是产品品种；

（2）品种法下一般定期（每月月末）计算产品成本，产品成本计算周期与财务报告期一致；

（3）月末一般不存在在产品，所以一般不需要将生产费用在完工产品与在产品之间进行划分；如果企业月末有在产品，要将生产成本在完工产品和在产品之间进行分配。

（二）品种法成本核算的一般程序

（1）按产品品种设立成本明细账，根据

各项费用的原始凭证及相关资料编制有关记账凭证并登记有关明细账，并编制各种费用分配表分配各项要素费用；

（2）根据上述各种费用分配表和其他有关资料，登记辅助生产明细账、基本生产明细账、制造费用明细账等；

（3）根据辅助生产明细账编制辅助生产成本分配表，分配辅助生产成本；

（4）根据制造费用明细账编制制造费用分配表，在各种产品之间分配制造费用，并据以登记基本生产成本明细账；

（5）根据各产品基本生产明细账编制产品成本计算单，分配完工产品成本和在产品成本；

（6）编制产成品的成本汇总表，结转产成品成本。

### 经典题解

**【例题51·单选题】** 下列各项中，关于产品成本计算品种法的表述正确的是（ ）。

A. 成本计算期与财务报告期不一致

B. 以产品品种作为成本计算对象

C. 以产品批别作为成本计算对象

D. 广泛适用于小批或单件生产的企业

**【解析】** 品种法，适用于单步骤、大量生产的企业，如发电、供水、采掘等企业，选项D错误；品种法计算成本的主要特点：一是成本核算对象是产品品种，选项B正确，选项C错误；二是品种法下一般定期（每月月末）计算产品成本，产品成本计算期与财务报告期一致，选项A错误；三是月末一般不需要将生产费用在完工产品与在产品之间进行分配。

**【答案】** B

## 三、产品成本计算的分批法（★）

（一）分批法特点

分批法，是指以产品的批别作为产品成本核算对象，归集和分配生产成本，计算产品成本的一种方法。

这种方法主要适用于单件、小批生产的企业（如船舶制造、重型机器制造、精密工具仪器制造等），也可用于一般企业中的新产品试制、试验的生产、在建工程以及设备修理作业等。

分批法计算成本的主要特点有：

（1）成本核算对象是产品的批别。由于产品的批别大多是根据销货订单确定的，因此，这种方法又称订单法。

（2）产品成本的计算是与生产任务通知单的签发和结束紧密配合的，因此，产品成本计算是不定期的。成本计算期与产品生产周期基本一致，但与财务报告期不一致。

（3）由于成本计算期与产品的生产周期基本一致，因此，在计算月末在产品成本时，一般不存在在完工产品和在产品之间分配成本的问题。

（二）分批法成本核算的一般程序

（1）按照产品批别设置产品基本生产成本及辅助生产成本明细账。

（2）根据各生产费用的原始凭证或者原始凭证汇总表及其他相关资料，编制各种要素费用分配表，分配各要素费用并登账。

（3）月末将计入已完工的该批产品的成本明细账所归集的生产费用，根据完工批别产品的完工通知单，按成本项目加以汇总，计算出该批完工产品的单位成本和总成本，并转账。

## 四、产品成本计算的分步法（★）

（一）分步法特点

分步法，是指按照生产过程中各个加工步骤（分品种）为成本核算对象，归集和分配生产成本，计算各步骤半成品和最后产成品成本的一种方法。

这种方法适用于大量大批的多步骤生产，如冶金、纺织、机械制造等。在这类企业中，产品生产可以划分为若干个生产步骤进行，为了加强管理通常不仅要求按照产品品种归集生产费用、计算成本，而且还要求按照生产步骤计算各步骤产品成本，以便为考核和分析各种产品及各生产步骤的成本计划的执行情况提供资料。

分步法计算成本的主要特点有：

（1）成本核算对象是各种产品的生产步骤；

（2）月末为计算完工产品成本，还需要将归集在生产成本明细账中的生产成本在完工产品和在产品之间进行分配；

（3）除了按品种计算和结转产品成本外，还需要计算和结转产品的各步骤成本。其成本核算对象，是各种产品及其所经过的各个加工步骤。如果企业只生产一种产品，则成本核算对象就是该种产品及其所经过的各个生产步骤。其成本计算期是固定的，与产品的生产周期不一致。

（二）分步法成本核算的一般程序

各生产步骤成本的计算和结转，一般采用逐步结转和平行结转两种方法，分别称为逐步结转分步法和平行结转分步法。

| 分类 | 程序 | 优点 | 缺点 |
| --- | --- | --- | --- |
| 逐步结转分步法 | ①先计算第一个加工步骤的半成品成本，结转给第二个加工步骤<br>②第二个步骤根据第一个步骤结转来的半成品成本加上本步骤耗用的材料成本和加工成本，即可求得第二个加工步骤的半成品成本，以此类推可求得产成品成本 | ①能提供各个生产步骤的半成品成本资料<br>②为各生产步骤的在产品实物管理及资金管理提供资料<br>③能够全面反映各生产步骤的生产耗费水平，更好地满足各生产步骤成本管理的要求 | 成本结转工作量较大，尤其是逐步综合结转法下还要进行成本项目还原 |
| 平行结转分步法 | ①成本核算对象是各种产成品及其经过的各生产步骤中的成本份额，各步骤均不计算本步骤的半成品成本，各步骤产品生产成本并不随着半成品的实物转移而结转，在产品完工入库时，将各步骤生产成本中应由完工产品负担的份额从各步骤成本计算单中转出，平行汇总计算产成品成本<br>②每一生产步骤的生产成本也要在其完工产品与月末在产品之间分配 | ①各步骤可同时计算产品成本，平行汇总计入产成品成本，不必逐步结转半成品成本<br>②能够直接提供按原始成本项目反映的产成品成本资料，不必进行成本还原，能简化和加速成本计算工作 | ①不能提供各步骤半成品成本资料<br>②不能为各步骤在产品实物和资金管理提供资料<br>③各步骤的产品成本不包括所耗半成品费用，因而不能全面反映各该步骤生产耗费水平（第一步骤除外），不能更好地满足这些步骤成本管理的要求 |

**【总结】**逐步结转分步法与平行结转分步法的比较。

| 区别点 | 逐步结转分步法 | 平行结转分步法 |
| --- | --- | --- |
| 是否计算半成品成本 | 计算 | 不计算 |
| 生产费用与半成品实物转移是否同步 | 同步（生产费用伴随半成品实物的转移而结转） | 不同步（生产费用不随半成品实物的转移而结转） |

续表

| 区别点 | 逐步结转分步法 | 平行结转分步法 |
|---|---|---|
| 完工产品的含义不同 | 各步骤的完工半成品（最后一步是完工产成品） | 仅指最终完工的产成品 |
| 在产品的含义不同 | 狭义在产品（仅指本步骤尚未加工完成的半成品） | 广义在产品（既包括本步骤尚未加工完成的半成品，也包括本步骤加工完毕、但尚未最终完工的产品） |
| 是否需要进行成本还原 | 逐步综合结转分步法需要<br>逐步分项结转分步法不需要 | 不需要 |
| 各步骤能否同时计算产成品成本 | 不能，需要顺序转移逐步累计，直到最后一个步骤才能计算出产成品成本 | 各步骤能同时计算产品成本，平行汇总计算产成品成本 |

【历年考核要点】

1. 逐步结转分步法的特点
2. 平行结转分步法的特点

## 经典题解

**【例题 52 · 单选题】** 下列各项中，需要进行成本还原的成本计算方法是(　　)。

A. 逐步结转分步法的综合结转法

B. 逐步结转分步法的分项结转法

C. 平行结转分步法

D. 简化的分批法

**【解析】** 只有逐步结转分步法下的综合结转法需要进行成本还原，选项 A 正确。

**【答案】** A

**【例题 53 · 多选题】** 下列各项中，属于逐步综合结转分步法的优点有(　　)。

A. 不需要进行成本还原

B. 能够提供各个生产步骤的半成品成本资料

C. 为各生产步骤的在产品实物管理及资金管理提供资料

D. 能够全面地反映各生产步骤的生产耗费水平

**【解析】** 逐步综合结转分步法的缺点是成本结转工作量较大，还要进行成本还原，增加了核算的工作量，选项 A 错误。

**【答案】** BCD

**【例题 54 · 多选题】** 在采用平行结转分步法计算成本时，以下表述正确的有(　　)。

A. 上一步骤的生产费用不进入下一步骤的成本计算单

B. 不计算各步骤所产半成品成本

C. 不计算各步骤所耗上一步骤的半成品成本

D. 除最后一步骤外，其余步骤不用划分完工产品与在产品

**【解析】** 平行结转分步法在计算各步骤成本时，不计算各步骤所产半成品成本，也不计算各步骤所耗上一步骤的半成品成本，而只计算本步骤发生的各项其他成本，以及这些成本中应计入产成品成本的份额。采用平行结转分步法，每一生产步骤的生产费用也要在其完工产品与月末在产品之间进行分配，选项 D 错误。

**【答案】** ABC

**【例题 55 · 多选题】** 下列关于成本计算平行结转分步法的表述中，正确的有(　　)。

A. 不必逐步结转半成品成本

B. 各步骤可以同时计算产品成本

C. 能提供各个步骤半成品的成本资料

D. 能直接提供按原始成本项目反映的产成品成本资料

【解析】平行结转分步法的优点是：①不必逐步结转半成品成本，各步骤可同时计算产品成本，平行汇总计入产成品成本；②能直接提供原始成本项目反映的产成品成本的资料，不用进行成本还原，从而能够加速和简化成本计算工作。缺点是：①不能提供各个步骤的半成品成本资料；②在产品的费用在产品最后完成以前时，不随实物转出而转出，不能为各个生产步骤在产品的实物和资金管理提供资料；③各生产步骤的产品成本不包括所耗半成品费用，所以不能够全面地反映各该步骤产品的生产耗费水平（第一步骤除外），不能更好地满足这些步骤成本管理的要求。

【答案】ABD

【例题56·多选题】下列各项中，关于产品成本计算方法表述正确的有（　　）。

A. 平行结转分步法不计算各步骤所产半成品的成本

B. 逐步结转分步法需要计算各步骤完工产品成本和在产品成本

C. 品种法下，月末存在在产品的，应将生产费用在完工产品和在产品之间进行分配

D. 分批法下，批内产品同时完工的，月末不需将生产费用在完工产品与在产品之间分配

【答案】ABCD

**开小灶**

本节必考点汇总：（详见轻松过关2）

1. 产品成本计算方法
2. 品种法的特点
3. 分批法的特点
4. 分步法的特点

## 本章小结

1. 管理会计的要素和具体内容是什么？
2. 材料（燃料、动力）、职工薪酬、辅助生产费用和制造费用如何进行归集与分配？
3. 生产费用在完工产品和在产品之间归集与分配的方法都有哪些？
4. 产品成本计算的方法都有什么？

## 历年经典试题回顾

（一）

某制造业企业只生产甲产品，制造费用单独核算，生产费用在完工产品与在产品之间分配采用在产品按定额成本计价法。2019年12月初无在产品，12月份该企业基本生产车间发生的经济业务如下：

（1）本月耗用材料315万元，其中甲产品耗用300万元，车间机物料消耗5万元，厂房日常维修耗用10万元。

（2）月末分配本月基本生产车间工资共计125万元，其中车间生产工人100万元、车间管理人员25万元。计提职工社会保险费20万元，其中车间生产工人16万元、车间管理人员4万元。

（3）本月基本生产车间计提折旧费共计30万元，其中生产设备18万元，车间一般管理用设备12万元。

（4）本月末完工甲产品100件，在产品50件；在产品直接材料定额成本为80万元、直接人工定额成本为20万元、定额制造费用为15万元。

要求：根据上述资料，不考虑其他因素，分析回答下列小题。（答案中的金额单位用万元表示）（2020年）

1. 根据资料（1），下列各项中，耗用材料相关会计处理表述正确的是（　　）。

A. “生产成本”科目借方登记 305 万元

B. “管理费用”科目借方登记 5 万元

C. “生产成本”科目借方登记 300 万元

D. “制造费用”科目借方登记 15 万元

2. 根据资料（2），下列各项中，本月应付职工薪酬业务会计处理表述正确的是（　　）。

A. 计入生产成本的职工薪酬总额为 116 万元

B. 计入应付职工薪酬总额为 145 万元

C. 计入管理费用的职工薪酬总额为 29 万元

D. 计入制造费用的职工薪酬总额为 29 万元

3. 根据资料（3），下列各项中，本月车间设备计提折旧会计处理正确的是（　　）。

A. 生产设备计提折旧：

借：生产成本　　18

　贷：累计折旧　　18

B. 管理设备计提折旧：

借：生产成本　　12

　贷：累计折旧　　12

C. 生产设备计提折旧：

借：制造费用　　18

　贷：累计折旧　　18

D. 管理设备计提折旧：

借：制造费用　　12

　贷：累计折旧　　12

4. 根据资料（1）至（3），下列各项中，本月发生的制造费用总额是（　　）万元。

A. 64

B. 490

C. 56

D. 434

5. 根据期初资料和资料（1）至（4），下列各项中，本月完工甲产品成本和月末在产品成本计算结果正确的是（　　）。

A. 月末在产品单位成本为 2.3 万元

B. 完工产品单位成本为 3.65 万元

C. 完工产品总成本为 365 万元

D. 月末在产品总成本为 115 万元

（二）

某企业基本生产车间只生产一种产品，采用品种法计算产品成本。生产产品耗用的原材料在生产开始时一次性投入，其他加工费用随加工程度均衡发生，期末采用约当产量比例法在完工产品与在产品之间分配生产费用。2019 年 12 月期初在产品为 100 件，生产成本为 136 万元，其中：直接材料费 80 万元，直接人工费 30 万元，制造费用 26 万元。该企业本月生产产品有关资料如下：

（1）本月新投产 400 件，本月完工产品 450 件，月末在产品 50 件，期末在产品的完工程度为 60%。

（2）本月生产产品领用直接材料 280 万元，车间管理部门领用材料 40 万元。

（3）本月分配产品生产工人薪酬 150 万元，车间管理人员薪酬 20 万元。本月计提车间固定资产折旧费 10 万元。

要求：根据上述资料，不考虑其他因素，分析回答下列小题。（答案中的金额单位用万元表示，计算结果保留两位小数）（2020 年）

1. 根据资料（1），月末用于分配加工费用的在产品的约当产量是（　　）件。

A. 90　　B. 50

C. 130　　D. 30

2. 根据期初资料、资料（1）和（2），下列各项中，关于直接材料费用在本月完工产品和月末在产品之间分配结果正确的是（　　）。

A. 在产品应负担的直接材料成本为 36 万元

B. 完工产品应负担的直接材料成本为 324 万元

C. 在产品应负担的直接材料成本为 22.5 万元

D. 完工产品应负担的直接材料成本为337.5万元

3. 根据期初资料、资料（1）和（3），下列各项中，关于直接人工费用在本月完工产品和月末在产品之间分配结果正确的是（　　）。

A. 在产品应负担的直接人工费用为11.25万元

B. 完工产品应负担的直接人工费用为168.75万元

C. 在产品应负担的直接人工费用为18万元

D. 完工产品应负担的直接人工费用为162万元

4. 根据资料（2）和（3），下列各项中，关于本月制造费用归集与分配的会计处理正确的是（　　）。

A. 归集耗用的原材料：

借：制造费用　　40

　贷：原材料　　40

B. 归集车间折旧费：

借：制造费用　　10

　贷：累计折旧　　10

C. 归集人工费用：

借：制造费用　　20

　贷：应付职工薪酬　　20

D. 将本月发生的制造费用分配转入生产成本：

借：生产成本　　70

　贷：制造费用　　70

5. 根据期初资料、资料（1）至（3），本月完工产品的总成本是（　　）万元。

A. 596.25

B. 582

C. 576

D. 582.75

（三）

某企业生产E、F两种产品，2019年8月份该企业产品生产资料如下：

（1）E、F产品月初、月末均无在产品。本月生产车间共投产E产品2000件、F产品1000件，两种产品共同耗用M材料4800千克，每千克80元。该企业按照材料定额消耗量比例分配材料费用，E产品的材料消耗定额为15千克，F产品的材料消耗定额为10千克。

（2）本月生产E、F两种产品共发生生产工人薪酬270000元，按生产工时比例分配，E产品的生产工时为500小时，F产品的生产工时为400小时。

（3）本月生产车间一般耗用材料16000元，车间管理人员薪酬100000元，车间固定资产折旧费24000元，车间发生其他费用40000元，制造费用按生产工时比例分配。

要求：根据上述资料，不考虑其他因素，分析回答下列小题。（2020年）

1. 根据资料（1），E、F产品耗用材料计算的材料消耗量分配率是（　　）。

A. 128

B. 0.12

C. 192

D. 1.6

2. 根据资料（1），下列各项中，关于E、F产品耗用材料计算结果正确的是（　　）。

A. 生产F产品负担的直接材料为1200千克

B. 生产E产品负担的直接材料为3600千克

C. 生产E产品负担直接材料成本为288000元

D. 生产F产品负担直接材料成本为96000元

3. 根据资料（2），下列各项中，关于E、F产品应负担的人工成本计算结果正确的是（　　）。

A. 直接人工分配率为300

B. 直接人工分配率为90

C. F产品应负担的直接人工为120000元

D. E产品应负担的直接人工为150000元

4. 根据资料（2）和（3），下列各项中，关于E、F产品应负担的制造费用计算结果正确的是(　　)。

A. E产品应负担的制造费用为120000元

B. E产品应负担的制造费用为100000元

C. F产品应负担的制造费用为80000元

D. F产品应负担的制造费用为60000元

5. 根据资料（1）至（3），下列各项中，关于E、F产品生产成本计算结果正确的是(　　)。

A. E产品的单位生产成本为269元

B. F产品的生产成本总额为296000元

C. F产品的单位生产成本为296元

D. E产品的生产成本总额为538000元

（四）

某企业生产销售甲、乙两种产品，均采用品种法核算产品成本。2018年12月初开始投产甲、乙产品，当月发生的相关经济业务如下：

（1）本月投产甲产品600件、乙产品500件，共同耗用M材料9000千克，每千克50元，M材料在生产开始时一次性投入，材料费用按材料定额消耗量比例分配，甲、乙产品材料消耗定额分别为10千克、6千克。

（2）本月生产工人薪酬为180000元、厂部管理人员薪酬为30000元、车间管理人员薪酬为60000元。企业按生产工时比例在甲、乙产品之间分配职工薪酬和制造费用，甲产品耗用生产工时9000小时、乙产品耗用生产工时6000小时。

（3）本月甲产品完工400件，月末在产品200件，在产品完工程度为50%，甲产品生产成本按约当产量比例法在完工产品和在产品之间分配。

（4）本月乙产品500件全部完工，验收时发现5件产品需要修复后才能入库，额外发生修复费用1400元，其中，直接材料400元，直接人工800元，制造费用200元。企业发生的返修费用通过“废品损失”科目核算。

要求：根据上述资料，不考虑其他因素，分析回答下列小题。(答案中的金额单位用元表示，保留小数点后两位数)（2019年）

1. 根据资料（1），下列各项中，关于甲、乙产品材料费用分配的计算结果正确的是(　　)。

A. 甲产品材料定额消耗量为6000千克

B. 乙产品材料定额消耗量为3000千克

C. 乙产品应负担材料费用150000元

D. 甲产品应负担材料费用300000元

2. 根据资料（2），甲、乙产品应负担的职工薪酬和制造费用的计算结果正确的是(　　)。

A. 甲产品应负担的制造费用为54000元

B. 乙产品应负担的职工薪酬为96000元

C. 乙产品应负担的制造费用为24000元

D. 甲产品应负担的职工薪酬为108000元

3. 根据资料（1）至（3），下列各项中，关于甲产品完工入库会计处理结果表述正确的是(　　)。

A. 记入“库存商品—甲产品”科目借方315200元

B. “生产成本—甲产品”科目借方余额为88800元

C. 记入“库存商品—甲产品”科目借方355200元

D. “生产成本—甲产品”科目借方余额为128800元

4. 根据资料（4），下列各项中，关于乙产品修复费用的会计处理正确的是(　　)。

A. 借：废品损失—乙产品　　1400
　　贷：原材料　　400
　　　　应付职工薪酬　　800
　　　　制造费用　　200

B. 借：生产成本—乙产品　　1400
　　贷：废品损失—乙产品　　1400

C. 借：管理费用—乙产品　　1400
　　贷：废品损失—乙产品　　1400

D. 借：废品损失—乙产品　　1400
　　贷：生产成本—乙产品　　1400

5. 根据资料（1）至（4），下列各项中，关于乙产品成本计算结果表述正确的是(　　)。

A. 乙产品生产总成本为246000元

B. 乙产品单位成本为每件492元

C. 乙产品生产总成本为247400元

D. 乙产品单位成本为每件494.8元

（五）

某企业为增值税一般纳税人，基本生产车间只生产M产品，采用品种法计算生产成本。原材料在生产开始时一次性投入，其他加工费用均衡发生，采用约当产量比例法计算完工产品成本与月末在产品成本。2018年12月，该企业产品生产的成本费用资料如下：

（1）月初在产品200件，成本为242000元，其中：耗用的直接材料成本为200000元，直接人工成本为24000元，制造费用为18000元。本月新投产800件，月末完工产品数量900件，月末在产品数量100件。期末在产品的完工程度为50%。

（2）本月生产产品耗用直接材料成本为750000元；车间管理部门耗用直接材料成本为6000元。

（3）本月直接归集的产品生产工人薪酬共计为118500元；车间管理人员薪酬共计为47500元。本月计提车间固定资产折旧费为23500元。

要求：根据上述资料，不考虑其他因素，分析回答下列小题。（答案中的金额单位用元表示）（2019年）

1. 根据资料（1），月末计算产品其他加工费用时，在产品约当产量是(　　)件。

A. 400　　B. 50

C. 100　　D. 200

2. 根据资料（1）和（2），下列各项中，关于直接材料成本在M在产品和完工产品之间分配结果表述正确的是(　　)。

A. 在产品95600元，完工产品860400元

B. 在产品50000元，完工产品900000元

C. 在产品75600元，完工产品680400元

D. 在产品95000元，完工产品855000元

3. 根据资料（1）和（3），下列各项中，关于直接人工成本在完工产品和在产品之间分配结果正确的是(　　)。

A. 完工产品应负担的直接人工成本为128250元

B. 完工产品应负担的直接人工成本为135000元

C. 在产品应负担的直接人工成本为7500元

D. 在产品应负担的直接人工成本为10000元

4. 根据资料（2）至（3），下列各项中，关于产品本月发生制造费用归集与分配的会计处理正确的是(　　)。

A. 归集耗用的原材料：

借：制造费用　　6000

　贷：原材料　　6000

B. 将本月发生的制造费用结转生产成本：

借：生产成本　　77000

　贷：制造费用　　77000

C. 归集人工费用：

借：制造费用　　47500

　贷：应付职工薪酬　　47500

D. 归集车间折旧费：

借：制造费用　　23500

　贷：累计折旧　　23500

5. 根据资料（1）至（3），月末完工产品的总成本是(　　)元。

A. 945500

B. 1068750

C. 1118250

D. 1080000

## 历年经典试题回顾参考答案及解析

"扫码看解析"

使用"微信"或"会计云课堂"App 扫右方二维码，对答案、看解析、掌握解题思路，开启轻松过关之旅。

（一）

1. 【答案】C

解析：甲产品耗用材料 300 万元计入生产成本，选项 A 错误，选项 C 正确；车间机物料消耗 5 万元计入制造费用，选项 D 错误；厂房日常维修耗用 10 万元计入管理费用，选项 B 错误。

2. 【答案】ABD

解析：车间生产工人工资 100 万元以及社会保险费 16 万元计入生产成本，计入生产成本的合计金额为 116 万元，选项 A 正确；分配职工工资 125 万元以及计提职工社会保险费 20 万元计入应付职工薪酬，计入应付职工薪酬的合计金额为 145 万元，选项 B 正确；车间管理人员工资 25 万元以及社会保险费 4 万元计入制造费用，计入制造费用的合计金额为 29 万元，选项 D 正确。

3. 【答案】CD

解析：该企业制造费用单独核算，所以基本生产车间折旧均计入制造费用，选项 CD 正确。

4. 【答案】A

解析：制造费用总额＝5（资料 1）＋29（资料 2）＋30（资料 3）＝64（万元），选项 A 正确。

5. 【答案】ABCD

解析：月末在产品成本＝80＋20＋15＝115（万元）；月末完工产品成本＝（300＋5＋125＋20＋30）－115＝365（万元）；月末在产品单位成本＝115/50＝2.3（万元）；月末完工产品单位成本＝365/100＝3.65（万元）。

（二）

1. 【答案】D

解析：在产品约当产量＝50×60%＝30（件）。

2. 【答案】AB

解析：该产品本月直接材料成本合计＝月初在产品直接材料成本＋本月投入直接材料成本＝80＋280＝360（万元）；由于生产产品耗用的原材料在生产开始时一次性投入，在产品和完工产品负担同样的材料成本，在产品无需按约当产量计算，因此完工产品应负担的直接材料成本＝360÷（450＋50）×450＝324（万元）；在产品应负担的直接材料成本＝360－324＝36（万元）。

3. 【答案】AB

解析：该产品本月直接人工费用合计＝月初在产品直接人工费用＋本月投入直接人工费用＝30＋150＝180（万元），在产品按约当产量计算为 30 件，完工产品应负担的直接人工费用＝180÷（450＋30）×450＝168.75（万元），在产品应负担的直接人工费用＝180－168.75＝11.25（万元）。

4. 【答案】ABCD

5. 【答案】D

解析：该产品本月制造费用合计＝月初在产品制造费用＋本月投入的制造费用＝26＋70＝96（万元），完工产品应负担的制造费用＝96÷（450＋30）×450＝90（万元），在产品应负担的制造费用＝96－90＝6（万元）；完工产品的总成本＝324＋168.75＋90＝582.75（万元）。

（三）

1. 【答案】B

解析：E、F产品耗用材料计算的材料消耗量分配率＝4800÷（15×2000＋10×1000）＝0.12。

2. 【答案】ABCD

解析：生产E产品负担的直接材料＝0.12×15×2000＝3600（千克），选项B正确；生产E产品负担直接材料成本＝3600×80＝288000（元），选项C正确；生产F产品负担的直接材料＝0.12×10×1000＝1200（千克），选项A正确；生产F产品负担直接材料成本＝1200×80＝96000（元），选项D正确。

3. 【答案】ACD

解析：E、F产品应负担的直接人工分配率＝270000÷（500+400）＝300，选项A正确，选项B错误；生产F产品应负担的直接人工＝300×400＝120000（元），选项C正确；生产E产品应负担的直接人工＝300×500＝150000（元），选项D正确。

4. 【答案】BC

解析：E、F产品应负担的制造费用分配率＝（16000＋100000＋24000＋40000）÷（500+400）＝200；生产E产品应负担的制造费用＝200×500＝100000（元），选项A错误，选项B正确；生产F产品应负担的制造费用＝200×400＝80000（元），选项C正确，选项D错误。

5. 【答案】ABCD

解析：E产品生产成本总额＝288000（资料1）+150000（资料2）+100000（资料2、3）＝538000（元）；E产品单位成本＝538000÷2000＝269（元）；F产品生产成本总额＝96000（资料1）＋120000（资料2）+80000（资料2、3）＝296000（元）；F产品单位成本＝296000÷1000＝296（元）。

（四）

1. 【答案】ABCD

解析：甲产品材料定额消耗量＝600×10＝6000（千克），乙产品材料定额消耗量＝500×6＝3000（千克）。甲产品应负担材料费用＝9000×50/（6000＋3000）×6000＝300000（元），乙产品应负担材料费用＝9000×50/（6000+3000）×3000＝150000（元）。

2. 【答案】CD

解析：甲产品应负担的职工薪酬＝180000/（9000+6000）×9000＝108000（元），乙产品应负担的职工薪酬＝180000/（9000＋6000）×6000＝72000（元），甲产品应负担的制造费用＝60000/（9000＋6000）×9000＝36000（元），乙产品应负担的制造费用＝60000/（9000＋6000）×6000＝24000（元）。厂部管理人员薪酬应计入管理费用，而非制造费用。

3. 【答案】AD

解析：甲完工产品应负担的直接材料＝300000/（400＋200）×400＝200000（元），甲在产品应负担的直接材料＝300000/（400＋200）×200＝100000（元），甲完工产品应负担的直接人工＝108000/（400+200×50%）×400＝86400（元），甲在产品应负担的直接人工＝108000/（400+200×50%）×200×50%＝21600（元），甲完工产品应负担的制造费用＝36000/（400+200×50%）×400＝28800（元），甲在产品应负担的制造费用＝36000/（400＋200×50%）×200×50%＝7200（元），甲完工产品成本＝200000＋86400＋28800＝315200（元）（选项A正确），甲在产品成本＝100000＋21600＋7200＝128800（元）（选项D正确）。

月末，账务处理如下：

借：库存商品—甲产品　　315200

　贷：生产成本—甲产品　　315200

4. 【答案】AB

5. 【答案】CD

**解析**：乙产品生产总成本＝150000（资料1）+72000（资料2）+24000（资料2）+1400（资料4）＝247400（元），乙产品单位成本＝247400/500＝494.8（元）。

（五）

1. 【答案】B

**解析**：期末在产品数量为100件，在产品完工程度为50%，故计算产品其他加工费用时，在产品的约当产量＝100×50%＝50（件）。

2. 【答案】D

**解析**：材料在生产开始时一次性投入，在产品所耗用的直接材料成本与完工产品相同，故单位产品耗用的直接材料成本＝（200000＋750000）／（900＋100）＝950（元），所以在产品分配的直接材料成本＝950×100＝95000（元），完工产品负担的直接材料成本＝950×900＝855000（元），选项D正确。

3. 【答案】BC

**解析**：月末分配直接人工成本时，在产品的约当产量为50件，所以单位产品耗用的直接人工成本＝（24000＋118500）／（900+50）＝150（元），所以在产品负担的直接人工成本＝150×50＝7500（元），完工产品负担的直接人工成本＝150×900＝135000（元）。

4. 【答案】ABCD

**解析**：车间管理部门耗用的材料费用需要计入制造费用，选项A正确；本月发生的制造费用＝6000＋47500＋23500＝77000（元），即本月转入生产成本的制造费用金额为77000元，选项B正确；车间管理人员的薪酬需要计入制造费用，选项C正确；车间固定资产的折旧计入制造费用，选项D正确。

5. 【答案】D

**解析**：单位产品分配的制造费用＝（77000+18000）/（900+50）＝100（元），完工产品负担的制造费用金额＝900×100＝90000（元），月末完工产品总成本＝855000+135000+90000＝1080000（元）。



## 同步强化练习题

### 一、单项选择题

1. 下列各项中，属于企业绩效管理领域的管理会计工具方法是（　　）。

A. 作业成本法

B. 平衡计分卡

C. 贴现现金流法

D. 敏感性分析

2. 下列各项费用中，应计入产品生产成本的是（　　）。

A. 销售费用

B. 管理费用

C. 财务费用

D. 制造费用

3. 某企业生产甲、乙两种产品。该企业的单位电价为每度 0.85 元。各产品的电费按生产工时分配。甲、乙两种产品本月用电合计 50000 度；生产工时共计 1700 小时，其中甲产品的生产工时为 800 小时。据此计算的乙产品本月负担的电费是(　　)元。
A. 20000
B. 21500
C. 22500
D. 29000
4. 某生产车间生产 A 和 B 两种产品，该车间共发生制造费用 60000 元，生产 A 产品耗用生产工人工时为 3000 小时，生产 B 产品耗用生产工人工时为 2000 小时。若按生产工人工时比例分配制造费用，A 和 B 两种产品应负担的制造费用分别为(　　)元。
A. 36000 和 24000
B. 24000 和 36000
C. 30000 和 30000
D. 40000 和 20000
5. 下列关于企业辅助生产费用分配方法的表述中，正确的是(　　)。
A. 采用直接分配法，辅助生产费用需要进行对外和对内分配
B. 采用计划成本分配法，辅助生产车间实际发生的费用与分配转出的计划费用之间的差额计入制造费用
C. 辅助生产费用的分配方法只能采用直接分配法、交互分配法和计划成本分配法
D. 采用交互分配法，辅助生产费用需要经过两次分配完成
6. 某企业“生产成本”科目的期初余额为 210 万元，本期为生产产品发生直接材料成本 180 万元，直接人工成本 115 万元，制造费用 120 万元，企业行政管理费用 210 万元，本期结转完工产品成本为 460 万元。假定该企业只生产一种产品，期末“生产成本”科目的余额为(　　)万元。
A. 500
B. 215
C. 165
D. 135
7. 下列费用的分配方法中特别适用于季节性生产企业制造费用分配的方法是(　　)。
A. 生产工人工时比例法
B. 生产工人工资比例法
C. 机器工时比例法
D. 按年度计划分配率分配法
8. 甲、乙两种产品共同消耗的燃料费用为 6000 元，甲、乙两种产品的定额消耗量分别为 200 千克和 300 千克。则按燃料定额消耗量比例分配计算的乙产品应负担的燃料费用为(　　)元。
A. 2400
B. 3000
C. 3600
D. 6000
9. 某企业 2021 年 12 月份应付职工薪酬情况如下：基本生产车间生产工人薪酬 150000 元，车间管理人员薪酬 30000 元，供电车间工人薪酬 40000 元，企业行政管理人员薪酬 28000 元。生产工人薪酬按生产工时比例在甲、乙产品间进行分配，本月甲产品生产工时 4000 小时，乙产品生产工时 16000 小时。12 月份甲产品应直接分配的职工薪酬为(　　)元。
A. 120000
B. 30000
C. 150000
D. 220000
10. 单独核算停工损失的企业，对于属于自然灾害导致的停工损失，应转入(　　)科目。
A. 生产成本
B. 其他应收款
C. 营业外支出
D. 制造费用
11. 企业月末在产品数量变化不大时，最适宜将产品生产费用在完工产品和月末在产品之间分配的方法是(　　)。

A. 定额比例法

B. 不计算在产品成本法

C. 约当产量比例法

D. 在产品按定额成本计价法

12. 某企业A产品经过两道工序加工完成。生产成本在完工产品和在产品之间采用约当产量比例法分配。2021年2月与A产品有关的资料如下：（1）A产品单位工时定额100小时，其中第一道工序60小时，第二道工序40小时，假定各工序内在产品完工程度均为50%。（2）本月完工产品600件。月末在产品数量为：第一道工序200件，第二道工序300件。2021年2月末A产品在产品约当产量为(　　)件。

A. 60　　B. 500

C. 240　　D. 300

13. 甲产品月末在产品只计算原材料费用。该产品月初在产品原材料费用为4800元，本月发生的原材料费用13200元。原材料均在生产开始时一次投入。本月完工产品400件，月末在产品100件。据此计算的甲产品本月末在产品原材料费用是(　　)元。

A. 4800

B. 3200

C. 2100

D. 3600

14. 甲产品经过两道工序加工完成，采用约当产量比例法将直接人工成本在完工产品和月末在产品之间进行分配。甲产品月初在产品和本月发生的直接人工成本总计23200元。本月完工产品200件；月末第一道工序在产品20件，完成全部工序的40%；第二道工序在产品40件，完成全部工序的60%。月末在产品的直接人工成本为(　　)元。

A. 2400

B. 3200

C. 6000

D. 20000

15. 某公司生产联产品甲和乙。2021年5月份发生联合加工成本580万元，分别生产了80吨的甲产品和70吨的乙产品，若采用实物量分配法，甲产品的成本为(　　)万元。

A. 243.75

B. 406.25

C. 309.33

D. 270.67

16. 某公司在生产主要产品的同时，还生产了某种副产品。该种副产品可直接对外出售，公司规定的售价为每公斤250元。2021年2月份主产品和副产品发生的生产成本总额为320万元，副产品的产量为200公斤。假定该公司按预先规定的副产品的售价确定副产品的成本。则主产品的成本为(　　)元。

A. 3150000

B. 3200000

C. 500000

D. 2860000

17. 分步法适用于(　　)。

A. 大量成批生产

B. 单件小批生产

C. 单步骤生产

D. 大量大批多步骤生产

18. 产品成本计算不定期，一般也不存在完工产品与在产品之间分配成本问题的成本计算方法是(　　)。

A. 平行结转分步法

B. 逐步结转分步法

C. 分批法

D. 品种法

19. 采用平行结转分步法时，完工产品与在产品之间的费用分配是(　　)。

A. 产成品与月末各步骤尚未加工完成的在产品和各步骤已完工但尚未最终完成的产品之间的费用分配

B. 各步骤产成品与各步骤在产品之间的费用分配

C. 各生产步骤完工半成品与月末加工中

在产品之间的费用分配

D. 产成品与月末加工中在产品之间的费用分配

20. 在基本生产车间均进行产品成本计算的情况下，不便于通过“生产成本”明细账分别考查各基本生产车间存货占用资金情况的成本计算方法是（　　）。

A. 品种法

B. 分批法

C. 逐步结转分步法

D. 平行结转分步法

## 二、多项选择题

1. 下列各项中，属于营运管理领域应用的管理会计工具方法的有（　　）。

A. 内部转移定价

B. 敏感性分析

C. 边际分析

D. 本量利分析

2. 下列各项中，关于产品成本核算的说法中正确的有（　　）。

A. 为了进行成本核算，企业应当建立健全各项原始记录

B. 正确划分收益性支出和资本性支出

C. 根据产品的生产特点和管理要求选择适当的产品成本计算方法

D. 成本核算一般是对成本计划执行的结果进行事后反映

3. 制造企业的以下各项支出中，可以计入产品成本的有（　　）。

A. 生产车间管理人员的工资

B. 季节性停工损失

C. 生产工人工资

D. 行政管理部门使用的固定资产计提的折旧

4. 下列各项中，应计入制造费用的有（　　）。

A. 车间管理人员工资

B. 厂部管理人员的工资

C. 生产车间的办公费

D. 厂部的办公费

5. 下列各项中，属于制造费用分配方法的有（　　）。

A. 按年度计划分配率分配法

B. 交互分配法

C. 约当产量比例法

D. 机器工时比例法

6. 下列不属于废品损失核算内容的有（　　）。

A. 不需要返修、可降价出售的不合格品

B. 入库后由于保管不善而损坏变质的产品

C. 实行“三包”企业在产品出售后发现的废品

D. 可修复废品的修复费用扣除回收的废品残料价值和应收赔款以后的损失

7. 下列有关停工损失核算表述正确的有（　　）。

A. 应由过失单位或保险公司负担的赔款，从停工损失中扣除

B. 不满一个工作日的停工，一般不计算停工损失

C. 辅助生产一般不单独核算停工损失

D. “停工损失”科目月末可能会有余额

8. 下列有关联产品和副产品表述正确的有（　　）。

A. 联产品是指使用同种原料，经过同一生产过程同时生产出来的两种或两种以上的主要产品

B. 联产品是指使用同种原料，经过同一生产过程同时生产出来的两种或两种以上的主要产品和非主要产品

C. 副产品是指使用同种原料，在同一生产过程中，在生产主要产品的同时附带生产出来的非主要产品

D. 副产品是指使用同种原料，在同一生产过程中同时生产出来的两种或两种以上的主要产品

9. 下列各种方法，适用于生产费用在完工产品和在产品之间分配的有（　　）。

A. 交互分配法

B. 定额比例法

C. 在产品按固定成本计价法

D. 在产品按定额成本计价法

10. 甲公司产品需经过两道工序加工完成，原材料在开始生产时一次投入，生产成本在完工产品和在产品之间的分配采用约当产量比例法。2021 年 2 月与产品生产成本有关的资料如下：（1）月初在产品费用为：直接材料 120 万元，直接人工 60 万元，制造费用 20 万元；本月发生费用为：直接材料 80 万元，直接人工 100 万元，制造费用 40 万元。（2）产品单件工时定额为 100 小时，第一道工序工时定额 40 小时，第二道工序工时定额 60 小时，各工序内均按 50% 的完工程度计算。（3）本月完工产品 560 件，月末在产品 240 件，其中，第一道工序 80 件，第二道工序 160 件。则下列说法中，正确的有（ ）。

A. 第二道工序月末在产品完工程度为 50%

B. 第二道工序月末在产品的约当产量为 112 件

C. 月末完工产品直接材料费用为 162.79 万元

D. 月末在产品直接人工费用为 29.77 万元

11. 在产品按定额成本计价法下，每月生产成本会有脱离定额的节约差异或超支差异，下列有关差异处理方法表述不正确的有（ ）。

A. 全部计入当月完工产品成本

B. 全部计入月末在产品成本

C. 当月在完工产品与月末在产品之间分配

D. 全部计入管理费用

12. 采用定额比例法分配完工产品和月末在产品费用，应具备的条件有（ ）。

A. 各月末在产品数量变化较大

B. 各月末在产品数量变化不大

C. 消耗定额或成本定额比较准确、稳定

D. 消耗定额或成本定额波动较大

13. 下列各项中，关于产品成本计算方法表述正确的有（ ）。

A. 平行结转分步法不计算各步骤所产半成品的成本

B. 逐步结转分步法需要计算各步骤完工产品成本和在产品成本

C. 品种法下，月末存在在产品的，应将生产费用在完工产品和在产品之间进行分配

D. 分批法下，批内产品同时完工的，月末不需将生产费用在完工产品与在产品之间分配

14. 逐步结转分步法的优点有（ ）。

A. 能提供各个生产步骤的半成品成本资料

B. 能为各生产步骤在产品的实物管理和资金管理提供资料

C. 能全面反映各个生产步骤的生产耗费水平

D. 能直接提供按原始成本项目反映的产成品成本资料

15. 下列关于产品成本计算的平行结转分步法的表述中，正确的有（ ）。

A. 不必逐步结转半成品成本

B. 各步骤可以同时计算产品成本

C. 能提供各个步骤半成品的成本资料

D. 能直接提供按原始成本项目反映的产成品成本资料

16. 产品成本计算的分批法的特点有（ ）。

A. 产品成本计算期与产品生产周期基本一致，成本计算不定期

B. 月末无须进行在产品与完工产品之间的费用分配

C. 比较适用于冶金、纺织、机械制造行业的企业

D. 以成本计算品种法原理为基础

## 三、判断题

1. 管理会计报告是管理会计活动成果的重要表现形式。（ ）

2. 成本效益原则是指管理会计的应用应与单

位应用环境和自身特征相适应。（　　）

3. 滚动预算，是指企业根据上一期预算执行情况和新的预测结果，按既定的预算编制周期和滚动频率，对原有的预算方案进行调整和补充，逐期滚动，持续推进的预算编制方法。（　　）

4. 零基预算，是指企业以历史期经济活动及其预算为基础，综合考虑企业当期实际情况，形成预算的预算编制方法。（　　）

5. 标准成本法，是指企业以预先制定的标准成本为基础，通过比较标准成本与实际成本，计算和分析成本差异、揭示成本差异动因，进而实施成本控制、评价经济业绩的一种成本管理方法。（　　）

6. 作业成本法，是指以“作业消耗资源、产出消耗作业”为原则，按照资源动因将资源费用追溯或分配至各项作业，计算出作业成本，然后再根据作业动因，将作业成本追溯或分配至各成本对象，最终完成成本计算的过程。（　　）

7. 敏感性分析，是指对影响目标实现的因素变化进行量化分析，以确定各因素变化对实现目标的影响及其敏感程度。（　　）

8. 平衡计分卡，是指基于企业战略，从财务、客户、内部业务流程、学习与成长四个维度，将战略规划目标逐层分解转化为具体的、相互平衡的业绩指标体系，并据此进行绩效管理的方法。平衡计分卡通常与战略地图等其他工具结合使用。（　　）

9. 成本按照成本性态划分，可分为固定成本和变动成本。（　　）

10. 直接材料、直接人工、燃料及动力、制造费用属于成本项目。（　　）

11. 在基本生产车间只生产一种产品的情况下，制造费用可以直接计入该种产品的成本。（　　）

12. 车间管理人员的工资不属于直接人工，因而不能计入产品成本，而应计入期间费用。（　　）

13. 辅助生产费用在月末要全部分配转出，因而辅助生产成本月末没有余额。（　　）

14. 在不单独核算停工损失的企业中，属于自然灾害造成的停工损失直接反映在“营业外支出”科目中。（　　）

15. 在使用同种原料生产主产品的同时，附带生产副产品的情况下，由于副产品价值相对较低，而且在全部产品价值中所占的比重较小，因此，在分配主产品和副产品的加工成本时，通常先确定主产品的加工成本，然后，再确定副产品的加工成本。（　　）

16. 约当产量就是将月末在产品数量按照完工程度折算为相当于完工产品的产量。（　　）

17. 在约当产量比例法中，核算在产品的原材料费用不需要计算在产品的约当产量。（　　）

18. 如果期末在产品成本按定额成本计价法，则实际成本脱离定额的差异会完全由完工产品负担。（　　）

19. 同一企业的不同车间由于其生产特点和管理要求不同，可分别采用不同的成本计算方法。（　　）

20. 采用分批法计算产品成本，在单件生产的情况下，不必将生产费用在完工产品与在产品之间进行分配。（　　）

21. 逐步结转分步法是可以计算半成品成本的一种分步法。（　　）

22. 按照分步法计算产品成本，如果企业只生产一种产品，则成本核算对象是该种产品及其所经过的各个生产步骤。（　　）

## 四、不定项选择题

（一）

某企业设有一个基本生产车间，连续大量生产 M、N 两种产品，采用品种法计算产品成本。材料成本按照定额消耗量比例在 M、N 产品之间进行分配。M 产品定额消耗量为 1800 千克。N 产品定额消耗量为

1000千克。直接人工成本和制造费用按工时比例在M、N产品之间进行分配，生产M产品耗用定额工时6000小时，生产N产品耗用定额工时9000小时，M产品月初无在产品，N产品月初在产品成本如下：直接材料63200元，直接人工22000元，制造费用10000元。2020年10月该企业发生与产品生产相关的经济业务如下：

（1）从仓库领用生产M、N两种产品共同耗用的原材料3000千克，成本总额为560000元。原材料在开始生产时一次性投入。

（2）本月共发生职工薪酬285000元，其中车间生产人员薪酬270000元，车间管理人员薪酬15000元。

（3）本月车间发生费用60000元，其中计提固定资产折旧45000元，支付车间用房日常维修费15000元。

（4）N产品采用约当产量法计算完工产品与月末在产品成本。月末N产品完工180件，在产品100件，在产品完工程度按50%计算。

要求：根据上述资料，不考虑其他因素，分析回答下列小题。

1. 根据期初资料和资料（1），下列各项中关于该企业本月分配直接材料成本的计算结果正确的是（　　）。

A. N产品应分担的直接材料成本为224000元

B. M产品应分担的直接材料成本为360000元

C. N产品应分担的直接材料成本为200000元

D. M产品应分担的直接材料成本为336000元

2. 根据期初资料和资料（2），下列各项中关于该企业本月分配直接人工成本的计算结果正确的是（　　）。

A. M产品应分担的直接人工成本为114000元

B. N产品应分担的直接人工成本为171000元

C. N产品应分担的直接人工成本为162000元

D. M产品应分担的直接人工成本为108000元

3. 根据资料（3），下列各项中，关于该企业固定资产折旧费和维修费相关科目的会计处理表述正确的是（　　）。

A. 支付车间用房的日常维修费，借记"管理费用"科目

B. 计提车间固定资产的折旧费，借记"生产成本"科目

C. 支付车间用房的日常维修费，借记"制造费用"科目

D. 计提车间固定资产的折旧费，借记"制造费用"科目

4. 根据期初资料和资料（2）至（3），下列各项中，关于该企业本月分配制造费用的结果正确的是（　　）。

A. M产品分担的制造费用为24000元

B. N产品分担的制造费用为45000元

C. M产品分担的制造费用为30000元

D. N产品分担的制造费用为36000元

5. 根据期初资料和资料（1）至（4），下列各项关于N产品期末完工产品和在产品成本计算正确的是（　　）。

A. N完工产品的成本为349200元

B. N完工产品的成本为144000元

C. N在产品的成本为144000元

D. N在产品的成本为349200元

## （二）

某企业为增值税一般纳税人，适用的增值税税率为13%。原材料按实际成本法进行核算，发出商品采用先进先出法计价。该企业仅生产X产品，采用品种法进行成本核算。原材料随生产过程陆续投入使用，制造费用单独核算。月末生产费用在完工产品和在产品之间按约当产量比例法进行分配。

（1）月初库存Y材料2000千克，每千克实际成本150元。3日购进Y材料4000千克，增值税专用发票上注明价款48万元，增值税税额6.24万元。增值税发票已认证，可以抵扣。全部款项用银行转账付讫，但货物尚未收到。15日全部货物已验收并入库。

（2）领用Y材料4000千克，其中：16日生产耗用3500千克，17日车间一般耗用500千克。

（3）月末，当月职工薪酬32万元，其中：车间生产工人薪酬20万元，车间管理人员薪酬5万元，行政管理人员薪酬7万元。

（4）月末，计提固定资产折旧20万元，其中：生产车间15万元，行政管理部门5万元。

（5）生产X产品，月初无在产品。本月完工数量1800件，月末在产品数量500件，平均完工进度40%。

要求：根据上述资料，不考虑其他因素，分析回答下列小题。（答案中的金额单位用万元表示）

1. 根据资料（1），下列各项中，关于该企业与购进Y材料相关的会计处理，正确的是（　　）。

A. 采购材料时：

借：在途物资　48

　　应交税费—应交增值税（进项税额）　6.24

　贷：银行存款　54.24

B. 验收入库时：

借：原材料　48

　贷：材料采购　48

C. 验收入库时：

借：原材料　48

　贷：在途物资　48

D. 采购材料时：

借：材料采购　48

　　应交税费—应交增值税（进项税额）　6.24

　贷：银行存款　54.24

2. 根据期初资料、资料（1）和资料（2），生产X产品耗用的Y材料直接成本为（　　）万元。

A. 48

B. 54

C. 45.5

D. 42

3. 根据资料（3），分配职工薪酬的下列相关科目处理结果正确的是（　　）。

A. 借记“生产成本”科目20万元

B. 借记“管理费用”科目7万元

C. 借记“制造费用”科目5万元

D. 贷记“应付职工薪酬”科目32万元

4. 根据资料（2）至资料（4），制造费用应核算的金额是（　　）万元。

A. 15　　B. 26

C. 20　　D. 25

5. 根据期初资料、资料（1）至资料（5），关于X产品月末成本的下列表述中，正确的是（　　）。

A. 在产品成本9.4万元

B. 在产品成本23.5万元

C. 完工产品成本84.6万元

D. 完工产品成本9.4万元

（三）

某企业为增值税一般纳税人，设有一个基本生产车间，生产销售M、N两种产品。原材料按实际成本进行核算。2020年10月初，M在产品直接材料成本165万元、直接人工及制造费用60万元，N产品无在产品。2020年10月份，该企业发生相关的经济业务如下：

（1）8日，采购生产M、N产品所需要的材料1500千克，验收合格后入库。增值税专用发票上注明的价款为80万元，增值税税额为10.4万元，全部款项以银行承兑汇票结算，汇票的面值为90.4万元，另以银行存款支付银行承兑手续费0.05万元。

（2）20日，发出材料共计85万元，其

中M、N产品共耗用60万元，车间一般耗用12万元，出售积压材料13万元。生产M、N产品共同耗用的材料费用采用定额消耗量比例法进行分配，M产品材料定额消耗量6000千克，N产品定额消耗量4000千克。

(3) 31日，N产品全部未完工，M产品完工产品数量为800件、月末在产品数量为400件，在产品完工程度为50%。生产M、N产品所耗材料均在生产开始时一次投入，生产费用按约当产量比例法在完工产品与期末在产品之间进行分配。

要求：根据上述材料，假定该企业取得的增值税专用发票均已经税务机关认证，不考虑其他因素，分析回答下列小题。

1. 根据资料（1），下列各项中，关于材料采购业务相关科目的会计处理结果正确的是(　　)。

A. 材料采购时，应借记“原材料”科目90.4万元

B. 支付银行承兑手续费时，应借记“财务费用”科目0.05万元

C. 开具银行承兑汇票时，应贷记“其他货币资金”科目90.4万元

D. 结算采购材料货款时，应贷记“应付票据”科目90.4万元

2. 根据资料（2），下列各项中，关于该企业M、N产品材料费用分配率计算结果正确的是(　　)。

A. 0.0085

B. 0.0072

C. 0.0073

D. 0.006

3. 根据资料（2），下列各项中，关于该企业发出材料相关科目的会计处理结果正确的是(　　)。

A. 借记“主营业务成本”科目13万元

B. 借记“生产成本—N产品”科目34万元

C. 借记“其他业务成本”科目13万元

D. 借记“生产成本—M产品”科目36万元

4. 根据期初资料、资料（2）和（3），下列各项中，关于M、N产品成本计算结果表述正确的是(　　)。

A. M完工产品的直接材料成本为134万元

B. M在产品直接材料成本为40.2万元

C. N在产品的直接材料成本为34万元

D. N在产品的直接材料成本为36万元

5. 根据期初资料和资料（1）至（3），该企业10月31日M产品“生产成本—直接材料”科目余额是(　　)万元。

A. 40.2

B. 67

C. 64.2

D. 24

## （四）

某工业企业某月生产甲、乙两种产品共同耗用A原材料1440千克，耗用量无法按产品直接划分。甲产品投产100件，原材料消耗定额为10千克；乙产品投产150件，原材料消耗定额为4千克。A原材料的计划单价为5元，材料成本差异率为节约2%。

要求：根据上述资料，不考虑其他因素，分析回答下列小题。（答案中的金额单位用元表示）

1. 关于定额比例法，下列各项表述中正确的是(　　)。

A. 产品的生产成本在完工产品和月末在产品之间按照两者的定额消耗量或定额成本比例分配

B. 直接材料成本，按直接材料的定额消耗量或定额成本比例分配

C. 直接人工等加工成本，可以按各该定额成本的比例分配

D. 该方法适用于各项消耗定额或成本定额比较准确、稳定，但各月末在产品数量变动较小的产品

2. 甲、乙产品的原材料定额消耗量表述正确的是(　　)。

A. 甲产品的原材料定额消耗量为 500 千克

B. 乙产品的原材料定额消耗量为 600 千克

C. 甲产品应负担的 A 原材料数量 900 千克

D. 乙产品应负担的 A 原材料数量 540 千克

3. 甲、乙产品应负担的 A 原材料实际费用为(　　)。

A. 甲产品应负担的 A 原材料实际费用为 4410 元

B. 乙产品应负担的 A 原材料实际费用为 2646 元

C. 甲产品应负担的 A 原材料实际费用为 3325 元

D. 乙产品应负担的 A 原材料实际费用为 3731 元

4. 甲、乙两种产品领用材料的会计分录为(　　)。

A. 借：生产成本—基本生产成本
—甲产品　4500
—乙产品　2700
贷：原材料—A 材料　7200

B. 借：生产成本—基本生产成本
—甲产品　3500
—乙产品　3700
贷：原材料—A 材料　7200

C. 借：制造费用　7200
贷：原材料—A 材料　7200

D. 借：原材料—A 材料　5700
贷：生产成本—基本生产成本
—甲产品　3000
—乙产品　2700

5. 结转发出材料成本差异的会计分录为(　　)。

A. 借：管理费用　104
贷：生产成本—基本生产成本
—甲产品　70
—乙产品　34

B. 借：制造费用　104
贷：生产成本—基本生产成本
—甲产品　70
—乙产品　34

C. 借：材料成本差异—A 材料　144
贷：生产成本—基本生产成本
—甲产品　90
—乙产品　54

D. 借：生产成本—基本生产成本
—甲产品　90
—乙产品　54
贷：材料成本差异—A 材料　144

(五)

长江公司为生产企业，设有一个基本生产车间，主要生产甲、乙两种产品。2020 年 4 月有关生产资料如下：

(1) 产品产量资料如下表所示：

数量：台

| 产品名称 | 月初在产品 | 本月投入 | 本月完工 | 月末在产品 |
|---|---|---|---|---|
| 甲产品 | 0 | 400 | 400 | 0 |
| 乙产品 | 80 | 700 | 750 | 30 |

(2) 甲产品实际生产工时 1200 小时；乙产品实际生产工时 2800 小时。甲、乙产品的原材料在生产开始时一次性投入，加工费用发生比较均衡，月末在产品完工程度均为 50%。

(3) 月初产品成本计算单如下表所示：

单位：万元

| 产品名称 | 直接材料 | 直接人工 | 制造费用 | 合计 |
|---|---|---|---|---|
| 甲产品 | 0 | 0 | 0 | 0 |
| 乙产品 | 410 | 95.2 | 30.75 | 535.95 |

（4）本月生产甲产品领用原材料 820 万元，生产乙产品领用原材料 2363 万元，甲、乙两种产品共同耗用原材料 50 万元。

（5）本月生产车间工人工资 170 万元，车间管理人员工资 35 万元。

（6）本月机器设备折旧费 85 万元，机器设备日常修理费 5 万元。

（7）长江公司完工产品和在产品按约当产量比例法分配；各成本要素的分配标准均为生产工时。

要求：根据上述资料，不考虑其他因素，分析回答下列小题。（答案中的金额单位用万元表示）

1. 根据以上资料，下列关于长江公司领用原材料的表述中正确的是（　　）。

A. 甲产品领用材料金额为 820 万元

B. 乙产品领用材料金额为 2363 万元

C. 甲产品领用材料金额为 835 万元

D. 乙产品领用材料金额为 2398 万元

2. 根据以上资料，长江公司分配生产工人工资的处理正确的是（　　）。

A. 甲产品应分配的工资费用为 51 万元

B. 乙产品应分配的工资费用为 119 万元

C. 甲产品应分配的工资费用为 62 万元

D. 乙产品应分配的工资费用为 108 万元

3. 当月完工甲产品单位成本是（　　）万元。

A. 2.305

B. 2.3175

C. 2.45

D. 2.8675

4. 企业生产车间机器设备的日常修理费计入（　　）。

A. 制造费用

B. 营业外支出

C. 管理费用

D. 在建工程

5. 下列关于乙完工产品和在产品的会计表述正确的是（　　）。

A. 因为材料在开始时一次性投入，所以在月末时无需对原材料进行约当分配

B. 乙完工产品应负担的直接人工成本为 4.2 万元

C. 乙完工产品应负担的制造费用为 112.5 万元

D. 乙完工产品总成本为 3022.5 万元

（六）

某企业在生产丁产品过程中，产生不可修复废品 50 件，可修复废品 100 件，有关资料如下：

（1）不可修复废品按其所消耗定额费用计算废品的生产成本。其中原材料费用定额为 210 元，已完成的定额工时共计 360 小时，每小时的费用定额为：直接人工 2.8 元，制造费用 13.5 元。

（2）可修复废品的修复费用为直接材料 2500 元，直接人工 2000 元，制造费用 2600 元。

（3）可修复废品和不可修复废品回收废品残料计价 1200 元，应由过失人赔偿 500 元。废品净损失由当月同种合格产品负担。

要求：根据上述资料，不考虑其他条件，分析回答下列小题。（答案中的金额单位用元表示）

1. 关于废品损失，下列各项表述中正确的是（　　）。

A. 可修复废品返修以前发生的生产费用，

属于废品损失，应计算其生产成本

B. 废品损失是指在生产过程中发生的和入库后发现的超定额的不可修复废品的生产成本，以及可修复废品的修复费用，扣除回收的废品残料价值和应收赔款以后的损失

C. 可以降价出售的不合格品不包括在废品损失内

D. 实行“三包”企业在产品出售后发现的废品包括在废品损失内

2. 根据资料（2），结转可修复废品成本的会计分录为(　　)。

A. 借：废品损失—丁产品　7100
　　贷：原材料　2500
　　　　应付职工薪酬　2000
　　　　制造费用　2600

B. 借：营业外支出　7100
　　贷：原材料　2500
　　　　应付职工薪酬　2000
　　　　制造费用　2600

C. 借：废品损失—丁产品　5400
　　　　其他应收款　500
　　贷：原材料　1300
　　　　应付职工薪酬　2000
　　　　制造费用　2600

D. 借：废品损失—丁产品　5900
　　贷：原材料　1300
　　　　应付职工薪酬　2000
　　　　制造费用　2600

3. 根据资料（1）至（3），结转不可修复废品成本的会计分录为(　　)。

A. 借：废品损失—丁产品　16368
　　贷：生产成本—基本生产成本—丁产品　16368

B. 借：生产成本—基本生产成本—丁产品　12873
　　贷：废品损失—丁产品　12873

C. 借：废品损失—丁产品　15631
　　贷：生产成本—基本生产成本—丁产品　15631

D. 借：生产成本—基本生产成本—丁产品　14592
　　贷：废品损失—丁产品　14592

4. 根据资料（3），结转回收残料及过失人赔偿的会计分录为(　　)。

A. 借：原材料　1200
　　　　其他应收款　500
　　贷：营业外支出　1700

B. 借：原材料　1200
　　　　其他应收款　500
　　贷：废品损失—丁产品　1200
　　　　营业外支出　500

C. 借：原材料　1200
　　　　其他应收款　500
　　贷：废品损失—丁产品　1700

D. 借：原材料　1200
　　　　其他应收款　500
　　贷：废品损失—丁产品　500
　　　　营业外支出　1200

5. 结转废品净损失的会计分录为(　　)。

A. 借：制造费用　22863
　　贷：废品损失　22863

B. 借：生产成本—基本生产成本—丁产品　21768
　　贷：废品损失—丁产品　21768

C. 借：生产成本—基本生产成本—丁产品　21831
　　贷：废品损失—丁产品　21831

D. 借：生产成本—基本生产成本—丁产品　23392
　　贷：营业外支出　23392

（七）

某企业生产甲产品，本月完工800件，期末在产品200件。原材料费用在各工序开始时一次投入，其他费用随加工进度陆续发生。原材料按定额材料耗用量比例分配，直接人工和制造费用按定额工时比例分配，在产品在各工序的完工程度占该工序的50%。月末在产品资料见下表：

| 工序 | 各工序的定额工时 | 各工序的定额材料耗用量（公斤） | 盘存数（件） |
|---|---|---|---|
| 一 | 40 | 100 | 60 |
| 二 | 30 | 50 | 100 |
| 三 | 10 | 10 | 40 |
| 合计 | 80 | 160 | 200 |

月初在产品和本月发生的成本费用合计为：

单位：元

| 项目 | 原材料 | 工资及福利费 | 制造费用 | 合计 |
|---|---|---|---|---|
| 合计 | 182615.56 | 74900 | 112350 | 369865.56 |

要求：根据上述资料，不考虑其他条件，分析回答下列小题。（答案中的金额单位用元表示，计算结果保留两位小数）

1. 关于约当产量比例法，下列各项中正确的是(　　)。

A. 在产品约当产量=在产品数量×完工程度

B. 单位成本=（月初在产品成本+本月发生生产成本）÷（完工产品产量+在产品约当产量）

C. 在产品成本=在产品约当产量×单位成本

D. 无论材料是否在生产开始时一次投入，在产品的约当产量均应按50%确定

2. 下列各项中，各工序在产品原材料的完工率正确的是(　　)。

A. 第一道工序完工率是62.5%

B. 第二道工序完工率是93.75%

C. 第三道工序完工率是100%

D. 在产品完工率为100%

3. 下列各项中，各工序在产品的工资及福利费和制造费用的完工率正确的是(　　)。

A. 第一道工序完工率62.5%

B. 第二道工序完工率68.75%

C. 第三道工序完工率93.75%

D. 在产品完工率是50%

4. 下列各项中，在产品的约当产量的计算正确的是(　　)。

A. 原材料在产品的约当产量为200件

B. 原材料在产品的约当产量为160.25件

C. 工资及福利费和制造费用的在产品的约当产量121.25件

D. 工资及福利费和制造费用的在产品的约当产量112.15件

5. 结转完工产品入库的会计分录为(　　)。

A. 借：库存商品—甲产品　　313016
　　贷：生产成本—基本生产成本—甲产品　　313016

B. 借：库存商品—甲产品　　297146
　　贷：生产成本—基本生产成本—甲产品　　297146

C. 借：库存商品—甲产品　　403517
　　贷：生产成本—基本生产成本—甲产品　　403517

D. 借：库存商品—甲产品　　56849
　　贷：生产成本—基本生产成本—甲产品　　56849

（八）

某企业为增值税一般纳税人，适用的增值税税率为 13%，该企业只生产甲产品一种产品，采用实际成本法核算。2020 年 12 月初在产品资料如下表所示，该产品于当月末全部完工，当月未投产新产品，该企业单独核算制造费用。

**产品成本计算单**

**2020 年 12 月**

单位：元

| 月 | 日 | 摘要 | 产量（件） | 直接材料 | 直接人工 | 制造费用 | 合计 |
|---|---|---|---|---|---|---|---|
| 12 | 1 | 在产品费用 | 100 | 500000 | 300000 | 100000 | 900000 |

2020 年 12 月该企业发生与甲产品有关的业务资料如下：

（1）本月发出材料 100000 元，其中：甲产品耗用 60000 元，车间管理耗用 15000 元，翻建仓库耗用 25000 元（尚未完工）。

（2）根据上月“职工薪酬结算分配汇总表”，以银行存款发放职工薪酬 400000 元，代扣垫付的职工房租 20000 元，代扣代缴个人所得税 35000 元。分配本月职工薪酬 460000 元，其中：生产甲产品职工的薪酬为 320000 元；车间管理人员的薪酬为 40000 元；行政管理人员的薪酬为 100000 元。

（3）因职工操作失误，生产甲产品发生 5 件不可修复废品，废品实际生产成本为 67550 元，残料估价 10000 元，已经验收入库，由责任者赔偿 30000 元。

（4）计提生产设备折旧 12000 元，行政管理办公楼折旧 15000 元，销售部门运输车辆折旧 6000 元，车间管理用设备折旧 4000 元。

要求：根据上述资料，不考虑其他因素，分析回答下列小题。（答案中的金额单位用元表示）

1. 根据资料（1），下列各项中，关于该企业发出材料会计处理结果正确的是（　　）。

A. 在建工程增加 25000 元

B. 制造费用增加 15000 元

C. 生产成本增加 60000 元

D. 制造费用增加 25000 元

2. 根据资料（2），下列各项中，关于该企业职工薪酬会计处理正确的是（　　）。

A. 发放上月职工薪酬：

借：应付职工薪酬　455000

　贷：银行存款　400000

　　　其他应收款　20000

　　　应交税费　35000

B. 分配生产甲产品职工薪酬：

借：生产成本　320000

　贷：应付职工薪酬　320000

C. 分配车间管理人员薪酬：

借：管理费用　40000

　贷：应付职工薪酬　40000

D. 分配行政管理人员薪酬：

借：管理费用　100000

　贷：应付职工薪酬　100000

3. 根据资料（3），下列各项中，关于不可修复废品的会计处理正确的是（　　）。

A. 结转废品净损失：

借：生产成本　27550

　贷：废品损失　27550

B. 结转废品生产成本：

借：废品损失　67550

　贷：生产成本　67550

C. 收回废品残料：

借：原材料　10000

　贷：废品损失　10000

D. 确认应收的赔款：

借：其他应收款　　　　30000

　贷：废品损失　　　　30000

4. 根据资料（4），下列各项中，关于该企业计提固定资产折旧表述正确的是（　　）。

A. 计提的生产设备折旧费 12000 元计入制造费用

B. 计提的销售部门运输车辆折旧费 6000 元计入销售费用

C. 计提的车间管理用设备折旧费 4000 元计入管理费用

D. 计提的行政管理办公楼折旧费 15000 元计入管理费用

5. 根据期初资料，资料（1）至（4），下列各项中，甲产品生产成本计算结果正确的是（　　）。

A. 完工甲产品总成本为 1311000 元

B. 完工甲产品的单位成本为 13800 元

C. 完工甲产品总成本为 1271000 元

D. 完工甲产品的单位成本为 13110 元

（九）

某企业为单步骤简单生产企业，设有一个基本生产车间，连续大量生产甲、乙两种产品，采用品种法计算产品成本。另设有一个供电车间，为全厂提供供电服务，供电车间的费用全部通过“生产成本—辅助生产成本”科目归集核算。2020 年 12 月份有关成本费用资料如下：

（1）12 月份发出材料情况如下：

基本生产车间领用材料 2400 千克，每千克实际成本 40 元，共同用于生产甲、乙产品各 200 件，甲产品材料消耗定额为 6 千克，乙产品材料消耗定额为 4 千克，材料成本按照定额消耗量比例进行分配；车间管理部门领用 50 千克，供电车间领用 100 千克。

（2）12 月份应付职工薪酬情况如下：

基本生产车间生产工人薪酬 150000 元，车间管理人员薪酬 30000 元，供电车间工人薪酬 40000 元，企业行政管理人员薪酬 28000 元，生产工人薪酬按生产工时比例在甲、乙产品间进行分配，本月甲产品生产工时 4000 小时，乙产品生产工时 16000 小时。

（3）12 月份计提固定资产折旧费如下：

基本生产车间生产设备折旧费 32000 元，供电车间设备折旧费 11000 元，企业行政管理部门管理设备折旧费 4000 元。

（4）12 月份以银行存款支付其他费用支出如下：

基本生产车间办公费 24000 元，供电车间办公费 12000 元。

（5）12 月份供电车间对外提供劳务情况如下：

基本生产车间 45000 度，企业行政管理部门 5000 度。

（6）甲产品月初、月末无在产品。月初乙在产品直接材料成本为 27600 元，本月完工产品 180 件，月末在产品 40 件。乙产品直接材料成本采用约当产量比例法在月末完工产品和在产品之间分配，月末在产品完工程度为 50%，原材料在生产开始时一次投入。

要求：根据上述资料，不考虑其他因素，分析回答下列小题。（答案中的金额单位用元表示）

1. 根据资料（1）和（2），12 月份甲、乙产品应分配的材料费用和应分配的职工薪酬正确的是（　　）。

A. 甲产品应分配的材料费用 57600 元，应分配的职工薪酬 30000 元

B. 甲产品应分配的材料费用 57600 元，应分配的职工薪酬 120000 元

C. 乙产品应分配的材料费用 38400 元，应分配的职工薪酬 120000 元

D. 乙产品应分配的材料费用 38400 元，应分配的职工薪酬 30000 元

2. 根据资料（2），12 月份分配职工薪酬，下列各项表述正确的是（　　）。

A. 基本生产成本增加 150000 元

B. 应付职工薪酬增加 248000 元

C. 制造费用增加 30000 元

D. 辅助生产成本增加40000元

3. 根据资料（1）至（5），下列各项中，关于12月末分配转出供电车间生产费用的会计处理正确的是(　　)。

A. 借：制造费用　60300
　　管理费用　6700
　贷：生产成本—辅助生产成本　67000

B. 借：制造费用　56700
　　管理费用　6300
　贷：生产成本—辅助生产成本　63000

C. 借：生产成本—辅助生产成本　49500
　　管理费用　5500
　贷：生产成本—辅助生产成本　55000

D. 借：制造费用　50400
　　销售费用　5600
　贷：生产成本—辅助生产成本　56000

4. 根据资料（1）至（5），12月份基本生产车间归集的制造费用是(　　)元。

A. 88000

B. 138400

C. 144700

D. 148300

5. 根据资料（1）至（6），本月乙产品完工产品的直接材料成本是(　　)元。

A. 31418.18

B. 38400

C. 54000

D. 59400

（十）

A公司为制造业企业，大量大批生产甲产品和乙产品，设有两个辅助生产车间。A公司按品种法核算产品成本，材料随生产陆续投入，人工费用和制造费用均按机器工时比例分配，辅助生产成本采用交互分配法进行分配，月末完工产品成本与在产品成本按约当产量比例法计算分配，其完工程度均为50%。2020年9月发生的与生产甲、乙两种产品有关的经济业务如下：

（1）月初产品成本资料如下表所示：

金额单位：万元
数量单位：件

| 项目 | 在产品数量 | 直接材料 | 直接人工 | 制造费用 | 合计 |
|---|---|---|---|---|---|
| 甲产品 | 120 | 54.88 | 3.2 | 6 | 64.08 |
| 乙产品 | 200 | 193.42 | 9.5 | 17.5 | 220.42 |

（2）本月生产车间领用X材料1796千克用于生产甲、乙产品，X材料单位成本为1.25万元。甲产品定额消耗1.8千克，乙产品定额消耗3.5千克。

（3）本月人力资源部门计算的职工薪酬合计126.55万元。其中生产车间工人工资62万元，福利费8.5万元；车间管理人员工资9万元，福利费1.2万元；行政管理部门人员工资32万元；销售部门人员工资13.85万元。

（4）本月辅助生产车间提供劳务情况如下表所示：

金额单位：万元
劳务单位：万千瓦时、万小时

| 辅助生产车间名称 | 供电车间 | 机修车间 |
|---|---|---|
| 待分配辅助生产费用 | 55 | 18 |

续表

| 辅助生产车间名称 | | 供电车间 | 机修车间 |
| --- | --- | --- | --- |
| 劳务数量 | | 110 | 0.5 |
| 耗用劳务数量 | 机修车间 | 9 | |
| | 供电车间 | | 0.1 |
| | 生产车间 | 80 | 0.2 |
| | 行政管理部门 | 6 | 0.05 |
| | 工程部门 | 15 | 0.15 |

(5) 本月固定资产折旧与维修费用如下表所示：

单位：万元

| 项目 | 生产车间 | 行政管理部门 | 销售部门 | 工程部门 | 合计 |
| --- | --- | --- | --- | --- | --- |
| 折旧费 | 32.5 | 14 | 2 | 12 | 60.5 |
| 维修费 | 2.8 | 0.3 | 0 | 1.9 | 5 |

(6) 本月生产车间发生其他费用合计4.65万元。

(7) 甲产品本月投产550件，月末完工330件；乙产品本月投产1000件，月末完工800件。

(8) 甲产品本月生产工时为120小时，乙产品本月生产工时为380小时。

要求：根据上述资料，不考虑其他因素，分析回答下列小题。(计算结果保留两位小数，答案中的金额单位用万元表示)

1. 根据上述资料，下列计算结果中正确的是(　　)。

A. 甲产品本月应分配直接材料成本495万元

B. 乙产品本月应分配直接材料成本1750万元

C. 甲产品本月应分配直接人工成本16.92万元

D. 乙产品本月应分配直接人工成本53.58万元

2. 根据上述资料，下列各项中关于辅助生产车间分配辅助生产成本的说法正确的是(　　)。

A. 交互分配法需要进行两次分配

B. 交互分配法需先在辅助生产车间内部进行分配

C. 供电车间对外分配时分配率为0.39

D. 机修车间对外分配时分配率为37.45

3. 根据上述资料，A公司本月生产车间归集的制造费用合计为(　　)万元。

A. 100

B. 102.8

C. 47.3

D. 51.1

4. 根据上述资料，下列各项中关于产品成本计算的表述正确的是(　　)。

A. 甲产品本月在产品成本为201万元

B. 甲产品本月完工产品单位成本为1.25万元

C. 乙产品本月完工产品总成本为1680万元

D. 乙产品本月在产品单位成本为1.2万元

5. 下列各项中，关于产品成本结转的会计处理正确的是(　　)。

A. 借：库存商品—甲产品　396
　贷：生产成本—基本生产成本—甲产品　396

B. 借：库存商品—甲产品　412.5
　贷：生产成本—基本生产成本—甲产品　412.5

C. 借：库存商品—乙产品　960
　贷：生产成本—基本生产成本—乙产品　960

D. 借：库存商品—乙产品　1423.28
　贷：生产成本—基本生产成本—乙产品　1423.28

（十一）

某企业为增值税一般纳税人，适用的增值税税率为13%。2020 年 10 月初，M 产品无库存产成品；M 产品的在产品数量为 2000 件，其成本包括直接材料 150 万元、直接人工 100 万元、制造费用 50 万元。2020 年第四季度该企业发生相关经济业务如下：

（1）10 月 31 日，经计算，本月生产 M 产品发生直接材料费用 30 万元、直接人工费用 20 万元、制造费用 10 万元。月末 M 产品完工入库 1200 件，在产品 800 件，其平均完工程度为 50%。生产 M 产品耗用的原材料随加工进度陆续投入。该企业采用约当产量比例法分配完工产品和在产品成本。

（2）11 月 5 日，销售 M 产品 1000 件，每件不含税售价 0.3 万元，开出的增值税专用发票上注明的价款为 300 万元，增值税税额为 39 万元，以银行存款为客户代垫运杂费 5 万元（不考虑增值税）。客户以商业汇票结算全部款项，企业已收到票据。

（3）12 月 1 日，该企业以其生产的 10 件 M 产品作为福利发放给本企业销售人员。每件不含税价格为 0.3 万元，与计税价格一致。

（4）12 月 20 日，因自然灾害造成 20 件 M 产品毁损，残料估价 0.5 万元已作为原材料验收入库，应收保险公司赔偿 2 万元。

要求：根据上述资料，不考虑其他因素，分析回答下列小题。（答案中的金额单位用万元表示）

1. 根据期初资料和资料（1），下列计算结果正确的是（　　）。

A. 10 月初，M 在产品单位成本为 0.15 万元

B. 10 月末，M 在产品的约当产量为 600 件

C. 10 月初，M 在产品成本总额为 300 万元

D. 10 月末，M 在产品的约当产量为 400 件

2. 根据期初资料和资料（1），下列各项中，M 完工产品的单位成本是（　　）万元。

A. 0.225

B. 0.135

C. 0.18

D. 0.1125

3. 根据资料（2），下列各项中，关于该企业确认收入的会计处理正确的是（　　）。

A. 借：银行存款　344
　贷：主营业务收入　300
　　应交税费—应交增值税（销项税额）　39
　　销售费用　5

B. 借：应收票据　344
　贷：主营业务收入　305
　　应交税费—应交增值税（销项税额）　39

C. 借：其他货币资金　344
　贷：主营业务收入　300
　　应交税费—应交增值税（销项税额）　39
　　银行存款　5

D. 借：应收票据　344
　贷：主营业务收入　300
　　应交税费—应交增值税（销项税额）　39
　　银行存款　5

4. 根据期初资料、资料(1)和资料(3),下列各项中,关于该企业将M产品发放给销售人员的会计处理结果表述正确的是(  )。

A. 确认增值税销项税额0.39万元

B. 确认主营业务收入3万元

C. 结转主营业务成本2.25万元

D. 确认销售费用3.39万元

5. 根据期初资料、资料(1)和资料(4),下列各项中,关于M产品毁损相关处理结果表述正确的是(  )。

A. 确认应收账款2万元

B. 确认其他应收款2万元

C. 确认营业外支出2万元

D. 确认管理费用2万元

## 同步强化练习题参考答案及解析

"扫码看解析"

使用"微信"或"会计云课堂"App扫右方二维码,对答案、看解析、掌握解题思路,开启轻松过关之旅。

### 一、单项选择题

1. 【答案】B

**解析:** 选项A,属于成本管理领域应用的工具方法;选项C,属于投融资管理领域应用的工具方法;选项D,属于营运管理领域应用的工具方法。

2. 【答案】D

**解析:** 企业的期间费用不计入产品成本,而制造费用最终会按一定的方法分配计入生产成本。

3. 【答案】C

**解析:** 本月电费成本=50000×0.85=42500(元);分配率=42500/1700=25;乙产品本月负担的电费=25×(1700-800)=22500(元)。

4. 【答案】A

**解析:** 制造费用分配率=60000/(3000+2000)=12;A产品应负担的制造费用=3000×12=36000(元),B产品应负担的制造费用=2000×12=24000(元)。

5. 【答案】D

**解析:** 采用直接分配法,辅助生产费用直接对外进行分配,无需对内进行分配,选项A错误;采用计划成本分配法,辅助生产车间实际发生的费用与分配转出的计划费用之间的差额计入管理费用,选项B错误;辅助生产费用的分配方法还包括顺序分配法和代数分配法等,选项C错误;采用交互分配法,辅助生产费用需要经过对内和对外两次分配完成,选项D正确。

6. 【答案】C

**解析:** 月初和本月生产成本合计=210+180+115+120=625(万元);"生产成本"科目的余额即期末在产品成本=625-460=165(万元),行政管理费用属于期间费用,应直接计入管理费用,不记入"生产成本"科目。

7. 【答案】D

**解析:** 四种方法中生产工人工时比例法较为常用,生产工人工资比例法适用于各种产品生产机械化程度相差不多的企业,机器工时比例法适用于产品生产的机械化程度较高的车间,按年度计划分配率分配法特别适用于季节性生产企业。

8. 【答案】C

**解析:** 乙产品应负担的燃料费用=6000÷(200+300)×300=3600(元)。

9. 【答案】B

**解析:** 甲产品应直接分配的职工薪酬=

150000/（4000 + 16000）× 4000 = 30000（元）。

10. 【答案】C

**解析：**单独核算停工损失的企业，对于属于自然灾害导致的停工损失转入“营业外支出”科目的借方，应由本月产品成本负担的部分转入“生产成本—基本生产成本”科目的借方。

11. 【答案】D

**解析：**各项消耗定额或成本定额比较准确、稳定，而且各月末在产品数量变化不是很大的产品，采用在产品按定额成本计价法，选项 D 正确；各项消耗定额或成本定额比较准确、稳定，但各月月末在产品数量变动较大的产品，采用定额比例法，选项 A 错误；各月月末在产品数量很小的产品，采用不计算在产品成本法，选项 B 错误；月末产品数量较多、各月在产品数量变化较大且直接材料成本和直接人工等加工成本比重相差不大时，采用约当产量比例法计算，选项 C 错误。

12. 【答案】D

**解析：**第一道工序的完工进度 = 60 × 50% ÷ 100 × 100% = 30%；第二道工序的完工进度 =（60 + 40 × 50%）÷ 100 × 100% = 80%；A 产品在月末的约当产量 = 200 × 30% + 300 × 80% = 300（件）。

13. 【答案】D

**解析：**材料费用分配率 =（4800 + 13200）/（400 + 100）= 36；甲产品本月末在产品原材料费用 = 36 × 100 = 3600（元）。

14. 【答案】B

**解析：**在产品的约当产量 = 20 × 40% + 40 × 60% = 32（件）；单位成本 = 23200/(200+32) = 100（元）；月末在产品成本 = 32 × 100 = 3200（元）。

15. 【答案】C

**解析：**甲产品的成本 = 580/（80 + 70）× 80 = 309.33（万元）。

16. 【答案】A

**解析：**副产品的成本 = 200 × 250 = 50000（元），主产品的成本 = 3200000 − 50000 = 3150000（元）。

17. 【答案】D

**解析：**分步法，是指按照生产过程中各个加工步骤（分品种）为成本核算对象，归集和分配生产成本，计算各步骤半成品和最后产成品成本的一种方法。这种方法适用于大量大批的多步骤生产。

18. 【答案】C

**解析：**分批法适用于小批单件生产的企业。在此方法下，成本计算期与产品的生产周期基本一致，与财务报告期不一致。由于成本计算期与产品的生产周期基本一致，因此，在计算月末在产品成本时，一般不存在在完工产品和在产品之间分配成本的问题。

19. 【答案】A

**解析：**在平行结转分步法下，其完工产品与在产品之间的费用分配，完工产品是指企业最后完成的产成品；在产品是指各步骤尚未加工完成的在产品和各步骤已完工但尚未最终完成的产品。

20. 【答案】D

**解析：**平行结转分步法，不计算各步骤半成品的成本，所以它的缺点是：不能提供各个步骤的半成品成本资料，从而也就不便于通过“生产成本”明细账分别考查各基本生产车间存货占用资金情况。

## 二、多项选择题

1. 【答案】ABCD

**解析：**营运管理领域应用的管理会计工具方法，一般包括本量利分析、敏感性分析、边际分析、内部转移定价和多维度盈利能力分析等。

2. 【答案】ABCD

3. 【答案】ABC

**解析：**行政管理部门使用的固定资产计提

的折旧应计入管理费用，不能计入产品成本。

4. 【答案】AC

解析：制造费用包括物料消耗，车间管理人员的薪酬（选项 A），车间管理用房屋和设备的折旧费、租赁费和保险费，车间管理用具摊销，车间管理用的照明费、水费、取暖费、劳动保护费、设计制图费、试验检验费、差旅费、办公费（选项 C）以及季节性及修理期间停工损失等，故选项 AC 正确。选项 BD 计入管理费用。

5. 【答案】AD

解析：选项 B，属于辅助生产费用分配的方法；选项 C，属于生产费用在完工产品与在产品之间的分配方法。

6. 【答案】ABC

解析：废品损失是指在生产过程中发生的和入库后发现的超定额的不可修复废品的生产成本，以及可修复废品的修复费用，扣除回收的废品残料价值和应收赔款以后的损失，选项 D 错误。经质量检验部门鉴定不需要返修、可以降价出售的不合格品（选项 A），以及产品入库后由于保管不善等原因而损坏变质的产品（选项 B）和实行“三包”企业在产品出售后发现的废品（选项 C）均不包括在废品损失内。

7. 【答案】ABC

解析：“停工损失”科目月末无余额。

8. 【答案】AC

9. 【答案】BCD

解析：交互分配法是辅助生产费用分配时使用的方法，不属于生产费用在完工产品与在产品之间分配的方法，选项 A 错误。

10. 【答案】BD

解析：第二道工序月末在产品完工程度 = （40+60×50%）/100×100% = 70%，选项 A 错误；第二道工序月末在产品的约当产量 = 160×70% = 112（件），选项 B 正确；月末完工产品直接材料费用 = 560×（80+120）/（560+240） = 140（万元），选项 C 错误；第一道工序月末在产品完工程度 = 40×50%/100×100% = 20%，第一道工序月末在产品的约当产量 = 80×20% = 16（件），月末在产品直接人工费用 = （16+112）×（60+100）/（560+16+112） = 29.77（万元），选项 D 正确。

11. 【答案】BCD

解析：在产品按定额成本计价法，在产品成本不分摊差异，每月生产成本脱离定额的节约差异或超支差异全部计入当月完工产品成本。

12. 【答案】AC

解析：定额比例法适用于各项消耗定额或成本定额比较准确、稳定，但各月末在产品数量变动较大的产品。

13. 【答案】ABCD

14. 【答案】ABC

解析：选项 D 是平行结转分步法的优点。

15. 【答案】ABD

解析：平行结转分步法的优点是：①各步骤可以同时计算产品成本（选项 B 正确），平行汇总计入产成品成本，不必逐步结转半成品成本（选项 A 正确）；②能够直接提供按原始成本项目反映的产成品成本资料（选项 D 正确），不必进行成本还原，因而能够简化和加速成本计算工作。缺点是不能提供各个步骤的半成品成本资料（选项 C 错误）。

16. 【答案】AD

解析：分批法下，产品成本的计算是与生产任务通知单的签发和结束紧密配合的，因此产品成本计算是不定期的，产品成本计算期与产品的生产周期基本一致，但与财务报告期不一致，选项 A 正确；在计算产品成本时，一般不存在完工产品与在产品之间费用的分配问题。但在某些特殊情况下，如在批内产品跨月陆续完工的时候，就要在完工产品与在产品之间分配费用，以便计算完工产品成本和月末在产品成本，故并非分批法下，月末都无须进行在产品与完工产品之间的费用分配，选项 B 错误；由于冶金、纺织、机械制造并不是单件小批生产，适合的方法应该是分步法，选项 C 错误；产品成本计算的品种法，是按照产品品种计算产品成本的一种方法，是产品成本计算中最一般，最起码的要求，品种法是最基本的成本计算方法，其他成本计算方法都是以品种法为基础的，选项 D 正确。

## 三、判断题

1. 【答案】√
2. 【答案】×

   **解析**：成本效益原则是指管理会计的应用应权衡实施成本和预期效益，合理、有效地推进管理会计应用。适应性原则是指管理会计的应用应与单位应用环境和自身特征相适应。
3. 【答案】√
4. 【答案】×

   **解析**：零基预算，是指企业不以历史期经济活动及其预算为基础，以零为起点，从实际需要出发分析预算期经济活动的合理性，经综合平衡，形成预算的预算编制方法。
5. 【答案】√
6. 【答案】√
7. 【答案】√
8. 【答案】√
9. 【答案】×

   **解析**：成本按照成本性态划分，可分为固定成本、变动成本和混合成本。
10. 【答案】√
11. 【答案】√

    **解析**：在基本生产车间只生产一种产品的情况下，制造费用可以直接计入该种产品的成本；在生产多种产品的情况下，制造费用应采用适当的分配方法计入各种产品的成本。
12. 【答案】×

    **解析**：车间管理人员的工资应先计入制造费用，最终分配计入产品成本。
13. 【答案】×

    **解析**：有些生产制造工具、模型、备件等产品的辅助生产部门，月末若有未完工的产品，则辅助生产成本月末会有余额，表示尚未完工的在产品。
14. 【答案】√
15. 【答案】×

    **解析**：由于副产品价值相对较低，而且在全部产品生产中所占的比重较小，因而可以采用简化的方法确定其成本，然后从总成本中扣除，其余额就是主产品的成本。在分配主产品和副产品的加工成本时，通常先确定副产品的加工成本，然后再确定主产品的加工成本。
16. 【答案】√
17. 【答案】×

    **解析**：在约当产量比例法中如果原材料是在生产开始时一次投入的，计算在产品的原材料费用时不需要计算在产品的约当产量。如果原材料是随着生产过程陆续投入的，则应按照各工序投入的材料费用在全部材料费用中所占的比例计算在产品的约当产量。
18. 【答案】√
19. 【答案】√
20. 【答案】√
21. 【答案】√
22. 【答案】√

## 四、不定项选择题

（一）

1. 【答案】BC

   **解析**：M 产品的定额消耗量 = 1800（千克）；

   N 产品的定额消耗量 = 1000（千克）；

   M 产品应分担的直接材料成本 = 3000 ÷（1800+1000）×1800×（560000÷3000）= 360000（元）；

   N 产品应分担的直接材料成本 = 3000 ÷

（1800+1000）×1000×（560000÷3000）=200000（元）。

2. 【答案】CD

**解析：** M产品应负担的直接人工成本=270000÷（6000+9000）×6000=108000（元）；N产品应负担的直接人工成本=270000÷（6000+9000）×9000=162000（元）。

3. 【答案】AD

**解析：** 车间固定资产的折旧费，记入“制造费用”科目；车间用房的日常维修费，记入“管理费用”科目。

4. 【答案】AD

**解析：** 本月发生的制造费用合计=15000（资料2）+45000（资料3）=60000（元）；M产品应分担的制造费用=60000/（6000+9000）×6000=24000（元）；N产品应分担的制造费用=60000/（6000+9000）×9000=36000（元）。

5. 【答案】AC

**解析：** N产品期末总成本=63200+22000+10000+200000+162000+36000=493200（元）。

N完工产品成本=（63200+200000）×180/（180+100）+（22000+10000+162000+36000）×180/（180+100×50%）=349200（元）。

N在产品成本=493200-349200=144000（元）。

（二）

1. 【答案】AC

**解析：** 材料采用实际成本法核算，尚未验收入库前通过“在途物资”科目核算。

2. 【答案】A

**解析：** 资料（1）中，3日购进Y材料的单位成本=480000/4000=120（元），由于发出商品采用先进先出法，故生产X产品耗用的Y材料直接成本=2000×150+（3500-2000）×120=480000（元）=48（万元），17日车间一般耗用的500千克Y材料计入制造费用，不是生产X产品耗用的Y材料直接成本。

3. 【答案】ABCD

**解析：** 基本账务处理：

借：生产成本　20
　　制造费用　5
　　管理费用　7
　贷：应付职工薪酬　32

4. 【答案】B

**解析：** 制造费用应核算的金额=120×500÷10000（资料2）+5（资料3）+15（资料4）=26（万元）。

5. 【答案】AC

**解析：** X产品负担的总费用=48（直接材料）+20（直接人工）+26（制造费用）=94（万元）；

在产品约当产量=500×40%=200（件）；

X产品的单位成本=94÷（1800+200）=0.047（万元）；

本月完工产品的成本=1800×0.047=84.6（万元）；

本月在产品的成本=200×0.047=9.4（万元）。

（三）

1. 【答案】BD

**解析：** 资料（1）的账务处理为：

开出银行承兑汇票购入材料：

借：原材料　80
　　应交税费—应交增值税（进项税额）　10.4
　贷：应付票据　90.4

支付银行承兑汇票手续费：

借：财务费用　0.05
　贷：银行存款　0.05

2. 【答案】D

**解析：** 材料费用分配率=材料费用总额/各产品定额消耗量之和=60/（6000+4000）=0.006。

3. 【答案】CD

**解析：** M产品耗用材料费用=0.006×6000=36（万元）；N产品耗用材料费

用＝0.006×4000＝24（万元）。

资料（2）的账务处理为：

借：生产成本—基本生产成本

—M产品 36

—N产品 24

制造费用 12

贷：原材料 72

借：其他业务成本 13

贷：原材料 13

4.【答案】A

**解析**：M完工产品直接材料成本＝（165+36）/（800+400）×800＝134（万元）；

M在产品直接材料成本＝（165+36）/（800+400）×400＝67（万元）；

N完工产品直接材料成本＝0（万元）；

N在产品直接材料成本＝24（万元）。

5.【答案】B

**解析**：M产品"生产成本—直接材料"科目余额为M在产品直接材料的成本为67万元。

（四）

1.【答案】ABC

**解析**：定额比例法适用于各项消耗定额或成本定额比较准确、稳定，但各月末在产品数量变动较大的产品。

2.【答案】BCD

**解析**：甲产品的原材料定额消耗量＝100×10＝1000（千克）；

乙产品的原材料定额消耗量＝150×4＝600（千克）；

A原材料消耗量分配率＝1440/（1000+600）＝0.9；

甲产品应负担的A原材料数量＝1000×0.9＝900（千克）；

乙产品应负担的A原材料数量＝600×0.9＝540（千克）。

3.【答案】AB

**解析**：甲产品应负担的A原材料实际费用＝900×5×（1-2%）＝4410（元）；

乙产品应负担的A原材料实际费用＝540×5×（1-2%）＝2646（元）。

4.【答案】A

**解析**：甲产品领用材料金额（按计划单价）＝900×5＝4500(元)，乙产品领用材料金额(按计划单价)＝540×5＝2700(元)。

领用材料：

借：生产成本—基本生产成本

—甲产品 4500

—乙产品 2700

贷：原材料—A材料 7200

5.【答案】C

**解析**：结转发出材料成本差异：

借：材料成本差异—A材料 144

贷：生产成本—基本生产成本

—甲产品

90（4500-4410）

—乙产品

54（2700-2646）

（五）

1.【答案】CD

**解析**：共同耗用材料的分配率＝50/（1200+2800）＝0.0125，甲产品应分配的金额＝1200×0.0125＝15（万元），乙产品应分配的金额＝50-15＝35（万元）。所以甲产品领用材料的金额＝820+15＝835（万元）；乙产品领用材料的金额＝2363+35＝2398（万元）。

2.【答案】AB

**解析**：生产工人工资费用分配率＝170/（1200+2800）＝0.0425，甲产品应分配的金额＝1200×0.0425＝51（万元）；乙产品应分配的金额＝170-51＝119（万元）。

3.【答案】A

**解析**：甲产品应当分配的制造费用金额＝（35+85）/（1200+2800）×1200＝36（万元），乙产品应当分配的制造费用金额＝35+85-36＝84（万元），因月初及月末无在产品，所以当月生产费用合计即为完工产品总成本，甲产品成本＝835（直接材料）+51（直接人工）+36（制造费用）=922（万元），甲产品单位成本=922÷400=2.305（万元）。

4. 【答案】C

解析：生产车间固定资产日常的修理费记入“管理费用”科目中。

5. 【答案】ACD

解析：乙完工产品负担的直接材料成本=(2398+410)÷(750+30)×750=2700(万元)；

乙在产品负担的直接材料成本=（2398+410）-2700=108（万元）。

乙完工产品负担的直接人工成本=（95.2+119）÷（750+30×50%）×750=210（万元）；

乙在产品负担的直接人工成本=（95.2+119）-210=4.2（万元）。

乙完工产品负担的制造费用=(30.75+84)÷(750+30×50%)×750=112.5(万元)；

乙在产品负担的制造费用=（30.75+84）-112.5=2.25（万元）。

乙完工产品总成本=2700+210+112.5=3022.5（万元）；乙在产品总成本=108+4.2+2.25=114.45（万元）。

（六）

1. 【答案】BC

解析：可修复废品返修以前发生的生产费用，不是废品损失，不需要计算其生产成本，而应留在“生产成本—基本生产成本”科目和所属有关产品成本明细账中，不需要转出，选项A错误；经质量检验部门鉴定不需要返修、可以降价出售的不合格品，以及产品入库后由于保管不善等原因而损坏变质的产品和实行“三包”企业在产品出售后发现的废品均不包括在废品损失内，选项D错误。

2. 【答案】A

解析：结转可修复废品成本：

借：废品损失—丁产品　　7100
　贷：原材料　　2500
　　应付职工薪酬　　2000
　　制造费用　　2600

3. 【答案】A

解析：不可修复废品成本=210×50+2.8×360+13.5×360=16368（元）。

结转不可修复废品成本：

借：废品损失—丁产品　　16368
　贷：生产成本—基本生产成本—丁产品　　16368

4. 【答案】C

解析：结转回收残料及过失人赔偿：

借：原材料　　1200
　　其他应收款　　500
　贷：废品损失—丁产品　　1700

5. 【答案】B

解析：废品净损失=16368+2500+2000+2600-1200-500=21768（元）。

结转废品净损失：

借：生产成本—基本生产成本—丁产品　　21768
　贷：废品损失—丁产品　　21768

（七）

1. 【答案】ABC

解析：如果材料是在生产开始时一次性投入的，在产品无论完工程度如何，都应和完工产品负担同样材料成本，即每件在产品的材料成本与每件产成品的材料成本相同，所以选项D不正确。

2. 【答案】ABC

解析：原材料各工序的完工率及约当产量：

第一道工序完工率=100÷160×100%=62.5%；

第一道工序在产品的约当产量=60×62.5%=37.5（件）；

第二道工序完工率=（100+50）/160×100%=93.75%；

第二道工序在产品的约当产量=100×93.75%=93.75（件）；

第三道工序完工率=（100+50+10）/160×100%=100%；

第三道工序在产品的约当产量 = 40×100% = 40（件）。

3. 【答案】BC

**解析：**工资福利费及制造费用的完工率及约当产量：

第一道工序完工率 =（40×50%）/80×100% = 25%；

第一道工序在产品的约当产量 = 60×25% = 15（件）；

第二道工序完工率 =（40+30×50%）/80×100% = 68.75%；

第二道工序在产品的约当产量 = 100×68.75% = 68.75（件）；

第三道工序完工率 =（40+30+10×50%）/80×100% = 93.75%；

第三道工序在产品的约当产量 = 40×93.75% = 37.5（件）。

4. 【答案】C

**解析：**原材料各工序在产品的约当产量 = 37.5+93.75+40 = 171.25（件）；

工资福利费及制造费用各工序在产品的约当产量 = 15+68.75+37.5 = 121.25（件）。

5. 【答案】A

**解析：**

借：库存商品—甲产品　　313016

　贷：生产成本—基本生产成本—甲产品　　313016

①原材料费用分配率 = 182615.56÷（800+171.25）= 188.02；

甲完工产品应负担的材料成本 = 188.02×800 = 150416（元）；

甲在产品应负担的材料成本 = 182615.56−150416 = 32199.56（元）。

②工资及福利费分配率 = 74900÷（800+121.25）= 81.3；

甲完工产品应负担的工资及福利费 = 81.3×800 = 65040（元）；

甲在产品应负担的工资及福利费 = 74900−65040 = 9860（元）。

③制造费用分配率 = 112350÷（800+121.25）= 121.95；

甲完工产品应负担的制造费用 = 121.95×800 = 97560（元）；

甲在产品应负担的制造费用 = 112350−97560 = 14790（元）。

④甲在产品总成本 = 32199.56+9860+14790 = 56849.56（元）；

甲完工产品总成本 = 150416+65040+97560 = 313016（元）。

（八）

1. 【答案】ABC

**解析：**翻建仓库耗用材料成本25000元计入在建工程，选项A正确；车间管理耗用材料成本15000元计入制造费用，选项B正确、选项D错误；甲产品耗用材料成本60000元计入生产成本，选项C正确。

2. 【答案】ABD

**解析：**车间管理人员薪酬计入制造费用，而不是管理费用，选项C错误。

3. 【答案】ABCD

4. 【答案】ABD

**解析：**车间管理用设备折旧计入制造费用，而不是管理费用，选项C错误。

5. 【答案】AB

**解析：**因为产品在月末全部完工，所以月初和本月发生的成本就是完工甲产品总成本，完工甲产品总成本 = 900000（期初资料）+60000（资料1）+15000（资料1）+320000（资料2）+40000（资料2）−67550（资料3）+27550（资料3）+12000（资料4）+4000（资料4）= 1311000（元），选项A正确、选项C错误；完工数量 = 100−5 = 95（件），所以完工甲产品单位成本 = 1311000÷95 = 13800（元），选项B正确、选项D错误。

（九）

1. 【答案】AC

**解析：** 甲产品应分配的材料费用 = 2400×40/（200×6+200×4）×200×6 = 57600（元），应分配的职工薪酬 = 150000/（4000 + 16000）× 4000 = 30000（元）；乙产品应分配的材料费用 = 2400 × 40/（200 × 6 + 200 × 4）× 200×4 = 38400（元），应分配的职工薪酬 = 150000/（4000+16000）×16000 = 120000（元）。

2. 【答案】ABCD

**解析：**

借：生产成本—基本生产成本

| | |
|---|---|
| —甲产品 | 30000 |
| —乙产品 | 120000 |
| —辅助生产成本 | 40000 |
| 制造费用 | 30000 |
| 管理费用 | 28000 |
| 贷：应付职工薪酬 | 248000 |

3. 【答案】A

**解析：** 辅助生产成本合计 = 100×40（材料）+40000（薪酬）+11000（折旧）+12000（办公费）= 67000（元）；

供电车间对外分配率 = 67000/（45000+5000）= 1.34；

基本生产车间 = 1.34×45000 = 60300（元）；

企业行政管理部门 = 1.34 × 5000 = 6700（元）。

| | |
|---|---|
| 借：制造费用 | 60300 |
| 管理费用 | 6700 |
| 贷：生产成本—辅助生产成本 | 67000 |

4. 【答案】D

**解析：** 制造费用 = 50×40（材料）+30000（人工）+32000（折旧）+24000（办公费）+60300（电费）= 148300（元）。

5. 【答案】C

**解析：** 本月乙产品完工产品的直接材料成本 =（27600 + 38400）/（180 + 40）× 180 = 54000（元）。

（十）

1. 【答案】ABCD

**解析：** 直接材料分配率 = 1796 × 1.25/（1.8×550+3.5×1000）= 0.5；甲产品应分配直接材料成本 = 1.8×550×0.5 = 495（万元）；乙产品应分配直接材料成本 = 3.5×1000×0.5 = 1750（万元）；本月生产车间直接人工成本 = 62 + 8.5 = 70.5（万元），直接人工分配率 = 70.5/（120+380）= 0.141；甲产品应分配直接人工成本 = 0.141 × 120 = 16.92（万元）；乙产品应分配直接人工成本 = 0.141×380 = 53.58（万元）。

2. 【答案】AB

**解析：**

金额单位：万元

劳务单位：万千瓦时、万小时

| 分配方向 | 交互分配 | | | 对外分配 | | |
|---|---|---|---|---|---|---|
| 辅助生产车间名称 | 供电 | 机修 | 合计 | 供电 | 机修 | 合计 |
| 待分配成本 | 55 | 18 | 73 | 54.1 | 18.9 | 73 |
| 供应劳务数量 | 110 | 0.5 | | 101 | 0.4 | |
| 单位成本（分配率） | 0.5 | 36 | | 0.54 | 47.25 | |

续表

| 分配方向 | | | 交互分配 | | | 对外分配 | | |
|---|---|---|---|---|---|---|---|---|
| 辅助生产车间名称 | | | 供电 | 机修 | 合计 | 供电 | 机修 | 合计 |
| 对内分配 | 机修 | 耗用数量 | 9 | | | | | |
| | | 分配金额 | 4.5 | | 4.5 | | | |
| | 供电 | 耗用数量 | | 0.1 | | | | |
| | | 分配金额 | | 3.6 | 3.6 | | | |
| | 金额小计 | | 4.5 | 3.6 | 8.1 | | | |
| 对外分配 | 生产车间 | 耗用数量 | | | | 80 | 0.2 | |
| | | 分配金额 | | | | 43.2 | 9.45 | 52.65 |
| | 行政管理部门 | | 略：本题不涉及此部分的分配金额 | | | | | |
| | 工程部门 | | | | | | | |

3. 【答案】A

**解析：**本月发生的制造费用=9（资料3）+1.2（资料3）+43.2（资料4）+9.45（资料4）+32.5（资料5）+4.65（资料6）=100（万元）。

4. 【答案】C

**解析：**甲产品应分配的制造费用=100×120/（120+380）=24（万元）；乙产品应分配的制造费用=100－24=76（万元）；甲产品本月产品成本合计=甲产品月初在产品成本+本月直接材料+本月直接人工+分摊的制造费用=64.08+495+16.92+24=600（万元）；乙产品本月产品成本合计=乙产品月初在产品成本+本月直接材料+本月直接人工+分摊的制造费用=220.42+1750+53.58+76=2100（万元）；甲在产品约当产量=（120+550−330）×50%=170（件）；乙在产品约当产量=（200+1000−800）×50%=200（件）；甲完工产品单位成本=600/（330+170）=1.2（万元），甲完工产品总成本=1.2×330=396（万元）；甲在产品成本=1.2×170=204（万元）；乙完工产品单位成本=2100/（800+200）=2.1（万元），乙完工产品总成本=2.1×800=1680（万元）；乙在产品单位成本=（2100－1680）/400=1.05（万元）。

5. 【答案】A

**解析：**甲完工产品成本合计为396万元；乙完工产品成本为1680万元。

（十一）

1. 【答案】ACD

**解析：**10月初，M在产品成本总额=150+100+50=300（万元），选项C正确；在产品单位成本=300÷2000=0.15（万元），选项A正确；在产品约当产量=800×50%=400（件），选项D正确，选项B错误。

2. 【答案】A

**解析：**10月末，材料费用合计=150+30=180（万元），人工费用合计=100+20=120（万元），制造费用合计=50+10=60（万元），费用合计=180+120+60=360（万元）。M完工产品单位成本=360÷（1200+400）=0.225（万元）。

3.【答案】D

**解析：**相关会计处理为：

借：应收票据　344

　贷：主营业务收入　300

　　应交税费—应交增值税（销项税额）　39

　　银行存款　5

4.【答案】ABCD

**解析：**相关会计分录为：

借：销售费用　3.39

　贷：应付职工薪酬　3.39

借：应付职工薪酬　3.39

　贷：主营业务收入　3

　　应交税费—应交增值税（销项税额）　0.39

借：主营业务成本　2.25

　贷：库存商品　2.25（10×0.225）

5.【答案】BC

**解析：**相关会计分录为：

借：待处理财产损溢　4.5

　贷：库存商品　4.5（20×0.225）

借：营业外支出　2

　　其他应收款　2

　　原材料　0.5

　贷：待处理财产损溢　4.5

# 第八章　政府会计基础

## 本章考情分析

本章系政府会计基础，内容包括政府会计概述、政府单位会计核算等。近 3 年考试题型为单项选择题、多项选择题和判断题，分值在 5 分左右，属于非重点章节。

**近 3 年题型题量分析表**

| 年份＼题型 | 单项选择题 | 多项选择题 | 判断题 | 不定项选择题 | 合计 |
|---|---|---|---|---|---|
| 2020 年 | 1 题 2 分 | 1 题 2 分 | 1 题 1 分 | — | 5 分 |
| 2019 年 | 1 题 1.5 分 | 1 题 2 分 | 1 题 1 分 | — | 4.5 分 |
| 2018 年 | 2 题 3 分 | 1 题 2 分 | 1 题 1 分 | — | 6 分 |

## 2021 年教材主要变化

1. 增加政府财务会计中收入、费用类科目举例
2. 增加业务活动费用和单位管理费用的核算内容

## 本章考点框架

- 政府会计基础
  - 政府会计概述
    - 政府会计改革背景及目标（★）
    - 政府会计标准体系（★）
    - 政府会计要素及其确认和计量（★★）
    - 政府财务报告和决算报告（★★）
    - 政府会计核算模式（★★）
  - 政府单位会计核算
    - 单位会计核算概述（★）
    - 国库集中支付业务（★★）
    - 非财政拨款收支业务（★★）
    - 预算结转结余及分配业务（★★）
    - 净资产业务（★★）
    - 资产业务（★★）
    - 负债业务（★★）

# 本章重难点精讲

## 第一节 政府会计概述

查看本节视频
使用"会计云课堂"App/微信扫描

### 一、政府会计改革背景及目标（★）

政府会计是会计体系的重要分支，运用会计专门方法对政府及其组成主体（包括政府所属的行政事业单位等）的财务状况、运行情况（含运行成本）、现金流量、预算执行等情况进行全面核算、监督和报告。

### 二、政府会计标准体系（★）

我国的政府会计标准体系主要由政府会计基本准则、具体准则及应用指南和政府会计制度等组成。

| 标准体系 | 具体内容 |
|---|---|
| 政府会计基本准则 | 规范政府会计目标、政府会计主体、政府会计信息质量要求、政府会计核算基础，以及政府会计要素定义、确认和计量原则、列报要求等原则事项 |
| 政府会计具体准则及应用指南 | 依据基本准则制定会计处理原则，用于规范政府会计主体发生的经济业务或事项，并详细规定经济业务或事项引起的会计要素变动的确认、计量和报告 |
| 政府会计制度 | （1）依据基本准则制定，主要规定政府会计科目及其账务处理、报表体系及编制说明等<br>（2）政府会计主体主要包括各级政府、各部门、各单位<br>各级政府指各级政府财政部门，具体负责财政总会计的核算。各部门、各单位是指与本级政府财政部门直接或者间接发生预算拨款关系的国家机关、军队、政党组织、社会团体、事业单位和其他单位 |

【提示】会计核算不适用政府会计准则制度：（1）军队；（2）已纳入企业财务管理体系的单位；（3）执行《民间非营利组织会计制度》的社会团体。

### 三、政府会计要素及其确认和计量（★★）

政府会计要素包括预算会计要素和财务会计要素。预算会计要素包括预算收入、预算支出与预算结余；财务会计要素包括资产、负债、净资产、收入和费用。

（一）政府预算会计要素

| 要素 | 具体内容 |
|---|---|
| 预算收入 | （1）预算收入是指政府会计主体在预算年度内依法取得的并纳入预算管理的现金流入<br>（2）预算收入一般在实际收到时予以确认，以实际收到的金额计量 |
| 预算支出 | （1）预算支出是指政府会计主体在预算年度内依法发生并纳入预算管理的现金流出<br>（2）预算支出一般在实际支付时予以确认，以实际支付的金额计量 |

续表

| 要素 | 具体内容 |
| --- | --- |
| 预算结余 | （1）预算结余是指政府会计主体预算年度内预算收入扣除预算支出后的资金余额，以及历年滚存的资金余额<br>（2）预算结余包括结余资金和结转资金：<br>①结余资金是指年度预算执行终了，预算收入实际完成数扣除预算支出和结转资金后剩余的资金<br>②结转资金是指预算安排项目的支出年终尚未执行完毕或者因故未执行，且下年需要按原用途继续使用的资金 |

## 经典题解

**【例题1·单选题】** 下列各项中，不属于政府预算会计要素的是（　　）。（2020年·2分）

A. 预算结余

B. 预算收入

C. 预算支出

D. 净资产

**【解析】** 选项D属于政府财务会计要素。

**【答案】** D

（二）政府财务会计要素

1. 资产

| 项目 | 具体内容 | |
| --- | --- | --- |
| 定义 | 指政府会计主体过去的经济业务或者事项形成的，由政府会计主体控制的，预期能够产生服务潜力或者带来经济利益流入的经济资源<br>【提示1】服务潜力是指政府会计主体利用资产提供公共产品和服务以履行政府职能的潜在能力<br>【提示2】经济利益流入表现为现金及现金等价物的流入，或者现金及现金等价物流出的减少 | |
| 类别 | 资产按照流动性，分为流动资产和非流动资产 | |
| | 流动资产 | 指预计在1年内（含1年）耗用或者可以变现的资产，包括货币资金、短期投资、应收及预付款项、存货等 |
| | 非流动资产 | 指流动资产以外的资产，包括固定资产、在建工程、无形资产、长期投资、公共基础设施、政府储备资产、文物文化资产、保障性住房和自然资源资产等 |
| 确认条件 | 符合政府资产定义的经济资源，并同时满足以下条件：<br>一是与该经济资源相关的服务潜力很可能实现或者经济利益很可能流入政府会计主体<br>二是该经济资源的成本或者价值能够可靠地计量 | |

续表

| 项目 | 具体内容 | |
|---|---|---|
| 计量属性 | 历史成本 | 按照取得时支付的现金金额或者支付对价的公允价值计量 |
| | 重置成本 | 按照现在购买相同或者相似资产所需支付的现金金额计量 |
| | 现值 | 按照预计从其持续使用和最终处置中所产生的未来净现金流入量的折现金额计量 |
| | 公允价值 | 按照市场参与者在计量日发生的有序交易中，出售资产所能收到的价格计量 |
| | 名义金额 | 无法采用历史成本、重置成本、现值和公允价值计量的，采用名义金额（即人民币 1 元）计量 |
| | 【提示】政府会计主体对资产进行计量时，一般应当采用历史成本 | |

## 经典题解

**【例题 2·多选题】** 下列各项中，属于政府会计主体资产的有（　　）。（2018 年·2 分）

A. 在建工程

B. 长期投资

C. 保障性住房

D. 自然资源资产

**【解析】** 政府会计主体的资产按照流动性，分为流动资产和非流动资产。其中，非流动资产包括固定资产、在建工程、无形资产、长期投资、公共基础设施、政府储备资产、文物文化资产、保障性住房和自然资源资产等。选项 ABCD 均属于政府会计主体资产。

**【答案】** ABCD

2. 负债

| 项目 | 具体内容 | |
|---|---|---|
| 定义 | 指政府会计主体过去的经济业务或者事项形成的，预期会导致经济资源流出政府会计主体的现时义务<br>【提示】现时义务是指政府会计主体在现行条件下已承担的义务。未来发生的经济业务或者事项形成的义务不属于现时义务，不应当确认为负债 | |
| 分类 | 按照流动性，分为流动负债和非流动负债 | |
| | 流动负债 | 指预计在 1 年内（含 1 年）偿还的负债，包括短期借款、应付短期政府债券、应付及预收款项、应缴款项等 |
| | 非流动负债 | 指流动负债以外的负债，包括长期借款、长期应付款、应付长期政府债券等 |
| 确认条件 | 符合政府负债定义的义务，并同时满足以下条件：<br>一是履行该义务很可能导致含有服务潜力或者经济利益的经济资源流出政府会计主体<br>二是该义务的金额能够可靠地计量 | |

续表

| 项目 | 具体内容 | |
|---|---|---|
| 计量属性 | 历史成本 | 按照因承担现时义务而实际收到的款项或者资产的金额，或者承担现时义务的合同金额，或者按照为偿还负债预期需要支付的现金计量 |
| | 现值 | 按照预计期限内需要偿还的未来净现金流出量的折现金额计量 |
| | 公允价值 | 按照市场参与者在计量日发生的有序交易中，转移负债所需支付的价格计量 |
| | 【提示】政府会计主体对负债进行计量，一般应当采用历史成本 | |

政府会计主体负债的具体内容：

- 负债
  - 偿还时间与金额基本确定的负债
    - 融资活动形成的举借债务及其应付利息
      - 政府发行的政府债券
      - 向外国政府、国际经济组织等借入的款项
      - 向上级政府借入转贷款
    - 运营活动形成的应付及预收款项
      - 应付职工薪酬
      - 应付账款
      - 预收款项
      - 应交税费
      - 应付国库集中支付结余
      - 其他应付未付款项
    - 暂收性负债
      - 应缴财政款
      - 其他暂收款项
  - 或有事项形成的预计负债
    - 未决诉讼或未决仲裁
    - 对外国政府或国际经济组织的贷款担保
    - 承诺（补贴、代偿）
    - 自然灾害或公共事件的救助等

## 经典题解

**【例题3·单选题】**下列各项中，属于事业单位非流动负债的是(　　)。(2020年·2分)

A. 应缴款项

B. 长期应付款

C. 预收款项

D. 短期借款

**【解析】**政府会计主体的负债按照流动性，分为流动负债和非流动负债。流动负债是指预计在1年内（含1年）偿还的负债，包括短期借款（选项D）、应付短期政府债券、应付及预收款项（选项C）、应缴款项（选项A）等。非流动负债是指流动负债以外的负债，包括长期借款、长期应付款（选项B）、应付长期政府债券等。

**【答案】**B

**【例题4·单选题】**下列各项中，不属于政府举借债务的是(　　)。(2020年·2分)

A. 对外国政府贷款担保形成的预计负债

B. 向国际经济组织借入的款项

C. 政府发行的债券

D. 向上级政府借入的转贷款

**【解析】**政府举借的债务包括政府发行的政府债券，向外国政府、国际经济组织等借入的款项，以及向上级政府借入转贷资金形成的借入转贷款。

**【答案】**A

【例题5·多选题】下列各项中，属于政府负债计量属性的有（ ）。（2020年·2分）

A. 历史成本

B. 现值

C. 公允价值

D. 名义金额

【解析】政府负债的计量属性主要包括历史成本、现值和公允价值。

【答案】ABC

【例题6·多选题】下列各项中，属于政府负债的有（ ）。（2018年·2分）

A. 发行的地方政府债券

B. 政府举借的外国政府贷款

C. 发行的国债

D. 政府举借的国际组织贷款

【解析】政府举借的债务属于政府负债，政府举借的债务包括政府发行的政府债券，向外国政府、国际经济组织等借入的款项，以及向上级政府借入转贷资金形成的借入转贷款。

【答案】ABCD

3. 净资产

净资产是指政府会计主体资产扣除负债后的净额，其金额取决于资产和负债的计量。

4. 收入

| 项目 | 具体内容 |
| --- | --- |
| 定义 | 指报告期内导致政府会计主体净资产增加的、含有服务潜力或者经济利益的经济资源的流入 |
| 确认条件 | 收入的确认应当同时满足以下条件：<br>一是与收入相关的含有服务潜力或者经济利益的经济资源很可能流入政府会计主体<br>二是含有服务潜力或者经济利益的经济资源流入会导致政府会计主体资产增加或者负债减少<br>三是流入金额能够可靠地计量 |

## 经典题解

【例题7·判断题】政府预算收入是指报告期内导致政府会计主体净资产增加的，含有服务潜力或经济利益的经济资源的流入。（ ）（2018年·1分）

【解析】政府收入是指报告期内导致政府会计主体净资产增加的、含有服务潜力或者经济利益的经济资源的流入，不是指政府预算收入。

【答案】×

5. 费用

| 项目 | 具体内容 |
| --- | --- |
| 定义 | 指报告期内导致政府会计主体净资产减少的、含有服务潜力或者经济利益的经济资源的流出 |
| 确认条件 | 费用的确认应当同时满足以下条件：<br>一是与费用相关的含有服务潜力或者经济利益的经济资源很可能流出政府会计主体<br>二是含有服务潜力或者经济利益的经济资源流出会导致政府会计主体资产减少或者负债增加<br>三是流出金额能够可靠地计量 |

## 经典题解

【例题8·单选题】下列各项中，属于政府财务会计要素的是（  ）。（2018年·1.5分）

A. 预算结余

B. 预算收入

C. 净资产

D. 预算支出

【解析】政府财务会计要素包括资产、负债、净资产（选项C）、收入和费用；选项ABD属于政府预算会计要素。

【答案】C

### 四、政府财务报告和决算报告（★★）

（一）政府财务报告

| 项目 | 具体内容 |
| --- | --- |
| 定义 | 是反映政府会计主体某一特定日期的财务状况和某一会计期间的运行情况和现金流量等信息的文件 |
| 构成 | 包括财务报表和其他应当在财务报告中披露的相关信息和资料<br>（1）财务报表包括会计报表和附注<br>（2）会计报表一般包括资产负债表、收入费用表和净资产变动表，单位可根据实际情况自行选择编制现金流量表 |

【提示】从编制主体讲，政府财务报告主要包括政府部门财务报告和政府综合财务报告。

（二）政府决算报告

| 项目 | 具体内容 |
| --- | --- |
| 定义 | 是综合反映政府会计主体年度预算收支执行结果的文件 |
| 构成 | 包括决算报表和其他应当在决算报告中反映的相关信息和资料<br>预算会计报表至少包括预算收入支出表、预算结转结余变动表和财政拨款预算收入支出表 |

【提示】政府决算报告与政府综合财务报告的主要区别如下表所示。

| | 政府决算报告 | 政府综合财务报告 |
| --- | --- | --- |
| 编制主体 | 各级政府财政部门、各部门、各单位 | |
| 反映的对象 | 政府年度预算收支执行情况 | 政府整体财务状况、运行情况和财政中长期可持续性 |
| 编制基础 | 收付实现制 | 权责发生制 |
| 数据来源 | 以预算会计核算生成的数据为准 | 以财务会计核算生成的数据为准 |
| 编制方法 | 汇总 | 合并 |
| 报送要求 | 本级人民代表大会常务委员会审查和批准 | 本级人民代表大会常务委员会备案 |

## 经典题解

【例题 9 · 单选题】下列各项中，行政单位可以根据实际情况自行选择是否编制的财务报表是（　　）。（2020 年 · 2 分）

A. 净资产变动表

B. 收入费用表

C. 现金流量表

D. 资产负债表

【解析】政府财务报告应当包括财务报表和其他应当在财务报告中披露的相关信息和资料。财务报表包括会计报表和附注。会计报表一般包括资产负债表、收入费用表和净资产变动表，单位可根据实际情况自行选择编制现金流量表。

【答案】C

【例题 10 · 单选题】下列各项中，关于政府决算报告的表述正确的是（　　）。（2020 年 · 2 分）

A. 以权责发生制为编制基础

B. 以财务会计核算生成的数据为准

C. 反映政府年度预算收支执行情况

D. 反映政府整体的财务状况

【解析】选项 ABD 为政府综合财务报告的内容。

【答案】C

【例题 11 · 判断题】政府决算报告是反映政府会计主体某一特定日期的财务状况和某一会计期间的运行情况及现金流量等信息的文件。（　　）（2020 年 · 1 分）

【解析】政府财务报告是反映政府会计主体某一特定日期的财务状况和某一会计期间的运行情况和现金流量等信息的文件。

【答案】×

【例题 12 · 单选题】下列各项中，属于政府预算会计报表的是（　　）。（2019 年 · 1.5 分）

A. 预算结转结余变动表

B. 收入费用表

C. 净资产变动表

D. 资产负债表

【解析】根据《政府会计制度》规定，预算会计报表至少包括预算收入支出表、预算结转结余变动表（选项 A 正确）和财政拨款预算收入支出表。

【答案】A

【例题 13 · 多选题】下列各项中，关于政府综合财务报告的表述错误的有（　　）。（2019 年 · 2 分）

A. 年度预算执行情况是其反映的对象

B. 数据来源于预算会计核算结果

C. 编制基础为权责发生制

D. 编制主体是各级政府财政部门、各部门、各单位

【解析】选项 AB 属于政府决算报告的内容；选项 C 属于政府综合财务报告的编制基础；选项 D 既属于政府决算报告编制主体也属于政府综合财务报告的编制主体。

【答案】AB

【例题 14 · 单选题】下列各项中，关于政府决算报告的表述不正确的是（　　）。（2018 年 · 1.5 分）

A. 以收付实现制为编制基础

B. 以预算会计核算生成的数据为准

C. 是政府综合财务报告的重要组成内容

D. 综合反映政府会计主体预算收支的年度执行情况

【解析】政府决算报告和政府综合财务报告没有从属关系。

【答案】C

## 五、政府会计核算模式（★★）

<table>
<tr><td rowspan="3">预算会计与财务会计适度分离</td><td>“双功能”</td><td>政府会计应当实现预算会计和财务会计的双重功能</td></tr>
<tr><td>“双基础”</td><td>（1）预算会计实行收付实现制，国务院另有规定的，从其规定<br>（2）财务会计实行权责发生制</td></tr>
<tr><td>“双报告”</td><td>政府会计主体应当编制决算报告和财务报告<br>（1）政府决算报告的编制主要以收付实现制为基础，以预算会计核算生成的数据为准<br>（2）政府财务报告的编制主要以权责发生制为基础，以财务会计核算生成的数据为准</td></tr>
<tr><td>预算会计与财务会计相互衔接</td><td colspan="2">政府预算会计和财务会计“适度分离”，并不是要求政府会计主体分别建立预算会计和财务会计两套账，对同一笔经济业务或事项进行会计核算，而是要求政府预算会计要素和财务会计要素相互协调，决算报告和财务报告相互补充，共同反映政府会计主体的预算执行信息和财务信息</td></tr>
</table>

### 经典题解

**【例题15·多选题】**下列关于政府会计核算的表述中，正确的有（　　）。（2020年·2分）

A. 政府会计应当实现财务会计与预算会计双重功能

B. 财务会计核算实行收付实现制，预算会计核算实行权责发生制

C. 单位对于纳入部门预算的现金收支业务，在采用财务会计核算的同时应当进行预算会计核算

D. 财务会计要素包括资产、负债、净资产、收入和费用，预算会计要素包括预算收入、预算支出和预算结余

**【解析】**财务会计实行权责发生制；预算会计实行收付实现制，国务院另有规定的，从其规定。

**【答案】**ACD

**【例题16·单选题】**《政府会计准则—基本准则》确立了“双功能”“双基础”“双报告”的政府会计核算体系，其中“双报告”指的是（　　）。（2018年·1.5分）

A. 预算报告和财务报告

B. 决算报告和财务报告

C. 绩效报告和预算报告

D. 预算报告和决算报告

**【解析】**“双报告”指的是决算报告和财务报告。

**【答案】**B

**【例题17·多选题】**下列各项中，关于政府会计核算体系的表述正确的有（　　）。（2018年·2分）

A. 政府会计主体应当编制决算报告和财务报告

B. 政府会计由预算会计和财务会计构成

C. 政府预算会计实行收付实现制，国务院另有规定的，从其规定

D. 政府财务会计实行权责发生制

**【答案】**ABCD

**开小灶**

本节必考点汇总：（详见轻松过关2）

1. 预算会计要素和财务会计要素的区分
2. 政府财务报告和决算报告的内容及主要区别
3. 预算会计与财务会计的联系与区别

## 第二节　政府单位会计核算

查看本节视频
使用“会计云课堂”App/微信扫描

### 一、单位会计核算概述（★）

（一）单位预算会计

单位预算会计采用收付实现制，国务院另有规定的，从其规定。

预算会计恒等式：预算收入-预算支出=预算结余

在日常核算时，单位应当设置“资金结存”科目，核算纳入年度部门预算管理的资金的流入、流出、调整和滚存等情况。根据资金支付方式及资金形态，“资金结存”科目应设置“零余额账户用款额度”“货币资金”“财政应返还额度”三个明细科目。年末预算收支结转后，“资金结存”科目借方余额与预算结转结余科目贷方余额相等。

（二）单位财务会计

单位财务会计实行权责发生制。

反映单位财务状况的等式：资产-负债=净资产

反映单位运行情况的等式：收入-费用=本期盈余

本期盈余经分配后最终转入净资产。

【提示】常用的收入和费用类科目。

| | |
|---|---|
| 收入类 | “财政拨款收入”“事业收入”“上级补助收入”“附属单位上缴收入”“经营收入”“非同级财政拨款收入”“投资收益”“捐赠收入”“利息收入”“租金收入”“其他收入” |
| 费用类 | “业务活动费用”“单位管理费用”“经营费用”“上缴上级费用”“对附属单位补助费用”“所得税费用”“其他费用” |
| | 需要说明的是：<br>“业务活动费用”科目核算单位为实现其职能目标、依法履职或开展专业业务活动及其辅助活动所发生的各项费用<br>“单位管理费用”科目核算事业单位本级行政及后勤管理部门开展管理活动发生的各项费用，包括单位行政及后勤管理部门发生的人员经费、公用经费、资产折旧（摊销）等费用，以及由单位统一负担的离退休人员经费、工会经费、诉讼费、中介费等 |

单位对于纳入年度部门预算管理的现金收支业务，在采用财务会计核算的同时应当进行预算会计核算；对于其他业务，仅需进行财务会计核算。这里的部门预算是指部门综合预算，包括财政拨款收支和非财政拨款收支；未纳入年初批复的预算但纳入决算报表编制范围的非财政拨款收支，也应当进行预算会计核算。上述现金，是指单位的库存现金以及其他可以随时用于支付的款项，包括库存现金、银行存款、其他货币资金、零余额账户用款额度、财政应返还额度，以及通过财政直接支付方式支付的款项。

【提示】下列现金收支业务仅需进行财务会计处理：①单位受托代理的现金；②不属于本年度部门预算的现金；③应上缴财政的、应转拨的、应退回的现金。

单位财务会计核算中有关应交增值税的会计处理与企业会计基本相同，但是在预算会计核算中，预算收入和预算支出包含销项税额和进项税额，实际缴纳增值税时计入预算支出（事业支出、经营支出等）。

单位财务会计和单位预算会计的区别如下表所示。

| 名称 | 单位财务会计 | 单位预算会计 |
|---|---|---|
| 要素 | 资产、负债、净资产、收入、费用 | 预算收入、预算支出、预算结余 |
| 等式 | 反映单位财务状况的等式：资产-负债=净资产<br>反映运行情况的等式：收入-费用=本期盈余，本期盈余经分配后最终转入净资产（本年盈余分配） | 预算会计恒等式：预算收入-预算支出=预算结余 |
| 会计基础 | 权责发生制 | 收付实现制，国务院另有规定的，从其规定 |

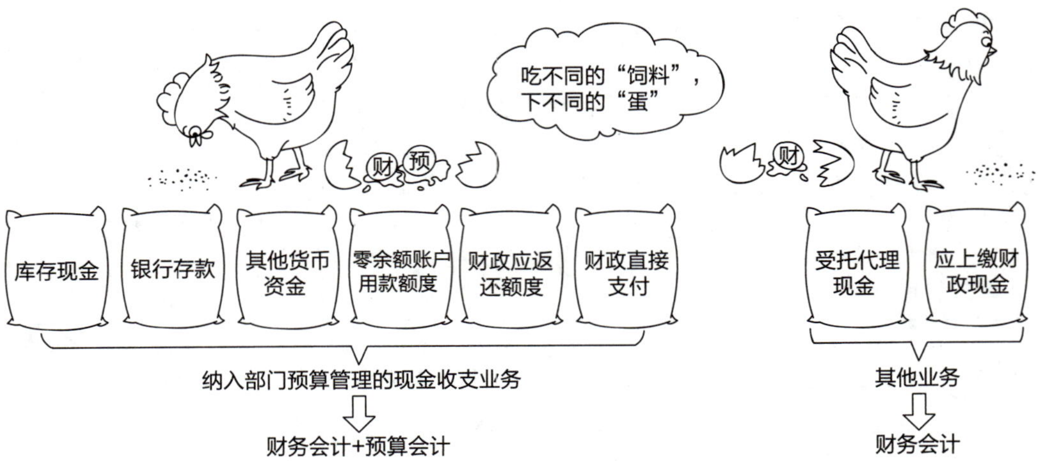


## 经典题解

【例题18·判断题】行政事业单位应当在预算会计中设置“资金结存”科目，核算纳入年度部门预算管理的资金流入、流出、调整和滚存等情况。（　　）（2020年·1分）

【解析】为了保证单位预算会计要素单独循环，在日常核算时，单位应当设置“资金结存”科目，核算纳入部门预算管理的资金的流入、流出、调整和滚存等情况。

【答案】√

【例题19·判断题】政府单位对于纳入年度部门预算管理的现金收支业务，在采用财务会计核算的同时应当进行预算会计核算。（　　）（2020年·1分）

【答案】√

【例题20·判断题】对于事业单位受托代理的现金以及应上缴财政的现金所涉及的收支业务，在采用财务会计处理的同时应当进行预算会计核算。（　　）（2020年·1分）

【解析】对于单位受托代理的现金、不属于本年度部门预算的现金，以及应上缴财政的、应转拨的、应退回的现金所涉及的收支业务，仅需要进行财务会计处理，不需要进行预算会计处理。

【答案】×

### 二、国库集中支付业务（★★）

实行国库集中支付的单位，财政资金的支付方式包括财政直接支付和财政授权支付。

1. 财政直接支付业务

在这种支付方式下，单位提出支付申请，由财政部门发出支付令，再由代理银行经办资金支付，其主要账务处理如下表所示。

| 业务事项 | 财务会计 | 预算会计 |
| --- | --- | --- |
| 收到“财政直接支付入账通知书”时 | 借：库存物品、固定资产、应付职工薪酬、业务活动费用、单位管理费用等<br>贷：财政拨款收入 | 借：行政支出、事业支出等<br>贷：财政拨款预算收入 |
| 年末，根据本年度财政直接支付预算指标数与其实际支出数的差额 | 借：财政应返还额度—财政直接支付<br>贷：财政拨款收入 | 借：资金结存—财政应返还额度<br>贷：财政拨款预算收入 |
| 下年度恢复财政直接支付额度后，单位以财政直接支付方式发生实际支出时 | 借：库存物品、固定资产、应付职工薪酬、业务活动费用、单位管理费用等<br>贷：财政应返还额度—财政直接支付 | 借：行政支出、事业支出等<br>贷：资金结存—财政应返还额度 |

2. 财政授权支付业务

在这种支付方式下，单位申请到的是用款限额而不是存入单位账户的实有资金，单位可以在用款限额内自行开具支付令，再由代理银行向收款人付款。其主要账务处理如下表所示。

| 业务事项 | 财务会计 | 预算会计 |
| --- | --- | --- |
| 收到代理银行盖章的“授权支付到账通知书”时 | 借：零余额账户用款额度<br>贷：财政拨款收入 | 借：资金结存—零余额账户用款额度<br>贷：财政拨款预算收入 |
| 按规定支用额度时，按照实际支用的额度 | 借：库存物品、固定资产、应付职工薪酬、业务活动费用、单位管理费用等<br>贷：零余额账户用款额度 | 借：行政支出、事业支出等<br>贷：资金结存—零余额账户用款额度 |
| 年末，依据代理银行提供的对账单作注销额度的相关账务处理 | 借：财政应返还额度—财政授权支付<br>贷：零余额账户用款额度 | 借：资金结存—财政应返还额度<br>贷：资金结存—零余额账户用款额度 |
| 下年年初恢复额度时 | 借：零余额账户用款额度<br>贷：财政应返还额度—财政授权支付 | 借：资金结存—零余额账户用款额度<br>贷：资金结存—财政应返还额度 |
| 年末，单位本年度财政授权支付预算指标数大于零余额账户用款额度下达数的，根据未下达的用款额度 | 借：财政应返还额度—财政授权支付<br>贷：财政拨款收入 | 借：资金结存—财政应返还额度<br>贷：财政拨款预算收入 |

续表

| 业务事项 | 财务会计 | 预算会计 |
|---|---|---|
| 下年度收到财政部门批复的上年末未下达零余额账户用款额度时 | 借：零余额账户用款额度<br>　贷：财政应返还额度—财政授权支付 | 借：资金结存—零余额账户用款额度<br>　贷：资金结存—财政应返还额度 |

## 经典题解

【例题21·单选题】下列各项中，在财政直接支付方式下，事业单位收到“财政直接支付入账通知书”时，财务会计核算应贷记的会计科目是（　　）。（2020年·2分）

A. 经营收入　　B. 其他收入

C. 事业收入　　D. 财政拨款收入

【解析】在财政直接支付方式下，单位在收到“财政直接支付入账通知书”时，按照通知书中直接支付的金额，在财务会计中借记“库存物品”等科目，贷记“财政拨款收入”科目，选项D正确。

【答案】D

【例题22·单选题】下列各项中，政府会计主体采用财务会计核算的同时应当进行预算会计核算的是（　　）。（2019年·1.5分）

A. 支付应缴财政款

B. 财政授权支付方式购买办公用品

C. 计提固定资产折旧

D. 收到受托代理的现金

【解析】单位购买办公用品，在财政授权支付方式下，按规定支用额度时，借记“库存物品”等科目，贷记“零余额账户用款额度”科目；同时，在预算会计中借记“行政支出”“事业支出”等科目，贷记“资金结存—零余额账户用款额度”科目。

【答案】B

### 三、非财政拨款收支业务（★★）

单位的收支业务除国库集中收付业务外，还包括事业活动、经营活动等形成的非财政拨款收支。这里主要介绍事业（预算）收入、捐赠（预算）收入和支出的处理。

（一）事业（预算）收入

事业收入是指事业单位开展专业业务活动及其辅助活动实现的收入，不包括从同级政府财政部门取得的各类财政拨款。其主要账务处理如下表所示。

| 业务事项 | | 财务会计 | 预算会计 |
|---|---|---|---|
| 采用财政专户返还方式 | 实现应上缴财政专户的事业收入时 | 借：银行存款、应收账款等<br>　贷：应缴财政款 | — |
| | 向财政专户上缴款项时 | 借：应缴财政款<br>　贷：银行存款等 | — |
| | 收到从财政专户返还的事业收入时 | 借：银行存款等<br>　贷：事业收入 | 借：资金结存—货币资金<br>　贷：事业预算收入 |
| 采用预收款方式 | 实际收到预收款项时 | 借：银行存款等<br>　贷：预收账款 | 借：资金结存—货币资金<br>　贷：事业预算收入 |
| | 按合同完成进度确认收入时 | 借：预收账款<br>　贷：事业收入 | — |

续表

| 业务事项 | | 财务会计 | 预算会计 |
|---|---|---|---|
| 采用应收款方式 | 根据合同完成进度计算本期应收的款项时 | 借：应收账款<br>　贷：事业收入 | — |
| | 实际收到款项时 | 借：银行存款等<br>　贷：应收账款 | 借：资金结存—货币资金<br>　贷：事业预算收入 |
| 其他方式 | 实际收到款项时 | 借：银行存款、库存现金等<br>　贷：事业收入 | 借：资金结存—货币资金<br>　贷：事业预算收入 |

【提示1】以合同完成进度确认事业收入的单位，应当根据业务实质，采用以下方法确定合同完成进度：①累计实际发生的合同成本占合同预计总成本的比例；②已经完成的合同工作量占合同预计总工作量的比例；③已经完成的时间占合同期限的比例；④实际测定的完工进度等。

【提示2】事业活动中涉及增值税业务的，事业收入按照实际收到的金额扣除增值税销项税之后的金额入账，事业预算收入按照实际收到的金额入账。

【提示3】事业单位对于因开展专业业务活动及其辅助活动取得的非同级财政拨款收入，应当通过“事业（预算）收入—非同级财政拨款”科目核算；对于其他非同级财政拨款收入，应当通过“非同级财政拨款（预算）收入”科目核算。

（二）捐赠（预算）收入和支出

1. 捐赠（预算）收入

捐赠收入指单位接受其他单位或者个人捐赠取得的收入，包括现金捐赠收入和非现金捐赠收入。捐赠预算收入指单位接受捐赠的现金资产，其主要账务处理如下表所示。

| 业务事项 | | 财务会计 | 预算会计 |
|---|---|---|---|
| 接受捐赠的货币资金 | 按照实际收到的金额 | 借：银行存款、库存现金等<br>　贷：捐赠收入 | 借：资金结存—货币资金<br>　贷：其他预算收入—捐赠预算收入 |
| 接受捐赠的存货、固定资产等非现金资产 | 按照确定的成本 | 借：库存物品、固定资产等<br>　贷：银行存款等（发生的相关税费等）<br>　　捐赠收入（差额） | 借：其他支出（发生的相关税费等）<br>　贷：资金结存—货币资金 |

2. 捐赠（支出）费用

对外捐赠的主要账务处理如下表所示。

| 业务事项 | 财务会计 | 预算会计 |
|---|---|---|
| 对外捐赠现金资产 | 借：其他费用<br>　贷：银行存款、库存现金等 | 借：其他支出<br>　贷：资金结存—货币资金 |
| 对外捐赠库存物品、固定资产等非现金资产 | 将资产的账面价值转入“资产处置费用”科目 | 如未支付相关费用，预算会计下不做账务处理 |

## 经典题解

**【例题23·单选题】** 下列各项中，事业单位对外捐赠现金在财务会计中借记的会计科目是（　　）。（2020年·2分）

A. 资产处置费用

B. 其他支出

C. 无偿调拨净资产

D. 其他费用

**【解析】** 单位对外捐赠现金资产的，按照实际捐赠的金额，在财务会计中借记"其他费用"科目，贷记"库存现金""银行存款"等科目；同时在预算会计中借记"其他支出"科目，贷记"资金结存—货币资金"科目。

**【答案】** D

## 四、预算结转结余及分配业务（★★）

单位在预算会计中应当严格区分财政拨款结转结余和非财政拨款结转结余。财政拨款结转结余不参与事业单位的结余分配，单独设置"财政拨款结转"和"财政拨款结余"科目核算。非财政拨款结转结余通过设置"非财政拨款结转""非财政拨款结余""专用结余""经营结余""非财政拨款结余分配"等科目核算。

### （一）财政拨款结转结余的核算

#### 1. 财政拨款结转的核算

单位应设置"财政拨款结转"科目核算取得的同级财政拨款结转资金的调整、结转和滚存情况。年末结转后，本科目除"累计结转"明细科目外，其他明细科目应无余额。

其主要账务处理如下表所示。

| 业务事项 | | 财务会计 | 预算会计 |
|---|---|---|---|
| 年末 | 结转财政拨款预算收入 | — | 借：财政拨款预算收入<br>贷：财政拨款结转—本年收支结转 |
| | 结转财政拨款预算支出 | — | 借：财政拨款结转—本年收支结转<br>贷：行政支出、事业支出等（财政拨款支出部分） |
| 从其他单位调入财政拨款结转资金 | | 借：零余额账户用款额度、财政应返还额度等<br>贷：累计盈余 | 借：资金结存<br>贷：财政拨款结转—归集调入 |
| 按规定上缴（或注销）、调出财政拨款结转资金 | | 借：累计盈余<br>贷：零余额账户用款额度、财政应返还额度等 | 借：财政拨款结转—归集上缴、归集调出<br>贷：资金结存 |
| 发生会计差错等事项调整以前年度财政拨款结转资金 | | 借：零余额账户用款额度、银行存款等<br>贷：以前年度盈余调整<br>（或相反分录） | 借：资金结存<br>贷：财政拨款结转—年初余额调整<br>（或相反分录） |
| 年末，冲销有关明细科目余额 | | — | 将"财政拨款结转—本年收支结转、年初余额调整、归集调入、归集调出、归集上缴、单位内部调剂"科目余额转入"财政拨款结转—累计结转"科目 |

续表

| 业务事项 | 财务会计 | 预算会计 |
|---|---|---|
| 年末，将符合财政拨款结余性质的项目余额转入财政拨款结余 | — | 借：财政拨款结转—累计结转<br>　贷：财政拨款结余—结转转入 |

2. 财政拨款结余的核算

单位应设置“财政拨款结余”科目核算取得的同级财政拨款项目支出结余资金的调整、结转和滚存情况。年末结转后，本科目除“累计结余”明细科目外，其他明细科目应无余额。

其主要账务处理如下表所示。

| 业务事项 | 财务会计 | 预算会计 |
|---|---|---|
| 年末，将符合财政拨款结余性质的项目余额转入财政拨款结余 | — | 借：财政拨款结转—累计结转<br>　贷：财政拨款结余—结转转入 |
| 财政拨款结余资金改变用途 | — | 借：财政拨款结余—单位内部调剂<br>　贷：财政拨款结转—单位内部调剂 |
| 按规定上缴或注销财政拨款结余资金额度 | 借：累计盈余<br>　贷：零余额账户用款额度、财政应返还额度等 | 借：财政拨款结余—归集上缴<br>　贷：资金结存 |
| 因会计差错调整以前年度财政拨款结余资金 | 借：零余额账户用款额度、银行存款等<br>　贷：以前年度盈余调整<br>（或相反分录） | 借：资金结存<br>　贷：财政拨款结余—年初余额调整<br>（或相反分录） |
| 年末，冲销有关明细科目余额 | — | 将“财政拨款结余—年初余额调整、归集上缴、单位内部调剂、结转转入”科目余额转入“财政拨款结余—累计结余”科目 |

## 经典题解

**【例题 24 · 多选题】** 下列各项中，属于“财政拨款结余”明细科目的有（　　）。（2020 年 · 2 分）

A. 基本支出结转

B. 结转转入

C. 归集上缴

D. 单位内部调剂

**【解析】** 财政拨款结余的明细科目有“年初余额调整”“归集上缴”“单位内部调剂”“结转转入”“累计结余”等，选项 A 不正确，“基本支出结转”是财政拨款结转的三级明细科目。

**【答案】** BCD

**【例题 25 · 单选题】** 2017 年末，某事业单位完成财政拨款收支结转后，对财政拨款结转各明细项目进行综合分析，根据有关规定将一项目结余资金800000元转入财政拨款结余。不考虑其他因素，该事业单位应编制的会计分录是(　　)。(2018年改编·1.5分)

A. 借：财政拨款结余　　800000
　　贷：财政拨款结转　　800000

B. 借：财政拨款结余　　800000
　　贷：累计盈余　　800000

C. 借：财政拨款结转　　800000
　　贷：财政拨款结余　　800000

D. 借：累计盈余　　800000
　　贷：财政拨款结余　　800000

**【解析】**年末，按照有关规定将符合财政拨款结余性质的项目余额转入财政拨款结余，相关会计处理如下：

借：财政拨款结转　　800000
　贷：财政拨款结余　　800000

**【答案】**C

**【例题26·单选题】**事业单位在期末应将财政拨款预算收入和对应的事业支出—财政拨款支出进行结转，涉及的会计科目是(　　)。

A. 非财政拨款结转

B. 财政拨款结转

C. 累计盈余

D. 财政拨款结余

**【解析】**事业单位在期末应将财政拨款预算收入和对应的事业支出—财政拨款支出进行结转，结转到“财政拨款结转”科目。

**【答案】**B

(二) 非财政拨款结转结余的核算

1. 非财政拨款结转的核算

非财政拨款结转资金是指事业单位除财政拨款收支、经营收支以外的各非同级财政拨款专项资金收入与其相关支出相抵后剩余滚存的、须按规定用途使用的结转资金，其主要账务处理如下表所示。

| 业务事项 | | 财务会计 | 预算会计 |
| --- | --- | --- | --- |
| 年末 | 结转非财政拨款专项资金收入 | — | 借：事业预算收入、上级补助预算收入、附属单位上缴预算收入、非同级财政拨款预算收入、债务预算收入、其他预算收入（各专项资金收入）<br>贷：非财政拨款结转—本年收支结转 |
| | 结转非财政拨款专项资金支出 | — | 借：非财政拨款结转—本年收支结转<br>贷：行政支出、事业支出、其他支出（各非财政拨款专项资金支出） |
| 从科研项目预算收入中提取项目管理费或间接费时 | | 借：单位管理费用等<br>贷：预提费用—项目间接费用或管理费 | 借：非财政拨款结转—项目间接费用或管理费<br>贷：非财政拨款结余—项目间接费用或管理费 |
| 按照规定缴回非财政拨款结转资金 | | 借：累计盈余<br>贷：银行存款等 | 借：非财政拨款结转—缴回资金<br>贷：资金结存—货币资金 |
| 因会计差错更正等调整非财政拨款结转资金 | | 借：银行存款等<br>贷：以前年度盈余调整<br>(或相反分录) | 借：资金结存<br>贷：非财政拨款结转—年初余额调整<br>(或相反分录) |

续表

| 业务事项 | 财务会计 | 预算会计 |
|---|---|---|
| 年末，冲销有关明细科目余额 | — | 将“非财政拨款结转—年初余额调整、项目间接费用或管理费、缴回资金、本年收支结转”科目余额转入“非财政拨款结转—累计结转”科目。结转后，本科目除“累计结转”明细科目外，其他明细科目应无余额 |
| 年末，将留归本单位使用的非财政拨款专项（项目已完成）剩余资金转入非财政拨款结余 | — | 借：非财政拨款结转—累计结转<br>　贷：非财政拨款结余—结转转入 |

## 经典题解

**【例题27·单选题】** 在预算会计中，单位期末应将“事业预算收入”科目本期发生额中的专项资金收入结转记入的会计科目是（　　）。（2018年改编·1.5分）

A. 非财政拨款结转

B. 经营结余

C. 专用基金

D. 专用结余

**【解析】** 根据“事业预算收入”科目下各专项资金收入明细科目，贷记“非财政拨款结转—本年收支结转”科目，选项A正确。

**【答案】** A

2. 非财政拨款结余的核算

非财政拨款结余指单位历年滚存的非限定用途的非同级财政拨款结余资金，主要为非财政拨款结余扣除结余分配后滚存的金额，其主要账务处理如下表所示。

| 业务事项 | 财务会计 | 预算会计 |
|---|---|---|
| 年末，将留归本单位使用的非财政拨款专项（项目已完成）剩余资金转入 | — | 借：非财政拨款结转—累计结转<br>　贷：非财政拨款结余—结转转入 |
| 实际缴纳企业所得税 | 借：其他应交税费—单位应交所得税<br>　贷：银行存款等 | 借：非财政拨款结余—累计结余<br>　贷：资金结存—货币资金 |
| 因会计差错更正等调整非财政拨款结余资金 | 借：银行存款等<br>　贷：以前年度盈余调整<br>（或相反分录） | 借：资金结存<br>　贷：非财政拨款结余—年初余额调整<br>（或相反分录） |

续表

| 业务事项 | 财务会计 | 预算会计 |
| --- | --- | --- |
| 年末，冲销有关明细科目余额 | — | 将“非财政拨款结余—年初余额调整、项目间接费用或管理费、结转转入”科目余额结转入“非财政拨款结余—累计结余”科目。结转后，本科目除“累计结余”明细科目外，其他明细科目应无余额 |
| 年末，事业单位将“非财政拨款结余分配”科目余额转入非财政拨款结余 | — | “非财政拨款结余分配”科目为借方余额的：<br>借：非财政拨款结余—累计结余<br>　贷：非财政拨款结余分配<br>“非财政拨款结余分配”科目为贷方余额的：<br>借：非财政拨款结余分配<br>　贷：非财政拨款结余—累计结余 |
| 年末，行政单位将“其他结余”科目余额转入非财政拨款结余 | — | “其他结余”科目为借方余额的：<br>借：非财政拨款结余—累计结余<br>　贷：其他结余<br>“其他结余”科目为贷方余额的：<br>借：其他结余<br>　贷：非财政拨款结余—累计结余 |

3. 专用结余的核算

专用结余是指事业单位按照规定从非财政拨款结余中提取的具有专门用途的资金。“专用结余”科目，核算专用结余资金的变动和滚存情况。

根据有关规定从本年度非财政拨款结余或经营结余中提取基金的，按照提取金额：

借：非财政拨款结余分配
　贷：专用结余

根据规定使用从非财政拨款结余或经营结余中提取的专用基金时，按照使用金额：

借：专用结余
　贷：资金结存—货币资金

“专用结余”科目年末贷方余额反映事业单位从非同级财政拨款结余中提取的专用基金的累计滚存数额。

4. 经营结余的核算

单位应设置“经营结余”科目核算事业单位本年度经营活动收支相抵后余额弥补以前年度经营亏损的余额。

年末，结转经营预算收入时：

借：经营预算收入
　贷：经营结余

结转经营支出时：

借：经营结余
　贷：经营支出

年末，如“经营结余”科目为贷方余额，将余额结转至“非财政拨款结余分配”科目，借记“经营结余”科目，贷记“非财政拨款结余分配”科目；如为借方余额，即为经营亏损，不予结转。

## 经典题解

**【例题 28 · 判断题】** 事业单位当年经营预算收入扣除经营支出后的余额，无论是正数还是负数，均直接计入非财政拨款结余分配。(　)

**【解析】** 如果经营结余是负数，说明经营结余有借方余额，即为经营亏损，不予结转。

**【答案】** ×

5. 其他结余的核算

“其他结余”科目，核算单位本年度除财政拨款收支、非同级财政专项资金收支和经营收支以外各项收支相抵后的余额。

年末，行政单位将本科目余额转入“非财政拨款结余—累计结余”科目；事业单位将本科目余额转入“非财政拨款结余分配”科目。

6. 非财政拨款结余分配的核算

“非财政拨款结余分配”科目，核算事业单位本年度非财政拨款结余分配的情况和结果。

年末，事业单位应将“其他结余”科目余额和“经营结余”科目贷方余额转入“非财政拨款结余分配”科目，账务处理如下：

(1) 结转其他结余：

借：非财政拨款结余分配

　贷：其他结余（借方余额）

或相反分录。

(2) 结转经营结余（贷方余额）：

借：经营结余

　贷：非财政拨款结余分配

(3) 根据有关规定提取专用基金的，按照提取的金额：

借：非财政拨款结余分配

　贷：专用结余

同时，在财务会计中：

借：本年盈余分配

　贷：专用基金

(4) 将“非财政拨款结余分配”科目余额转入非财政拨款结余：

借：非财政拨款结余—累计结余

　贷：非财政拨款结余分配（借方余额）

或相反分录。

## 五、净资产业务（★★）

单位财务会计净资产的来源主要包括累计实现的盈余和无偿调拨的净资产。在日常核算中，单位应当在财务会计中设置“累计盈余”“专用基金”“无偿调拨净资产”“权益法调整”和“本期盈余”“本年盈余分配”“以前年度盈余调整”等科目。

(一) 本期盈余及本年盈余分配

1. 本期盈余

单位应设置“本期盈余”科目核算本期各项收入、费用相抵后的余额。其主要账务处理如下表所示。

| 业务事项 | 财务会计 | 预算会计 |
|---|---|---|
| 期末，结转收入类科目本期发生额 | 借：财政拨款收入、事业收入、上级补助收入、附属单位上缴收入、经营收入、非同级财政拨款收入等<br>　贷：本期盈余 | — |
| 期末，结转费用类科目本期发生额 | 借：本期盈余<br>　贷：业务活动费用、单位管理费用、经营费用、所得税费用、其他费用等 | — |
| 年末，结转本科目 | 借：本期盈余（贷方余额）<br>　贷：本年盈余分配<br>（或相反分录） | — |

2. 本年盈余分配

单位应设置“本年盈余分配”科目核算本年度盈余分配的情况和结果。其主要账务处理如下表所示。

| 业务事项 | 财务会计 | 预算会计 |
|---|---|---|
| 年末，结转本期盈余 | 借：本期盈余（贷方余额）<br>　贷：本年盈余分配<br>（或相反分录） | — |
| 年末，结转本科目 | 借：本年盈余分配（贷方余额）<br>　贷：累计盈余<br>（或相反分录） | — |

（二）专用基金

“专用基金”科目核算事业单位按照规定提取或设置的具有专门用途的净资产，主要包括职工福利基金、科技成果转换基金等。其主要账务处理如下表所示。

| 业务事项 | 财务会计 | 预算会计 |
|---|---|---|
| 年末，根据规定从本年度非财政拨款结余或经营结余中提取专用基金 | 借：本年盈余分配<br>　贷：专用基金 | 借：非财政拨款结余分配<br>　贷：专用结余 |

（三）无偿调拨净资产

单位应设置“无偿调拨净资产”科目，核算无偿调入或调出非现金资产所引起的净资产变动金额。通常情况下，无偿调拨非现金资产不涉及资金业务，因此不需要进行预算会计核算（除非以现金支付相关费用等）。其主要账务处理如下表所示。

| 业务事项 | 财务会计 | 预算会计 |
|---|---|---|
| 单位按照规定取得无偿调入的非现金资产 | 借：库存物品、长期股权投资、固定资产、无形资产、公共基础设施、政府储备物资等（相关资产在调出方的账面价值加相关税费、运输费等）<br>　贷：零余额账户用款额度、银行存款等（归属于调入方的相关费用）<br>　　无偿调拨净资产（差额） | 借：其他支出（发生的归属于调入方的相关费用）<br>　贷：资金结存等 |
| 单位按照规定经批准无偿调出非现金资产 | 借：无偿调拨净资产（调出资产的账面价值）<br>　固定资产累计折旧、无形资产累计摊销、公共基础设施累计折旧（摊销）、保障性住房累计折旧（已计提的累计折旧或累计摊销）<br>　贷：库存物品、长期股权投资、固定资产、无形资产、公共基础设施、政府储备物资等（账面余额）<br>借：资产处置费用（发生的归属于调出方的相关费用）<br>　贷：零余额账户用款额度、银行存款等 | 借：其他支出（发生的归属于调出方的相关费用）<br>　贷：资金结存等 |

续表

| 业务事项 | 财务会计 | 预算会计 |
| --- | --- | --- |
| 年末，结转本科目 | 借：无偿调拨净资产（贷方余额）<br>　贷：累计盈余<br>（或相反分录） | — |

（四）权益法调整

单位应设置“权益法调整”科目核算事业单位持有的长期股权投资采用权益法核算时，按照被投资单位除净损益和利润分配以外的所有者权益变动份额调整长期股权投资账面余额而计入净资产的金额。其主要账务处理如下表所示。

| 业务事项 | 财务会计 | 预算会计 |
| --- | --- | --- |
| 年末，按照被投资单位除净损益和利润分配以外的所有者权益变动应享有（或应分担）的份额 | 借：长期股权投资—其他权益变动<br>　贷：权益法调整<br>（或相反分录） | — |
| 处置长期股权投资时 | 借：权益法调整<br>　贷：投资收益<br>（或相反分录） | — |

（五）以前年度盈余调整

单位应设置“以前年度盈余调整”科目核算本年度发生的调整以前年度盈余的事项，包括本年度发生的重要前期差错更正涉及调整以前年度盈余的事项。单位对相关事项调整后，应将“以前年度盈余调整”科目余额转入“累计盈余”科目，借记或贷记“累计盈余”科目，贷记或借记“以前年度盈余调整”科目。

（六）累计盈余

单位应设置“累计盈余”科目核算历年实现的盈余扣除盈余分配后滚存的金额，以及因无偿调入调出资产产生的净资产变动额。其主要账务处理如下表所示。

| 业务事项 | 财务会计 | 预算会计 |
| --- | --- | --- |
| 上缴、缴回、调出金额 | 借：累计盈余<br>　贷：财政应返还额度、零余额账户用款额度、银行存款等 | 参照“财政拨款结转”“财政拨款结余”“非财政拨款结转”等科目进行账务处理 |
| 年末，结转“本年盈余分配”科目余额 | 借：本年盈余分配<br>　贷：累计盈余<br>（或相反分录） | — |
| 年末，结转“无偿调拨净资产”科目余额 | 借：无偿调拨净资产<br>　贷：累计盈余<br>（或相反分录） | — |

续表

| 业务事项 | 财务会计 | 预算会计 |
|---|---|---|
| 结转“以前年度盈余调整”科目余额 | 借：以前年度盈余调整<br>　贷：累计盈余<br>（或相反分录） | — |
| 按照规定从其他单位调入财政拨款结转资金 | 借：零余额账户用款额度、银行存款等<br>　贷：累计盈余 | 借：资金结存等<br>　贷：财政拨款结转—归集调入 |

## 经典题解

**【例题 29·单选题】** 下列各项中，年末事业单位“本年盈余分配”科目的余额应转入的会计科目是(　　)。(2020 年·2 分)

A. 本期盈余

B. 累计盈余

C. 以前年度盈余调整

D. 财政拨款结余

**【解析】**“本年盈余分配”科目核算单位本年度盈余分配的情况和结果。年末，将“本年盈余分配”科目余额转入“累计盈余”科目。选项 B 正确。

**【答案】** B

**【例题 30·多选题】** 下列各项中，导致事业单位净资产总额发生增减变动的有(　　)。(2020 年·2 分)

A. 按规定上缴财政拨款结转资金

B. 按规定缴回非财政拨款结转资金

C. 按规定从非财政拨款结余中提取专用基金

D. 从外单位无偿调入实验设备

**【解析】** 选项 A，按规定上缴财政拨款结转资金，按照实际上缴的数额，在财务会计中：

借：累计盈余

　贷：零余额账户用款额度等

选项 B，按规定缴回非财政拨款结转资金，按照实际缴回资金数额，在财务会计中：

借：累计盈余

　贷：银行存款等

选项 C，按规定从非财政拨款结余中提取专用基金，在财务会计中：

借：本年盈余分配

　贷：专用基金

选项 D，从外单位无偿调入实验设备，在财务会计中：

借：固定资产

　贷：银行存款等

　　无偿调拨净资产

**【答案】** ABD

### 六、资产业务（★★）

（一）资产业务的几个共性内容

1. 资产取得

| 取得方式 | 成本构成 |
|---|---|
| 外购的资产 | 购买价款+相关税费（不含可抵扣的增值税进项税额）+其他费用（使得资产达到目前场所和状态或交付使用前所发生的归属于该项资产的费用） |
| 自行加工或自行建造的资产 | 至验收入库或交付使用前所发生的全部必要支出 |

续表

| 取得方式 | 成本构成 |
| --- | --- |
| 接受捐赠的非现金资产 | ①有相关凭据：凭据注明的价款+相关税费等<br>②无相关凭据但经过资产评估：评估价值+相关税费等<br>③无相关凭据也未经过资产评估：同类或类似资产的市场价格+相关税费等<br>④无相关凭据且未经资产评估、同类或类似资产的市场价格也无法可靠取得：名义金额（人民币1元） |
| | 【提示】单位对于接受捐赠的资产：<br>①成本能够确定的，按照确定的成本减去相关税费后的净额计入捐赠收入<br>②成本不能确定的，单独设置备查簿进行登记，相关税费等计入当期费用 |
| 无偿调入的资产 | 调出方账面价值+相关税费、运输费等 |
| 置换取得的资产 | 换出资产的评估价值+支付的补价（-收到的补价）+为换入资产发生的其他相关支出 |

以固定资产为例，对资产取得的主要账务处理进行说明，内容如下表所示。

| 业务事项 | 财务会计 | 预算会计 |
| --- | --- | --- |
| 外购取得 | 借：固定资产（不需安装）、在建工程（需安装）<br>贷：财政拨款收入、零余额账户用款额度、应付账款、银行存款等 | 借：行政支出、事业支出、经营支出等<br>贷：财政拨款预算收入、资金结存 |
| 自行建造 | 工程完工交付使用时：<br>借：固定资产<br>贷：在建工程 | — |
| 接受捐赠 | 借：固定资产（不需安装）、在建工程（需安装）<br>贷：银行存款、零余额账户用款额度等（发生的相关税费、运输费等）<br>捐赠收入（差额） | 借：其他支出（支付的相关税费、运输费等）<br>贷：资金结存 |
| 无偿调入 | 借：固定资产（不需安装）、在建工程（需安装）<br>贷：银行存款、零余额账户用款额度等（发生的相关税费、运输费等）<br>无偿调拨净资产（差额） | 借：其他支出（支付的相关税费、运输费等）<br>贷：资金结存 |

## 经典题解

**【例题31·单选题】**某事业单位为增值税小规模纳税人，2019年10月9日，购入一台不需要安装的专用设备，用于本单位的专业业务活动，设备价款和增值税税额合计为565000元，由财政直接支付，假定不考虑其他因素，该事业单位购入固定资产的账务处理为（　　）。（2018年改编·1.5分）

A. 借：固定资产　565000
　　贷：财政拨款预算收入　565000

B. 借：事业支出　565000
　　贷：财政拨款收入　565000

C. 借：固定资产　565000
　　贷：财政拨款收入　565000
　借：事业支出　565000
　　贷：财政拨款预算收入　565000

D. 借：固定资产　565000
　　贷：事业收入　565000

【解析】事业单位购入固定资产时：

借：固定资产　565000
　贷：财政拨款收入　565000

同时，在预算会计中：

借：事业支出　565000
　贷：财政拨款预算收入　565000

【答案】C

2. 资产处置

按照规定，资产处置的形式包括无偿调拨、出售、出让、转让、置换、对外捐赠、报废、毁损以及货币性资产损失核销等。单位应当按规定报经批准后对资产进行处置。

以固定资产为例对资产处置的主要账务处理进行说明，内容如下表所示。

| 业务事项 | 财务会计 | 预算会计 |
| --- | --- | --- |
| 出售、转让 | 借：资产处置费用<br>　固定资产累计折旧<br>　贷：固定资产（账面余额） | — |
| | 借：银行存款等（收到的价款）<br>　贷：银行存款等（发生的相关费用）<br>　　应缴财政款（差额） | |
| 对外捐赠 | 借：资产处置费用（差额）<br>　固定资产累计折旧<br>　贷：固定资产（账面余额）<br>　　银行存款等（归属于捐出方的相关费用） | 借：其他支出（归属于捐出方的相关费用）<br>　贷：资金结存 |
| 无偿调出 | 借：固定资产累计折旧<br>　无偿调拨净资产（差额）<br>　贷：固定资产（账面余额） | — |
| | 借：资产处置费用<br>　贷：银行存款等（归属于调出方的相关费用） | 借：其他支出（归属于调出方的相关费用）<br>　贷：资金结存 |
| 盘盈 | 借：固定资产<br>　贷：待处理财产损溢 | — |
| 盘亏、毁损或报废 | 借：待处理财产损溢（账面价值）<br>　固定资产累计折旧<br>　贷：固定资产（账面余额） | |

## 经典题解

【例题32·多选题】下列各项中，事业单位应通过“待处理财产损溢”科目核算的有（　）。（2020年·2分）

A. 盘盈固定资产

B. 无偿调入固定资产

C. 盘亏固定资产

D. 报废固定资产

**【解析】**对于资产盘盈、盘亏、报废或毁损的固定资产，应当在报经批准前将相关资产账面价值转入“待处理财产损溢”科目，待报经批准后再进行资产处置。无偿调入固定资产通过“无偿调拨净资产”科目核算。

**【答案】**ACD

（二）固定资产

| | |
|---|---|
| **分类** | 固定资产一般分为六类：房屋及构筑物；专用设备；通用设备；文物和陈列品；图书、档案；家具、用具、装具及动植物<br>【提示】单位价值虽未达到规定标准，但使用年限超过1年（不含1年）的大批同类物资，应当作为固定资产核算和管理 |
| **折旧范围** | 单位应当按月对固定资产计提折旧，下列固定资产除外：文物和陈列品；动植物；图书、档案；单独计价入账的土地；以名义金额计量的固定资产 |
| | （1）当月增加的固定资产，当月开始计提折旧；当月减少的固定资产，当月不再计提折旧<br>（2）固定资产提足折旧后，无论能否继续使用，均不再计提折旧<br>（3）提前报废的固定资产，也不再补提折旧<br>【提示】已提足折旧的固定资产，可以继续使用的，应当继续使用，规范实物管理 |
| **主要账务处理** | 按月计提折旧时，财务会计处理：<br>借：业务活动费用、单位管理费用、经营费用、加工物品、在建工程等<br>　贷：固定资产累计折旧 |

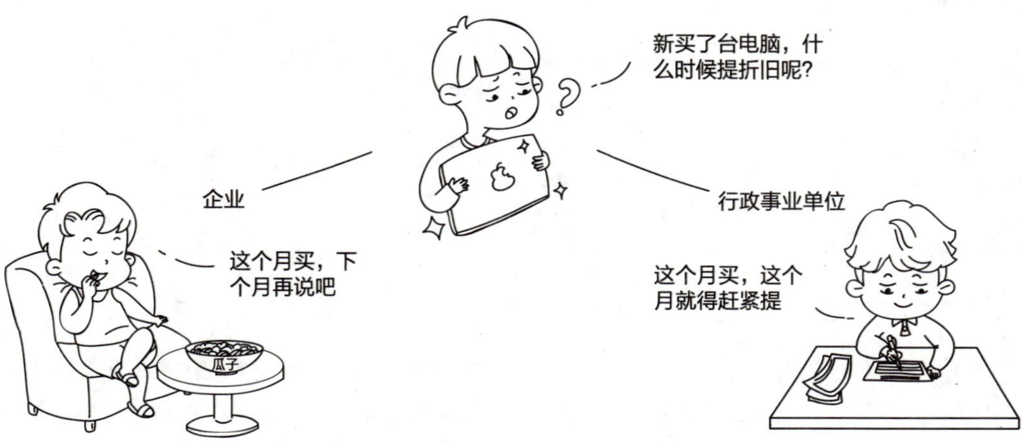


## 经典题解

**【例题33·单选题】**下列各项中，事业单位应当计提折旧的固定资产是（　　）。（2020年·2分）

A. 单独计价入账的土地

B. 文物和陈列品

C. 图书、档案

D. 已交付使用的办公大楼

**【解析】**单位应当按月对固定资产计提折旧，下列固定资产除外：（1）文物和陈列品；（2）动植物；（3）图书、档案；（4）单独计价入账的土地；（5）以名义金额计量的固定资产。

**【答案】**D

【例题34·多选题】下列各项中，事业单位应计提折旧的有(　　)。(2020年·2分)

A. 已提足折旧仍继续使用的固定资产

B. 当月无偿调入未提足折旧的专用设备

C. 以名义金额计量的固定资产

D. 当月达到预定可使用状态的办公大楼

【解析】单位应当按月对固定资产计提折旧，下列固定资产除外：(1) 文物和陈列品；(2) 动植物；(3) 图书、档案；(4) 单独计价入账的土地；(5) 以名义金额计量的固定资产。固定资产应当按月计提折旧，当月增加的固定资产，当月开始计提折旧；当月减少的固定资产，当月不再计提折旧。固定资产提足折旧后，无论能否继续使用，均不再计提折旧。

【答案】BD

【例题35·判断题】事业单位占有使用的、单位价值虽未达到规定标准，但使用期限超过1年（不含1年）的大批同类办公桌椅，应当作为固定资产进行核算。(　　)(2020年·1分)

【答案】√

【例题36·多选题】下列各项中，除以名义金额计量的固定资产之外，事业单位应计提折旧的有(　　)。(2019年·2分)

A. 电影设备　　B. 陈列品

C. 动植物　　D. 钢结构的房屋

【解析】除文物和陈列品、动植物、图书、档案、单独计价入账的土地、以名义金额计量的固定资产等固定资产外，事业单位应当按月对固定资产计提折旧，选项AD正确，选项BC错误。

【答案】AD

## 七、负债业务（★★）

### （一）应缴财政款

应缴财政款是指单位取得或应收的按照规定应当上缴财政的款项，包括应缴国库的款项和应缴财政专户的款项。为核算应缴财政的各类款项，单位应当设置“应缴财政款”科目。由于应缴财政的款项不属于纳入部门预算管理的现金收支，因此不进行预算会计处理。其主要账务处理如下表所示。

| 业务事项 | 财务会计 | 预算会计 |
| --- | --- | --- |
| 取得或应收按照规定应缴财政的款项时 | 借：银行存款、应收账款等<br>　贷：应缴财政款 | — |
| 上缴财政款项时 | 借：应缴财政款<br>　贷：银行存款等 | |

### （二）应付职工薪酬

单位的应付职工薪酬是指按照有关规定应付给职工（含长期聘用人员）及为职工支付的各种薪酬，包括基本工资、国家统一规定的津贴补贴、规范津贴补贴（绩效工资）、改革性补贴、社会保险费（如职工基本养老保险费、职业年金、基本医疗保险费等）、住房公积金等。单位应当设置“应付职工薪酬”科目核算应付职工薪酬业务。其主要账务处理如下表所示。

| 业务事项 | 财务会计 | 预算会计 |
| --- | --- | --- |
| 计算确认当期应付职工薪酬 | 借：业务活动费用、单位管理费用、在建工程、加工物品、研发支出、经营费用<br>　贷：应付职工薪酬 | — |

续表

| 业务事项 | 财务会计 | 预算会计 |
| --- | --- | --- |
| 从职工薪酬中代扣各种款项 | 借：应付职工薪酬—基本工资<br>贷：其他应交税费—应交个人所得税<br>应付职工薪酬—社会保险费<br>—住房公积金<br>其他应收款（代扣为职工垫付的水电费、房租等费用） | — |
| 向职工支付工资、津贴补贴等薪酬 | 借：应付职工薪酬<br>贷：财政拨款收入、零余额账户用款额度、银行存款等 | 借：行政支出、事业支出、经营支出等<br>贷：财政拨款预算收入、资金结存 |
| 按照规定缴纳职工社会保险费和住房公积金 | 借：应付职工薪酬—社会保险费<br>—住房公积金<br>贷：财政拨款收入、零余额账户用款额度、银行存款等 | 借：行政支出、事业支出、经营支出等<br>贷：财政拨款预算收入、资金结存 |
| 从应付职工薪酬中支付的其他款项 | 借：应付职工薪酬<br>贷：零余额账户用款额度、银行存款等 | 借：行政支出、事业支出、经营支出等<br>贷：资金结存等 |

## 经典题解

**【例题37·单选题】**下列各项中，事业单位采用财政授权支付方式上缴代扣的个人所得税时，财务会计核算应贷记的会计科目是（ ）。（2020年·2分）

A. 零余额账户用款额度

B. 银行存款

C. 财政应返还额度

D. 财政拨款收入

**【解析】**事业单位采用财政授权支付方式上缴代扣的个人所得税时，财务会计的账务处理为：

借：其他应交税费—应交个人所得税

贷：零余额账户用款额度

**【答案】**A

**【例题38·多选题】**2020年5月，某事业单位为开展专业业务活动及其辅助活动人员发放工资50万元，津贴30万元，奖金10万元，按规定应代扣代缴个人所得税3万元，该单位以国库授权支付方式支付薪酬并上缴代扣的个人所得税。该事业单位的账务处理表述正确的有（ ）。

A. 计算应付职工薪酬时：

借：业务活动费用 90

贷：应付职工薪酬 90

B. 代扣个人所得税时：

借：应付职工薪酬 3

贷：其他应交税费—应交个人所得税 3

C. 实际支付职工薪酬：

借：应付职工薪酬 87

贷：零余额账户用款额度 87

同时，编制预算会计分录：

借：事业支出 87

贷：资金结存—零余额账户用款额度 87

D. 上缴代扣的个人所得税时：

借：其他应交税费—应交个人所得税 3

贷：零余额账户用款额度 3

同时，编制预算会计分录：

借：事业支出 3

贷：资金结存—零余额账户用款额度 3

**【答案】**ABCD

**开小灶**

本节必考点汇总：（详见轻松过关2）

1. 财政直接支付和财政授权支付的特点及账务处理
2. 非财政拨款收支业务
3. 财政拨款结转结余的会计处理
4. 非财政拨款结转结余的核算内容
5. 净资产的核算内容
6. 事业单位资产构成及固定资产折旧的处理
7. 应缴财政款的核算内容和账务处理

## 本章小结

1. 政府预算会计要素和政府财务会计要素的内容是什么？
2. 财政直接支付业务和财政授权支付业务如何进行账务处理？
3. 资产业务和负债业务的内容有哪些？



## 同步强化练习题

### 一、单项选择题

1. 关于政府会计核算模式，下列各项中表述错误的是（　　）。

A. 政府会计由预算会计和财务会计构成

B. 预算会计实行收付实现制，国务院另有规定的，从其规定；财务会计实行权责发生制

C. 政府会计主体应当编制决算报告和财务报告

D. 政府会计主体应当编制预算报告和财务报告

2. 关于国库集中直接支付业务，下列事项中正确的是（　　）。

A. 收到代理银行盖章的“财政授权支付到账通知书”时，根据通知书所列数额进行会计处理

B. 应设置“零余额账户用款额度”账户进行核算

C. 对财政应返还额度，下年度恢复财政直接支付额度时进行会计处理

D. 应当在进行预算会计核算的同时进行财务会计核算

3. 下列各项中，不属于“资金结存”明细科目的是（　　）。

A. 零余额账户用款额度

B. 库存现金

C. 货币资金

D. 财政应返还额度

4. 在财政授权支付方式下，单位收到代理银

行盖章的“财政授权支付到账通知书”时，根据到账通知书所列数额，财务会计应编制的会计分录为(　　)。

A. 借：库存物品

　　贷：零余额账户用款额度

B. 借：零余额账户用款额度

　　贷：财政拨款收入

C. 借：资金结存

　　贷：财政拨款预算收入

D. 借：零余额账户用款额度

　　贷：财政拨款预算收入

5. 在财政直接支付方式下，年度终了，单位根据本年度财政直接支付预算指标数与当年财政直接支付实际支出数的差额，在预算会计中，应借记(　　)科目。

A. 财政应返还额度

B. 资金结存—财政应返还额度

C. 财政拨款预算收入

D. 零余额账户用款额度

6. 在财政授权支付方式下，年度终了，单位依据代理银行提供的对账单作注销额度的相关账务处理，在财务会计中，应贷记(　　)科目。

A. 财政应返还额度

B. 财政拨款收入

C. 财政拨款预算收入

D. 零余额账户用款额度

7. 在财政直接支付方式下，年末，根据本年度财政直接支付预算指标数与当年财政直接支付实际支出数的差额，在财务会计中应编制的会计分录为(　　)。

A. 借：财政应返还额度

　　贷：财政拨款收入

B. 借：财政应返还额度

　　贷：零余额账户用款额度

C. 借：财政应返还额度

　　贷：财政拨款预算收入

D. 借：财政应返还额度

　　贷：事业收入

8. 某事业单位为增值税一般纳税人，2020 年 8 月 1 日经批准外购一台专用设备。取得增值税专用发票注明的价款为 100 万元，增值税税额为 13 万元。安装过程中发生调试费 5 万元，专业人员服务费 3 万元，专业人员培训费 2 万元。安装结束已交付使用。则该事业单位应计入固定资产的金额为(　　)万元。

A. 123　　B. 110

C. 108　　D. 100

9. 事业单位接受捐赠的固定资产按确定的成本增加固定资产，支付的运费等贷记“银行存款”等科目，其差额贷记(　　)科目。

A. 财政拨款收入　　B. 捐赠收入

C. 其他收入　　D. 事业收入

10. 事业单位报经批准出售、转让固定资产，按照被出售、转让固定资产的账面价值计入(　　)。

A. 固定资产清理

B. 资产处置费用

C. 业务活动费用

D. 待处理财产损溢

11. 事业单位报经批准无偿调出固定资产的，在调出过程中发生的归属于调出方的相关费用，在预算会计中应计入(　　)。

A. 其他支出

B. 事业支出

C. 资产处置费用

D. 其他费用

12. 关于单位应付职工薪酬的核算，下列各项中表述错误的是(　　)。

A. 单位计算确认当期应付职工薪酬时，借记“业务活动费用”“单位管理费用”“经营费用”“在建工程”等科目，贷记“应付职工薪酬”科目

B. 单位从应付职工薪酬中支付的其他款项，在财务会计中，借记“应付职工薪酬”科目，贷记“零余额账户用款额度”“银行存款”等科目；无需进行预算会计核算

C. 单位向职工实际支付工资、津贴补贴等薪酬时，按照实际支付的金额，在财务会计中，借记“应付职工薪酬”科目，

贷记“财政拨款收入”“零余额账户用款额度”“银行存款”等科目

D. 单位向职工实际支付工资、津贴补贴等薪酬时，按照实际支付的金额，在预算会计中借记“事业支出”等科目，贷记“财政拨款预算收入”“资金结存”等科目

13. 关于事业（预算）收入，下列表述中错误的是(　　)。

A. 事业收入是指事业单位开展专业业务活动及其辅助活动实现的收入

B. 单位在预算会计中应当设置“事业预算收入”科目，采用收付实现制核算

C. 单位在财务会计中应当设置“事业收入”科目，采用权责发生制核算

D. “事业收入”科目发生额与“事业预算收入”科目发生额一定相等

14. 事业单位对外捐赠库存物品、固定资产等非现金资产的，在财务会计中应当将资产的账面价值转入(　　)。

A. 其他费用

B. 其他支出

C. 事业支出

D. 资产处置费用

15. 年末，事业单位冲销有关明细科目，将“财政拨款结余”科目的年初余额调整、归集上缴、单位内部调剂、结转转入明细科目余额转入(　　)明细科目。

A. 财政拨款结转—累计结转

B. 财政拨款结余—累计结转

C. 财政拨款结余—累计结余

D. 财政拨款结转—累计结余

16. 事业单位在年末应将“本期盈余”科目余额转入(　　)科目。

A. 本年盈余分配

B. 专用基金

C. 累计盈余

D. 以前年度盈余调整

17. 关于经营结余，下列会计处理中错误的是(　　)。

A. 期末，事业单位应当结转本期经营收支，根据经营预算收入本期发生额，借记“经营预算收入”科目，贷记“经营结余”科目

B. 期末，根据经营支出本期发生额，借记“经营结余”科目，贷记“经营支出”科目

C. 年末，如“经营结余”科目为贷方余额，将余额结转至“非财政拨款结余分配”科目，借记“经营结余”科目，贷记“非财政拨款结余分配”科目

D. 年末，如“经营结余”科目为借方余额，将余额结转至“非财政拨款结余分配”科目，借记“非财政拨款结余分配”科目，贷记“经营结余”科目

18. 2020年1月，某事业单位启动一项科研项目。当年收到上级主管部门拨付的非财政专项资金2000万元，为该项目发生事业支出1980万元。2020年12月，项目结项，经上级主管部门批准，该项目的结余资金留归事业单位使用。假定不考虑其他因素，年末，该事业单位应转入“非财政拨款结余”科目的金额为(　　)万元。

A. 2000　　B. 1980

C. 20　　D. 0

## 二、多项选择题

1. 政府会计基本准则中对于收入确认需要同时满足一定条件，下列各项中，属于收入确认应满足的条件有(　　)。

A. 与收入相关的含有服务潜力或者经济利益的经济资源很可能流入政府会计主体

B. 含有服务潜力或者经济利益的经济资源流入会导致政府会计主体资产增加或者负债减少

C. 流入金额能够可靠地计量

D. 已发生的费用能可靠计量

2. 下列各项中，关于事业单位财务会计要素的说法正确的有(　　)。

A. 事业单位财务会计要素包括资产、负债、所有者权益、收入、费用

B. 反映单位财务状况的等式为“资产-负债=所有者权益”

C. 反映运行情况的等式为“收入-费用=本期盈余”

D. 本期盈余经分配后最终转入本年盈余分配

3. 关于政府会计中的负债的计量属性，下列各项表述中正确的有(　　)。

A. 政府负债的计量属性主要有历史成本、现值和公允价值

B. 在历史成本计量下，负债按照因承担现时义务而实际收到的款项或者资产的金额，或者承担现时义务的合同金额，或者按照为偿还负债预期需要支付的现金计量

C. 在现值计量下，负债按照预计期限内需要偿还的未来净现金流出量的折现金额计量

D. 在公允价值计量下，负债按照市场参与者在计量日发生的有序交易中，转移负债所需支付的价格计量

4. 某事业单位2020年度收到财政部门批复的2019年年末未下达零余额账户用款额度300万元，下列会计处理中，正确的有(　　)。

A. 贷记“资金结存—财政应返还额度”科目300万元

B. 借记“资金结存—零余额账户用款额度”科目300万元

C. 贷记“财政应返还额度”科目300万元

D. 借记“零余额账户用款额度”科目300万元

5. 关于预算结转结余及分配业务，下列表述中正确的有(　　)。

A. 单位应当严格区分财政拨款结转结余和非财政拨款结转结余，财政拨款结转结余不参与事业单位的结余分配

B. 事业单位应当在预算会计中设置“财政拨款结转”科目，核算滚存的财政拨款结转资金

C. 非财政拨款结转资金是指事业单位除财政拨款收支、经营收支以外的各非同级财政拨款专项资金收入与其相关支出相抵后剩余滚存的、须按规定用途使用的结转资金

D. 财政拨款结余是指单位历年滚存的非限定用途的非同级财政拨款结余资金

6. 关于经营结余、其他结余、专用结余及非财政拨款结余分配，下列各项表述中正确的有(　　)。

A. 年末，事业单位应将“其他结余”科目余额转入“非财政拨款结余分配”科目

B. 年末，事业单位应将“经营结余”科目余额转入“非财政拨款结余分配”科目

C. 根据有关规定提取专用基金的，按照提取的金额，在预算会计中通过“专用结余”科目核算

D. 根据有关规定提取专用基金的，按照提取的金额，在财务会计中通过“专用基金”科目核算

## 三、判断题

1. 我国的政府会计标准体系由政府会计基本准则、具体准则及应用指南和政府会计制度等组成。(　　)

2. 政府综合财务报告的编制主要以收付实现制为基础，以预算会计核算生成的数据为准。(　　)

3. 政府会计主体的负债分为偿还时间与金额基本确定的负债和由或有事项形成的预计负债。(　　)

4. 预算支出是指政府会计主体在预算年度内依法发生并纳入预算管理的现金流出。预算支出一般在实际支付时予以确认，以实际支付的金额计量。(　　)

5. 单位对于所有现金收支业务，在采用财务会计核算的同时应当进行预算会计核算；对于其他业务，仅需进行财务会计核算。(　　)

6. 事业单位从应付职工薪酬中代扣为职工垫付的水电费、房租等费用时，按照实际代扣的金额，借记“应付职工薪酬—基本工

资”科目，贷记“其他应收款”科目。 （ ）

7. 期末，事业单位应当将“财政拨款收入”科目本期发生额转入本期盈余，预算会计应当将“财政拨款预算收入”科目本期发生额转入“财政拨款结余”科目。 （ ）

8. “权益法调整”科目核算事业单位持有的长期股权投资采用权益法核算时，按照被投资单位所有者权益变动份额调整长期股权投资账面余额而计入净资产的金额。 （ ）

9. 非财政拨款结转资金是指事业单位除财政拨款收支、经营收支以外的各非同级财政拨款专项资金收入与其相关支出相抵后剩余滚存的、须按规定用途使用的结转资金。 （ ）

10. 专用结余是指事业单位按照规定从财政拨款结余中提取的具有专门用途的资金。 （ ）

11. “专用基金”科目核算事业单位按照规定提取或设置的具有专门用途的净资产，主要包括职工福利基金、科技成果转换基金等。 （ ）

12. 事业单位对于接受捐赠的资产，其成本能够确定的，应当按照确定的成本减去相关税费后的净额计入捐赠收入。资产成本不能确定的，单独设置备查簿进行登记，相关税费等计入当期费用。 （ ）

## 同步强化练习题参考答案及解析

“扫码看解析”

使用“微信”或“会计云课堂”App 扫右方二维码，对答案、看解析、掌握解题思路，开启轻松过关之旅。

### 一、单项选择题

1. 【答案】D

**解析：**政府会计主体应当编制决算报告和财务报告，选项 D 错误。

2. 【答案】D

**解析：**国库集中直接支付业务，收到“财政直接支付入账通知书”时，按照通知书中直接支付的金额进行会计处理，选项 A 错误；授权支付业务下，设置“零余额账户用款额度”账户进行核算，选项 B 错误；对财政应返还额度，下年度恢复财政直接支付额度后，单位以财政直接支付方式发生实际支出时进行会计处理，选项 C 错误。

3. 【答案】B

**解析：**“资金结存”科目应设置“零余额账户用款额度”“货币资金”“财政应返还额度”三个明细科目。

4. 【答案】B

**解析：**在财政授权支付方式下，单位收到代理银行盖章的“财政授权支付到账通知书”时，根据到账通知书所列数额，在财务会计中，借记“零余额账户用款额度”科目，贷记“财政拨款收入”科目。

5. 【答案】B

**解析：**在财政直接支付方式下，年度终了，单位根据本年度财政直接支付预算指标数与当年财政直接支付实际支出数的差额，在预算会计中借记“资金结存—财政应返还额度”科目，贷记“财政拨款预算收入”科目。

6. 【答案】D

**解析：**在财政授权支付方式下，年度终了，单位依据代理银行提供的对账单作注销额度的相关账务处理，在财务会计中应借记“财政应返还额度—财政授权支付”科目，贷记“零余额账户用款额度”科目。

7.【答案】A

**解析：**在财政直接支付方式下，年末，根据本年度财政直接支付预算指标数与当年财政直接支付实际支出数的差额，在财务会计中借记“财政应返还额度—财政直接支付”科目，贷记“财政拨款收入”科目。

8.【答案】C

**解析：**购入固定资产发生的专业人员培训费不计入固定资产成本，固定资产入账金额 = 100+5+3 = 108（万元）。

9.【答案】B

**解析：**单位接受捐赠的固定资产，在财务会计中：

借：固定资产（按照确定的成本）

　贷：银行存款等（发生的相关税费、运输费等）

　　　捐赠收入（差额）

10.【答案】B

**解析：**单位报经批准出售、转让固定资产，按照被出售、转让固定资产的账面价值，借记“资产处置费用”科目，按照固定资产已计提的折旧，借记“固定资产累计折旧”科目，按照固定资产账面余额，贷记“固定资产”科目。

11.【答案】A

**解析：**无偿调出过程中发生的归属于调出方的相关费用，在预算会计中借记“其他支出”科目，贷记“资金结存”科目。

12.【答案】B

**解析：**单位从应付职工薪酬中支付的其他款项，借记“应付职工薪酬”科目，贷记“零余额账户用款额度”“银行存款”等科目；同时，在预算会计中借记“行政支出”“事业支出”“经营支出”等科目，贷记“资金结存”等科目。

13.【答案】D

**解析：**事业活动中涉及增值税业务的，事业收入按照实际收到的金额扣除增值税销项税额之后的金额入账，事业预算收入按照实际收到的金额入账，“事业收入”科目发生额与“事业预算收入”科目发生额不一定相等，选项 D 错误。

14.【答案】D

**解析：**单位对外捐赠库存物品、固定资产等非现金资产的，在财务会计中应当将资产的账面价值转入“资产处置费用”科目。

15.【答案】C

**解析：**年末，事业单位冲销有关明细科目，将“财政拨款结余”的年初余额调整、归集上缴、单位内部调剂、结转转入明细科目余额转入“财政拨款结余—累计结余”明细科目。

16.【答案】A

**解析：**年末，事业单位应借记或贷记“本期盈余”科目，贷记或借记“本年盈余分配”科目。

17.【答案】D

**解析：**年末，如“经营结余”科目为借方余额，即为经营亏损，不予结转，选项 D 错误。

18.【答案】C

**解析：**该事业单位应转入“非财政拨款结余”科目金额 = 2000 − 1980 = 20（万元）。

## 二、多项选择题

1.【答案】ABC

**解析：**收入的确认应当同时满足以下条件：一是与收入相关的含有服务潜力或者经济利益的经济资源很可能流入政府会计主体；二是含有服务潜力或者经济利益的经济资源流入会导致政府会计主体资产增加或者负债减少；三是流入金额能够可靠地计量。

2.【答案】CD

**解析：**事业单位财务会计要素包括资产、负债、净资产、收入和费用，选项A错误；反映单位财务状况的等式为“资产-负债=净资产”，选项B错误。

3.【答案】ABCD

4.【答案】ABCD

**解析：**下年度收到财政部门批复的上年末未下达零余额账户用款额度时，在预算会计中：

借：资金结存—零余额账户用款额度　300

　贷：资金结存—财政应返还额度　300

同时在财务会计中：

借：零余额账户用款额度　300

　贷：财政应返还额度　300

5.【答案】ABC

**解析：**非财政拨款结余是指单位历年滚存的非限定用途的非同级财政拨款结余资金，选项D错误。

6.【答案】ACD

**解析：**年末，事业单位应将“经营结余”科目贷方余额转入“非财政拨款结余分配”科目，借方余额不结转，选项B错误。

## 三、判断题

1.【答案】√

2.【答案】×

**解析：**政府决算报告的编制主要以收付实现制为基础，以预算会计核算生成的数据为准。

3.【答案】√

4.【答案】√

5.【答案】×

**解析：**单位对于纳入年度部门预算管理的现金收支业务，在采用财务会计核算的同时应当进行预算会计核算；对于其他业务，仅需进行财务会计核算。

6.【答案】√

7.【答案】×

**解析：**期末，事业单位应当将“财政拨款收入”科目本期发生额转入本期盈余，预算会计应当将“财政拨款预算收入”科目本期发生额转入“财政拨款结转—本年收支结转”科目。

8.【答案】×

**解析：**“权益法调整”科目核算事业单位持有的长期股权投资采用权益法核算时，按照被投资单位除净损益和利润分配以外的所有者权益变动份额调整长期股权投资账面余额而计入净资产的金额。

9.【答案】√

10.【答案】×

**解析：**专用结余是指事业单位按照规定从非财政拨款结余中提取的具有专门用途的资金。

11.【答案】√

12.【答案】√

# 第三部分

# 全真模拟测试题及参考答案

# 2021 年初级会计专业技术资格考试全真模拟测试题（一）

**扫一扫　“码”上做题**

本部分习题均配备二维码，使用“微信”或“会计云课堂”App 扫一扫左侧二维码，即可在线做题并获取详尽的答案解析、解题思路点拨等超值服务，助您轻松过关。

**【“会计云课堂”App 安装二维码详见封底页】**

**一、单项选择题**（本类题共 20 小题，每小题 2 分，共 40 分。每小题备选答案中，只有一个符合题意的正确答案。错选、不选均不得分。）

1. 2021 年 4 月 30 日，某企业负债总额为 500 万元，5 月份收回应收账款 60 万元，以银行存款归还短期借款 40 万元，预收客户货款 20 万元。不考虑其他因素，2021 年 5 月 31 日该企业负债总额为(　　)万元。
   A. 460
   B. 480
   C. 380
   D. 440
2. 2021 年 9 月 30 日，某企业收到的银行对账单余额为 10500 元。经与企业银行存款日记账核对，发现未达账项有：银行已收、企业未收款项 6300 元；企业已收、银行未收款项 3300 元；银行已付、企业未付款项 7200 元。该企业“银行存款余额调节表”中调节后的银行存款余额为(　　)元。
   A. 13500
   B. 11400
   C. 9600
   D. 13800
3. 某企业年初“坏账准备”科目的贷方余额为 20 万元，本年收回上年已确认为坏账的应收账款 5 万元，经减值测试并确定“坏账准备”科目年末贷方余额应为 30 万元。不考虑其他因素，该企业年末应补提的坏账准备金额为(　　)万元。
   A. 5
   B. 10
   C. 15
   D. 30
4. 某企业对材料采用计划成本核算。2021 年 2 月 1 日，结存材料的计划成本为 400 万元，“材料成本差异”科目贷方余额为 6 万元；本月入库材料的计划成本为 2000 万元，“材料成本差异”科目借方发生额为 12 万元；本月发出材料的计划成本为 1600 万元。该企业 2021 年 2 月 28 日结存材料的实际成本为(　　)万元。
   A. 798
   B. 800
   C. 802
   D. 1604
5. 2020 年 12 月 31 日，某企业甲商品的账面余额为 100000 元，由于市场价格下跌，预计其可变现净值为 90000 元，由此计提存货跌价准备 10000 元。2021 年 6 月 30 日，由于市场价格有所回升，甲商品预计可变现净值为 96000 元。不考虑其他因素，2021 年 6 月 30 日该企业应转回存货跌价准备金额为(　　)元。

A. 10000

B. 4000

C. 6000

D. 90000

6. 2021 年 7 月，某制造业企业转让一项专利权，开具增值税专用发票上注明的价款为 100 万元、增值税税额为 6 万元，全部款项已存入银行。该专利权成本为 200 万元，已摊销 150 万元。不考虑其他因素，该企业转让专利权对利润总额的影响金额为(　　)万元。

A. 50

B. 56

C. -94

D. -100

7. 下列各项中，属于企业开出的商业承兑汇票到期无力支付票款应贷记的会计科目是(　　)。

A. 应付账款

B. 其他应付款

C. 短期借款

D. 长期借款

8. 某企业为增值税一般纳税人，自行研究开发一项技术，共发生研发支出 450 万元，其中，研究阶段发生职工薪酬 100 万元，专用设备折旧费用 50 万元；开发阶段满足资本化条件的支出 300 万元，取得增值税专用发票上注明的增值税税额为 39 万元。开发阶段结束后该项技术达到预定用途，形成无形资产。不考虑其他因素，下列各项中，关于该企业研发支出会计处理表述正确的是(　　)。

A. 确认管理费用 150 万元，确认无形资产 339 万元

B. 确认管理费用 150 万元，确认无形资产 300 万元

C. 确认管理费用 100 万元，确认无形资产 350 万元

D. 确认管理费用 189 万元，确认无形资产 300 万元

9. 2021 年 1 月 1 日，某公司“利润分配—未分配利润”科目借方余额为 20 万元。2021 年度该公司实现净利润 200 万元，法定盈余公积的提取比例为 10%。不考虑其他因素，2021 年度该公司提取的法定盈余公积金额为(　　)万元。

A. 2

B. 18

C. 20

D. 22

10. 下列各项中，属于企业按规定代扣代缴职工个人所得税时应借记的会计科目是(　　)。

A. 应付职工薪酬

B. 税金及附加

C. 管理费用

D. 营业外支出

11. 甲股份有限公司委托乙证券公司发行普通股，股票面值总额 4000 万元，发行总额 16000 万元，发行费按发行总额的 2% 计算（不考虑其他因素），股票发行净收入全部收到。甲股份有限公司该笔业务记入“资本公积”科目的金额为(　　)万元。

A. 4000

B. 11680

C. 11760

D. 12000

12. 下列各项中，通过“信用减值损失”科目核算的是(　　)。

A. 无形资产的减值损失

B. 固定资产毁损报废的净损失

C. 应收款项的坏账损失

D. 盘亏存货的净损失

13. 甲公司为增值税一般纳税人，经营一家

健身俱乐部。2021 年 7 月 1 日，某客户与甲公司签订合同，成为甲公司的会员，并向甲公司支付会员费 3600 元（不含税价格），可在未来的 12 个月内在该俱乐部健身，且没有次数的限制。该业务适用的增值税税率为 6%。假定该业务属于在某一时段内履行履约义务确认收入，不考虑其他因素，该项业务对甲公司 2021 年 7 月营业利润的影响金额为(　　)元。

A. 300

B. 318

C. 3600

D. 3816

14. 2021 年度，某企业实现国债利息收入 200 万元，支付税收滞纳金 20 万元，实现利润总额为 1000 万元。假定该企业全年无其他纳税调整事项，适用企业所得税税率为 25%。不考虑其他因素，该企业 2021 年应交所得税为(　　)万元。

A. 200

B. 205

C. 250

D. 295

15. 2021 年 12 月份，某公司发生相关税金及附加如下：城市维护建设税为 3.5 万元，教育费附加为 1.5 万元，房产税为 20 万元，车船税为 3 万元，企业所得税为 2 万元。不考虑其他因素，该公司 2021 年 12 月份利润表“税金及附加”项目本期金额为(　　)万元。

A. 23

B. 25

C. 28

D. 30

16. 下列各项中，企业应通过“营业外支出”科目核算的是(　　)。

A. 支付会计师事务所审计费

B. 发生的环保罚款支出

C. 计提应收账款坏账准备

D. 收回货款发生的现金折扣

17. 下列各项中，不属于影响利润表“利润总额”项目的是(　　)。

A. 收到政府补助确认的其他收益

B. 无法查明原因的现金溢余

C. 确认的资产减值损失

D. 确认的所得税费用

18. 某企业生产 P 和 Q 两种产品，材料费用按材料定额消耗量比例分配。P 产品和 Q 产品的材料消耗定额分别为 0.2 吨/件、0.1 吨/件。2021 年 7 月，P 产品投产 1300 件，Q 产品投产 2400 件，共消耗材料 600 吨，每吨单价 400 元。不考虑其他因素，P 产品应分配的材料费用为(　　)万元。

A. 10.4

B. 12.48

C. 9.6

D. 11.52

19. 甲公司为增值税一般纳税人。2021 年 12 月 1 日与乙公司签订了一项为期 8 个月的设备安装合同，属于在某一时段内履行的履约义务。合同不含税总价款为 60000 元，当日收到总价款的 30%。截至年末，甲公司累计发生安装成本 3000 元，估计还将发生安装成本 17000 元，假定甲公司按照已发生的成本占估计总成本的比例确定安装的履约进度。不考虑其他因素，2021 年 12 月 31 日甲公司应确认该项设备的安装收入为(　　)元。

A. 7500

B. 9000

C. 18000

D. 60000

20. 某事业单位部分事业收入采用财政专户返还的方式管理。2021 年 9 月 5 日，该单位收到应上缴财政专户的事业收入 5000000 元。9 月 15 日，该单位将上述款项上缴财政专户。10 月 15 日，该单位收到从财政专户返还的事业收入 5000000 元。该单位收到应上缴财政专户的事业收入时正确的会计分录为(　　)。

A. 借：银行存款　　5000000
　　贷：应缴财政款　　5000000
B. 借：应缴财政款　　5000000
　　贷：银行存款　　5000000
C. 借：银行存款　　5000000
　　贷：事业收入　　5000000
D. 借：资金结存—货币资金　　5000000
　　贷：事业预算收入　　5000000

**二、多项选择题**（本类题共 10 小题，每小题 2 分，共 20 分。每小题备选答案中，有两个或两个以上符合题意的正确答案。请至少选择两个答案，全部选对得满分，少选得相应分值，多选、错选、不选均不得分。）

1. 下列各项中，属于错账更正方法的有(　　)。
A. 划线更正法
B. 红字更正法
C. 补充登记法
D. 平行登记法

2. 下列各项中，关于科目汇总表账务处理程序的相关表述正确的有(　　)。
A. 增加了登记总分类账的工作量
B. 适用于经济业务较多的单位
C. 可以起到试算平衡的作用并检查记账正确与否
D. 不能反映账户之间的对应关系，不利于账目检查

3. 下列各项中，关于企业“材料成本差异”科目的表述正确的有(　　)。
A. 期末借方余额，反映库存材料实际成本大于计划成本的差异
B. 期末贷方余额，反映库存材料实际成本小于计划成本的差异
C. 贷方登记发出材料应负担的节约差异
D. 借方登记发出材料应负担的超支差异

4. 下列各项中，关于企业发出材料会计处理表述正确的有(　　)。
A. 生产产品领用材料的成本计入生产成本
B. 企业行政管理部门领用材料的成本计入管理费用
C. 对外销售材料的成本计入其他业务成本
D. 基本生产车间为车间管理领用材料的成本计入管理费用

5. 下列各项中，关于交易性金融资产会计处理表述正确的有(　　)。
A. 取得时所支付的价款中包含已宣告未发放的现金股利，不应单独确认为应收项目
B. 取得时发生的相关交易费用应当计入交易性金融资产的初始入账成本
C. 持有期间被投资单位宣告发放的现金股利应确认为投资收益
D. 资产负债表日其公允价值与账面余额之间的差额应计入当期损益

6. 2021 年 12 月 31 日，某上市公司股本总额为 2000 万元（每股面值 1 元），资本公积（股本溢价）为 5000 万元，盈余公积为 6000 万元，未分配利润为 4000 万元。经股东大会批准，该公司回购本公司股票 600 万股并注销，回购价格为每股 10 元。不考虑其他因素，下列各项中，关于该公司注销所回购股票时相关科目的会计处理结果正确的有(　　)。
A. 贷记“库存股”科目 6000 万元
B. 借记“股本”科目 600 万元
C. 借记“资本公积”科目 5000 万元
D. 借记“盈余公积”科目 400 万元

7. 甲有限责任公司收到乙公司作为资本投入的一项非专利技术。该非专利技术投资合同约定价值为 100000 元，增值税进项税额为 6000 元（由投资方支付税款，并提供增值税专用发票）。甲公司接受乙公司投资后注册资本总额为 900000 元，投资合同约定乙公司投入无形资产在甲公司注册资本中所占份额为 10%。假定合同约定的资产价值与公允价值相符，相关增值税专用发票已通过认证，不考虑其他因素，下列各项中，甲公司接受无形资产投资的会计处理结果正确的有(　　)。
A. 无形资产增加 100000 元
B. 实收资本增加 90000 元

C. 资本公积增加 16000 元

D. 长期待摊费用增加 6000 元

8. 下列各项中，关于企业消费税的会计处理表述正确的有(　　)。

A. 委托加工物资收回后继续加工应税消费品的，加工环节缴纳的消费税应计入当期损益

B. 在建工程领用自产应税消费品，应交纳的消费税应计入在建工程

C. 委托加工物资收回直接销售的，加工环节缴纳的消费税应计入存货成本

D. 进口应税物资在进口环节应交的消费税计入该物资的成本

9. 下列各项中，关于管理会计的表述正确的有(　　)。

A. 管理会计的信息包括财务信息和非财务信息

B. 管理会计的应用环境包括外部环境和内部环境

C. 管理会计重在“创造价值”属于经营管理型会计

D. 管理会计基本指引为应用指引中未作出描述的新问题提供处理依据

10. 下列各项中，企业应通过“管理费用”科目核算的有(　　)。

A. 应交纳的城镇土地使用税

B. 专设销售机构的设备折旧费

C. 企业行政管理部门人员的差旅费

D. 企业聘请中介机构费

**三、判断题**（本类题共 10 小题，每小题 1 分，共 10 分。请判断每小题的表述是否正确。每小题答题正确的得 1 分，错答、不答均不得分，也不扣分。）

1. 重置成本是指在生产经营过程中，以预计售价减去进一步加工成本和销售所必须的预计税金、费用后的净值。　(　　)

2. 企业短期借款利息数额不大的，可以不采用预提的方法，而在实际支付时直接计入当期损益。　(　　)

3. 企业采用计划成本对原材料进行日常核算的，可在年末一次性将全年耗用原材料的计划成本调整为实际成本。　(　　)

4. 企业对于已达到预定可使用状态但尚未办理竣工决算的固定资产，因其无法确定固定资产实际价值，不应计提折旧。　(　　)

5. 企业计算确定的当期所得税与递延所得税之和，即为应从当期利润总额中扣除的所得税费用。　(　　)

6. 有限责任公司用盈余公积转增资本，应冲减盈余公积，同时按照转增资本前的实收资本的结构比例，将转增的金额记入“实收资本”科目下各所有者的明细分类科目。　(　　)

7. 商品流通企业管理费用不多的，可不设置“管理费用”科目，相关核算内容可并入“销售费用”科目核算。　(　　)

8. 利润表中的“综合收益总额”项目，可以为财务报表使用者提供企业实现净利润和其他综合收益（税后净额）合计金额的信息。　(　　)

9. “研发费用”项目应根据“管理费用”科目下的“研发费用”明细科目的发生额以及“管理费用”科目下“无形资产摊销”明细科目的发生额分析填列。　(　　)

10. 行政事业单位必须编制现金流量表。　(　　)

**四、不定项选择题**（本类题共 15 小题，每小题 2 分，共 30 分。每小题备选答案中，有一个或一个以上符合题意的正确答案。每小题全部选对得满分，少选得相应分值，多选、错选、不选均不得分。）

（一）

某企业为增值税一般纳税人，购进原材料时取得的增值税专用发票已通过税务机关认证，原材料按实际成本核算。2021 年 11 月该企业发生的有关原材料业务如下：

(1) 3 日，购入原材料一批，增值税专用发票上注明的价款为 30000 元，增值税税

额为 3900 元，原材料已验收入库，开出面值为 33900 元的商业承兑汇票一张支付货款。另以银行存款支付运输费，取得的增值税专用发票上注明的运费为 500 元，增值税税额为 45 元。

（2）5 日，基本生产车间生产产品领用原材料 20000 元，企业行政管理部门领用原材料 2000 元。

（3）28 日，销售原材料一批，开出的增值税专用发票上注明价款为 5000 元，增值税税额为 650 元，款项已收到。该批原材料的实际成本为 4000 元。

（4）30 日，在财产清查中发现盘亏原材料 100 千克，实际成本 3000 元，相关增值税专用发票上注明的增值税税额为 390 元。经查为管理不善造成的一般经营损失。

要求：根据上述资料，不考虑其他因素，分析回答下列小题。（答案中的金额单位用元表示）

1. 根据资料（1），下列各项中，关于该企业购入原材料的相关科目会计处理结果表述正确的是(　　)。

A. 借记“原材料”科目 30000 元

B. 借记“应交税费—应交增值税（进项税额）”科目 3945 元

C. 贷记“银行存款”科目 545 元

D. 贷记“应付票据”科目 33900 元

2. 根据资料（2），下列各项中，关于该企业发出原材料的相关科目会计处理结果表述正确的是(　　)。

A. 借记“生产成本”科目 20000 元

B. 借记“管理费用”科目 2000 元

C. 借记“制造费用”科目 2000 元

D. 贷记“原材料”科目 22000 元

3. 根据资料（3），下列各项中，关于该企业销售原材料的相关科目会计处理结果表述正确的是(　　)。

A. 贷记“其他业务收入”科目 5000 元

B. 贷记“应交税费—应交增值税（进项税额转出）”科目 650 元

C. 借记“其他业务成本”科目 4000 元

D. 贷记“原材料”科目 4000 元

4. 根据资料（4），下列各项中，关于该企业盘亏原材料会计处理正确的是(　　)。

A. 批准处理前：

借：待处理财产损溢　　3390

　贷：原材料　　3000

　　应交税费—应交增值税（进项税额转出）　　390

B. 批准处理前：

借：待处理财产损溢　　3000

　贷：原材料　　3000

C. 批准处理后：

借：管理费用　　3390

　贷：待处理财产损溢　　3390

D. 批准处理后：

借：营业外支出　　3000

　贷：待处理财产损溢　　3000

5. 根据资料（1）至（4），2021 年 11 月相关业务影响该企业当期营业利润的金额是(　　)元。

A. 1000

B. 2000

C. 4390

D. 5390

（二）

某企业为增值税一般纳税人，销售商品适用的增值税税率为 13%，每月 10 日发放上月工资。2021 年 12 月 1 日，“应付职工薪酬—工资”明细科目贷方余额为 53 万元。2021 年 12 月发生有关职工薪酬的业务如下：

（1）10 日，发放上月职工薪酬，代扣代缴职工个人所得税 2.5 万元，扣除为职工垫付的房租 0.8 万元、职工宿舍水电费 0.2 万元，实际发放职工薪酬 49.5 万元，以银行存款转账支付。

（2）18 日，将一批自产产品作为非货币性福利发放给基本生产车间工人。该批产品的实际成本为 6 万元，公允价值为 8 万元（与计税价格相同）。

（3）31日，本月“工资费用分配汇总表”中列示的基本生产车间生产人员工资为30.1万元，基本生产车间管理人员工资为6.5万元，企业行政管理人员工资为9.8万元，专设销售机构人员工资为4.6万元。

（4）31日，计提本月职工基本养老保险费、基本医疗保险费、工伤保险费等社会保险费共计15.3万元，计提职工本月住房公积金5.1万元。

要求：根据上述资料，不考虑其他因素，分析回答下列小题。（答案中的金额单位用万元表示）

1. 根据期初资料和资料（1），下列各项中，关于该企业发放职工薪酬会计处理正确的是（　　）。

A. 代扣个人所得税：
借：应付职工薪酬—工资　2.5
　贷：应交税费—应交个人所得税　2.5

B. 用银行存款发放职工薪酬：
借：应付职工薪酬—工资　49.5
　贷：银行存款　49.5

C. 扣除代垫的职工宿舍水电费：
借：应付职工薪酬—工资　0.2
　贷：其他应收款—代垫水电费　0.2

D. 扣除为职工垫付的房租：
借：应付职工薪酬—工资　0.8
　贷：其他应付款—代垫职工房租　0.8

2. 根据资料（2），下列各项中，关于该企业与发放非货币性福利相关的会计处理正确的是（　　）。

A. 借：应付职工薪酬—非货币性福利　7.04
　贷：库存商品　6
　　应交税费—应交增值税（销项税额）　1.04

B. 借：应付职工薪酬—非货币性福利　9.04
　贷：主营业务收入　8
　　应交税费—应交增值税（销项税额）　1.04

C. 借：主营业务成本　6
　贷：库存商品　6

D. 借：生产成本　9.04
　贷：应付职工薪酬—非货币性福利　9.04

3. 根据资料（3），下列各项中，关于该企业分配工资相关科目会计处理结果表述正确的是（　　）。

A. 借记“生产成本”科目30.1万元

B. 借记“管理费用”科目16.3万元

C. 借记“销售费用”科目4.6万元

D. 贷记“应付职工薪酬”科目51万元

4. 根据资料（4），下列各项中，关于职工薪酬的表述正确的是（　　）。

A. 计提的工伤保险费属于短期薪酬

B. 计提的基本医疗保险费属于短期薪酬

C. 计提的基本养老保险费属于离职后福利

D. 计提的住房公积金属于其他长期职工福利

5. 根据期初资料、资料（1）至（4），该企业2021年12月31日资产负债表“应付职工薪酬”项目的期末余额是（　　）万元。

A. 51　　B. 56.1

C. 66.3　　D. 71.4

（三）

甲公司为增值税一般纳税人，销售商品适用的增值税税率为13%。甲公司同时经营一家酒店，该酒店是甲公司的自有资产，酒店业务相关收入的增值税税率为6%。假定销售商品的成本在确认收入时逐笔结转，商品售价中不含增值税。2021年该公司发生的经济业务如下：

（1）3月1日，收到乙公司预付货款1100万元。3月2日，向乙公司发出一批Y产品，按产品价目表上的标价计算其总价为1000万元，由于是成批销售，甲公司给予乙公司10%的商业折扣，当日开出增值税专用发票，当月退回多余款项。发出的商品符合收入确认条件，该批产品成本总额为800万元。

(2) 5月1日，向丙公司赊销Y产品一批，合同约定的现金折扣条件为2/10，1/20，N/30（计算现金折扣时不考虑增值税），开出的增值税专用发票上注明价款为1000万元，增值税税额为130万元，该批产品成本总额为700万元。Y产品已发出，符合收入确认条件，甲公司于5月7日收到丙公司上述款项。

(3) 9月10日，向丁公司赊销Y产品一批，该批产品售价为200万元，产品成本为150万元。由于丁公司财务状况不稳定，收回款项存在较大的不确定性，不符合收入确认条件，假设未发生纳税义务。

(4) 12月31日，甲公司计提与酒店经营直接相关的酒店、客房以及客房内的设备家具等折旧120万元、酒店土地使用权摊销费用65万元。经计算，当月确认房费、餐饮等服务含税收入424万元，全部存入银行。

要求：根据上述资料，不考虑其他因素，分析回答下列小题。（答案中的金额单位用万元表示）

1. 根据资料（1），下列各项中，关于甲公司向乙公司销售Y产品会计处理正确的是(　　)。

A. 3月1日收到预付款时：
借：银行存款　1100
　贷：合同负债　1100

B. 3月1日收到预付款时：
借：合同负债　1017
　贷：主营业务收入　900
　　应交税费—应交增值税（销项税额）　117

C. 3月2日发出商品时：
借：主营业务成本　800
　贷：库存商品　800

D. 3月2日发出商品时：
借：合同负债　1017
　贷：主营业务收入　900
　　应交税费—应交增值税（销项税额）　117

2. 根据资料（2），下列各项中，关于甲公司向丙公司销售Y产品相关科目的会计处理结果表述正确的是(　　)。

A. 5月1日，借记“应收账款”科目1130万元

B. 5月1日，贷记“主营业务收入”科目1000万元

C. 5月7日，借记“银行存款”科目1110万元

D. 5月7日，借记“财务费用”科目20万元

3. 根据资料（3），下列各项中，关于甲公司向丁公司赊销Y产品相关科目的会计处理结果正确的是(　　)。

A. 借记“应收账款”科目226万元

B. 贷记“主营业务收入”科目200万元

C. 借记“发出商品”科目150万元

D. 借记“主营业务成本”科目150万元

4. 根据资料（4），下列各项中，关于甲公司12月31日有关酒店业务相关科目的会计处理结果正确的是(　　)。

A. 贷记“主营业务收入”科目400万元

B. 借记“主营业务成本”科目185万元

C. 贷记“主营业务收入”科目424万元

D. 贷记“累计折旧”科目120万元

5. 根据资料（1）至（4），下列各项中，甲公司2021年“利润表”相关项目列示正确的是(　　)。

A. 营业收入为2300万元

B. 营业成本为1605万元

C. 营业收入为2424万元

D. 营业成本为1685万元

# 全真模拟测试题（一）参考答案及解析

“扫码看解析”

使用“微信”或“会计云课堂”App 扫右方二维码，对答案、看解析、掌握解题思路，开启轻松过关之旅。

## 一、单项选择题

1. 【答案】B

解析：2021 年 5 月 31 日该企业负债总额 = 500－40＋20 = 480（万元），故选项 B 正确。

2. 【答案】D

解析：调节后的银行存款余额 = 10500＋3300 = 13800（元），故选项 D 正确。

3. 【答案】A

解析：“坏账准备”科目年末贷方余额应为 30 万元，计提坏账准备前“坏账准备”科目贷方余额 = 20＋5 = 25（万元），该企业年末应计提坏账准备金额 = 30－25 = 5（万元），故选项 A 正确。

4. 【答案】C

解析：材料成本差异率 =（－6＋12）/（400＋2000）×100% = 0.25%，发出材料的实际成本 = 1600×（1＋0.25%）= 1604（万元），结存材料的实际成本 = 400－6＋2000＋12－1604 = 802（万元），或者结存材料的实际成本 =（400＋2000－1600）×（1＋0.25%）= 802（万元），故选项 C 正确。

5. 【答案】C

解析：2021 年 6 月 30 日，应计提存货跌价准备金额 = 100000－96000 = 4000（元），2020 年末已计提存货跌价准备金额为 10000 元，2021 年 6 月 30 日应转回存货跌价准备金额 = 10000－4000 = 6000（元），故选项 C 正确。

6. 【答案】A

解析：转让专利权对利润总额的影响金额 = 100－（200－150）= 50（万元），故选项 A 正确。

7. 【答案】A

解析：企业开出的商业承兑汇票到期无力支付票款应转入应付账款，故选项 A 正确。

8. 【答案】B

解析：研究阶段的支出应确认为管理费用，金额为 150 万元；开发阶段满足资本化条件的支出应确认为无形资产，金额为 300 万元。故选项 B 正确。

9. 【答案】B

解析：“利润分配—未分配利润”科目借方余额表示累积未弥补的亏损，2021 年度该公司实现净利润应首先弥补亏损，补亏后才能计提盈余公积，因此，该公司 2021 年度应提取的法定盈余公积金额 =（200－20）×10% = 18（万元），故选项 B 正确。

10. 【答案】A

解析：企业按规定代扣代缴职工个人所得税的会计分录：

借：应付职工薪酬

　贷：应交税费—应交个人所得税

故选项 A 正确。

11. 【答案】B

解析：该笔业务记入“资本公积”科目的金额 = 16000－4000－16000×2% = 11680（万元）。

12. 【答案】C

解析：无形资产的减值损失通过“资产

减值损失”科目核算；固定资产毁损报废的净损失通过“营业外支出”科目核算；盘亏存货的净损失通过“管理费用”或“营业外支出”科目核算，故选项ABD错误。

13. 【答案】A

解析：由于与客户签订的合同可在未来的12个月内在该俱乐部健身，且没有次数的限制。因此，甲公司应按月确认收入，即每月收入 = 3600 ÷ 12 = 300（元），增加营业利润300元，故选项A正确。

14. 【答案】B

解析：应交所得税 = （1000－200＋20）× 25% = 205（万元），故选项B正确。

15. 【答案】C

解析：企业所得税列入“所得税费用”项目，“税金及附加”项目本期金额 = 3.5＋1.5＋20＋3 = 28（万元），故选项C正确。

16. 【答案】B

解析：支付会计师事务所审计费通过“管理费用”科目核算，计提应收账款坏账准备通过“信用减值损失”科目核算，收回货款发生的现金折扣通过“财务费用”科目核算，故选项ACD错误；发生的环保罚款支出通过“营业外支出”科目核算，故选项B正确。

17. 【答案】D

解析：确认的所得税费用不影响利润表“利润总额”项目，影响“净利润”项目，故选项D正确。

18. 【答案】B

解析：P产品的材料定额消耗量 = 1300×0.2 = 260（吨），Q产品的材料定额消耗量 = 2400×0.1 = 240（吨）。P产品应分配的材料费用 = （600×400）/（260＋240）×260 = 124800（元）= 12.48（万元），故选项B正确。

19. 【答案】B

解析：履约进度 = 3000/（3000＋17000）×100% = 15%；2021年12月31日甲公司应确认该项设备的安装收入 = 60000×15% = 9000（元），故选项B正确。

20. 【答案】A

解析：选项B为上缴财政专户款项的处理；选项C为收到从财政专户返还的事业收入时财务会计的处理；选项D为收到从财政专户返还的事业收入时预算会计的处理。

## 二、多项选择题

1. 【答案】ABC

解析：平行登记法是总分类账与明细分类账登记的方法，不属于错账更正的方法。

2. 【答案】BCD

解析：科目汇总表账务处理程序适用于经济业务较多的单位，其优点是减轻了登记总分类账的工作量（选项A错误），易于理解，并可以进行试算平衡，缺点是不能反映各账户之间的对应关系，不利于对账目进行检查。

3. 【答案】AB

解析：“材料成本差异”科目期末借方余额为超支差，贷方余额为节约差，故选项AB正确；“材料成本差异”科目贷方登记发出材料应负担的超支差异，借方登记发出材料应负担的节约差异，故选项CD错误。

4. 【答案】ABC

解析：基本生产车间为车间管理领用材料的成本计入制造费用，故选项D错误。

5. 【答案】CD

解析：取得时所支付的价款中包含已宣告未发放的现金股利，应单独确认为应收项目，故选项A错误；取得时发生的相关交易费用应当计入投资收益，故选项B错误。

6. 【答案】ABCD

解析：该公司注销所回购股票时的会计分录：

借：股本 600
　　资本公积 5000
　　盈余公积 400
　贷：库存股 6000

7.【答案】ABC

**解析：**甲公司接受乙公司无形资产投资的会计分录：

借：无形资产 100000
　　应交税费—应交增值税（进项税额） 6000
　贷：实收资本 90000
　　　资本公积 16000

故选项 ABC 正确。

8.【答案】BCD

**解析：**委托加工物资收回后继续加工应税消费品的，加工环节缴纳的消费税应记入“应交税费—应交消费税”科目的借方，故选项 A 错误。

9.【答案】ABC

**解析：**管理会计基本指引不对应用指引中未作出描述的新问题提供处理依据，选项 D 错误。

10.【答案】CD

**解析：**应交纳的城镇土地使用税应通过“税金及附加”科目核算，故选项 A 错误；专设销售机构的设备折旧费应通过“销售费用”科目核算，故选项 B 错误。

## 三、判断题

1.【答案】×

**解析：**重置成本是指按照当前市场条件，重新取得同样一项资产所需支付的现金或现金等价物金额。

2.【答案】√

3.【答案】×

**解析：**发出材料应负担的成本差异应当按期（月）分摊，不得在季末或年末一次计算。

4.【答案】×

**解析：**企业对于已达到预定可使用状态但尚未办理竣工决算的固定资产，应当按照估计价值确定其成本，并计提折旧；待办理竣工决算后，再按实际成本调整原来的暂估价值，但不需要调整原已计提的折旧额。

5.【答案】√

**解析：**当期的所得税费用等于当期所得税与递延所得税之和。

6.【答案】√

**解析：**有限责任公司用盈余公积转增资本，应冲减盈余公积，同时按照原出资比例转增实收资本。

7.【答案】√

8.【答案】√

**解析：**综合收益总额等于净利润与其他综合收益（税后净额）之和。

9.【答案】√

10.【答案】×

**解析：**行政事业单位可根据实际情况自行选择编制现金流量表。

## 四、不定项选择题

（一）

1.【答案】BCD

**解析：**购入原材料的会计分录：

借：原材料 30500
　　应交税费—应交增值税（进项税额） 3945
　贷：应付票据 33900
　　　银行存款 545

故选项 BCD 正确。

2.【答案】ABD

**解析：**发出原材料的会计分录：

借：生产成本 20000
　　管理费用 2000
　贷：原材料 22000

3.【答案】ACD

**解析：**销售原材料的会计分录：

借：银行存款 5650
　贷：其他业务收入 5000
　　　应交税费—应交增值税（销项税额） 650

借：其他业务成本　4000
　贷：原材料　4000

4.【答案】AC

**解析**：盘亏原材料的会计分录：

批准处理前：

借：待处理财产损溢　3390
　贷：原材料　3000
　　应交税费—应交增值税（进项税额转出）　390

批准处理后：

借：管理费用　3390
　贷：待处理财产损溢　3390

5.【答案】C

**解析**：上述事项对当期营业利润的影响金额=-2000（资料2）+5000（资料3）-4000（资料3）-3390（资料4）=-4390（元），减少营业利润4390元，故选项C正确。

（二）

1.【答案】ABC

**解析**：该企业支付职工薪酬的会计分录：

代扣个人所得税：

借：应付职工薪酬—工资　2.5
　贷：应交税费—应交个人所得税　2.5

扣除为职工垫付的房租：

借：应付职工薪酬—工资　0.8
　贷：其他应收款—代垫职工房租　0.8

扣除代垫的职工宿舍水电费：

借：应付职工薪酬—工资　0.2
　贷：其他应收款—代垫水电费　0.2

用银行存款发放职工薪酬：

借：应付职工薪酬—工资　49.5
　贷：银行存款　49.5

故选项ABC正确。

2.【答案】BCD

**解析**：该企业与发放非货币性福利相关的会计分录：

借：生产成本　9.04
　贷：应付职工薪酬—非货币性福利　9.04

借：应付职工薪酬—非货币性福利9.04
　贷：主营业务收入　8
　　应交税费—应交增值税（销项税额）　1.04

借：主营业务成本　6
　贷：库存商品　6

故选项BCD正确。

3.【答案】ACD

**解析**：该企业分配工资的会计分录：

借：生产成本　30.1
　　制造费用　6.5
　　管理费用　9.8
　　销售费用　4.6
　贷：应付职工薪酬　51

故选项ACD正确。

4.【答案】ABC

**解析**：计提的住房公积金属于短期薪酬，故选项D错误。

5.【答案】D

**解析**："应付职工薪酬"项目的期末余额=51（资料3）+15.3（资料4）+5.1（资料4）=71.4（万元），故选项D正确。

（三）

1.【答案】ACD

**解析**：甲公司向乙公司销售Y产品的会计分录：

3月1日收到预付款时：

借：银行存款　1100
　贷：合同负债　1100

3月2日发出商品时：

借：合同负债　1017
　贷：主营业务收入　（1000×90%）900
　　应交税费—应交增值税（销项税额）　117

借：主营业务成本　800
　贷：库存商品　800

退回多余款项时：

借：合同负债　83
　贷：银行存款　83

故选项ACD正确。

2. 【答案】ABCD

**解析**：甲公司向丙公司销售 Y 产品的会计分录：

5 月 1 日赊销商品时：

借：应收账款 1130

　贷：主营业务收入 1000

　　应交税费—应交增值税（销项税额） 130

借：主营业务成本 700

　贷：库存商品 700

5 月 7 日收到货款时：

借：银行存款 1110

　财务费用 （1000×2%）20

　贷：应收账款 1130

3. 【答案】C

**解析**：甲公司向丁公司赊销 Y 产品的会计分录：

借：发出商品 150

　贷：库存商品 150

4. 【答案】ABD

**解析**：甲公司有关酒店业务的会计处理：

确认资产的折旧费和摊销费：

借：合同履约成本 185

　贷：累计折旧 120

　　累计摊销 65

确认收入并摊销合同履约成本：

借：银行存款 424

　贷：主营业务收入 ［424/（1+6%）］400

　　应交税费—应交增值税（销项税额） 24

借：主营业务成本 185

　贷：合同履约成本 185

5. 【答案】AD

**解析**：营业收入 = 900（资料 1）+1000（资料 2）+400（资料 4）= 2300（万元）；营业成本 = 800（资料 1）+700（资料 2）+185（资料 4）= 1685（万元）。故选项 AD 正确。

# 2021 年初级会计专业技术资格考试全真模拟测试题（二）

**扫一扫　“码”上做题**

本部分习题均配备二维码，使用“微信”或“会计云课堂”App 扫一扫左侧二维码，即可在线做题并获取详尽的答案解析、解题思路点拨等超值服务，助您轻松过关。

**【“会计云课堂”App 安装二维码详见封底页】**

**一、单项选择题**（本类题共 20 小题，每小题 2 分，共 40 分。每小题备选答案中，只有一个符合题意的正确答案。错选、不选均不得分。）

1. 下列各项中，会引起企业资产和负债相关项目同时减少的是(　　)。

A. 收到投资者作为资本投入的机器一台

B. 以银行存款偿还短期借款

C. 预收销售商品货款

D. 从银行提取现金备用

2. 下列各项中，不应通过企业“其他应收款”科目核算的是(　　)。

A. 应向保险公司收取的存货意外损失理赔款

B. 应向职工收取的代垫房租

C. 租入包装物支付的押金

D. 按产品购销合同预付的货款

3. 某企业为增值税一般纳税人，当月外购材料 800 公斤，取得增值税专用发票并通过税务机关认证，增值税专用发票上注明的价款为 40 万元，增值税税额为 5.2 万元。入库时发现材料短缺 220 公斤，其中 20 公斤属于定额内合理损耗。不考虑其他因素，该批外购材料的入账成本为(　　)万元。

A. 29　　B. 39

C. 30　　D. 40

4. 2021 年 4 月 1 日，某企业“固定资产”科目期初余额为 6800 万元；18 日购入并交付使用设备一台，入账价值为 120 万元；26 日出售一台原值为 250 万元的设备并入账。不考虑其他因素，该企业 2021 年 4 月应计提折旧的固定资产账面原值为(　　)万元。

A. 6920　　B. 6800

C. 6670　　D. 6550

5. 某企业原材料采用计划成本核算，月初结存材料的计划成本为 500 万元，材料成本差异为超支 90 万元；当月入库材料的计划成本为 1100 万元，材料成本差异为节约 170 万元；当月生产车间领用材料的计划成本为 1200 万元。不考虑其他因素，该企业当月生产车间领用材料的实际成本为(　　)万元。

A. 1005　　B. 1140

C. 1395　　D. 1260

6. 下列各项中，企业存货盘亏属于一般经营损失的，按照管理权限报经批准后应计入的会计科目是(　　)。

A. 管理费用

B. 营业外支出

C. 制造费用

D. 其他应收款

7. 下列各项中，属于企业“应付职工薪酬——设定提存计划”科目核算内容的是(　　)。

A. 为职工缴纳的医疗保险费

B. 为职工缴存的养老保险费

C. 给予职工的生活困难补助

D. 给予职工解除劳动关系补偿

8. 某企业为增值税小规模纳税人。该企业购入一批原材料，取得增值税专用发票上注明的价款为 150 万元，增值税税额为 19.5 万元；另付运费 1 万元，增值税税额为 0.09 万元。不考虑其他因素，该批原材料的入账成本为(　　)万元。

A. 151　　B. 169.5

C. 170.5　　D. 170.59

9. 下列各项中，属于一般纳税人企业应交增值税明细账需要设置的专栏是(　　)。

A. 未交增值税

B. 代扣代交增值税

C. 预交增值税

D. 进项税额

10. 下列各项中，属于盈余公积来源的是(　　)。

A. 实收资本或股本转入

B. 直接计入所有者权益的利得

C. 资本溢价或股本溢价

D. 从企业实现的净利润中提取

11. 下列各项中，导致企业所有者权益总额增加的事项是(　　)。

A. 当年实现净利润

B. 资本公积转增资本

C. 以盈余公积弥补以前年度亏损

D. 以盈余公积发放现金股利

12. 下列各项中，属于“管理费用”科目核算内容的是(　　)。

A. 汇兑手续费

B. 未按规定纳税支付的税务罚款

C. 支付的董事会费

D. 专设销售机构固定资产的修理费

13. 下列各项中，企业依据规定计算应交的车船税应借记的会计科目是(　　)。

A. 主营业务成本

B. 销售费用

C. 税金及附加

D. 管理费用

14. 下列各项中，属于企业核算所得税纳税调整减少项目的是(　　)。

A. 税收滞纳金

B. 罚金

C. 企业支付行政罚款

D. 国债利息收入

15. 2021 年 12 月 31 日，某企业“固定资产”科目借方余额为 3000 万元，“累计折旧”科目贷方余额为 1400 万元，“固定资产减值准备”科目贷方余额为 100 万元，“固定资产清理”科目贷方余额为 100 万元。2021 年 12 月 31 日，该企业资产负债表中“固定资产”项目期末余额应列示的金额为(　　)万元。

A. 3000　　B. 1500

C. 1400　　D. 2800

16. A 公司与客户签订合同，向其销售甲、乙、丙、丁四件产品，合同总价款为 10000 元，甲产品的账面价值为 2000 元、单独售价为 4000 元；乙产品账面价值为 1500 元、单独售价为 2500 元；丙产品的账面价值为 3500 元、单独售价为 7500 元；丁产品的账面价值为 1000 元、单独售价为 2000 元。下列关于交易价格分摊结果正确的是(　　)。

A. 甲产品应分摊的交易价格为 2500 元

B. 乙产品应分摊的交易价格为 1875 元

C. 丙产品应分摊的交易价格为 7500 元

D. 丁产品应分摊的交易价格为 1000 元

17. 某企业生产甲产品，完工后发现 10 件废品，其中 4 件为不可修复废品，6 件为可修复废品。不可修复废品成本按定额成本计价，每件 250 元，回收残料价值共 300 元。修复 6 件可修复废品，共发生直接材料 100 元，直接人工 120 元，制造费用 50 元。假定废品净损失均由同种产品负担，应记入“生产成本—基本生产成本—甲产品”科目的金额为(　　)元。

A. 700　　B. 1000

C. 970　　D. 270

18. 下列各项中，适用于单件、小批生产企业的产品成本计算方法是(　　)。

A. 品种法

B. 分批法

C. 逐步结转分步法

D. 平行结转分步法

19. 某企业月初无在产品，本月投产并全部完工甲产品 600 件，乙产品 400 件，共发生直接人工成本 12 万元，按定额工时比例在甲、乙产品之间分配，甲、乙产品的单位工时定额分别为 6 小时、3 小时。不考虑其他因素，本月甲产品应分担的直接人工成本为(　　)万元。

A. 3　　B. 4.8

C. 7.2　　D. 9

20. 下列各项中，不属于政府会计中预算会计与财务会计适度分离内容的是(　　)。

A. 双功能

B. 双基础

C. 双报告

D. 双主体

**二、多项选择题**（本类题共 10 小题，每小题 2 分，共 20 分。每小题备选答案中，有两个或两个以上符合题意的正确答案。请至少选择两个答案，全部选对得满分，少选得相应分值，多选、错选、不选均不得分。）

1. 下列各项中，属于原始凭证应当具备的基本内容的有(　　)。

A. 经办人员签名或盖章

B. 记账符号

C. 交易或事项的内容

D. 填制凭证的日期

2. 下列各项中，应当作为合同履约成本的有(　　)。

A. 为履行合同消耗的原材料

B. 非正常消耗的原材料

C. 履约义务中已履行部分相关的支出

D. 支付给为客户提供服务人员的薪酬

3. 下列各项中，应计入存货成本的有(　　)。

A. 生产过程中为达到下一个生产阶段所必需的存货仓储费用

B. 存货采购过程中发生的保险费

C. 存货采购过程中发生的装卸费用

D. 存货入库前发生的挑选整理费用

4. 下列各项中，应通过“固定资产清理”科目核算的有(　　)。

A. 固定资产更新改造支出

B. 固定资产出售的账面价值

C. 固定资产盘亏的账面价值

D. 固定资产毁损净损失

5. 下列各项中，企业应通过“应付账款”科目核算的有(　　)。

A. 到期无力支付的商业承兑汇票票款

B. 赊购原材料的货款

C. 预收的销售商品货款

D. 收取的出租包装物押金

6. 2021 年 12 月 1 日甲公司与乙公司签订一项为期 6 个月的安装服务，合同不含税总价款为 150000 元，2021 年共发生成本 20000 元，估计还将发生成本 80000 元。甲公司按照已经发生的成本占估计总成本的比例确认合同的履约进度，并作为某一时段内履行的履约义务确认收入。假定不考虑其他因素，下列各项中，关于甲公司 2021 年 12 月 31 日的会计处理结果正确的有(　　)。

A. 安装服务的履约进度为 20%

B. 确认营业收入 25000 元

C. 结转营业成本 100000 元

D. 对本月营业利润的影响金额为 10000 元

7. 某公司期初的所有者权益为：股本 5000 万元（面值为 1 元），资本公积 1000 万元（其中股本溢价 800 万元），盈余公积 500 万元，未分配利润 600 万元。本期经董事会批准以每股7元的价格回购本公司股票200万股并注销。下列各项中，该公司回购并注销股票的相关会计处理正确的有(　　)。

A. 回购时，借记“库存股”科目1400万元

B. 注销时，借记“股本”科目1400万元

C. 注销时，借记“资本公积—股本溢价”科目800万元

D. 注销时，借记“盈余公积”科目400万元

8. 下列资产负债表项目中，“期末余额”栏应根据相关总账科目余额计算填列的有(　　)。

A. 货币资金

B. 实收资本

C. 其他应付款

D. 短期借款

9. 下列各项中，应在利润表“研发费用”项目列示的有(　　)。

A. “管理费用”科目下“研发费用”明细科目的发生额

B. “研发支出”科目下“资本化支出”明细科目的发生额

C. “无形资产”科目中内部研发的无形资产

D. “管理费用”科目下自行开发的“无形资产摊销”明细科目的发生额

10. 下列各项中，属于政府会计主体非流动资产的有(　　)。

A. 在建工程

B. 固定资产

C. 财政应返还额度

D. 公共基础设施

**三、判断题**（本类题共10小题，每小题1分，共10分。请判断每小题的表述是否正确。每小题答题正确的得1分，错答、不答均不得分，也不扣分。）

1. 试算平衡法检查账户记录是否正确时，如果试算平衡表“本期发生额”栏借方合计数与贷方合计数相等，表明账户期末余额一定正确。　　(　　)

2. 企业存货采用实际成本核算时，随同商品销售而不单独计价的包装物成本，应借记“销售费用”科目，贷记“周转材料—包装物”科目。　　(　　)

3. 资产负债表日，企业应将交易性金融资产公允价值低于账面余额的差额确认为资产减值损失。　　(　　)

4. 企业应在职工实际发生缺勤的会计期间确认与累积带薪缺勤相关的应付职工薪酬。　　(　　)

5. 企业日常活动发生的不能计入特定核算对象的支出，应计入发生当期的期间费用。　　(　　)

6. 增值税一般纳税人企业将自产的货物用于对外捐赠，应当按货物的销售价格计算增值税税额，并通过“应交税费—应交增值税（销项税额）”科目核算。　　(　　)

7. 履约进度不能合理确定时，尽管企业已经发生的成本预计能够得到补偿，也不应确认收入。　　(　　)

8. 一般应将各车间的制造费用汇总，在企业范围内统一分配。　　(　　)

9. 企业完工产品经产成品仓库验收入库后，其成本应从“生产成本—基本生产成本”科目及所属产品成本明细账的贷方转出，记入“库存商品”科目的借方。　　(　　)

10. 预算结余是指政府会计主体预算年度内预算收入扣除预算支出后的资金余额，以及历年滚存的资金余额，包括结余资金和结转资金。　　(　　)

**四、不定项选择题**（本类题共15小题，每小题2分，共30分。每小题备选答案中，有一个或一个以上符合题意的正确答案。每小题全部选对得满分，少选得相应分值，多选、错选、不选均不得分。）

（一）

甲企业为增值税一般纳税人，2021年发生如下与交易性金融资产相关的经济业务：

(1) 4 月 12 日，从深圳证券交易所购入乙企业股票 20000 股，该股票的公允价值为 900000 元，另支付相关交易费用 3000 元，取得的增值税专用发票上注明的增值税税额为 180 元，发票已通过税务机关认证。甲企业将该股票划分为交易性金融资产。

(2) 6 月 30 日，甲企业持有乙企业股票的市价为 920000 元。

(3) 7 月 6 日，乙企业宣告以每股 0.2 元发放现金股利。7 月 10 日，甲企业收到乙企业向其发放的现金股利，假定股利不考虑相关税费。

(4) 7 月 18 日，将持有的乙企业股票全部出售，售价为 1006000 元，转让该金融商品应交增值税为 6000 元。

要求：根据上述资料，不考虑其他因素，分析回答下列小题。（答案中的金额单位用元表示）

1. 根据资料（1），甲企业购入该交易性金融资产的初始入账金额是(　　)元。

A. 903000

B. 900000

C. 903180

D. 902820

2. 根据资料（1）和（2），下列各项中，甲企业 6 月 30 日应计入公允价值变动损益的金额是(　　)元。

A. 20000

B. 17000

C. 16820

D. 17180

3. 根据资料（1）和（3），下列各项中，关于甲企业现金股利的会计处理结果表述正确的是(　　)。

A. 宣告发放股利时，确认投资收益 4000 元

B. 宣告发放股利时，确认公允价值变动损益 4000 元

C. 实际收到股利时，确认投资收益 4000 元

D. 实际收到股利时，冲减交易性金融资产成本 4000 元

4. 根据资料（1）至（4），下列各项中，甲企业出售乙企业股票的会计处理正确的是(　　)。

A. 借：其他货币资金—存出投资款　1006000
　　贷：交易性金融资产—成本　900000
　　　　—公允价值变动　20000
　　　　投资收益　86000

B. 借：公允价值变动损益　20000
　　贷：投资收益　20000

C. 借：投资收益　6000
　　贷：应交税费—转让金融商品应交增值税　6000

D. 借：投资收益　20000
　　贷：公允价值变动损益　20000

5. 根据资料（1）至（4），该交易性金融资产业务引起甲企业 2021 年营业利润增加的金额是(　　)元。

A. 101000　　B. 107000

C. 104000　　D. 81000

（二）

某企业为仅生产并销售甲产品的增值税一般纳税人，适用的增值税税率为 13%。材料采用实际成本核算，材料发出采用先进先出法计价，生产甲产品所耗用的材料随生产进度陆续投入。2021 年 9 月初，该企业 M 材料结存 500 千克，成本为 10000 元；“生产成本”科目余额为 31000 元。月末采用约当产量比例法在完工产品和在产品之间分配生产费用。9 月发生有关交易或事项如下：

(1) 1 日，购入一批 M 材料 5000 千克已验收入库，取得的增值税专用发票上注明价款为 100000 元，增值税税额为 13000 元，材料采购过程中发生保险费 6000 元、装卸费 4000 元(均不考虑增值税)，全部款项以银行存款支付，发票已通过税务机关认证。

（2）2 日，对行政办公楼进行日常维修领用 M 材料 500 千克，车间设备日常维修领用 M 材料 100 千克；5 日，生产甲产品领用 M 材料 2500 千克。

（3）30 日，分配当月职工薪酬 300000 元，其中：生产工人工资为 200000 元，车间管理人员工资为 30000 元，行政管理人员工资为 70000 元。另外，计提车间设备折旧费 20000 元。

（4）30 日，本月甲产品完工 250 件，月末在产品 50 件，在产品平均完工程度为 60%。

（5）30 日，企业发现入库的甲产品有 2 件存在瑕疵，经质检部门鉴定不需要返修，每件以不含税售价 2000 元降价为每件 1500 元出售，符合收入确认条件。

要求：根据上述资料，不考虑其他因素，分析回答下列小题。（答案中的金额单位用元表示）

1. 根据资料（1），该企业采购 M 材料的入账价值是(　　)元。

A. 100000

B. 110000

C. 127000

D. 123000

2. 根据资料（2），下列各项中，该企业领用材料的会计处理表述正确的是(　　)。

A. 生产甲产品领用的 M 材料计入生产成本

B. 维修行政办公楼领用的 M 材料计入管理费用

C. 维修车间设备领用的 M 材料计入制造费用

D. 维修车间设备领用的 M 材料计入管理费用

3. 根据资料（3），下列各项中，该企业分配职工薪酬的会计处理正确的是(　　)。

A. 借：生产成本　　300000
　　贷：应付职工薪酬　　300000

B. 借：生产成本　　200000
　　　制造费用　　100000
　　贷：应付职工薪酬　　300000

C. 借：生产成本　　200000
　　　管理费用　　100000
　　贷：应付职工薪酬　　300000

D. 借：生产成本　　200000
　　　制造费用　　30000
　　　管理费用　　70000
　　贷：应付职工薪酬　　300000

4. 根据期初资料和资料（1）至（4），下列各项中，该企业 9 月份甲产品生产成本计算正确的是(　　)。

A. 本月完工产品成本为 300000 元

B. 本月完工产品成本为 280000 元

C. 本月在产品成本为 56000 元

D. 本月在产品成本为 36000 元

5. 根据期初资料、资料（1）至（5），下列各项中，该企业销售甲产品会计处理结果表述正确的是(　　)。

A. 确认主营业务收入 4000 元

B. 确认主营业务收入 3000 元

C. 结转主营业务成本 2400 元

D. 结转主营业务成本 2240 元

（三）

甲公司为制造业增值税一般纳税人，2020 年至 2021 年该公司发生的有关交易或事项如下：

（1）2020 年 12 月 11 日，购入并交付使用一台不需要安装的 M 生产设备，取得增值税专用发票并通过认证，增值税专用发票上注明的价款为 60000 元，增值税税额为 7800 元。另支付 M 生产设备装卸费，取得增值税专用发票并通过认证，增值税专用发票上注明的价款为 1000 元，增值税税额为 60 元。全部款项以银行存款支付。该生产设备预计可使用 5 年，预计净残值为 1000 元，采用直线法计提折旧。

（2）2021 年 1 月 1 日，甲公司将 M 生产设备出租给乙公司，双方约定租赁期为 1 年，每月末收取不含税租金 1500 元。当月月末，甲公司开具的增值税专用发票上注明的价款为 1500 元，增值税税额为 195

元，乙公司以银行存款支付款项。

(3) 2021年12月31日，M生产设备租赁期限届满。经减值测试，其可收回金额为42000元。

要求：根据上述资料，不考虑其他因素，分析回答下列小题。（答案中的金额单位用元表示，计算结果保留两位小数）

1. 根据资料（1），2020年12月11日甲公司购入M生产设备的入账价值是（　　）元。

A. 60000

B. 61000

C. 67800

D. 68860

2. 根据资料（1），下列各项中，关于M生产设备计提折旧的说法正确的是（　　）。

A. M生产设备应计提折旧总额为60000元

B. M生产设备应于2020年12月开始计提折旧

C. M生产设备年折旧率40%

D. M生产设备年折旧额为12000元

3. 根据资料（1）和（2），下列各项中，关于甲公司2021年1月出租M生产设备收取租金并计提折旧的会计处理正确的是（　　）。

A. 借：银行存款　1695
　贷：其他业务收入　1500
　　应交税费—应交增值税（销项税额）　195

B. 借：银行存款　1695
　贷：营业外收入　1500
　　应交税费—应交增值税（销项税额）　195

C. 借：其他业务成本　1000
　贷：累计折旧　1000

D. 借：营业外支出　1000
　贷：累计折旧　1000

4. 根据资料（1）至（3），2021年12月31日，甲公司对M生产设备应计提减值准备的金额是（　　）元。

A. 7000

B. 6000

C. 19000

D. 18000

5. 根据资料（1）至（3）中的事项，对甲公司2021年营业利润的影响金额是（　　）。

A. 减少7000元

B. 减少1000元

C. 增加11000元

D. 增加18000元

# 全真模拟测试题（二）参考答案及解析

“扫码看解析”

使用“微信”或“会计云课堂”App扫右方二维码，对答案、看解析、掌握解题思路，开启轻松过关之旅。

## 一、单项选择题

1. 【答案】B

**解析**：选项A使得资产与所有者权益同增；选项C使得资产与负债同增；选项D属于资产内部一增一减，故选项ACD均不符合题意。

2. 【答案】D

**解析**：按产品购销合同预付的货款通过“预付账款”科目核算，故选项D正确。

3. 【答案】C

**解析**：材料超定额的损耗＝220－20＝200（公斤），外购材料的入账成本＝（800－200）×（40/800）＝30（万元），故选项C正确。

4. 【答案】B

**解析**：当月增加的固定资产，下月开始计提折旧。当月减少的固定资产，下月开始不计提折旧，故本月增减的固定资产对本月的折旧额没有影响，该企业2021年4月应计提折旧的固定资产账面原值为6800万元，选项B正确。

5. 【答案】B

**解析**：材料成本差异率＝（90－170）/（500+1100）×100%＝－5%，当月生产车间领用材料的实际成本＝1200×（1－5%）＝1140（万元），故选项B正确。

6. 【答案】A

**解析**：存货盘亏属于一般经营损失的，报经批准后应计入管理费用，故选项A正确。

7. 【答案】B

**解析**："应付职工薪酬—设定提存计划"是企业向独立的基金缴存职工离职后的福利计划，养老保险属于离职后福利，故选项B正确。

8. 【答案】D

**解析**：小规模纳税人取得增值税专用发票上注明的增值税，一律不得抵扣，直接计入相关成本费用或资产，原材料的入账成本＝150+19.5+1+0.09＝170.59（万元），故选项D正确。

9. 【答案】D

**解析**：选项ABC均属于"应交税费"的二级明细科目，不属于"应交税费—应交增值税"的三级明细科目，故选项ABC错误。

10. 【答案】D

**解析**：盈余公积是从企业实现的净利润中提取的，故选项D正确。

11. 【答案】A

**解析**：选项BC均为所有者权益内部的增减变动，不会导致所有者权益总额变化，故选项BC错误；选项D导致所有者权益减少，故选项D错误。

12. 【答案】C

**解析**：汇兑手续费属于财务费用的核算内容；未按规定纳税支付的税务罚款属于营业外支出的核算内容；专设销售机构固定资产的修理费属于销售费用的核算内容。

13. 【答案】C

**解析**：依据规定计算应交的车船税应借记"税金及附加"科目，故选项C正确。

14. 【答案】D

**解析**：选项ABC均属于纳税调整增加项目。

15. 【答案】C

**解析**："固定资产"项目期末余额＝3000－1400－100－100＝1400（万元），故选项C正确。

16. 【答案】A

**解析**：交易价格应按照单独售价进行分摊，甲产品应分摊的交易价格＝10000/（4000+2500+7500+2000）×4000＝2500（元）；乙产品应分摊的交易价格＝10000/（4000＋2500＋7500＋2000）×2500＝1562.5（元）；丙产品应分摊的交易价格＝10000/（4000＋2500＋7500＋2000）×7500＝4687.5（元）；丁产品应分摊的交易价格＝10000/（4000+2500+7500+2000）×2000＝1250（元），故选项A正确。

17. 【答案】C

**解析**：应记入"生产成本—基本生产成本—甲产品"科目的金额＝4×250－300+100+120+50＝970（元），故选项C正确。

18. 【答案】B

**解析**：适用于单件、小批生产企业的产品成本计算方法是分批法，故选项B正确。

19. 【答案】D

解析：甲产品应分担的直接人工成本 = 12/（6×600+3×400）×6×600 = 9（万元），故选项D正确。

20. 【答案】D

解析：双功能，双基础，双报告均属于政府会计中预算会计与财务会计适度分离的内容。

## 二、多项选择题

1. 【答案】ACD

解析：原始凭证的基本内容包括凭证的名称、填制凭证的日期（选项D）、填制凭证单位名称和填制人姓名、经办人员签名盖章（选项A）、接受凭证单位名称、经济业务内容、数量、单价和金额，记账符号不属于原始凭证应当具备的基本内容，故选项B错误。

2. 【答案】AD

解析：选项BC应当计入当期损益。

3. 【答案】ABCD

4. 【答案】BD

解析：固定资产更新改造支出应通过“在建工程”科目核算，固定资产盘亏的账面价值应通过“待处理财产损溢”科目核算，故选项AC错误。

5. 【答案】AB

解析：预收的销售商品货款应计入合同负债，收取的出租包装物押金应计入其他应付款，故选项CD错误。

6. 【答案】AD

解析：履约进度 = 20000/（20000 + 80000）×100% = 20%；应确认营业收入 = 150000×20% = 30000（元），应结转营业成本为20000元，对本月营业利润的影响金额 = 30000 − 20000 = 10000（元）。

7. 【答案】ACD

解析：该公司回购股票的会计分录：

借：库存股　（7×200）1400

　贷：银行存款　1400

该公司注销股票的会计分录：

借：股本　200

　　资本公积—股本溢价　800

　　盈余公积　400

　贷：库存股　1400

故选项ACD正确。

8. 【答案】AC

解析：选项BD根据总账科目余额直接填列。

9. 【答案】AD

解析：研发费用应根据“管理费用”科目下的“研发费用”明细科目的发生额以及“管理费用”科目下的“无形资产摊销”明细科目的发生额分析填列。

10. 【答案】ABD

解析：财政应返还额度属于政府会计主体流动资产，故选项C错误。

## 三、判断题

1. 【答案】×

解析：如果试算平衡表“本期发生额”栏借方合计数与贷方合计数相等，不能表明账户期末余额一定正确，因为漏记或重记某项业务不能通过试算平衡表查找出来。

2. 【答案】√

3. 【答案】×

解析：资产负债表日，企业应将交易性金融资产公允价值低于账面余额的差额确认为公允价值变动损益。

4. 【答案】×

解析：企业应当在职工实际发生缺勤的会计期间确认与非累积带薪缺勤相关的职工薪酬。

5. 【答案】√

6. 【答案】√

7. 【答案】×

解析：履约进度不能合理确定时，企业已经发生的成本预计能够得到补偿的，应当按照已经发生的成本金额确认收入。

8. 【答案】×

解析：不应将各车间的制造费用汇总，在企业范围内统一分配。

9. 【答案】√

10. 【答案】√

## 四、不定项选择题

（一）

1. 【答案】B

**解析：**交易性金融资产的初始入账价值为取得时的公允价值，即900000元。

2. 【答案】A

**解析：**应计入公允价值变动损益的金额＝920000－900000＝20000（元），故选项A正确。

3. 【答案】A

**解析：**资料（3）的会计分录如下：

宣告发放股利时：

借：应收股利　　（20000×0.2）4000

　贷：投资收益　　4000

实际收到股利时：

借：其他货币资金　　4000

　贷：应收股利　　4000

4. 【答案】AC

**解析：**出售交易性金融资产的会计分录：

借：其他货币资金—存出投资款　　1006000

　贷：交易性金融资产—成本　　900000

　　　　—公允价值变动　　20000

　　投资收益　　86000

借：投资收益　　6000

　贷：应交税费—转让金融商品应交增值税　　6000

5. 【答案】A

**解析：**引起营业利润增加的金额＝－3000＋20000＋4000＋86000－6000＝101000（元），故选项A正确。

（二）

1. 【答案】B

**解析：**M材料的入账价值＝100000＋6000＋4000＝110000（元），故选项B正确。

2. 【答案】ABD

**解析：**企业生产车间（部门）和行政管理部门发生的固定资产修理费用等后续支出作为管理费用核算，故选项C错误。

3. 【答案】D

**解析：**分配职工薪酬的会计分录：

借：生产成本　　200000

　　制造费用　　30000

　　管理费用　　70000

　贷：应付职工薪酬　　300000

4. 【答案】AD

**解析：**甲产品本月生产费用合计＝31000（期初资料）＋2500×（110000/5000）（资料1、2）＋200000（资料3）＋30000（资料3）＋20000（资料3）＝336000（元），甲在产品的约当产量＝50×60%＝30（件），本月完工产品成本＝336000/（250＋30）×250＝300000（元），本月在产品成本＝336000/（250＋30）×30＝36000（元），故选项AD正确。

5. 【答案】BC

**解析：**销售甲产品的会计分录：

借：应收账款等　　3390

　贷：主营业务收入　　（1500×2）3000

　　　应交税费—应交税费（销项税额）　　390

借：主营业务成本　　2400

　贷：库存商品　　（300000/250×2）2400

（三）

1. 【答案】B

**解析：**M生产设备的入账价值＝60000＋1000＝61000（元），故选项B正确。

2. 【答案】AD

**解析：**M生产设备应计提折旧总额＝61000－1000＝60000（元）；年折旧额＝（61000－1000）/5＝12000（元）；年折旧率＝12000/61000×100%＝19.67%；固定资产当月增加，应从下月开始计提折旧，因此M生产设备应于2021年1月开始计提折旧，故选项AD正确。

3. 【答案】AC

**解析**：出租 M 生产设备收取租金的会计分录：

借：银行存款　　1695

　贷：其他业务收入　　1500

　　　应交税费—应交增值税（销项税额）　　195

出租 M 生产设备计提折旧的会计分录：

借：其他业务成本　（12000/12）1000

　贷：累计折旧　　1000

4. 【答案】A

**解析**：2021 年 12 月 31 日，M 生产设备账面价值 = 61000 - 12000 = 49000（元），M 生产设备可收回金额为 42000 元，应计提减值准备的金额 = 49000 - 42000 = 7000（元），故选项 A 正确。

5. 【答案】B

**解析**：对营业利润的影响金额 = 1500 × 12 - 12000 - 7000 = - 1000（元），故选项 B 正确。

# 附　录

## 考点清单

## 第八章 政府会计基础



❖山东润声印务有限公司